Heinrich Baumann

Londinismen, Slang und Cant

Alphabetisch geordnete Sammlung der eigenartigen Ausdruckweisen der Londoner

Heinrich Baumann

Londinismen, Slang und Cant
Alphabetisch geordnete Sammlung der eigenartigen Ausdruckweisen der Londoner

ISBN/EAN: 9783743415799

Hergestellt in Europa, USA, Kanada, Australien, Japan

Cover: Foto ©Andreas Hilbeck / pixelio.de

Manufactured and distributed by brebook publishing software (www.brebook.com)

Heinrich Baumann

Londinismen, Slang und Cant

LONDINISMEN
— SLANG UND CANT —

ALPHABETISCH GEORDNETE SAMMLUNG

DER

EIGENARTIGEN AUSDRUCKSWEISEN

DER

LONDONER VOLKSSPRACHE

SOWIE DER ÜBLICHSTEN

GAUNER-, MATROSEN-, SPORT- UND ZUNFT-AUSDRÜCKE.

MIT EINER GESCHICHTLICHEN EINLEITUNG UND MUSTERSTÜCKEN.

EIN SUPPLEMENT ZU ALLEN ENGL.-DEUTSCHEN WÖRTERBÜCHERN

VON

HEINRICH BAUMANN

MASTER OF ARTS OF LONDON UNIVERSITY, HEADMASTER OF THE ANGLO-
GERMAN SCHOOL, PRESIDENT OF THE GERMAN TEACHERS' ASSOCIATION.

PREIS: 4 MARK, GEB 4 MARK 60 Pf.

Eingetragene Schutzmarke.

Methode Toussaint-Langenscheidt.

A Slang Ditty.

~~~~~~

Rum coves that relieve us
Of chinkers and pieces,
Is gin'rally lagged,
Or, wuss luck, gits scragged.

Are smashers and divers
And noble contrivers
Not sold to the beaks
By the coppers an' sneaks?

Yet moochin' arch-screevers,
Concoctin' deceivers,
Chaps as reap like their own
What by tothers were sown;

Piratical fakers
Of bosh by the acres,
These muck-worms of trash
Cut, oh, a great dash.

But, there, it don't matter,
Since to cut it still fatter,
By 'ook and by crook
Ve've got up this book.

Tell ye 'ow? Vy, in rum kens,
In flash cribs and slum dens,
I' the alleys and courts,
'Mong the doocedest sorts:

When jawin' with Jillie
Or Mag and 'er Billie,
Ve shoved down in black
Their iligant clack.

So from hartful young dodgers,
From vaxy old codgers,
From the blowens ve got
Soon to know vot is vot.

Now then there is yer sumptuous
Tuck-in of most scrumptious
And dainty mag-pie!*
Will ye jes' come and try?

H. B.

---

* mag-pie eigentlich: Elſter; hier: Wortpaſtete.

Erklärung der Abkürzungen.

a.	adjective, Eigenschaftswort.	*math.*	mathematics, Mathematik.
adv.	adverb, Umstandswort.	*pl.*	plural, Mehrheit.
Bell's L.	Bell's Life in London.	*prp.*	preposition, Präposition.
Beaumont	Beaumont and Fletcher.	*s.*	substantive, Hauptwort.
& Fl.		*s'pl.*	substantive (in the) plural
conj.	conjunction, Konjunktion, Ver-		(number) Hauptwort im
	bindungswort.		Plural.
Dict.	Dictionary, Wörterbuch.	f. oder S.	siehe, see.
dtsch.	deutsch, German.	SHAK.	SHAKESPEARE.
engl.	englisch, English.	*Sl. D(ict).*	Slang Dictionary.
&c	hinter Schriftstellern, Quellen: und	*The little*	(GREENWOOD's) *The little Rag-*
	andere. (Sinne).	*Rag.*	*amuffin(s).*
fig.	figuratively (im) bildlich(en)	*v.*	verb, Zeitwort.
gew.	gewöhnlich.	*v. a.*	active or transitive verb,
grch.	griechisch, Greek.		thätiges, transitives Zeitwort.
int., interj.	interjection, Empfindungs-	*v. n.*	neuter or intransitive verb,
	wort.		subjektives, intransitives Zeit-
it.	italienisch, Italian.		wort.
l(a)t.	lateinisch, Latin.	vgl.	vergleiche.

Erklärung der Zeichen.

F	Familiär, vertraulich.	✹	(Geldstück) Handel.
P	Populär, Sprache des gewöhnlichen	*	(Neologismus) neues Wort.
	Volkes.		
⌐	(Galgen) Gauner-, Diebessprache.	☌	(Komet) selten, wenig gebräuchlich.
⚔	(Degen) militärisch.	†	(Kreuz) veraltet.
⚓	(Anker) Marine, Schiffahrt.	~	(die Tilde) ersetzt den Titelkopf.

Druckfehler-Berichtigung.

Artikel crapping castle (S. 33) muß es statt Abtro heißen: Abort.

═══ I. Allgemeine Grundsätze. ═══

<u>Deutsche Schrift:</u> für englische Laute, welche den betreffenden deutschen
Schriftzeichen entsprechen: b, d, k, 2c.

<u>Lateinische Schrift:</u> für englische Laute, welche sich nicht genau
durch deutsche Buchstaben wiedergeben lassen: a, ŏ, w, G, 2c.

Kursivschrift: für die Lispellaute *dh* und *th.*

<u>Kleinere Schrift:</u> für schwache, unbetonte dumpfe Vokale, und für wenig hervor-
tretende Konsonanten: ĕ, e, ŏ, i, r, 2c.: anchorage (ä′n∂-kŏ-nĕtG);
caper (kē′ĕ-pö)

═══ III. Erklärung der einzelnen Laute

ā	Same		far (fā′)
ã	der durch auslautendes r modifizierte Laut des ē (f. è)		care (kãr)
ä	kurzer Mittellaut zwischen a und ā		fat (fät)
a	halblanger Mittellaut zwischen ā und ä		answer (a′n-ßör)
Ā	Mittellaut zwischen ā und ō (österr. Vä′ter)		fall (fĀl)
āi	Mai, Satte		pine (pāin)
āu	Haus (doch mit der Mundstellung von ∂ anlautend)		house (hāuß)
ē	Beet (mit der Mundstellung nach i auslautend)		fate (fēt)
ĕ	der vorige Laut, kurz		get (gĕt)
è	tonloser Mittellaut zwischen e und i		bemused(bè-mjū′ſd)
e	der vorige Laut, nicht ganz so kurz (nur im Auslaute)		daisy (dē′-ſe)
ī	ihn		me (mī)
i	in		pin (pin)
ō	Sohn (mit der Mundstellung von ū auslautend)		no (nō)
ŏ	Konsonant		omee (ŏ-mī′)
ö	recht offen, fast wie ein verkürztes Ā		not (nöt)
ō	der lange Laut des vorigen; kommt nur vor r (′) vor		born (bōrn)
ŏ	Mittellaut zwischen o und ö, kurz		but (bŏt)
ō	desgl., lang, vor auslautendem r		bird (bōrd)
ŏ	getrübtes e in Butter, schwach und unbetont (aber mehr nach ŏ hinneigend)		finger (fins-gŏr)
ū	Muhme		fool (fūl)
ŭ	der kurze Laut des vorigen		full (fŭl)
ŏi	Woltzenburg, Wollach		boy (bŏi)
w	u in der Mundstellung des w		wine (wāin, beim. wain)
hw	der vorige Laut, aspiriert		whine (hwāin)
w	wie		vine (wāin)

englischen Aussprache.*

══ II. Besondere Zeichen. ══

˘ (Kürzezeichen): bắld, Bĭtte, ắ, ĕ, ŏ, ŏ̆, ŭ, ꝛc.

¯ (Längezeichen): Tādel, ēdel, Lilie, ī, ō, ū, ꝛc.

′ (Accent): bezeichnet die durch Betonung hervorzuhebende Silbe.

″ (Haupt-Accent): bezeichnet bei mehreren betonten Silben diejenige, welche am stärksten hervortritt.

- (Trennungsstrich): zerlegt das Wort in soviel Silben als zu sprechen sind: eternity-box (ĕ-tŏr′-nĕ-tĕ-bŏkß).

⌒ (Bogen) steht über Diphthongen: high (hāī); house (hāūß).

und der dafür giltigen Zeichen. ══

j	i mit kurzem Vorschlag von i	you (jū)
dh	gelinder Lispellaut	thine (dhāīn)
th	scharfer Lispellaut	thin (thĭn)
ʒ	Wesen	zeal (ʒīl)
ß	wessen	seal (ßīl)
G	Journal	pleasure (plĕ′G-ŏr)
dG	d vor G	jew (dGū)
sch	schön	shine (schāīn)
tsch	Kutsche	chew (tschū)
g	Gott (hoch)deutsch! nicht Zott oder Kott)	God (gŏt)
ng	sang (g aber weich, nicht k!)	sing (ßĭng)
ngk	sank	sink (ßĭngk)
ᴿ	auslautendes r, schwach mit dem Zäpfchen vibriert; fast vokalisch	fare (fāᴿ)
ʀ	anlautendes r, stark mit der Zunge vibriert	raw (ʀā)

Bei den mit P, Γ und ↓ bezeichneten Wörtern treten gewisse Eigentümlichkeiten der englischen Aussprache in schärferer Weise als sonst hervor. Zur besseren Veranschaulichung dieses, natürlich nur qualitativen, Unterschiedes des Low-Slang von der Sprache der Gebildeten, dienen die folgenden besonderen Zeichen:

ē	wird mit ē̆ bezeichnet,	lace (lēē̆ß)
aᴿ	wie in far, wird mit ā bezeichnet,	weil das mit dem Zäpfchen vibrierte, schon in der Sprache der Gebildeten halb vokalische ᴿ hier für das Ohr ganz oder fast ganz verschwindet.
ǟᴿ	wie in care, wird mit ā bezeichnet,	
ō̆ᴿ	wie in born, wird mit o bezeichnet,	
ȫᴿ	wie in bird, wird mit ö bezeichnet,	
ŏ̄ᴿ	wie in answer, wird mit ᵉ bezeichnet,	

* Ausführlicheres über diese Aussprachezeichen ist enthalten in dem 1. Briefe der van Dalen-kloyd-Langenscheidtschen Original-Unterrichtsbriefe (1 Mark).   Die Verlagshandlung.

Nursery-Rhymes.

Da dieses Wort im vorliegenden Werke häufig vorkommen wird, so schicken wir zur Erklärung des Ausdrucks voraus, daß diese Kinderreime im Volke weite Verbreitung gefunden haben. Sie bilden deshalb nicht nur die beste Quelle für die englische Kindersprache, sondern verdienen auch als reine Volkspoesie die Beachtung eines jeden, der einen offenen Sinn für die schlichte, ungekünstelte Ausdrucksweise der Volksmuse hat. Wie im deutschen Märchen, so sind auch in den Nursery-Rhymes Tiere und leblose Gegenstände als handelnde und sprechende Gegenstände dargestellt. Das geheimnisvolle Weben der Naturkräfte, die stummen Regungen und Gedanken der Pflanzen und Tiere, ja auch das leise Flüstern und Rauschen der Steine, der Ströme und der Winde: das alles sind beliebte Personen nicht nur der englischen Kinderreime, sondern aller wahren Volksdichtung. Wie der Humor oft die verschiedenartigsten dieser Elemente mit einander zu verflechten weiß, das ersehe man aus dem folgenden kurzen Beispiele:

The Cat and the Fiddle.

Hey diddle diddle,
The cat and the fiddle,
The cow jumped over the moon;
The little dog laughed
To see such sport,
And the dish ran away with the spoon.

I.

London, die Fünfmillionen=Stadt, ist ein Reich für sich. In diesem Reiche der "Cockneys" fehlt es zwar an einer einheitlichen Verwaltung — denn der Lord Mayor regiert bekanntlich nur in dem engeren Banne der Altstadt —, fehlt es an einer gemeinschaftlichen Gesetzgebung und Vertretung — denn jeder Gemeinderat (Vestry) einer jeden Stadt= abteilung (Borough) ist ja ein gesetzgebender Körper für sich; ja sogar die Wasser= und Kloakenröhren verschiedener Teile des in sich zerklüfteten Reiches wollen nur selten in einander passen; — aber ein Band hält wenigstens das Volk dieses Häusermeeres inmitten aller sonstigen Varietät und Uneinigkeit unsichtbar, aber fest umschlungen: das Band der Sprache. Das Londoner Stadtkind läßt sich ebenso leicht von einem Bewohner von Bristol, Manchester oder Leeds unterscheiden, wie etwa ein Pariser von einem Lyonnais oder ein Berliner von einem Hamburger.

Der Abstufungen und Schattierungen gibt es freilich innerhalb des Londoner Sprachgebietes ziemlich viele, und der Leser wird aus den im Wörterbuche verwandten Zeichen jedesmal sofort erkennen, welcher sprach= lichen Stufe der betr. Ausdruck angehören mag. Doch sind gewisse Unarten und Eigentümlichkeiten, sowohl im Wortschatz als auch in der Grammatik, gemeinsames Besitztum aller Londoner und Londonerinnen; und weil der Pulsschlag der britischen Hauptstadt ein gar gewaltiger ist, so lassen sich die meisten der gebräuchlichsten Londinismen sogar im ganzen Südosten Englands antreffen.

Die derbsten und krassesten Londinismen erscheinen selbstverständlich unter den (mit P und ⌐ bezeichneten*) Vulgärausdrücken, und diese den unteren Gesellschaftsschichten angehörigen, oder wenigstens aus ihnen ent= sprungenen Sprachelemente sind recht eigentlich der Gegenstand der vor=

---

* Siehe Erklärung der Zeichen, Seite VII.

liegenden Arbeit. Manches andere, dem allgemeinen englischen Sprach=
gebiete Angehörige mußte ihnen an die Seite gereiht werden: einesteils,
weil es nicht immer möglich war, das Gebiet der hauptstädtischen Sprach=
provinz ganz genau und scharf zu sondern und auszuscheiden, andernteils
auch, weil wir dem deutschen Leser gern bei der Lektüre aller englischen
Zeitungen und Romane behilflich sein wollten. So hat es sich denn,
teils aus theoretischen, teils aus praktischen Gründen, gefügt, daß unser
Buch nicht ein Argot= oder Slang=Wörterbuch im strengsten Sinne des
Wortes geblieben, sondern daß einiges (besonders das mit F, ✕ und ↓
Bezeichnete*) mit aufgenommen worden ist, das auch in London tagtäglich
gehört wird, aber doch nicht eigentlich als Londoner Argot angesehen
werden darf.

		Die cynisch=obscönen und oft sehr boshaften Ausdrücke der älteren
Gaunersprache, welche Grose's bekanntes Wörterbuch mit erschreckender
Vollständigkeit bringt, sind im modernen Slang und Cant verhältnis=
mäßig selten. Die Ainsworth'schen Gaunerlieder waren gleichsam ein
dichterischer Nachklang des Grose'schen Wörterbuches, sind aber auch nicht
im stande gewesen, das alte Cant nochmals zu popularisieren; denn
gerade die raffiniertesten der dort vorkommenden Kunstausdrücke, wie
hempen widow, caper sauce, hartichoke u. s. w. sind heute auch
für den abgefeimtesten "Conveyer" von Seven Dials nicht mehr ohne
Slang=Wörterbuch verständlich. Was nun unser Jahrhundert zum Sprach=
schatze neu beigetragen hat, enthält zwar ebenfalls des Rohen und
Gemeinen sehr viel, unterscheidet sich jedoch von der geradezu schmutzigen,
blutdürstigen und gotteslästerlichen Sprache der Grose-Egan'schen Bücher
so erheblich, daß man fast glauben sollte, Grose habe für dieses Sprach=
gebiet ein absonderlich feines Ohr oder einen ausgebildeten Geschmack
besessen. Wenn man z. B. die sprachliche Prüderie des Londoner Völk=
leins in geschlechtlichen Dingen in Erwägung bringt, so scheint es einem
ganz unerklärlich, daß zu Grose's Zeiten der Begattungsakt und die
Schamteile einen so erheblichen Teil eines Wörterbuches anzufüllen ver=
mochten. Wir haben es unter diesen Umständen für angemessen erachtet,
dem Beispiele des Hotten'schen Slang Dictionary nachfolgend, die
Grose'schen Ausdrücke dieser Art nur dann aufzunehmen, wenn wir sie
durch andere Autoritäten bestätigt fanden. Über die für das vorliegende Buch

---

		* Siehe Erklärung der Zeichen, Seite VII.

benutzten Quellen soll unten ausführlich Bericht erstattet werden. Nur e i n Moment möchten wir hier hervorheben, nämlich, daß ein nicht unbeträchtlicher Teil des darin zusammengetragenen Wortschatzes aus dem lebendigen Verkehre mit dem Londoner Volksleben selbst hervorgegangen ist: es ist indirekt die Frucht sorgfältiger Beobachtungen während eines fünfzehnjährigen Aufenthaltes in London, und direkt das Resultat einer vor 3—4 Jahren begonnenen Sammelthätigkeit. Die Schülersprache und die Sport=Ausdrücke verdanken wir zum größeren Teile unseren Schülern, und manche der vorkommenden Sprüchlein und Reimlein sind dem Verfasser von den eigenen Kindern in die Feder diktiert worden.

Daß trotz so günstiger Gelegenheiten, trotz bedeutender Anstrengungen noch vieles mangelhaft geblieben, ist bei einem derartigen Werke unvermeidlich, und wir bitten darum den Leser, der die Schwierigkeit unseres Unternehmens nach eigener Prüfung leicht einsehen wird, hiermit um persönliche Beihilfe. Wo ein wichtigerer Ausdruck übersehen, oder das vorkommende Wort unvollständig erklärt ist, bitten wir ihn, dies im Buche sofort anzumerken, und seine Erfahrungen dann im Laufe der Zeit dem Verfasser oder dem Verleger gütigst mitzuteilen. Jeder kleinste Wink wird dankbar berücksichtigt werden.

Herrn Dr. phil. Paul Langenscheidt, der es gütigst übernommen hat, das Manuskript durchzusehen, erstatten wir bei dieser Gelegenheit für seine vielen nützlichen Winke und Ratschläge unsern verbindlichsten Dank. Viele der im Texte vorkommenden Berlinismen entstammen seiner Feder. Auch Herrn A. Gustmann, dem technischen Korrektor des Werkes, sind wir für seine trefflichen Dienste bei der Einrichtung der Artikel außerordentlich verpflichtet.

Der Verfasser.

(London SW. 390, Brixton Road.)

II.

§ 1
Das Wesen und die Vertreter der Volkssprache.

Das Kastenwesen, das alle Gebiete des angelsächsischen Lebens durch-
wuchert, macht sich seit Jahrhunderten auch in den mundartlichen Eigentümlichkeiten der englischen Volksklassen geltend. Am krassesten ist der Zwiespalt
zwischen den Idiomen der ungebildeten Masse und der Sprache der sog.
höheren Stände. Es ist schmerzlich, zu beobachten, wie die Gattin des reich
gewordenen Kleinhändlers mit den seit Niederlegung des Geschäftes überflüssig gewordenen h's und r's einen verzweifelten, häufig nur zu fruchtlosen
Kampf führt, und wie sie, die „elegante“ Mama, sich bei ihren grammatikalisch-
syntaktischen Bemühungen so oft von den feiner erzogenen Töchtern muß aus-
lachen lassen. Dieser Kampf zwischen den Kasten, der im Gebiete des Sprachlichen so recht zum Ausdruck kommt, hat übrigens auch seine ernste Seite
und ist nirgends so drastisch dargestellt als in dem Byron schen Lustspiele
Our Boys. Auch der nachfolgende Artikel des *Punch* wirft auf die
sprachlichen Unarten der Londoner Plebs ein helles Licht.

Un-English Suggestion.

Mr. Punch,

Democracy is indeed, in its own language, "a goin' of it." It has
initiated a movement for the habitual omission from utterance of the
letter "H." Yes, Sir, 'Arry 'as 'is defenders. In a paper read before
a Provincial Literary and Philosophical Society, to a popular audience,
and since published, default of the aspirate is actually extenuated. Nay,
its disuse is advocated even. From a London journal there is also
quoted a "plea" treating exactness in using it as a species of affectation.
A notable point in one of these apologies is the theory that, as some
people are partially colourblind, so others may possibly be h-deaf-and-
dumb; physically unable to hear or to pronounce the sound, h. Un'appy
'uman beings! 'Ow 'orrible! Why what is even 'Eaven without an "H"?

Your revolutionists pretend that the pronunciation of *h* is modern. The good old English *h* was a silent *h*. "In the sixteenth century the word 'Hebrew' was spelt 'Ebrue'." Well, to be sure, *Falstaff* backed a "banger" with the alternative, "Or I am a Jew else, an Ebrew Jew." But then wasn't he mimicking the popular pronunciation? Does *Falstaff* ever denominate his Prince 'ARRY, or call him 'AL?

Moreover, the Jacobins and Levellers plead that really, in early days, the use of the aspirate, which had still earlier prevailed, was dying out, just as it "has died out in French, Spanish, Italian, and Greek." And, probably, thinks the author of the "plea" above mentioned, avowing himself "AN AITCH DROPPER," a very good job too. It had better, suggests this pleader for degeneracy, die out in all England also, as well as inside of Cockneydom. The enforcement of "this shibboleth of gentility" is intolerable to that ultra Radical. He therefore cries: —

"Oh, do kindly take this incubrous from our minds and lungs, and we shall breathe more freely, and be grateful. What I ask for is compromise. Let aspiration be retained for electioneering purposes if you like, but let us not be troubled with this affectation at our counting-houses and firesides."

"This affectation" and "this incubrous" mean the same thing, the incumbency of aitches. It is not at all obvious that "incubrous" is a misprint. An incubus isn't an affectation, although, in the sense of night-mare, it may affect the lungs and the mind.

Sir, I trust that the whole Constitutional Party, whether Liberal or Tories, will unite as one man in opposing an agitation opening a disloyal crusade against the Queen's English. Its commencement is clearly the thin end of the wedge, which, when driven home, we confound *v* and *w*, singular and plural, and deprive present, participles of their final *g*, besides making the double negative compulsory — and that all in the sacred name of British liberty of speech. *Absit omen*, menacing as it appears to

Yours truly,

WALKER DELOLME.

———

Die Zähigkeit, mit welcher der gemeine Mann an den Erbfehlern seiner Klasse festhält, ist in der That so groß, daß man ihn unter der fremdartigsten Kleidung ohne Schwierigkeit zu erkennen vermag. Ob er sich in Ramsgate mit seinesgleichen bei „Aunt Sally" die Zeit vertreibt, ob er in einem feinen Schweizer Hotel den Lord zu spielen versucht, oder im „Mansion House", mit schwerer Kette behangen, als wirklicher „Alderman" figuriert: er ist und bleibt immer nur, wie „'Arry" im *Punch*, der Mann des Volkes und wird die Scheidewand, welche die Sprache zwischen ihm und dem Gebildeten aufgerichtet hat, schwerlich jemals umzureißen vermögen.

Für den Fremdling sind die Verirrungen und Auswüchse der Volks-sprache in der Regel von geringem Interesse, ja auf Jahre hin kaum wahr-nehmbar. Ist es ihm auch mitunter aufgefallen, daß seine Wirtin bei ihren meteorologischen Erörterungen in erstaunlicher Sinnverwirrung von damp hair (statt air) als feuchter Luft, von 'ail-stones (statt hail-stones) als Hagelkörnern und von 'ore-frost (statt hoar-frost) als Reif gesprochen hat, und daß sie zwischen je zwei Vokale einen für den Deutschen unbegreiflichen Gurgellaut einzuschieben pflegt, so hat er doch dergleichen Kleinigkeiten vermutlich kaum des Nachdenkens für wert gehalten.

Er könnte dabei zu seiner Entschuldigung anführen, daß die Engländer selbst sich bis in die neuere Zeit ihrer reichen und oft sehr witzigen Volksmundarten mehr geschämt als gefreut haben. Ich sage bis in die neuere Zeit; doch ist jetzt hierin eine Wandlung eingetreten, und was die klassischen Dramatiker in den Tagen der Königin Elisabeth und die Lustspieldichter des vorigen Jahrhunderts mit soviel Liebe ins Werk gesetzt haben, nämlich die Veredelung und poetische Läuterung des Slang und Cant, das setzen ihre Epigonen in neuester Zeit mit Erfolg weiter. Wenn es uns dann wohl sonderbar vorkommen mag, daß gelehrte englische Wörterbücher, wie z. B. Skeat's *Etymological Dictionary*, über ganz gewöhnliche Wörter der niederen Volkssprache, wie z. B. cove, kibosh, mort, ken, lour u. s. w. gar keine Auskunft geben, so läßt sich hierzu bemerken, daß die Etymologen und Forscher über den Ursprung dieser „Gassenbuben" in der Sprache nur selten Bestimmtes zu sagen wissen.

Der philologische Neuling sammelt sich seine Notizen über sprachliche Entartung — wohlverstanden: nicht alles ist Entartung, was der Philologe als solche brandmarkt — viel lieber auf einem andern Gebiete, das auch Shakespeare, Sheridan und die Romanschriftsteller stets gern zu ihrem Jagdgrunde erlesen haben, ich meine auf dem Gebiete des Humoristischen. Es ist für ihn eine größere Labsal, besagte „Landlady" von einem presumptuous (statt sumptuous) dinner (festlichen Mahle), von einer digestion (statt congestion) of the liver u. dgl. reden zu hören, was er viel besser versteht denn sie, als wenn sie sich etwa in der derben sächsischen Volksmundart ausdrücken wollte, in der sie ohne Zweifel viel gründlichere Studien gemacht hat, als ihr gelehrter „lodger". Erst sobald er durch langjährigen Verkehr mit geistig regen Menschen jedes, auch des derbsten Schlages, auf die tausend Möglichkeiten und Abstufungen im Gebrauche der englischen Sprache aufmerksam geworden ist, wird er auch „Laute und Leute" in gewisse, mehr oder weniger scharf geschiedene Gruppen zu teilen beginnen. In London selbst, wo noch gewisse kosmopolitische Eigentümlichkeiten mit ins Auge gefaßt werden müssen, hat dies seine besonderen Schwierigkeiten. Wir beschränken unsere Betrachtungen fürs erste auf die unterste, und für den Sprachkenner gewiß nicht am wenigsten anziehende Gruppe. „Cant" und „Low Slang", diese echten Kinder des Volkes, herrschen in „Seven Dials" und „St. Giles", in Wapping und Whitechapel, in Knightsbridge, Lincoln's Inn Fields, East India Docks und allerwärts, wo der „Rough", der ungehobelte Mann des Volkes, wo der Dieb, der Matrose oder der „Bookmaker" sein Lager aufgeschlagen hat. Unter ihrer Fahne marschiert das Heer der Landstreicher, der Taschendiebe, der „foot-pads", „sneaks" und sonstiges Galgengesindel. Die große Brüderschaft der Zigeuner und Straßenmusikanten, dazu Trödler, „Cheap Jacks", „Costers" und andere Kleinhändler Themse-Ninive's zu vielen Tausenden huldigen ihrem Dienste. Auch manches Mitglied der rot uniformierten Shoeblack Brigade und der „Newspaper Boys" weiß sich ihrer mit Erfolg zu bedienen, und ihre krafttrotzenden Ausdrücke wachsen und gedeihen aufs herrlichste bei den „Street Arabs" — (nicht, wie es in einer bekannten Beschreibung Londons heißt, den „braunen Kindern Arabiens", sondern) den echten Londoner Gassenrangen von arabischer Schmutzkolör. Daß sie in den Kasernen und den Schnapsbuden manchen Anhänger aufzuweisen haben, und daß in den vom Staate eingerichteten „Board-Schools" oder Elementarschulen die Lehrer mit ihnen in eine ewige Fehde verwickelt sind, das bedarf kaum der Erwähnung. Im Wortschatze dieses Volksidioms ist das Sächsische vorherrschend und das Romanische oft bis zur Unkenntlichkeit verstümmelt; die Syntax gedrungen und primitiv, man möchte sagen homerisch naiv, und die angelsächsische Methode der Kürzungen eine besonders beliebte. Die Grammatik weicht in mancher Beziehung von der der höheren Gesellschaftsschichten ab, ist aber nicht unlogisch und, solange man nur zugeben will, daß das Volk sich seine Sprachregeln nach eigenem Belieben schaffen darf, nicht eigentlich fehlerhaft.*

Nur der verwahrloste Zustand der Volksschulen früherer Zeit hat es möglich gemacht, daß diese von der Schriftsprache gänzlich abweichenden Mundarten sich in so üppiger Weise entfalten konnten. Anderseits hat von all den Jargons und Argots der europäischen Hauptstädte — ausgenommen freilich die lose Mundart der Pariser — vielleicht noch keines eine so große Lebenskraft entfaltet und auf die Litteratur eines Kulturvolkes einen so bestimmenden Einfluß ausgeübt, als gerade die Zunge der Londoner Costers, Diebe und Nachtgestalten. Dieselbe ist rauh und ungeschliffen wie das Volk der britischen Hauptstadt selber; sie spiegelt aber zugleich den südenglischen Volkscharakter in so hervorstechender Weise wieder, daß sich das englische Schrifttum von einer Generation zur andern in derselben zu verjüngen vermag, und daß selbst ein Carlyle es nicht verachtet, seine markige Sprache mit ihrer Hilfe noch wuchtiger zu gestalten. Die Engländer besitzen nicht, wie die Franzosen, einen Villon oder, wie die Spanier, einen Francisco de Quevedo. So reichlich auch das Drama und der Roman vom Argot durchwürzt sind, so armselig sind im ganzen die lyrischen Produkte der Volksmuse. Wir werden in dem Kapitel über Bibliographie noch Gelegenheit haben, über Volksdichter zu sprechen. Der Leser wird dort Namen wie Sims, Eaton u. s. w. erwähnt finden; doch möge er sich dadurch nicht etwa dazu verführen lassen,

---

* The Londinisms, as I may call them, are fare from being reproachable in themselves (PEGGE, Anec. of the English Language).

anzunehmen, daß wir es bei solchen Poeten mit eigentlichen Volksdichtern zu thun hätten; ebensowenig als einem Menschen einfallen würde, zu behaupten, daß Thomas Moore oder Byron Volkslyriker seien, weil der eine *Tom Crib's Memorial to Congress* geschrieben und der andere ein paar mit Rotwelsch durchwürzte Stanzen in seinen „Don Juan" eingeschoben hat. Hätte Dickens Volkslieder anstatt der Romane geschaffen, hätte Greenwood seinen Humor in Slang-Versen ergossen, wer weiß, ob sich die Sache nicht anders verhielte! Von den in den Ainsworthschen Romanen vorkommenden, in der englischen Volkslitteratur einzig dastehenden Gaunerliedern verspreche ich dem Leser in der Bibliographie ein Musterstück vor die Augen zu führen.

Indessen sind Cant und Low Slang (wozu wir auch die Matrosen-sprache rechnen) nicht die einzigen Abstufungen der englischen Sprache, mit welchen wir uns in diesem Buche befassen. Auch die Sprache der gebildeten Stände enthält gewisse Gruppen und zeigt gewisse Auswüchse, welche als Slang bei uns Aufnahme finden müssen. Ist dieses höhere Slang auch keineswegs so scharf markiert, als das Rotwelsch oder das niedere Slang, so ist es doch nicht minder reichhaltig als diese. Nach den gesellschaftlichen Klassen ließe sich das „High-Life-Slang" wiederum seiner Hauptmasse nach in militä-risches, studentisches und Schul-Slang einteilen. Die reichste Gruppe aber ist die diesen verwandte und zum Teil mit ihnen verwachsene Sport-sprache. Auch die Bühne, die Börse, das Parlament, die Kirche, und besonders die Tagesblätter stellen zu dem Heere der Zunft- und Kraft-Ausdrücke allesamt ihre besonderen Kontingente.

Es mag nicht überflüssig erscheinen, über den schon öfters, besonders von englischen Philologen, besprochenen Unterschied von Cant und Slang hier eine kurze Bemerkung zu machen. Im allgemeinen nämlich versteht man unter Cant, das auch mit „Rogues' Language", „St. Giles' Greek", „Pedlars' French" u. s. w. bezeichnet worden ist, die der Gaunerzunft eigentümliche Geheimsprache, die seit dem Anfange des 16. Jahrhunderts in ununter-brochener Tradition, jedoch nicht ohne gewisse zeitgemäße Veränderungen und Zuthaten, fortgelebt zu haben scheint.

Das Slang dagegen besitzt kein so scharf umgrenztes Gebiet, sondern wechselt, mit jedem neuen Geschlechte, seine Gestalt und seinen Habitus. Es ist recht eigentlich die Sprache der Übertragungen, kühner Neubildungen und nicht selten auch sprachlicher Verwitterung und grammatischer Verderbnis. Ein Slang-Ausdruck kann jederzeit leicht in die mustergiltige Litteratursprache übergehen, während dies bei Cant-Ausdrücken verhältnismäßig selten der Fall ist.

Unter den Londoner Höckern oder „Costers" besteht ferner seit Jahr-zehnten die Sitte, nach gewissen, nicht allzu genau definierten Regeln den bestehenden Sprachschatz, wozu wir auch Cant und Slang rechnen müssen, zeitweilig umzubilden. Die beliebteste Methode der Neubildung ist die Um-

II*

ſetzung der Buchſtaben in beſtehenden Wörtern, ein Prozeß, welcher ſich übrigens mutatis mutandis auch in der organiſchen Entwickelung der Sprachen findet. (Man vergleiche hors(e) und (h)ross und die zahlreichen ſonſtigen Beiſpiele der ſog. Metatheſis.) Alſo wird durch Rückverſetzung aus woman Weib: namow, aus penny Groſchen: ynnep gebildet. Schwieriger wird dieſer Prozeß bei police, woraus esclop und dann slop, und bei shilling, woraus ſonderbarerweiſe generalize und abgekürzt gen (dGĕn) geworden iſt. Läßt ſich die Umſetzung nicht ohne weiteres ausführen, ſo ſchiebt man je nach Bedürfnis Vokale oder Konſonanten ein (ebenfalls eine dem Sprachforſcher bekannte Erſcheinung). Bei der mangelhaften Orthographie der Londoner Plebs iſt es nicht immer ganz leicht, den Urſprung der alſo künſtlich zurecht= gemachten Vokabeln ſofort zu erkennen.

Näheres über dieſes, als Back - Slang bekannte Kauderwelſch, das, beiläufig geſagt, wenig Originelles bietet und auf die engliſche Litteratur bisher keinerlei Einfluß ausgeübt hat, gibt das vorliegende Wörterbuch. Daß in der Gaunerzunft noch andere Syſteme der Umſtellung herrſchen, läßt ſich durchaus nicht bezweifeln. In den *Sporting Times* kam noch vor kurzem der Ausdruck „akefa on the chivey" (ē'f-fa ŏn *thĕ* tſchľw-e) vor, ein Ausdruck, in welchem akefa durch Umſtellung aus fake gebildet iſt; der ganze Ausdruck bedeutet demnach Schminke auf dem Geſichte. Der Leſer wird bemerken, daß es ſich hier nicht um eine einfache Rückverſetzung handelt.

Das ſog. *Rhyming-Slang* wird weiter unten bei Gelegenheit der Be= ſprechung des kleinen Werkchens *The Vulgar Tongue* von Ducange Anglicus, 1859, Erwähnung finden. Doch möchten wir ſchon hier die Bemerkung einflechten, daß auch dieſe, durch Reimbildung künſtlich hervorgebrachte Geheimſprache ſehr ephemerer Natur iſt und nur bei einem kleinen Prozent= ſatze des großen Volkes von Gaunern und Vagabunden Anſehen genießt. Zu den gelungenſten und witzigſten Vertretern des *Rhyming-Slang* dürfen wir die folgenden rechnen:

1. Artful dodger (abgefeimtes Bürſchchen) ſtatt lodger.
2. Bushy park (Part in der Nähe von Richmond bei London) ſtatt lark Scherz.
3. Cat-and-mouse ſtatt house.
4. Chump of wood (Holzklotz) ſtatt no good nutzlos.
5. Cows and kisses ſtatt Missus Frau.
6. Ding-dong ſtatt song.
7. Flea and louse ſtatt house.
8. I'm afloat (ich bin flott) ſtatt boat.
9. lump of lead ſtatt head.
10. Sorrowful tale ſtatt (three months in) jail.

Von geheimen Bettlerzeichen handelt Mayhew in *London Labour and London Poor*, ein Werk, auf das wir ebenfalls noch zurückkommen werden.

§ 2

Litteratur des Cant und Slang,
mit Hinweis auf die bestehenden Hauptwerke geschichtlich dargestellt, nebst Auszügen und Erläuterungen.

An Hilfsmitteln für das Studium von Slang und Cant fehlt es weder in der englischen noch in der deutschen Litteratur. Hotton's *Slang Dictionary* (neueste Auflage, Chatto and Windus, Piccadilly W. 1874) ist äußerst reichhaltig und wird in England viel benutzt. Die Vorrede bildet eine der besten, vielleicht die beste Abhandlung über das Gauner-Argot und die Volkssprache, und die (alphabetisch geordnete) Bibliographie enthält eine fast erschöpfende Angabe der Quellen. Für die deutschen Leser ist das Buch weniger wertvoll; auch möge man die darin vorkommenden Etymologieen mit großer Vorsicht aufnehmen. Unserem Lucas (sowie auch Hoppe in seinem „Supplement-Lexikon" und Johan Storm in seiner „Englischen Philologie") gebührt das Verdienst, den englischen Flibustier gründlich studiert zu haben; auch Flügel und Köhler sind mit der Londoner Volkssprache vertraut. Wer aber genauere Studien machen will, muß in den Quellen, aus welchen die Lexikographen geschöpft haben, selbst nachforschen. Eine vollständige Liste der Werke, in denen das Argot der Straße vertreten ist, wäre für den Leser nutzlos. Doch wollen wir wenigstens die bedeutendsten (mit Auszügen und Erläuterungen) hier anführen, und zwar, wie in der *Biographical List* von Rev. W. Skeat und J. H. Nodal (English Dialect Society 1877) in möglichst geschichtlicher Reihenfolge:

1566 oder **1567**. THOMAS HARMAN. *Caveat or Warening for Common Cursetors vulgarly called Vagabones.* Neu aufgelegt von E. Viles und F. J. Furnivall in *The Rogues and Vagabonds of Shakspere's Youth*, 1869.

Schon ein Jahr früher (vielleicht schon 1561) war Awdeley's *Fraternitye of Vacabondes* erschienen, und die ersten Anfänge der Cant-Litteratur lassen sich noch weiter zurück verfolgen. Schrieb doch schon Martin Luther im Jahre 1528 eine Vorrede zu dem bekannten Buche *Liber Vagatorum: Der Bettler-Orden*, das in seinem dritten Teile ein Wörterbuch des Rotwelschen enthält. Dieses Wörterbuch ist von Hotten ins Englische übersetzt worden. Indessen gebührt Harman ohne Zweifel das Verdienst, das englische Rotwelsch zum ersten Male in systematischer Weise dargestellt zu haben. Harman's Wörterbuch, zusammen mit Awdeley's *Fraternity*, sind neuerdings (1869) in der Extra-Serie der Early English Text Society er-

schienen. Das Vokabular ist von Harman's Nachfolgern reichlich benutzt
worden, und wie es in der Vorrede zu Hotten's *Slang Dictionary* vollständig
abgedruckt steht, so glauben wir es auch hier vollständig wiedergeben zu sollen.
Doch wollen wir zuerst den berühmten Katalog der Bettler und Diebe aufführen. — H. teilt nämlich die Gaunerzunft in:

1) Rufflers — Bettler, die sich für verwundete Soldaten ausgeben. Diese bilden
die Aristokratie unter der Bettlerzunft.

2) Upright-Men — gediente, abgefeimte Strolche, gewöhnlich Anführer der
Bettlerbande.

3) Hookers or Anglers — Schurken, die bei Tage betteln und bei Nacht stehlen,
und zwar letzteres mittels einer langen, mit einem Haken versehenen Stange.

4) Rogues — Bettler, die sich lahm stellen u. s. w. Eine besondere Gattung der
Rogues sind die „Wild Rogues", d. h. „Rogues" von Geburt.

5) Priggers of Prancers — Roßdiebe.

6) Pallyards — welche sich künstliche Wunden beibringen und bunt geflickte
Kleider anziehen, um Mitleiden zu erregen.

7) Fraters — Bettler, die in schwarzen, am Gürtel angebrachten Büchsen Bettelbriefe tragen; diese Bettelbriefe sind meist gefälscht, verschaffen aber den Eigentümern
öfters Aufnahme in Armenhäusern (spitlehouses for the reliefe of the poore).

8) Abraham Men — Faulenzer, die vorgeben, daß sie aus dem Irrenhause oder
einem Gefängnisse entlassen seien.

9) Freshwater Mariners or Whipjacks — deren Schiffe auf „Salisbury Plain"
(einer von Gaunern sehr besuchten Lokalität) Schiffbruch gelitten haben.

10) Counterfeit Cranks — Bettler, die sich fallsüchtig stellen.

11) Dommerars — Bettler, die sich stumm stellen.

12) Drunken Tinkers — versoffene Kesselflicker, die für jedes Loch, das sie
am Kessel zulöten, zwei neue machen.

13) Swadders oder Pedlars — Untergebene des Upright-Man.

14) Demanders for glymmar — Weiber, die vorgeben, durch eine Feuersbrunst
(glymmar) ins Unglück geraten zu sein.

15) Walking morts — Bettelweiber, die sich für Witwen ausgeben, und sich teils
durch Bettelei, teils durch Hurerei ernähren.

Über weitere Species s. im Wörterbuche die Artikel autem mort, bawdy-basket,
dell, doxy, kinchen cove, kinchen mort, patrico.

Das obenerwähnte Vokabular ist folgendes:

Nab, a head.	a pratling chete, a tounge.	quaromes, a body.
Nabchet, a hat or cap.	Crashing chetes, téeth.	prat, a buttocke.
Glasyers, eyes.	Hearing chetes, eares.	stampes, legges.
a smelling chete, a nose.	fambles, handes.	a caster, a cloke.
gan, a mouth.	a fambling chete, a rynge on thy hand.	a togeman, a cote.

a commission,
  a shierte.

drawers,
  hosen.

stampers,
  shooes.

a mofling chete,
  a napkyn.

a belly chete,
  an apern.

dudes,
  clothes.

a lag of dudes,
  a bucke of clothes.

a slate or slates,
  a shéete or shetes.

lybbege,
  a bed.

bunge,
  a pursse.

lowre,
  monye.

mynt,
  golde.

a bord,
  a shylling.

halfe a borde,
  sixe pence.

flagg,
  a groate.

a wyn,
  a penny.

a make,
  a halfepeny.

bowse,
  drynke.

bene,
  good.

benshyp,
  very good.

quier,
  nought.

a gage,
  a quarte pot.

a skew,
  a cuppe.

pannam,[1]
  bread.

cassan,
  chéese.

yaram,[2]
  mylke.

lap,
  butter milke or whey.

pek,
  meate.

poppelars,
  porrage.

ruff pek,
  baken.

a grunting chete or a
  patricos kynchen,
  a pyg.

a cakling chete,
  a cocke or capon.

a margery prater,
  a hen.

a Roger or tyb of the
  buttery,
  a Goose.

a quakinge chete or a
  red shanke,
  a drake or ducke.

grannam,
  corne.

a lowhinge chete,
  a Cowe.

a bletinge chete,
  a calfe or shéepe.

a prauncer,
  a horse.

autem,
  a church.

Salomon,
  a alter or masse.

patrico,
  a priest.

nosegent,
  a Nunne.

a gybe,
  a writinge.

a Iarke,
  a scale.

a ken,
  a house.

a staulinge ken,
  a house that wyll re-
  ceaue stolen ware.

a bousing ken,
  a ale house.

a Lypken,
  a house to lye in.

a Lybbege,
  a bedde.

glymmar,
  fyre.

Rome bouse,
  wyne.

lage,
  water.

a skypper,
  a barne.

strommell,
  strawe.

a gentry cofes ken,
  A noble or gentlemans
  house.

a gygger,
  a doore.

bufe,
  a dogge.

the lightmans,
  the daye.

the darkemans,
  the nyght.

Rome vyle,
  London.

dewse a vyle,
  the countrey.

Rome mort,
  the Quene.

a gentry cofe,
  a noble or gentleman.

---

[1] Die 1573er Auflage hat *Yannam*.
[2] B. hat *yarum*; die 1573er Auflage *Param*.

a gentry morte,
A noble or gentle woman.

the quyer cuffyn,[1]
the lusticer of peace.

the harman beck,
the Counstable.

the harmans,
the stockes.

Quyerkyn,
a pryson house.

Quier crampringes,
boltes or fetters.

tryninge,
hanginge.

chattes,
the gallowes.

the hygh pad,
the hygh waye.

the ruffmans,
the wodes or bushes.

crassinge chetes,
apels, peares, or anye other frute.

to fylche, to beate, [to stryke, to robbe.[2]

a smellinge chete,
a garden or orchard.

to nyp a boung,
to cut a pursse.

To skower the cramp-rings,
to weare boltes or fetters.

to heue a bough,
to robbe or rifle a boew-eth (booth?).

to cly the gerke,
to be whypped.

to cutte benle,[3]
to speake gently.

to cutte bene whydds,
to speake or geue good wordes.

to cutte quyre whyddes,
to geue euell wordes or euell language.

to cutte,
to saye.

to towre,
to sée.

to bowse,
to drynke.

to maunde,
to aske or requyre.

to nygle,
to haue do to with a woman carnally.

to stall,
to make or ordaine.

to cante,
to speake.

to myll a ken,
to robbe a house.

to prygge,
to ryde.

to dup the gyger,
to open the doore.

to couch a hogshead,
to lye downe and sléepe.

stow you,
holde your peace.

bynge a waste,
go you hence.

to the ruffian,
to the deuell.

the ruffian cly the,
the deuyll take thée.

Dem Vokabular schließt sich in dem erwähnten Buche die folgende, der Gaunersprache entnommene Unterhaltung an:

The vpright Cofe canteth to the Roge.[4]
The vpright man speaketh to the Roge.

VPRIGHTMAN.[5]

Bene Lightmans to thy quarromes, in what lipken hast thou lypped in this darkemans, whether in a lybbege or in the strummell?

God morrowe to thy body, in what house hast thou lyne in all night, whether in a bed, or in the strawe?

ROGE.

I couched a hogshead in a Skypper this darkemans.

I layd[6] me downe to sléepe in a barne this night.

VPRIGHT MAN.[7]

I towre the strummel trine vpon thy nabchet[8] and Togman.[9]

I sée the strawe hang vpon thy cap and coate.

ROGE.

I saye by the Salomon I will lage it of with a gage of benebouse; then cut to my nose watch.

---

[1] custyn. B. — [2] Statt dieser beiden Zeilen bringt die Auflage des Jahres 1573: To fylche = to robbe. — [3] benie. B. — [4] Roger. B. — [5] man. B. — [6] laye. B. — [7] In B. fehlt vpright. — [8] nabches. B. nabchet Kappe; später nob-cheat. — [10] togman Rod; später tog (lat. toga?).

I sweare by the masse.[1] I wull washe it of with a quart of good drynke;
then saye to me what thou wylt.

MAN. Why, hast thou any lowre in thy honge to bouse?
Why, hast thou any money in thy purse to drinke?

ROGE. But a flagge, a wyn, and a make.
But a grot,[2] a penny, and a halfe penny.

MAN. Why, where is the kene that hath the bene bouse?
Where is the house that hath good drinke?

ROGE. A bene mort hereby at the signe of the prauncer.
A good wyfe here by at the signe of the hors.

MAN. I cutt it is quyer bouse, I bousd a flagge the laste dark
maus.
I saye it is small and naughtye drynke. I dranke a groate there
the last night.

ROGE. But bouse there a bord, and thou shalt haue beneship.
But drinke there a shyllinge, and thou shalt haue very good.

Tower ye yander is the kene, dup the gygger, and maund that is
bene shyp.
Se you, yonder is the house, open the doore, and aske for the best.

MAN. This bouse is as benship[3] as rome bouse.
This drinke is as good as wyne.

Now I tower that bene bouse makes nase nabes.
Now I se that good drinke makes a dronken heade.

Maunde of this morte what bene pecke is in her ken.
Aske of this wyfe what good meate shee hath in her house.

ROGE. She hath a Cacling chete, a grunting chete, ruff Pecke,
cassan, and popplarr of yarum.
She hath a hen, a pyg, baken,[4] chese and mylke porrage.

MAN. That is beneship to our watche.
That is very good for vs.

Now we haue well bousd, let vs strike some chete.
Nowe we haue well dronke, let us steale some thinge.

Yonder dwelleth a quyere cuffen, it were beneship to myll hym.
Yonder dwelleth a hoggeshe and choyrlyshe[5] man, it were very well donne
to robbe him.

ROGE. Nowe bynge we a waste to the hygh pad, the ruffmanes
is by.
Naye, let vs go hence to the hygh waye, the wodes[6] is at hand.

MAN. So may we happen on the Harmanes, and cly the Iarke,
or to the quyerken and skower quyaer cramprings, and so to tryning
on the chates.
So we maye chaunce to set in the stockes, eyther be whypped, eyther
had to prison house, and there be shackled with bolttes and fetters, and then
to hange on the gallowes.

---

[1] *masst*. B. — [2] † grot = groat (4 Pence). — [3] *good* in der Ausgabe von
1573. — [4] baken = bacon Sped. — [5] hoggeshe and choyrlyshe = hoggish and
churlish flegelhaft und grob. — [6] wodes = wood Wald.

Gerry gan, the ruffian clye thee.
A torde in thy mouth, the deuyll take thee.

MAN. What, stowe your bene, cofe, and sut benat whydds, and byng we to rome vyle, to nyp a bong; so shall we haue lowre for the bousing ken, and when we byng back to the deuseauyel, we wyll fylche some duddes of the Ruffemans, or myll the ken for a lagge of dudes.

What, holde your peace, good fellowe, and speake better wordes, and go we to London, to cut a purse; then shal we haue money for the ale house, and when wee come backe agayne into the country, wee wyll steale some lynnen clothes of one hedges, or robbe some house for a bucke of clothes.

1592. *The Groundworke of Conny-catching; the manner of their Pedlers-French and the meanes to understand the same.* Printed at London by John Danter for William Barley.

Dieses Buch ist, mit Ausnahme weniger Seiten, ein Abdruck des Harman'schen Werkchens.

1608. THOMAS DEKKER. *The Belman of London.* Enthält wenig Neues, da der bessere Teil des Buches dem Harman'schen Werke entnommen ist.

1609. THOMAS DEKKER. *Lanthorne and Candle-light.* Villanies discovered &c.: Bildet den zweiten Teil zum *Belman.* Enthält ein (ebenfalls von Harman abgedrucktes) Cant-Wörterbuch, sowie ein Cant-Lied. Das letztere lassen wir wörtlich folgen:

The Ruffin cly the nab of the Harman beck.
If we mawnd Pannam, lap or Ruff-peck.
Or poplars of yarum: he cuts, bing to the Ruffmans.
Or else he sweares by the lightmans
To put our stamps to the Harmans.
The Ruffian cly the ghost of the Harmanbeck.
If we heaue a booth we cly the Jerke.
If we niggle or mill a bousing ken.
Or nip a bung that has but a win,
Or dup the giger of a gentry cofes ken:
To the quier cuffing we bing,
And then to the quier-Ken to scowre the Cramp-ring,
And then to the Trin'de on the chates, in the lightmans,
The Bube and Ruffian cly the Harman beck and harmans.

Thus Englished:

The Diuell take the Constable's head
If we beg Bacon, Butter-milke or bread,
Or Pottage, to the hedge he bids us hie
Or sweares (by this light) i'th' stocks we shall lie
The Deuill haunt the Constable's ghoast,
If we rob but a Booth, we are whip'd at a poast.
If an ale-house we rob or be tane with a whore,
Or cut a purse that has iust a penny, and no more,
Or come but stealing in at a Gentleman's dore:

To the Justice straight we goe,
And then to the Jayle to be shakled: And so
To be hang'd on the gallowes i'th' day time: the pox
And the Deuill take the Constable and his stocks.

Der Teufel hole den Kopf des Polizisten.
Wenn wir betteln um Brot, Buttermilch oder Speck
Oder Grütze von Milch, so sagt er: fort ins Gebüsch.
Oder aber er schwört beim lichten Tage,
Er wolle uns die Beine in den Bock zwängen lassen.
Der Teufel hole die Seele des Polizisten.
Wenn wir ein Haus berauben, büßen wir's am Pranger;
Wenn wir der Minne pflegen oder eine Schenke ausräumen,
Oder stehlen eine Börse mit just einem Groschen,
Oder erbrechen die Thür eines vornehmen Hauses:
Zum Richter geht's stracks;
Und dann ins Zuchthaus, um die Ketten zu schleppen,
Und dann zum Hängen am Galgen, bei lichtem Tage.
Die Pestilenz und der Teufel hol' die Polizei und den Bock!

Der Leser wird viele der hier vorkommenden Vokabeln, wenn auch nicht immer in der nämlichen Schreibweise, noch mehrmals vor die Augen bekommen. Wir dürfen deshalb alle weiteren Bemerkungen über die vorliegenden Sprach= elemente auf später verschieben. Nur möchten wir darauf aufmerksam machen, daß in diesem Liede, sowie in der ganzen älteren Gauner=Lyrik das Bestreben vorzuherrschen scheint, sich durch Dunkelheit des Ausdruckes in den Mantel des Geheimnisses zu hüllen. Wenigstens sind die Lieder dieser Gattung viel weniger leicht zu entziffern als alles Sonstige, was sich in der Cant=Litteratur vorfindet.

1611. — Thomas Middleton and **Thomas Dekker.** *The Roaring Girle,* or *Moll Cut-purse.* Ganze Dialoge dieses Stückes sind in Cant ab= gefaßt. Wir entnehmen demselben das folgende Cant=Lied:

A gage of ben Rom-bouse,
In a bousing ken of Rom-vile
Is Benar than a Caster,* Peck, pennam, lay
Or popler
Which we mill in deuse-a-vile.
Oh, I would lib all the lightmans
Oh, I would lib all the darkmans,
By the sollamon under the Ruffemans
By the sollamon in the Hartmans
And scoure the Quire cramp-ring,
And couch till a pallyard docked my dell,
So my bousy nab might skew rom bouse.
Avast to the pad, let us bing!

Ein Schoppen guter Wein
In einer Kneipe von London,
Ist besser als ein Mantel, Fleisch, Brot, Buttermilch
Oder Grütze,

* vielleicht statt cassan Käse (!).

Welche wir stehlen auf dem Lande.
Ach, ich möchte liegen den lieben langen Tag,
Ach, ich möchte liegen die ganze Nacht durch
Bei meiner Treu unter der Hecke,
Bei meiner Treu im Blocke,
Und tragen böse eiserne Ketten
Und liegen bis ein Schelm verführte mein Mädchen,
Wenn ich kneiplustiger Bruder schlürfen dürfte den Wein.
Fort, aus Fechten, auf und davon!

Das Wort lib für liegen, welches in diesem lustigen Kneipliede zweimal vorkommt, ist sonst nur selten anzutreffen. Das Wort Harman's, das hier in der Gestalt Hartman's erscheint, wird von englischen Sprachkennern von HARMAN, dem Namen des oft erwähnten Autors, hergeleitet.

1614. BEN JONSON. *Masque of the Gipsies Metamorphosed.* (The Works of Ben Jonson. With introduction &c. by F. Cunningham. 1875. London.)

In dieser Maske, die mehrmals vor dem Könige Jakob I. aufgeführt wurde, kommen ebenfalls Dialoge und Lieder in der Gaunersprache vor. Die Phraseologie bleibt aber so ziemlich die nämliche wie die, welche wir aus den zwei soeben wiedergegebenen Liedern kennen gelernt haben. Der Eidschwur, den wir oben in der Gestalt „by the sollamon" wiedergegeben haben, kommt hier, sowie bei Fletcher, als „by the salmon" (salam oder Salomon?!) vor. Die englischen Erklärer übersetzen es mit „by the mass(e)".

Wir begegnen hier besonders der Figur des Patrico, eines als Priester verkleideten Führers der Zigeunerbande. Seine Reden sind überaus kräftig und zeugen von der Vertrautheit des Dichters mit der Rogues' Language.

Um das Londoner Leben dieser Zeit kennen zu lernen, sollte man auch *The silent Woman* von Ben Jonson studieren.

W. SHAKESPEARE. Auch bei dem objektivsten aller Modernen bedienen sich die „Clowns", „Nurses", Nachtwächter und Pariahs aller Art gewisser familiären Ausdrücke, welche man mit „Shakespeare'schem Slang" bezeichnen dürfte, und welche heute zum Teil veraltet oder in den Dienst der ehrsameren Schriftsprache getreten sind. Gar kräftig sagt z. B. Mrs. Page in den „Lustigen Weibern von Windsor": „I cannot tell what the *dickens* his name is" (was zum Henker sein Name sein mag), und die Flüche, welche auf den Lippen Falstaffs und seiner Genossen so „gemein wie Brombeer'n" sind, würden allein schon eine ganz pikante Sammlung von Kraftausdrücken ergeben. Auch finden sich sporadisch Sport-Ausdrücke, wie pepper, fancy und Corinthian. Doch, selbst bei den gröbsten Späßen seiner dramatischen Gestalten, verirrt sich der große William selten in die eigentliche Zunftsprache. Das Gaunerjargon, das einzelnen seiner Zeitgenossen so geläufig scheint, kommt bei ihm mehr versteckt oder in Anspielungen vor. So sagt Pistol in König Heinrich V. (Akt 2, Sc. 1): I'll live by Nym (nim), and Nym shall live by me". Ich will vom Stehlen, und Nym soll von mir leben — offenbar ein Wortspiel auf das Gaunerwort nim; in dem Prolog zu demselben Akte heißt es: „The gilt of France (o guilt indeed) — wo gilt offenbar der alte Cant-Ausdruck für Geld ist.

Für das Studium der älteren Volkssprache empfehlen wir dem Leser ganz besonders die Reden des Slender und der Frau Quickly in den „Lustigen Weibern von Windsor" (man vergleiche z. B. den Dialog zwischen Falstaff und der Frau Quickly in der zweiten Scene des zweiten Aktes); ferner die Reden und Lieder des Totengräbers in „Hamlet" (V. 1); die Lieder und Kraftausdrücke des Stephano und des Caliban im „Sturm", sowie auch die unsterblichen malapropisms des Dogberry in „Viel Lärm um nichts." Ich greife unter diesen auf gut Glück die folgenden heraus:

who think you the most *desartless* man (to be constable)? statt: *whom* think you the most *desertful* man? wen hältst du für den geeignetsten Mann (für das Amt eines Polizisten)?

you shall *comprehend* all *vagrom* men statt: you shall *apprehend* all *vagrant* men ihr sollt alle Landstreicher festgreifen.

Is our whole *dissembly* appeared? statt: Is our whole *assembly* appeared? Ist unsere Versammlung vollständig?

thou wilt be condemned into everlasting *redemption* statt *damnation* du wirst auf ewig verdammt sein.

let them be *opinioned* statt *pinioned* laßt sie festnebeln.

Dost thou not *suspect* my place statt: dost thou not *respect* my place achtest du nicht mein Amt?

secondarily they are *slanders* statt: *secondly* they are *slanderers* zweitens sind's Verleumder.

In der hier folgenden kurzen Liste von Shakespeare'schen Ausdrücken wird der Leser noch manches sonst nur in der Gaunersprache vorkommende Wort wiederfinden:

Assinego Esel (*Troilus and Cressida*, II, 1).
basta genug (*Taming of the Shrew*, I, 1).
bawcock lustige(r) Geselle (*Winter's Tale*, I, 2).
blue bottle [Schmeißfliege, dann] Gerichtsdiener (2d part, *Henry IV*, V, 4).
broker Kuppler (*Hamlet*, I, 3).
callot Metze, Unzüchtige (*Winter's Tale*, II, 3).
capon Liebesbrief (*Love's Labour's lost*, IV, 1).
carry coals Beleidigungen ruhig hinnehmen (*Romeo & J.*, I, 1).
case Haut (*Twelfth Night*, V. 1).
catastrophe Hinterer (2d p., *Henry IV*, II, 1).
chuck Liebchen (*Love's Labour's lost*, V, 1).
clack-dish Bettler (*Meas. for M.*, III, 2).
coney catch betrügen (*Merry Wives of W.*, I, 2 & 3).

conveyer Dieb.

Corinth verrufenes Haus.
Corinthian Wüstling. } (Kommen wiederholt vor.)
cornuto Hahnrei.
costard Kopf.

crush a cup einen Becher leeren (*Romeo and J.*, I, 2).

sap (BARDOLPH gebraucht in demselben Satze und im gleichen Sinne auch cashier'd) betrunken (*Merry Wives of W.*, I, 1).

geck Narr (*Twelfth Night*, V, 1).

king Urinal Arzt (*Merry Wives of W.*, II, 3).

leno Kuppler. } (Kommen wiederholt vor.)
lifter Dieb.

limbo patrum (sonst auch limbo) Gefängnis (*Henry VIII*, V, 3).

lob dumm (*Midsummer N. D.*, II, 1).

malt-worm Säufer (*Henry IV*, 1st p., II, 1).

meacock Feigling (*Taming of the Shrew*, II, 1).

miching mallecho unglückverheißend (*Hamlet* III, 2).

nut-hook Häscher (*Merry Wives of Windsor*, I, 1).

parcel-bawd halb verhurt (*Measure*, II, 1).

pauca (auch pauca verba) sagt wenig (*Merry Wives of W.*, I, 1).

pickaxes Finger (*Cymbeline*, IV, 2).

pickers and stealers Hände (*Hamlet*, III, 2).

quondam alt, ehemalig (*Henry V*, II, 1).

red-lattice phrases Wirtshausreden (*Merry Wives of W.*, II, 2).

sconce Kopf (*Comedy of Er.*, I, 2).

shoulder-clapper Häscher (*Comedy of Er.*, IV, 2).

silly cheat Taschendieberei (*Winter's Tale*, IV, 2).

snipe Feigling (*Othello*, I, 3).

tag Pöbel, Gesindel (*Coriolan*, III, 1).

tame cheater falsche(r) Spieler.
tear a cut flunkern. } (Kommen wiederholt vor.)
tickle-brain starke(s), berauschende(s) Getränk.

tool männliche(s) Glied (*Henry VIII*, V, 3).

tub-fast Syphilis (*Timon*, IV, 3).

zani Narr (*Love's Labour's lost*, V, 2).

Für Freudenmädchen, Metze oder Buhlerin gebraucht Shakespeare die folgenden Ausdrücke:

Fustilarian, gamester, giglot, goose, guinea-hen, jay, malkin, nag, laced-mutton, pagan, puzzel (pucelle?), rampallian, ronyon, tib u. s. w.

Wir verweisen den Leser für alles Weitere auf das Wörterbuch selbst, in welchem zahlreiche Beispiele aus Shakespeare vorkommen. Daß es uns nicht daran liegen konnte, jeden volkstümlichen oder eigenartigen Ausdruck des großen Dichters in unser Werk aufzunehmen, das hat seinen Grund erstens darin, daß für Shakespeare'sche Lexikographie in Deutschland (vergl. Schmidt, „Shakespeare-Lexikon" u. s. w.) hinlänglich gesorgt ist, und zweitens in unserm Bestreben, vor allem der Gegenwart Rechnung zu tragen, und die bezügliche Litteratur darzustellen, wie sie heute lebt und webt. Nur da, wo ein Hinweis auf die Sprache der älteren Dramatiker für die Zwecke der Vergleichung oder für das Verständnis des modernen Ausdrucks notwendig war, haben wir es für unsere Pflicht gehalten, auf Shakespeare und seine Zeitgenossen zurückzugreifen.

1622. John Fletcher. *The Beggar's Bush.* Aus dieser luſtigen Komödie Fletcher's allein ließe ſich ein reſpektables Wörterbuch der alten Gaunerſprache herſtellen; wir wollen jedoch nur einzelne der darin vorkommenden Cant-Ausdrücke ganz beſonders ins Auge faſſen.

Schon die Namen der auftretenden Perſonen ſind ſehr bezeichnend, darunter beſonders Cranke und Abram man. (Vergl. im Wörterbuche crank und Abram man.)

Wir rechnen zu den intereſſanteren Wörtern ferner:
nob cheat Kopfbedeckung, eigentlich Kopfding.

Über ähnliche Zuſammenſetzungen vergl. der Leſer die Art. belly-cheat, bouncing-cheat, cackling-cheat, grunting-cheat. Cove, ein ſehr altes Gaunerwort, das Leland aus dem Zigeuneriſchen herleitet. Schon Thomas Harman führt die Phraſe „a gentry cofe" (ein feiner Herr) an.

In „*lour to bouze* with" (Geld zum Saufen) begegnen wir zwei noch jetzt wohlbekannten Kraft-Ausdrücken. Lour ſoll nach Leland mit dem Zigeunerworte „lovo" oder „loure", ſtehlen, in Verbindung ſtehen. Das Wort bowse, bouse oder bouze, jetzt booze, iſt bereits von den Etymologen auf das niederländiſche „buysen" ſaufen zurückgeführt worden. Der internationale Charakter des Bettlers, wie er in den alten Dramatikern erſcheint, drückt ſich in der Redensart bene whids gute Worte aus. Über bene vergleiche das Wörterbuch.

In „Higgen hath prig'd the *Prancers*" (h. hat Pferde geſtohlen) fällt uns der noch jetzt unter Roßkämmen viel gebräuchliche Name des Pferdes auf, der ſich ſeinem Charakter nach an Zunftwörter wie peeper (Gucker) ſtatt Auge; dew-duster (Tauſtäuber) ſtatt Fuß; choker (Würger) Halsbinde und dergl. reihen läßt.

Wir teilen zum Schluſſe noch die Rede des Higgen nebſt der vom Redner dazu gelieferten Überſetzung mit:

I crown thy nab with a gag of benbouse	I poure on thy pate a pot of good ale
And stall thee by the salmon into clowes	And by the Rogue's oath, a Rogue the install,
To mannd on the pad and strike all the cheats	To beg on the way and rob all thou meets,
To mill from the Ruffmans, and Commission and slates.	To steal from the hedge both the shirt and the sheets,
Twang dell's, i'the stiromel, and let the quire cuffin	And lie with thy wench in the straw till she twang,
And Herman Beck strine and trine to the Ruffin!	Let the Constable, Justice and Devil go hang!

Überſetzung:

Ich gieß' auf dein Haupt ein Maß guten Biers,
Und beim Gaunereid ich zum Gauner dich weihe;
Zu betteln am Wege, zu plündern, wen du triffſt,
Vom Zaune zu ſtehlen das Hemd und die Laken;
Zu buhlen im Stroh und zu fluchen dem Richter,
Dem Schergen und dem Teufel; es hol' ſie der Henker!

Das Wort maund betteln, das uns hier entgegentritt, beruht offenbar auf dem lateinischen mandare; commission bemo scheint aus der Lingua Franca herzustammen und klingt an das italienische camicia an. Das Wort beck, das früher Schutzmann bedeutete, ist in seiner heutigen Gestalt beak gleichbedeutend mit Magistrate Friedensrichter. „I've got to go afore the beak" ist auf Nichtgaunerisch übersetzt: „I am obliged to appear before the Magistrate".

1622. Richard Head. *The English Rogue* — being a compleat history of the most eminent cheats. (Im Jahre 1665 u. s. w. neu aufgelegt.)

Enthält unzüchtige Geschichten, die mit Cant-Ausdrücken gewürzt sind, sowie auch ein kurzes (von Harman abgedrucktes) Glossar der Rogues' Language. Ich entnehme einem in diesem Buche vorkommenden Bettlerliede die folgenden oft citierten Verse:

> Bing out, bien morts, and ture and ture,
> Bing out, bien morts, and toure;
> For all your Duds are bing'd awast
> The bien cove hath the loure.
>   (gute Mann)

> Gebt hinaus, liebe Weiber, und guckt euch um
> Gebt hinaus, liebe Weiber, und guckt
> Denn all eure Siebensachen sind dahin;
> Der Gauner hat das Geld

> When they did seek, then did we creep
> And plant in ruff-mans low
> To strawling (statt stalling) ken the mort bings then,
> To fetch lour for her cheats.
>   (ihre Sachen)

> Wann sie suchten, dann verkrochen wir uns
> Und versteckten uns tief im Zaune;
> Zum Hehler geht dann hin das Weib
> Geld für das Gestohlene zu holen.

1652. Richard Brome. *A Jovial Crew,* or *The Merry Beggars.*

Wir entnehmen dieser Posse, deren Bedeutung für die Geschichte der englischen Gaunersprache bedeutend übertrieben worden ist, die folgenden Bettlerlieder:

1) Here safe in our skipper let's cly off our peck
           Scheune   aufzehren   Mahl
And bowse in defiance o' th' Harman beck.
     saufen   Schutzmann, Büttel
Here's pannum and lap, and good poplars of yarrum
     Brot   Grütze   Buttermilch
To fill up the crib and to comfort the quarron.
       Magen   Bauch
Now bowse a round health to the go-well and com-well
     läßt die Becher kreisen auf ein glücklich Gehen und Kommen

Of Cisley Bumtrincket that lies in the strummel
   (weiblicher Name)   Stroh
Here's ruffpeck and casson, and all of the best,
    Sped   Käse
And scrapes of the dainties of gentry cofe's feast.
            reiche Leute
Here's grunter and bleater, with tib-of-the-buttry
   Schwein   Schaf   Gans
And margery prater, all dress'd without slutt'ry
   Huhn   Schmutz
For all this ben cribbing and Peck let us then,
      dieses gute Schmausen und Essen
Bowse a health to the gentry cofe of the ken
        Herrn   Haus
Now bowse a round health to the go-well and come-well
Of Cisley Bumtrinket that lies in the strummel.

2) This is bien bowse, this is bien bowse,
     gutes Getränt
Too little is my skew.
I bowse no lage, but a whole gage
    Wasser   Maß
Of this I'll bowse to you.
This bowse is better than rom-bowse,
           Wein
It sets the gan a-giggling,
  macht den Mund lachen
The autum-mort finds better sport
  Eheweib hat größ'ren Spaß
In bowsing then in nigling.
  Am Trinten als am Buhlen.
This is bien bowse, this is bien bowse, u. s. w.

In einer späteren Auflage vom Jahre 1708 sind die Bettlerlieder mit einem Randglossar versehen. Die meisten der hier vorkommenden Wörter sind bereits bekannt; es sind eben die stereotypen Ausdrücke der älteren Cant-Periode.

Über das Wort lage (leg oder läg) Wasser, läßt sich bemerken, daß es höchst wahrscheinlich aus dem altfranzösischen l'aigue oder l'aige, Wasser, in der nämlichen Weise hervorgegangen ist, wie das französische lendemain aus l'en-demain, nämlich durch Verschmelzung des Artikels mit dem Substantiv.

In den vier folgenden Pamphleten, die wir ebenfalls dem (oben besprochenen) Werke: *The Rogues and Vagabonds of Shakespeare's Youth* verdanken, kommen einige für uns interessante Glossare vor. Auch verdient der Gaunerkatalog (in 2), sowie das ihn begleitende Gaunerlied (A Budg and Snudg Song) unsere Beachtung.

1. *The Catterpillers of this Nation anatomized, in a brief yet notable Discovery of House-breakers, Pick-pockets, &c. Together with*

the Life of a penitent High-way-man, discovering the Mystery of that Infernal Society. To which is added, the Manner of Hectoring and trapanning, as it is acted in and about the City of London. London, Printed for M. H. at the Princes Armes, in Chancery-lane. 1659.

Hierin kommen die folgenden Cant-Ausdrücke vor:

Ken = miller (house-breaker) Einbrecher.
Lowre, or mint = wealth or money Geld.
Gigers jacked = locked doors verschlossene Thüren.
Tilers, or Cloyers = shoplifters Ladendiebe.
Joseph, a cloak Mantel.
Bung-nibber, or Cutpurse = a pickpocket Taschendieb.

2. *A Warning for Housekeepers; or, A discovery of all sorts of thieves and Robbers which go under these titles, viz. — The Gilter, the Mill, the Glasier,[2] Budg and Snudg, File-lifter, Tongue-padder, The private Thief. With Directions how to prevent them, Also an exact description of every one of their Practices. Written by one who was a Prisoner in Newgate. Printed for T. Newton, 1676.*

Wir entnehmen hieraus das folgende, höchst interessante Gaunerlied:

A Budg and Snudg Song.

"The Budge it is a delicate trade,
And a delicate trade of fame;
For when that we have bit the bloe,[3]
We carry away the game:
But if the cully nap us,
And the lurres[4] from us take,
O then they rub us to the whitt,[5]
And it is hardly worth a make.
But when that we come to the whitt
Our Darbies to behold,
And for to take our penitency,
And boose the water cold.
But when that we come out agen,
As we walk along the street,
We bite the Culley of his cole,[6]
But we are rubbed unto the whitt.
And when that we come to the whitt,
For garnish[7] they do cry,
Mary, faugh, you son of a wh——
Ye shall have it by and by.
But when that we come to Tyburn,
For going upon the budge,
There stands Jack Catch, that son of a w——
That owes us all a grudge.

---

[1] Die 1573er Auflage hat *some*. — [2] Glasiers Diebe, welche nach Entfernung der Fensterscheibe durch das Fenster in ein Haus einbrechen. — [3] bit the bloe gestohlen. — [4] lurres hier: Beute. — [5] rub us to the whitt setzen uns ins Zuchthaus (s. im Wörterbuche Whittington). — [6] We bite the Culley of his cole wir stehlen jemand sein Geld. — [7] garnish, im älteren Cant (bis zu Howard's Zeiten) Gebühr, die der Gefangene dem Wärter für jede kleine Gefälligkeit entrichten mußte.

> And when that he hath noosed us
> And our friends tips him no cole,[1]
> O then he throws us in the cart
> And tumbles us into the hole." —

3. *Street Robberies consider'd; The reason of their being so frequent, with probable means to prevent 'em: To which is added three short Treatises —* 1. *A Warning for Travellers;* 2. *Observations on Housebreakers;* 3. *A Caveat for Shopkeepers.* London, J. Roberts [ohne Jahreszahl]. *Written by a converted Thief.*

Wir entnehmen dieser Schrift das folgende (von Viles und Furnivall ausgezogene) Cant-Glossar:

Abram, Naked nackt.
Betty, a Picklock Dietrich.
Bubble-Buff, Bailiff Gerichtsdiener.
Bube, Pox Pocken.
Chive, a Knife Messer. [an.]
Clapper dudgeon, ein Bettler von Geburt
Collar the Cole, Lay hold on the money das Geld packen.
Cull, a silly fellow (dummer) Mensch.
Dads, an old man Alter.
Darbies, Irons Handschellen.
Diddle, Geneva Genf.
Earnest, share Anteil.
Elf, little klein.
Fencer, receiver of stolen goods Hehler.
Fib, to beat schlagen.
Fog, smoke Rauch.
Gage, Exciseman Zollbeamte(r).
Gilt, a Picklock Dietrich.
Grub, Provender Futter, Essen.
Hic, booby Tölpel.
Hog, ein Schilling.
Hum, strong stark.
Jem, Ring Ring.
Jet, Lawyer Advokat.
Kick, Sixpence.
Kin, a thief Dieb.
Kit, Dancing-master Tanzmeister.
Lap, Spoon-meat Löffelkost.
Latch, let in einlassen.
Leake, Welshman Walliser.
Leap, all safe 's stimmt.
Mauks, a whore Hure.
Mill, to beat schlagen, boxen.
Mish, a smock Hemd.

Mundungus, sad stuff (schlechtes) Essen, Zeug.
Nan, a maid of the house Dienstmädchen.
Nap, an arrest Gefangennahme.
Nimming, stealing Dieberei.
Oss Chives, Bone-handled knives Messer mit beinernen Griffen.
Otter, a sailor Matrose.
Peter, Portmanteau Koffer.
Plant the Whids, take care what you say sprich vorsichtig.
Popps, Pistols Pistolen.
Rubbs, hard shifts Verlegenheiten.
Rumbo Ken, Pawn-broker Pfandleiher.
Rum Mort, fine Woman schöne(s) Weib.
Smable, taken genommen; gepackt.
Smeer, a painter Anstreicher.
Snafflers, Highwaymen Straßenräuber.
Snic, to cut schneiden.
Tattle, watch Uhr.
Tic, trust pumpen, borgen.
Tip, give geben.
Tit, a horse Pferd.
Tom Pat, a parson Pfaffe.
Tout, take heed aufgepaßt.
Tripe, the belly Bauch.
Web, cloth Tuch.
Wobble, to boil kochen.
Yam, to eat essen.
Yelp, a crier Ausrufer.
Yest, a day ago gestern.
Zad, crooked krumm.
Znees, Frost Frost.
Zouch, an ungenteel man Grobian.
&c. (sic!), a Bookseller Buchhändler.

4. *A true Discovery of the Conduct of Receivers and Thief-Takers, in and about the City of London, &c., &c.* London, 1718.

---

[1] our friends tips him no cole unsere Freunde geben ihm kein Geld.

1663. S. Butler. Im unsterblichen *Hudibras* besitzen wir eine ergiebige Quelle für die Konversationssprache des 17. Jahrhunderts. Für unsere Zwecke kommt jedoch Butler fast ebenso wenig in Betracht wie sein großer Gegenpart Milton; denn sein Argot streift nur selten an das volkstümlichere Slang an. Hochinteressant und ergötzlich ist der Butler'sche Reim: schon deshalb, weil er uns ein lebendiges Zeugnis für die Meisterschaft bleibt, mit welcher der berühmte Verfasser die Sprache der ihm befreundeten Kavaliere, wie auch der ihm so verhaßten Puritaner zu handhaben wußte. Drei Beispiele (bes. der Accentverschiebung wegen) mögen hier Raum finden:

> That Latin was no more *diffi'cile*
> Than to a blackbird 'tis to *whistle.*

> Daß Latein nicht schwerer sei
> Als der Amsel die Pfeiferei.

> And pulpit-drum eccles*iastic*
> Was beat with fist instead of *a' stick.*

> Und auf die Trommel der geistlichen Schar
> Statt des Klöppels die Faust hat geschlagen gar.

> Inclos'd in lantern made of *paper,*
> That far off like a star did *a'ppear.*

> In einer Laterne von Papier,
> Die weit wie 'n Stern geleuchtet schier.

1719. Captain Alexander Smith. *A compleat History of the Lives and Robberies &c.* — Containing *a Thieves' Grammar* and a *Thieves' Dictionary.*

Enthält Geschichten berüchtigter Räuber und Landstreicher, die reichlich mit Gauner-Argot versetzt sind. Das *Thieves' Dictionary* ist ein kurzes Cant-Wörterbuch; die Grammatik der Diebe nicht etwa eine Grammatik der Volkssprache, sondern eine launige Sammlung von Regeln für das Geschäft der Langfinger, — im ganzen genommen ein spaßiges und unterhaltendes Buch. Am lehrreichsten ist die darin eingeflochtene Diebesphraseologie, der die folgenden Sätze entnommen sind:

> brush upon the sneak;
> tritt leise auf;
> tip the Cole to Adam Tiler;
> reich das Gestohlene deinem Gefährten dar;
> run your tail through the buffer;
> stoß dem Köter deinen Degen durch den Leib;
> dub the jigger;
> brich die Thür auf;
> walk, for the mort twigs us;
> Geh' auf und ab, denn das Weib merkt uns;
> faggot and storm;
> brecht ins Haus und knebelt die Insassen;

the cull is leary;
die Leute sind auf ihrer Hut.

Als ältere Cant-Ausdrücke fallen uns hier besonders die Wörter tail für Schwert und buffer (sonst auch bufer) für Hund auf.

1754. SCOUNDREL'S DICTIONARY, ursprünglich unter dem Titel *A Dictionary of the Canting Crew* veröffentlicht.

Ein kurzes Cant-Wörterbuch, seinen Hauptbestandteilen nach dem „English Rogue" und anderen seiner Vorgänger entnommen; es enthält, neben einer kurzen Phraseologie, auch einige unzüchtige Gaunerlieder.

Das oben angeführte Lied:

„Bing out been Morts, rand (statt and) tour and tour
„bing out been Morts, and tour and tour,
„For all your Duds are bing'd avast,
„the been Cove tips the Lour" — — —

erscheint hier mit der folgenden Übersetzung:

„Go forth, brave Girls: look ont, look out,
„look out, I say, good maids,
„For all your cloaths are stole, I doubt,
„and shar'd amongst the blades" — — —

1785. FRANCIS GROSE. *A classical Dictionary of the vulgar tongue.* Eines der reichhaltigsten und originellsten, zugleich aber auch schmutzigsten der modernen Slang-Wörterbücher. Das Buch ist zu Anfang dieses Jahrhunderts mehrmals neu aufgelegt worden. Die (auch von uns vielfach benützte) neuere Auflage, welche Pierce Egan im Jahre 1823 veröffentlichte, ist bereits von Lucas und Köhler ausgezogen worden und hat auch Hotten als Grundlage zum *Slang-Dictionary* gedient.

1791. *Life and Adventures of Bamfylde Moore Carew, the King of the Beggars.*

Der Text bietet wenig Interessantes; doch befindet sich am Schlusse ein kurzes Wörterbuch der sogenannten Zigeunersprache, sowie ein kurzes Glossar des Bettler-Cant — beide von sehr geringem Werte.

Viel reichhaltiger, wenn auch weniger bekannt, ist das neuere Werk: *The King of the Beggars. The Life and Adventures of George Atkins Brine. A true story of vagrant life.* (Ward, Lock & Co.) Ohne Jahreszahl.

1803. *Gradus ad Cantabrigiam.*
Enthält das ältere Studenten-Argot.

Denselben Gegenstand behandelt in neuerer Zeit B. H. HALL in *Collection of College Words and Customs*, 1851.

1815. TOM CRIB'S *Memorial to Congress.* Unter dem Pseudonymus Tom Crib verbirgt sich der irische Dichter Th. MOORE, der, gleich Sheridan

und Swift, die Volksſprache für ſeine dichteriſchen Zwecke gut zu benutzen
verſtand. Das Gedicht iſt ſeinem äußeren Rahmen nach eine Satire auf
den damals in Wien tagenden Kongreß und gewiſſe politiſche Perſönlichkeiten
der damaligen Zeit; die intereſſanteſte Epiſode und gewiſſermaßen den Kern-
punkt bildet jedoch die hier beſchriebene Boxerei zwiſchen Long Sandy
und Georgy the Porpus.

Account of the Grand Set-to between Long Sandy and Georgy the Porpus.

Last Tuesday, at Moulsey, the Balance of Power
Was settled by twelve tightish rounds, in an hour —
The Buffers,[1] both „Boys of the Holy Ground"[2] —
Long Sandy, by name of the Bear much renown'd,
And Georgy the Porpus, a prime glutton[3] reckon'd —
Old thingummee Pottso[4] was Long Sandy's second,
And Georgy's was Pat Castlereagh, he, who lives
At the sign of the King's Arms a-kimbo, and gives
His small beer[5] about, with the the air of a chap
Who believed it himself a prodigious strong tap.[6]
This being the first true legitimate match,
Since Tom took to training these Swells for the scratch.
Every lover of life,[7] that had rhino to spare,
From sly little Moses to B—r—g, was there.
Never since the renown'd days of Broughton and Figg
Was the fanciful world[8] in such very prime twig —
And long before daylight, gigs, rattlers and prads
Were in motion for Moulsey, brimful of the lads.

'Twas diverting to see, as one ogled around,
How Corinthians and Commoners[9] mixed on the ground.
Here Montrose and an Israelite met face to face,
The Duke, a place-hunter, the Jew, from Duke's Place;
While Nicky V—ns—t, not caring to roam,
Got among the white-bag-men,[10] and felt quite at home.
Here Camden, who never till now was suspected
Of fancy, or ought thas is therewith connected,
Got close to a dealer in donkeys, who eyed him,
Jack Scroggins remark'd, „just as if he'd have buy'd him;

---

[1] buffer, hier: Boxer. — [2] the Holy Ground, eine Lokalität in „Seven Dials".
— [3] prime glutton, hier: einer, der etwas Gehöriges leiſten oder vertragen kann. —
— [4] thingummee Pottso [eigentlich: Dingskirchen Pottso]: der Diplomat Pozzo di
Borgo. — [5] small beer, hier wohl: das Unbedeutende, Kleinliche — im Gegenſatz zu
[6] strong tap: das Hohe, Noble, Bedeutende. — [7] life: Sport, Boxerei. — [8] the
fanciful world: die flotte Welt, der Sport. — [9] Corinthians and Commoners:
die feine Welt und gewöhnliche Menſchenkinder. — [10] white-bag-men: Taſchendiebe.

While poor Bogy Buckingham well might look pale,
As there stood a great Rat-catcher [11] close to his tail!

At length, the two Swells, having entered the Ring
To the tune the cow died of, called: „God save the King",
Each threw up his castor 'mid general huzzas —
And if dressing would do, never yet, since the days
When Humphries stood up to the Israelite's thumps,
In gold-spangled stockings and touch-me-not pumps,
Has there anything equall'd the fal-lals and tricks
That bedizened old Georgy's bang-up tog and kicks! [12]
Having first shaken daddles (to show, Jackson said,
It was „pro bono Pimlico" [13] chiefly they bled)
Both peel'd — but, on laying his Dandy-belt by
Old Georgy went floush, [14] and his backers look'd shy;
For they saw, notwithstanding Crib's honest endeavour
To train down the crummy, [15] 't was monstrous as ever!
Not so with Long Sandy — prime meat every inch —.
Which, of course, made the Gnostics [16] on t'other side flinch;
And Bob Wilson from Southwark, the gamest chap there,
Was now heard to sing out: „Ten to one on the Bear"!

FIRST ROUND. Very cautious — the kiddies both sparr'd
As if shy of the scratch — while the Porpus kept guard
O'er his beautiful mug, as if fearing to hazard
One damaging touch in so dandy a mazzard. [17]
Which t'other observing put his One-two [18]
Between Georgy's left ribs, with a knuckle so true,
That had his heart lain in the right place, no doubt
But the Bear's double-knock would have rummag'd it out —
As it was, Master Georgy came souse [19] with the whack,
And there sprawl'd, like a turtle turn'd queer on its back.

SECOND ROUND. Rather sprightly — the Bear, in high gig,
Took a fancy to flirt with the Porpus's wig;
And, had it been either a loose tye or bob, [20]
He'd have claw'd it clean off, but 'twas glued to his nob.
So he tipp'd him a settler [21] they call „a Spoil-Dandy"
Full plump in the whisker. — High betting on Sandy.

THIRD ROUND. Somewhat slack — Georgy tried to make play,
But his own victualling-office stood much in the way,
While Sandy's long arms — long enough for a douse [22]

---

[11] rat-catcher: Rattenfänger [Wertspiel auf rat, das auch politischer Mantelträger bedeutet]. — [12] tog and kicks: Rock und Hosen. — [13] pro bono Pimlico [statt pro bono publico]: weil Jackson und seine Freunde dort wohnten. — [14] went floush bedeutet wohl: dehnte sich dick und schwülstig aus. — [15] crummy (später auch crum): fett-, Schmierbauch. — [16] gnostics: Eingeweihte. — [17] mazzard: Mund. — [18] One-two: Hiebe in raschem Tempo hintereinander. — [19] came souse: fiel plump nieder. — [20] tye, bob: Perücke. — [21] settler: wuchtige(r) Hieb. — [22] douse hier wohl: Ausschlagen.

All the way from Kamschatka· to Johnny Groat's house —
Kept paddling about the poor Porpus's muns,
Till they made him as hot and as cross as Lent buns! [23]

FOURTH ROUND. Georgy's backers look'd blank at the lad,
When they saw what a rum knack of shifting he had —
An old trick of his youth — but the Bear, up to slum,
Follow'd close on my gentleman, kneading his crum
As expertly as any Dead Man [24] about town,
All the way to the ropes — where, as Georgy went down,
Sandy tipp'd him a dose of that kind, that, when taken,
It isn't the stuff, but the patient that's shaken.

FIFTH ROUND. Georgy tried for his customer's head —
The part of Long Sandy, that's softest, 'tis said.
Neat milling this Round — what with clouts on the nob,
Home hits in the broad-basket, clicks in the gob, [25]
And plumps in the day-lights, a prettier treat
Between two Johnny Raws [26] 'tis not easy to meet.

SIXTH ROUND. Georgy's friends in high flourish and hopes,
Jack Eldon, with others, came close to the ropes —
And when Georgy, one time, got the head of the Bear
Into Chancery, Eldon sung out „Keep him there";
But the cull broke away, as he would from Lob's pound, [27]
And after a rum sort of ruffianing Round
Like cronies they hugg'd, and came smack to the ground;
Poor Sandy the undermost, smothered and spread
Like a German, tuck'd under his huge feather-bed!
All pitied the patient — and loud exclamations,
„My eyes" and „my wig!" spoke the general sensations —
'Twas thought Randy's soul was squeezed out of his corpus,
So heavy the crush. — Two to one on the Porpus!

SEVENTH ROUND. Though hot-press'd, and as flat as a crumpet,
Long Sandy show'd game again, scorning to rump it; [28]
And, fixing his eye on the Porpus's snout,
Which he knew that Adonis felt peery [29] about,
By a feint, truly elegant, tipp'd him a punch in
The critical place, where he cupboards his luncheon,
Which knock'd all the rich Curaçao into cruds, [30]
And doubled him up, like a bag of old duds!

EIGHTH ROUND. Sandy work'd like a first-rate demolisher:
Bear as he is, yet his lick [31] is no polisher;

---

[23] Lent buns [auch hot cross buns]: Semmeln, mit einem Kreuze versehen, die man am Charfreitage, und zwar gewöhnlich warm ißt. — [24] Dead Man: Bäcker. — [25] clicks in the gob: Hiebe auf den Mund. — [26] Johnny Raws: Anfänger, Neulinge. — [27] Lob's pound: Gefängnis. — [28] rump it: davonlaufen, sich für besiegt erklären. — [29] peery: argwöhnisch, ängstlich. — [30] cruds [statt des gew. curds]: geronnene Milch u. s. w. — [31] lick: Lecken, aber auch Schlag.

This Round was but short — after humouring awhile,
He proceeded to serve an ejectment,[32] in style
Upon Georgy's front grinders, which damag'd his smile
So completely, that bets ran a hundred to ten
That Adonis would ne'er flash his ivory again.

NINTH ROUND. One of Georgy's bright ogles was put
On the bankruptcy list, with its shop-windows shut;
While the other soon made quite as tag-rag a show,
All rimm'd round with black, like the Courier[33] in woe.
From this to the finish, 'twas all fiddle faddle —
Poor Georgy, at last, could scarce hold up his daddle —
With grinders dislodg'd and with peepers both poach'd,[34]
'Twas not till the Tenth Round his claret was broach'd:[35]
But a pelt in the smellers,[36] too pretty to shun,
If the lad even could, set it going like fun.

Aus dem nämlichen, jetzt ſchwer zugänglichen Bande von Th. Moore's
Werfen teilen wir auch ein Probeſtück aus der Slang-Überſetzung einer Epiſode
in Virgils Äneide mit. Auch dieſe iſt ſehr reich an Boxer- und Sport-
Ausdrücken jeder Art:

Constitit in digitos extemplo arrectus uterque,
Brachiaque ad superas interritus extulit auras.
Abduxere retro longe capita ardua ab ictu:
Immiscentque manus manibus, pugnamque lacessunt.
Ille, pedum melior motu, fretusque juventa:
Hic membris et mole valens; sed tarda trementi
Genua labant, vastos quatit aeger anhelitus artus.
Multa viri nequicquam inter se vulnera jactant,
Multa cavo latere ingeminant, et pectore vastos
Dant sonitus: erratque aures et tempora circum
Crebra manus: duro crepitant sub vulnere malae.

Überſeßung:

With *daddles*[1] high upraised, and *nob*[2] held back,
In awful prescience of th'impending *thwack*,[3]
Both *Kiddies*[4] stood — and with prelusive *spar*,[5]
And light manoeuvring, kindled up the war!
The One, in bloom of youth — a *light-weight blade*[6] —
The Other vast, gigantic, as if made
Express by nature for the *hammering trade*,[7]

---

[32] to serve an ejectment [gerichtlich: aus dem Hauſe u. ſ. w. treiben], hier: (die Zähne) einſchlagen. — [33] the Courier Name einer alten Zeitung. — [34] poach'd zerſchlagen, zerquetſcht. — [35] to broach the claret Blut fließen machen. — [36] pelt in the smellers Schlag auf die Naſe.

[1] daddles Hände. — [2] nob Kopf. — [3] thwack Hieb. — [4] kiddies [eig. Kerlchen] Boxer. — [5] spar Luftbiebe, Scheingefecht. — [6] light-weight blade leichtgebauter, ſchlankgewachſener Boxer. — [7] hammering trade Boxergeſchäft.

> But aged, slow, with stiff limbs, tottering much,
> And lungs, that lacked the *bellows-mender's* touch.[8]
> Yet, sprightly to the *scratch*[9] both *buffers*[10] came,
> While *ribbers*[11] rung from each resounding frame,
> And divers *digs*,[11] and many a *ponderous*[12] *pelt*,
> Were on their broad *bread-baskets*[13] heard and felt.
> With roving aim, but aim that rarely miss'd,
> Round *lugs*[14] and *ogles*[15] flew the *frequent*[16] *fist*;
> While showers of *facers*[17] told so deadly well,
> That the crush'd jaw-bones crackled as they fell.

1818. Pierce Egan. *Boxiana or Sketches of Ancient and Modern Pugilism.*

Für die Boxersprache empfehlen wir dem Leser außerdem die älteren Jahrgänge von *Bell's Life in London.*

1820. Moncrieff, *Tom and Jerry or Life in London.* A farce in three acts. Reich an Cant.

Dieses Buch ist im Jahre 1842 auch in Stuttgart aufgelegt worden. Der Herausgeber, H. Croll, hat es mit zahlreichen deutschen Noten und einem kurzen Wörterbuche versehen und es dadurch für deutsche Leser mund-gerecht gemacht.

1823. John Bee (pseudonym für John Badcock), *Dictionary of the Turf, the Ring, the Chase, the Pit, the Bon-Ton and the Varieties of Life.*

Das Buch ist augenscheinlich von einem Witzbolde und heiteren Lebemann abgefaßt und voll von derben Anzüglichkeiten, wie wir sie nur einem Rivalen Pierce Egan's verzeihen können. Doch besaß der Verfasser unstreitig eine genaue Kenntnis der Sportsprache seiner Zeit.

Für die **heutige Sportsprache** empfehlen wir dem Leser weiter:
Sporting Sketches in Three Continents by Bagatelle. 1881.

Ein sehr witziges Buch, beschreibt Wettrennen und Sport in verschiedenen Teilen der Welt.

Man sehe sich auch die folgenden Romane und Beschreibungen aus dem Sportgebiete an:
The Life of a Racehorse by John Mills. 1854.
Stable Secrets by John Mills. 1863.

---

[8] (to lack the) bellows-mender's touch [eig. Blasebalgflicker's Arbeit] langen Atem (entbehren, nötig haben) [vergl. mit dem lat. aeger anhelitus]. — [9] to come to the scratch [eig. an den Strich kommen] sich zum Kampfe stellen. — [10] buffers Menschen, Boxer. — [11] ribbers, digs Rippenstöße. — [12] ponderous pelts wuchtige Hiebe — [13] bread-basket [sonst f Magen] Brust [lat. pectore]. — [14] lugs Ohren. — [15] ogles Augen. — [16] frequent fist häufige Schläge [crebra manus]. — [17] facer Schlag ins Gesicht.

Flyers of the Hunt by John Mills. 1865.

Sketches in the Hunting Field by A. E. Watson. London. 1880.

Racecourse and Covert side by A. E. Watson. London. 1883.

Enthalten Jagd- und „Turf"-Ausdrücke.

Ferner die ausgezeichnete, bei Ward, Lock & Co. erschienene Serie von Sportbüchern, benannt Captain Crawley's *Handbooks of out-door Games;* darunter besonders die, welche Kricket, Fußball und Rudersport behandeln; ferner: *The Little Boy's Own Book of Sports, Pastimes* &c. London. 1875.

Von den Sportblättern ist die *Sporting Times* im pikantesten Stile geschrieben. Auch in den Sportberichten der politischen Tagesblätter läßt sich manches neue Wort entdecken. *Bell's Life in London* wurde schon weiter oben erwähnt.

1851—61. Henry Mayhew. *London Labour and the London Poor.* 4 vols.

Eine wahre Schatzgrube für die Londoner Volkssprache und das moderne Bettler-Argot. Enthält auch, wie bereits oben angegeben, eine Beschreibung der geheimen Bettlerschrift. Ist von Prof. Dr. A. Hoppe (Supplement-Lexikon) ausgezogen worden.

Als ergänzendes Werk möge der Leser auch Th. Frost's *Circus Life and Circus Celebrities,* 1875, in Augenschein nehmen; eins der letzten Kapitel in diesem fesselnden Buche behandelt Circus-Slang.

Verwandte Werke sind:

Hindley, Charles, *Curiosities of Street Literature.* 1871.

Hindley, Charles, *The Life and Adventures of a Cheap Jack.* 1876.

Hindley, Charles, *A History of the Cries of London.* London. 1881. (Der Titel ist vielversprechend, das Werk selbst unbedeutend.)

1859. *The Vulgar Tongue:* A Glossary of Slang, Cant and Flash Words and Phrases, by Ducange Anglicus.

Ein armseliges Machwerk. Verdient eigentlich nur deshalb Erwähnung, weil der „Rhyming-Slang" darin so ausführlich behandelt ist.

Beispiele hiervon sind:

cows and kisses	statt	misses *Fräulein.*
Everton Toffee	„	coffee *Kaffee.*
haug bluff	„	snuff *Schnupftabak.*
tom-right	„	night *Nacht.*
billy-button	„	mutton *Hammel.*
bird-lime	„	time *Zeit.*
artful dodger	„	lodger *Mieter.*
mince pies	„	eyes *Augen.*
long-acre	„	baker *Bäcker.*
steam-packet	„	jacket *Jacke.*

Da sich Wörter dieser Art nach Belieben zurechtmachen lassen und Neubildungen zweifelsohne bei der Gaunerzunft alltäglich stattfinden, so haben wir es nicht für nötig befunden, im Wörterbuche auf sämtliche, in den vorhandenen Sammlungen enthaltene Beispiele Rücksicht zu nehmen.

Über das **Argot der Zuchthäusler** u. s. w. findet der Leser einiges in: BILL SYKES, *Prison Life and Prison Poetry.* 1881.

Am interessantesten sind die Gespräche. Unter den Gedichten ist besonders zu empfehlen: *The Coiner's Song.*

In CHARLES READE, *Autobiography of a Thief* und in GREENWOOD's weiter unten angeführten Werken wird der Leser eine reiche Auswahl moderner Gauner-Ausdrücke finden.

Wer sich in die neueste, wissenschaftliche (!) Entwickelung des Haus-einbruchs und der Langfingerkunst zu vertiefen wünscht, der möge weiter in dem soeben erschienenen Werke: *The Robber's Vade Mecum.* A popular guide to Larceny — forschen.

Die **Seemannssprache** ist erschöpfend dargestellt in dem amüsanten Buche *Nights at Sea.* By the old Sailor. (Bei Ward, Lock & Co., ohne Jahreszahl); in Ch. und T. DIBDIN's *Sea-Songs* (1877, 1850 u. s. w.), in Ch. DIBDIN's *Sea-Ballads*, sowie in Admiral W. H. SMYTH's *Sailor's Word-Book*, 1867.

Für das vorliegende Wörterbuch sind außerdem benutzt worden:

ARMSTRONG (F. CLAUDIUS), *Our Bluejackets afloat and ashore.* 3 vols. London. 1866.

WATERS. *The Privateer Captain.* London. 1874.

RUSSELL, W. CLARK, *On the Fo'k'sle Head:* a collection of yarns and sea-descriptions.

WARNEFORD (ROBERT). *The Phantom Cruiser.* 1865.

Die **ungrammatische Sprache der Londoner Mittelzone** findet sich nirgends besser (vielleicht übertrieben) nachgeahmt als in den Humoresken über Mrs. Brown von ARTHUR SKETCHLEY — *Mrs. Brown on the Turf* (1877), *Mrs. Brown on the Grand Tour*, *Mrs. Brown on Cetewayo*, u. s. w.

Wir machen schon hier auf die unten (am Schlusse der Einleitung) abgedruckte längere Stelle aus *Mrs. Brown on the Grand Tour* aufmerksam. Der Leser wird daraus nicht nur eine große Zahl moderner Slang-Vokabeln, sondern auch eine reiche Auswahl phonetischer und grammatischer Unarten, wie sie im Volke gang und gäbe sind, kennen lernen.

Militärische Ausdrücke lassen sich aus Captain DRAYSON's Romanen (*The Young Dragoon*, 1874 u. s. w.) lernen.

Wir empfehlen dem Leser außerdem:

WINTER (JOHN STRANGE), *Regimental legends.* 3 vols. London. 1883.
WINTER, J. S., *Cavalry Life.*

Was die **Schullitteratur** anbetrifft, so müssen wir hier, außer den in Deutschland bereits wohl bekannten Werken: *Tom Brown's School-days* by an Old Boy und *Barford Bridge*, by the Revd. H. C. ADAMS, — auch der etwas unsauberen, aber an Slang jeder Art überaus reichen Serie von Edwin J. BRETT (173, Fleet Street E. C.) Erwähnung thun. Aus dem hierzu gehörigen, an Kraft-Ausdrücken geradezu strotzenden Werke: *Jack Harkaway's School-days* (ohne Jahreszahl) ist vieles entlehnt worden.

Über Christ's Hospital, eine altberühmte Londoner Schule, giebt W. H. BLANCH in *The Blue-coat Boys or School-life in Christ's Hospital*, 1877, Auskunft.

In der neueren Litteratur hat die Volkssprache besonders in **Romanen** eine sehr liebevolle Behandlung und reiche Verwendung gefunden. Unter den in Deutschland bereits bekannten Namen von Volksschriftstellern stehen Dickens, Lytton Bulwer, Captain Marryat, Ainsworth und Lieutenant Warneford obenan.

Unter den BULWER'schen Romanen ist die ergiebigste Quelle für den, der nach Volkstümlichem oder nach Rotwelsch jagt, unstreitig sein *Paul Clifford*; auch im *Pelham* finden sich einige Cant-Ausdrücke. Wir teilen hier die in Francisque Michel, *Études de Philologie*, Paris 1856, enthaltene kurze, aus *Clifford* ausgezogene Liste von Zunft-Ausdrücken mit:

bingo Schnaps.
bit \
bustle / Geldstück.
buzz-gloak Schurke, Gauner.
chop the whiners beten.
colquarren Hals.
fence the swag das Gestohlene verkaufen.
nap the regulars seinen Anteil an der Beute erhalten.
napper Kopf.
oliver Mond; oliver is sleepy der Mond hat sich (hinter den Wolken) versteckt.
peter Koffer.
shove the tumbler hinter dem Karren gepeitscht werden.
sneezer Schnäpschen.
starknaked Genever.
stretched gehängt.
stubble your whids halt's Maul.
sweat one's duds seine Kleider verpfänden.
track up the dancers die Leiter hinauflaufen.

AINSWORTH'S bedeutendste Werke auf diesem Gebiete sind: *Rookwood* (1833) und *Jack Sheppard* (1839).

Aus *Rookwood*, worin A. die Thaten des Räubers Dick Turpin und seiner Zigeunerfreunde verherrlicht hat, folgt hier das berühmte Gaunerlied:

Jerry Juniper's Chant.

In a box of the stone jug I was born
Of a hempen widow the kid forlorn.
    Fake away!
And my father, as I've heard say
    Fake away!
Was a merchant of capers gay,
Who cut his last fling with great applause.
Nix my doll pals, fake away!
Who cut his last fling with great applause.
To the tune of hearty choke with caper sauce
    Fake away!
The knucks in quod did my schoolmen play
    Fake away!
And put me up to the time of day,
Until at last there was none so knowing,
No such sneaksman or buzgloak going,
    Fake away!
Fogles and fawnies soon went their way
    Fake away!
To the spout with the sneezers in grand array,
No dummy hunter had forks so fly.
Nix my doll, pals, fake away!
No dummy hunter had forks so fly,
No knuckler so deftly could fake a cly,
    Fake away!
No slourd hoxter my snipes could stay,
    Fake away!
None knap a reader like me in the lay,
Soon then I mounted in swell-street high,
Nix my doll pals, fake away!
Soon then I mounted in swell-street high,
And sported my flashest toggery,
    Fake away!
Fainly resolved I would make my hay,
    Fake away!
While Mercury's star shed a single ray;
And ne'er was there seen such a dashing prig,
Nix my doll pals, fake away!
And ne'er was there seen such a dashing prig,
With my strummel faked in the newest twig,
    Fake away!
With my fawnied famms and my onions gay,
    Fake away!
My thimble of ridge, and my driz kemesa,
All my togs were so niblike and plash.
Readily the queer screens I then could smash,
    Fake away!
But my nuttiest blowen, one fine day,
    Fake away!
To the beaks did her fancy man betray,
And thus was I bowled out at last
And into the jug for a lay was cast,
    Fake away!
But I slipped my darbies one morn in May

And gave to the dubsman a holiday.
And here I am, pals, merry and free,
A regular rollicking romany.

In einer Zelle (des Zuchthauses) von Newgate kam ich zur Welt,
Einer Gaunerwittib verwaistes Kind.
Immer zu!
Und mein Vater, wie ich sagen gehört,
Immer zu!
Der hatte am Galgen lustig getanzt;
Und hatte gestrampelt mit großem Applaus.
Macht gar nichts, Gesellen, immer nur zu!
Und hatte gestrampelt mit großem Applaus.
Nach der Würgmelodie mit Bock-Sauce dazu.
Immer zu!
Die Diebe im Zuchthause lehrten mich gern.
Immer zu!
Und zeigten mir, was die Glocke geschlagen;
Bis endlich mich keiner an List übertraf.
Keiner der Läden oder Taschen ausleert.
Immer zu!
Tücher und Ringe verschwanden gar bald.
Immer zu!
Ins Leihhaus die Dosen in großem Pomp,
Kein Taschendieb hatte ja Finger so fein.
Macht nichts, Jungens, immer nur zu!
Kein Taschendieb hatte Finger so fein,
Kein Taschenausleerer kannt's Handwerk so gut,
Immer zu!
Kein Taschenknopf meiner Scher' widerstand,
Immer zu!
Brieftaschen konnt' keiner so mausen wie ich,
Und bald stieg ich hoch in der feinen Welt,
Macht nichts, Jungens, immer nur zu!
Und bald stieg ich hoch in der feinen Welt
Und trug meinen feinsten Putz zur Schau,
Immer zu!
Entschlossen, mein Schäfchen ins Trockne zu bringen,
Immer zu!
So lange Merkurius'* Stern mir nur blinkte;
Nie habt ihr 'nen feineren Gauner geseh'n,
Macht nichts, Jungens, immer nur zu!
Nie habt ihr 'nen feineren Gauner geseh'n,
Mit dem Haar nach der neuesten Mode frisiert,
Immer zu!
Mit Ringen an den Händen und Uhrenbehang,
Immer zu!
Meiner goldenen Uhr, meinen Spitzen am Hemde,
Mein ganzer Putz war so modisch und fein.
Rasch konnt' ich da drucken die Banknoten falsch.
Immer zu!
Doch eines Tages mein liebster Schatz
Immer zu!
Ihren Herzallerliebsten den Spitzeln verriet,

---

* Merkurius: Schutzgott der Diebe.

Und so ward ich endlich doch geschnappt,
Ins Loch gesteckt und deportiert!
      Immer zu!
Doch entschlüpft' ich den Ketten eines Morgens im Mai
Und gab dem Wärter einen Feiertag.
Und hier bin ich, Jungens, fröhlich und frei,
Ein echter, fideler Zigeunerbursch.

Für *Ainsworth's* genaue Bekanntschaft mit der älteren Gaunerlitteratur zeugt auch der folgende, aus *Rookwood* entlehnte Eidschwur:

Oath of the Canting Crew.

I, Crank Cuffin, swear to be
True to this fraternity!

- - - - - - - - - - - -

Serve them truly and no other,
And be faithful to my brother;
Suffer none, from far or near,
With their rights to interfere:
No strange Abram, ruffler[1] crack,
Hooker[2] of another pack,
Rogue or rascal, frater, maunderer,
Irish toyle[3] or other wanderer;
No dimber-damber, angler, dancer,[4]
Prig of cackler, prig of prancer,
No swigman, swaddler, clapperdudgeon,
Cadge-cloak, curtal[5] or curmudgeon,[6]
No whip-jack, palliard,[7] patrico,
No jarkman,[8] be he high or low,
No dummerar[9] or Romany,
No member of the family;[10]
No ballad-basket, bouncing buffer,
Nor any other will I suffer,
But stall-off[11] now and for ever
All outliers[12] whatsoever;
And as I keep to the fore-gone,
So may help me Salamon.

Aus *Jack Sheppard*, einem der berühmtesten Gaunerromane der Neuzeit teilen wir (der jüdischen Ausdrücke wegen) ein Bruchstück aus dem Kapitel "The Well Hole" (Epoch the Third — 1724) mit:

---

[1] Rufflers (im Harman'schen Katalog) Erzgauner, die sich für verwundete Soldaten ausgeben. — [2] Über Hookers or Anglers siehe ebenfalls den Harman'schen Katalog. — [3] toyle Landstreicher. — [4] dancer Dieb, der sich auf den Dächern umhertreibt und auf Gelegenheiten zum Einbruche lauert. — [5] curtal eigentlich: zum Hofe gehörig; hier vielleicht statt: curtal friar Klosterpförtner. — [6] curmudgeon Geizhals. — [7] Wegen palliard siehe pallyards im Harman'schen Katalog. — [8] jarkman Schreiber einer Gaunerbande, der Bettelbriefe u. s. w. abfaßt. — [9] Über dummerar siehe im Harman'schen Katalog dommerars. — [10] family Gaunerbande. — [11] stall-off abwehren. — [12] outliers Fremde, Unbekannte.

Jack Sheppard.

The Well Hole.

On his return to the room, Jonathan purposely left the door of the Well Hole ajar. Unlocking a cupboard, he then took out some cold meat and other viands, with a flask of wine, and a bottle of brandy, and began to eat and drink voraciously. He had very nearly cleared the board, when a knock was heard below, and descending at the summons, he found his two janizaries. They had both been unsuccessful. As Jonathan scarcely expected a more satisfactory result, he made no comment; but, ordering Quilt to continue his search, and not to return until he had found the fugitive, called Abraham Mendez into the house, and shut the door.

"I want you for the job I spoke of a short time ago, Nab", he said. "I mean to have no one but yourself in it. Come up stairs, and take a glass of brandy."

Abraham grinned, and silently followed his master, who, as soon as they reached the audience-chamber, poured out a bumper of spirits, and presented it to him. The Jew swallowed it at a draught

"By my *shoul*!" he exclaimed, smacking his lips, „*dat ish goot* — very *goot*."

"You shall finish the bottle when the job's done," replied Jonathan.

"*Vat ish it,* Mister *Vild*?" inquired Mendez. "*Shir* Rowland Trenchard's affair — eh?"

"That's it", rejoined Jonathan; "I expect him here every minute. When you've admitted him, steal into the room, hide yourself, and don't move till I utter the words, 'You've a long journey before you'. That's your signal."

"And a *famoush goot shignal* it *ish*", laughed Abraham. "He *hash* a long journey before him — ha! ha!"

"Peace!" cried Jonathan. "There's his knock. Go, and let him in. And mind you don't arouse his suspicions."

"Never fear — never fear", rejoined Abraham, as he took up the link, and left the room.

— — — — — — — — — — — — — — — — — —

Sir Rowland then fell.

A hollow plunge, echoed and re-echoed by the walls, marked his descent into the water.

"Give me the link", cried Jonathan.

Holding down the light, he perceived that the wounded man had risen to the surface, and was trying to clamber up the slippery sides of the well.

"Shoot him! shoot him! Put him out of *hish mishery*", cried the Jew.

"What's the use of wasting a shot?" rejoined Jonathan, savagely. "He can't get out."

After making several ineffectual attempts to keep himself above water, Sir Rowland sunk, and his groans, which had become gradually fainter and fainter, were heard no more.

"All's over", muttered Jonathan.

"Shall *ve* go back to *de* other room?" asked the Jew. "I shall breathe more freely *dere*. Oh! Christ! *de* door 's shut! It *musht* have *schwung* to during *de schuffle!*"

"Shut!" exclaimed Wild. "Then we 're imprisoned. The spring can't be opened on this side."

"*Dere 's de* other door!" cried Mendez, in alarm.

"It only leads to the fencing crib", replied Wild. "There 's no outlet that way."

"Can't *ve* call for *asshistanche*?"

"And who 'll find us, if we do?" rejoined Wild, fiercely. "But they *will* find the evidences of slaughter in the other room, — the table upset, — the bloody cloth, — the dead man's sword, — the money, — and my memorandum, which I forgot to remove. Hell's curses! that after all my precautions I should be thus entrapped. It 's all your fault, you shaking coward! and, but that I feel sure you 'll swing for your carelessness, I 'd throw you into the well, too."

Doch überragt Bulwer und Ainsworth als Kenner der unteren Volks-schichten und ihrer Sprache in unseren Tagen der Humorist James GREEN-WOOD (auch als "One of the Crowd" bekannt). Der Leser wird die Titel seiner anziehenden Romane, darunter *Almost lost, A little Ragamuffin, Tag, Rag & Co.*, im Wörterbuche öfters erwähnt finden.

Es folgt als Stilprobe Greenwood's ein von ihm im *Daily Telegraph* veröffentlichter Artikel:

Opinions of an Ex-"P.P."

It will interest the London pedestrian public to learn that a member of the pocketpicking fraternity has voluntarily retired from the business. He ceases to be a thief simply and solely, because it is no longer necessary that he shall remain one. He was serving a term of nine months; but within a fortnight of his being entitled to his discharge, there came to the prison a communication that completely altered the prisoner's future prospects. The lawyer's letter apprised John Mobbs that his godmother, who resided in Liverpool, and had not set eyes on John since, nine years before, he ran away from school at that seaport to seek his fortune in London, had died and made him heir to the tune of £ 2600 invested in Consols. "The old gal," said Mr. Mobbs, alluding thus disrespectfully to his godmother, "never knew the truth — about me going wrong and *being put away so many times*, I mean. She always behaved *stunning well* to me while I was at school, and when I ran away — *I didn't have any mother or father* — although I dropped into queer company straight off, I used to write proper letters to her, pretending that I was struggling to get *a honest living*, and squeezing her for a bit of money. I wanted to keep well with her because I was aware that she had *plenty of pieces*, and when she '*kicked the bucket*', I hoped she

would leave me a trifle. It was always understood that the bulk of
what she had was to go to a cousin of mine, a shipchandler down there,
and in a good way of business, but, *like the greedy beggar he is*, he
was afraid I should be found in a corner of the old gal's will, and he
hated me like poison on that account. He hadn't never heard from me
ever since I came to London, but, as I understand it, he happened to
be up here on some *'long firm' business* just at the time when I was
last up at the '*Central*,' and he was in court while I was in the dock.
So back he goes to Liverpool *with a rare mouthful*, you may bet.
But just as it happened" — and here Mr. Mobbs was so tickled
that he laughed till he brought tears into his eyes — "just as it
happened, the old lady had been *took bad*, and was *a bed* and under
the doctor's hands by the time he got back. But that made him
more anxious to see her and tell her the dreadful news about me.
He made out to her that I was such a desperate villain that the
old lady took it into her head that it was a pack of lies altogether,
invented on purpose to impose on and deceive her. So, to my precious
cousin's great delight, she said she should make another will; and she
did so, and died three days afterwards. Not till then was it discovered
that, as a punishment for the 'scandalous falsehoods' he had told her
about me, at a time when he supposed she was too ill and weak to use
her own judgment, she had left him not a shilling and made me her
heir wholly and solely." It was at the private residence of one of the
prison warders that I heard this story from the mouth of Mr. Mobbs.
He may have been courageous enough as a pickpocket, but although
he laughed at the outwitted Liverpool shipchandler, he was *in a mortal
funk* lest, in his bitter disappointment, his exasperated relative, who
was a hot-tempered, broad-shouldered north countryman, should seek
a vengeful interview with him on his discharge from confinement.

Though still unmistakably nervous on this account, he was charm-
ingly frank and affable in his conversation, and was not at all averse
to discoursing of his past career. Puffing at an excellent cigar, as he
lolled in an easy chair, Mr. Mobbs remarked that for his part he could
never discover anything in the occupation in question calculated to
oppress a man with a sense of degradation. The "*P. P.*," as he was
called by the more polite of his own fraternity, or, speaking vulgarly,
the pickpocket, in his humble opinion was as useful a member of society
as the man who worked for wages. It was all a question of sentiment.
The former spent the money he made pretty much as the latter did,
and those with whom he dealt were benefited to a corresponding extent.
As to what he stole, that as a rule was speedily replaced by the loser,
and his operations tended to make trade brisk. As to the "game"
being a mean and cowardly one that was absurd, since every time a
man ventured at it he staked the most precious thing in the world —
his liberty — on the result. "It is all very well stigmatising pocketpicking a low and contemptible means of making a living", said Mr.
Mobbs, warming with his theme, "but upon my word there is sometimes
as much excitement in it as in horse-racing or fox-hunting, or any other
manly sport you can mention. Why, sir, before now I've caught sight
of a gold snuff-box at Charing-Cross at eleven o'clock in the morning,

and have not succeeded in capturing it until three in the afternoon. I was on my mettle over that job", said Mr. Mobbs pleasantly. "Of course I could tell at a glance it was a good one, and it seemed as easy to get hold of as picking up a dropped sixpence. That's where the aggravation of it was. Nothing appeared to be easier than to *nip it*. He was a short, stout old *gent, slow on his pins*, and with a habit of stopping to stare in at the shop windows. He carried his snuff box in his waistcoat pocket, and was so in the habit of *taking a refresher* that the pocket was worn *that loose and easy*, a mere *kid* of seven, the son of a man who knew his business, might have eased him of it without his being aware of it. But it was his so often taking the box out that made the difficulty. He would not let it rest long enough to give any one else a chance of fingering it. *If I tried him once I did him half-a-dozen times* between Parliamentstreet and Temple Bar. When he wasn't taking a pinch, his hand was hovering near the pocket as though he intended doing so the next moment. He kept the game going to that extent that I began to think that he had spotted me and was a jocular old chap and was doing it for a *lark.*" "I wonder somebody else besides you didn't spot him", remarked the warder. "They did", said the vivacious Ex-"P. P." "He stayed to stare in at a shop near the corner of Wellington-street when a man I knew came *buzzing down* on the old gent, making so *cocksure* of a haul and in such a deuce of a hurry that he didn't see me. 'It's bespoke, Teddy', says I, touching him on the elbow. 'I've been on the job the last half-hour'. 'All right', says he, looking doubtful, 'but if it wasn't you yourself told me, George, I wouldn't have believed it. Half an hour! Why, I'll lay', says he, 'a pound to a postage stamp *I make it in half a minute*. But square dealing 'twixt friends. Since you say you've bespoke it you are welcome to it, and good morning'. But it was all very well talking about its being mine. While Teddy and I were having our few words together, the old gent had crossed the road and was now busy peering in at a curiosity shop, where there was quite a little crowd looking at some comic pictures. I felt a bit *needled* at the sort of sneering way Teddy had spoken, and *I went for the* box again, meaning to have it, and as true as I sit here", said the Ex-"P. P.", laughing heartily at the funny recollection, "I had it fairly between my finger and thumb when, still staring at a book, he put up his hand and fairly took it out of my hold, and helped himself to a pinch, and put the box back again. *He kept me in tow* all the way to King William - street, when he went into some office; but my blood was up now, and I waited till he came out again. He was gone half an hour, and then he came out and got on an omnibus, and I got on too; but, confound him, he was as bad as ever. If his box had been a blue-bottle, and his hand a spider that meant presently to drop on it, he couldn't have kept it hovering more constantly about the pocket it was in. At last I found myself growing a bit desperate, and the next time he took out his snuff-box, more from spitefulness than that I had any meaning in it, I gave his arm a sharp nudge with mine, and every blessed pinch was spilt out of the box, which was open at the moment. He stormed at a rare rate, and wouldn't listen to my apologies. But you may take your '*davy* I didn't care anything about that. I was too delighted to find that quite by accident I had done just the proper thing. He put back the empty box into his pocket, and it being of no further present use to him he kept his hand away from it. That was all I asked, of course," said Mr. Mobbs, shrugging his shoulders. "In two minutes the box was out of his pocket and into mine, and the 'bus was travelling one way and me another.

With the easy air of a man who having retired from business feels under no obligations to respect the secrets of the trade with which he was until lately connected, Mr. Mobbs proceeded to edify us with other choice instances of his professional experience, amongst the rest a queer story of a friend of his who, "*at work*" in an omnibus, managed to cut through a lady's dress and extract her purse. It being inconvenient to leave the vehicle at the moment, the thief turned out the contents of the purse into his pocket, and disposed of the purse by stealthily dropping it into the opening into which the 'bus window descended. Presently, however, wishing to alight, he tendered the conductor one of the stolen coins, a half-crown, in payment of the fare, and it was instantly detected to be a bad one. Another coin was, with some embarrassment and confusion, produced in its stead, and this also was a counterfeit. On which a policeman was called, and the sum of nineteen shillings in spurious money being found on him, all of which had been in the stolen purse, he was sentenced to five years' penal servitude. Asked by the friendly warder what he thought of the "*dummy daddle*" *dodge*, Mr. Mobbs said he rather thought that game was played out. "A woman," he proceeded to explain, "can work with a 'dummy daddle' in an omnibus or a railway carriage much better than a man, because, without appearing conspicuous, she can wear any kind of loose shawl or cloak as a concealment for her real hand. Was I ever detected in picking pockets under cover of a '*dummy daddle*'? Only once, and then, by good luck, it didn't get me into trouble. It wasn't a Londoner who bowled me out, either, but an old lady from the country. I often laugh when I think of my narrow escape, and how a little presence of mind will sometimes help one at a pinch. There were four or five persons in the 'bus when she took out her purse to pay the conductor, and I saw that there was gold as well as silver in it, and of course I made a mark of it. She was such a *green old soul* that I thought it would be *as easy as shelling peas*, as the saying is, to *relieve her of her purse*, more especially as in a few minutes the other passengers got out of the 'bus and left us two alone in it. I had my *snippers* (scissors) all ready in my concealed hand, and I begged of her to loosen the bandage on my dummy a little, as it was making my fingers feel benumbed; and while taking her gloves off and adjusting her eye-glasses, she was kindly doing so, I *snitched* a slit in her gown pocket and got the purse. But I didn't *land it* as easily as I thought. She had taken a couple of pins out of the bandaging of the dummy, when, says she, 'I've got some smaller pins in my hussiff,' and claps her hand all unexpected — before I could draw my hand quite away — to her pocket, and her fingers touched my fist, in which was her purse and the snippers. *She was struck all of a heap*, and stared as though her eyes were coming out of her head. 'Good *lud!*' says she, 'you must be one of them one sees at the shows. Why, you've got three hands!' I was just on the point *of making a bolt for it* — the conductor was on the roof — but her words stopped me. 'You are quite right, ma'am', says I, after I had stowed her purse in a pocket in my loose coat. 'It is quite true that I have three hands. I am the only man in England who can boast of that number, and I was brought over from America to be exhibited on that account. The exhibition was to have begun last Monday at the Egyptian Hall, but I had the misfortune, as I have already told you, to poison what I may call my extra hand, and the show has to be put off until it is cured. And, now I have let you into my secret, I must beg of you to say nothing about it except to your friends, for if it was to become known that I had exhibited myself anywhere but where I have signed articles to appear I should get into serious trouble." It was the most barefaced thing I ever did in all my life, but the innocent old lamb *took it all in*. She was quite delighted. She wouldn't betray me on any account, she said, and promised that when she got home she would tell nobody but her granddaughter that when she was in London she was the only person there who had seen and talked with one of the wonders of the world. She was so much gratified that I was very nearly making a mess of it after all. 'I'll keep your secret safe enough,' says she, 'but I *hain't* that mean because I have seen a wonder by accident I won't pay the same as I should if I had come to your exhibition.' I was only just in time to prevent her putting her hand into her pocket to find a half-crown for me, when she would of course, have discovered that her purse had vanished. After that you may depend it was not long before I bade the kind old soul good morning."

Das **Lustspiel** (vergl. Diezmann, Johann August: *The modern English comic Theatre*, 1845 &c. — enthält eine Anzahl moderner englischer Lust- spiele und Possen mit zahlreichen deutschen Anmerkungen), das Melodrama (z. B. Byron's *Our Boys*; Sims' *The Lights of London* und *In the Ranks*) und die Lieder der Music Halls sind gleichfalls von Slang-Redensarten durchwachsen.

Einer der fruchtbarsten und beliebtesten unter den modernen Possendichtern ist Francis Cowley BURNAND (*Lord Lovel and Lady Nancy Bell*, *Sporting Intelligence*, *Mary Turner or the wicious willin and wictorious wirtue*, u. s. w., u. s. w.). Seine Stücke sind ihrer unzähligen Wortspiele und Sprachverrenkungen wegen berühmt und geradezu merkwürdig. Wie die Witze des „Kladderadatsch" und des *Punch*, so sind natürlich auch seine "bons-mots" häufig mit den Haaren herbeigezogen, verfehlen aber selten ihren komischen Effekt.

Aus der letztgenannten Posse *Mary Turner* mögen hier einige Probe- stückchen folgen:

JOSE.

Oh, Queen Isabella,
With jealousy I'm yellar (ſtatt yellow)
Take pity on this fellar, (ſtatt fellow)
I think it right to tell har, (ſtatt her)
'T is going to rain; a cellar
Would shelter you well, but wellar (ſtatt better)
Would this old umbrellar (ſtatt umbrella)
Which doesn't belong to me!

O Königin Iſabella,
Vor Eiferſucht bin ich gelb,
Hab' Mitleid mit dieſem Menſchen,
Mir ſcheint es recht ihr zu ſagen,
Daß es regnen wird; ein Keller
Böt' ein gutes Obdach, doch beſſer
Wär' dieſer alte Regenſchirm,
Der nicht mein eigen iſt.

Darauf erwidert die Königin:

QUEEN.

Well, if it rain, young fellar, (ſtatt fellow)
You needn't bawl or bellar, (ſtatt bellow)
The Queen, you needn't tell har (ſtatt her)
Of rain, will be no dwellar (ſtatt dweller)
In any sort of cellar,
But like this genteel zitellar
Goes home, and your umbrellar (ſtatt umbrella)
She'll take and keep, you'll see.

Nun, wenn's regnet, junger Menſch,
So brauchen Sie nicht zu ſchreien.
Die Königin — Sie brauchen ihr nichts vom Regen
Zu ſagen — wird nicht wohnen
In irgend einem Keller,
Sondern wie dies feine Mädel
Geht ſie heim, und Ihren Schirm,
Den nimmt ſie mit und behält ihn.

Man vergleiche das Wortſpiel in:

For myself I've not a dollar
To pay the washing of my weekly collar
A *dollar-ous*[1] tale. I've got no tick, so you
See, I don't suffer from *tick-dollar-oo*[2]
Lend me a sou.

Eigentliche **moderne Volkslieder** gibt es nicht; wenigſtens verdienen
die den Music Halls entſprungenen, faſt durchweg ſeichten, um nicht zu
ſagen unſinnigen Reimereien nicht einen ſo gutklingenden Titel. Es liegt uns
nicht ob, dieſe bedauerliche Erſcheinung zu erklären. Es ſcheint faſt, als ob
die Nursery-Rhymes das letzte ſchwache Echo der erſterbenden Volkslyrik ſeien.
(S. das Wörterbuch.)

---

[1] ſtatt dolorous ſchmerzhaft. — [2] ſtatt tic douloureux Zahnweh.

Gibt es aber auch keine Volkslyrik, so fehlt es doch nicht an sogenannten Volkslyrikern.

Der Volksdichter W. A. EATON (Eaton's *Popular Poems for Recital*) füttert seinen Pegasus nur mit der heimischen Kost. Daß der witzige G. R. SIMS einige seiner trefflichsten Gedichte (*The Lifeboat, Told to the Missionary, Moll Jarvis o' Morley*) ebenfalls in der Volksmundart geschrieben hat, das dürfen wir für unsere Zwecke nur einen Gewinn nennen.

Wir teilen hier *Polly*, eines seiner bekannteisten Slang-Gedichte, mit:

Polly.

It's poems he 's readin', that boy there; he reads by the hour and
    cries;
A silly young oaf to be fillin' his head with a parcel o' lies.
What ha' poor folks to do with that humbug? — it 's all very well
    for the rich
To go frettin' theirselves about wictims and fairies, and corpses and
    sich;
Or to go off their nuts about ladies as dies for young fellers as fights,
And them Byrons, and Manfreds, and Hamlets what has ghostes to
    talk to o' nights.
He reads out aloud, and I hears him a-talkin' the awfullest trash
About earls as goes mad in their castles, and females what settles
    their hash.
Potry! I'd burn it, I would, sir — it's that what makes young fellows
    drink,
And a-leave off a-partin' their hair straight and a-washin' theirselves
    at the sink.
He must work for his livin', that boy must. Will wisions put clo's
    on his limbs?
Will Byron or Tennerson feed him, or old Mr. What's-his-name's hymns?
There ain't not no potry in green stuff -- in 'taturs and inguns and
    peas,
And a-workin' from dorn till it's midnight to earn just yer beer,
    bread, and cheese.
Yes, I'm pretty well off, Mister, I am; but I've worked like a black
    all my days,
And I means as my boy shall do likewise, to keep him from waga-
    bone ways.
There, he 's off! the young warmint, he 's needled; whenever I talks
    about work
He puts on his cap and he hooks it; he 's a notion he 'll go for a clerk.
The green-stuff ain't up to his 'ighness; he don't like to serve at
    the stall;
He fancies hisself in a orfice, a-fillin' o' books with his scrawl.
It's the School Board what gives 'em these notions, a-stuffin' boys'
    heads full of pride,
And makes 'em look down on their fathers — these School Boards I
    ne'er could abide.
When I was his age I was workin', a-wheelin' the barrer for dad,
And a-fetchin' the stuff from the markets, when hosses was not to
    be had.
Lame! What, ye noticed it, did yer? Well, yes. he goes lame on
    his pins,

And that's just why I stomachs his tantrums and forgives the young
  beggar his sins;
For he ain't not a bad boy at bottom — and he 'll carry that limp
  to his grave —
He 'd a squeak for his life when that happened — escaped by the
  narrowest shave.
That was eight years ago — how time passes! I was only a-costerin'
  then,
Not a greengrocer like I be now, sir, with a shop and a couple o' men.
It was all through yon mare in the stables, the mare as ye saw in
  the yard.
As fat as Sir Roger, sir, warn't she? We don't make her work very
  hard.
That was Polly, that mare was — our Polly — 'Lor' bless ye, it 's
  just like a tale;
Eight years ago she was done for, her strength was beginning to fail.
She 'd been run off her legs in the barrer, a-gallopin' mornin' and
  night,
And the winter was heavy and frosty, and settled poor Polly outright;
So my mates what had flyers they passed me, and left me behind on
  the road;
And often she 'd tremble and stagger, and make quite a fuss at a load.
She 'd worked like a good 'un, had Polly, and paid me agen and agen;
But I thought as the critter was done for, and sold her to one of
  the men.
I got a few poun' from a coper, who bought her and faked her a bit,
And sold her agen at a profit to a feller named Whitechapel Kit.
Such a brute! — but that's just by the way, sir. As soon as I 'd
  scraped up the cash,
I bought a new hoss with the money. — I wanted to be a bit flash.
I bid for a beautiful stepper, as carried his 'ed in the air,
One as looked like the horty young hosses what noblemen drives in
  a pair,
I got him dirt cheap for a pony, and I reckon I felt a bit proud
When I put down the ready and took him and led him away through
the crowd.
'Twas a Saturday night as I bought him, this fine, strappin', flea-,
  bitten grey;
So on Sunday I drove him to Hendon, the missis and kid in the shay.
He went like the wind; such a pictur'; the coves as had chaffed me
  before,
Their hi's was a-startin' with envy; by the whole blessed bilin'
  we tore.
And I set there as proud as a peacock, a-holdin' the reins like a toff,
And a-puffin' a great big Maniller, as set my old gal on the cough.
And up by the Harp we met Polly, a-drorin' six coves in a cart,
And that Kit was a-beatin' 'is 'ardest; it give me a pain in my heart.

I passed the poor critter a-panting, and hearing Kit's curses and blows,
It made me feel mad with myself, like, and I hit my hoss over the
  nose.
I was flickin' the whip in my anger — not meanin' to hit 'im at all —
But the brute gave a leap and then bolted, dashed forward, and ran
  at a wall.
It was done in a moment, and over: I fainted, and when we was
  found

We was all of a heap there a-bleedin', and the grey was quite still on the ground.

His hind leg was broke; I was injured; the wheel had gone over my wife,

And the boy as you saw here a-readin' — well, the fall, sir, had lamed him for life.

But the worst of it all was the grey, sir — when a coster he loses a hoss,

It's precious nigh ruin. I reckon — there's few as gets over the loss.

For his savins is gone in a minit, his food and his clothes and his rent.

'Twas the hoss as my pals went to first, sir, — they knew what the accident meant;

And while we was sittin' there moaning, poor Polly comes toiling along,

With that Kit still a-thrashing her brutal, with a stick and a great leather thong;

And she turned her poor head so, I fancied, and I seed such a look in her eye,

I'll swear as she knew what had happened, for she give quite a queer little cry.

It was ruin that night in our kitching as sat in the chair by my side;

The boy was up stairs there a-groanin', the missis had like to 'a' died;

Thirty poun' had gone smash in a minit — we 'd borrowed a portion o' that —

Now I hadn't a hoss for my bus'ness, and I didn't know what to be at.

Then I thought about Polly, and sorrowed to think as I 'd let the mare go;

She 'd 'a' worked with a rest for a long time; she was sure, if she was a bit slow,

And just as I sat there a-thinkin' — a-cussin', and breakin' my heart,

There was something came bump on the doorstep, and there was a hoss and a cart.

It was Polly! — I see her a-standing, and thought as she 'd come from the skies,

And she rubbed her old nose on my coat-sleeve, and I stuck like a log with surprise;

Then she walked herself off to the stable, and give me to know, sir, outright

As she 'd thank me to take off the harness and make up her bed for the night.

And she 's been my right hand to this day, sir, and things 'as gone well with me, too,

And I 've turned up the street and the barrer, and now I 'm a man well to do.

Didn't Kit come to claim her? Why, no, sir — and that 's just the best of the tale:

He was collared for something at Hendon, and walked off that minit to gaol.

It seems he was nought but a bad 'un; he 'd been cracking a crib, so they say,

And the peelers was put on his traces, and they copped him at Hendon that day.

They copped him inside a-refreshing, and took him away there and then

And Polly she stood there a-waiting, but they·'d bolted away had
the men.
She waited, and, nobody coming, she just took it into her head
To trot off in search of her supper and make for her old master's shed.
So from that day to this one I 've kept her, and Kit ain't been seen
any more,
And I date all the blessins I 've had, sir, from the night as she come
to my door.

Past work is old Polly, God bless her! but while I 've a roof and a
brown
There 's a meal for the mare as has served me, and a bed for my lass
to lay down.
I felt when that grey chucked us over as Providence meant it, maybe,
As a smack for a — sellin' a critter as had given her best days to me
Ah! here comes my Tommy a-limpin' — now, Tommy, don't pick up
that book,
You 'll never have nowt in your headpiece till poems has taken their hook·
What! — get along with you, Mister — I ain't told no poems to you,
That tale about Polly ain't potry — it can't be, ye see, *for it's true!*

Die modernen Elemente der Rogues' Language schmuggeln sich außerdem
in die angesehensten Journale ein, und der *Daily Telegraph* verdankt seine
Popularität weniger seiner politischen Haltung als seiner Vorliebe für
volkstümliche Redewendungen. Daß Blätter wie *Punch, Fun, Funny
Folks, Moonshine, All the Year round* und *Referee* gern im Idiome der
Straße und der Küche reden, bedarf kaum der Erwähnung; doch mag es
nicht überflüssig sein, anzuführen, daß unter den poetischen Mitarbeitern des
Punch der Pseudonymus 'Arry als eine Autorität für St. Giles' Greek
gelten darf. Wir lassen deshalb hier ein Gedicht von 'Arry nebst Anmer-
kungen folgen und beschließen damit unsere Darstellung der gedruckten
Quellen:

'Arry at a Political Pic-nic (1884).

Dear Charlie,

'Ow are yer, my *ribstone*?[1] Seems *scrumptious*[2] to write the old name.
I ave quite lost *the run*[3] of you lately. *Bin playing*[4] some dark little game?
I'm keepin' mine *hup*[5] as *per usual*,[6] *fust*[7] *in the pick of the fun*,[8]
For wherever there's larks *on the tappy*[9] there's 'Arry as sure *as a gun*.

The latest new *lay's*[10] Demonstrations. You've heard *on 'em*,[11] Charlie, no doubt,
For they're at 'em all *over the shop*.[12] I ave 'ad a rare *bustle about*.[13]

---

[1] my ribstone (mein Äpfelchen) mein Liebster. — [2] seems scrumptious es scheint
köstlich. — [3] lost the run of aus den Augen verloren. — [4] bin playing (statt have
you been playing) hast du gespielt? — [5] hup statt up. — [6] per usual wie
gewöhnlich. — [7] fust statt first. — [8] in the pick of the fun wo's ordentlich Spaß
absetzt. — [9] on the tappy (statt on the tapis) auf der Tagesordnung. — [10] lay
hier = Schlich, List. — [11] on 'em statt of them. — [12] all over the shop an allen
Ecken und Enden. — [13] bustle about Umherrennen.

All my Saturday *arfs*[14] are devoted to Politics. Fancy, old *chump*,[15]
Me doing the *sawdusty reglar*,[16] and *follering*[17] swells *on the stump!*[18]

But, bless *yer*,[19] *my bloater*,[20] it isn't all *chin-music*, votes, and "'Ear! 'ear!"
Or they wouldn't catch me on the ready, or *nail me*[21] for ninepence. No fear!
Percessions[22] I've got a bit tired of, *hoof-padding*,[23] and *scrouging's dry rot*,
But Political Picnics mean sugar to them as is *fly* to *wot's wot*.[24]

Went to one *on 'em* yesterday, CHARLIE; a reglar *old* up and down lark.
The *Pallis*[25] free gratis, mixed up with a old country fair in a park,
And Rosherville Gardens *chucked in*,[26] with a *dash* of the Bean Feast will do,
To give you some little idear of our day with Sir JINKS BOTTLEBLUE.

Make much of us, CHARLIE? *Lor* bless you, we might *ha' bin blooming* Chinese
A-doing the rounds at the *'Ealthries*.[27] 'Twas *regular go* as you please.
Lawn-tennis, quoits, cricket, and dancing for them as *must be on the shove*,[28]
But I preferred *pecking* and prowling, and spotting *the mugs*[29] making love.

Don't *ketch me a-slinging* my legs[30] about *arter a beast* of a ball[31]
At ninety degrees in the shade or so, CHARLIE, old chap, not at all.
Athletics *'aint 'ardly* my form, and a cutaway coat and *tight bags*[32]
Are the *spechies*[33] of togs for *yours truly*, and *lick* your loose "*flannels*"[34] to rags.

So I let them as liked do *a swelter*;[35] I *sorntered*[36] about *on the snap*.[37]
Rum game this *yer* Politics, CHARLIE, seems *arf talkee-talkee* and trap.
Jest fancy old BOTTLEBLUE letting "the *multitood*" pic-nic and lark,
And make Battersea Park of his pleasure-grounds, *Bathelmy* Fair of his park!

"To show his true love for the People!" *sez* one vote-of-thanking tall-talker,
And *wosn't* it rude of a *bloke* as *wos* munching a bun to cry " *Walker!*"[38]
I'm Tory right down to my boots, at a price, and I *bellered* "'*Ear! ear!*"[39]
But they don't *cop yours truly* with chaff none the more, my dear CHARLIE,
             no fear!

Old BOTTLEBLUE *tipped* me *his flipper*,[40] and *'oped* I'd "*refreshed*", and all that.
"*Wy* rather", *sez* I, "*wot* do *you* think?" at which he stared into his *'at*,
And went a bit red *in the gills*.[41] Must ha' thought me a *muggins*,[42] old man,
To ask sech a question of 'ARRY — as though grubbing short was *his* plan.

---

[14] my Saturday arfs (statt halves) meine Sonnabend-Nachmittage. — [15] chump Kamerad. — [16] the sawdusty reglar den rechten Scherwenzler, Kriecher. — [17] follering statt following. — [18] on the stump auf der politischen Rundreise. — [19] yer statt you. — [20] my bloater mein Herzenskind. — [21] nail me mich packen, kriegen, fassen. — [22] percessions statt processions. — [23] hoof-padding Umherlaufen. — [24] as is fly, to wot's wot die den Witz, den Rummel kennen. — [25] pallis statt palace. — [26] (with) Rosherville Gardens chucked in fast einem Biergarten, Vergnügungsgarten ähnlich (Rosherville bei Gravesend, bekannter Ausflugsort). — [27] 'calthries statt Healtheries hygienische Ausstellung 1884. — [28] be on the shove sich Bewegung machen. — [29] the mugs die Burschen. — [30] a-slinging my legs die Beine schmeißen. — [31] arter (statt after) a beast of a ball hinter dem verd.... Balle her. — [32] tight bags enge Hosen. — [33] spechies statt species Sorte. — [34] flannels ,Flanellkleidung (der Sportsmänner). — [35] do a swelter ein Schwitzbad nehmen. — [36] sorntered statt sauntered bummelte. — [37] on the snap umherschnappend (nach Essen und Trinken). — [38] Walker Unsinn. — [39] bellered "'Ear' ear!" statt bellowed: "hear, hear!" schrie: „hört! hört!" — [40] tipped me his flipper reichte mir die Hand. — [41] in the gills nm die Kinnbacken, nm den Mund herum, auf den Wangen. — [42] muggins hier = Narr.

I went the rounds proper, I tell *yer*; 'twas like the free run of a Bar,
And Politics want lots o' *wetting*.[43] Don't *ketch* me perched up on a car,
Or *'olding* a flag-pole no more. No, *percessions*, dear boy, ain't *my fad*,
But Political Pic-nics with fireworks, and plenty of *swiz*[44] ain't 'arf bad.

The palaver was *sawdust*[45] and treacle. Old BOTTLEBLUE *buzzed* for a bit,
And a sniffy young Wiscount in *barnacles landed wot* 'e thought a '*it*:[46]
Said old GLADSTONE wos like SIMPSON's weapon, a bit of a *hass*[47] and all *jor*.[48]
When a noisy young *Rad*[49] in a wideawake wanted to give him wot for!

"Yah! boo! Turn *'im hout!*"[50] sings yours truly, a-thinkin' the fun was at *'and*,[51]
But, bless yer! 'twas only a *sputter*.[52] I can't say the meeting *looked* grand.
Five thousand they reckoned us, CHARLIE, but if so I guess the odd three
Were a-spooning about in the halleys, or lappin' up buns and *Bohea*.

The band and the *'opping*[53] wos prime though, and 'ARRY in course wos all there.
I 'ad several turns with a snappy young *party* with *stror-coloured 'air*.[54]
Her name she hinformed me wos POLLY, and wen, in my 'appiest style,
I sez, "POLLY is nicer than Politics!" didn't she colour and smile?

We got back *jest* in time for the Fireworks, a proper flare-up, *and no kid*.[55]
Which finished that day's Demonstration, an' must 'ave cost many a *quid*.
Wot fireworks and park-feeds *do* Demonstrate, CHARLIE, I'm blest if I see,
And I'm blowed if I care a brass button, so long as I get a cheap spree.

The patter's all bow-wow, of course, but it goes with the buns and the beer.
If it pleases the *Big-wigs* to spout, wy it don't cost *hus* nothink to cheer.
Though they *ain't* got the *'ang*[56] of it, CHARLIE, the *toffs* ain't,—no go and no spice!
Wy, I'd back BARNEY CRUMP at our Sing-song to lick 'em two times out o' twice!

Still I'm all for the Lords and their lot, CHARLIE, Rads are my 'orror, you know.
Change R into C and you 've got 'em, and 'ARRY 'ates anythink low.
So if Demonstrations means skylarks and *lotion* as much as you 'll carry,
These "busts of spontanyous opinion" may reckon all round upon
                                                        'ARRY.

---

[43] wetting Kneipen. — [44] swiz zu saufen. — [45] sawdust Unsinn. — [46] landed wot 'e (statt what he) thought a 'it (statt a bit) machte seiner Meinung nach eine treffende Bemerkung. — [47] hass statt ass Esel. — [48] jor statt jaw Kinnbacken. — [49] Rad statt Radical Radikale(r). — [50] 'im hout statt him out ihn hinaus. — [51] at 'and statt at hand ganz nahe. — [52] a sputter ein kleiner Spektakel. — [53] the 'opping statt the hopping das Tanzen. — [54] strorcoloured 'air statt straw-coloured hair strohfarbiges Haar. — [55] and no kid hier = ohne Zweifel. — [56] they ain't got the 'ang (statt hang) of it sie haben nicht das Zeug dazu.

=== § 3 ===

Herkunft und sprachliche Stellung des Cant.

Das Verhältnis der Gaunersprache zum Romany. — Disraeli's *Venetia*. Leland's Zigeuner-Etymologieen. — Der Volkswitz als Sprachquelle.

Nachdem wir nun die schriftlichen Quellen erforscht, in denen die süd-englische Volkssprache, halb versteckt und fast verschämt, neben dem großen Strome der englischen Nationallitteratur herrieselt, liegt es uns noch ob zu zeigen, daß der beste Vertreter der Paria-Mundart der Vagabund selber ist. London, the big City, bei Fletcher die Rom-vile, ist die eigentliche Heimat der englischen, man könnte fast sagen, der ganzen europäischen Bettlerzunft. In der Londoner Herberge und auf der Londoner Bettlerbörse holt sich jeder Landstreicher und Tausendkünstler, ob Zigeuner oder Gorgio, noch wie in Ben Jonson's Tagen, bei den Häuptern seiner Zunft das Lösungswort. Daß dieses in einer dem Uneingeweihten fremdartigen Zunge gegeben und empfangen wird, muß jedem, der die unteren Schichten der menschlichen Gesellschaft einigermaßen studiert hat, natürlich erscheinen. Auch wundern wir uns nicht, daß diese dunkle Sprache, die wohl ein Schlüssel für andere Geheimnisse zu werden versprach, schon so manchen zum Erklären und Analy-sieren angetrieben hat. Doch möge der Leser alle Berichte über die Londoner Bettlerzunft, die nicht aus ganz authentischer Quelle stammen, nur mit der größten Vorsicht aufnehmen. Denn ist in diesem Hexenkessel der Menschheit der Prozeß der Sprachbrauerei, zu welchem die Ingredienzien von Kindern des fernsten Ostens und Westens herbeigeschleppt werden, um vieles inter-essanter als anderwärts, so ist er unstreitig auch viel schwieriger in seinem Verlaufe zu verfolgen.

Wer die zum englischen Cant gehörigen Ausdrücke sorgfältig zergliedern wollte, der würde darin vermutlich von allen bekannteren Zungen der Menschen einige Spuren entdecken können. Streckt doch die Themsekönigin ihre gast-liche Hand nicht nur den Landstreichern Britanniens, sondern auch Seefahrern aller Nationen entgegen; und ladet sie doch, neben italienischen Leierkasten-virtuosen, Bremer Stadtmusikanten und griechischen Hochstaplern, auch Chinesen, Japanesen und Neger — diese von echter sowohl als auch von unechter Farbe — zu sich ein. Wer möchte sich da noch verwundern, daß die Vokabeln, welche diese bunte Gesellschaft in die Sprache der Londoner Plebs ein-geschmuggelt hat, nur zu häufig allem philologischen Spürsinne trotzen?

Die größte Schwierigkeit bereiten ohne Zweifel die der Zigeuner-sprache entlehnten Vokabeln. Ist doch unsere Kenntnis der Zigeunerdialekte selbst nur eine beschränkte und scheint doch das Brünnchen, aus welchem ehemals die Gipsy-tongue sprudelte, seit dem fünfzehnten Jahrhundert immer mehr versiegen zu wollen. Wir dürfen deshalb die Übersetzung eines Tennyson'schen Gedichtes in die Romany jib. wie sie uns vom verstorbenen Professor Palmer geliefert worden ist (*English Gipsy Songs.* In Romany. By Ch. G. Leland, Professor E. H. Palmer and Janet Tuckey) wohl unter die Blendkünste der Philologie rechnen.

Die Existenz einer unabhängigen, aus älteren indischen Dialekten hervorquellenden Zigeunersprache abzuleugnen, wäre ebenso falsch, als den Umfang und die Bedeutung des uns verbliebenen Restes der Sprache zu überschätzen. Borrow, einer der bekanntesten Forscher auf diesem Gebiete, schlägt in der gediegenen Vorrede zu seinem Wörterbuche (*Romano Lavo-Lil, Word-book of the Romany.* By George Borrow. 1874) die Zahl der noch vorhandenen echten Zigeuner-Vokabeln auf 1400 an — immerhin eine bedeutendere Zahl, als man bei dem eng bemessenen, geistigen Gesichtskreis des Romany-Völkchens erwarten sollte. Unter diesen Vokabeln sind einige den entsprechenden Sanskrit-Wörtern so ähnlich, daß sich die Verwandtschaft auf den ersten Blick erkennen läßt. Borrow führt insbesondere die Wörter shoshoi (Hase, Kaninchen), Sanskrit sasa, und collico (gestern oder morgen), Sanskrit kalya an. Das Zeitwort camova lieben ist verwandt mit dem sanskritischen Cama Liebesgott; pawnee Wasser mit dem sanskr. paniya; péava (und pi) trinken erinnert an sanskr. pā, griechisch π εῖ ; manush Mann an das sanskr. mānasha; manushi Weib an manushi; lav Wort an sanskr. lapa sprechen, lat. labia und das germanische lip Lippe; jib (Gib) Zunge an sanskr. jihva (Gī'-wa); brishen Regen, an sanskr. vrish; shom bin an lat. sum; rom Gatte an sanskr. rama; tawno oder tawnie klein an sanskr. tarana jung; yag Feuer an sanskr. agni, lat. ignis.

Die **Phraseologie** ist von englischen Wörtern jeder Art so sehr durchwoben, daß die Sprache selbst in ein buntscheckiges Gewand gekleidet scheint. In Sätzen wie:

> I'd sooner *shoon* his *rokrapen* than *shoon* Lally *gil a gillie*; ich möchte lieber sein Gespräch anhören, als Lally ein Lied singen hören —

sind nur die *kursiv* gedruckten Vokabeln zigeunerisch; der Rest ist englisch.

Ebenso in:

1) *Dosta* of *moro* foky (engl. folk) would have been *bitcheno* or *nash'd.* but for the *puro, choveno Romano jib*: viele von unseren Leuten wären gehängt worden ohne die arme, alte Zigeunersprache.

2) *Patrins* are *drom sikkering engris* by which the *Romany* who *jal anglo muk lende* that *wels palal jin* the *drom* they have *jall'd* by [wörtlich:] patrins sind Spuren (eig. wegzeigende Dinge), mittels welcher die Zigeuner, die vorausgehen, die, welche nachfolgen, den Weg wissen lassen, den sie eingeschlagen haben.

3) *Meero dado, soskey were creminor kair'd? Meero chauvo,* that *puvobaulor* might *jib by halling lende. Meero dado, soskey were puvobaulor* kair'd? *Meero chauvo,* that *tute* and *mande* might *jib by lelling lende. Meero dado, soskey were tu ta mande kair'd? Meero chauvo,* that *creminor* might *jib by halling mende:* Mein Vater, warum wurden Würmer geschaffen? Mein Sohn, damit Maulwürfe leben können, indem sie sie essen. Mein Vater, warum wurden Maulwürfe geschaffen? Mein Sohn, damit du und ich leben können, indem wir sie fangen. Mein Vater, warum wurden du und ich geschaffen? Mein Sohn, damit die Würmer· leben können, indem sie uns aufessen.

Wir beschließen diese Citate aus Borrow mit einem hübschen Zigeuner-Gedichte:

l)   **Lelling cappi.** **Schätzesammeln.**

Av, my little *Romany chel,*
Av along with *monsar!*
Av, my little *Romany chel!*
Koshto si for *mangue.*

I shall *lel a curapen,*
If I *jal aley;*
I shall *lel a curapen*
From my dear *bebee!*

I will *jal* on my *chongor,*
Then I'll *pootch* your *bebee:*
O my dear *bebee,* dev me your *chi,*
For *koshto si* for *mangue.*

Since you *pootch* me for my *chi,*
I will *dev* you *lati!*
Av, my little *Romany chel!*
We will *jal* to the *wafu tem!*

I will *chore* a *beti gry,*
And so we shall *lel cappi!*
Kekko, meero mushipen, ·
For so you would by *stardo;*

But I will *jal* a *dukkering,*
And so we shall *lel cappi.*
Koshto, my little *Romany chel!*
Koshto si for *mangue.*

Komm', mein klein Zigeunermädchen,
Komm' und geh' mit mir!
Komm', mein klein Zigeunermädchen,
Mir wär's von Herzen lieb.

Ich werde Schläge kriegen,
Wenn ich geh' mit dir;
Ich werde Schläge kriegen
Von meinem Tântchen lieb!

Ich will fallen auf meine Knie
Und bitten die Tante dein.
O mein Tântchen, gib mir dein Kind,
Es wäre ein Schatz für mich!
      [wörtlich: Denn es ist gut für mich.]

Da du mich bittest um mein Kind,
So will ich's geben dir!
Auf, mein klein Zigeunermädchen!
Wir zieh'n ins fremde Land.

Ich will stehlen ein kleines Pferd
Und so den Schatz gewinnen.
Nein, nein, nicht also mein wack'rer Bub,
Dann wirst du hängen müssen!

Sondern ich will wahrsagen geh'n,
Dann werden wir bald reich.
Gut, mein klein Zigeunermädchen,
Mir ist das lieb und recht.

(Mit Bezug auf die Aussprache der Wörter müssen wir hier beifügen, daß der Vokalismus dem des Deutschen und Italienischen nachgebildet ist, während die Konsonanten in englischer Weise auszusprechen sind; also: chi = tschi, jal = dGäl, koshto = kŏ'sch-tō, bebee = bĕ-bē' u. s. w.).

Wer sich für den geheimnisvollen, asiatischen Stamm ganz besonders interessieren sollte, der wird weiteres, auch über ihre Sprache, in Grellmanns „Historischer Versuch über die Zigeuner" 1783, in J. C. C. Rüdigers „Neuester Zuwachs der Sprachkunde", Halle 1782—93; in den Schriften von Pott („Zigeuner in Europa und Asien". 2. Band. Halle. 1844) und Miklosich; endlich auch in dem interessanten Werke: *The English Gipsy Language* by Dr. Bath C. Smart (Transactions of the Philological Society, 1862—63) finden.

Die deutsche Zigeunersprache wirft, wie aus R. Liebichs Werke: „Die Zigeuner in ihrem Wesen und in ihrer Sprache" (Leipzig, 1863) und aus der „Rotwellschen Grammatik" (Frankfurt am Mayn, 1755) zu ersehen ist, auf das englische Cant nur sehr wenig neues Licht. In den eben genannten zwei Werken klingen (außer Romany jib) eigentlich nur zwei Wörter an die englische Gaunersprache an, nämlich rom der Mann oder der Zigeuner und pral der Bruder (engl. pal Kamerad).

Die Rückwirkungen englischer Slang- und Cant-Ausdrücke auf die Zigeunersprache sind höchst wahrscheinlich viel zahlreicher und mächtiger als umgekehrt die Einflüsse der Zigeunerdialekte auf die Volkssprache. Doch wird es stets sehr schwierig bleiben, diese gegenseitigen Wirkungen streng zu scheiden, und es kommt für den, der das sprachliche Wissen nur seiner Blüten und Früchte wegen schätzt, auch auf dasselbe hinaus, ob der Landstreicher den Zigeuner oder der Romany den Gorgio inspiriert hat.

Es wird den Leser hiernach nur wenig verwundern, zu erfahren, daß vieles, was in früheren Jahrzehnten für „Zigeunerisch" galt, vielmehr der mit Zigeunerwörtern versetzten Vagabundensprache angehört. Als Beispiel seien die in Disraeli's *Venetia* vorkommenden Zigeunerphrasen erwähnt, in denen der Leser mit Leichtigkeit die altgebräuchlichen Cant-Ausdrücke erkennen wird:

1) An old mort: ein altes Weib.
2) The gentry cove will be romboyled by his dam [in einer Anmerkung: „His mother will make a hue and cry after the gentleman"]: Die Mutter wird den jungen Herrn unter großem Geschrei suchen.
3) Queer Cuffin will be the word if we don't tout: Es wird an's Hängen gehen, wenn wir nicht aufpassen.
     Queer Cuffin ist uns oben schon als quire cuffin begegnet; eigentlich: der böse Geselle, hier: der Richter.
4) Gibel a chiv for the gentry cove: Gib ein Messer für den Herrn.
5) Flick the panam: Schneide das Brot.
6) Tout the cobble-colter: Passe auf den welschen Hahn.
7) Tip me the clank: Reiche mir den Becher.

Wir beschließen diese Zusammenstellung aus *Venetia* mit dem (deutschen Cant-)Worte kinchen und bemerken zugleich, daß Leland außer den hier und bei früheren Gelegenheiten bereits erwähnten Wörtern panam, cove und cuffin, mort, rom, chiv, ken, auch noch lush kneipen, lushy betrunken und anderes auf die Zigeunersprache zurückführt. Das Cant-Wort barney Lärm leitet er von den Gipsy-Wörtern baro, barno oder barni groß oder viele (Hindostani bahrna vermehren); shindy Lärm von chindi oder chingaree; bosh Unsinn von bosh Geige, Musik; cad und cadger von Gorgio Christenmensch her. Auch row und rowdy Lärm, Streit (die Skeat vom Skandinavischen ableitet), sowie bloke Mann und das in die gewöhnliche Büchersprache übertragene tiny klein schreibt Leland seinen asiatischen Freunden zu. Aus dem ausführlichen Zigeunerglossar von Dr. Bath C. Smart können wir hierzu noch dookering von doorik wahrsagen, cooter Guinee vom Zigeunerischen cotor, und drum Weg vom Zigeunerischen drom fügen. Das Wort mort oder mot für Weib kommt bei Smart auffallenderweise nicht vor. Unter die bekanntesten der Wörter, welche wir den Zigeunern verdanken, gehört auch noch pal Kamerad, ein Wort, das in der sprachlichen Stufenleiter bereits soweit emporgekommen ist, daß es, wie cove, rum, bosh, shindy und row in der feinsten Gesellschaft verstanden wird. In einem durchaus ernsten Gedichte, das im *Punch* vor einiger Zeit zu Ehren von Baker Pasha veröffentlicht ward, heißt es:

     I came to the front with my pals here, the boys and the brave old tars.
     Ich kam zur Front mit den Kam'raden, den Buben und tapfren Matrosen.

An dem Cant-Worte rom (jetzt rum) können wir weiter noch beobachten, was für Sprünge ein altes Zigeunerwort auch in seiner Bedeutung in ein paar Jahrhunderten machen kann. Rom war im Cant des 16. und 17. Jahrhunderts nämlich gleichbedeutend mit gut, prächtig, wie wir aus Rom vile = London, d. h. die herrliche Stadt, und aus Rom mort die Königin ersehen. In seiner heutigen Gestalt rum ist das Wort in jedermanns Munde, bedeutet aber nicht mehr gut, herrlich, sondern sonderbar, häßlich, mißlich. Ein ähnliches Beispiel ist mill, das im alten Cant stehlen, und jetzt boxen bedeutet. Es würde uns zu weit führen, wollten wir sämtliche Cant-Wörter ihrer Abstammung nach in Klassen teilen, umsomehr, als die Etymologie vieler Wörter durchaus nicht aufgeklärt ist. Wie die englische Sprache selbst, so sind eben auch ihre plebejischen Töchter von sehr gemischter Herkunft, und nur ein sorgfältiges Studium läßt uns erkennen, mit was für Sprachelementen wir es dabei zu thun haben. Daß ein großer Prozentsatz der Vokabeln aus dem Sächsischen herstammt, das ist fast selbstverständlich. Rein lateinische, französische und deutsche Wörter sind in kleinerer Zahl vorhanden.

Von lateinischen Cant- und Slang-Wörtern seien die folgenden erwähnt:

fake: machen, betrügen, von facere thun.
cop von capere: nehmen, fassen.
ſ panum von panem (Accuſ. von panis) Brot.
hocus pocus, vermutlich aus hoc est corpus: dies ist der Leib.
nincom (poop) aus dem juristischen non compos mentis: unzurechnungs-
   fähig.
ſ max, Gin, verkürzt aus maxime höchst.
my eye, Betty Martin aus dem kirchlichen mihi beate Martine.
(Gipsy): voker (sprechen) aus vocare rufen.
(Schüler-Slang): pater Vater; mater Mutter; quis? wer? ego ich; opt
   statt optimus Beste(r); pess statt pessimus Schlechteste(r).

sowie die älteren Wörter:

ſ cassau (Käse) von caseus.
ſ frater: Bettelbruder.
ſ maund betteln von mandare.
vermutlich auch quid Sovereign, und
quod Gefängnis.

Aus dem Französischen stammen:

ſ bean (Geld) von bien.
ſ dace zwei von deux.
das alte ſ vile Stadt.
ſ Johnnie Darbies von gensdarmes.
hogo von haut goût.
cropo (Franzose) von crapaud Kröte.
quandary von qu'en dirai-je? was soll ich dazu sagen?

Deutschen Ursprungs sind:

ſ kinchen Kindchen und kid Kind.
ſ frow Frau.
ſ nix nichts.
Das ältere ſ muns Mund und ſ gilt Geld, wahrscheinlich auch shice
   betrügen.
finnuf (Fünfpfundnote) von fünf.
lope vom niederdeutschen lopen.

Die *Lingua Franca* ist ziemlich stark in diesem Sprachgemengsel vertreten. Wir führen beispielshalber an: ſ dona Frau, don seiner Kerl, ſ case
[Haus], ſ bene [gut], Shakespeare's buona-roba [Freudenmädchen], ſ nantee
[nichts, kein] ital. niente; ſ mungarly [Brot, Essen], ital. mangiare; ſ letty
[Bett] ital. letto und das ältere ſ commission [Hemd].

Ferner stammen aus dem Italienischen die von den Orgelspielern
eingeführten, besonders in Verbindung mit saltee (pence) aus soldi gebräuchlichen Zahlwörter dooe aus due, tray aus tre, quarterer aus quattro,

chinker aus cinque, say aus sei, setter aus sette, otter aus otto, nobba aus nove, dacha aus dieci, sowie madza aus mezza halb.

Daß ˹ gonnof [Schurke], ˹ schoful [nachgemacht] und shickster [Mädchen] aus dem Hebräischen herrühren, leuchtet aus den jüdisch-deutschen Wörtern „ganfen", „jchofel" und „Schickfel(chen)" hervor.

Es ist weniger leicht zu erkennen, daß booze [saufen] vom holländischen buysen und ebenso doxy [Liebchen] (Old Cant) vom holländischen doketje stammt.

Zahlreicher sind die, besonders im Argot des Militärs und der Flotte auftretenden anglo-indischen Wörter. Doch glauben wir uns, aus praktischen Gründen, auf die Erwähnung einiger wenigen Ausdrücke, die im Londoner Leben tiefere Wurzel gefaßt haben, beschränken zu müssen. Hierhin rechnen wir vor allem die in Zeitungen häufig vorkommenden: pundit Gelehrte(r), chit Brief, shikaree Jäger, tiffin Frühstück, in mufti in Civil, wallah Beamte(r), griffin Neuling.

Auch sogenannte Amerikanismen dringen in die familiäre Sprache ein; doch erfordert gerade auf diesem Felde die genaue Scheidung zwischen dem Heimischen und dem Fremden die delikateste Behandlung und einen feinen Spürsinn. Nur allzu häufig versteht man unter Amerikanismen nicht etwa nur die auf amerikanischem Boden unverkennbar hervorgesprossenen neuen Wörter, sondern auch jene Deserteure, welche sich einige Jahrzehnte oder länger in Amerika versteckt gehalten und dann die Heimreise angetreten haben. S. Bartlett's *Dictionary of Americanisms*.

Eine weitere Quelle für die Entstehung des Gauner-Idioms, auf welche wir den Leser glauben aufmerksam machen zu sollen, das ist die sinnliche Übertragung innerhalb des bestehenden Wortschatzes.

Die Sprachblüten dieser Art sind ihrer Natur nach von sehr vergänglichem Charakter, verdienen aber als echte Erzeugnisse des Volkswitzes unsere volle Beachtung. Wir beschränken uns wiederum auf wenige Beispiele und müssen es dem Leser überlassen, bei seinen Studien die Liste für seine Zwecke zu vervollständigen.

Mushroom (eigentlich Pilz), abgekürzt mush, ist der, gewiß sehr zutreffende Cant-Name des Regenschirms. Chips Späne, brads Nägel, dust Staub, brass Messing und tin Zinn stehen für Geld; yellow boy und goldfinch entsprechen dem deutschen Goldfuchs. Den Esel hat der Volksmund Jerusalem pony, den Häring soldier oder two-eyed steak, den schwarzen Transportwagen für Sträflinge Black Maria [die schwarze Marie], und die Kirche profanerweise gospel-shop getauft. Wie erfinderisch auch Gauner einer älteren Periode gewesen sein müssen, davon zeugen die alten Cant-Wörter Joseph Mantel und Jacob Leiter.

Sheet-lane heißt das Bett, to go to sheet-lane sich zur Ruhe begeben; ähnlich wird die Kehle mit gutter-lane und red-lane und der Schlund mit peck-alley bezeichnet. Palm-oil steht für Bestechung, weil ja palm nicht nur Palme, sondern auch flache Hand bedeuten kann. A house to let ist eine Witwe im allgemeinen, an ace of spades eine Witwe im schwarzen Flor, a hempen widow die arme Witwe eines Gehängten. Canister oder idea-pot ist (im Boxer-Slang) der Kopf, a box o' dominoes ein Mund voll Zähne, bone-box und potato-trap Mund, snuff-box oder smeller Nase, bread-basket Magen, pins Beine, claret Blut, nosegay oder nose-ender Schlag auf die Nase, painter Faust.

Academy headache ist das Kopfweh, das vom Studieren herkommt; marriage music nicht der Glockenklang beim Hochzeitsfeste, sondern das Gebrül der Kinder nach der Hochzeit; scandal-broth (im High-life Slang) Thee, scarlet-fever Verliebe (der jungen Damen) für (die) Scharlachröcke (der Offiziere).

Sehr zahlreich sind die scherzhaften Bezeichnungen verschiedener Stände und Menschengattungen. Wir greifen unter diesen auf gut Glück die folgenden heraus:

* cheap-tripper einer der billige Ausflüge (cheap-trips) mit der Bahn u. s. w. macht.
  milestone-monger einer der viele Meilen wandert.
  petticoat-pensioner Zuhälter, Louis.
  boot-catcher Hausknecht.
  counter-jumper Ladendiener.
  lobster Soldat (in roter Uniform).
  unboiled lobster Schutzmann (in dunkler Uniform; man vergleiche das ältere Robin redbreast, womit der Polizist im roten Rock bezeichnet ward).
  knight-of-the-napkin Kellner.
  knight-of-the-wheel Radfahrer.
  button catcher Schneider.
  mitey Käsehändler.
  crumb-and-crust-man (früher auch dead-man wegen der falsch ange-schriebenen Brote; man vergleiche dead-men) Bäcker.
  sky-pilot ⎫
  cushion-smiter ⎬ Geistliche(r), Pfarrer.
  devil-dodger ⎪
  snub-devil ⎭
  bum-brusher ⎫ Schulmeister.
  Dr. Syntax ⎭
  sawbones Chirurg.
  finder ⎫
  gleaner ⎪
  picker ⎬ Dieb.
  tax-collector ⎪
  family-man ⎭
  mug-faker (Grimassenschneider) Komödiant.
  cold cook Leichenbestatter.
  canary-bird Gefangene(r).
  armchair-politician politische(r) Kannegießer.
  featherbed-soldier englischer Volunteer.
  professor of black and white Zeichenlehrer.
  ambassador of civilization Missionar.

ambassador of commerce Handlungsreisende(r).
muff-stuffer Lehrer.
master-of-the-rolls Bäcker.
master-of-the-mint Gärtner.
Hittite Boxer.
⚓ Davy Jones' natural children (des Teufels Bastarde) Seeräuber.
bit-of-ebony Neger (Fuller nennt die schwarzen Afrikaner: images
    of God cut in ebony).
Cotton Lord großer Kaufherr (von Manchester).
B. A. (eigentlich Bachelor of Arts) Big Ass große(r) Esel.
M. A. (eigentlich Master of Arts) Master of Asses.
L. L. D. (eigentlich Doctor of the Law) Long-legged donkey lang-
    beiniger Esel.

Geld bezahlen kann (*Tom and Jerry* zufolge) auf folgende Weisen
ausgedrückt werden:

1) to touch the cole.
2) to sport the rhino.
3) to show the needful.
4) to post the pony.
5) to stump the pewter.
6) to flap the dimmock.
7) to tip the brads.
8) to nail the rent.
9) to bag the swag.
10) to down with the dust

Ehe wir dieses Kapitel beschließen, müssen wir noch kurz die sogenannten
Volksetymologieen ins Auge fassen. Die Volkssprache hat für diese Art
von Übertragungen bekanntlich eine große Vorliebe, und der Leser wird
Beispiele davon im Wörterbuche finden. Nicht in allen Fällen läßt sich die
Absicht, die der Übertragung zu Grunde lag, sofort erkennen, und der Zufall
muß, auch in den besten Beispielen, seine Hand mit im Spiele gehabt haben.
Bei dem älteren sparrow-grass statt asparagus z. B. kann unmöglich, wie
bei pine-apple für Ananas, der Glaube vorgeherrscht haben, daß der Ursprung
oder die Verwendung der Pflanze durch die Umbildung erläutert werde.
Ähnliche Mängel haben auch andere dieser Neubildungen. Doch liegt es
uns nicht ob, hier kritisch zu verfahren, und so begnügen wir uns denn
wiederum damit, dem Leser ein paar Beispiele vorzuführen. Also steht
wagabone (deutlicher wag-a-bone) sehr gewöhnlich für vagabond, carry-
wan für caravan, merry-kin für American, bony-fide statt bona-fide [echt],
teetottler statt teetotaller, pair-o'-saul statt parasol [Sonnenschirm], high
strikes statt hysterics [Hysterie], sober water statt soda water, Johnny
Darbies statt gensdarmes, Saint Maritan statt Samaritan, (as right as)
nine pence statt (as right as) nine pins, nine shillings statt nonchalance,
*tell-a-cram statt telegram, wedgetables statt vegetables. Man vergleiche
auch hearty-choke and caper-sauce unter hearty. Sehr zahlreich, jedoch
allzuhäufig mit den Haaren herbeigezogen, sind die Volksetymologieen in den
erwähnten lustigen Büchern über Mrs. Brown.

Daß dergleichen Umdeutungen auch sehr boshaft ausfallen können, erhellt genüglich aus: oat stealer statt ostler Stallknecht, sowie aus penny-a-liar statt penny-a-liner Berichterstatter kleiner Journale, Zeitungsschreiber der untersten Gattung. Wie der religiöse Fanatismus auf die Volkssprache zu wirken vermag, das zeigt sich in marrow-bones statt Mary bone Madonna (in der Redensart to go down on one's marrow-bones auf den Knieen rutschen), welches aus dem populären Vorurteil gegen den katholischen Marienkultus — der englische Theologe nennt ihn mariolatry — hervorgegangen sein muß.

Ähnlich ist wohl hocus-pocus aus der kirchlichen Formel hoc est corpus [dieses ist der Leib] und der Ausruf my eye, Betty Martin aus dem lateinischen mihi, beate Martine der Kirche entstanden.

Daß es auch unter den englischen Juristen nicht an Spaßvögeln fehlt, das beweist der Ausdruck: ha' porth o' coppers aus Habeas Corpus.

Aus der Kindersprache sei die Umdeutung stom-jack statt stomach erwähnt.

—————

§ 4

Hauptgattungen des Slang.

Bei allen Ständen beobachtet man gewisse, fest ausgeprägte Redensarten, die sich zunächst auf die Beschäftigungen und Gewohnheiten dieser Gesellschaftsklassen beziehen, und die in ihrer weiteren Entwickelung häufig zu Idiomen anwachsen, in denen sich gewisse menschliche Charakterzüge wie in einem Bilde wiederspiegeln. Dies ist allerwärts so; nur der sprachliche Schwerpunkt ist nicht immer derselbe. In England liegt dieser auf dem Gebiete des Seehandels, der Politik und der kommerziellen Welt. Wir dürfen deshalb von vornherein annehmen, daß das Argot der englischen Seeleute, Politiker und Kaufleute ein sehr entwickeltes sei, höher entwickelt als z. B. das Argot des Militärs, des Theaters und der Studenten. So ist es denn auch in Wirklichkeit, und eine eingehende Darstellung jeder dieser hervorragenden Slang-Gattungen wäre in einem Werke größeren Umfanges unzweifelhaft am Platze gewesen. Der Zweck der hier gebotenen Aufsätze ist jedoch lediglich der, den Leser auf die zünftigen Unterschiede in der Sprache aufmerksam zu machen und ihn zum eigenen Forschen und Sammeln anzuregen. Das nautische, politische und das kommerzielle Gebiet haben wir hier deshalb nur kurz berührt. Die Artikel über Matrosen-Slang (und seinen Einfluß auf die gewöhnliche Umgangssprache) und Theater-Slang sind englischen Blättern entlehnt; die über Lawn Tennis und Croquet stammen aus dem dritten Bande des Langenscheidtschen Netwörterbuches (Land und Leute in England. Raubert). Im Wörterbuche wird der Leser das politische und das kaufmännische Gebiet reichlich vertreten finden.

Sea-Terms ashore.
(Aus dem *Daily Telegraph*. 1885).

Sailors have borrowed many terms for their ships from the shore. They have decorated them after the manner of sweethearts: for who does not know that when a vessel goes to sea she proceeds on her voyage embellished with chains, jewel-blocks, garnets, bangles, breast-hooks, pins, ribands, gauntlets, heels, harpins, which must mean hair-pins, garlands, hoods, collars, and a score of other knicknacks and decorations, all of such a kind as an honourable Jack Tar would bestow upon the lady of his affections? But, on the other hand, the landsman owes some very choice and pregnant sentences to the sea. Many a saying wonderfully full of meaning would have no existence but for Jack's fruitful mind. It is not very strange that our common speech should comprise numerous nautical references. We are a great mari-time nation; we are the greatest in the world, and have been so since we thrashed the Dutch; sailors are found everywhere, and the words they bring with them from the ocean are picked up and employed as exceedingly suggestive, and so find their way about until they become a part of the colloquial tongue, though many people who use them only know what they mean so far as their shore-sense goes; they do not understand their sea significance. Besides, it is a pleasure to borrow the speech of sailors. Jack is a man much beloved for his virtues and qualities. He makes, indeed, an incomparably nice man, whether young or old, for a tea party. He is large-hearted and generous. If he has money he does not sordidly keep it hidden in his pockets, but holds it boldly in his hand that it may be readily distributed. All the ladies love sailors. They know that there is no man who has a deeper ad-miration for them than Jack. He believes them to be the angels he used to be told about when a boy, and he eyes them with awe, blushes and stammers in their presence, and would fight the tallest landsman for daring to doubt that a woman can be anything but beautiful and pure and good. Of course, the sailors I am talking about are not the dreadful creatures who jump half-clothed on to the decks of deep steamers from piers and wharves; to such men and their like the Eng-lish language could owe nothing but bad expressions and words not to be heard in polite society. The salts I mean, from whose vocabulary we have enriched our daily speech, are proper sailors, who own that a ship's forecastle is not a college for learning, but amongst whom, nevertheless, there circulate hundreds of sayings, all of them indicating shrewd and often profound knowledge of human nature, both maritime and shoregoing.

I have amused myself by thinking over a few nautical expressions in common use amongst us on shore, and I have been struck by the dexterity of their adoption. One should say that originally it must have been sailors themselves who grafted these words and sayings upon our speech, for landsmen could not possibly master their significance with accuracy enough to apply them with that clearness and niceness of exposition which they furnish. Take the word *mainstay*. Nothing is commoner than to hear such an expression as "Oh, he is the mainstay of the family". Here you have a strictly nautical image. Sailors might, indeed, hold that a ship's forestay is more important than her mainstay, since the loss of the mainmast is of less consequence than the loss of a foremast. But then the mainmast is the chief mast of a ship, and the mainstay may count among the first of the important pieces of rigging of a ship, since it supports the mast forward; and no term, therefore, could well be more expressive than that of mainstay as applied to any one maintaining others or to anything acting as a prop. *Spliced* will be more generally understood. A couple are said to be spliced when they are married. But one should know what a splice is to appreciate the application of the nautical term — how it means the bringing together of two ends of ropes with the strands open, and the passing of these strands trough one another until a union is formed so strong that a strain brought upon the line would break it in any other place than the splice. This signifies marriage as it should be, according to Jack, and the word in this sense is common ashore. What could be fuller of meaning than to speak of a man floored by a commercial difficulty as on his *beam-ends*? When a ship is on her beam-ends she is in a very ugly position indeed, an the next few minutes may see her founder. Many a man is thus situated by a financial tempest, that heaves him down till it seems impossible that he can escape from sinking and disappearing in the deep of insolvency. There is the term *hard up*. I claim this as nautical for the following reason: in most cases when a ship's helm is put hard up there is some danger in the road or about: it may be a heavy squall that compels her to keep away; or it may be a vessel ahead, or broken water. Anyone is fain to infer that she is in a situation of difficulty, and so, no doubt, is a man who is "hard up". *Taken aback* is also in common use. How many ladies, I wonder, who have said, "I was really quite taken aback, my dear", imagined that they were comparing themselves to a ship whose way had been stopped by the wind chopping round, and blowing directly against the sails so as to press them against the masts? Of the paternity of the expression, I will *put a spoke into that fellow's wheel*, I am in doubt. Every wheel has spokes, but a ship's wheel has them in the most emphatic sense. Whether an extra spoke in a man's carriage wheel would annoy him, except, perhaps, for its disharmonising the appearance of the wheel, is not certain; but there can be no doubt that a spoke more than a ship's wheel wanted would bother a helmsman when his hand came to it as a thing in his way. Neither am I sure as to the origin of the term *three sheets in the wind*. It sounds nautical, but it will not stand examination, for it is absurd to talk of a sheet, which is a rope, as being in the wind. The term, I am afraid, savours

of the land, and might have emanated from some genius who took the
word *sheet* to mean *sail*. But other words borrowed for shore-use from
the sea, and indicating drunkenness, are salt enough. Such is the term
slewed. *"Slew"* means to turn; and, therefore, to speak of a man as
slewed is to signify that he is "turned round", twisted the wrong way
by drink. Two other nautical expressions seem to have obtained a firm
hold ashore; these are to *turn out* and *turn in* for getting out of
bed and going to bed. *He can spin a twister*, is a common phrase,
and signifies, as I take it, that the person of whom it is said can tell
a long story that is not quite a lie, though full of exaggerations. The
origin of this, I conceive, must be looked for at sea. On all ships there
is a little machine called a spun-yarn winch, with which sailors manu-
facture a kind of small stuff, termed spun-yarn. The winch is revolved
by a handle, and twists up the yarns, which are stretched along at great
length — as far, for instance, as from the topgallant forecastle to the break
of the poop. Hence, as I think, comes the phrase, "To spin a twister".
No staying power is another good nautical figure. A vessel is said
not to stay when she refuses to come round with the wind, so as to be
put upon the other tack. A man without staying power is in this ac-
ceptation a man who will not go ahead. *Tacking* in various meanings
is largely employed ashore. One frequently hears a person speak of
beating about for an idea. Nautically speaking, *to beat* is to force
your ship in the direction from which the wind is blowing by sailing at
angles, first on one tack, then on the other. Thus, *to beat about for
an idea* is to incline the mind first here, and then there, in order to
come at the fancy or thought one wants. Again, one often hears the
expression *Oh, he's trying the other tack now.* Here we are as nautical as we can well be. Equally maritime is the expression *He is
sailing very close to the wind.* This is sometimes said of a man who
acts with great want of caution, and who is jeopardising his position and
even his liberty by his stupid audacity; but its meaning is best inter-
preted when it is applied to a man who becomes a niggard, who, having
a pleasant breeze which he could make the most of if he liked by keeping
his sails full, chooses to hug it. *To sound a man* must also be nautical.
Where should we have found the term if there had been no lead and
line, and no need to measure in fathoms the depth of the ground under
a ship's keel? When a lawyer speaks of "a *hitch* in the arrangement"
he might hardly be suspected of guessing that that useful word comes
from the sea. A hitch is a knot or turn in a rope that checks it
from travelling or running out; there are several hitches, such as half-
hitch, clove-hitch, timber-hitch, and the like, all used for various purposes;
and a hitch in an agreement just does for it what the sailor's hitch will do
for a rope. *To take the wind out of his sails* is a very salt term
much used ashore. At sea it is done by one ship passing another to
windward. Ashore landsmen have their own methods. When a man
says, *He ought to be above board*, he is also talking in sailor fashion.
Board here, I take it, refers to deck; and to be above board means to
be in the open air, out of the cabin, out of hiding, in a place on which
the sun shines, and where everybody can see you. Then there is *plain
sailing* — "after that difficulty was adjusted, it was all plain sailing."

It is a landsman's idea of sailing along without any trouble, the way clear, and nothing needing attention but the helm.

Under false coulors explains itself as a familiar phrase. This would be said, for instance, of a Spanish ship that hoisted the Danish ensign to make passing vessels believe her a Dane. "He showed himself in his true colours at last" completes the first image. Then there is the word *course*. "What course will he adopt?" "Is that the right course?" surely signifies that the sea and ships were in the mind of those who made the term current ashore. The course of a ship is the direction the wind allows her to sail in; her true course the line that would carry her to the place she is bound to. Hence the irresolution implied in a man by the question, "Wat course will he take?" seems to me thoroughly to refer the term to an ocean origin. *Fall foul* has come ashore, and is apparently much appreciated. "They are constantly falling foul of each other," constantly quarrelling, in fact. Ships foul each other by dragging their anchors and in other ways; and any one who has witnessed the riotous scene that usually follows these accidents, both on deck amongs the crews and aloft among the spars, will value the pregnancy of the shore-going application of the phrase. Then there is *Looking up*. "Things are looking up," says the grocer or butcher hopefully. He has gone to sea for the remark without knowing it, for *looking up* is what is said of a ship when close-hauled and points of her course, but gradually stealing round to it through the veering or backing of the wind. "I find a gread falling off," says a man. Here again is Jack's inspiration. A ship, "falls off" when the wind draws bacad, and it is some adverse moral breeze that causes the falling off of those of whom the complaint is made ashore. *Over-reach* — is this of nautical origin? A ship when she goes about and stretches along, say on the port tack, is "reaching," or "ratching," as sailors call it. If she holds on too long may not she be said to "overreach" herself? Be this as it may, the term *whip it out, speak it quickly*, is unquestionably nautical. Many people might suppose that this meant "Thrash it out of yourself;" but the fact is, a whip at sea is a rope rove through a block, and often used for hoisting things up on deck from alongside. Therefore, the whip it up or out is to hoist it out, and this is what landsmen mean though they may not know it. Then there is the term *come to*. "She fainted, but is was long before I could get her to come to." A ship comes to when, after being off the wind, her helm is put down, and she is brought to her curse, or as near to it as the wind permits. Thus a woman is very much off the wind a-swoon, but she comes to her course again, comes to her senses and to her proper life, when she revives. A man with a weak intellect is *cranky*. A crank ship is a ship that leans easily and perilously under a small weight of wind from the wand of stability. She is "cranky" as a half-witted person is, and the term comes from her. "He's got no *ballast* in him" means a tendency to capsize and founder when said of a man, and the image is completely nautical. I am surprised to find the word *canted* coming into use. I heard the lady the other day tell a milliner that her hat was not sufficiently canted up on the left side. To "cant" at sea means to turn, to lift up, to tilt as to cant the head of a ship off, to cant a cask by lifting one end of it, and so on. *To brace up*, again, is a common expression. "To brace one's nerves up." This must be referred to bracing up the yards of a ship, for which no doubt she is always the better if the wind doesn't draw too far ahead. One speaks of a woman is being *in good trim*, said of her attire, and of a man speaking of him physically. A ship is in good trim when her cargo is so stowed that she sits on the water, perfectly, as she should. Scores of other terms has been introduced into our common every-day speech from the sailor's vocabulary, such as "drifting," "making headway," "making leeway," "holding his own," "shot in the locker," "how the land lies," "pull together," "rakish," "go ahead," "lurch," "Where are you bound to?" "a man's sheet-anchor," "Look out for squalls," "rigged out," "cruising about," "the coast is clear," and dozens more; but my memory cannot immediately extend the list, nor, perhaps, are further examples necessary. That this should be the case — that landsmen should find so much expressiveness in terms of wich they have no notion of the etymology, nor of the objects and manœuvres they indicate to a sailor — powerfully illustrates the almost human vitality that is to be found in ships, and their capacity by their own behaviour on the ocean, and by what they are made to do, of furnishing commentaries which pass into proverbs and sayings upon human nature, its vices, virtues, and weaknesses.

Theatrical Slang.

(Dem *Graphic* 1886 entnommen.)

THERE can be no doubt about the universality of slang; every profession, every walk in life has its own pecular dialect, in which colloquial words and phrases do duty for more correct and formal modes of speech. There are a large number of slang and familiar expressions, the use of which is not confined to any one class of people, but, on the other hand, there are groups of words and phrases that have but little, if any, vogue outside the profession in connection with which they originated.

To a lawyer *ca-sa* [1] and *fifa* [2] are intelligible enough terms, "sumsy" is an action of *assumpsit*,[3] a mortgage is a "monkey with a long tail," and so forth. In military slang a light infantry soldier is a "light bob," an officer put under arrest is "shopped," a soldier's havresack is a "scran-bag," with many other strange expressions. In the Church have we not the three schools of High and Dry, Low and

---

[1] *ca-sa* ist eine juristische Brevilequenz für *capias ad satisfaciendum*, d. h. eine gerichtliche Ordre auf Personal-Exekution statt der sonst üblichen Mobiliar-Exekution.

[2] *fi-fa* steht für *fieri-facias*, d. h. eine gerichtliche Ordre auf Beschlagnahme der Mobilien.

[3] *assumpsit*: Klage, die aus einer freiwillig eingegangenen Verbindlichkeit hervorgeht.

Slow, and Broad and Shallow, the M. B. coat, otherwise known as a *pygostole*[1] hardly yet out of date, and do we not still reverence "the cloth?"

The stage is not behind the other professions in the extent and variety of its own vocabulary. Most of the words and phrases specially connected with the theatre are of comparatively recent origin, but a few can be traced beyond the beginning of the present century. We are accustomed nowadays to "runs" of plays much longer than they were formerly able to obtain; the philosopher in Fielding's "Amelia," talking to the unfortunate Booth of an actor's life, says, "The drama may run twenty nights together," which would then evidently have been considered a great success; but the word is used still earlier by Addison, in the *Spectator*, where he says, "Several of them lay it down as a maxim, that whatever dramatic performance has a long run, must of necessity be good for nothing; as though the first precept in poetry were not to please." The expression to "damn" a play is at least equally old, and the process has doubtless lost none of its unpleasantness for the performers by age; to be "goosed," or, as it is sometimes phrased, to "get the big bird," is occasionally a compliment to the actor's power of representing villainy, but more often is disagreeably suggestive of a failure to please. Just as an actor dislikes sibilant manifestations, so does a dramatic author dislike what is known as "cutting," a favourite and often very necessary practice of managers; for, while the writer may lament the excision of some of his finest lines and best-turned speeches, the relentless manager knows what his patrons want, and "cuts" accordingly. The term is at least as old as Sheridan's *Critic*, where Puff, finding his tragedy of *The Spanish Armada* shorn of some of its beauties, exclaims, "Hey, what the plague! — what a cut is here! Why, what is become of the description of her first meeting with Don Whiskerandos — his gallant behaviour in the sea-fight — and the simile of the canary-bird?"

The manager himself is sometimes known as the "gorger," and "daddy" is the stage-manager. Among actors, a professional is a "pro," a man who has some other occupation in addition to acting is sometimes called a "surf," and we are all familiar with the performances, too often wooden and mechanical, of the bands of "supes" or "supers." At the opposite pole to these much-abused ones are the "stars," as the leading performers are now called, for it is only within recent times that "starring it" has become a well-established practice. But "stars" and "supes" alike have to pay attention to their "make up," a phrase which, though modern as applied to the dress and other preparations for the disguise of an actor, was long ago used as a verb, with the ordinary meaning of "dress," for instance in BEN JONSON's *Tale of a Tub*, Act I, Scene 3:

> "I would have him
> The bravest, richest, and the properest man
> A tailor could make up;"

---

[1] *Pygostole* oder M. B. coat (M. B. = Mark of the Beast. Apocalypse): ein von gewissen Geistlichen puritanischer Secten getragener Rock.

and earlier still in Dekker's *Satiro-mastix*, Act I:

> "Wat Terrill, th'art ill-suited, ill made up,
> In Sable collours, like a night peece dyed,
> Com'st thou the Prologue of a Maske in blacke."

Making up is also sometimes called "mugging up." Travelling players who acted short and highly tragic pieces to audiences of clodpoles in any barn or shed they could get used to be known as "barn-stormers," and a ranting, noisy style of acting and speaking is still called "barn-storming." A vital question to all classes of actors is "Does the ghost walk?" An affirmative reply signifies that there is money about, and that each player will be able to draw his or her, "sal," but a negative means that there are no "ducats" to be had.

On the stage we come to another class of words: the general preparation of a play for representation, the scenery, the furniture, and so forth, are all usefully covered by the one word, "mounting," while the joints of indigestible leather, the tankards and goblets at which such thirst-assuaging pulls are taken, with all the other "properties," are briefly denominated "props." An actor who forgets his words is said to "stick," or be "corpsed," while words not in the play, but spoken by the performer either to cover his forgetfulness, or to introduce fresh jokes or "wheezes," are called "gag;" in some plays, such as *The Critic*, "gag" is by custom a recognised and allowed feature.

An important part of an actor's work is his "business," that is, his byplay and action on the stage as distinguished from the dialogue: the word is not of very recent invention, for one of the old essayists in the *World*, issued in 1753, writes: — "We are too much enamoured with what is called intrigue, business, and bustle in our plays." The last word spoken by one actor which is the signal for another to reply has been for centuries known as the "cue." In the *Midsummer Night's Dream* Peter Quince, the carpenter, reproves Flute, the bellows-mender, for speaking all his part at once — "cues and all." A part that gives the player an opportunity of appearing to advantage is said to have "fat" in it, an expression that is also used by printers to denote the blank spaces on a page which are paid for at the same rate as pages fully printed. The occupants of the gallery have long been known, from their exalted position, as "gods" and "goddesses." In the "Rejected Addresses" we are told, not very gallantly, that: —

> Each one shilling god within reach of a nod is,
> And plain are the charms of each gallery goddess.

The inhabitants of this modern Olympus are not, however, to be despised, many of them are keen critics, and the thunder of the "gods" is more inspiring and encouraging to an actor than the starched propriety of demeanour of the stalls.

The theatre itself was known in the days of Corinthian Tom and Pierce Egan's other noble heroes as the "spellken," or, by contraction, the "spell." Byron, in "Don Juan," in an outburst of slang says:

> Who in a row like Tom could lead the van,
> Booze in the ken, or at the spellken hustle?

Drury Lane Theatre has long been familiarly known as "The Lane," a name that also formerly represented, in the slang of the criminal classes, Horsemonger Lane Gaol; similarly, in theatrical circles "The Garden" means Covent Garden Theatre, but among men of business it signifies Covent Garden Market. The Prince of Wales's Theatre in Tottenham Court Road, in its pre-Bancroft days, was properly the Queen's Theatre, but was more commonly known as the "Dusthole."

Such are a few of the words and phrases connected with the theatre and the dramatic profession, and should any members of the latter be amongst our readers, we would wish for them that "slumming" may always pay and the "ghost" always walk, and that their "bens" may be always attended by audiences that may justly if vulgarly be called "crowders."

Drucker-Slang.

Trotz eifriger Nachforschungen hat sich auf diesem Gebiete nur wenig des Interessanten entdecken lassen. Auch in den unter Druckern cirkulierenden Blättern findet man zwar viele der der Druckerzunft geläufigen technischen Ausdrücke; aber an witzigen Übertragungen und kühn pikanten Ausdrucksweisen scheint entschieden Mangel zu herrschen. Das einzige Wörterbuch, das diesen Gegenstand zu behandeln vergibt, ist *"Quads" for Authors, Editors and Devils.* Field and Tuer. London. 1884. Das Büchlein enthält jedoch nur eine Sammlung sehr unschuldiger Drucker-Anekdoten, und als Anhang ein kurzes Glossar.

Unter den bei Druckern gebräuchlichen Abkürzungen heben wir als die wichtigsten:

ad(s)   für advertisement(s) Inserat(e),
comp.   „   compositor (Schrift-)Setzer,
typo   „   typographer Buchdrucker überhaupt,
quad.   „   quadrat Quadrat,
W. F.   „   wrong fount zu einer andern Schrift (fount) gehöriger Buchstabe,
stick   „   composing stick Winkelhaken,
sub   „   subscriber Abonnent,

hervor.

Athic (ä'th-e) und Caddie (kä'd-de) finden sich in *Quads* statt *Athenaeum* und *Academy* (zwei bekannte Zeitschriften).

Charakteristische Bezeichnungen, welche sich auf die Beschäftigung und die üblichen Gerätschaften der Drucker beziehen, sind:

pie Zwiebelfische (durcheinander geworfene Schrift).
forme gesetzte Form, fertiger Satz.
hell-box Behälter für nicht gebrauchte Schrift.
fat oder gewöhnlicher phat Manuskript, das leicht zu setzen ist und viel einbringt, besonders Verse. Unprofitable Arbeit wird umgekehrt mit lean bezeichnet.

antimony Typen, Schrift.
to be out of sorts Mangel an Schrift haben.
to squabble Zwiebelfische machen, Unordnung stiften.
to sling (gewöhnlich to set) type setzen.
devil (eigentlich printer's devil) Laufbursche; wird in *Quads* auch mit printer's
imp. pup u. s. w. bezeichnet.
fill-up Lückenbüßer für Zeitungen, u. s. w.
composing-room Setzersaal.

Übertragen sind die folgenden:

steal-pen [ausgesprochen wie steel-pen, bedeutet eigentlich „Stehl-Feder"]
Schere des Redakteurs (mit welcher er Artikel aus den Zeitungen schneidet).
Ähnlich:

brains [Gehirn] Gummi oder Kleister (womit Redakteure die ausgeschnittenen
Artikel zusammenkleben).
wrong fount [siehe oben die eigentliche Bedeutung] häßliche Fratze, verzerrtes Gesicht.
well displayed title-page [gut und übersichtlich gedrucktes Titelblatt] schöne(s)
Gesicht.
eye out of register: schele's) Auge.
to put (anything or anybody) in pie [siehe oben] (etwas) in Unordnung
bringen; (jemand) verwirren, konfus machen.
pair of parentheses krumme Beine.
pencil-shover Journalist.
chalk your pull [eigentlich: mache die nötigen Kreidestriche beim Einschieben
des Satzes in die Presse, damit dieser genau an die rechte Stelle kommt]
halt ein! übertreibe nur nicht!

Der Leser wird hiernach leicht die folgende Druckergeschichte verstehen:

A drunken New York comp. was had up before the judge — who
had formerly been a printer — and was thus addressed: "J. C. Lehman,
you profess to be a printer, do you? Don't you know that when you
have your *forme*[1] full of beer you ought not to *quad out*,[2] with whisky?
You *struck*[3] *it fat* when you came here. $ 10 (10 dollars) is the quan-
tity of *slugs*[4] I want from you: If you haven't the *quoine*,[5] your *forme*
will be locked up. What? You are *out of sorts*?[6] Full-faced *minion*![7]
How dare you talk back to this court?"

---

[1] forme [Satz] Gestalt, Leib.
[2] quad out [mit Spatien den leeren Raum ausfüllen] sich besaufen.
[3] to struck it fat [gute Arbeit bekommen] ironisch: ein gutes Geschäft
machen.
[4] slug [Bleiteg zum Schließen der Formen, resp. zum Füllen von Vakaté]
Geld.
[5] quoine [Keil; wird gewöhnlich „koin" gesprochen] Geld.
[6] out of sorts [Mangel an Schrift] ohne Geld.
[7] minion [Mignon, Schriftsorte] durch ein Wortspiel: Geselle, Schurke.

Die Freimaurersprache.

Das Wesen der Freimaurerei bringt es mit sich, daß die gedruckten Quellen, aus denen sich eine Abhandlung über die mystischen Wörter und Symbole der Freimaurer schöpfen ließe, nur sehr spärlich fließen. Die hierüber existierenden Werke — z. B.

Oliver, George: *Signs and Symbols.* London. 1857;

Oliver, George: *The Revelations of a Square.* London. 1855;

Gould, Robert Freke: *The History of Freemasonry.* 5 vols. London. 1884;

Findel, J. G.: *History of Freemasonry* (translated from the German). 2d. edition. London, Leipzig. 1869;

Lyon: *History of the Lodge of Edinburgh and the Grand Lodge of Scotland*;

Brown, C.: *Jachin and Boaz.* Maidstone. 1846 u. s. w., u. s. w. — ergeben sich gewöhnlich nur in allgemeinen Redensarten, und die Eingeweihten verraten nicht gern das Wenige oder Viele, das sie selber wissen mögen. Wir glauben trotzdem, das geringe Material, das zu unserer Disposition stand, dem Leser nicht vorenthalten zu sollen, und bitten ihn, uns über weitere Ausdrücke, die ihm bekannt sein mögen und deren Veröffentlichung ohne Indiskretion statthaft ist, gelegentlich freundliche Kunde zufließen zu lassen. Da wir hier nur Sprachliches behandeln, so wäre es besonders interessant, wenn uns über den einen oder andern Terminus, wie er im englischen *Freemason* (erscheint wöchentlich in London: 16, Great Queen Street W. C.), oder auch (für Zwecke der Vergleichung) in deutschen Freimaurerblättern vorkommt, von gütiger Hand Aufschluß verschafft werden könnte.

Von den in Freimaurerschriften vorkommenden Symbolen glauben wir besonders die folgenden hervorheben zu sollen:

The Square [das Quadrat] = die Gerechtigkeit, Billigkeit.

The Level [die Wasserwage] = die Ebenbürtigkeit (der Menschen).

The Plumb [das Senkblei] = die Unbescholtenheit (des Charakters).

The Perfect Ashler [der vollkommene Bruchstein] = das vollkommene Leben: der (vollkommene) Freimaurer.

The Tracing Board [das Reißbrett?] = die Tröstlichkeit und Vollkommenheit des göttlichen Wortes.

The Beehive [der Bienenkorb] = der Fleiß.

The Ladder [die Leiter — die Jakobsleiter spielt im Mysticismus der Freimaurer bekanntlich eine sehr große Rolle] = der Weg zum Himmel.

The Scythe [die Sichel] = die Zeit.

The Hour-glass [das Stundenglas] = das menschliche Leben.

The Coffin with the skull and cross-bones [der Sarg nebst Toten-
kopf und den kreuzweise übereinander gelegten Knochen] = die menschliche
Sterblichkeit.

The three Great Lights [die drei großen Lichter] = die älteren Regeln
des Freimaurertums.

The Sprig of Acacia [das Akazienreis] = das heidnische Altertum.

Sephiroth = die zehn (urspr. sieben) Stufen der Jakobsleiter.

Jachin and Boaz = zwei Säulen an der Pforte des Salomonischen
Tempels [Oliver zufolge heißt Boaz: in dir ist Stärke, Jachin es soll ver-
richtet werden].

Wir müssen zu diesen Ausdrücken auch noch das Wort lewis [drei-
eckiges Stützeisen oder Hebemaschine für Bausteine] = Sohn eines Frei-
maurers (über die Abstammung siehe Gould vol. I), rechnen. Von den hier
vorkommenden Symbolen besteht ein Teil, wie der Leser sofort erkennen
wird, aus den Namen der unter Bauhandwerkern gebräuchlichen Werkzeuge;
die übrigen entstammen wohl meistens den Anschauungen der mittelalterlichen
Mystiker.

Andere häufig vorkommende Wörter (meistens Titel) und Wendungen
sind:

the R. W. Bro. the Duke of Connaught = the Right Worshipful
    Brother the D. of C.

the M. W. Grand Master = the Most Worshipful G. M.

the W. M. = the Worshipful Master.

the P. M. = the Past Master.

the I. P. M. = the Immediate Past Master (d. h. P. M. des ver-
    gangenen Jahres).

Comp. = Companion.

Brother the Lord Mayor.

Brother Rev. T. Robinson.

Fra. = Frater, Fras. = Fratres.

the Craft = die Brüderschaft, der Freimaurerbund.

an initiate = ein Eingeweihter.

the Supreme Degree = der höchste (?) Grad.

The Sublime Degree of Master Masons.

(Ein anderer Grad heißt scherzhaft: The knife-and-fork degree).

to be advanced to the (Mark &c.) Degree.

a Provincial Grand Lodge of Mark.

Master Masons.

Royal Arch Masons.

A Rosicrucian = A number of the Rosicrucian Society,

u. s. w., u. s. w.

———

Die Sprache der Schachspieler.

Der Name des Spiels, deutsch „Schach", englisch Chess (statt Checks?), französisch échec, soll, den besten Autoritäten zufolge, aus dem arabischen Escheikh-imat (daher auch Schach'm'att, checkmate = der König ist tot) stammen. Die Schachfiguren heißen [im Englischen pieces (pī'-ßēß) oder men, und zwar diejenigen zur Rechten des weißen Königs, sowie auch die zur Linken des schwarzen Königs, King's pieces, und speziell in ihrer festen Reihenfolge: der Läufer King's Bishop (kinßs bī'sch-öp), der Springer King's Knight (kinßs nai't) und der Turm King's Rook (kinßs ru'k); umgekehrt aber diejenigen zur Linken der weißen Königin, sowie auch zur Rechten der schwarzen Königin, Queen's pieces, und speziell der Läufer zur Linken der weißen Königin Queen's Bishop, der Springer Queen's Knight und der Turm Queen's Rook. Die Bauern werden, ähnlich wie in Deutschland, nach den hinter ihnen stehenden und von ihnen beschützten Figuren King's Pawn (pān), Queen's Pawn, King's Bishop's Pawn, Queen's Bishop's Pawn u. s. w. benannt. Die Züge können nach drei verschiedenen Richtungen stattfinden, nämlich senkrecht (vertically), wagerecht oder seitwärts (laterally), oder diagonal (diagonally). Demgemäß heißt es in englischen Schachbüchern: The pawns move vertically, the rooks move vertically or laterally and the bishops move diagonally. Die Felder (squares) in der vertikalen Richtung heißen auch files, in der horizontalen ranks.

Bekannte Züge.

Das Rochieren des Königs wird, nach dem Substantiv castle, Turm, mit *castling* (ka'ß-lins) bezeichnet.

Die in Schachbüchern häufig beschriebene Reise des Springers, auf welcher er jedes Feld des Schachbretts einmal berührt, heißt bei englischen Theoretikern The Knight's Tour.

Gelingt es dem Springer, den König und die Königin, oder die Königin und einen Turm u. s. w. zugleich anzugreifen, so sagt man: The Knight forks the King and the Queen oder The Knight forks Queen and Rook u. s. w.

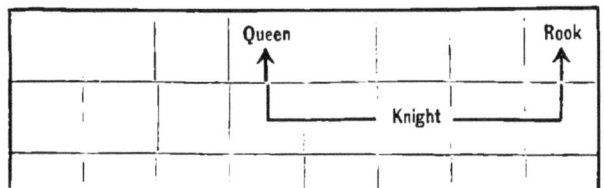

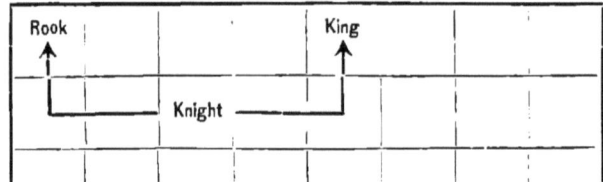

Wenn ein Bauer, „vertikal" vorrückend, bis auf sein letztes Feld oder bis in die hinterste Reihe des feindlichen Terrains gelangt ist, so sagt man: The Pawn is going to Queen, weil der Bauer dann bekanntlich in eine Königin (oder andere hohe Figur) verwandelt werden darf.

Auch der Bauer greift zuweilen zwei höhere Figuren (superior pieces) auf einmal an; man nennt einen solchen Angriff the pawn's fork.

Spielmethoden.

1) THE SCHOLAR'S MATE (skö'l-ör∫ mēt) Anfängerspiel.
   a) Weiß rückt den Königsbauer bis Reihe 4 — in der internationalen Schachsprache also ausgedrückt: d2—d4.
   b) Schwarz rückt seinen Königsbauer vor: d7—d5.
   c) Weiß rückt dann mit dem Königsläufer bis Reihe 4: Lc1—f4.
   d) Schwarz thut dasselbe mit seinem Königsläufer: Lf8—c5.
   e) Weiß rückt mit seiner Königin nach Feld 5: Kd1—h5.
   f) Schwarz (der das drohende Matt nicht bemerkt) rückt den Königin-bauer vor: d7—d6.
   g) Darauf nimmt die weiße Königin den Königsläufer-Bauer auf d7 und bietet Schachmatt.

2) THE FOOL'S MATE (fū'l∫ mēt) [Narrenmatt].
   a) Weiß zieht den Bauer vor dem Königsspringer: g2—g4.
   b) Schwarz: e7—e6.
   c) Weiß: f2—f3.
   d) Schwarz: K (Königin), e7—h4, bietet Schachmatt.

Ein Schachmatt, das durch die vereinten Kräfte des Königs und der Königin erwirkt worden ist, heißt Queen's mate (kwī'n∫ mēt); ähnlich das vom Könige und den beiden Läufern erzielte Bishop's mate (bi'∫ch-öp∫ mēt). In gleicher Weise müssen die Namen Knight's mate (König und ein Springer), Rook's mate (König und ein Turm) u. s. w. gedeutet werden.

Die Namen Evans Gambit, Ruy Lopez, u. s. w. sind, infolge des internationalen Charakters dieses Spieles, deutschen Schachspielern ebenso genau bekannt, wie englischen, und bedürfen deshalb keiner näheren Erklärung.

Spiele, Sport, u. s. w.

1. Croquet.

Ein modernes, schnell in Aufnahme gekommenes Spiel für Herren und Damen. Mäßig große Kugeln von Buchsbaumholz werden vermöge hölzerner Hämmer (mallets) durch 10 Reifen getrieben, die, in die Erde gesteckt, jeder ein kleines halbkreisförmiges Thor bilden. Je zwei dieser Reifen stehen an den Endpunkten eines Kreuzes (a, b, d, e) und zwei über Kreuz in dem Durchschnittspunkte der Kreuzarme (c). Vor a und hinter b befindet sich ein lackierter Stock, der den Anfang und das Ende der Spielbahn bestimmt. Ein Ball muß nun von a durch die beiden Reifen (hoops) und durch die Kreuzreifen nach d hin, von da nach b u. s. w. getrieben werden. An den Kreuzreifen (central oder centre hoops) ist gewöhnlich ein kleines Glöckchen angebracht und es gehört zu den feineren Regeln dieses Spiels, daß das Glöckchen beim Durchschlagen der Kugel läuten muß. Eine andere Feinheit besteht darin, daß man die Kugeln der Gegner, sofern dieselben vor den Reifen liegen, erst zu treffen und dann unschädlich zu machen sucht. Man legt nämlich die eigene Kugel vor die getroffene und schleudert nun durch einen geschickten Schlag auf die eigene die feindliche Kugel fort. Nach diesem zweiten Schlage (taking one off) darf man durch einen dritten Schlag das eigene Spiel fortsetzen und entweder neue hoops erstürmen oder auf andere Kugeln zielen. Das Spiel wird auf kurzgemähten Rasenplätzen im Freien geübt; zwei Parteien spielen gegen einander mit je 6 Kugeln. Doch können auch 2, 4, 6, 8 Personen mit je 2, 4, 6, 8 Kugeln spielen, oder sämtliche Teilhaber spielen ganz auf eigene Rechnung. Derjenige, der zuerst seine Kugel vorwärts bis zum Grenzstocke bei b und dann wieder rückwärts (coming home) durch sämtliche Reifen der Reihe nach bis zum unteren Stocke bei a getrieben hat, gewinnt die Partie.

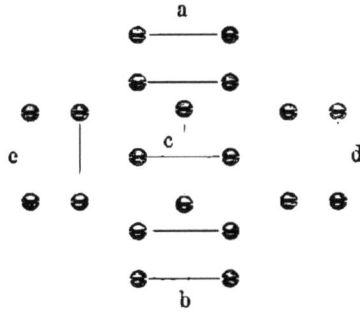

Die Aufstellung der Reifen wird auch anders geordnet, und statt der Kreuzreifen bei c hat man auch einen Stock, der getroffen werden muß. Ferner stellt man die Reifen bei c und d sehr häufig in paralleler Richtung zu a und b und zwar so auf, daß je ein Reifen sich unterhalb oder vor den Kreuzreifen und der zweite sich oberhalb befindet.

Dieses Spiel war vor zehn Jahren äußerst beliebt und populär und zählt auch noch heutigen Tages bei der kleinen Bourgeoisie der Freunde und Freundinnen viele; als Sport oder als ein Spiel für die feine Welt hat ihm aber in den letzten fünf Jahren lawn tennis entschieden den Rang abgelaufen. Beide Spiele sind besonders bei Damen beliebt; geben dieselben doch zum Kokettieren (flirting) so viele Gelegenheit! Jüngere, unbepfründete Geistliche (curates) zeichnen sich in beiden besonders aus.

———

2. Lawn Tennis.

Dieses jetzt sehr verbreitete Spiel hat das früher so beliebte croquet-Spiel fast ganz verdrängt und wird, wie cricket, mit Ball und Schläger gespielt. Doch ist der Ball hier ein weicher Gummi- oder Lederball und der Schläger ein sogenannter racket-bat, d. h. ein mit dicken Saiten überspannter, also sehr elastischer Rahmen mit leichter zierlicher Handhabe. Auch unterscheidet sich das Spiel vom cricket noch darin, daß es gewöhnlich, wie das ältere croquet, von Herren und Damen gespielt wird und daß man es auch in geschlossenen Räumen auf Asphaltböden spielen kann. Die tennis-courts der letzteren Art sind meist außer Gebrauch gesetzte „rinks", in denen noch vor wenigen Jahren das junge Volk wie toll auf den Rollschuhen fuhr und dabei sehr häufig Arme, Beine oder Nasen brach. Das moderne tennis ist ein sehr unschuldiges und, wenn es ordentlich gespielt wird, recht interessantes Spiel. Am beliebtesten ist das Spiel im Freien auf den sorgfältig gepflegten und in England ewig grünen Rasenplätzen. Die Damen sowohl als die Herren erscheinen meist in Flanellkostümen. Der Spielplatz zerfällt in zwei Hälften (sides), die durch ein Netz drei bis vier Fuß hoch und etwa dreißig Fuß lang von einander abgetrennt sind. Etwa vierzig Fuß vom Netze entfernt befinden sich auf beiden Seiten parallel mit dem Netze die base lines, weiße mit Kalk ge-

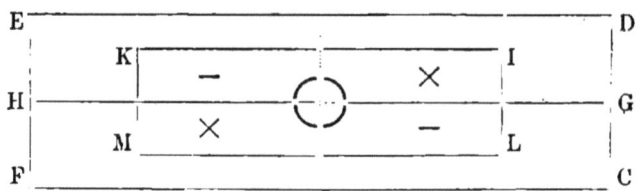

zogene Linien: C D und E F. Rechtwinklig zu den base lines und zum Netze laufen die side-lines D E und F C und die half-court-line G H. Die letztere teilt den Raum auf beiden Seiten des Netzes wieder in je zwei kleinere Räume, die linker und rechter Hof (left and right courts) heißen. Innerhalb dieses größeren Rechtecks befindet sich ein kleineres Rechteck I L K M. — I L und K M heißen service-lines und befinden sich etwa zwanzig Fuß vom Netze. Der Anspielende (the server) spielt von der Grundlinie (the base-line), und zwar abwechselnd vom linken und rechten Hofe aus und schlägt den Ball kreuzweise in den gegenüberliegenden Hof seines Gegners, des striker-out, d. h. von K O nach O L, von M O nach O I, oder umgekehrt, also kreuzweise innerhalb der service-lines. Der Ball, mit dem gespielt wird — man hat immer mehrere Bälle zur Hand — heißt the service. Der striker-out schlägt den aufgeprallten Ball in den Hof des Anspielenden zurück, dem dann die Aufgabe zufällt, ihn nochmals nach dem Hofe seines Gegners, innerhalb der oben angegebenen Grenzen, zurückzusenden. Das Zurückschlagen eines Balles vor geschehenem Aufprallen heißt volleying. Wird der Ball über die Grenzlinien des feindlichen Hofes hinausgeschlagen oder falsch pariert, so gewinnt der Gegner dadurch einen Strich (one stroke) und ruft „fünfzehn"; beim zweiten Striche ruft der Gewinnende „dreißig", beim dritten „vierzig"; beim vierten „Spiel gewonnen" (game). Man verliert auch einen Strich, so oft man vom Balle berührt wird oder zufällig an das Netz streift. Sechs kleinere Spiele machen eine volle Partie (a set). Die weiteren feineren Regeln dieses aristokratischen Spieles variieren sehr und können deshalb hier wegbleiben. Die weißen Kalklinien auf dem Grase werden entweder mit einem großen Anstreicherpinsel oder noch besser mit dem Patent Caxton Tennis Court Maker gemacht.

---

3. Verschiedene andere Spiele.

a) Skittles.

Skittles (skĭtls), Kegelspiel. Schon die Angelsachsen sollen ein Spiel dieser Art gekannt und es mit kayle oder kayle-pins bezeichnet haben. Die dem modernen Kegelspieler geläufigsten Ausdrücke sind die folgenden:

Die Kugel heißt ball oder cheese, die Kugel werfen oder kegeln to deliver the ball, ein Wurf a throw. Fallen beim ersten Wurfe fünf der vorderen Kegel, so nennt man den Wurf a double front, fallen alle neun, a floorer. Man sagt im letzteren Falle auch he's tipped all nine. Die gefallenen Kegel heißen dead wood.

b) Quoits.

QUOITS (kwŏitß). Auch dies ist ein altes Spiel. Schon Falstaff befahl mit den Worten: "Quoit him down", Bardolph den lästigen Pistol hinauszuschmeißen. Die *Quoits* selbst sind diskusartige Scheiben oder Ringe, mit welchen man kurze, in die Erde befestigte Pflöcke zu treffen sucht. Ist es einem gelungen, mit dem Ringe den Pflock, *the hob*, so zu umkränzen, daß die flachere Seite des quoit nach unten zu liegen kommt, so nennt man dies *a ringer* (ri'ng-ör).

c) Hare-and-hounds.

HARE-AND-HOUNDS oder PAPER-CHASE, Schnitzelrennen. Ein beliebtes Knabenspiel. Der „Hase", der ein gewandter Läufer sein muß, trägt eine Tasche voll Papierschnitzel (*the scent*), um damit seine Fährte zu bezeichnen. Man gestattet ihm gewöhnlich einen Vorsprung von zehn Minuten (ten minutes' law). Die Jagdhunde folgen ihm dann unter Anführung des Huntsman und des Whipper-in. Der „Jäger" feuert seine Hunde mit einem Tally ho an. Je nach Bedürfnis bläst er auf seinem Jagdhorne auch wohl die Signale für Advance, Halt, At fault (Spur verloren), während sich die Hounds einander mit einem Hark forward anzufeuern pflegen. Selten erreicht der Hase das gesteckte Ziel (the Hare gets home); und es ist die höchste Freude der Hunde, wenn ihr Anführer mit einem In at the death den „Todeskampf" des erschöpften Hasen in die Welt hinausposaunt.

Ein ähnliches Spiel ist

d) Hunt-the-Slag.

Doch fallen hierbei die Papierschnitzel weg; auch beginnt die Verfolgung höchstens zwei Minuten später als der Lauf des Hirsches.

---

4. Cycling, Radfahren.

Bicycles und Tricycles jeder Art faßt man mit dem Ausdrucke *cycle* oder einfacher *wheel* zusammen. Der Radfahrer heißt cyclist oder auch wheelist. Man nennt ein bicycle auch a *two-wheeler* (Zweirad), ein Tricycle a *three-wheeler* (Dreirad). Mit *velociped* bezeichnet man jetzt nur cycles einer längst veralteten Gattung; mit *steel steed* oder *iron steed* sucht man die Bedeutung des Zwei- und Dreirades als modernes Reisemittel in ein helles Licht zu stellen. Der Humor des Radfahrers bethätigt sich an dem Worte *bone-shaker*, womit er die „knochenrüttelnden" Velocipede unserer Väter von seinem modernen "thoroughbred" zu unterscheiden sucht.

Die Namen für verschiedene Gattungen und Bestandteile der „Stahl-
pferde“ gehören in das technische Gebiet. Dem Reiter-Slang sind Ausdrücke
wie *cropper, spill* (Sturz) und andere entnommen. Der allgemeinen Sport-
sprache gehören die, auch bei Radfahrern gebräuchlichen Ausdrücke *to stay*
anhalten, ausharren, *to get more way* schneller fahren, *to be pumped out
early* oder *to be told out* seine Kräfte (zu Anfang der Fahrt) zu sehr
anspannen, sich früh erschöpfen; *to put it on* seine Kräfte (besonders gegen
Ende einer Wettfahrt) höher anspannen; *a stayer* einer der bis zu Ende
ausharrt, der große Ausdauer und Kraft besitzt, u. s. w., u. s. w.

Über andere Gebiete des Sport findet der Leser im Wörterbuche, sowie
auch in dem von J. & R. MAXWELL herausgegebenen Werkchen *(Athletic
Games, Skating, Bicycling and Tricycling, Fishing &c.)* weitere Auskunft.

Am Schlusse dieses Paragraphen mag noch ein, dem amüsanten Buche
„Englische Sprachschnitzer“ von O'Clarus Hiebslac — entlehntes Gedicht
hier Raum finden. Es enthält eine Sammlung zweideutiger, meistens dem
Slang-Gebiete angehöriger Wörter, die man, nach der Ansicht des Verfassers,
in der Unterhaltung vermeiden sollte. Die darin enthaltenen scherzhaften
Warnungen vor gewissen Ausdrücken, die man bei Damen nicht gebrauchen
dürfe, möge der Leser nicht gar zu wörtlich nehmen.

> Sprich niemals backside anstatt back,
> Mit Wörtchen bottom nicht erschreck'.
> Verwechsl' pot ja nicht mit po;
> Hüt' dich zu sagen: „I sh'd think so!“
> In farther sprich das te-age aus.
> In sting ist k dem Ohr ein Graus.
> Zu englischen Ohres Schreck' und Weh'
> Sprich niemals hart das b und g: —
> In cog, frog und big,
> In fog, brig und brick.
> Ruf immer psh! und niemals pist!
> Hüt' dich vor grind, spent, clap und kissed!
> Nie Damen nach ihrem kitten frag',
> Nie von ihren flowers zu sprechen wag'.
> Wort purse mit großer Vorsicht brauch',
> „My precious stones“ zweideutig auch!
> Cock-chafer bedeutet ein Insekt,
> Doch darin noch was andres steckt.
> Übersetze stets das deutsche Büttel
> Mit beadle, aber nie mit piddle.
> Verwechsle nimmer chair mit stool,
> Hab' acht auf die Wörtchen yard und tool!
> Das Wörtchen foot sprich rasch, nicht food,
> Doch mit Wort sheet hüt' dich ja nicht sput.
> Bomb, bum man verschieden prononciert:
> Bomb nach oben, bum nach unten expediert.

Wenn eine Dam' von Hitz' iſt rot,
So frage niemals: "Are you hot?"
Frag' nie, ob ſie "with balls" gern ſpiel',
Noch gar, ob foot-balls ihr gefiel'.
Ob nuts ſie lieb', ſie auch nicht frag',
Anſtatt des "nut" ſtets "walnut" ſag'.
Ihr "leg" bezeichne ſtets mit "foot",
Den Bauch der "stomach" vertreten thut.
Verwechsle breast, chest, bosom nie,
Sag' nie, du wohnſt in W. C.!

§ 5

Kurzgefaßte Lautlehre der Londoner Volksſprache.

A. Konſonanten.

1. h. Hier müſſen wir vor allem auf die bereits mehrfach erwähnte Mißhandlung des Hauchlautes h hinweiſen. Tho 'ouse ſteht regel-mäßig ſtatt the house; my 'usband dient für my husband mein Gatte; workhouse Armenhaus wird verſtümmelt zu work'us und perhaps (vielleicht) zu p'raps; während vor Vokalen, ganz ohne Grund, beſonders aber in der pathetiſchen Rede, gern ein h vorgeſchoben wird. Man hört demnach hingin (hĭn-ʒG̈ĕn) für engine Maſchine, a hoful (hō'-fŏl) sight ſtatt an awful sight ein entſetzlicher Anblick.

2. r. Ein durch ſchwache Vibration der Zungenſpitze gebildetes r dient dem gemeinen Manne anſcheinend zur Vermeidung des Hiatus. Auf dieſe Weiſe lautet drawing im Volksmunde drŏ'-rĭng und my umbrella is old: maī hŏm-brŏ'l-lŏ-r̥ li ōᵘld. Der Phonetiker Ellis nennt dieſes illegitime r "the vanish-r".

Ein ähnliches r hört man in yer (jŏr) ſtatt you und your, in dorn (dŏrn) ſtatt dawn, barrer (băᵣ-rŏr) ſtatt barrow Schubkarren, in taters (tē'-tŏrş) ſtatt potatoes, und in oppersite (ŏ'p-pŏr-ſĭt) ſtatt opposite. — Im Wörterbuche iſt auf dieſes vanish-r keine Rück-ſicht genommen.

Das r in first, worst, heart, mercy (mŏ'ῐ-ῐĕʳ), horse (hŏß), morning (mǎ'-nĭnʒ) iſt ein äußerſt ſchwacher, faſt verſchwindender Laut. Durch das Verſchmelzen dieſes Buchſtabens entſteht aus governor guv'ner, aus pennyworth penn'orth (einen Groſchen wert), aus girl gal u. ſ. w.

3. **ng** vertritt n in Wörtern wie kitching (ti'tsch-ins) statt kitchen Küche; golding statt golden; certing statt certain; capting statt captain; skelington oder skelinton steht für skeleton. Wie umgekehrt n das ng in Partizipien vertritt, davon wird im grammatischen Teile noch die Rede sein. Außerdem steht shillen (schi'l-lĕn) für shilling, mornen' für morning und somethin' für something.

ng wird in einigen Fällen durch nk ersetzt, besonders in nothink und anythink für nothing und anything.

4. **mn** wird zu mbl in chimbley (tschi'm-ble) für chimney Kamin.

5. **ni** wird zu ng in ungans (ŏ'ns-găns) und ingans (i'ns-găns) für onions Zwiebeln.

6. **gn** schrumpft zu n zusammen in reckonize statt recognize anerkennen.

7. **w.** Das w wird als Anlaut und Inlaut öfters abgeworfen, wie in old 'ooman (ŭ'm-ŏn) statt old woman; west'ard statt westward, innard statt inward innerlich; sowie auch, wenigstens dem Laute nach, in hot' un (h)ŏtn statt hot one (hŏ't wŏn).

Weiter gehört es zu den Unarten der Londoner Plebs, das w zuweilen in ein v und umgekehrt das v in ein w zu verkehren. So dient vell für well; aber wery für very; walables (wä'l-ŏbls) stellt valuables Wertsachen und warmint (wär'-mĕnt) vermin Ungeziefer dar.

8. **v** als Endlaut verschwindet in have: „I should ha' thought" ich hätte gedacht. (Man vergleiche die vorhergehende Nummer.)

9. **l** wird öfters ausgestoßen, besonders vor m oder n. Also entstehen die Formen on'y für only, a'most für almost, certn'y für certainly und Lor' A'mighty statt Lord Almighty.

10. **d** als Endlaut ist kaum hörbar. The ole husbin' dient statt the old husband der alte Gatte, und dreadful wird zu dreffle (dre'fl).

11. **dia** lautet gee (dGi) in Ingee (i'n-dGi) statt India und in soger (hŏ'-dGör) für soldier.

12. **t** im Auslaute wird abgeworfen, wie in brekfus (bre'k-fŏß) statt breakfast und fac (fä'k) statt fact; als Inlaut verschwindet es in gen'lman (dGĕ'nl-mŏn) statt gentleman.

13. **tian** lautet tschön in christian (kri'ß-tschön).

14. **th.** Als Anlaut verschwindet th in 'em statt them, in more'n statt more than; harder 'un für harder than schwerer als.

Als Auslaut wird th abgeworfen in wi' für with; sou'wester für south-wester.

th wird zu d in furder statt further und farden statt farthing.

Vereinzelt kommt th als r vor, z. B. in wirrout statt without ohne.

Bei alten Leuten wird th zu f; also steht nuffin (nŏ'f-fĕn) für nothing.

15. k steht bisweilen für q, wie in ckal (kkl) statt equal.

16. y tritt als Konsonant auf in ycarn statt earn verdienen; während andererseits dieser Konsonant wegfällt in seven 'ears für seven years sieben Jahre.

~~~

B. Vokale.

1. Lange Vokale werden häufig verkürzt, wie in agen (ă-gĕ'n) und agin (ă-gĭ'n) statt again wieder, babby für baby, craddle für cradle, mebbe (mĕ'b-be) statt may be vielleicht, thripund (thrĭ'p-ŭnd) statt three pounds drei Pfund; fippence (fĭ'p-pĕnß) statt five pence fünf Groschen; tuppenny (tŏ'p-pĕn-ne) statt two penny zwei Groschen wert; (I) dun know (dŏn-nō') statt (I) don't know (ich) weiß nicht.

2. e (ĕ) steht für a (ä) in keb (kĕb) für cab, ketch für catch, und Stendard für Standard (Zeitung).

3. per vertritt par in perticklar (pŏr-tĭ'f-lŏr) statt particular; ein kurzes e (e) dient statt eines auslautenden a (ä) in extry, bony fide, u. s. w.

4. e (ĕ) steht für u (ŏ) in jest (dGĕßt) für just und in sech (ßĕtsch) für such. Statt „dGĕßt" hört man auch „dGĭßt", statt „ßĕtsch" auch „ßĭtsch".

5. ē wird sehr allgemein zu ē'ĭ oder ē'ĕ resp. ē'e.

Aus ea entsteht ein ā-Laut, wie in airey (ā'-re) statt area und railly statt really. Vereinzelt steht die Form rayther für rather.

6. ar (ā'r) dient für ear (ŏr) und er in arn (ārn) für earn verdienen und sarve (ßā'rw) für serve. — Man vergleiche in den französischen Volksmundarten sarvir für servir.

Es steht vereinzelt für or (ŏr) in arleens (ār-lĭ'nß) für Orleans Art Zwiebeln.

7. a (ä) wird verdunkelt zu ŏ in mum mŏm für ma'am (madam).

8. i (ĭ) vertritt bisweilen auch u (ŏ). Man vergleiche Nr. 4.

Es vertritt o (ŏ) und (ŏ) in kiver (kĭ'w-ŏr) statt cover Decke, kimplete statt complete.

9. ee (ĭ) vertritt ea (ŏ) in heerd (hĭrd) statt heard.

10. i (ai) erscheint statt oi in ile (āĭl) statt oil Öl; pint (paĭnt) statt point Punkt; hist (hāĭßt) statt hoist aufheben.

11. o (ō) steht sehr gewöhnlich für au (ā), wie in cort (kōt) statt caught fing; umgekehrt sieht man zuweilen aw (ā) für o (ŏ), wie in dawg (dāg) für dog.

12. ō wird sehr allgemein zu ō͞ü verdunkelt, wie in road (auszusprechen rō͞'-üd). In unbetonten Silben geht es auch wohl in ŏ über, das in der englischen Slang-Schreibart, wie in portato statt potato, als er erscheint.

13. u. Ein sehr verbreiteter und in Witzblättern viel bespötteltelter Fehler der Volksklassen besteht darin, daß sie das u in Wörtern wie due (djū) gern ū aussprechen, so daß es „dū" lautet. Aus insinuate wird also insinivate (ĭn-ȟĭl'n-ĕ-wēt). Statt cucumber sagt das Volk cowcumber (kaū'-köm-bö͞) Gurke.

Umgekehrt heißt es, besonders in affektierter Redeweise, auch wieder „dju" für do.

14. oo (ū) steht für u (ŏ) in Rooshan (rū'-schön) statt Russian und Prooshan (prū'-schön) statt Prussian.

Statt ūr spricht das Volk stets ō, wie in poor (ausgesprochen pō), sure (ausgesprochen schō).

15. y über y (als konsonantischer Anlaut) s. eben S. XCII (Nr. 16).

C. Umstellung der Buchstaben.

Eine Umstellung oder Metathesis findet statt in perfessor (pör-fē'ȟ-ȟör) statt professor, in porvide statt provide, u. s. w.

D. Ausfall von Buchstaben.

1. a wird abgestoßen in 'greement statt agreement Verabredung, und o in 'bliged (blaīdGd) statt obliged verpflichtet, o ausgestoßen in mem'ry statt memory.

2. be wird abgeworfen in 'cos oder 'caus statt because, und in 'sides statt besides.

3. e wird abgeworfen in 'specially statt especially und verschwindet auch in potry (pō'-trē) für poetry.

4. ex wird zu s in 'scuse statt excuse entschuldigen, 'spress statt express und 'zaktly (säꞋft-lĕ) statt exactly.

5. re fällt weg in 'spectable statt respectable ehrbar, 'member statt remember erinnern.

6. u wird öfters ausgestoßen, wie in reg'ler (rĕ'g-lö) statt regular; y' see statt you see; unfort'nit statt unfortunate, s'pose (ȟpō͞ȟ) statt suppose, s'ficient statt sufficient, awf'ly statt awfully, u. s. w.

7. Andere volkstümliche Kürzungen sind noch: thanky (thä'ns-fĕ) statt thank ye, und d'ye statt do you; ankercher (ä'ns-fö-tschö) für handkerchief; pleseman (plī'j-mön) statt police-man; ha'-penny (hē'-ren-nĕ) statt half-penny; comforble (kö'm-fobl) statt comfortable;

gen'lman statt gentleman; bime-by (baĭm-baī') statt by-and-by; imperent (ĭ'm-pĕ-rĕnt) statt impertinent; yes'm statt yes, madam; 'stead statt instead statt; 'bezelment statt embezzlement Unter= schlagung und I d'n know oder I dunno (aī-dŏn-nō') für I don't know ich weiß nicht.

E. Zusatz von Buchstaben.

Ein t wird angehängt in acrost statt across; in sermont statt sermon; ein d in drownd für drown; in scholard für scholar; ein s in somewheres statt somewhere irgendwo; in anyhows statt anyhow und in whiles statt while während; ein i (ĕ) wird eingeschoben in grievious für grievous, flaviour für flavour, tremendious für tremendous; ähnlich umberella für umbrella. Partner wird, besonders scherzhaft, häufig zu partender (pā'-tĕn-tŏ) oder partenger (pā'-tĕn-tGŏ) erweitert. Aus dubious bildet man durch Einschiebung eines r die populäre Form duberous (dū'-bŏ-rŏß). Bei S. Pegge (siehe G., Schluß) finden wir auch sinst statt since und solentary statt solitary erwähnt.

F. Ältere sächsische Formen.

Über ältere sächsische Formen, die im Volksmunde fortleben, siehe die Artikel afeard, ax, yearn; ferner atween, atwixt, die statt between, betwixt gebräuchlich sind.

G. Accentverschiebung.

Abweichungen im Accent sind in der Volksprache sehr gewöhnlich; wir erwähnen nur einige der am häufigsten vorkommenden und bemerken dabei zugleich, daß das Volk auch im Accente, wie sich dies aus den Shakespeare'schen Versen beweisen ließe, zuweilen beim alten Usus stehen geblieben ist. — contra'ry übel gelaunt steht für co'ntrary, theay'ther (thĭ-ā'-tŏ) steht für the'atre. Man vergleiche Shakespeare:

Our wills and fates do so contra'ry run.

mischie'vous steht für mi'schievous. Vergl. Spenser: mischie'vous witches. — An i'nvite (statt invitation) eine Einladung wird, ähnlich wie in der Schriftsprache pro'duce aus produ'ce u. s. w., aus dem Verbum invi'te durch Accentverschiebung gebildet.

S. Pegge (*Anecdotes of the English language*. 1814 — später mehr= mals neu aufgelegt) erwähnt unter den Londoner Accentverschiebungen seiner Zeit auch noch chara'cter statt cha'racter. Doch scheint diese Betonungsweise jetzt ausgestorben.

Grammatische Winke.

Wir haben bereits Gelegenheit gefunden zu bemerken, daß einerseits die **Grammatik der Volkssprache** in mancher Beziehung von der der eleganten Büchersprache abweicht (man vergleiche Moon G. W., *Common Errors in speaking and writing.* London. 1875), andererseits es aber nicht gerechtfertigt wäre, wenn man alle Abweichungen dieser Art als Verderbnis bezeichnen wollte. Unstreitig beruht vieles von dem, was uns in der Grammatik des Volkes auffällt, auf bloßer Nachlässigkeit oder auf einer Neigung zur Abkürzung, welche über altehrwürdige Formen nicht selten stürmend und zerstörend hinwegeilt. Auch mag das Volk, ähnlich wie die Kinder, gewisse Unregelmäßigkeiten in der Flexion, die der geschulte Mann achtet, grundsätzlich nicht leiden, und wir können uns nur hieraus viele der Verbalformen erklären, die uns in der Volkssprache entgegentreten. Doch enthält letztere andererseits wieder manche ältere Form, welche der Büchersprache verloren gegangen ist (man vergleiche R. C. Trench, *On the Study of Words*, 14. Auflage. 1872). Beispiele der letzteren Gattung sind: tother für other, afeard statt afraid und ax statt ask. Die Form afeard (angelsächsisch afaered) ist bei Shakespeare ganz gewöhnlich. ax wird noch zur Zeit Heinrichs VIII. von Dr. John Clerk in einem Briefe an den Kardinal Wolsey verwandt: The King axed after your Grace's welfare.

Die Imperfekta kep statt kept, wep statt wept, slep statt slept, die Pronominalformen 'em (statt hem) für them, hisself statt himself, theirselves statt themselves, und der Plural childer statt children Kinder gehören ebenfalls hierhin.

Sehr selten sind die Pluralformen auf ses, wie masterses statt masters; wo sie vorkommen (besonders in Gassenhauern und Matrosenliedern), stehen sie meist scherzhaft.

Unter den Zeitwörtern verdient zuerst to be unsere Beachtung. Im Präsens treffen wir die kontrahierten Formen 'taint (tēnt) = it is not (aus it aint) und they'se (thē'ŕs) für they are sie sind. — Im Imperfektum sind die Formen I wur und I were (wŏr) für I was; I warn't für I was not, we, you, they warn't statt we, you, they were not (sowie auch we, you, they was statt we, you, they were) von Interesse.

Weitere Unregelmäßigkeiten in der Konjugation erscheinen am deutlichsten in den folgenden Beispielen ausgedrückt:

\I has statt I have und I ain't statt I have not. Siehe den Artikel ain't.

I makes	statt	I make.
I ses (ßeß)	„	I say.
I does (döß)	„	I do.
you gives	„	you give.
they shuts up	„	they shut up sie schließen zu.
he haves	„	he has.
he dares not	„	he dare not.
they dursn't	„	they dare not sie wagen nicht.
he do	„	he does.
he don't	„	he does not.
he've	„	he has.

Imperfekta der Volkssprache sind:

seed	statt	saw sah.
know'd	„	knew wußte.
heerd (hïrd)	„	heard hörte.
begun	„	began.
kep ⎱ keepd ⎰	„	kept behielt.
swep	„	swept kehrte.
slep	„	slept schlief.
done	„	did that.
snew (selten)	„	snowed.

Bemerkenswerte Partizipien des Perfekts sind:

blow'd	statt	blown geblasen.
know'd	„	known gewußt.
runned	„	run gelaufen.
took	„	taken genommen.
drove	„	driven getrieben.
wrote	„	written geschrieben. (Kommt bei Milton, Dryden, Claren don, Swift. Bentley, Bolingbroke und anderen vor.)
rode	„	ridden geritten.
fell	„	fallen gefallen.
ate (ät)⎱ eat (it)⎰	„	eaten gegessen.
beat	„	beaten geschlagen.
friz	„	frozen gefroren.

In Gay's Fabeln heißt es:

> Sure some disaster has befell.

Von volkstümlichen Partizipien des Präsens auf in mit vorgeschobenem a mögen die folgenden hier Platz finden:

a-goin	(ä-gŏ'-ĕn)	statt	going gehend.
a-doin	(ä-dü'-ĕn)	„	doing thuend.
a-moanin	(ä-mō'-n'n)	„	moaning stöhnend.

Auch unter den Pronominal- und Adjektivformen finden sich manche, welche eine Erwähnung verdienten. Wir beschränken uns auch hier auf das Wichtigste.

Über die Verwechselung von I und me, von ho und him, von she und her, von they und them, von who und whom wird der Leser in jeder besseren Grammatik Auskunft finden. Viel amüsanter wäre es freilich für

ihn, wenn er die unter § 2 (Seite XLIV) angegebenen Matrosenlieder von
Dibdin studieren wollte. Es werden ihm Stellen wie die folgenden aufstoßen:

> What's cunning and such quivication
> And *them* sly manoeuvres to *we*?

> Was kümmert List und Flunkerei
> Und schlauer Trug denn uns?

> I *be* one of *they* sailors who think 'tis no lie.

> Ich bin einer von den Matrosen, die glauben, es sei kein Lug.

Daß schon bei Shakespeare und anderen der älteren Dramatiker dergleichen Fehler im Munde von Personen aus dem Volke häufig vorkommen,
ist wohl als bekannt vorauszusetzen.

Bemerkenswerte Formen sind noch:

hisself	statt	himself,
theirselves	„	themselves,
ourn	„	ours,
yourn	„	yours,
hisn	„	his der, die, das seinige,
hern	„	hers,
theirn	„	theirs.

Über die merkwürdigen Demonstrativa this here, these here, that
there, those there vergleiche man die Artikel here und there.

Bemerkenswert sind auch die Formen howsomever (= howsoever) und
whatsomever oder wotsomever (= whatsoever).

Besondere Beachtung verdient noch die Accusativform them, als Artikel
verwandt. I saw *them* chaps ich sah die Kerle. Doch sagt der Mann
des Volkes, der das Gefühl für Objektformen verloren hat, auch im Nomi-
nativ: *them* chaps did it die Kerle haben's gethan.

a steht für an in a umbrella statt an umbrella.

Über tother siehe Beispiele im Wörterbuche.

Volkstümliche Komparative und Superlative auf er, wie in beauti-
fuller statt more beautiful, knowin'er statt more knowing und worser oder
wusser (wŏ'ß-ßŏr), statt worse schlechter, littler und littlest (besonders in
der Kindersprache) statt smaller und smallest, sind verhältnismäßig selten.
Carlyle affektiert in seinem Stile bekanntlich auch diese Eigentümlichkeit der
gemeinen Sprache, und bei Shakespeare treffen wir sogar einen doppelten
Superlativ: this was the most unkindest cut of all (*J. Caesar*). Ähnliche
Bildungen benützt Dibdin in seinen Matrosenliedern für humoristische Zwecke.

Zum Schlusse erwähnen wir noch einige **syntaktische Eigentümlichkeiten.**

Die Personifizierung wird in der Umgangssprache des Volkes sehr
reichlich verwandt und dient gewöhnlich für die Zwecke des Humors. Have
you got him? kann sich unter Umständen ebensowohl auf eine männliche

Person, als auch auf einen Ball, einen Stiefel oder einen Handschuh beziehen. Der Titel eines kürzlich erschienenen Büchleins über die englische Sprache heißt: *English as she is spoke*. Dazu fügt *Punch* scherzend: *German as he is wrote*. Schiffe, Züge, Wagen, der Mond sind stets feminini generis, und in der Bibel ist bekanntlich auch die Stadt Jerusalem weiblich. Die Sonne, der Stern, der Kopf, ein Hut, ein Baum, ein Ball, ein Kreisel, eine Thür u. s. w. sind gewöhnlich männlich. Doch dürfte es sehr schwierig sein, eine feste Regel hierüber aufzustellen.

Die Einzahl dient häufig statt der Mehrzahl, besonders bei Maß- und Zeitbestimmungen. So z. B. six bob = 6 Mark, seven pund ten statt seven pounds ten shillings und three year-and-a-half statt three-years-and-a-half 3½ Jahre; auch in Redensarten wie: there *is* the sticks statt *are* the sticks; you *was* here statt you *were* here.

Von der Verwechselung des Nominativs und des Accusativs ist schon oben bei den Pronominalformen gesprochen worden.

Die dritte Person steht statt der ersten in Redensarten wie: says I sage ich; thinks I denk' ich.

Das Adjektiv vertritt häufig die Stelle des Adverbs; z. B. 'e went off pretty *quick* (statt quickly) er machte sich eilig davon; (*Mrs. Brown on the Turf*) we was *reg'lar* (statt regularly) mobbed wir wurden von der Menge tüchtig verhöhnt; *fairish* well ziemlich gut; don't talk *foolish* rede nicht (so) thöricht.

Die Präposition like wird sehr allgemein, sogar auf der Kanzel, als Konjunktion statt as gebraucht. Der Leser wird Belege hierzu im Artikel like finden. Ein interessantes Beispiel aus *A little Ragamuffin* möge hier noch Platz finden. Why didn't you shove the door open, *like* I told you *to* warum hast du die Thür nicht aufgestoßen, wie ich dir befohlen hatte?

Von der eigentümlichen Verwendung von like als Adverbialpartikel glauben wir hier ebenfalls ein Beispiel anführen zu sollen: So now all you've got to do is to go quite innocent and permiskus like [statt promiscuously] to the house (Greenwood). Das einzige nun, was du zu thun brauchst, besteht darin, daß du ganz unschuldiger- und zufälligerweise in das Haus gehst.

Über nor statt than siehe nor.

Über as statt that, who, which siehe as.

Über what statt that, who, which siehe what.

Über on statt of siehe on.

Über die Verwendung von do und did bei der Negation von Hilfszeitwörtern siehe den Artikel ought und use.

Über doppelte Negation siehe die Artikel neither, never, no.

Hier möge die Bemerkung Platz finden, daß die doppelte Negation schon im Angelsächsischen, wie überhaupt in den germanischen Dialekten, häufig angetroffen wird, und daß das Volk noch heute sagt: I don't want never no money. Auch die deutsche Volkssprache hat häufig ähnliche Wendungen, und schon die angelsächsische Bibel weist folgende Konstruktion auf: thā *ne* mihton hīe him *nān* word and-swarian, ne *nān* mann ne dorste hine *nān* thing māre ascian [wörtlich:] Da nicht konnten sie ihm kein Wort erwidern, noch kein Mensch nicht wagte, ihn kein Ding mehr (zu) fragen.

Wie die Sprache hier die Verneinungen häuft, so kann sie andrerseits auch wieder sehr kärglich damit verfahren, und so finden wir denn im Low Slang öfters Beispiele wie das folgende: "I thought", ses she, "that, being on your travels, it wouldn't matter, where you lodged?" "More [statt no more] it does", mum, "ses I". (Greenwood).

Über die Verwendung des Partizips got mit den Konjunktivformen von have siehe got.

Über die Verwechselung des intransitiven Zeitwortes lie mit dem transitiven lay, von rise mit raise, von learn mit teach siehe die betreffenden Wörter. Siehe ferner die Artikel as (eingeschoben), come, of, to, without.

Über die Auslassungen des Relativpronomens und einige dahin einschlagende Kühnheiten der Volkssprache vgl. that, which, who.

Das Aktiv statt des Passivs findet sich in Sätzen wie: spectacles are intended to wear [statt to be worn], not to throw [statt to be thrown] at people (Greenwood). Brillen sind zum Tragen bestimmt, nicht zum Werfen nach den Leuten.

C

$$= § 7 =$$

Pompeii aus "Mrs. Brown's Grand Tour".

Wir stellen diese Erzählung der Mrs. Brown an den Schluß der Einleitung, weil sie eine wahre Blütenlese von Verstößen gegen englische Grammatik, Orthographie und den guten Geschmack enthält. Des besseren Verständnisses halber sind möglichst viel Noten beigegeben. Im übrigen möge sich der Leser freundlichst an das Wörterbuch halten.

"Well", says Brown, "I'm glad you've got back safe, you'll see what burnin' mountings 'ave done to-morrer,[1] for we're a-goin' to see Pompey."[2]

I says, "I 'opes that 'ave done a-burnin',[3] for I do not 'old with a-walkin' over no burnin' ruins,[4] thro' well a-rememberin', when a gal,[5] bein' took to see a floor-cloth factory as[6] 'ad been burnt down, as[7] the flames kep' a-breakin' out three days arter[8] it[9] 'ad been put out, and reg'lar scorched my new boots off my feet, as the fireman was a-watchin'."

"Law", says Brown, "that Pompey were burnt down[10] 'undred upon 'undreds of years ago."

"Well, then", I says, "it 'ave 'ad time[11] to cool, as is a good thing, for", I says, "I'm sure nobody couldn't a-bear no fire such weather as this."

All the party was a-goin' as we'd met ag'in at Naples,[12] and 'ad all been werry good friends together a-travellin', not but wot I kep' myself werry much to myself, thro' Brown a-bein' that down on me

---

[1] You'll see what burnin' mountings 'ave done to-morrer statt you 'll see to-morrow, what burning mountains have done du wirst morgen (schon) sehen, was feuerspeiende Berge gethan haben.

[2] Pompey [Pompejus] scherzhaft statt Pompeii.

[3] In I says, "I 'opes that 'ave done a-burnin" (statt I say: I hope that have done burning) ist mountains ausgelassen; denn Mrs. Brown wünscht zu sagen: „ich hoffe Berge, die mit ihrem Brennen fertig sind".

[4] no burnin' ruins statt burning ruins: doppelte Negation.

[5] when a gal (statt girl) [als ich ein Mädchen war] steht absichtlich an der verkehrten Stelle: sollte zwischen took (statt taken) und to see stehen.

[6] as nach factory steht für which welche.

[7] as nach down steht für that daß.

[8] arter (ä'-t¹) statt after.

[9] it es bezieht sich hier auf ein (nicht vorkommendes Wort) fire. Ähnliche Konstruktionsfehler sind der Frau Brown sehr geläufig.

[10] that Pompey were burnt down ... (statt Pompeii was burnt down ...) das Pompeji da brannte ab ...

[11] it 'ave 'ad time statt: it has had time.

[12] All the party was a-goin' as we 'd met ag'in at Naples (vermutlich will Frau Brown sagen): die ganze Gesellschaft, welche wir wiederum in Neapel trafen, wünschte dahin zu gehen.

always,[13] a-sayin' as I should be sure to end in a row if I got to be too friendly with any one; not as it's true, for I'm sure I could live at peace with a live salamander, thro' bein' one to 'old my tongue; and as to that Mrs. Pollen a-sayin' as it was me as begun the quarrel, why it's false; and as to Miss Pilkinton, she come and begged my pardon the werry week arter, tho' I do not consider as she acted the lady in not returnin' that 'arf-crown as she borrered, nor yet the um-breller, thro' it a-settin' wet jest as she were a-goin'.[14]

But the day as we went to Pompey we was a werry pleasant party in our carridge, and one gentleman as 'ad a book he kep' a-readin' me bits out on it,[15] as was werry amusin', all about 'ow they was all smothered in hashes in a hinstant while a-settin' at dinner,[16] as is proved thro' a-findin' the werry dishes on the tables, as they 'adn't 'ad time for to clear away.[17]

I must say as I didn't much care about a place we fust[18] got to, as they called Erkylaneum,[19] as weren't nothink but like goin' down into a coal'ole, as were that damp as I got my gownd reg'lar bedawded[20] with sliminess off the walls and the grease from the candles, thro' it bein' all in the dark, let alone stoopin' enuf to break your neck[21] a-creepin' along a passage, and nothink to see but a place as they said were a theayter, as weren't a bit like a place of amusement; and then another place, as looked more like a deserted symmetery[22] than a city as any one 'ad lived in.

I must say as that[23] Pompey is downright wonderful to think of, it all bein' dug out of them hashes, with all the streets a-standin' that still as looks like death;[24] but never in my life did I see sich pavin'-stones, as must 'ave shook their lives out as rode over them.

But of all the pokey 'oles[25] to live in as some of them 'ouses, with bed-rooms no bigger than dust'oles, it seems as tho' they'd lived in the

---

[13] thro' Brown a-bein' that down on me always weil B. mich immer so sehr schalt, zurückhielt.

[14] thro' it a-settin' wet jest as she were a-goin' weil es gerade zur Zeit, als sie fortging, zu regnen anfing.

[15] he kep' a-readin' me bits out on *it* statt he kept reading me bits out of oder statt des volleren: out of which he kept reading me bits aus welchem er mir beständig kleine Stücke vorlas.

[16] 'ow they was all smothered in hashes in a hinstant while a-settin' at dinner statt how they were all smothered in ashes in an instant while sitting at dinner.

[17] as they 'adn't 'ad time *for* to clear away welche sie nicht Zeit gehabt hatten wegzuräumen.

[18] fust (fößt) statt first.

[19] Erkylaneum (ŭ'-tᵉ-lᵉ⁗ᵻn-jᵉm) statt Herculanum.

[20] as I got my gownd reg'lar *bedawded* (statt bedewed?) daß mir mein Kleid förmlich durchnäßt wurde.

[21] let alone stoopin' enuf to break your neck von der Bäckerei, bei der man sich den Hals hätte brechen können, gar nicht zu reden.

[22] symmetery (sĭ⁗m-ᵻn⁵-tᵉ'n-ʀ·) statt cemetery Kirchhof.

[23] as that pleonastisch statt: that.

[24] that still as looks like death so still, daß sie wie ausgestorben erscheinen.

[25] pokey 'oles erbärmliche Löcher.

hopen hair[26] pretty much, as is in course the reason as so many on 'em was smothered, for, as I says to Brown, "Why, even my umbreller would be a pertection ag'in them hashes,[27] as come down in a shower like blacks."

"Yes", he says, "you'd live a long time under your umbreller, you wulop, if there was to come a shower of red-'ot hashes from that mounting, as there might be this werry instant."

I says, "Brown, don't talk sich[28] foolishness. You don't mean to say as it come that sudden?"[29]

He says, "That's what I do mean to say, for I tell you they was all a-settin' enjoyin' theirselves at the theayter when that mounting bust up, and was-a-lookin' at a wild-beast show, as we might be a-doin' now, when down it come."

"Yes", says that ere gent[30] as 'ad come in the carridge with me; "don't you remember I was a-tellin' you?"

"Yes, sir", I says, "so you was; but only out of a book, as one don't always believe what's wrote in them, 'cos in course they puts in a lot jest to amuse parties;[31] as nobody can't tell us for they was all swallered up in hashes, and no one left to tell the tale, as must be a hawful[32] painful death, for I'm sure a bit of dust in your heye[33] is hagony[34] enuf, and must be dreadful all down your throat partikler[35] when red 'ot."

Certingly[36] it's werry curous[37] to see some of them things as did used to belong to Pompey, with a real live tea-turn and lamps with weights and scales, as shows there ain't nothink new under the sun, but of all the wordigrease as ever I did see, it was them things of Pompey's, as must 'ave 'ad nice dirty servants to let things get like that, not as them Hightalians[38] mind coperass as don't pison[39] them jest the same as they'll eat them rank toadstools for mushcrooms, as is a nice thing briled[40] or stewed, but certing death if they won't peel, with a silver spoon biled in 'em.

I never did see sich a little bit of a skimpin' thing[41] as that bed, as they did say did used to belong to Pompey, as wasn't much wider than a form, with a reg'lar ridge enuf to cut you in arf in turnin', not as any one could turn in them beds, and must 'ave slep' with their

---

[26] hopen hair statt open air.
[27] pertection ag'in them hashes statt protection against the ashes.
[28] sich statt such (vgl. Seite XCII, Nr. 4).
[29] that sudden statt so suddenly.
[30] that ere gent der Herr (da).
[31] parties statt people.
[32] hawful statt awfully.
[33] heye statt eye.
[34] hagony statt agony.
[35] partikler statt particularly.
[36] certingly statt certainly.
[37] curous statt curious.
[38] them Hightalians (hǎɪ-tǎ'l-j'nĭ) statt the Italians.
[39] pison statt poison.
[40] briled statt broiled.
[41] sich a little bit of a skimpin' (!) thing so ein kleines miserables Ding.

'eads 'angin' over one hend,[42] and their feet a-danglin' over the other, as ain't my notions of a good night's rest; but, law, them forrin savages didn't mind nothink, or they wouldn't 'ave lived in such a 'ole as this.

Says Brown, "Why, it were a lovely place, full of temples and paintin's, with statutes[43] all over the place."

"Well", I says, "every one to their tastes, but give me the Bow Road."

Says Brown, "The sea did used to be up 'ere, and parties come down for to be cool."

"What", I says, "with a red 'ot burnin' mounting 'angin' over their 'eads. Ah", I say, "old Hingland for hever, with Margate and Rams-gate, as ain't got no burnin' mountings near 'em, tho' in course a coal-pit now and then will blow up, as shows as axcidents will in the best reg'lated families;[44] and no doubt this 'ere mounting wouldn' tnever 'ave been set light to if they'd 'ave been careful with them. Davy lamps, as I daresay were brought on by some one-a-smokin'."

"Go it", says Brown. "Why baccy wasn't discovered."

I says, "Don't talk rubbish. Why baccy must 'ave growed from the beginnin' of the world, only parties didn't take to smokin'."

Says Brown, "You'll settle it some'ow."

Jest then we got to a place where they was a-diggin' out more of them ruins.

I says, "I can't see the use of takin' all that trouble now, as might 'ave saved life if done at the time, but now ain't no use."

"Oh," says Brown, "it's only for curosity[45] they does it."

"Ah", I says, "and idle curosity too, as is waste of time; but", I says, "I ain't a-goin' to climb up there, I can tell you", as were a 'igh bank, and werry crumbly too under your feet.

Says Brown, "Then stick to that other party, and I'll meet you by and by where we goes out."

"Well", I says, "as you please, but if I 'ad a wife, I shouldn't go and leave 'er to ruins like this."

"Oh", he says, "you can't go wrong 'ere, even if you wanted to; only", he says, "don't go a-laggin' behind."

I says, "I knows my way about, thank you"; and on I follers[46] a lot as were a-goin' on straight thro'.

We kep' a-wanderin' on, and at last got to a place as they said was where they was a-workin' when the rupture[47] come.

"Ah", I says, "it only shows as fire is a bad master tho' a good servant, as the sayin' is, but", I says, "there must 'ave been great

---

[42] must 'ave slep' with their 'eads 'angin' over one hend ſtatt must have slept with their heads hanging over one end.

[43] statutes ſtatt statues.

[44] as axcidents will in the best reg'lated f. ſtatt that accidents will occur in the best regulated f. (Frau B. meint, der Vesuv wäre durch eine Davy-Lampe, ähnlich wie eine englische Kohlengrube, in Brand gesteckt worden).

[45] curosity ſtatt curiosity.

[46] I follers ſtatt I follow.

[47] rupture ſtatt eruption.

carelessness to let anythink bile over that suddin, as might 'ave been checked, even tho' a mounting, as can be kep' under with a tunnel the same as them Halps[48] as is 'igher than that, tho' not give to burnin'."[49]

I don't think as that ere gent as 'ad come in the carridge with the book, were werry clever, for he didn't seem for to take in my remarks; not that perlite like[50] some young gents as kep' on a-askin' my opinion over a good many thinks.

At last we come to a hopen place as they said was where they 'ad fine games.

I says, "What at?"

"Oh", they says, "races and prize-fights, and all manner."

"Ah", I says, "races never alters, as is things I don't 'old with, tho' no doubt they've been from the beginnin' of the world."

I says to that gent with the book, as was with the party, I says, "Do you consider as this place is holder than hold London Bridge?" as I well remembers bein' pulled down, just arter my Joe were born, as they do say were a frightful hage?[51]

Says the gent with the book, "Oh, yes; this were the fust sentry."[52]

"Ah", I says, "so they was a-tellin' me jest now, poor feller! As wouldn't desert 'is post, and were found among the other rubbish; as is jest like what I considers sojers, for there was my Joe, as enlisted in the marines, and wouldn't 'ave left the deck when on watch, not for all the burnin' mountings as ever was."

He only give a toss with 'is 'ead, and says, "This is 'opeless", and turns away.

I says, "You may well say so, and if they're a-thinkin' of buildin' it up ag'in it's downright madness, as may be swallered up ag'in[53] any moment."

I was a-gettin' that dreadful tired, and could not go a-'urryin' on along with that guide and others, so I jest dropped behind and set down[54] in a quiet corner jest for to enjoy a bit of a snack,[55] thro' not 'avin' took much breakfast.

I didn't eat much, nor yet drink neither, for I'm sure I 'adn't a quarter of a pint with me, and Brown 'ad 'ad a drain, but some'ow the 'eat or the heatin'[56] made me that drowsy, as off I dropped sound as a church,[57] as the sayin' is.

Goodness knows 'ow long I'd slep'; when I wakes up with a start, and looks round, and couldn't for the life on me make out where I was, but thought as I'd got into the cellars of some unfinished 'ouses with the roofs off.

---

[48] them Halps ftatt the Alps.

[49] give to burnin' ftatt given to burning (zum Brennen geneigt).

[50] not that perlite like ftatt not as politely as.

[51] as they do say were a frightful hage (diefes bezieht fich auf die alte Lendoner Brücke) von der man fagt, daß fie entfetzlich alt gewefen fei.

[52] sentry (Schildwache) ftatt century Jahrhundert.

[53] as may be swallered up ag'in ftatt as it may be swallowed up again.

[54] set down ftatt sat down.

[55] for to enjoy a bit of a snack um ein bißchen was zu effen.

[56] the 'eat or the heatin' ftatt the heat or the eating.

[57] off I dropped sound as a church da fiel ich in einen feften, gefunden Schlaf.

It was a-gettin' quite dark, and not a sound to be 'eard, and then I remembers about it's bein' Pompey. What to do I didn't know. Of course it wasn't no use of 'ollerin' to people as 'ad been dead and berried for 'undreds of years, besides not knowin' the Hightalian for 'elp, murder, fire, thieves.

So I gets up and out I goes, but of all the places for clamberin' up kerbstones and twistin' of your ankles in gutters, it's Pompey.

It was almost pitch dark as I went a-stumblin' along, when I 'eard somethink a-comin' behind me, and says to myself, "I never did see a ghost and shouldn't care to 'ere", tho' in course if I'd give myself the time for to think, all the ghosts must 'ave been dead and gone there arter so many years, let alone bein' berried in hashes.

But ghost or no ghost, it were somethink a-comin' full pelt,[58] and I says it's a wild beast broke loose, as did used to be kep' under them theayters; not as a wild beast could live all them years, tho' they don't mind fire, for I remembers when Barnum's were burnt in New York, the bear come up out of the ruins two days arter quite fresh, as if nothink 'adn't 'appened.

I thought as I wouldn't 'urry for fear of haggrawatin' the hanimal as come up with me jest then, and proved a dog as didn't take no notice on me, as made me think as pre'aps[59] he weren't in 'is senses, as Im sure it's enuf to drive a dog mad to live in that dismal 'ole.

I'd got some of my lunch left, so give it the poor creetur, as devoured it jest for all the world as tho' he 'adn't tasted wittles[60] since afore the place were berried alive.

That dog were like the rest of the world, for when he'd got all as he could, he walks 'isself off, and by the time as he were gone[61] it 'ad got quite dark; for that's the wust of Hitaly, the sun don't know no medium, and either blazes away like mad, or else goes out that suddin as you don't know where you are.

It was hawful lonesome, bein' that silent as you could 'ear the least sound; and so I listened, and if I didn't 'ear a lot of men a-comin'. I says to myself, "Briggins,[62] no doubt, as this is jest the place for.[63] Whatever shall I do?" well a-knowin' as they'd carry me off, jest like they did poor 'Melia[64] Withersleigh; and as to payin' 'undreds of thousands for me, I should not wish Brown do to it.

So I crep' into one of them hold ruined 'ouses and 'id in a corner, a-listenin' to them men, as would 'ave passed all but for that beast of a dog as 'ad turned back and come in, and begun a-barkin' at me; and if one of them fellers 'adn't got a light,[65] and in course werry soon spied me out.

---

[58] full pelt in geſtrecktem Galopp, in voller Haſt.
[59] pre'aps ſtatt perhaps.
[60] wittles ſtatt victuals.
[61] (by the time) as he were gone ſtatt (by the time) he was gone.
[62] Briggins ſtatt Brigands.
[63] as this is jest the place for ſtatt for whom this is just the place.
[64] jest like they did poor Melia ſtatt just as they did poor Amelia.
[65] and if one of them fellers 'adn't got a light und einer der Kerle hatte wahrhaftig ein Licht.

They was a wild-lookin' lot, so I knowin' as it wouldn't be no use a resistin' comes out, and a-oldin' out my reddicule,[66] says, "Take it in welcome, only let me go", as 'ad over five pounds in money and many things as I walued; but they only ketched 'old on me,[67] and drags me along.

I quite give myself up for lost, and kep' a-sayin' as I'd go quiet if they wouldn't 'awl at me like sailors at a rope; but in course they didn't know nothink about sailors, and I never was more thankful than to see a light as were the gate, and a man as spoke Hinglish; and if them fellers wasn't no briggins, but workmen a-goin' 'ome.

So that guard he heyed me werry sewere, a-sayin' as pro'aps I'd picked up some treasure.

"Law, bless you!" says I, "you may search me as 'aven't got nothink about me but my own property, and ever 'ave been, escept a moleskin puss[68] and a silver fruit-knife as belonged to my dear mother."

Well, when they found out as it were all a axcidence[69] me bein' left behind, they was uncommon perlite, and wanted me to 'ave tea; but I knowed a trick worth two of that, so only tried for to drink a little wine and water, as I couldn't, for it went ag'in me.[70]

I give somethin' all round, in course, to them 'ard-workin' poor fellers as 'ad found me as was thankful for some of the wine as I give 'em, for I wouldn't touch a drop on it myself.

And when I was rested that the guard as spoke Hinglish to see me to the train.[71] So I says to him, "Milly grassy", and "Bony sarey", as means, "Thank you", and "Good night", as showed 'im I knowed Hightalian, and so got 'ome, but near eleven o'clock, with Brown in a nice temper, a-swearin' as he'd never bring a woman out ag'in.

---

[66] reddicule ſtatt reticule [Beutel].

[67] ketched 'old on me ſtatt caught hold of me.

[68] escept a moleskin puss ſtatt except a moleskin purse. (Börſe aus Maulwurfsfell).

[69] as it were all a axcidence ſtatt that it was all an accident.

[70] it went ag'in me es war mir zuwider.

[71] And when I was rested &c. Frau Brown will vermutlich ſagen: und als ich ausgeruht war, begleitete mich der Schaffner, der Engliſch ſprach, an den Zug.

WÖRTERBUCH

DER

LONDONER VOLKSSPRACHE

A.

a P 1. (ĕˢ) [P ſtatt an]: a honest face ein chriſtliches Geſicht; a ole woman ein altes Weib. — 2. (ă) [P ſtatt have] he wouldn't a cared much (J. Greenwood) es hätt' ihm wenig Kummer gemacht. — 3. (ă) [vor Partizipien] the gal 'e was a-talkin' to (Sims) das Mädel, mit dem er redete; you're a-goin' a bit too fur (Sims) du gehſt ein bißchen zu weit; what's a-doin'? was gibt's?

a' P (ă) 1. [P ſtatt at]: till six or seven a' night (vermutlich aus einem älteren on night) bis ſechs oder ſieben des Abends. — 2. [P ſtatt on] a' Wen'sday am Mittwoch; we set the stud'nsels a' both sides (Nights at Sea) wir ſpannten die Leeſegel auf beiden Seiten auf.

'a P [P ſtatt he]: crikey, quoth 'a (ă) herries, ſprach er; Mrs. Quickly: 'So 'a (ă) bade me ... (Shak., Henry V) Drum befahl er mir ...

A 1 F (ĕˢ-wō'n) vorzüglich: he's A 1 at algebra er verſteht die Algebra aus dem ff.

abeam ⌁ (ă-bī'm) von der Seite her.

a-bear (ă-bā') v. [P ſtatt bear] tragen, ertragen.

able-whackets ⌁ (ĕˢbl-hwă'f-tĕ̃ß) Kartenſpiel, bei welchem dem Verlierenden mit einem Knoten im Taſchentuche Streiche auf die Hand gezählt werden.

aboard of ⌁ (ă-bō'ᵈ ŏw) [an Bord, gegen]: to fall ~ in den Weg, in die Arme laufen.

abont F u. P (ă-baū't) beinahe, vermutlich; I should be ~ murdered (J. Greenwood) ich würde wohl ermordet ſein. — [⚔ right ~ rechts um] I sent him to the right ~ ich jagte ihm derbe die Wahrheit. [durchtrieben.]

abrac † (ĕˢ-brăf): up to abrac gewitzt,⌋

abram a. ⌁ (ĕˢ-brăm) elend, krank, nackt

Abram cove (kō̆w) man ⎱ (Old Cant)
Abraham (ĕˢ-brăˢ-hăm) cove ⎰ halbnackter Bettler, der ſich ſchwach und irrſinnig ſtellt. (Schon bei Th. Harman; ſ. Vorrede.)

abroad (ă-brā'ᵈ) [in der Fremde] Sport: verblüfft: the oarsmen were all ~ die Ruderer waren ganz aus dem Takte; F the schoolmaster is ~ die Bildung bricht ſich Bahn.

academy † (ă-kăˢᵈ-ˢ-mˢ) Bordell.

acause (ă-kā'ȷ) [P ſtatt because] wegen.

accidental (ăˢf-ȷ̃-ᵈĕ̃"n-t'l) s. gerichtlich: einer, der zufällig umgekommen iſt.

accident-maker (ăˢf-ȷ̃-ᵈĕnt-mĕˢ-kˢ) ſcherzhaft: Journaliſt, der Unglücksfälle für die Zeitungen erdichtet.

account (ăf-kaū'nt) Sport: to give a good ~ of überflügeln, überholen.

ace of spades F (ĕˢ̃-ŏw-ßpĕˢᵈȷ) [Schüppen-As] Witwe in ſchwarzem Flor (Grose).

ack (ăf) Blue-coat School: nein.

a-cockbill (ă-kŏf-bi'l) [⌁ zum Fallen klar] baumelnd; she'd a watch hanging ~ under one arm (Nights at Sea) ſie hatte eine Uhr, die unter einem Arme baumelnd herabhing.

acquisition (ăˢf-kwˢ-ſ̃"ſch-ˢn) [Erworbenes] F he's quite an ~ er iſt ein recht munterer Geſellſchafter.

across country (ă-krŏ'ß kŏ̃"n-trˢ) Sport: auf offenem Felde, auf der Hetzjagd.

acrost (ă-krŏ'ßt) [P ſtatt across] quer über.

active (ăˢf-tiw) a. Börſe: belebt.

Adam (ăˢᵈ-ˢm): F I know no more than ~ where he is das weiß der liebe Gott wo er ſein mag; I don't know him (her) from ~ ich habe ihn (ſie) mein Lebtag nicht geſehen. — F Helfershelfer, ſ. Adam Tiler; ~'s ale Gänſewein.

Adam-an(d)-Eve (ă'ᴅ-ă̆m-ă̆u-ī″w) Kinder=
sprache: zwei Figürchen, die sich aus den
Köpfen der Garnelen hervorziehen lassen.

Adam Tiler (ă'ᴅ-ă̆m taĭ″-lᵉ¹) Old Cant:
Hehler, Helfershelfer (*Thieves' Grammar*, Captain Smith; s. Vorrede).

Adelphi (ă̆-ᴅĕ'l-ĭ⁺ od. ~faĭ) Örtlichkeit im
Strand; steht F auch für Adelphi Theatre:
I went to the Adelphi ich ging ins
Adelphi=Theater.

ad lib (ăᴅ lĭ'b) [F abgekürzt für ad libi-
tum, lat.] soviel nur beliebt, nach
Herzenslust.

adonis † (ă̆-ᴅŏ'-nĭß): to make an ~ of
oneself sich schön herausstaffieren.

adonize † (ă'ᴅ-ŏ-naĭ″j) putzen, sich putzen.

adrift F (ă̆-ᴅʀĭ'ft) [treibend]: I sent him
~ ich schickte ihn fort, wies ihn ab; he
was turned ~ er bekam den Laufpaß;
to break ~ jeden Halt (im Leben)
verlieren.

advantage * (ăᴅ-wă̆'n-tĭᴅɢ) *v. t.* (jemand)
Vorteil bringen, behilflich sein.

adwenterous (ăᴅ-wĕ'nt-ʀ⁵ß) [P statt ad-
venturous] abenteuerlich.

aesthete *(ĕ'ß-*thĭt*) Kunstjünger, Ästhetiker.

afeard (ă̆-fĭ'ᴅ) [P statt afraid]: I ain't
~ to die (Sims) mir bangt's nicht
vor dem Sterben; Caliban: Art thou
~? (Shak., *Tempest*) Fürchtest du dich?

affidavit-men † (ă'f-ĭ-ᴅĕ″-wĭt-mĕn) *s. pl.*
gewissenlose Hungerleider an den Ge=
richtshöfen, die sich vom ersten besten
als Zeugen dingen ließen (Grose).

afire F (ă̆-faĭ'ʀ): she was all ~ sie war
Feuer und Flammen.

aforethought, s. malice.

aft, s. fore.

after F (ă'f-tᵉ¹): ~ a bit nach einem
Weilchen; ~ a fashion nicht beson=
ders gut, unordentlich; I'll be ~
you! wart', ich kriege dich!

against (ă̆-gĕ'nßt) F it goes ~ the grain
es geht einem wider die Haare; P zur
Zeit wenn, bis, ehe: if I don't get the
breakfuss ready ~ Jim comes in (J.
Greenwood) wenn ich's Frühstück nicht
fertig mache, ehe Jim hereinkömmt.
(Kommt auch im höheren Sprachstile in dieser
Bedeutung vor.)

agon (ă̆-gĕ'n)} [P statt against]: agin the
agin (ă̆-gĭ'n)} palis dem Palaste gegenüber.

aggravate (ă'g-ɢʀ⁵-wĕt) [ärgern] F figür=
lich: it's enough to ~ the stones in
the street das könnte die Steine rasend
machen.

aghast-looking F (ă̆-gă̆″ßt-lu'f-ĭn⁵) er=
schrocken, entsetzt aussehend.

agony (ă'g-ĭ-nᵉ): ~ column Seufzerecke
(einer Zeitung); Kartenspiel: at ~ point
im aufregendsten Teile des Spieles. —
S. pile.

aground F (ă̆-ɢʀau'nᴅ): to run ~ fest=
sitzen, in die Patsche geraten.

ain't P (ĕnt) 1. [P statt am not bin nicht,
is not ist nicht, are not sind, seid nicht]:
them as ain't got to do it die, welche
es nicht zu thun brauchen. — 2. [P statt
has not hat nicht und have not habe,
haben, habt nicht]: I ain't done nothing
to speak on was ich gethan, ist nicht
der Rede wert.

airy (ĕ'ʀᵉ) [P statt area (unterirdisch) Haus=
flur]: down the airy unten vor der
Küche.

alarmist (ă̆-lăʀ'-mĭßt) *a.* alarmierend: ~
rumours beunruhigende Gerüchte.

Alderman † (ă'l-ᴅᵉ″-mă̆n) Truthahn mit
Bratwürsten dressiert.

Alexandra limp † (ă'l-ĕ-gᴢ̆ă″n-ᴅʀa limp)
affektiertes leichtes Hinken junger Damen
(der Prinzessin Alexandra zu Ehren, die
infolge eines rheumatischen Leidens eine
Zeitlang hinkte; 1860—70).

alight P (ă̆-laĭ't) [brennend]: to catch ~
in Brand geraten, angehen.

alive F (ă̆-laĭ'w): look alive spute dich;
alive and kicking wohl und munter.

alive-o (ă̆-laĭ-wō') Straßenruf: all alive-o!
ganz lebendig (bes. von Fischen).

all (ăl) 1. ↓: all in the wind unent=
schlossen, unsicher; we beat them all
to pieces wir ließen sie weit hinter uns
zurück; all overish unwohl, vom Fieber
befallen. — 2. F: all my eye an(d) my
grandmother (all my eye and Betty
Martin) das soll sich ein anderer weis
machen lassen; all of a heap in einem
Knäuel, Haufen; that's him all over
das sieht ihm sehr ähnlich; ten all told
Summa Summarum zehn; that's all
well and good das ist alles recht schön
und gut. — 3. P: he looked all
of a blue shiver er schien am ganzen
Leibe zu beben; be, she's all there

er, sie weiß sich geltend zu machen; they 're a couple o' swindlers, that's all they are das sind zwei Schwindler, weiter nichts!

all-age (äl-e'dg) *a.* Sport: ~ stakes Rennen, woran Pferde jeden Alters teilnehmen können.

all-a-taunto ⊥ (ä'l-ä-tä"n-t⁵) [statt all-a-taunt-to] völlig getafelt, gerüstet.

alley (äl-lĭ) Knabensprache: (marmorne) Murmel mit roten Äderchen.

Alleyite (äl-lĭ-āt) Bewohner einer Londoner „alley" (Gäßchen im Armenviertel), schmutziger Plebejer.

allowance (äl-lau'-unß) *v/a.* (Dienstboten den Thee, Kaffee u. s. w. wöchentlich) abwägen, zumessen.

all-round F (äl-raun'nd): a good ~ man ein tüchtiger, vielseitig geschulter Mensch.

all-set † (äl-ßě't) Erzhalunke, Desperado.

allus (ä'l-lŭß und ä'-lĭß) [P statt always] immer.

aloft ⊥ (ä-lô'ft) [himmelwärts]: Poor Tom is gone aloft (Smyth) der arme T. ist in ein besseres Jenseits übergesiedelt.

alonger P (ä-lô'n[-ĭr), **along of** P (ä-lô'n[ŏw) 1. mit, bei; being friendly along o' you da er mit Ihnen gut Freund ist; he sleeps along o' me er schläft bei mir. — 2. wegen: along o' you (Punch) Ihretwegen [along on, wegen, schon bei Chaucer; long of, wegen, bei Shakespeare, Cymbeline].

along-shore boys ⊥ (ä-lô'n[-schŏr bŏĭß) Landratten. — S. long-shore.

alongside of (ä-lô'n[-ßaĭd ŏw) neben; ⊥ to heave alongside of sich neben (jemand) stellen.

Alsatia † (äl-ßě'-schĭa) berüchtigte Viertel der Altstadt (Upper Alsatia in White Friars, Lower Alsatia bei der Münze in Southwark), alte Verbrecher-Asyle.

altogetherness F (ä'l-t⁵-gěth-ĭr-něß) alles zusammen genommen, tout ensemble.

amateurish* (ä'm-ä-tūr"-rĭch) dilettantenmäßig.

ambassador (äm-bä'ß-ß-d⁵r) [Gesandter] scherzhaft: ~ of commerce Handlungsreisender.

ambidexter † (ä'm-bĭ-dě"kß-tĭr) Advokat, der beide Parteien zugleich vertritt.

ammunition ✕ (ä'm-ĭ-nĭ"ch-⁵n) *a.*: ~ bread Kommißbrot; ~ leg Holzbein.

a'most (ä'-m⁵ßt) [P statt almost] beinahe.

amuse (ä-mjū'ß) Old Cant: anreden, beschäftigen (während die Gefährten ihre Gaunerstreiche verüben).

an' [P statt and und]: pen-an'-ink (pě'n-ĭn-ĭnf) Feder und Tinte.

anchor (ä'n-f⁵r) [Anker] P Stillstand, Ruhe; Mrs. Tom was brought to a ~ in the door-way (J. Greenwood) Frau T. blieb wie festgeankert auf der Schwelle stehn.

anchorage ⊥ (ä'n-f⁵-n'dg) [Ankerplatz] Wohnung; he brings up in his old ~ (Nights at Sea) er hält an seiner früheren Wohnstätte an.

an(d) all that (än-äl-thä't) und so fort (wird in Romanen und auf der Bühne stets den „low characters" in den Mund gelegt).

angel's gear ⊥ (e'n-dg⁵lß gĭr) [Engelszeug] weibliche Kleidung.

angler (ä'n-glĭr) Old Cant: einer, der mit langen Stangen aus den Schaufenstern Tuch u. s. w. stahl. (Bei Th. Harman; s. Vorrede).

anglomania (än[-glŏ-mě'-nja) (Times 1884) Anglomanie (Vorliebe für englisches Wesen).

angular (ä'n[-gĭß-lĭr) [winkelig] scherzhaft: an ~ party eine Gesellschaft von 3, 5, 7 u. s. w. Gästen.

anigh (ä-naĭ') [P statt nearly] fast.

anon (ä-nŏ'n) 1. [Bühne] gleich, sogleich; more ~ später mehr davon. — 2. [Litteratur: abgekürzt für anonymous writer] anonymer Verfasser.

another (än-ŏ'th-ĭr) 1. ein anderer, anderes, eine andere; F that's ~ pair of sleeves. o 'trousers das ist was andres. — 2. [P statt other]: some(h)ow or ~ I don't like 'em wie dem auch sei, ich mag sie nicht leiden. — S. you're another.

answer F (a'n-ßĭr): it doesn't ~ es lohnt sich nicht; ✱ his business didn't ~ sein Geschäft warf nichts ab; to ~ the door, the bell auf den Thürhammer, die Glocke hören.

an't, s. ain't.

antagonize (än-tä'g-⁵-naĭß) Sport: um den Vorrang streiten.

1*

any (ĕ'n.•) [irgend welch]: F ~ number of letters, ~ amount o 'money eine große Menge Briefe, ein ganzer Haufen Geld.

anyhow F (ĕ'n-•-hau″): it's done ~ es ist liederlich, schlecht gemacht; she looked ~ sie sah schlecht aus, war in einer schlimmen Verfassung; I'll have it ~ ich will's auf alle Fälle haben.

any(h)ows P (ĕ'n-•-auſ) statt anyhow.

ape-leader P (ē'p-lī-d'r) alte Jungfer.

apology F (ă-pŏ'l-•-dG•) Substitut; she wore an ~ for a hat sie trug etwas, das wie ein Hut aussah. [göttern.]

apotheosize ↘ (ă'p-ŏ-*thi*″-•-ßaſ) ver-

apple-an(d)-pears F (ă'pl-ăn-pā″ſ) [statt stairs] Treppen.

apple-cart F (ă'pl-kā″t) [Apfelkarren]: his ~ was upset er wurde verdrießlich gemacht, seine Anordnungen wurden gestört, vereitelt.

apple-pie F (ă'pl-paſ) [Apfeltorte]: in ~ order in vorzüglicher Ordnung, Schüler-sprache: ~ bed Bett, das (zum Schaber-nack) durch Falten der Betttücher so gemacht ist, daß man sich nicht hinein-legen kann.

appro' ✿ (ăp-prŏ') [statt approbation]: on appro' zur Ansicht.

apron-string (ē'•-p'rn-ßtaing) [Schurz-band]: F tied to the mother's ~ der Mutter an der Schürze, am Kleide hängend.

Arcades ambo (ā-kē″-d[ſ ă'm-bē) [lat.: beides Arkadier] Juristen-slang: 's sind beides Schufte, beide einander würdig. [Vergl. par nobile fratrum, Horat.]

area-sneak F (ē'•-nja-ßnīk) gemeiner [

'arf (āſ) [P statt half] halb.   [Hausdieb.]

argufy ⚓ (a'-gjſ-faſ) bedeuten, ausrichten; what argufies pride and ambition (Dibdin) was nützen denn Hochmut und Ehrgeiz?

ark-man † (ā'k-măn) Themseschiffer.

ark-ruff † (ā'k-rŭf) Flußdieb.

arleens (ā-līnſ) [P statt Orleans (plums)] französische Pflaumen.   [schiff.]

armour-clad ✱ (ā'•-m″-klăd) Panzer-

arm-pits ⌐ (ā'm-pltſ) [Achselgruben]: to work under the ~ (Grose) sich nur an Kleinerem vergehen, um nicht an den Galgen zu kommen.

arms F (ā'mſ) [Waffen]: all up in arms in hellem Zorn, in vollem Aufruhr.

arn't (ānt) [P statt are not, is not sind nicht, ist nicht]: why, then, I'm a Dutchman, if it arn't winking at me (*Nights at Sea*) nun denn, ich will ein Schafskopf heißen, wenn's mir nicht zublinzelt.

'Arry (ă'n-ne) ironisch: Londoner Plebejer (der mit dem h nicht fertig wird).

arst (āſt) [P statt asked] fragte, verlangte.

arter (ā'-t'r) [P statt after] nach, hinter.

article F (ā'-tlkl): he, she's a pretty ~ das ist ein netter Kerl, eine saubere Person.

as (ăſ) 1. F: I couldn't move, try as I might ich konnte mich nicht von der Stelle rühren, so sehr ich mich auch ab-mühte; sprichwörtliche Redensarten: as happy as the day is long; as happy (merry, jolly) as a sandboy, as a king; as merry as a Greek; as sure as eggs, as sure as sure, as clear (sure) as a pikestaff ganz gewiß, sicher. — 2. P statt who, which, that: it's the sort o' thing gentlefolks gives their dogs to eat as rots their teeth es kommt von den Sachen her, die feine Leute ihren Hunden zu essen geben, daß diesen die Zähne faul werden. — 3. P statt (der Konjunktion) that: if any cove sez as she's vicious (Sims) wenn ein Mensch sagt, sie sei boshaft; I was told as I could have a beautiful header (*Punch*) man sagte mir, ich könne einen prächtigen Kopfsprung thun. — 4. P as eingeschoben: there's only two books as ever I look at (*Nights at Sea*) nur zwei Bücher gibt's, die ich mir überhaupt je ansehe; it's a rare mess as the room is in (*All the Year round*) 'ne schöne Schweinerei, die in der Stube herrscht. — 5. P as ausge-lassen: good a sailor as ever was hailed (statt as g. a s.) ein Matrose, so tüchtig, wie es nur je einen gab.

Ascot (races) (ă'ß-kŏt) id. (eines der großen Wettrennen, etwa Mitte Juni, später als das Derby-Rennen).

aside (ă-ßaſd) [P statt beside] aside o' the busses neben den Omnibussen.

asses' bridge (ă'ß-ĕß brl″dG) [Esels-brücke, pons asinorum] Schule: 5. Satz im ersten Buche des Euklid.

Association game (ăß-ß̄ō-ß̄iẻ'-ĭd)⁵n ɡ̆m)
[Fußball] Nur dem Hüter des Males
(goal-keeper) ist es gestattet, den Ball
aufzuraffen (seit 1863). — S. Rugby.

astern ↓ (ᵃ-ß̆tö̆'n) hinter, hinten.

Astley's (ắ'ß̆t-l⁶j) id. (großer, stehender
Cirkus dicht bei der Brücke von Westminster).

at (ăt) 1. Schulsprache: to play at marbles,
at horses (mit) Murmeln, Pferdchen
spielen. — 2. F: they 're at it again
sie sind wieder dran (nämlich am Saufen,
Spielen u. s. w.); I 've been at him
for a long time ich suche ihn seit lange
zu bereden; a convict at large ein ent-
sprungener Sträfling. — 3. Börse: I
bought in Consols at 92 ich kaufte
C. zu 92, als sie auf 92 standen.

ate (ĕ't) [P statt eaten]: he's ate it all
up er hat alles aufgegessen. [Persen.]

atomy (ă't-⁵-mᵉ) [P statt anatomy] Leib,

atop F (ᵃ-tŏ'p) obendrauf; atop of auf.

atremble P (ᵃ-trᵉ'mbl) (auch on the
tremble) am Zittern.

attenuated (ăt-tĕ'n-jŭ-ĕ''-t⁶d) scherzhaft:
mager, abgezehrt.

attic (ă't-tĭk) [Dachstübchen] scherzhaft: Kopf,
oberstes Gefach.

attitudinize F (ă't-t⁶-tjŭ''-d⁵-nāïß) sich
wie ein Komödiant gebärden.

atween (ᵃ-twi'n) }
atwixt (ᵃ-twĭ'ßt) } P zwischen.

aught (ăt) Schulsprache statt naught Null;
two aught five 205.

aunt † (ănt): at my aunt's im Bordell;
F (umschreibend) to (see) my aunt'(s)

zu Tante Meier (d. h. auf den Abtritt)
gehen.

antem (ắ'tm) Old Cant: Kirche; ~ cacklers
(GROSE) Nonconformisten; ~ bawler,
~jet (GROSE) Pfaffe; ~ dippers (GROSE)
Wiedertäufer; ~ diver, ~ sneak Kirchen-
räuber, Kirchendieb; ~ mort verheiratetes Weib, Bettelweib; ~ quaver tub
(GROSE) Quäkerbethaus. (autem findet
sich schon bei Th. HARMAN, 1566; s. Vorrede.)

avast ↓ (ᵃ-wa'ßt) halt; ~ ye lubbers!
packt euch, ihr Halunken!

avuncular (ᵃ-wŏ'n⁵-kj⁵-l⁵ʳ) scherzhaft: den
Oheim betreffend.

awaste (ᵃ-wḗ'ßt) (Old Cant) s. avast.

away (ᵃ-wḗ') [F statt go, hasten away]:
I'll ~ to meet him ich will ihm ent-
gegeneilen; F he made ~ with his money
er hat sein Geld verjurt.

aweer (ᵃ-wi') [P statt aware] gewahr.

awful (ắ'-f⁵l) 1. s. [P statt offal] Abfall. —
2. a. enorm; she's an ~ flirt sie ist
über die Maßen kokett.

awfully F (ắ'-f⁵l-l⁶) adv. entsetzlich, sehr;
we had an ~ nice time of it wir
haben sehr glückliche Tage verlebt.

ax (ăß) [P statt ask]: you'd a hardly
need to ax (SIMS) Sie brauchten kaum
zu fragen; P axes pardon (statt I ask
your pardon) ich bitte um Verzeihung.
(ax ist ein im Volksmunde fortlebender
Archaismus.)

aye (āï) s. Ja; Politik: the ayes (the
noes) have it die Stimmen „für"
(„gegen") sind siegreich, sind in der
Majorität.

B.

B (bī) [Wirtshaus und F statt brandy]: give
me some B in my S (brandy in my
soda-water) gieß mir etwas Cognac
ins Selterwasser.

babe (beb) Old Cant: babe in the wood
Landstreicher, der im Block sitzt (GROSE).

babified F bĕ-bⁱ-faĭd) kindisch, einfältig.

baby F (bē'-b⁶) das jüngste Kind; scherzhaft: baby Rhinoceros das junge Rhinoceros; ~-farming(berüchtigtes)System

der Kinderpflege (das häufig zu krimineller
Verwahrlosung führt).

bacca-box, s. backy-box.

bacca-pipe (bắ'k-fa-paĭp) [Tabakspfeife]
Coster-Slang: gekräuselter Backenbart.

baccy (bắ'k-⁶), s. backy.

back F (băk) 1. s. [Rücken]: you mustn't
get your back up du mußt dich nicht
alterieren, ärgern; it sets my back
up es verdrießt mich; to throw on the

back of the fire in§ Feuer werfen. —
2. *v/n.* wetten; Fhe isn't worth a straw,
I back (gewöhnlicher bet) ich wette, er
hat keinen Heller in der Tasche; *v/a.*
wetten auf, unterstützen; F I'll back
him to any amount ich setze alles auf
ihn, verbürge mich bis zum letzten
Heller für ihn; ↓ back and fill [back=
und vollbrassen] ab= und zugeben, hin=
und herschwanken; F back out of sich
zurückziehen von; F back up stützen, ver=
teidigen, setzen auf.

back(s) (bäk(§)) *s/pl.* [Fußball] (zwei)
Spieler, einer links und einer rechts
vom goal-keeper.

back-cheats (bäk-tschi'tß) *s.pl.* Old Cant:
Kleidungsstücke; s. belly-cheats.

backed † (bäkt) tot (GROSE).

backer (bä'k-k°r) Sport: einer der das
Wetten (bei Pferderennen u. s. w.) zum
Vergnügen betreibt (im Gegensatze zum
bookmaker, dem Spekulanten von Hand=
wert; s. layer); a Brighton cup ~ einer
der Wetten auf ein Rennen in B. ein=
geht. — S. layer.

back-play (bäk-ple') Kricket: Schlagen
(batting) in aufrechter Stellung. — S.
forward-play.

back-seam (bäk-ßi'm) [Rückensaum]
Schneider-Slang: to be down on one's
~ auf dem letzten Loche pfeifen.

back-seat (bäk-ßi't) [von Amerika impor=
tiert] Nebenrolle, untergeordnete Stel=
lung.

back-settlements (bäk-ßä'tt-mäntß) *s/pl.*
[Niederlassungen im Hinterwalde] scherz=
haft: Hintergäßchen, Armenviertel.

back-slang (bäk-ßlä'n°) 1. *s.* künstlich durch
Rückwärtssprechen (oder phonetische Um=
setzung) der Wörter (s. slop) gebildetes Jargon
(yennep statt penny, owt yenneps statt two
pence), besonders unter Costers und Dieben
gebräuchlich. — 2. *v.* F back-slang
sprechen; sich hinten hereinstehlen.

back-slum (bäk-ßlö'm) *s.* F Hintergäßchen;
F Hinterstübchen, Hinterthür.

backwardation ✱ (bä'k-w°r-de''-sch°n)
Börse: Abzug, den der Wechselmakler dem
Käufer für eine 14-tägige Frist (vor
Auslieferung der Papiere) gestattet. —
S. contango.

backwater (bäk-wå'-t°r) *v.* Wassersport:
rückwärts rudern.

backy P (bä'f-k°) [Abkürzung für tobacco]
Tabak.

backy-box ↓ (bä'f-k°-böfß) [Tabaksdose]
Mund, Nase.

bad F (bäd) 1. *a.* F: there's bad blood
between them sie stehen auf gespanntem
Fuße; I'm in his bad books ich stehe
schlecht bei ihm angeschrieben; not a bad
day's work ein saures Stück Arbeit;
a bad half-penny, a bad job eine böse
Geschichte; a bad hat (auch bad egg)
Schelm, fauler Junge. — 2. *s.* gone
to the bad auf Abwege geraten.

badge-cove F (bädg-kō''w) [badge Ab=
zeichen, cove Mensch] mit der Uniform
des Armenhauses Bekleidete(r).

badger (bä'd-g°r) *v.* Schul-Slang: hetzen,
verfolgen.

bag F (bäg) *v/a.* fortnehmen, stehlen.

bag-an(d)-bone-shop (bäg-än-bō''n-schöp)
[Lumpenhandlung] schlumpiges Frauen=
zimmer.

bagman F (bä'g-m°n) Handlungsreisender.

bags F (bägß) *s.pl.* (weite) Hosen.

bags of mystery (bägß öw mi'ß-t°-r°)
scherzhaft: Würste [weil man nicht wissen
kann, woraus sie gemacht sind].

bail (bel) 1. Kricket: Querhölzchen (zwischen
je zwei Pfählen); s. stump. — 2. [Bürg=
schaft]: F I'll go bail ich stehe dafür,
mache mich anheischig.

bailer (be'-l°r) Kricket: Ball, der bis zu
den Querhölzchen emporspringt oder
eins derselben abschlägt.

Bailey (be'-l°): the Old ~ (Hauptkriminal=
hof, in unmittelbarer Nähe des Zuchthauses
von Newgate und mit diesem unterirdisch ver=
bunden); s. Central.

bairns F (bä'nß) Kinder, Puten; barnes
are a blessing (SHAKESPEARE) sprich=
wörtlich: Kinder sind ein Segen.

bake (be'k) F mit Schwefel beräuchern
(wie das mit den Kleidern derer geschieht, die
aus dem Zuchthause entlassen werden); F it's
baking es ist schwül.

baker's dozen F (be'-k°rj dö''z'n) dreizehn.

ball F (bål): the ~ opened der Tanz
(d. h. der Skandal ꝛc.) ging los, es fing
an; to open the ~ die Diskussion er=
öffnen, den Streit, die Sache u. s. w.
beginnen.

ballast F (bäl-l°ßt): he's got no ~ in

him er ist ein unstäter Mensch, es fehlt ihm die solide Grundlage.

balsam (bä'l-j'm) Old Cant: Geld.

bamblustercate P (bäm-blö'ß-t⁵ʳ-kä''t) v., j. comflogisticate.

band ǂ (bänd): to wear the ~s (GROSE) hungrig sein.

bandbox (bä'nd-böfß) [Hutschachtel]: he looked as if he came out of a ~ er sah fein gestriegelt, wie aus dem Ei gepellt aus.

banded (bä'n-d⁺d) Old Cant: hungrig (BAM-FYLDE-MOORE CAREW, *King of the Mendicants*).

bandog (bä'n-dög) Old Cant: Kettenhund; Gerichtsdiener (*King of the M.*).

bandy (bä'n-d⁺) s., j. bender.

bandy-jig P (bä'n-d⁺-dGig) Tanz mit einwärts gebogenen Füßen.

bang (bäng) v. 1. Boxer-Slang: drauf los schlagen; they were banging away at close quarters sie prügelten sich aus nächster Nähe durch. — 2. P this bangs everything dies übertrifft doch alles, F das geht über die Hutschnur.

bang-off F (bäng-ö'w) adv. in einem Ruck, Stoße; he wrote it ~ er schrieb's in einem Zuge.

bang-out P (bäng-au't) v. hervorstürzen, die Thür hinter sich zuschlagen.

bang-straw ǂ (bä'ng-ftrǎ) Drescher (GROSE).

bang-up F (bäng-ö'p) a.: a ~ affair eine mordsfeine, brillante Affäre; London, the ~ spot in the world (*Tom and Jerry*) London, das fidelste Nest in der Welt. — S. splash-up.

banian-day F (bä'n-j⁺n de) Fasttag, Tag, an dem Schmalhans Küchenmeister ist [nach banian (Hindu-Kaufmann); die Hindus sind, besonders mit Rücksicht auf Fleischspeisen, äußerst enthaltsam].

banjoist * (bä'n-dGö-ißt) Spieler der Negerguitarre (banjo).

bank (bänk) 1. s. [Kasse] F that won't break his bank das wird ihn nicht zu grunde richten. — 2. v/a. F to bank up the fire die Kohlen hoch aufhäufen.

Bar (bä') F: the Bar die Jurisprudenz, Advokatur; he's studying for the Bar er will Advokat werden.

bar P (bä) [verbieten]; Sport: ausgenommen;

I'll back the field bar one ich wette auf sämtliche Pferde, eines ausgenommen.

Bard (bä'd) [Barde]: the Bard F für Shakespeare.

bargain (bä'-g'n) 1. s. F [Handel]: it's a ~ ce ist spottbillig. — 2. v. F [feilschen]: he may get something he didn't ~ for er kann sich etwas zuziehen, holen, was er sich nicht träumen ließ.

bark (bä'k) 1. s.: a) [Rinde] scherzhaft: Haut, Fell; b) [Bellen] scherzhaft: Husten. — 2. v. [bellen] Coster-Sl.: zum Verkaufe ausschreien, anpreisen; scherzhaft: husten.

barker (bä'-k⁵ʳ) [Beller] Coster-Slang: Bursche, der die Waren laut ausruft; ǂ Lockvogel vor den Läden. — S. tout.

barker (bä'-k⁵ʳ)
barking-iron (bä'-kin•äi''-⁺'n) } F Pistole.

barnacles (bä'-n⁺klj) s/pl. F Brille; Γ Fesseln.

barney P (bä'-n⁺) Spektakel, lärmende Unterhaltung.

barrel-fever ǂ (bä''ʀ-ᵄⁱ-fi'•w⁺ʳ) [Faßfieber]: to die of the ~ sich tot saufen (GROSE).

barrikin Γ (bä'ʀ-ᵄⁱ-kin) Geschwätz, Kauderwelsch.

barring-out (bä'-n-ᵃⁱn•aut) Schulsprache: Verbarrikadieren der Schulzimmer vor den Lehrern.

barrow-man (bä'ʀ-nō-män) [Schubkärrner] F Höker (j. coster); Γ Deportierte(r) (GROSE). [Höckerin.]
barrow-woman ǂ (bä''ʀ-nō-wu'm-⁵n) }

Bartholomew Baby ǂ (bä-thö''l-ᵉ-mju be'-b⁺) luftige Schöne auf der Messe (GROSE). — S. Bartholomew Fair.

Bartholomew Fair ǂ (bä•thö''l-ᵉ-mju fä') alte Londoner Messe (j. TH. FROST, *The Circus and its celebrities*).

base (bëß) s. Ballspiel: eines der (gewöhnlich 5) mit Pfählen oder Steinen markierten, im Kreise geordneten Male; home ~ Stelle des Schlägers; j. feeder, Rounders. — Lawn Tennis-Spiel: base-lines weiße (mit Kalkmilch) etwa 40 Fuß links und rechts vom Netze markierte Grenzlinien; j. service-lines.

bash Γ (bäsch) schlagen; to ~ in a hat einen Hut einschlagen; Zuchthaus: ~ing Prügelstrafe.

basket (ba'ß-kt) [Korb] Old Cant: child in the ~ Kind im Mutterschoße; * ~ plait (korbartige Anordnung der) Frauenzöpfe.

baste ⚓ (beßt) *v.* hauen, prügeln.

Bastile ⚓ (bä'ß-til) Zuchthaus von Cold Bath Fields (GROSE).

bat (bät) 1. *s.*: a) Kricket: Ballkelle; on one's own ~ auf eigenen Füßen, selbständig; (statt batsman) Schläger; he went out with his own bat er blieb Sieger in der Partie; b) [Fledermaus] F as blind as a ~ blind wie ein Maulwurf; † Straßendirne. — 2. *v.* Kricket: mit der Kelle den Ball zurückschlagen, den Dreipfahl beschützen; I saw some splendid batting ich habe einer brillanten Kricketpartie beigewohnt.

batch (bätsch) Bäckersprache: ~ of bread 17 Brote; F Kneiperei (GROSE).

bate F (bet) *v.* feilschen, Spottpreise bieten.

bathe F (bedh) *s.* Bad; I had a ~ in the sea ich nahm ein Seebad.

baton (bä-tō'n⁰) *v.* Polizei: prügeln; (Parl. 1885) they were ~ed by the police sie wurden von der Polizei mit Knütteln bearbeitet.

bats ⚓ (bätß) *s/pl.* schlechte Stiefel.

batsman (ba'tß-män) *s.* Kricket: Schläger oder Spieler, welcher den Dreistab mit der Kelle verteidigt.

battle F (bätt) [Schlacht]: that's half the ~ damit ist die Sache halb gewonnen, damit sind wir über den Berg.

battner ⚓ (bä't-n⁰ʳ) [† Ochs]: the cove has hushed the ~ (GROSE) der Mensch (Metzger) hat den Ochsen geschlachtet.

bandye-basket } (bä'-b⁰-baß-k⁰t) { Old Cant: **bawdy-basket** } { Gauner, der als Trödler verkleidet Waren in einem Korbe preisbietet (HARMAN; s. Vorrede).

bawdy-house † (bā'-d⁰-hauß) Bordell.

be (bi) [sein] F und P: I shan't be long ich werde nicht lange bleiben; this wine is five shillings a bottle dieser Wein kostet fünf Mark die Flasche; Mother tells me I am not to do it Mutter sagt mir, ich solle es nicht thun; I am fast (slow) meine Uhr geht vor (nach). — Statt am: I ~ one of they sailors (DICKENS) ich bin einer jener Matrosen. — Statt are: the powers that ~ die gegenwärtigen Herrscher, die Obrigkeit.

beach-comber ⚓ (bi'tsch-kŏ-m⁰ʳ) Strandräuber.

beach-tramper ⚓ (bi'tsch-träm-p⁰ʳ) verächtlich: Strandwächter.

beak P (bik) *v.* vor Gericht laden: he's been ~ed er ist vor Gericht erschienen, citiert worden. — S. beck.

beam-ends (bi'm-ndß) 1. ⚓ she's on her ~ es (das Schiff) liegt auf der Seite; to heave down on one's sich aufs Ohr legen. — 2. ✻ he's on his ~ er ist bankrott.

beau ⚓ (bin) Guinee (21 M.); ~s Geld, Mittel (GROSE).

bear (bä⁰) 1. ✻ Börse: a) *s.* Baissier, einer der die Preise der Aktien niederdrückt; Börsenschwindler; Verkäufer nomineller Aktien; Scheinverkauf von Aktien, Kursschwindel; b) *v.* den Markt durch Verkauf von Papieren zu beeinflussen suchen; ~ing operations Börsenmanöver, welche das Sinken der Kurse bezwecken. — 2. [tragen] ⚓ ~ a bob frisch zur Hand!; to ~ up) for Leesteuern auf.

bearish ✻ (bä'-rish) Börse: auf niedrige Kurse hinzielend; ~ reports Gerüchte, die von den Baissiers ausgehen.

bear-leader † (bä'-li-d⁰ʳ) Hofmeister, der den jungen Herrn auf Reisen begleitet, F Bärenführer (GROSE).

beast (bißt): it's a perfect beast of a day (GREENWOOD) es ist ein Hundewetter.

beat (bit) 1. F this beats all das übertrifft alles; he beat me hollow, all to shivers er schlug mich gründlich aufs Haupt; to ~ about for an idea die Kreuz und die Quer nach Ideeen jagen; to ~ about the bush (jemand) auszuforschen suchen, auf den Busch klopfen; to ~ down a person mit jemand feilschen, jemand unterbieten. — 2. P it beat me out ich war paff. — 3. ✕ to ~ a charge zum Avancieren blasen. — 4. Jagd: to ~ a field (LUCAS) auf den Anstand gehen.

beat P (bit) [statt beaten] geschlagen.

beat-my-neighbour out-of doors (bi'tm⁰-nē''-b⁰ʳ aut'-ŏw-dō''rß)s. ein Kartenspiel für Kinder.

beautiful (bju'-t⁰-f⁰l, P bū-t⁰-f⁰l) [schön] häufig (wie im Deutschen) statt gut: a ~ player ein trefflicher Spieler.

beau-trap †(bō-träⁱ'p) [Stutzerfalle] lockerer

Stein im Seitenstege, für die seidenen Strümpfe seiner Herren eine Quelle großer Widerwärtigkeiten (GROSE); sein geputztes Herrchen.

beauty (bju'-t⁰, P bū'-t⁰) 1. F that's the ~ of it das ist das Schöne dabei; he's a ~ das ist mir ein Netter, den lob' ich mir; (*Racing song*) swift as an arrow my ~ will dart schnell wie ein Pfeil fliegt mein Rößlein dahin. — 2. ⚓ our old ~ unser altes, liebes Schiff.

beauty-sleep F (bju'-t⁰-ßlīp) [Schönheits- schlaf] Schlaf vor Mitternacht.

beaver P (bī'-w⁰ʳ) Filzhut; f. castor.

beck (bĕf) Old Cant: Polizist; P Friedens- richter, Polizeikommissar; he's got to go afore the ~ er ist vor's Gericht citiert. — S. beak.

bedfast (bĕd-faßt) P bettlägerig (HOPPE).

Bedfordshire(bĕd-f⁰ʳd-jch)ʳ), f.sheet-lane.

Bedlam F (bĕd-l⁰m) [Londoner Irrenhaus]: no man out of ~ kein Vernünftiger; (SHAK., *Henry V*) Pistol: Art thou ~? Bist du toll?

bee † (bī) [Biene]: to have a ~ in one's bonnet (GROSE) einen Sparren haben; ~'s wax Käse; (*Bell's L.*, 1849) a burster with a slice of ~ ein Brötchen mit Käse; F in a ~ line auf dem kürzesten, geraden Wege.

beef † (bīf): to be in a man's ~ (GROSE) einen mit dem Degen verwunden, einem ein paar Zoll kaltes Eisen zwischen die Rippen setzen; ⚓more~mehrMannschaft!

beefy F (bī'-f⁰) a. mit rotem, gedunsenem Gesichte. [(pē'ʳ-ṛä-daiß) Hölle.]

Beelzebub's paradise ⚓ (bēl-ſ-i⁰-bĕbj)

been (bin und bn) [elliptisch statt have you been?] What's the matter with ye? Been lying near a chink? (*Almost lost*) Was fehlt dir? Hast du bei einem Riß gelegen?

beer F (bīʳ): when he's in ~ wann ihm das Bier zu Kopfe gestiegen ist, wenn er im Thran ist; let's have a ~ laß uns ein Glas Bier trinken; it's not all ~ and skittles 's ist nicht lauter Milch und Honig; man ist (dabei) nicht auf Rosen gebettet; he does not think small ~ of himself er hat eine gewaltige Vor- stellung von seiner Persönlichkeit, er geht nicht an überflüssiger Bescheidenheit zu grunde.

beery F (bī'-r⁰) [bieren] beduselt; in his ~ slumbers in seinem Bierdusel; he smelt ~ er roch nach Bier.

beetle-crusher (bī'tl-krǒsch-⁰ʳ) [Käfer- stampfer] scherzhaft: großer Fuß, F und P Oder-, Elb-kahn.

beggar (bĕ'g-g⁰ʳ) [Bettler] s. ~'s bullet (GROSE) Stein; ~'s velvet (*Sl. Dict.*) Flausen, Federn unter dem Bette; P ~ the thing, the fellow das verdammte Zeug, der verfluchte Kerl. [welt.]

Beggardom F (bĕ'g-g⁰ʳ-d⁰m) Bettler-

beggared if (bĕ'g-g⁰ʳd iw) [elliptisch statt I'll be ~] ich will ein Lump heißen, wenn ...

belay ⚓ (b⁰-lē'⁰) [belegen]: ~ that yarn nun halt' aber ein mit deinen Schnurren.

belch † (bĕltjch) Bier (GROSE).

belcher, f. bird's eye unter bird. [stellen.]

be-little ↘ (b⁰-li'tl) als klein, gering dar-

bell ⚓ (bĕl) halbstündiges Signal auf Kriegsschiffen (f. watch); four ~s, six ~s vier Glasen, sechs Glasen; is was four ~s in the middle watch (*Nights at Sea*) es war zwei Uhr des Morgens (vier Glasen nach Mitternacht).

bell-bottoms † (bĕ'l-bŏt-t⁰mj) oben eng anschließende, unten sehr weite Hose (um die Mitte d. Jahrh. in England in der Mode; wird jetzt nur noch von Costers getragen). — S. peg-tops. [v. durchbleuen.]

bellows (bĕ'l-l⁰ſ) [Blasebalg] P s. Lunge;

Bell's, Bell's Life (bĕlj lai'f) altetabliertes Sportblatt. (*Bell's Life in London.*)

belly-cheat (bĕ'l-l⁰-tjchīt) [Bauchding] Old Cant: Schürze, (gestohlenes) Kleidungsstück.

bellyful F (bĕ'l-l⁰-f⁰l) [Bauchvoll] Tracht Prügel; she has a ~ sie ist hoch- schwanger.

belly-go-firster (bĕ'l-l⁰-gō-fö'ʳ-ßt⁰ʳ) Vorer- Slang: erster Schlag, gewöhnlich auf den Magen.

bellying to the breeze ⚓ (bĕ'l-l⁰-in⁰ t⁰ dh⁰ brī'j) im Winde anschwellend (vom Segel). [Futter.]

belly-timber F (bĕ'l-l⁰-ti'm-b⁰ʳ) Nahrung,

belly-vengeance (bĕ'l-l⁰-wĕ'ʳn-dg⁰nß) [Bauchrache] saures, abgestandenes Bier.

bemused F (b⁰-mjū'ſd) nachdenklich.

ben (bĕn) s. Theater: statt benefit Benefiz- vorstellung. — Old Cant: to stand ~ traktieren; f. bene.

benar (be'n-är) Old Cant: beſſer [Komparativ zu ben, bene].

benbouse (ben-bū'ſ) Old Cant: gutes Bier.

Bench, the (bentſch) [Bank] F ſtatt the ~ of magistrates das Friedensgericht.

bender F (be'n-där) ſechs Pence (50 Pf.).

bene (be'n-e) Old Cant: gut; ~ boose gutes Bier; ~ darkmans (GROSE) gute Nacht; ~ feaker (GROSE) Fälſcher; ~ ſiz mit glattem Geſichte; Schönredner.

benly (be'n-le) oder **benship** (be'n-ſchïp) adv. Old Cant: gut, wohl.

bent ⚓ (bent): he is bent on a splice (SMYTH) er geht auf Freiersfüßen; F to be bent on mischief Böſes im Schilde führen.

bespoke tailor (be-ſpō''kte'-lär) Schneider, der nur auf Beſtellung, nicht auf Vorrat arbeitet.

bess F (beß) krummer Nagel oder Brecheiſen zum Öffnen der Schlöſſer.

best F (beßt): his (her) Sunday ~ ſeine (ihre) Sonntagskleider; he's not in the ~ of humours er iſt nicht in der beſten Stimmung.

bester P (be'ß-tär) Betrüger.

better (be't-tär) Trauungsformel: for ~, for worse; for richer, for poorer für gute und für böſe Tage, auf Reichtum und auf Armut; P it's rather ~ than a mile 's iſt etwas mehr als eine Meile.

bettermost (be't-tär-mößt) a. [P ſtatt best]: a ~ coat ein Sonntagsrock.

betting lay (be't-ting le) Sport: Rennbahn.

Betty (be't-te) 1. ~ Martin, ſ. all. — 2. F = bess.

bible ⚓ (baibl) Beil (des Bootsmannes).

bicyclist (bai'-ß-kliſt) Sport: einer, der auf dem Zweirade fährt, Zweiradfahrer, Bicykler.

bid F (bid) [F ſtatt bidden]: do as you are bid thu wie dir befohlen wird.

biddy (bi't-de) (SHAK.) Herzchen, Liebchen.

big (big) ironiſch: he thinks himself a ~ man er glaubt, er ſei ſchon etwas; F ~ talk Großſprecherei; he talks ~ er iſt ein Großmaul.

Big Ben (big ben) große Turmuhr im Parlamentsgebäude von Westminster.

big house, the (big hau'ß) [ſcherzhaft ſtatt the work-house] das Armenhaus.

bigwigs F (big-wi'gs) hohe Herrſchaften, Würdenträger.

bile (bail) [P ſtatt boil] kochen.

bilin', ſ. boiling.

bilk F (bilk) 1. v. bemogeln, betrügen; he wanted to ~ me of my swag er wollte mich um meinen Anteil prellen. — 2. s. Betrüger, Gauner.

bill F (bil): I have a ~ against him ich habe eine Geldforderung an ihn.

biller (bi'l-lär), **billing boy** (bi'l-ling bäi) Laufburſche, der die Zettel (bills) verteilt.

Billingsgate (bi'l-ling-s-get) Fiſchmarkt im East-end; F ~ pheasant Häring, Bückling; ~ slang: ~ Sprache, Sprache der Londoner Fiſchweiber.

Bill(y) (bil, bi'l-le) [Wilhelm] F ſtatt Shakespeare; F to spout ~ aus Shakespeare deklamieren.

billy (bi'l-le): a) P auch **billycock** (bi'l-le-kok) Hut, Schlapphut; b) P Foulard, ſeidenes Halstuch; F geſtohlenes Metall.

bime-by (baim-bai') [F ſtatt by and by] bald, nach einem Weilchen, allmählich.

bin (bin) [P ſtatt been] geweſen.

bin-raking P (na'i-king) Durchſtöbern von Müllfäſſern (dust-bins) nach Kohlen u. dergl.

bing (bing) Old Cant: gehen; ~ avast! ſchert euch fort!

bingo F (bi'n-gō) Schnäpschen; ~-boy (GROSE) Schnapsſäufer; ~-mort (GROSE) Schnapsſäuferin; (alter Spruch) b with an i, i with an n, n with a g, g with an o, and his name was Little Bingo.

bird (börd) 1. F: a funny ~ ein ſeltſamer Menſch; an early ~ einer, der früh aufſteht, kommt. — 2. F ~s of a feather Gauner vom nämlichen Kaliber; ~'s eye (Slang Dict.): a) buntſeidenes Tuch; b) feiner Tabak. — S. goose.

birdcage †(bör'd-ke'dg) [Vogelkäfig] Fiaker.

bit (bit) [bißchen] 1. F und P: a bit of a boy ein kleines Kerlchen, F Dreikäſehoch; I gave him a bit of my mind ich ſagte ihm gehörig die Meinung; a bit ago vor einem Weilchen. — 2. F Geld; queer bit falſche Münze; he grappled the cull's bit (GROSE) er packte ſeine Moneten.

bit-faker F (bi't-fe-kär) Falſchmünzer.

bitch F (bitſch) ſchlechtes Weibsbild.

bite (baīt) 1. v.: a) beißen; sprichwörtlich: to ~ off one's nose, to spite one's face sich selber Schaden anthun, um andere zu kränken; b) Blue-Coat School: gib her! — 2. s. F Schluck; ⚓ never make two ~s at a ripe cherry wenn du was Gutes zu trinken hast, sauf's auf einen Schluck.

bitten (bīt·t·n und bītn) [gebissen]: F to be ~ with verliebt sein in ...; P I was ~ ich wurde übers Ohr gehauen.

biz (bis) [P statt business] Geschäft.

Bizzy· (bis·i·) [geschäftig] (Punch) statt Bismarck; s. Busy.

blab P (bläb) Schwätzer, Angeber.

black (bläk) [schwarz] 1. F ~ looks böses Gesicht. — 2. P: * the ~ army das Heer der Straßendirnen; a ~ coat man ein den höheren Ständen Angehöriger; ~ draught Abführmittel [Aufguß von Semia mit schwefelsaurer Magnesia]; † ~ jack große, weitbauchige Kanne; ~-listed im schwarzen Buche; ~ Maria der schwarze Polizeiwagen (für Sträflinge); ~ shark Advokat. — 3. F ~ box (Grose) Advokat; ~ diamonds (Grose) Kohlen; ~ fly (Grose) Geistlicher, Zehnter; ~ mummer Unrasierte(r); ~ spy (Grose) Schmied, Angeber, Teufel; ~ strap (schlechter) Portwein; (Punch, 1885) the ancient and fearsome blackstrap. a potion in sooth diabolic der alte schauerliche Rehwein, ein Trank, in Wahrheit höllisch. — 4. ⚓ ~ fishing ungesetzliche (Lachs-)Fischerei. — 5. Druckersprache: ~ letter altenglische (deutsche) Lettern. [einlochen.]

black-hole ✕ (bläk-hō'l) v. ins Loch setzen,

blackmans (blä'k-mänß) (Ben Jonson) s. darkmans. [Karten.]

blacks (bläkß) s/pl. Kartenspiel: schwarze

blacksmith (blä'k-smith) [Grobschmied]: F ~'s daughter Schlüssel.

blackwork (blä'k-wö'k) P ironisch: Hilfeleistung bei Begräbnissen.

blanked ✕ (blän·kt) verflucht.

blarme! (blā'·m·m·), blarmed! (blä·m·d) P alle Wetter!

blarney P (blā·'-n·) Unsinn, Blödsinn; to tip the ~ Blech schwatzen, aufschneiden.

blashy ⚓ (blä'sch-·): a ~ day schlechtes, unangenehmes Wetter.

blast (him, her)! (blaßt) Fluch: verdammt!

blazes (blē'-j·ß) [Flammen] P: what the ~ do it matter to him was, zum Henker, liegt ihm daran?; let him go to ~ (A little Ragamuffin) er soll zum Teufel gehen! ⚓ to sing out blue ~ bei allen Heiligen fluchen.

blazers P (blē'-j·ß) s pl. Brille.

bleaters (blī·-t·ß), bleating cheats (blī·-tin· tschītß) F Schafe.

bleed F (blīd) [bluten] Haare lassen, sich rupfen lassen.

bleeders F (blī·-d·ß) (Grose) Sporen.

bleeding cully F (blī·-din· köl-l·) (Grose) einer der sich leicht betölpeln läßt.

bless (bleß) [segnen]: F he hasn't a pennypiece to ~ himself with er hat keinen Heller in der Tasche, sich etwas zu leisten; liebkosend: the children, ~ them, were as good as gold die Engelskinder waren doch so brav!

blessed (ble'ß-ß·d) [verstärkend, feiner als blooming und bloody]: every ~ one of the five frying-pans (Daily Telegraph) jede der fünf vermaledeiten Pfannen.

blessing (ble'ß-sin·) s. [Kressenhändler] Zugabe, Handvoll über das rechte Maß (des Großhändlers) hinaus.

blest P (bleßt) alle Wetter; ~ if I can tell you (James Greenwood) ich weiß es wahrhaftig nicht.

'bliged P (blaīdg·d) statt obliged.

blind F (blaīnd): ~ cheeks, ~ cupid (Grose) Hintere(r); ~ harpers (Grose) blinde, oder sich blind stellende, Musikanten.

blind-drunk F (blaī'nd-drön·k) schwer betrunken.

bloak F (blōk) Mann (= bloke).

block (blok) v. Kricket: durch Vorhalten der Kelle (den Ball) aufhalten; s. Aufhalten des Balles; Stelle (vor dem Dreistab) für die Kelle; to take ~ dem Balle den Weg (zum Dreistabe) verlegen.

block-ornaments (blo"k-o'·n·-m·ntß) Fleischabfall v. untergeordneter Qualität.

bloke F (blōk) Mann (= bloak).

blone F (blon), s. blowen.

blood (blöd) [Blut] F: you can't get blood out of a stone wo nichts ist, da hat der Kaiser sein Recht verloren; the best

~ in the land die ersten Familien des
Landes; † flotter Herr, Stutzer, Wüst=
ling. — S. buck.

Blood-and-Iron (blŏ'd-ănd-aĭ"-ᵉ*r*n) Zeitun=
gen: Fürst Bismarck.

blood-freezer (blŏ'd-frnĭ-j*ᵉ*r) scherzhaft:
Schauerroman [der einem das Blut er=
starren macht].

bloodhound †(blŏ'd-h̭ăund).Häscher,Spion.

blood-stock (blŏ'd-ßtŏk) Sport u. f. w.:
Vollblutpferde, Zuchtvieh der edelsten
Gattung.

bloody (blŏ'd-ᵉ) verstärkend: verflucht; P a
~ fool ein verfluchter Narr; he's a ~
lot too fast er ist verteufelt liederlich;
Geschichte: ~ Mary Königin Marie
(1553—58). [Das Wort „bloody" muß ge=
wöhnlich in guter Gesellschaft durch sanguinary,
blood-stained u. dergl. übersetzt werden.]

blooming, f. bloody und blessed.

bloss (blŏß), f. blowen.

blottesquely (blŏt-te'ß-tlᵉ) scherzhaft:
(Ruskin) durch Kleckse.

blow (blō) 1. *v.*: a) [blühen] Straßenruf: all
a-blowin' and a-growin, buy, buy!
Frühlingspflanzen (blühend und wachsend),
kauft, kauft! — b) [blasen] F in the
~ing of a match in Nu; (Fluch): ~
me verdammt; *v/a.* to ~ up [in die
Luft sprengen] schelten, schimpfen; *v/n.*
[explodieren] auffahren, in Zorn geraten;
it's ~ing up for rain der Wind jagt
die Regenwolken vor sich her; P ~ your
hide out friß dich satt! ~n upon (von
alten Jungfern) abgelagert; F to ~ a
cloud (Grose) rauchen; to ~ on [be=
geifern] herabschätzend behandeln, ver=
raten, angeben; f. gaff; ↓ ~ me tight!
alle Wetter! — 2. *s.* F to bite the ~
(Grose) stehlen. — S. blowen.

blow'd, blowed (beides: blōd) [Fluchwort]
verdammt! I'll be ~ if... hol' mich der
Teufel, wenn ...

blowen, blowin, blowing (alles: (blō-ᵉn)
† Straßendirne; F the ~ kidded the
swell into a snoozing-ken (Grose) die
Dirne lockt den Herrn in ein Bordell.

blower F (blō'-*ᵉr*) ältere Gaunersprache:
Dirne; Tabakspfeife.   [Bengel.]

blowhard ↓(blō-ha'rd) tüchtiger, kräftiger

blow-out P (blō-au't) guter Fraß; he had
a jolly ~ er hat sich den Leib gehörig
voll geschlagen.

blowy P (blō'-ᵉ) windig.

blubber (blŏ'b-b*ᵉr*) 1. *v.* weinen, flennen. —
2. *s.* F (Grose) Maul; ↓ ~-head
Dummkopf; Schädel; ~-headed dick=
köpfig.

blue (blū) F all ~ ganz faul; Blue-coat
boys=Schüler von Christ's Hospital,
einer alt begründeten City=Schule; f.
blazes; P ~ bottle Polizist; bei den
alten Dramatikern: Bedienter in (blauer)
Livree; P~butter f. unction; Coster-Slang:
~ cheek bartlose Wange; P ~ devils
Katzenjammer, Spleen; f. funk; F to
cry ~ murders Zetermordio schreien;
at the ~ moon nie und nimmer, kannst
lange warten; F ~ pill Quecksilber=
pille (gegen die Syphilis); ✗ ~ pill (plum)
Kugel, F blaue Bohne; P ~ruin Genever,
Wacholderschnaps; * the Blue Ribbon
Army Mäßigkeitsgesellschaft; Blue Rib=
bonite Mäßigkeitsvereinler; †a ~ribbon
ein Gelehrter, Künstler, Koch u. f. w.
ersten Ranges. — S. auch pigeon.

blue (blū) [F statt blue sky]: a bolt out
of the ~ ein Blitzstrahl aus heiterem
Himmel.

blues F (blūs) *s/pl.* Schwermut; to get,
to have the ~ melancholisch werden,
sein. — S. shy.

bluffer F (blŏ'f-f*ᵉr*) [Grose] Schenkwirt.

bluut P (blŏnt) Geld: so I tips the ~
to a fellow in a box (*Nights at Sea*)
ich gab also mein Geld einem Kerl
am Schalter; in ~, out of ~ mit
Geld, ohne Geld in der Tasche.

blunty P (blŏ'n-tᵉ) wohlhabend.

board F (bō'd): above ~ offen, ohne List
oder Rückhalt; (London) Metropolitan
~ of works hauptstädtische Central=
behörde für die Anlage von Straßen
und Aufsicht über das städtische Bau=
wesen; * ~s Plakate, welche den Inhalt
der politischen Tagesblätter angeben;
what's on the boards to-day? Was
steht an den Ecken angeschlagen? Was
melden die Plakate (der Journale)?

board-man (bō'd-măn) scherzhaft: von
der Londoner Schulbehörde (London
school-board) angestellter Aufseher
(School ~ officer), dem es obliegt,
den Schulbesuch der Kinder zu über=
wachen.

board-men (bō'd-men) wandelnde Pla=
kate; f. sandwich.

boarding-school (bō'-ding-ßkūl) [Pensionat] ältere Gaunersprache: Zuchthaus, Gefängnis.

boat ſ (bōt): we're sailing in the same ~ wir teilen beide das gleiche Schicksal.

boat-house * (bō't-hauß) Flußschiff, als elegante Sommerwohnung ausgestattet.

boating (bō'-ting) s. Ruderſport.

bob (bŏb) 1. s. P Schilling; a ~ a nob eine Mark pro Mann; (Mai 1884) nine-bob Childers politiſches Schlagwort der Tory-Partei zur Zeit der von Childers beabſichtigten Entwertung der Zehnſchilling-Stücke; a ~ and a bender = 1½ Mark (ſ. bender); a ~sworth für eine Mark; a ~sworth o' taters für einen Schilling Kartoffeln; sin ~ and a drink (*Punch*) ſechs Mark und ein Glas Bier. — ſ Helfershelfer, Gehilfe (beim Stehlen). — 2. a. ſ gefahrlos, ſicher; all's ~ alles ſtimmt; ſ. ken. — 3. v. [ſchnellen] P he was ~bing his head out o' the window er fuhr mit dem Kopfe durch das Fenſter; Börſe: the shares ~ up and down die Aktien ſteigen und fallen; they ~s their little curtesies(*Punch*) ſie machen ihren kleinen Knicks.

bobbery P (bŏ'b-b³-r°) Lärm, Spektakel.

bobbies-and thieves (bŏ'b-b³ſ-änd-thīwſ) [Polizei und Diebe] Schulſprache: Räuberſpiel.   [s. zerlumpte Perſon.]

bobtail (bŏ'b-tel) a. zerfetzt, zerlumpt;ſ

bodier (bŏ'd-i³) Boxerſprache: Schlag auf den Magen, Rippenſtoß.

body - snatcher † (bŏ''-ſ̌-ßnä't-ſch³ʳ) [Leichendieb] Gehilfe des Leichenbeſtatters.

bog (bŏg) Schulſprache: auf den A B gehen (HOPPE).

bog-lander (bŏ'g-län-d³ʳ) ironiſch: Ire.

bogeydom (bō'-gᵃ-dᵊm) ſcherzhaft: Geſpenſterland, Reich der Unholde.

bogus ſ (bō'-gᵘß) ſchwindelhaft; a ~ affair eine Schwindelmeierei.

boil (bŏil) 1. v. ſprichwörtlich: the flames of love won't boil the pot von der Liebe kann man nicht leben; ſ. pot-boiler. — 2. s. ſ to go off the boil zu kochen aufhören.

boiling P (bŏi'-ling) s. Krempel, Sippſchaft; an(d) all the whole bilin' (*A little Ragamuffin*) und die ganze Wirtſchaft.

bologna ſ (bᵉ-lō'-na) Art Wurſt.

bolster-fight (bō'l-ßt³ʳ-fait) Schulſprache: Schlacht mit Kopfkiſſen und Matratzen.

bolt (bōlt) 1. v. davonlaufen; butcher and ~ (politiſches Schlagwort, auf die egyptiſche Politik bezüglich, 1884—85). — 2. s. Flucht: ſ he made a ~ for it er machte ſich aus dem Staube; ſcherzhaft: to turn the corner of ~ street ausreißen.

bolus † (bō'-lᵘß) [Bolus] Apotheker.

bom'deer ✗ (bom-di') ſtatt bombardier Kanonier.

bon-ton(bŏ'nᵊ-tön)Modeſprache: feiner Ton.

bone (bōn) 1. s.: a) [Knochen]: ſ as dry as a ~ ganz trocken; ſprichwörtlich: what's bred in the ~ will out in the flesh der wahre Charakter läßt ſich nie verleugnen; ſ he made no ~s about it er ließ ſich's ruhig gefallen; he won't make old ~s er wird nicht ſehr alt werden; b) † Abonnementbillet (für die Oper). — 2.v. ſ ſtehlen; Old Cant: fangen; (*Th. Thieves' Grammar*, 1719) when they are ~d wenn ſie dingfeſt gemacht werden.

bone-box ſ (bō'n-bŏkß) Mund (GROSE).

bone-grubber ſ (bō'n-grŏb-b³) Knochenſammler; Leichendieb.

bone-picker ſ (bō'n-pik-³ʳ) Bediente(r) (GROSE).

bone-shaker * (bō'n-ſche-k³ʳ) Art Tricycle.

bones ſ (bōnſ) Würfel.

Bones (bōnſ) (in der Negertruppe) derjenige, welcher die Caſtagnetten ſpielt.

Boney † (bō'-n°) Spitzname Napoleons I. (Abkürzung für Bonaparte).

boney-fide (bō'-n°-fai''-d°) [ſ ſtatt bona fide in gutem Glauben]: a ~ transaction ein ſolides, ehrliches Geſchäft.

Boniface (bŏ'n-ᶦ-feß) [bon gut und face Geſicht?] ältere Gaunersprache: Schenkwirt.

bonnet (bŏ'n-nᶦt) 1. s. ältere Gaunerſprache: heimlich Angeſtellter einer Spielhölle. — 2.v. ſ ſchützen; Wache halten, ſ Schmiere ſtehen.

bono (bō'-nō) Circus: gut!

booget (bū'-dᵍ't) (TH. HARMAN, 1566) Habſeligkeiten (eines fahrenden Keſſelflickers); = a travelling tinker's basket.

book (buk): ſ I called him to ~ ich zog ihn zur Rechenſchaft; Sport: to make a ~ Wetten notieren; ſ. welsher, bookie.

booked F (bukt) engagiert: I'm ~ too deep already id) habe bereits zu viele Engagements.

bookie (bu'k-⁰) [ſtatt bookmaker Spekulant] einer, der aus dem Wetten (beſonders bei Pferderennen) ein Handwerk macht.

books F (bukß) Karten.

booky P (bu'k-⁰) [ſtatt bouquet] Strauß.

boom P (būm) Schwindel: this aesthetical ~ (*Punch*) dieſer äſthetiſche Humbug.

boose, booser, boosing, ſ. booze, boozer, boozing. [tiſches (GROSE).]

boot ⚓ (būt) jüngſter Offizier des Offizier-

boot-catcher F (bu't-kät-ſch⁰ʳ) Hausknecht, Stiefelputzer.

boots (būtß) *s.pl.* Hotel: Hausknecht; F old sly ~ Schlaufuchs.

booty (bū'-t⁰) [Beute] ältere Gaunerſprache: to play at ~ (bei Karten, Billard ꝛc.) das Spiel abſichtlich verlieren.

booze (būſ) 1. *s.* P Trunk, Säuferei; he's on the ~ er iſt am Saufen: my favourite ~ mein Lieblingsgetränk. — 2. *v.* ſaufen, tueipen; ~d benebelt.

boozer P (bū'-ſ⁰ʳ) *s.* Säufer.

boozing-glass (bū'-ſĭn-glaß) Old Cant: Trinkglas.

boozing-ken P (bū'-ſĭn-k⁰n) Schnapshaus.

borde (bōrd) Old Cant: Schilling; half a ~ = six pence.

boredom (bō'-d⁰m) ſcherzhaft: Läſtigkeit; to the infinite ~ of his companions (*Funny Folks*) zur entſetzlichſten Langeweile ſeiner Gefährten.

born (bōrn) [geboren]: F in all my ~ days mein Lebtag.

bos-eyed, ſ. boss-eyed.

bosh (bōſch) 1. *s.* Zigeunerſprache: Geige; F Unſinn, Schwindel: it's all ~ das iſt reiner Blödſinn. — 2. *a.* P ſchwindelhaft, nachgemacht; ~ boots Stiefel, aus Papier und ſchlechtem Leder verfertigt.

bosken F (bō'ß-k⁰n) Bauernhof (*Sl. Dict.*).

bosman F (bō'ß-m⁰n) Pächter, Bauer (*Sl. Dict.*).

boss (bōß) 1. *v.* Schülerſprache: verfehlen, verpaſſen; nicely ~ed, old fellow! ſchön daneben geworfen, altes Haus! — 2. *a. u. s.* Blue-coat School: kurzſichtig; Kurzſichtige(r).

bos(s)-eyed P (bō'ß-aid) ſchiel.

Botanical excursion (bo-tä'n⁵-k⁵l äkß-kö'ʳ-ſch⁰n) ältere Gaunerſprache: Deportation nach Botany Bay.

Botany Bay (bŏ-tä'n-⁰ bē') [id., Verbrechertolonie]: to go to ~ deportiert werden; ältere Gaunerſprache: (Botany) Bay fever (GROSE) ſimulierte Krankheit von Sträflingen, die zur Deportation verurteilt waren.

botch † (bŏtſch) *s.* Schneider; *v.* P to ~ it eine Sache verpfuſchen.

botcher F (bŏ'tſch⁰ʳ) Flickſchneider, Pfuſcher:

> Botchers left old clothes in the lurch
> And fell to turn and patch the church.
> Flickſchneidern ward ihr Handwerk leid,
> Sie wankten und flickten der Kirche Kleid.

bother F (bŏ'dh⁰ʳ) Ausruf: ~ the fellow! zum Henker mit dem Kerl!; ~ these flies! verdammte Fliegen!

botheration F (bŏ-dh-⁵-rē''-ſch⁰n) ärgerliche Wirtſchaft; ~ take him! hol' ihn die Schwerenot!

bottle (bŏtl) Sport: it turned out no ~ es nahm einen unglücklichen Ausgang.

bottle-headed (bŏ'tl-häd-⁰d) ſcherzhaft: dummköpfig.

bottle-holder (bŏ'tl-hōl-d⁰ʳ) Boxerſprache: Sekundant (mit der Riechflaſche).

bottle (it) up F (bŏtl ö'p) [auf ,Flaſchen ziehen] heimlichen Groll nähren.

bottle-up P durch ein Verſprechen, eine Abmachung binden: I'm bottled-up already ich bin bereits verſagt.

bottom (bŏtm) [Boden] 1. *s.* F: he wants to know the ~ of everything er möchte gern alles aufs genaueſte erfahren, ſeine Naſe in alles ſtecken; ⚓ Schiff; with the most noble ~ of our fleet (SHAK., *Twelfth Night*) mit dem tüchtigſten Schiff in unſerer Flotte; Sport: Stärke, Ausdauer. — 2. *a.* F unterſt, letzt; we'll go our ~ dollar (*Sporting Times*) wir wollen unſern letzten Groſchen dran wagen.

bottom-up (bŏtm-ö'p) *a.* unterſt zu oberſt; a ~ sieve (GREENWOOD) ein Sieb unterſt zu oberſt gekehrt.

bounce (baunß) 1. *v.* ältere Gaunerſprache: ohne Geld ſpielen oder trinken; von Hehlern: um den Wert des Geſtohlenen prellen; F a bouncing boy ein kerngejunder Junge; his bouncing manner sein teckes Benehmen. — 2. *s.* F Unverschämtheit.

bouncer (bau'n-ß⁰ʳ) [Preller] bei Rounders u. s. w.: Ball, der aufprallt, ehe er zurückgeschlagen oder mit dem Ballholze vorangetrieben wird.

bouncing-cheat (bau'n-ßin⁰-tschit) [Knallding] Old Cant: Flasche (GROSE).

boung (bón⁰) Old Cant: Börse (*Lanthorne and Candle-light,* 1609); ~ nipper (GROSE) Taschendieb.

bout (baut) P statt about; ↓ *v.* to ~ ship kehrt machen.

bow (bō) 1 *s.* [Bogen]: F to pull the long ~ flunkern. — 2. *v.* [beugen]: F a ~ing acquaintance eine oberflächliche Bekanntschaft; ~ing and scraping Kratfüße; 1 ~ed him out of the room ich geleitete ihn unter Bücklingen zur Thür hinaus.

Bow-bell(s)(bō'-belj) Glocke(n) einer Kirche (St. Mary le Bow) in der City; within the sound of ~ innerhalb der Altstadt.

bowels F (bau'-ls) [Eingeweide] Gefühl, Herz: Marley had no ~ (DICKENS) Marley fehlte es an Herz.

bowing (bō'-ins) Violinspiel: Führung des Bogens.

bowl (bōl) [Kegeln] *v.*: a) Kricket: den Dreistab mit dem Balle angreifen; to ~ out durch das Treffen des Dreistabs (den Schläger, batsman) besiegen. — b) F: besiegen, verdrängen; to ~ over über den Haufen werfen.   [Angreifer.]

bowler(bō'-lᵉʳ)[Kegler] Kricket: Ballwerfer,⎫

bowling-crease (bō'-lin-kriß) Kricket: ein (6²/₃' langer) hinter und parallel mit den Pfählen (stumps) gezogener Strich.

bowsprit ↓ (bo'-ßprit) [Bugspriet] Nase, F Gesichtserker.

Bow-Street (bō'-ßtrit) statt Bow-street Police Court, bekanntes Hauptbureau der Londoner Kriminalpolizei, nahe beim Covent-Garden-Theater; ~ runners Polizisten der älteren Periode.

box P (boß) schlechter, billiger Sarg.

box about F (boß-ä-bau't) die Kreuz und die Quer fahren, reisen.

box-Harry (boß-hä'r-ᵉ) bescheiden dinieren; they boxed-Harry sie begnügten sich mit einem Pidnid.

boy (bɔi): F Ma, I'll be a very good ~ Mama, ich will auch artig sein! Be a good ~, there's a good ~ sei doch brav. — S. girl.

boycotting (bɔi'-kot-tin⁰) *s.* (irischer Terrorismus, 1881) das In-die-Acht-Erklären (besonders mit Bezug auf die Gutsbesitzer und ihre Partei).

bracelets F (bre'-ß-lets) Handschellen.

brace up F (bre'ß ö'p) versetzen (GROSE).

bracing F (bre'-ßin⁰) stärkend: Margate 's a very ~ place Margate ist ein sehr kräftigender Badeort.

bracket (brä'k-fᵗ) Schulsprache: mit einer Klammer versehen, d. h. (auf der Liste der geprüften Kandidaten) gleich hoch stellen; math.: in Klammern schließen.

brad P (bräd) [Nagel ohne Kopf]: plenty o' ~s Geld die Menge.

Bradshaw (brä'd-schä) [statt Bradshaw's Railway Guide] bekanntes Eisenbahnkursbuch.

brag F (brä⁰) Geldverleiher (GROSE).

brain F (bren) (einem) den Kopf spalten: Caliban: Then thou mayst ~ him (SHAK., *Tempest*) Dann magst du ihm den Schädel einschlagen.

brand ⚙ (bränd) Sorte, Marke (besonders von Tabak und Wein).

brandy-blossom F (brä'n-dᵉ-bloßm) [Cognac-Blüte] Karfunkelnase.

brandy-face F (brä'n-dᵉ-feß) Schnapsgesicht.   [Schnapsnase.]

brandy-nosed F(brä'n-dᵉ-nōßd) mit einer⎫

brass (braß) [Messing]: F as bold as ~ äußerst frech.

brasser(bra-ß-ßᵉʳ) Blue-coat School: s. bully.

bravery F (bre'-wᵘ-nᵉ) Pracht, Putz; many ·of the fair ones did not don their greatest ~ of attire viele der Schönen legten ihren feinsten Putz nicht an.

bread (bred): a) F he knows which side his ~ is buttered er weiß, wo sich etwas verdienen läßt, wer seine guten Freunde sind. — b) ⚔ ~ bags Armeelieferant. — c) F ~ basket Bauch.

bread-and-scrape F (bred-än(d)-ßkre'p) Brot mit sehr wenig Butter.

bread-and-water F (bred-än(d)-wä'-tᵉʳ) *v.* auf magere Kost setzen.

break F (bʀǟf) [brechen]: I broke it to him. broke him the news ich teilte es ihm in schonender Weise mit; to ~ the ice zutraulich werden, Bekanntschaft, ein Verhältnis (neu) anknüpfen; ✳bankrott werden, F krachen [in diesem Sinne schon bei SHAKESPEARE]. — **break up** F zusammenbrechen, auseinander geben: the old man's constitution is ~ing up fast die Kräfte des Alten nehmen reißend ab; Schulsprache: ~ up schließen: the school's broken up die Schule ist geschlossen.

break-back (bʀǟf-bǟf): a) v. Kricket: nach dem Aufprall (s. pitch) im stumpfen Winkel rechts abspringen; b) s. nach links gekegelter Ball, der vom Aufprall ab nach rechts auf den Dreistab zu fliegt.

break-down (bʀǟf-dau'n) s. Eisenbahn: Unterbrechung des Verkehrs; ~ gang Arbeiter, welche bei Unfällen Beistand leisten.

breaking-up (bʀǟ'-ḱĭn-o"'p) Schule: Schulschluß, Schlußfeier.

breaky-leg (bʀē'-ḱ²-lĕg) scherzhaft: starkes Getränk (Sl. Dict.). [Man vergl. das deutsche „Knickebein".]

breathe (bʀīdh) v/n. [atmen]: F to ~one's last seinen letzten Atemzug thun; v/a. von Pferden: verschnaufen, ausruhen lassen.

breather (bʀī'-dh⁵ʳ) Boxersprache: Schlag, der einem den Atem benimmt.

breeches (bʀī'tsch-⁵s): F she wears the ~ sie hat die Hosen an, schwingt den Pantoffel, führt das Regiment im Hause.

breeks (bʀīḱß) [P statt breeches] Hosen.

breeze F (bʀī) Ruhestörung, Streit: I had a little ~ with him (DORRINCOURT, Schulroman) ich hatte eine kleine Differenz mit ihm; to raise a ~ (GROSE) Aufruhr stiften; Lumpensammler: Kohlen und Schlacke, die der „sorter" aus dem Müll hervorließt.

brekfus (bʀĕ'f-f²ß)
bretfus (bʀĕ'-f-f²ß) } P statt breakfast.

brewing (bʀu'-ĭn⁹) [brauend]: F there's something ~ da ist etwas im Gange.

brick (bʀĭḱ): F he's a ~, she's a ~ das ist ein ganzer Kerl, die rechte Person: don't you call me an old ~? Bist du nicht mit mir zufrieden?

brick-and-mortarism (bʀĭ'ḱ-ǟnd-mo'"'-t²-nĭßm) ironisch: Baumut der Londoner.

brickwall (bʀĭ'ḱ-wǟl): F he can see thro a ~ er kann durch eine Mauer sehen.

bridge (bʀĭdg) Billard: Bock (die zur Stütze des Queue aufgelegten Finger der linken Hand); Dambrett: to make a ~ (zwei Steine) auf freie Felder rücken (so daß der Gegner dazwischen rücken und beide auf einmal angreifen kann).

Briefless, Mr. (bʀī'-f-l²ß) ironisch: Advokat ohne Praxis.

briefs F (bʀīfß) Karten.

brief-snatching F (bʀī'-f-ßnät-sching⁹) Stehlen der Gewinnstlose auf dem Kurse.

brieze P (bʀī) Kohlenasche; s. breeze.

brimstone (bʀĭ'm-ßt⁵n) 1. s. [Schwefel] (auch kurzweg: **brim**) ältere Gaunersprache: Erzschurke. — 2. a. F: ~ tracts fanatische Pamphlete; F: ~ faggot (wench) höllisches Mensch; ~ Spurgeon ein Prediger, der gern die Schrecken der Hölle malt.

brine P (bʀain) [Lauge] Meer; s. briny.

bring (bʀĭn⁹): a) ~ F zusammenstehlen; b) Theater: to ~ down the house großen Beifall erringen, das Haus mit Sturm nehmen; c) ✳ it ~s in very little es trägt sehr wenig ein; d) F: they 're ~ing out a new novel, a new play ein neuer Roman wird veröffentlicht, ein neues Stück einstudiert; e) to ~ round zum Bewußtsein bringen, überreden, bekehren; f) ~ a person to v/a. F jemand zum Leben bringen; v/n. ⚓ stillhalten; g) ~ up v/a. F groß ziehen; he's being brought up to the church er wird zum Geistlichen herangebildet; v/n. ⚓ herannahen, stillhalten; Mary ~s up alongside o' her (Nights at Sea) Marie setzt sich neben sie.

briny P (bʀai'-u⁹) Meer; to do the ~ Thränen, Salzwasser vergießen.

broach (bʀǟtsch) [spießen]:✳ he didn't even ~ it er hat kein Sterbenswörtchen davon erwähnt; ⚓ to ~ auf die Seite legen; death has ~ed him to der Tod hat ihn weggerafft.

broad (bʀǟd): † ~ brim Quäker; gesetzter, ruhiger Mensch; F on the ~ grin breit grinsend; ~ Scotch schottischer Dialekt; F ~s Karten.

broad-bottom (bʀǟ'D-bŏtm) 18. Jahrhundert: politische Koalition, Partei.

broad-faking F (bʀǟ'D-fē-ḱĭn⁹) Kartenspielen.

broadside ⚓ (brā'd-ṣāïḍ) [Breitseite] feindliche Salve; a ~ of laughter ein homerisches Gelächter.

broady(brā'-d') [Schneider-Slang statt broadcloth] feines Tuch.

broke(brōk) [P statt broken]: he's ~: a) ✠ er ist auf den Hund gekommen, desertiert, verloren; b) P er ist bankrott, ruiniert; O my father, I've broke your hest to say so (Sh., *Tempest*) O Vater, ich habe deinen Befehl mißachtet, indem ich so sagte.

broke-down(brōk-dau'n) [P statt broken-down] gebrochen, gebeugt, zu Boden geschlagen, zu grunde gerichtet.

broker F (brō'-k'r) [Makler, Vermittler] 1. Trödler. — 2. = second-hand furniture-dealer. — 3. bei Möbelversteigerungen: Vermittler, der (gegen fünf Prozent Kommission) dem kauflustigen Publikum seine Dienste aufdrängt; he's got the ~s in his house seine Möbel sind mit Beschlag belegt.

broom(brūm)[Besen]: ⚓ she carries the ~ up in the masthead sie geht auf Liebesabenteuer aus; † von Frauen: to hang out the ~ auf den Strich gehen.

broomstick(brū'm-ṣtik) [Besenstiel] scherzhaft: (enough) to charm the heart of a ~ was einen Stock rasend machen könnte.

brother(brŏ'dh-'r): ~ blade (*Sl. Dict.*) einer vom nämlichen Handwerke; ~s mut (scherzhaft, *Sl. Dict.*) Kamerad, Kollege; † ~ of the blade Soldat; ~ of the buskin Schauspieler; ~ of the bung Brauer; ~ of the quill Skribent; ~ of the string Geiger; ~ of the whip Kutscher (sämtlich aus Grose).

brown(braun) a. [braun] 1. a. F ~ study Nachbrüten; nachdenkliche Figur, Miene; † ~ bess Muskete; ✠ ~ George Kommißbrot. — 2. s. Halbpennystück, Kupfermünze.

bruiser(brū'-s'r) F Boxer; many of the porters of Billingsgate are known to this day as ~s (Sims, *How the Poor live*) viele der Lastträger in B. sind noch heutigen Tages als Preisboxer bekannt.

Brum (brŏm) [P statt Brummagem oder Birmingham]: ~s Bewohner von B.

brush(brŏsch) 1. s. [Sport: Fuchsschwanz]:

he saved his ~ er [besonders der Fuchsreiter] kam mit heiler Haut davon; Schnitzeljagd u. s. w.: to show one's ~ davonlaufen (der Fuchs hält beim Davonlaufen den Schwanz empor). — 2. v. [bürsten] Blue-coat School. etc.: prügeln; F: to ~ away rüstig arbeiten; ~ past anstreifen, im Vorbeieilen berühren; ~ up one's Latin tüchtig Latein studieren (s. bum-brusher); P fortlaufen (s. buy).

brute (brūt): F a ~ of a watch eine abscheuliche Uhr; a ~ of a dog so ein Aas von einem Hunde.

bub ſ (bŏb) v. zechen; s. Trinkgelage, Kneiperei; grub and bub Essen und Trinken.

bubber ſ (bŏ'b-b'r) Zecher, Säufer.

bubbery P.(bŏ'b-b'-r-n) Spektakel, Radau

bubble-and-squeak F (bŏ'bl-änd-ßtwīk) s. aufgewärmtes Gemüse mit Kartoffeln.

bubble-company P (bŏ'bl-kŏm-p'-n') Schwindelgesellschaft.

buck (bŏk) † Stutzer, Wüstling: Coster-Slang: Kleinhändler in Diensten eines anderen (s. Stock-master); auch stellvertretender Droschkenkutscher (Hotten); Schülersprache: Art Murmel.

buckled P (bŏkld) verheiratet (*Sl. Dict.*).

buckle-hole F (bŏ'kl-hōl): to be starved (reduced, etc.) to the last ~ of one's belt so durch Hunger abgemagert sein, daß man den Riemen bis ins letzte Loch schnallen kann. [begeben.]

buckle-to F (bŏkl-tu') v. sich ans Werk

buff (bŏf) 1. s. [Leder]: all in ~ splitternackt, ganz im Adamskostüme (Grose). — 2. v. Old Cant: falsche Eide schwören.

buffer (bŏf-f'r) Old Cant: Schmuggler, Gauner; Hund; ~ nabber (Grose) Hundedieb; F: an old ~ ein altes, fideles Haus. [Henker!]

bugger P (bŏ'g-g') ~ (you)! geh' zum

bug-hunter (bŏ'g-hŏn-t'r) [Wanzenjäger] Tapezierer (Grose).

bug-walk (bŏ'g-wāk) [Wanzenpromenade] † Bett (*Sl. Dict.*).

build (bild) v. Schneidersprache: schneidern, anfertigen; F bauen: they built a new coat sie bauten einen neuen Rock.

bulk-and-file (bŏlk-änd-fai'l) zwei Taschendiebe, die sich einander in die Hände arbeiten.

bull (bŭl) 1. ♃ Börſe: a) s. Hauſſier, einer der durch Verkaufen die Kurſe empor-treibt; Aktienreiterei; b) v. den Kurs in die Höhe treiben; mit Aktien ſpeku-lieren. S. bear. — 2. F Fünfſchillingſtück.

bull-dog (bŭ'l-dög) Univerſität: Pedell; F ~s (GROSE) Piſtolen.

bull's-foot (bŭ'ls-fŭt): F he does not know a great A from a ~ er kennt noch nicht das A B C, kann nicht einen Buchſtaben vom andern unterſcheiden.

bullock-and-file (bŭ'l-k-ănd-faï"l) Laden-dieb; ſ. bulk-and-file und buttock-and-file.

bully (bŭ'l-ĭ) 1. s. Schulſprache: großer Bengel, der den jüngeren Mitſchülern (fags) das Leben ſauer macht; (Eton) Aufſtellung der Parteien beim Fußball-ſpiel in zwei geſchloſſenen Reihen. — 2. v. F einſchüchtern; ~ out of erpreſſen von; he bullied me out of my dues durch Einſchüchterung brachte er mich um das was mir zuſtand.

bully (bŭ'l-ĭ)
bully-back (bŭ'l-ĭ-băk) } F Zuhälter, Louis.

bullyrag P (bŭ'l-ĭ-răg) v.: a) ſchimpfen; b) = bully out of (ſ. bully 2).

bum P (böm) 1. s. Hintere(r); einer, der das gerichtlich mit Beſchlag belegte Mo-biliar hütet; Gerichtsvogt (auch ~-bailiff oder ~-baily genannt; bereits bei SHAK., *Twelfth Night*, Act III). — 2. v. arretieren.

bum-brusher (bö'm-brŏſch-ŕ) ſpöttiſch: Schulmeiſter.

bummer P (bö'm-mŕ) Eckenſteher, Bummler.

bump (bömp) 1. v. [reiten] ſchlottern: ~-ing across the desert (*Gordon's Diary*) durch die Wüſte ſchlotternd; Waſſerſport: (den voraufgehenden Kahn) mit dem Bug berühren. — 2. s. Waſſerſport: Stoß gegen den voraufgehenden Kahn; five ~s were made fünf Kähne wurden überholt (und geſchlagen); Phrenologie: Organ: F he hasn't the geographical ~ er hat kein Talent für die Geographie.

bumper P (bö'm-pŕ): a regular ~ etwas Außergewöhnliches. S. stunner.

bum-trap F (bö'm-trăp) Vogt, Büttel.

bun (bön): a) Semmel mit vielen Ko-rinthen (Unterarten ſind Bath ~, Chelsea ~); b) F Kaninchen.

bunce F (bönß) Geld (GROSE); ſ. bunse.

bunch (böntſch) 1. s. F he's the best o' the ~ er iſt noch der beſte von allen. — 2. v. P ſtoßen, ſchlagen.

bundle (böndl): F we ~d him out wir ſetzten ihn an die Luft; † in Kleidern zuſammenſchlafen.

bung (bön) [Spund] 1. s. verächtlich: Schenkwirt; Schulſprache: to tell a ~ lügen. — 2. v. bei den alten Dramatikern: geben, reichen; ~ up zuſtopfen; Boxer-ſprache: to ~ up one's eyes einem das Geſicht zerſchlagen, daß er nicht mehr aus den Augen ſehen kann.

bungle (bö'ngl) [grober Irrtum]: F he made a ~ of it er hat die Sache ſehr ſchlecht ausgerichtet.

bunk (bönk) 1. s. P: to do a ~ durch-brennen. — 2. v. Schulſprache: (aus der Schule) fortjagen.

bunker P (bö'n-kŕ) Zweckeſſen, Feſtſchmaus in einem „lodging-house" der unterſten Gattung.

bunkum P (bö'n-köm) Schund, Schwindel, Blödſinn.

bunky (bö'n-kĭ) Blue-coat School: ungeſchickt.

bunnick P (bö'n-nĭk) v. totſchlagen, ſchwer mißhandeln, fig. F zudecken.

bunny (bö'n-nĭ) Kinderſprache: Kaninchen; ſ. bun.

bunse P (bönß), auch **bunts** (böntß) Geld; reiner Gewinn: the money obtained, however good the profit, was not all ~ (*King of the Beggars*) das einge-nommene Geld, ſo gut der Profit auch ſein mochte, war nicht alles reiner Ge-winſt.

bunt F (bönt) Schürze; ~s ſ. bunse.

bunting ↓ (bö'n-tĭng) Flaggentuch, Flagge.

buntling F (bö'nt-lĭng) Unterrock (GROSE).

burgle * (bö·gl) v. einbrechen, Hausein-brüche verüben.

burn (bö·n) [brennen] ſprichwörtlich: to ~ the candle at both ends ſeine Kräfte unſinnig, maßlos vergeuden; F money ~s a hole in his pocket ihm brennt das Geld in der Taſche; P ~ you! hol' euch der Henker!

burner F (bö·-nŕ): a) heftiger Schlag; b) Tripper.

burr (bö·) [Klette] Politik: blinder Anhänger.

burra (bŏ′ɐ-ɐa) *a.* anglo=indiſch: groß; ∼ saib großer Herr.

bu(r)st (bŏ⁻ßt, P bŏ̈ßt) *s. u. v.* [berſten]: a) F u. P: I 'd like to ∼ him (*Funny Folks*) ich möcht' ihn zermalmen; he gets the best custom, ∼ him! der vermaledeite Kerl hat die beſte Kundſchaft; the bustin' lot das verdammte Pack; I 'm ∼ed if ich will die Schwerenot kriegen, wenn ... — b) ⌐ einbrechen; *s.* Hauseinbruch. — c) ✿ ∼ up zuſammenbrechen, krachen. — d) Waſſerſport: kurze, ſchnelle Fahrt.

bu(r)ster (bŏ⁻′ß-t⁻ʳ, bŏ̈′ß-t⁻ʳ): a) F u. P: he came all in a ∼ er kam in fürchterlicher Aufregung und Eile; we went in for a reg'ler ∼ wir amüſierten uns hölliſch. — b) ⌐ (Einbrecher; Brötchen: a tuppenny ∼ (*Bell's Life*) ein Zweigroſchenbrötchen. — c) ✿ finanzieller Krach.

bus F (bŏß) *s.* [F ſtatt omnibus]: ∼ conductor Omnibuskonduktör; ∼ man Kutſcher; ∼ it mit dem Omnibus fahren; we were bussing it, because we couldn't afford a fly wir fuhren mit dem Omnibus, da wir uns eine Kutſche nicht leiſten konnten.

business (bǐ′ſ-nⁱß) [Geſchäft]: F it's no ∼ of ours es geht uns nichts an; what ∼ have you to be here? was haben Sie denn hier zu ſuchen? Theater: Gebärdenſpiel, Mimik des Schauſpielers; F place of ∼ Geſchäftslokal.

busk ⌐ (bŏßk) *v.* unzüchtige Lieder u. dgl. in den Schnapshäuſern verkaufen; in den Wirtshäuſern für Geld ſingen; I was getting on pretty well at ∼ing in the public-houses (*King of the Beggars*) ich verdiente mir mit Singen in den Kneipen einen guten Unterhalt.

buss † P (bŏß) *s.* Kuß; *v.* küſſen; come kiss, ∼ poor Nykin (*Congreve, The old Bachelor*, 1693) komm, einen Kuß, ein Schmätzchen für den armen Nykin.

bustle P (bŏßl) reizen, ärgern: don't ∼ him laßt ihn in Frieden.

Busy (bǐ′ſ-⁻) [geſchäftig] Witzblätter: Fürſt Bismarck.

but (bŏt) [aber]: a) F wenn nicht, ohne: he might have prospered but for his wife taking to drink er hätte Glück haben können, wenn ſich ſeine Frau nicht dem Trunk ergeben hätte; nach Negationen: not but what I think him innocent

doch halt ich ihn ſicher für unſchuldig. — b) P it ain't likely but (what) you'll crack up your own es iſt nicht anzunehmen, daß du die Deinen nicht mit ſchönen Worten preiſeſt.

butchering P (bä′-ſch⁻-ɐïnⁿ) in Verwünſchungen: he's a ∼ sight too forward (*The little Rag.*) er iſt verdammt vorwitzig. — S. bloody und blooming.

butter F (bŏ′t-t⁻ʳ) 1. *s.*: I gave him a little ∼ ich ſchmierte ihm etwas Honig um den Mund; Kricket: ∼ fingers Mitſpielender (fielder), dem der Ball leicht entſchlüpft. — 2. *v.* Kartenſpiel: who'll ∼ the fish wer wird gewinnen? ∼ over mit glatten Worten berücken, P einſeifen.

butterine * (bŏt-t⁻-nⁱⁿn) Kunſtbutter.

buttock (bŏ′t-tŏk) *s.* [Hinterteil] Old Cant: Hure; ∼-and-file Hure und (zugleich) Diebin; *v.* Old Cant: huren; *s.* ∼ing ken Bordell.

button F (bŏtn) *s.* [Knopf]: I don't care a ∼ mir liegt gar nichts daran; ſ. fig; he has not all his ∼s on ihm iſt eine Schraube losgegangen; he's making ∼s er iſt niedergeſchlagen; boy in ∼s (auch ſchlechtweg ∼s) Burſche (beſonders eines Arztes) in Livree; Schwindelauktion: angeſtellter Käufer (*Sl. Dict.*); Workhouse-Slang: the ∼s der Aufſeher; nix lads, the ∼s friſch, Jungens, der Alte kommt.

button-catcher ⚓ (bŏ′tn-kät-ſch⁻ʳ) [Knopffänger] Schneider.

buttons, ſ. button.

buy (baï) [kaufen]: F he could ∼ me out and out er hat viel mehr Geld als ich; P to ∼ a brush fortlaufen.

buz (bŏſ) Old Cant: ſtehlen, berauben.

buz-bloke (bŏſ-blŏk)}
buz-gloak (bŏſ-glŏk)} Taſchendieb (Grose).

buzz F (bŏſ) [ſummen] reden: Old Bluebottle ∼ed for a bit (*Punch*) der alte Lord ſchwatzte ein Weilchen.

by F (baï): how did you come by it? wie biſt du dazu gelangt? Kinderſprache: gone to by bye zu Bett gegangen, eingeſchlafen; by way of a relish als Leckerbiſſen.

by-blow † (baï′-blō) Baſtard.

bye (baï) *s.* Kricket: Lauf eines Balles, der weder die Kelle, noch die Perſon des Schlägers berührt hat.

2*

C.

cab (käb, P kĕb) [s. Droschke]: v. to cab it im Fiaker fahren; day-cabbing Tagdienst, night-cabbing Nachtdienst der Droschkenkutscher.

cabbage (kä'b-bĭᵗG) 1. s. Schneider-Slang: gestohlenes Zeug, das in die Hölle geht. — 2. v. in die Hölle thun, mausen.

cabbage-contractor (kä''b-bĭᵗG-k⁴n-trä'k-t⁴ʳ) Old Cant: Schneider.

cabbage-plant ᶠ (kä'b-bĭᵗG-plänt) Regenschirm (GROSE). [Droschkenkutscher.]

cabbie (kä'b-b⁴, P kĕ'b-b⁴) statt cab-driver|

cabin-cracker (kä''b-ⁱn-krä'k-t⁴) Flußschiffer-Slang: Dieb, der in die Kajütten einbricht.

cabin-cracking ᶠ (kä''b-ⁱn-krä'k-kĭn) Einbruch in eine Schiffskajütte.

cabin-gear ⚓ (kä'b-ⁱn-gīʳ) Möbel.

cable ⚓ (kēbl) 1. s. his ~'s parted sein Lebensfaden ist durchschnitten. — 2. v. mit dem Kabel telegraphieren, kabeln.

cablegram * (kē'bl-gräm) Kabeldepesche, Kabelgramm.

cackle P (käkl) plappern, schwätzen.

cackling-cheat (kä'k-lĭn-tschīt) Old Cant: Huhn, Glucke. [spieler (GROSE).]

cackling-cove ᶠ (kä'k-lĭn-kōw) Schau-|

cad ᶠ (käd) Omnibuskonduktör; gemeine(r) Bengel. [Diebsgehilfe; s. cadge.]

caddee(kĕd-dᴳ¹') Old Cant: Helfershelfer,|

cadey P (kē'-d⁴) Hut.

cadger(kä'dᴳ)betteln:he~d a tanner or two er bettelte sich e. paar Geldstücke zusammen.

cadger ᶠ (kä'd-ᴳ⁴ʳ) zunftmäßiger Bettler.

cadging-bag ᶠ (kä'd-ᴳⁱn-bäg) Bettelsack.

cadging-face ᶠ (kä'd-ᴳⁱn-fēß) [Bettelgesicht] Jammergesicht.

cag ᶠ (käg) [Faß]: to carry the cag verdrießlich, mürrisch sein.

cag | (käg) † Gelübde der Mäßigkeit.
cagg |

cag-mag P (käg-mä'g) 1. s. schlechtes Fleisch, ungenießbare Speise. — 2. a. eklig, ungenießbar: with that ~ kind o' wittles (Ray, Tay & Co.) mit solch unappetitlichem Fraß.

cake (kēk) [Kuchen] ᶠ Einfaltspinsel; bei den alten Dramatikern: my ~ is dough die Sache ist mißglückt, verpfuscht.

calf-clingers (kä'f-klĭn⁴-⁴ʃ) Costre-Slang: eng anliegende Beinkleider, ᶠ Wadenkneifer.

calf-skin ᶠ (kä'f-ß-kⁱn)[Kalbsfell]: ~ fiddle Trommel (GROSE); to smack ~ auf die Bibel schwören.

calk (käf) Fluch: ~ my dead lights! Potztausend! alle Wetter!

call (käl) 1. v. Bettler-Cant: v/n. an den Thüren betteln; v/a. bettelnd besuchen, unsicher machen: I called a whole street (King of the B.) ich bettelte eine ganze Straße ab. — 2. s.: a) P Pflicht: you haven't no call to be a sweep without you like (A little Ragamuffin) du brauchst nicht Schornsteinfeger zu sein, wenn dir's nicht behagt. — b) ✿ Börse: ~ of more Ankauf von Staatspapieren zu vorigen Preisen, Reservation eines Kaufrechtes für neue Beträge derselben Staatspapiere; call of stocks Ankauf zu abgemachten Preisen für ein künftiges Datum; s. put.

can (kän) Kartenspiel: can 'e statt can ye? können Sie? (nämlich Henneuⁿ anmelden).

canary(kä-ne'ⁱ-n⁴), canary-bird(kä-ne'ⁱ-n⁴-böᵈ)[Kanarienvogel] ᶠ: a) Gefangener, Sträfling; b) Goldstück (GROSE).

cancel (kä'n-ß⁴l) Schulsprache und math.: it ~s es hebt sich; six and eight ~ by two sechs und acht lassen sich durch zwei heben.

candle-light (kä'ndl-lāit) [Kerzenlicht] a. she is a ~ beauty sie ist eine Abendschönheit.

canister ᶠ (kä'n-ⁱß-t⁴) [Büchse] Kopf.

cank | (känk) | Old Cant: stumm
canke | | (English Rogue).

cannakin (kä'n-n⁴-kⁱn) Old Cant: Pestilenz.

cannon ᶠ (kä'n-n⁴n) v.: a) Billard: karambolieren; auch s. Karambolage; b) Sport: ~ against anprallen gegen; c) ~ into losfeuern, losschlagen auf.

canoozer (kä-nu'-ß⁴ʳ) Kartenspiel u. s. w.: Kenner, Schlaufuchs (statt connaisseur).

cant (känt) **1.** *s.*: **a)** F Geplärr, Geschwätz, Zunftrede (s. Vorrede). — **b)** F Geschenk, Almosen, erbetteltes Essen: I knew you'd copped a ~ (*King of the B.*) ich wußte, daß du was zu essen bekommen hättest. — **2.** *v.* **cant up** ⚓ vom Stiefel u. s. w.: aufschlagen, in die Höhe schlagen.

cantankerous F (kän-tä'n-k̃-r³ß) mürrisch, zänkisch.

canter (kä'n-t⁵ʳ) *s.*: **a)** †Vagabund, Bettler. — **b)** Sport: kurzer, leichter Galopp der Pferde (vor dem Rennen); auch *v.*: in kurzem Galopp reiten.

cap (käp) **1.** *s.* F **to put on one's considering cap** sich in Nachdenken, Grübeln verlieren; P **if the cap fits the cove I means** (*A little Ragamuffin*) wenn es auf den, den ich meine, paßt; † **cap acquaintance** (GROSE) Bekanntschaft von Leuten, die nur auf Grüßfuß stehen. — **2.** *v.* P vollenden, krönen: **but it was the monkey that ~ped it** (JAMES GREENWOOD) aber der Affe setzte dem Ganzen die Krone auf; Schulsprache: ~**ping** Hutabziehen, Grüßen der Lehrer; ⚓ (bei einer Gaunerei) beistehen; schwören (GROSE).

caper P (kê'-p³) [Bocksprung, Streich] Geschäft: **what ~ are you up to?** was treibst du?

caper-merchant † (kê''-p⁵ʳ-mö⁵-tĵchᵉnt) [Wortspiel = Kaperhändler] scherzhaft: Tanzmeister.

capful ⚓ (kä'p-fᵘl): **a ~ of wind** ein Windstoß.

capital F (kä'p-ĭ-tᵉl): **that's ~!** das ist famos! **we had ~ fun** wir amüsierten uns göttlich!

cap'n (käpn) } ⚓ statt **captain** Kapitän.
capting (kä'p-tinᵉ) }

captain (kä'p-tᵉn) **1.** *s.* Kricket: Anführer der 11 Spieler einer Partei, gewöhnlich der **wicket-keeper**; Schule: Primus der obersten Klasse. — **2.** *v.* Schulsprache: Primus der obersten Klasse sein; zum Primus omnium befördern.

Captain Tom † Demagog; Pöbel (GROSE).

caravan (kän-ᴿä-wä'n) F Zigeunerwagen, fahrende Trödler; † Eisenbahnzug zu einem Preisboxen (*Sl. Dict.*).

card (kä·d) [Karte]: F **it's on the ~s** es ist leicht möglich; P **a knowing young ~** ein abgefeimter, kleiner Spitzbube.

care F (tä·): **to take ~ of one's money** sparsam sein, sein Geld zusammenhalten; **I take good ~ not to offend him** ich hüte mich wohl, ihn zu beleidigen.

care-taker (kä'·-te-k³ʳ) Haushälterin, Concierge, Hüter eines leerstehenden Hauses; deshalb nennen die Liberalen spottweise das Ministerium „Salisbury" ein „Cabinet of care-takers" (1885).

carney P (kä'·-nᵉ) *s.* Süßrederei; **to come the ~** flattieren; *v.* schmeicheln, liebkosen; **the ~ing**, two-faced Irish vagabond (*A little Ragamuffin*) das buhlerische, tückische, irische Lumpenweib.

carol P (kä'n-nᵉl) *v.* singen: ~ **out sweetly and give us a song** (*Punch*) stimm' hell an und sing' uns ein Liedchen!

carpet (kä'·-pᵗ) [Teppich]: ~**dance** Gesellschaftstänzchen; ~**knight** weichlicher, verwöhnter Mensch, Salonheld; ⚓ ~**men** Offiziere, die durch Gunst gestiegen sind.

carrier-pigeon (kä''ᴿ-nᵉ-³·-pi'DG-ᵉn) [Brieftaube] Sport: Agent, Schwindler (*Sl. D.*).

carrion † (kä'ᴿ-ᴿⁱ'n) [Aas]: ~**hunter** Leichenbesorger (GROSE). haar.|

carrot (kä'ᴿ-nᵗ) [gelbe Rübe]: F ~**s** Roth-|

carroty (kä'ᴿ-nᵗ-tᵉ) F rothaarig; ⚓ mersch, faul.

carry (kä'ᴿ-nᵉ) [tragen] Schulsprache: $\frac{24 \times 9}{4_2}$ **put down four, ~ two** schreibe vier, behalte zwei im Sinn; F **to ~ the day** den Sieg davontragen: Kricket: **to ~ out one's own bat** die Partie gewinnen (s. auch **bat**); F ~ **on** eine Liebschaft haben: **she carried on with him for two years** ihre Liebschaft mit ihm dauerte zwei Jahre lang; † ~ **the keg** keinen Scherz vertragen können (GROSE).

cart (kä·t) Sport: Rennbahn: **to traverse the ~** über die Rennbahn gehen.

cart-wheel F (kä'·t-hwil) Fünfschillingstück; s. **bull**; Schülersprache: **to do ~s** Räder, Purzelbäume schlagen.

carte-de-visite (kä·t-dᵉ-wi''j-ĭt) [Photographie] scherzhaft: Gesicht.

case (keß) Old Cant: Haus (GROSE).

case of (keß ŏ'w) statt **in case of** falls.

cash ✠ (käſch) [Bargeld] *a.* on the ~ system nur gegen Barzahlung.

cassan (käßn) [altes Cant-Wort] Käſe.

cast (faßt) 1. *s.*: F to have a ~ in the eye ſchielen; Sport: to make a ~, ~s nach der verlorenen Spur ſuchen. — 2. *v.* [werfen]: † ~ up one's accounts (GROSE) ſich erbrechen; ✗ ~ horse Kavallerierpferd; F they ~ him off ſie verſtießen ihn; *math.*: ~ing out (of) the nines Neunerprobe.

cast-away ⚓ (ka'ßt-ä-we̱⁶) *a.* ſchiffbrüchig.

caster (ka'ß-t⁶ʳ) Old Cant: Mantel.

cast-iron F (ka'ßt-ai-³ʳn) [gußeiſern]: ~ facts ſolide, unveränderliche Thatſachen.

castle (ka'ßl) *v.* Schach: rochieren.

castor P (ka'ß-t⁶ʳ) Filzhut.

casual (kä'g-ju-¹l, P kä'g-ü-¹l) Armenhaus: zeitweilige(r) Inſaſſe; Polizei: ~s zufällig Verunglückte.

cat (kät) 1. Schülerſprache: Hölzchen zum Schnellen. — 2. Muff: to free a ~ einen Muff ſtehlen. — 3. F Hure. — 4. Zuſammenſetzungen: a nasty old ~ ein ekliges, altes Weib; ~-and-kitten-hunting (GROSE) Stehlen der Zinnmaße in den Schenken; ~-heads (GROSE) Brüſte; ~-lap ſchwacher, ſüßer Thee; ~'s meat Lunge; ~'s-meat-man Kleinhändler von Pferdefleiſch für Katzen und Hunde; ~'s paw der, welcher die Kaſtanien aus dem Feuer holt; ~'s sleep nur mit einem Auge ſchlafen; ~'s water (Syn. Old Tom) Wacholder-Schnaps, Gin (Sl. Dict.). — 5. Redensarten: to have nine (as many) lives like (as) a ~ eine reine Katzennatur haben; there wasn't room enough to swing a cat (round) es war kein Platz zum Umdrehen da; there's more than one way of killing a ~ besides hanging it es führen viele Wege nach Rom; to talk a ~ and nine kittens to death alles in Grund und Boden ſchwatzen; to let the ~ out of the bag ſich ein Geheimnis entſchlüpfen laſſen, ausplaudern; to shoot a ~ den heiligen Ulrich anrufen, P Stoßvue's Werke ſtudieren (d. h. ſich erbrechen); to live under the ~'s foot unter dem Pantoffel ſtehen; turn ~ in pan zur Majorität, zur mächtigeren Partei übergehen.

catch (kätſch) 1. *v.* F: to ~ the train zum Zuge rechtkommen; you'll ~ it nicely du wirſt dein Fett ſchon kriegen; ~ me there again; ~ me talking to them in a hurry es wird lange dauern, bis ich da wieder hingehe; die können lange warten, bis ich mit ihnen (noch einmal) rede; Kricket: ~ out den vom Schläger [batsman] zurückgetriebenen Ball in der Luft fangen (wodurch der batsman ſeinen Platz am Dreipfahl einbüßt). — 2. *s.* F this was a ~ das war ein guter Fang; ♫ Rundgeſang, Kanon (HOPPE); Kricket: Ball, der (von der Kelle) zurückgetrieben und dann (von einem der angreifenden Partei) in der Luft geſchnappt worden iſt; ~ penny Zeitungsbericht, Extrablatt u. ſ. w., dazu beſtimmt, dem leichtgläubigen Publikum einen Groſchen zu entloden; Sport: ~ weight Rennen ohne vorheriges Wiegen [der Reiter]; Jocken, der ohne Gewichtsbeſtimmung teilnimmt.

catched P (kätſcht) ſtatt caught gefangen: my fear hath catch'd your fondness (SHAK.) meine Furcht hält deine Liebe gefangen.

catchee (kät-ſchi̱') [= catch ye fang dich] (alter Bettlerreim) no ~ no harce erſt gefangen, dann gehangen.

catch-'em-alivo (kät'ſch-⁶m-ä-lai̱''-wo̱⁶) [= catch them alive fang ſie lebendig] Fliegenpapier mit Mückenleim beſtrichen (der Trödler, der dies ausruft, trägt, zur größeren Anſchaulichkeit, ein breites Band Papier, mit Fliegen dicht beſetzt, um ſeinen Hut).

catch-match F (kä'tſch-mätſch) übereilter Handel (Sl. Dict.).

caterpillar F (kä't-⁶ʳ-pi̱'l-l⁶) [Raupe] Soldat (GROSE).

caterwauling F (kä't-⁶ʳ-wä̱-lin⁶) *s.* [ſchon bei SHAK.] Katzenmuſik; nächtliches Liebesabenteuer.

catting ⚓ (kä't-tin⁶) Seekrankheit.

cattle (kätl) [Vieh]: P small ~ Ungeziefer; F black ~ (GROSE) Wanzen; sad ~ Huren, Zigeunerpack.

caucus (kä'-k⁶ß) Politit: Ausſchuß (der radikalen Partei) beſonders für Wahlzwecke.

cauliflower † (ko̱'l-i⁶-flau̱⁶) [Blumenkohl] weiße Perüde; Lakai mit gepudertem Haare.

'cause (fåj) [P ſtatt because] wegen.

caution (få'-ſch'n) [Warnung] F ſonderbare Perſönlichkeit: he isn't a ~ to snakes and crocodiles! das iſt doch der allerſchnurrigſte Patron, über den könnte man ſich ja rein krank lachen! P ain't she a ~! die hat ſich aber gewaſchen!

cave (fe'-w°) Schülerſprache: aufgepaßt! to be, stand ~ auf der Lauer ſtehen, aufpaſſen.

cave in to F (few) ſchüchtern nachgeben.

caz Γ (fåj), ſ. cassan.

celestials (ßĕ-lĕ'ßt-i°lj, P ßĕ-lĕ'ßt-G°lj): a) ſprichwörtlich: talk of ~ and the angels appear wenn man vom Wolfe ſpricht, iſt er nicht weit; b) F Chineſen.

cellar-flap (ßĕ'l-l°°-flåp) Art Matroſentanz.

cent (ßĕnt) ✹ Börſe: the three per-~s die dreiprozentigen Staatspapiere (beſonders die Consols); Γ ~ per ~ (GROSE) Wucherer.

Central (ßĕn-tR°l) [P ſtatt Central Criminal Court] Hauptkriminalhof (auch Old Bailey).

centuried (ßĕ'nt-jū-R°D, P ßĕ'nt-Gū-n°D) Zeitungen: hundertjährig.

'cept (ßĕpt) [P ſtatt except] ausgenommen.

cern'ly (ßö'°n-l°) [P ſtatt certainly] ſicherlich.

certificated (ßö°-tl'ſ-ĭ-fe-t°D): ~ Teacher Elementarlehrer.

cerling (ßö°'-tin°) [P ſtatt certain] gewiß.

chafe P (tſchef) [wund reiben] durchprügeln.

chaff (tſchaf) 1. s. [Spreu] Blue-coat-School: Spielzeug, Kleinigkeit; F Neckerei, Spöttelei; Γ ~ cutter (GROSE) Läſtermaul. — 2. v. F necken, aufziehen; Blue-coat-School: austauſchen: ~ me your knife tauſch dein Meſſer mit mir.

chaffy (tſcha'-f°) Blue-coat-School: nett, liebenswürdig, angenehm.

chair (tſchä°) 1. s. in Verſammlungen: Präſidentenſtuhl, Präſident; Mr. Smith was in the ~ Herr Smith hatte den Vorſitz; the ruling of the ~ die Entſcheidung des Vorſitzenden (die gewöhnliche Aufforderung zum Ordnungsruf iſt deshalb auch: Chair, Chair!). — 2. v. Sport: auf einem Seſſel im Triumphe umhertragen.

chair-bottomer P (tſchä°'-böt-t°-m°°) Stuhlflechter.

chalk (tſchåk) 1. s. (ſprichwörtlich) as different as ~ from cheese ſo verſchieden wie Tag und Nacht; Kneipe: Pump: his ~ is up ſein Kredit iſt aus; Sport: to win a ~ einen Erfolg erringen; F not by a long ~ weit gefehlt; noch lange nicht; P to give a ~ ſchlagen; übers Ohr hauen; Γ to walk one's ~s ſich auf und davonmachen. — 2. Γ v. aufpaſſen, beobachten, belauern; ~ up ankreiden; auf Kredit geben.

challenge (tſchä'-l°ndG) s. Jagd: Anſchlagen des Jagdhundes.

chau (ſchäm) [P ſtatt champagne] Champagner.

Chamberlainism * (tſchä°'m-b°°-l°-niſm) Grundſätze des radikalen Politikers J. Chamberlain.

champ-up P (tſchämp ŏ'p) aufkauen, aufzehren.

chance (tſchanß) 1. s. F he had splendid ~s er hatte glänzende Ausſichten; main ~ Geld. — 2. a. ~ customer Kunde, den der Zufall herbeiführt, Gelegenheitskunde.

chancery (tſcha'n-ß°-r°): a) ✹ to be in ~ bankrott ſein; F his estates are in ~ ſeine Liegenſchaften ſtehen unter gerichtlicher Verwaltung. — b) Boxer-Slang: get into ~ um den Hals packen und Fauſtſchläge (ins Geſicht) verſetzen.

change (tſchĕndG) 1. v. ✹ to ~ hands in andere Hände gelangen; F I ~d for the better ich machte einen guten Tauſch, veränderte mich zu meinem Vorteile; F she ~d her name ſie hat geheiratet. — 2. s. F Kleingeld; ſ. ring.

chant Γ (tſchant) s.: a) Name; b) Wahrzeichen, Merkmal; c) Annonce (GROSE).

chap (tſchäp) [Geſelle] F her ~ ihr Schatz; P a sailor ~ ein Matroſe; the ~ on the paper (SIMS) der Zeitungsſchreiber, Mann von der Feder; clerical ~s Geiſtliche.

chapelite F (tſchä'p-°-läit) Diſſenter, Nonconformiſt.

chaperone (ſchäp-°-rō'n) v. geleiten; she (he) ~d them about Town ſie (er) zeigte ihnen alle Sehenswürdigkeiten der Stadt, fig. F ſpielte den Bärenführer.

chapt Γ (tſchäpt) trocken, durſtig (GROSE).

Charing-Cross (tſchǟ-rĭnǝ-krŏ'ß) [Centralpunkt im „Westend"] Rätsel:

There was a man on Charing-Cross,
Grizel-gray was his horse
And Gander was his bow.
I 've told you his name three times,
And now you don't know. Answer: was.

Charley ┌ (tſchä'-lĭ) [ſtatt King Charles, eine geſuchte, koſtſpielige Hundegattung] Nachtwächter (GROSE); ~ ken Nachtwächterhäuschen (GROSE).

charmer F (tſchär'-mĕr) reizendes, liebliches Geſchöpf.

chatter-broth P (tſchä't-t⁵-brŏth)[Plauderbrühe] Thee (GROSE); ſ. cat-lap.

chatterification ↓ (tſchät-t⁵-rĭ-fĭ-kē'-ſchⁿn) ſcherzhaft: Plauderei (DIBDIN).

chaw (tſchǟ): chaw up [auſkauen] bewältigen, ausrotten: we shall be comfortably ~ed up wir werden gemütlich zu nichte gemacht (aufgefreſſen) werden.

chaw-bacon ┌ (tſchä'-bēkn) [Speckfreſſer] Bauer, Tölpel (GROSE).

chay, ſ. shay.

cheap F (tſchĭp) 1. *a.* [billig]: ~ Jack Marktſchreier. — 2. *s.* to do it on the ~ billig leben, ſich behelfen.

cheat P (tſchīt) 1. *s.* Ding, Sache; ſ. belly-cheat, cackling-cheat, grunting-cheat. — 2. *v.* [betrügen]: ~ the worms eine gefährliche Krankheit glücklich überſtehen.

check (tſchek) [Schach]: to give ~ Schach bieten; ~ mate ſchachmatt.

cheek F (tſchīk) 1. *s.* [Backe]: he had a duck to his own ~ er allein verzehrte eine ganze Ente; F ~ by jowl (alter Ausdruck) dicht bei einander, in vertraulichem Beiſammenſein; F Unverſchämtheit: he has the ~ of old Nick er iſt ſo frech wie ein Teufel; Schüler-Slang: frecher Bengel. — 2. *v.* (beſonders unter Schülern) ſchimpfen, beleidigen, trotzen: he ~ed it out er hat es frech geleugnet, ſeine Dreiſtigkeit hat ihm durchgeholfen.

cheeky (tſchī'-kĭ) (beſonders in der Schulſprache) frech, unverſchämt.

cheer (tſchīr) [erfreuen]: F ~ up! ſei guten Mutes!; *s.* P give the gentleman the ~ (GREENWOOD) heiße den Herrn willkommen.

cheese (tſchīſ) [Käſe] 1. *s.* Sport: it isn't the ~ es paßt ſich nicht. — 2. *v.* ┌ ~ it! (GROSE) ſei ſtill!

cheese-cutter P (tſchī'-j-kŏt-tⁱr) lange, vorſtehende Naſe (*Sl. Dict.*).

cheese-toaster ✕ (tſchī'-tō-ßt⁵ʳ) Säbel, Degen, *fig.* P Käſemeſſer.

cheesy (tſchī'-ſⁱ) prächtig, ſchön (*Sl. Dict.*).

cherry (tſchĕr-rĭ) [ſtatt cherry-brandy] Kirſchenlitör; ↓ ~ bum [ſtatt cherubim] Engel (als Bild des Schiffes); ✕ ~ bums Rotheſen (die rotbehoſten Huſaren); Kinderſprache: to play at ~ pit mit Kirſchenkernen in Grübchen ſpielen (ſchon in SHAK., *Twelfth Night*); Sport: ~ ripe ausgewachſen, voll entwickelt.

chevy (tſchĭ'-wⁱ) [ſtatt des volleren Chevy-Chase] Art Räuberſpiel der Knaben (vgl. chivy).

chicken-butcher † (tſchĭ'-kn-bŭt-ſchⁱr) Geflügelhändler (GROSE).

chice ┌ (tſchaĭß): it's all ~ (GROSE) es taugt alles nichts, iſt der reine Dreck. — S. shice.

chief F (tſchīf): the ~ der Alte.

childer (tſchĭ'l-dⁱr) P ſtatt children Kinder.

chimbley } (tſchĭ'm-blⁱ) P ſtatt chimney;
chimbly } ~ pot Schornſtein.

chimney-pot F (tſchĭ'm-nⁱ-pŏt) Cylinderhut. [plapper.]

chin-music (tſchĭ'n-mjū-ſⁱk) ſcherzhaft: Ge- ┌

chink (tſchĭnk) } P Geld; *v.* (das
chinkers (tſchĭ'n-kⁱrſ) } Geld) klingen laſſen.

chip (tſchĭp): a) F ~ of the old block Sohn, der nach ſeinem Vater ſchlägt, ihm gleichgeartet iſt; b) P Ding, Kind; (brother-) ~ Kamerad; ~s [Späne] Geld; c) ┌ Zimmermann.

chirp up P (tſchörp ŏ'p) aufmuntern, aufheitern. [leiſe rannen.]

chirrup (tſchŏ'n-rⁱp) [zwitſchern] flüſtern; ┌

chis ┌ (tſchĭß) Meſſer.

chisel F (tſchĭſl) betrügen.

chit (tſchĭt) [angloindiſch] ↓ Brief, Zettel, Ding; ┌ junges Perſönchen: when you wed a ~ like her (*King of the B.*) wenn du ein junges Ding wie die heirateſt.

chiv(e) ┌ (tſchīw und ſchĭw) 1. *s.* Meſſer: gibel a ~ for the gentry-cove (DISRAELI, *Venetia*) gib dem Herrn ein Meſſer; ~-fencer Meſſerhändler (der Londoner Straße). — 2. *v.* ~ the darbies

(GROSE) die Ketten durchfeilen; ~ the bounngs of the frows (GROSE) den Weibern die Börsen aus den Taschen schneiden.

chiver ꞃ (tschi'w-ᵉʳ u. schy'w-ᵉʳ) = chiv.

chiviug-lay ꞃ (tschi'w-in-ᵊ-le⁰) Überfallen und Berauben von Karren auf der Land= straße.

chivy (tschi'w-e⁰) 1. *s.*: a) Schulsprache: Art Räuberspiel; der Ruf des das Spiel leitenden Knaben; Ruf bei der Hetzjagd (HOPPE); b) ꞃ Gesicht. — 2. *v.* ꞃ hetzen, jagen; P schelten.

Chloe P (klō): as drunk as ~ so besoffen wie ein Schwein.

chockablock ⚓ (tscho'k-ka-blŏk) gehäuft voll, bis oben voll.

chockful (tschŏk-fŭ'l) = chokeful.

choke ꞃ (tschōk) [ersticken]: to ~ off weg= schrecken, zum Schweigen bringen: France is to be choked off with these islands (*Funny Folks*) Frankreich soll mit diesen Inseln das Maul gestopft werden.

chokeful ꞃ (tschōk-fŭ'l) zum Überlaufen voll.

choker P (tschō'-kᵉʳ) [Würger] (weiße) Halsbinde; Geistliche(r).

choleraie * (ko-lᵉ-ʀē'-ᵊt) zur Cholera ge= hörig.

chooser (tschu'-sᵉʳ) [Wähler] sprichwörtlich: beggars cannot be ~s bei einem Ge= schenke darf man nicht wählerisch sein, einem geschenkten Gaul sieht man nicht ins Maul.

chop (tschŏp) 1. *s.* [Kinnbacken] P ~s (GROSE) Maul: I shall smack your ~s for you ich geb' dir eins aufs Maul; ~ fallen [statt crest-fallen] beschämt, verwirrt; ~-stick (GROSE) Gabel. — 2. *v.*: a) ꞃ ~ping and changing ewiger Wechsel; b) Jagd: ~ upon a hare plötzlich einen Hasen vor sich aufspringen sehen; c) ꞃ sich beeilen (GROSE); d) Kirche: ~ church Pfründentausch; Geistlicher, der (öfters) seinen Wirkungskreis und sein „living" vertauscht.

chopper (tschŏ'p-pᵉʳ) Boxersprache: Schlag ins Gesicht mit der Rückseite der Hand.

chortle P (tschŏtl) schluchzen, beulen.

chouse ꞃ (tschaūß) *v.* beschwindeln, *fig.* P anschmieren; *s.* Schwindelei.

chovey ꞃ (tschŏ'-wᵉ) Laden.

christening (kni'ß-ᵉn-in⁰)[Taufen]: a) P to be out in one's ~ auf dem Holzwege sein; b) ꞃ Abänderung des Fabrikanten= namens in einer gestohlenen Uhr (GROSE).

christian (kni'ßt-jᵘn, P kni'ßt-ᴄᵘn): ꞃ you 're a ~ du bist eine gute Seele.

christmas(s)ing P (kni'ß-mäß-ßin⁰) Weih= nachtsfeier, Weihnachtsvergnügungen; häuslicher Weihnachtsschmuck (Mistel und Stechpalme).

christmassy ꞃ (kni'ß-mäß-ß⁰) weihnacht= lich, auf Weihnachten bezüglich.

chuck (tschŭk) *v.*: a) ꞃ streicheln: to ~ a girl under the chin ein Mädchen freundlich unters Kinn fassen; b) P schmeißen; she ~ed herself on the parish (*Tag, Rag & Co.*) sie fiel der Gemeinde zur Last; her sweetheart ~ed her over ihr Schatz ließ sie sitzen; ~ out hints Winke geben; ~ it up! laß es fahren, gib's auf! my trade is ~ed clean up mein Handwerk ist rein ruiniert; ~er out (in Wirtshäusern) Hausknecht oder Kellner, dem es obliegt, die unangenehmen Gäste hinauszuschmeißen.

chum (tschŏm) 1. *s.* ꞃ Kamerad: they are great ~s sie sind dicke Freunde. — 2. *v.*: a) ꞃ Kameradschaft halten: he ~med in with me er nahm meine Partei; b) P die nämliche Stube bewohnen; ~ on zum Stubengenossen machen.

chummage (tschŏ'm-mᴅᴄ): a) P Kamerad= schaft; Zusammenwohnen. — b) † im Schuldgefängnisse: Vergütung für Über= lassung des Zimmers (die der Reichere den ärmeren Mitbewohnern entrichtete, welch letztere kann auf der Treppe schlafen mußten).

chummy † (tschŏ'm-m⁰) Schornsteinfeger= junge.

chump ꞃ (tschŏmp) [Klotz]: he's off his ~ ihm rappelt's; s. clean 1.

church (tschŏᵗtsch): a) Religion: (im Gegen= satze zu Chapel, s. chapelite) Gottes= haus der englischen Staatskirche; high ~ englische Hochkirche (s. auch Ritualists); low ~ puritanische Kirche; broad ~ Kirche, die liberalen Grundsätzen huldigt; ~-man Prälat, Theologe der Staats= kirche. — b) ꞃ they 're as poor as ~ mice sie sind blutarm, arm wie eine Kirchenmaus; ~-people Angehörige der Staatskirche (im Gegensatze zu chapelpeople); ~-yard cough bösartiger Husten. — c) P ~-warden [Kirchenvorsteher] lange Thonpfeife (*St. Dict.*). — d) P ~-yard job Mord, Totschlag.

chyaike (tschai-e'k) Schüler-Slang: Spektakel.

cinque (ßink' und ßi'n²-k•) Spiel: fünf; † the ~ ports die 5 Häfen (Dover, Hastings, Sandwich, Romney und Hyde an der Südküste).

cipher P (ßai'-f³r) 1. *s.* he's a mere ~ er ist eine vollständige Null. —2. *v.* rechnen; Schulsprache: ~ing Rechnen.

circle (ßö'kl) Londoner Eisenbahn: ~ trains Züge der unterirdischen Bahn.

circs (ßö'kß) [P statt circumstances] Umstände: under the ~ unter so bewandten Umständen.

circulator (ßö'r-kju-le-t³r) *math.* periodischer Decimalbruch.

circus-cuss P (ßö'r-köß-köß) Cirkusreiter.

cit P (ßit) Spießbürger; a well-paunched, pursy ~ (*Punch*) ein schmerbäuchiger, reicher Herr.

City (ßi't-•) [Londoner Altstadt] scherzhaft: ~ bumbles reiche Londoner Handelsherren; ~ Fathers Magistrat (Lord Mayor und Aldermen) der Altstadt.

civilian ✕ (ßi-wi'l-j•n) Bürgerlicher, Civilist.

civilizer (ßi'w-il-ai-ß³r) Kulturbringer; ironisch: the money which the ~s advanced to Egypt (HARRIS) das Geld, welches die Kulturbeförderer Egypten vorstreckten.

civil-spoken (ßi'w-il-ßpêkn), **civil-tongued** (ßi'w-il-tönd) P höflich, artig.

clack P (kläk) [Geplapper]: her ~ goes for ever das Maul steht ihr nie still.

clam P (kläm) *s.* Hunger; *v.* hungern (HOPPE).

clank P (klänk) Silbergerte (BEE).

clanker P (klä'nk-³r) freche Lüge (GROSE).

clap Fu. P (kläp) 1. *v.* the nicest fellow I ever clapt eyes on der netteste Mensch, den ich in meinem Leben noch gesehen; ~ping a frizzle of fringe on her forehead (*D. Tel.*) ein krauses Löckchen auf die Stirne kämmend; he was ~ped into gaol er ward ins Gefängnis gesteckt; ~ a stopper on Einhalt thun, gebieten; ↓ ~ in irons in Ketten legen. — 2. *s.* Veneric.

clapper (klä'p-p³r) Old Cant: Zunge.

clapperdogeon) (klä'p-p³r-do"d-g•n) **clapperdudgeon** ∫ Old Cant: Bettler.

claret (klä'R-n²t) [Rotwein] Boxer-Slang: Blut; s. tap.

clargy P † (klä'-dG•) [P statt clergy Geistlichkeit] Schornsteinfeger.

class P (kläß): a high-~ entertainment eine Vorstellung der besten Gattung, Art.

claw P (klä) [krauen, kratzen]: to ~ one's way along verantappen, verantasten.

claw-hammer-coat (klä'-hä'm-m³r-kôt) [Splithammerrock] scherzhaft: Frack.

clay P (kle) [Thon]: his mortal ~ sein sterblicher Leib; to moisten well our ~ (DIDDIN) uns die Gurgel ordentlich anfeuchten.

clean (klîn) 1. *a.* und *adv.* P: a ⁓ bill of health (in der Armee, in einer Stadt) ein guter Gesundheitszustand; he's ~-gone, ~ off his chump er ist rein verrückt; to make a ~ breast of it alles eingestehen; to give a person a ~ leg up (over a job) einem (bei einem Geschäfte) beistehen, auf die Beine helfen; Is his mercy ~ gone for ever (*Psalms*) Wird der Herr keine Gnade mehr erzeigen? ↓ ~-going sauber, schmuck. — 2. *v.* P they ~ed him out sie haben ihn um sein Geld geprellt, ihn ausgezogen.

clear (klîr) 1. *a.*: a) P a ~ conscience ein reines Gewissen; the coast is ~: a) die Luft ist rein, es ist alles in Ordnung; b) euphem.: es ist niemand auf dem A B; I cannot see my way ~ ich kann es nicht (ohne großes Risiko) unternehmen; to steer ~ of difficulties die Schwierigkeiten umgehen, vermeiden; b) P besoffen: the cull is ~, let's bite him (GROSE) er ist bedusselt, wir wollen ihn anpacken; c) ↓ to make a ~ run of it, to make it ~ sailing offen und ehrlich mit der Sprache herauskommen. — 2. *v.*: a) P ~ the way for den Weg bereiten für; b) Sport: hinwegsetzen über; c) ↓ ~ for action sich kampfbereit machen.

clench (klentsch) = clinch.

Cleopatra's needle (klî-o-pä't-raß nîdl) Kleopatra's Nadel (egyptischer Obelist, 1879 am Themseufer aufgestellt).

clerk (klä'k, selten klö'k): ~ of the weather der Wettermacher, P Petrus, der liebe Gott.

Clerkenwell (flär'-fᵉn-wel) ſtatt Clerken- well prison Zuchthauſ von Clerkenwell (wo jetzt viele Hinrichtungen ſtattfinden).

clever (flë'w-ᵉr) Schülerſprache: ~ Dick, ~ shins Schlauberger.

click F (flif) *s.* Schlag (GROSE); *v.* ſchla= gen; ſtehlen.

climber⁺(flai'-mᵉr) Schornſteinfegerjunge, der in die Schornſteine klettern mußte; ſ. chummy.

clinch (flïntſch) [nieten] 1. *s.* ↓ [was genietet, in einen Knoten gebunden ift] my education sometimes gets jammed in a ~ (*Nights at Sea*) mit meinem bißchen Wiſſen gerate ich zuweilen in die Enge. — 2. *v.* F this ~es the argument, the matter damit iſt der Streit, die Sache erledigt.

clincher F (flï'n-tſchᵉr) letzter, entſcheiden= der Satz einer Rede; überzeugendes Argument.

clinker F (flï'n=fᵉr) Kette.

clip (flïp) bei den alten Dramat.: umarmen.

clipper ↓ (flï'p-pᵉ) Staatskerl; Pracht= pferd.

clipping(flï'p-pïnᵍ) auſgezeichnet, prächtig (*Sl. Dict.*).

clo (flö) [P ſtatt clothes] Londoner Straßen= ruf: ~! ~! Lumpe' drein! ~ dealer Kleiderhändler, Lumpenhändler.

cloak-twitchers F(flö'k-twït=ſchᵉj)Mantel= diebe (GROSE).

clock P (flöf): tell that to fellers as don't know what's o'clock mach das denen weis, welche der Rummel nicht kennen; das kannſt du mir nicht vor= reden, ich weiß, was die Glocke ge= ſchlagen hat.

clock-calm↓(flö'f-fäm)völlige Windſtille.

clockwork (flö'f-wᵉrf) [Uhrwerk] ſprich= wörtlich: as regular as ~ ganz genau, präciſ.

clog-dancer (flö'g-dan-ßᵉr) Holzſchuh= Tänzer.

clog-dancing (flö'g-dan-ßïnᵉ) Holzſchuh= tanz (beliebtes Schauſtück der „music-halls").

close (flöſ) *v.* ↓ abſchließen; Boxer u. ſ. w.: an einander geraten, den Kampf be= ginnen; *s.* Handgemenge.

close F (flöß) *a.* he's very ~ er iſt ſehr verſchloſſen; a ~ argument ein ſcharfeſ Wortgefecht; they came to ~ quarters ſie geraten heftig an einander; *adv.* ~ upon ten pounds faſt zehn Pfund St.

cloth (flöth) [Tuch]: a) F the ~ der Stand; der geiſtliche Stand; ſprichwörtlich: fine clothes make fine birds Kleider machen Leute. — b) ↓ she spreads much ~ das Schiff hat breite Segel.

clout (flaut) *s.* P Tuch, Sacktuch; F ver= ſätzlicher Schlag (GROSE); *v.* ſchlagen; ~ed shoes eiſenbeſchlagene Schuhe (GROSE).

clove (flöw) P ſtatt cloven geſpalten.

cloven F (flö'-wᵉn): to shew the ~ foot ſeinen wahren Charakter zeigen.

clover F (flö'-wᵉr) [Klee]: to live in ~ im Überfluſſe leben.

club-law (flüb-lä'): a) Kartenſpiel, Loo: Spiel, an welchem alle teilnehmen müſſen, da kein Blinder (ſ. miss) gelegt wird. — b) † Fauſtrecht.

clue ↓ (flü): from ~ to earing von oben bis unten; a ~ up eine verzweifelte Situation.

clumsy (flö'm-ß) [ſchwerfällig, plump]: F ~ Dick plumper, ungeſchickter Peter.

cly (flai) Old Cant: ~ the jerk am Pranger gepeitſcht werden.

clye (flai) Old Cant: Taſche; Sack; Geld.

clyster-pipe⁺(flï'ß-tᵉr-palp)[Klyſtierſpritze] Apotheker (GROSE).

co (fö) [F ſtatt company]: in co with im Bunde mit; Smith and co S. und Co., S. und Genoſſen.

coach F (fötſch): 1. *s.* to drive a ~ and four Viere lang fahren; einer, der zum Examen vorbereitet, F Einpauker, der für ein Wett= rennen dreſſiert; private ~ Privatlehrer, Traineur; an Oxford ~ Privatlehrer für Oxforder Studenten. — 2. *v.* ~ up zum Examen vorbereiten, trainieren; fürs Examen ochſen; ſich für den Sport trainieren laſſen.

coachist (fö'-tſchïßt) Sport: Liebhaber des Fahrſports.

coach-wheel F (fö'tſch-hwïl) Fünfſchilling= ſtück; große Silbermünze.

coaler (fö'-lᵉr) F ſtatt coal-heaver Kohlen= träger.

cob(fŏb) 1. *s.* OldCant: Häring (Rob. Greene); Kricket: langsam gerollter Ball. — 2. *v.* Schule, Heer u.s.w.: durchgerben: they ~bed him within an inch of his life sie gerbten ihm das Fell lederweich; Kricket: langsam (den Ball) auf den Dreifußpfahl zu rollen; F [statt cop] fangen.

cobble F (kŏbl) Pfuscherei, Flickerei.

cobbler (kŏ'b-blĕʳ) Rätsel:
Why's a king like a cobbler?
Because his nose's above his gobbler.
Warum ist ein König wie ein Schuster?
Er hat die Nase über dem Luster.

cobby (kŏ'b-b•) Sport: gesetzt, plump.

cobwebs (kŏ'b-web̄j) [Spinnengewebe]: F he's got ~ in his brain er hat Schnurren, Schrullen im Kopfe.

cochin (kŏ'tsch-•n) [statt cochin-china fowl] Cochinchina-Huhn.

cock (kŏf) 1. *s.*: a) P Männchen, Kerl (in der Sprache der feinen Welt ist dieses Wort verpönt); I say, old ~ sag an, Alter; b) Schüler-Slang: ~ of the school Haupträdelsführer, bester Boxer in der Schule; c) *obsc.* Penis; d) bei den alten Dramatikern: by ~ and pie alle Wetter! e) scherzhaft: like a ~ maggot in a sink-hole wie eine Made im Rinnsteine (b. h. voller Verdrießlichkeiten). — 2. *v.*: a) P he ~ed his arms a-kimbo er faltete die Arme über einander; ~ one's beaver den Hut aufs Ohr setzen; she ~ed her eye at him sie sah ihn verliebt, verschmitzt an; ~ one's spy-glass das Fernrohr ansetzen; b) F to ~ one's toes ins Gras beißen. — 3. In Zusammensetzungen: a) ~ it! angefangen, jetzt geht's los, jetzt drauf! ~ it over a person einem den Daumen aufdrücken; b) ~ up one's little finger den kleinen Finger in die Höhe richten; ~ up one's legs die Beine über einander schlagen.

cock-a-hoop F (kŏf-ā̆-hū'p), **cock o(f) the walk** (kŏ'f-ō-the-wä̆"t) Hauptkerl, *fig.* F Hahn im Korbe.

cock-and-hen-club P (kŏ'f-ănd-ḥĕ"n-flŏb) Klub, Gesellschaft, wozu Personen beiderlei Geschlechts zugelassen werden.

cockrow (kŏ'f-krō) Tyrannei üben: she's got him to ~ over (*Almost lost*) sie kann ihn unter ihr Regiment nehmen.

cock-eyed P (kŏ'f-ăīd) schlecht zusammen passend.

cockle (kŏfl) [Herzmuschel]: F it cheers the ~s of my heart es thut mir im Herzen wohl; F cry ~s (Grose) gehängt werden.

Cock Lorrel (kŏf lŏ'r-n•) Räuberhauptmann zur Zeit Heinrichs VIII. (Ben Jonson).

cockney (kŏ'f-n•) † London; F Londoner Kind; ~ manners Londoner Sitten.

cockneyess (kŏ'f-n•-ĕ̈ß) scherzhaft: Londonerin. [Londoner Art.]

cockneyfied (kŏ'f-n•-faīd) scherzhaft: nach

cock-pimp F (kŏ'f-pimp) Zuhalter (Grose).

cockshy † (kŏ'f-schaī) auf Jahrmärkten übliches Wurfspiel.

cocksure F (kŏf-schūʳ', P kŏf-schō') ganz sicher: I made ~ he wasn't there ich glaubte sicher, war meiner Sache gewiß, daß er nicht da sei.

cocky P (kŏ'f-f•) frech, aufsässig.

cocoa-nut (kō'-f•-nŏt) [Kokosnuß] Schülersprache: Kopf.

cocoa-powder * (kō'-f•-paū-b•ʳ) neues, deutsches (langsam entzündliches) Schießpulver. [Beutel voll Geld.]

cod F (kŏb) a ~ of money ein Haufen,

coddle F (kŏbl) *v.* verwöhnen, verzärteln; *s.* verwöhnte, verzärtelte Person.

codger F (kŏ'b-ĝ•ʳ) Kauz, Knicker; (sehr gewöhnlich) a rum old ~ ein kurioser Alter.

cog F (kŏg) (Grose): a) Zahn; b) Köder.

Cohens ✶ (kō'-•nj) Börse: türkische Anleihe (1869) nach L. Cohen benannt.

coil (kŏil) euphemistisch to shuffle off the mortal ~ das Zeitliche segnen.

coin F (kŏin) *s.* Geld, Barschaft; *v.* [münzen] he's ~ing money er erwirbt Unsummen, verdient das Geld in Haufen.

coker F (kō'-f•ʳ) = claaker.

cokernut (kō'-f•ʳ-nŏt) P statt cocoa-nut Kokosnuß.

cold F (kŏld) 1. *a.* you 're a ~ subject du bist ein verfrorener Mensch; F ~ cook (Grose) Leichenbestatter; F to give one the ~ shoulder einen kalt, geringschätzig, von oben herab behandeln, über die Achsel ansehen (vgl. cold-shoulder). — 2. *s.* F to be left out in the ~ leer ausgehen; ~ without verdünnter Schnaps ohne Zucker.

Coldbath Fields (kō'lɒ-bath-fīlɒſ) Name eines Londoner Zuchthauſes.

cold-shoulder (kō'lɒ-ſchōl-ɒᵉʳ) v. kalt und geringſchätzend behandeln.

Coldstream Guards (kō'lɒ-ſtraim gā'ʳɒſ) beſonders ſeiner Kapelle wegen in London viel genanntes Garde-Regiment.

cole (kōl) Old Cant: Geſtohlenes, Beute; Geld. [räuber.]

collector(kŏl-lĕ'k-tᵉʳ) Old Cant: Straßen-

college (kŏ'l-lᵉɒG) Old Cant: Zuchthaus.

colly-wobles ⌐ (kŏ'l-lᵉ-wŏblſ) Bauch.

colour ⌐ (kŏ'l-ᵉʳ): I shan't see the ~ of his money ich kann das Geld, das er mir ſchuldet, in den Schornſtein ſchreiben; ich werde nie einen Heller von ihm bekommen; (urſprünglich ⌄) under false ~s unter falſchem Namen, Vorwande; the ~s das bunte Zeug (im Gegenſatze zu the whites die weiße Wäſche).

colt (kōlt) [männliches Füllen]: a) Sport: Hengſt bis zu höchſtens vier Jahren. — b) ⌐ to have a ~'s tooth im Alter noch geil ſein. — c) ⌐ einer, der Pferde an Straßenräuber ausleiht; junger Dieb. — d) ⌄ the cat and the ~ das Tauende zum Durchprügeln.

Columbine (kŏ'l-ᵉm-baïn) Pantomime: Columbine, Geliebte des Harlequin.

comb ⌐ (kām) [kämmen]: they ~ed his head, his hair for him ſie haben ihn tüchtig geſcholten, ihm den Kopf gehörig gewaſchen.

come ⌐ (kām) 1. In ⌐ und P-Phraſen: it ~s easy to me es wird mir leicht, iſt für mich eine Kleinigkeit; it came unscrewed die Schrauben (daran) ſind losgegangen; how came it that you alone should forget (*Lorrequer in love*) wie kam's, daß Sie allein vergaßen? 'ow came you by that there oss (*Ensign Macshane*) wie kamſt du zu dem Gaul? we an't two by ourselves as ~s that dodge (*Tag, Rag & Co.*) wir ſind nicht die zwei einzigen, die den Rummel verſtehen; don't ~ the old soldier over me (*Sl. Dict.*) flunkere mir nichts vor! — 2. In beſtimmten Verbindungen mit anderen Wörtern: a) **come in**: cherries are coming in jetzt fängt die Zeit für Kirſchen an; the old furniture will ~ in nicely das alte Mobiliar wird uns

gut zu ſtatten kommen. — b) **come it**: leihen: has he ~ it? (GROSE) hat er geliehen? ~ it over unter den Daumen halten; don't try to ~ it over me like your sister ~s it over you (*Almost lost*) verſuche nicht mich zu bevormunden, wie deine Schweſter dich bevormundet; you mustn't ~ it too strong du mußt's nicht zu arg treiben; ⌐ verraten (GROSE). — c) **come off**: it didn't ~ off. it won't ~ off yet es hat (noch) nicht ſtattgefunden, es wird noch nicht losgehen. — d) **come on**: the man coming on das neue Geſtirn, der Mann der Zukunft. — e) **come out**: you're coming out (strong) du wirſt noch ein großer Mann. — f) **come round**: he will ~ round presently er wird ſich bald wieder erholen; er wird uns bald wieder freundlich geſinnt werden. — g) **come to**: it will never ~ to anything es wird nie etwas daraus werden. — h) **come true**: it has ~ true es hat ſich bewährt. — i) **come up**: it didn't ~ up to the mark es blieb hinter den (daran geſtellten) Erwartungen zurück. — 3. Bei Zeitbeſtimmungen: seven year ~ next August es wird nächſten Auguſt ſieben Jahre. — 4. als Präpoſition: bei, an u. ſ. w.: I thought that after a night's rest and ~ daylight, he might be more himself (*Daily Telegraph*) ich glaubte, daß er ſich nach gepflegter Nachtruhe und bei Tagesanbruch beſſer erholen würde; things went that crooked that, ~ the day before Christmas Day, we hadn't a mag between us (GREENWOOD) ſo groß war unſer Pech, daß wir am letzten Tage vor Weihnachten nicht einen Groſchen zuſammen beſaßen. — 5. P ſtatt came fam.

comllogisticate ⌄ (kŏ'm-flᵉ-ɒGi'ſ-tᵉ-kēt) verwirren, beſtürzen.

comforable(kŏ'm-fᵉʳbl)P ſtattcomfortable.

comfort ⌐ (kŏ'm-fᵉʳt): a drop of ~ ein Gläschen zur Stärkung.

comfortable (kŏ'm-fᵉʳ-tᵉbl) [troſtreich] Kirche: the most ~ sacrament das hochheilige, hochgeprieſene Sakrament.

command (kᵃm-ma'nɒ) 1. Kricket: ſ. pitch. — 2. in Verbindungen: by ~ (of) auf Befehl (von); ✠ to ~ zu Befehl; Yours to ~ Ihr unterthänigſter; the ~ing officer der kommandierende Offizier.

commence ✕ (k⁵m-mĕ′nß) *s*. Anfang der Schießübung u. f. w.

commercial (k⁵m-mö′-fĭ͗ʃ⁵l): ~hotel, room Hotel, Zimmer für Handlungsreisende.

commission (k⁵m-mĭ′ʃĭ͗ʃ-⁵n) Old Cant: Hemd [schon bei FLETCHER; ſ. Vorrede].

commit F (k⁵m-mĭ′t): to ~ oneself ſich verraten, versprechen, F ſich verſchnappen.

commoner (kŏ′m-m⁵-n⁵ʳ) 1. Studenten-Slang: gentleman ~ [Adliger] leere Flaſche. — 2. F Neuling, Grüner (GROSE).

Common Garden P (kŏ′nn gä′ʳdn) [P ſtatt Covent Garden] Londoner Gemüſemarkt.

commons F (kŏ′m-m⁵nß): on short ~ mit knappen Rationen.

Commons F (kŏ′m-m⁵nß): the ~ das Haus der Gemeinen; in the ~ im Unterhauſe.

communicator (kŏm-mjū′n-ĭ-kĕ-t⁵ʳ) ſcherzhaft: agitate the ~ klingle.

company F (kŏ′m-pä-n⁵): we're no great people for ~ wir geben nur wenige Geſellſchaften; he's poor, shocking, excellent ~ er iſt ein ſchlechter, entſetzlicher, ausgezeichneter Geſellſchafter.

compass (kŏ′m-päß) F: within narrow ~ in engem Rahmen, in gedrungener Form; ↓ true as a ~ treu wie Gold; buchſtäblich wahr.

competence F (kŏ′m-p⁵-tĕnß): Vermögen; he's made a nice, little ~ er hat ſich ein nettes, kleines Sümmchen erſpart (wovon er gut leben kann).

complement F (kŏ′m-plĕ-mĕnt): 1. a full ~ die volle Zahl. — 2. it would be only a ~ to ask him es würde eine leere Form ſein, ihn einzuladen (d. h. er würde doch nicht kommen); out of ~ aus reiner Höflichkeit; the ~s of the season Glückwünſche zum Weihnachtsfeſte und zum Neujahre; in Briefen: Mrs. B. presents her ~s to Mrs. S. and wishes to say … Frau B. läßt ſich Frau S. freundlichſt empfehlen und ihr ſagen …; pray, give my ~s to your aunt bitte, grüße deine Tante von mir.

composing F (k⁵m-pō′-ſĭn): ~ draught beruhigender, niederſchlagender Trank.

composition (kŏ′m-p⁵-ſĭ″ſĭ͗ʃ-⁵n) [Zuſammenſetzung] 1. F: it's not in his ~ es liegt nicht in ſeiner Natur, Art. — 2. Schuſter-Slang: ſchlechtes, nachgemachtes Leder.

con (kŏn, ↓ kŏn) ↓ wiſſen, ſich merken, beobachten (SMYTH); F ~ (it) over ſich überlegen.

concern F (k⁵n-ßö′ʳn) *s*. [Angelegenheit]: it's no ~ of mine es geht mich nichts an, damit habe ich nichts zu ſchaffen; an old, broken-down ~ eine alte, zerfallene Baracke; there's a rum ~ das iſt 'ne komiſche Geſchichte, ein ſonderbares Ding.

concert-pitch (kŏ′n-ßö′ʳt-pĭtʃ) [Konzert-Tonhöhe]: *v.* to wind up to ~ (*Daily Telegraph*, 1885) es zur höchſten Vollendung bringen.

concoct F (k⁵n-kŏ′kt, P k⁵n-kŏ′t): to ~ together zuſammen Pläne ſchmieden.

confab (kŏ′n-fäb) [F ſtatt confabulation] Plauderei, Geſpräch.

confloption (k⁵n-flŏ′p-ſĭ͗ʃ⁵n) ſcherzhaft: verzerrtes Bild, Ding.

confound (k⁵n-fäu′nd): ~ the fellow den Kerl hol' dieſer und jener!

congé F (kŏ′n-Gĕ) [franz., Urlaub]: he had his ~ given him er hat den Laufpaß bekommen.

conjobble F (k⁵n-dʒŏ′bl) übereinkommen.

conjurer F (kŏ′n-dʒ⁵-r⁵ʳ) [Zauberer] Taſchenkünſtler.

conk F (kŏnk): a) Naſe; b) Spion; c) Häſcher (GROSE).

Conk(e)y † (kŏ′n-k⁵) [Großnaſe]: Spitzname des engliſchen Generals Wellington.

Conquerors (kŏ′n-k⁵-r⁵ʳʃ) Schülerſpiel, bei welchem die zwei Spielenden ihre an Schnüren befeſtigten Kaſtanien einander zu zerſchlagen ſuchen.

Conquest (kŏ′n-kwĕßt) Geſchichte: ever since the ~ ſeit der Eroberung durch die Normannen im Jahre 1066 (HOPPE).

consideration ✿ (k⁵n-ßĭ′d-⁵-rĕ″-ſĭ͗ʃ⁵n) [Betrachtung]: for a small ~ für einen geringen Betrag.

considering (k⁵n-ßĭ′d-⁵-rĭn⁵) elliptiſch: he's very well ~ er iſt den Umſtänden nach ſehr wohl.

consignment ✿ (k⁵n-ßäi′n-m⁵nt): they had a large ~ of lemons es ging ihnen eine große Sendung Zitronen zu.

conspicuous (k⁵n-ßpĭ′k-jū-⁵ß) ſcherzhaft: ~ by one's absence durch Abweſenheit glänzend.

constable F (kŏ′n-ßt³bl): I fetched a ~ ich holte einen Schutzmann; to outrun the ~ über die pekuniären Mittel hinausgehen; mehr ausgeben, als man einnimmt.

constitutional F (kŏ′n-ßt³-tjū″-ſch³n-³l): to take one's ~ seinen gewöhnlichen Spaziergang (gesundheitshalber) machen.

construe (kŏ′n-ßtnū)Schule: s. Präparation der Lektüre (besonders von griechischen und lateinischen Schriftstellern); v. präparieren.

contango ✳ (kŏn-ta′n³-gō) Börse: Aufgeld (je nach dem Stande des Geldmarktes variierend) für 14tägige Stundung, vom Käufer der Wertpapiere an den Wechselmakler zu entrichten. — S. auch backwardation.

content (kŏ-te′nt) Oberhaus: stimmend für, Stimme für (den Antrag u. s. w.). — S. aye.

continentalize ✳ (kŏ′n-t³-ne″n-tä-lîßj) sich nach kontinentaler Sitte einrichten, leben.

contortionist (kŏn-tö′-ſch³-nißt) Cirkus: Schlangenmensch (Künstler, dessen Leistungen in möglichster Geschmeidigkeit und Biegsamkeit des Körpers bestehen).

contract (kŏ′n-tnäkt) [Eisenbahn: statt ~ season-ticket] Abonnementsbillet.

convenience F (k³n-wî′n-j³nß): he makes a ~ of us (of our house) er will nur Nutzen aus uns ziehen (er betrachtet unser Haus als Absteigequartier); euphemistisch: place of ~ = water-closet; in Briefen: at your earliest ~ sobald es Ihnen möglich ist, umgehend.

convenient F (k³n-wî′n-j³nt) s. Mätresse (GROSE).

convey F (k³n-wê′) [fortschaffen] stehlen.

conveyance F (k³n-wê′-³nß) [Transport]: they came in a fine ~ sie kamen in einem feinen Wagen.

conveyancer F (k³n-wê′-³n-ß³r) Dieb.

conveyer (k³n-wê′-³r) (SHAK.) Dieb.

coo F (kū) [girren]: billing and ~ing Schnäbeln und Küssen; Mamma ~ed approval (_Sporting Times_) Mama stimmte mit süß flötender Stimme zu.

cook (kŭk) 1. s. ↓ ~'s warrant Amputation, Operation. — 2. v. F fälschen: he ~ed up some tremendous lie er hat sich eine fürchterliche Geschichte zusammengelogen, er hat geschwindelt, daß die Wände sich bogen; I shall ~ your goose for you ich werde dir das Leben schon sauer machen, dir schön mitspielen.

cool F (kūl): you 're a ~ fish du bist ein sauberer Kamerad; I call that ~ das nenne ich aber unverschämt; a ~ thousand (AINSWORTH) bare tausend Pfund.

cooler F (kū′-l³r) Weibsbild (GROSE).

coon F (kūn) [eigentlich amerikanisch statt racoon]: he's a gone ~: a) er ist bankrott, pleite; b) er ist (von den Ärzten) aufgegeben.

cooped-up F (kūpt-ŏ′p) [eingepfercht] eingesperrt, eingelocht.

cooper (kū′-p³r) 1. s. Mischung von ale und porter; s. half-and-half. — 2. v. verderben, verraten: I tried the same dodge, but I was soon ~ed (_King of the B._) ich versuchte dasselbe Gaunerstückchen, aber ich wurde bald entlarvt.

coorse (kūß) = course.

cooter (kū′-t³r) Old Cant: Pfund Sterling.

cop (kŏp) [lat. capere]: a) P fangen: they sed as I copped it o' Jim (SIMS) sie sagten, ich hätte es (das Fieber) von Jim bekommen. — b) F stehlen: to be sentenced for ~ping a clock(_Sport. Times_) wegen Diebstahls einer Uhr verurteilt werden.

coper F (kō′-p³r) Roßkamm.

copper (kŏ′p-p³r): a) F [Kupfer] Kupfermünze; scherzhaft: you 're worth your weight in burnt ~ [statt des gewöhnlichen in gold] du bist mir ein feiner Geselle, ein rechter Strolch. — b) P [Fänger] Polizist; Gassenhauer: a jealous ~ moving the coster ein neidischer Schutzmann, den Höker vor sich herstoßend. — c) P ~s pl. Rausch, Kater; young gents often get hot ~s after a wine junge Herrchen haben manchmal nach dem Zechen einen Brummschädel.

'cordin (kŏ′-d³n) P statt according.

Cordle (kŏdl) Londoner Straßenkünstler: Lord and Lady ~ zwei fein ausstaffierte Kanarienvögel, die im Wägelchen sitzen.

Corinth † (kŏ′ʀ-nlnth): a) Spielhölle; b) Bordell; c) Klub für loses, lockeres Gesindel.

Corinthian†(kŏn-nl′n-th³-³n):a)Lebemann, Wüstling; b) Sportsmann; c) Boxer.

Corinthianism † (kŏn-nl″n-th³-än-l′zm) wüstes Leben; Sport.

cork (fŏk) Boxer-Slang: to draw a ∼ einem die Nase blutig schlagen.

corker P (fŏ'-fŏr) etwas, das sich nicht leicht übertreffen läßt: that's a ∼ as beats us all 'oller (*Punch*) das geht vollständig über unsere Kräfte hinaus. — S. licker, whacker.

corn F (fŏrn) [Hühnerauge]: you mustn't tread on his ∼ du mußt ihn nicht an seine empfindliche Stelle fassen.

corned F (fŏrnd) betrunken (GROSE).

corner F (fŏr'-nŏr) [Ecke]: a) we had him in a ∼ wir hatten ihn in die Enge getrieben; I've searched in every nook and ∼ ich habe alle Winkel durchstöbert; we've turned the ∼ wir haben das Schlimmste überstanden. — b) Pfänderspiel: to laugh in one ∼, to cry in another, to dance in another and to sing in another in einer Ecke lachen, in der zweiten weinen, in der dritten tanzen und in der vierten singen. — c) Wettrennen: to turn the ∼ die letzte Ecke passieren.

cornerer (fŏr'-nŏr-nŏr) ❀ Börse: Baumwollspekulant, der vor der Ernte aufkauft, um die Preise in die Höhe zu treiben; F verwirrende Frage, schwer zu lösende Aufgabe. — S. forestaller.

corporation (fŏr'-po-ne"-schŏn) scherzhaft: Schmerbauch, Wanst.

corpse P (kŏpß) abmurksen, totschlagen; Theater: stecken bleiben, sich verwirren (*Sl. Dict.*).

'cos (fŏs) P statt because.

cosh F (fŏsch) Totschläger (*Sl. Dict.*).

cossack F (fŏ'-ß-ßät) Polizist (*Sl. Dict.*).

cosset (up) F (fŏ'-ß-ßŏt) v. verhätscheln, verzärteln.

costard F (fŏ'-ß-tŏr) [Art Apfel] Kopf: I'll smite your ∼ (GROSE) ich werde dir den Schädel einschlagen.

coster (fŏ'-ß-tŏr) [statt costermonger] Londoner Höker; ∼-boy Bursche eines Hökers, Knabe aus der Coster-Klasse; ∼-slang Sprache der Londoner Kleinhändler.

costermongerism (fŏ"-ß-tŏr-mŏ'n-g-nißm) Sitten und Eigentümlichkeiten des Londoner Hökervolkes (GREENWOOD).

cot F (fŏt) Topfgucker, weibischer Geselle (GROSE).

cotch F (fŏtsch) [aus catch verdorben] fangen; ∼ed gefangen.

cotton F (fŏtn): I can't ∼ to it ich kann mich nicht dazu bequemen.

Cotton Lord (fŏ'tn lŏrd) großer Baumwollhändler, Manchester-Handelsfürst (*Sl. Dict.*).

Cottonopolis (fŏ't-t-nŏ"p-ß-liß) Sportblätter: Manchester, die Baumwollstadt.

couch (fautsch) 1. *s.* Jagd: Ruheplatz, Versteck des Wildes. — 2. *v.* F [abfassen]: I ∼ed it in the most polite form ich verfaßte es in der allerhöflichsten Form. — F j. hogshead.

couleur-de-rose (fu-lŏr'-dŏ-nŏß) [franz.] Modesprache: it's not all ∼ with him er ist nicht auf Rosen gebettet, es stimmt bei ihm nicht ganz.

counsel F (fau'n-ßŏl): to keep one's own ∼ nach eigenem Sinne handeln, der eigenen Entschließung folgen.

count (faunt) 1. *v.* sprichwörtlich: don't ∼ your chickens before they are hatched rechne nicht auf des Bären Haut, ehe du ihn erlegt hast. — Parlament: to ∼ out die anwesenden Mitglieder zählen (um zu sehen, ob das Haus beschlußfähig ist). — 2 *s.* ∼ out Zählung der Abgeordneten.

counter (fau'n-tŏr) 1. *s.* Jagd: to run ∼ die Fährte verfehlen; Boxer-Slang: Gegenschlag (auf derselben Seite, d. h. linke Faust gegen rechte Faust und umgekehrt); some sharp ∼s took place es wurden wuchtige Hiebe ausgetauscht; ❀ beim Kaufmann: to take the ∼ den Laden besorgen. — 2. *v.* Boxer-Slang: parieren und gegenschlagen; P. ∼ed him severely on the left cheek (*Fight between Tom Paddock and Harry Poulson*) P. gab ihm einen starken Gegenhieb auf die linke Wange.

counter-jumper (fau'n-tŏr-dschöm-pŏr), **counter-skipper** (fau'n-tŏr-ßkip-pŏr) F Ladenschwengel.

countersign ✗ (fau'nt-ßŏr-ßain) Losungswort; Losung und Parole.

country (fŏ'n-tŏr): it's all up the ∼ with him es ist alles mit ihm vorbei; Gerichtswesen: to put oneself upon the ∼ eine Jury verlangen.

country cousins (fŏ'n-tŏr-kößnj) Lond. Zeitungen: Besuch aus der Provinz; euphemistisch: das Monatliche.

county-crop F (fau'n-tŏ-krŏp) [Zuchthausfrisur] kurz geschorenes Haar.

course (kōß) P ſtatt of course natürlich.

court (kört): F to have a friend at ~ einen einflußreichen Freund haben; Sport: to be placed out of ~ seinen früheren Rang verlieren.

court-martial ✕ (kört-mā´-ſch'l) v. vor ein Kriegsgericht ſtellen.

cove P (kōv) [altes Zigeunerwort] Kerl, Menſch: how he prayed for the ~s as killed him (Sims) wie hat er für die Menſchen gebetet, die ihn töteten.

Covent-Garden (ko´w-ºnt-gā´´dn): market großer Londoner Gemüſe- und Blumenmarkt; in ſeiner Näbe liegt ~ Theatre (ſ. Common Garden); F ~ ague (Grose) Venerie.

Coventry* (ko´w-ºn-tnº): a) Politik: ~ blue, auch true blue das Blau der Getreuen (früher die Farbe der Tory-Partei); b) ~ machinist Velociped-Fabrikant; c) P to send to ~ in Verſchiß erklären.

cover ✻ (ko´w-ºr) Börſe: Bürgſchaft, (gew. ein Prozent), welche dem Börſenmakler von ſeinen Kunden im voraus entrichtet wird. — S. auch contango.

cover-point (ko´w-ºr-pöint) Kricket: Spieler im Rücken des point; ſ. point.

cover-slip (ko´w-ºr-ßlip) Kricket: Spieler im Rücken des slip; ſ. slip.

covess F (kö´-wºß) Weib (Grose).

covey F (kö´-w) Kerlchen.

cow (kau): a) F the tune the old ~ died of (Hoppe) eine jämmerliche Melodie [vergl.: ſo ein Lied, das Stein' erweichen, Menſchen raſend machen kann. Lichtwer]. b) F: ~'s baby (Grose) Kalb; ~'s grease Butter; ~ juice (Grose) Milch; ~'s spouse Ochs; to a ~'s thumb aufs genaueſte.

cowan ☐ (kö´-ºn) Uneingeweihter, Profaner (Sl. Dict.).

cowcumber (kau´-köm-bºr) P ſtatt cucumber Gurke.

cozza F (ko´j-ja) Schweinefleiſch.

crab (kräb) [Krebs] 1. s. Ruderſport: to catch a ~ durch einen zu tiefen Ruderſchlag zurückbleiben. — 2. v. P ärgerlich machen (Grose).

crack (kräk) 1. s.: a) F in a ~ of the finger (oder thumb) im Nu, im Handumdrehen. — b) Zigeunerſprache: dry ~ trockenes Brennholz (Sl. Dict.). —

c) F Einbruch. — d) Sport: the ~s die beſten Rennpferde (ſ. Derby). — e) frecher Bengel (Beaum. & Fl.). — 2. a. F ausgezeichnet: a ~ regiment ein feines, angeſehenes Regiment; he was a ~ scholar of his College er gehörte zu den beſten Gelehrten ſeiner Schule. — 3. v.: a) F: ~ (jokes) Witze reißen; ~ a bottle einer Flaſche den Hals brechen; ~ up herausſtreichen: we ~ed him up sky-high wir ſtrichen ihn gehörig heraus, erheben ihn bis in den Himmel. — b) F: ~ a crib (oder a drum) in ein Haus einbrechen; ~ a crust ſich durchſchlagen; ~ a tidy crust gut dran ſein (Sl. Dict.).

cracked (kräkt) F verrückt; P ~ up ruiniert.

cracker (krä´k-ºr): a) F Flunkerei, Prahlerei; b) Sport: to go a ~ galoppieren, dahinjanſen.

crackjaw (krä´k-dgä) a. ſchwer auszuſprechen.

crackmans (krä´k-mänſ) Old Cant: Gebüſch, Hecke (Ben Jonson).

cracksman F (krä´kß-män) Einbrecher.

craft ⚓ (kraft) [Fahrzeug]: a handsome ~ ein ſchmuckes Weibsbild.

cram (kräm) [ſtopfen] 1. v. F ochſen, büffeln, einpauken. — 2. s. Büffelei, Einpaukerei; eingepauktes, oberflächliches Wiſſen.

crammer F (krä´m-mºr): a) Einpauker, Vorbereiter einer (Einjährig-Freiwilligen- ꝛc.) Preſſe; b) Lüge.

cramp-dodge (krä´mp-dodg) Schüler-Slang: ſimulierter Schreibkrampf.

cramp-ring (krä´mp-nm) Old Cant: eiſerne Ketten, Feſſeln.

cramp-words F (krä´mp-wörtſ) Todesurteil. [ſtrecken.]

crane F (krän): ~ (forward) den Hals vor-

crank F (kränk) Faulſucht.

cranky (krä´n-kº): a) F gebrechlich, morſch; verrückt; b) F faulſüchtig.

crap (kräp) Old Cant: 1. s. Galgen. — 2. v. aufhängen. [zöſe.]

crapaud (kra´-pō) [franz.] ſcherzhaft: Fran-

crapping castle F (krä´p-nm taßl) Abtre-

crash (kräſch) 1. v. F zuſammenlaufen: to get their bets the winners ~ (Racing Song) die Gewinnenden drängen ſich heran, um ihre Wetten einzuheimſen. — 2. s. F Getränke.

crashing-cheats (kră'ịch-in²-tịchitß) Old Cant: Zähne.

crawler (krā'-l³ʳ) langſam fahrende, kriechende Droſchke, ſcherzhaft: Leichenfuhre (*Sl. Dict.*). (*Sl. Dict.*).

craw-thumper ſ (krā'-thöm-p³ʳ) Katholikſ

craze ſ (kreſ) Mode, Paſſion.

crazy ♨ (kre'-ſ·) (vom Schiffe) in ſchlechter Verfaſſung.

crazy-back ſ (kre'-ſ·-bäk) närriſcher Tant.

crazy-Jack ſ (kre'-ſ·-dgäk) verrücktes Weibsbild.

creak (krīk) [knarren]: ſ I 'll make him ~ in his shoes ich will ihm Höllenangſt machen; ſprichwörtlich: ~ing hinges last longest die Schwächlichen leben am längſten, ſprichwörtlich: wer lange huſtet, lebt lange.

cream (krīm) [Rahm] ſ der beſte Teil von etwas; ſ ~ of the valley Geneverbranntwein.

creamy ſ (krī'-m·) [rahmartig] auserleſen; ſalbungsvoll: your ~ words (*Beaumont & Fl.*)deine feierlichen Worte.

crease (krīß), ſ. popping-crease.

creases (krī'-ß²ſ) [Straßenruf] ſtatt water-cress Brunnenkreſſe.

creature comforts (krī''-tịch³ʳ ko''m-f³ʳtß): a) Leckerbiſſen; b) Bequemlichkeit. — S. cup.

credit ſ (kre'd-²t): I shouldn't have given him ~ for it ich hätt' es ihm nicht zugetraut.

creeper ſ (krī'-p²) Laus.

creeps ſ (krīpß) Gänſehaut, Fröſteln.

cremationist * (kr³-me'-ịch²n-ißt) Anhänger der Leichenverbrennung.

crescentade * (kr³'ß-ß²n-ted) mohammedaniſcher Religionskrieg.

crib (krīb) 1. s.: a) ſ Poſten, Stelle; b) Schüler-Slang: Eſelsbrücke, Überſetzung; ſ. crack; c) ſ Haus, Stube; a swell ~ ein feines Haus; a thimble ~ ein Uhrmacherladen. — 2. v.: a) Schule: abſchmieren; b) ſ ſtibitzen.

cribbage-faced (krīb-b²dg-feßt) [mit durchlöchertem Geſicht] pockennarbig (GROSE): he is ~-~ er hat mit dem Geſicht auf einem Rohrſtuhl geſeſſen (iſt pockennarbig).

crib-biter (krīb-bai-t²ʳ) [Pferd, das in die Krippe beißt] unzufriedener Menſch.

crick (krik) v. P verrenken; s. Verrenkung, Gliederreißen: he had a ~ in his shoulder (*Tag, Rag & Co.*) er hatte ſich die Schulter verrenkt.

cricket-field (kri'k-²t-fīld) Wieſe für Schlagballſpiele.

cricket-match (kri'k-²t-mätịch) Schlagballpartie.

cricketer (kri'k-²-t²ʳ) Schlagballſpieler.

crikey P (krai'-k·) [Ausruf] Herrjee!

crineum-craneum (kri'n²-k²m-krā'n²-k²m) 1. ſ a. krumm, im Zickzack. — 2. s. kracklige Schrift; ſ Gaunerei.

crinkle (krinkl) ſ ſich kräuſeln: hair which ~d naturally Haar, das von Natur gelockt war.

cripple P (kripl) ungeſchickter, unbrauchbarer Menſch (*Sl. D.*).

crispin ſ (kriß-p²n) Schuſter; ~'s lance (GROSE) Ahle.

croak (krōk) [krächzen]: a) ſ heulen, jammern; he ~s in quod (*King of the B.*) er brummt, ſitzt im Loche. — b) P ins Gras beißen. — c) ſ umbringen: I'd ~ one of you tyrants and be strung up (*King of the B.*) ich möchte einen von euch Tyrannen umbringen und (dafür) am Galgen baumeln.

croaker ſ (krō'-k²): a) Bettler; b) elender, miſanthropiſcher Menſch; c) Sterbender: he's as good as a ~ (*Almost lost*) er pfeift auf dem letzten Loche.

croaks ſ (krōkß) Sterbeworte.

crock (krōk) 1. Sport: Schindmähre; 2. P: a) Londoner Straße: Porzellanhändler der fahrenden Gattung; ~-shop (HOPPE) Porzellanhändler; billiges Geſchirr; altes Möbel; b) alte, ſchlechte Bioline, *fig.* P Wimmerholz.

crocodile-jaw (krō'k-²-dail-dgā) ſcherzhaft: großes, weites Maul.

crocodile-tears ſ (krō'k-²-dail-tī·) Krokodilsthränen.

crocus ſ (krō'-k²ß) [Safran] fahrende(r) Quackſalber.

crook ſ (kruk) [Haken]: on the ~(s) am Stehlen, durch Dieberei; a. ~ed geſtohlen.

croon (krūn) ſingen, ſummen: ~ing an Irish song (*Tag, Rag & Co.*) eine iriſche Melodie krähend.

crop F (knŏp): ~ up sich plötzlich zeigen; Sportbericht: a new opponent has ~ped up ein neuer Gegner ist aufgetaucht. — F s. crap.

cropoh ⚓ (knŏ'-pō) Franzose; s. crapaud.

croppen F (knŏ'p-p'n) Schwanz (GROSE); ~ ken, s. crapping castle.

cropper(knŏ'p-p᷎r) Sport: Sturz: to go a ~ vom Pferde stürzen, F eine Lerche schießen.

croppie F (knŏ'p-p᷎) geschorener Zuchthäusler. — S. county-crop.

croquet (knŏ'k-ĕ) [jetzt veraltetes Reißspiel] v. (die Kugel des Gegners) treffen; s. hoops Reifen, durch welche die Holzkugeln (~ balls) geschlagen werden.

cross (knŏß) 1. s.: F to get a living, to live on the ~ sich durch Taschendieberei, Mauserei, Gaunerei ernähren. — 2. v. F an idea ~ed my mind es kam mir etwas in den Sinn.

cross-breed F (knŏ'ß-brīd) Mischrace.

cross-chap (knŏ'ß-tschäp), **cross-cove** (~kōw), **cross-man** (~män) F Dieb, Langfinger.

cross-country (knŏß-kŏ'n-tr᷎) querfeldein; s. across-country.

cross-crip (knŏ'ß-krip) Bordell; Spielhölle.

crossing (knŏ'ß-ßin᷎) Kricket: Platzwechsel der Schläger (batsmen) durch Lauf von einem Dreipfahl zum andern.

cross-jarvis F (knŏß-dǧā᷎'-w᷎ß) Droschkenkutscher in Diensten einer Diebesbande.

cross-legs F (knŏ'ß-légs) Schneider.

cross-sighted F (knŏß-ßai᷎'-t᷎d) scheel.

crow (knō) 1. v. F laut schreien, prahlen: you 're a fine cock to ~ so loud (King of the B.) du bist mir ein nettes Huhn, so laut zu poltern; P ~ over (einen Geschlagenen) verhöhnen. — 2. s. P a regular ~ ein glänzender Erfolg, Sieg (Sl. Dict.).

crowd ⚓ (knaud): ~ on one's canvas, all sails alle Segel beisetzen; mit allen Kräften auf sein Ziel lossteuern.

crown (knaun) 1. s. F French ~ Venerie. — 2. v.: a) F and to ~ it all und um dem Ganzen die Krone aufzusetzen; b) Dambrett: ~ a king aufdamen, zur Dame machen; c) Geschichte: Cromwell's ~ing mercy Schlacht von Worcester 1651 (in welcher der junge König Karl II. total geschlagen ward).

crug (knŏg) Blue-coat School: Kruste, Brot.

cruggy (knŏ'g-g᷎) hungrig.

cruise F (knūß) 1. v. [kreuzen] die Gegend unsicher machen; die Kreuz und die Quer fahren: after cruising round a goodish time (JAMES GREENWOOD) nachdem wir lange Zeit dort umhergestreift waren. — 2. s.: on the ~ auf der Wanderschaft.

cruisers F (knū'-ß᷎) s. pl. Landstreicher (GROSE).

crumb-and-crust (man) (krŏm-änd-knŏ'ßt män) scherzhaft: Bäcker.

crummy (knŏ'm-m᷎) F fleischig, wohlbeleibt; F ~ doss lausiges Schmutzbett (Sl. Dict.).

crump (knomp) Old Cant: Bucklige(r).

crumpler(knŏ'mp-l᷎r) Sport: gefährliche(r) Sturz.

crush (knŏsch) s. [Gedränge] Modesprache: großer Empfang.

crusher(knŏsch-᷎r): a) Sport: = crumpler; b) F Schutzmann (Sl. Dict.).

crust (knŏßt) sprichwörtlich: all ~ and no crumb saure Arbeit um wenig Lohn; F an honest ~ redlicher Verdienst.

crusty F (knŏ'ß-t᷎) mürrisch.

crusty-gripes P (knŏ'ß-t᷎-gnaipß) Griesgram.

crutch-and-toothpick F (knŏ'tsch-änd-tū"th-pik) [Krücke und Zahnstocher] Modeherrchen, Stutzer (SIMS).

cry (knai) s. Jagd: in full ~ über Stock und Stein.

cry-baby F (knai'-bĕ-b᷎) Schreihals.

crying-drunk F (knai-in᷎-knŏ'n'k) bis zum Heulen besoffen.

crystals (kni'ßtls) alte Dramatiker: Augen.

cub F (kŏb) Junge; now, my young ~s nun, ihr Galgenstricke.

cuckold F (kŏ'k-kŏld) v. [zum Hahnrei machen]: ~ the parson die ehelichen Pflichten schon vor der Braut erfüllen.

cucumber (kjū'-kŏmb-᷎r) [Gurke]: F as cool as a ~ ganz kühl, kalt wie eine Hundeschnauze; P Schneider (Sl. Dict.).

cud (kŏd) Blue-coat School: streng.

cuddle F (kŏdl) Umarmung.

cuddy (kŏ'd-d᷎) Blue-coat School: schwer.

cueist (kjū'-ißt) Sportblätter: Billardspieler.

3*

cuffin (köfn) Old Cant = cove.

cull F (köl) Mann, Mensch, Leute: you see what famous togs the ~ has on (*Auriol*) du siehst, was für feine Lappen der Kerl anhat.

cullet (köʼl-löt) zerbrochenes Glas (*Sl. Dict.*).

cully (köʼl-lĕ) Theater, Zirkus u. s. w.: Kamerad; ~ gorger Bruder Schauspieler, Schauspieler der nämlichen Gesellschaft oder Truppe (= fellow actor); F = cull.

cultus (köʼl-tŭß) Zeitungssprache: ~ of the saints Kultus der Heiligen (*Academy*).

cummer P (köʼm-mö⁶ʳ) Bekanntschaft (*Sl. Dict.*).

cup (köp) 1. *s.* F in one's cups im Trunke; P a cup of the creature ein Gläschen Schnaps; Sport: Preis. — 2. *a.* a cup horse ein preisgekröntes Rennpferd.

cup-board F (köʼb-bö⁶ʳd) [Speiseschrank]: ~-love Liebe, die aus dem Magen kommt; the skeleton in the ~ das Familiengeheimnis.

cup-shot P (köʼp-schot) betrunken.

cur F (kö⁶ʳ) [Köter] Verräter: he turned cur er wurde zum Angeber.

curb F (köb) Haken.

curdler (köʼʳd-lö⁶ʳ) [was Blut u. s. w. gerinnen macht] scherzhaft: a) = cutting; b) Verfasser von Gruselgeschichten. — S. bloodfreezer.

cure F (kjū⁶ʳ): (it) can't be cured da läßt sich nichts machen.

curios (kjū⁶ʳ-riöß) [statt curiosities] Rdebewelt: Raritäten.

curiosity (kjū⁶ʳ-n⁶ʳ-o⁶ʼß-⁶-t⁶ʳ) [Merkwürdigkeit]: he's quite a ~ er ist ein höchst seltsamer Kauz.

curl F (köl) *v.* (Geld) beschneiden.

curls F (kölß) *s pl.* [Leichenraub] Zähne von Toten.

curse P (köß, P köß) Fluch: not worth a tinker's ~ (*Sl. Dict.*) keinen Schuß Pulver wert.

cushion (küschn) *v.* Billard: doublieren.

cushionmong (küschn-mo⁶ʳn⁶ʳ) P statt accouchement Niederkunft.

cushion - smiter (küʼschn - ßmai⁶ - t⁶ʳ), **cushion - thumper** (küʼschn - *thöm*-p⁶ʳ) [Kissenklopfer] F Prediger.

cuss (köß), **cussin** (kößn) F Mann.

cussedness P (köʼß-ß⁶d-n⁶ß) [statt cursedness] Boshaftigkeit, böser Wille.

customer F (köʼß-t⁶-m⁶ʳ): he's a strange, rum ~ das ist ein kurioser Heiliger; laben: a chance ~ ein Fremder, den der Zufall herbeiführt, Gelegenheitskäufer (das Gegenteil ist: a regular, an old, a standing ~).

cut (köt) 1. *v.:* a) [schneiden]: F there's a wind enough to cut you in two der Wind weht so schneidend, daß er einem durch und durch geht; beim Haarschneider: to ~ a person jemand das Haar schneiden: "I beg pardon", I said, "I never had the pleasure of ~ting you before". "Or of me ~ting you", she made answer (JAMES GREENWOOD) „Bitte um Entschuldigung", sagte ich, „ich hatte nie zuvor das Vergnügen, Ihnen das Haar zu schneiden". „Oder ich Ihnen auszukneifen", erwiderte sie; [vermeiden]: I mean to cut your company ich will mit dir nichts mehr zu schaffen haben; I shall cut him, his shop ich werde ihm, seinem Laden fern bleiben; [anreißen]: he will have to cut it er wird sich davonmachen müssen. — b) P cut that! (*Sl. Dict.*) halt's Maul! cut a (great) dash den feinen Herrn spielen; cut dirt sich aus dem Staube machen; he has cut his eye-teeth (*Sl. Dict.*) er ist schlau, verschlagen; cut one's own grass den eigenen Acker bearbeiten, auf eigenen Füßen stehen; cut-and-run auf und davon! cut a shine ein Röllchen spielen; I'm blessed if we shan't cut a shine out o' all the frigates (*Nights at Sea*) da hörte doch alles auf, wenn wir nicht allen Fregatten den Rang ablaufen könnten; cut one's stick Reißaus nehmen, *fig.* F Pech geben. — c) Old Cant: reden; altes Bettlerlied: cut benar whiddes rede vernünftiger, artiger. — d) Kricket: den Ball nach links (vom bowler) zurückschlagen; he cut for two indem er nach links schlug, machte er zwei Läufe. — e) Jagd: cut to cover (HOPPE) in den Bau geben; unterkriechen. — 2. In Verbindung mit Präpositionen: F cut about umherlaufen; cut along! mach dich auf die Beine! P cut in! drauf und dran! F he was cutting in and out er lief ein und aus; he cut us **off** with a shilling, a farthing er hat uns enterbt; cut **out** verdrängen, schlagen; he's cut out for a sailor er ist für die See wie gemacht; I 've all my work cut out for me ich habe gerade genug auf dem Halse, ein tüchtiges Stück Arbeit vor mir; ⌐ cut out of (*Sl. Dict.*) betrügen; F he's dreadfully cut-up er ist schrecklich niedergeschlagen; ⌐ cut-up (one's plunder) die Beute verteilen; P don't cut-up rough! nur nicht gleich grob werden! cut-up fat ein schönes Sümmchen hinterlassen; cut-up shines den Vornehmen spielen. — **3.** *s.*: a) F the unkindest cut of all das Schlimmste, das man mir angetan; I gave him the cut (direct) ich ließ ihn links liegen. — b) P Rangstufe: I stood a cut above him ich stand nur eine Stufe über ihm. — c) Kricket: Rückschlag des Schlägers (nach links vom bowler).

Cut (köt) statt New Cut, bekannte Londoner Plebejerstraße, nahe bei Westminster.

cut-and-come again F (kö't-änd-köm ä-ge"n) fleischiger Braten (an dem man wiederholt schneiden kann).

cut-and-dry (köt-änd-drai'): F he had it all ~ er hatte die Geschichte am Schnürchen; P you 're a-cuttin' and a-dryin' of it man glaubt ja, du hättest es auswendig gelernt.

cut-and-shuffle F (köt-änd-schö'fl) volkstümlicher Tanz.

cut-in P (köt-i'n) Ansatz, Versuch: Isn't it time we had a ~? (*Almost lost*) Wär's nicht an der Zeit, uns daran zu machen?

cut-throatism * (köt-*thrō*-tism) Halsabschneiderei.

cute F (kjūt) statt acute schlau, verschlagen.

cuttee (köt-ti') Person, die man meidet.

cutter (kö't-t'r) Prahlhans (*Beaumont & Fl.*).

cutting (kö't-ting): a) ⚓ a ~ tradesman ein Kaufmann, der durch niedrige Preise (by cutting it fine) die Kundschaft an sich zu locken sucht, Schleuderer; b) P a cuttin' play ein Rührstück, Schauerdrama.

cutty-eye ⌐ (kö't-t'-ai) scheel ansehen: the cull ~d (GROSE) der Kerl sah uns von der Seite, sah uns schief an.

cycling * (sai'-kling) Bicycle- u. Tricycle-Sport, Radsport; ~ crack guter Radfahrer, Radvirtuos; ~ race Velociped-Wettrennen.

cyclist * (sai'-klist) Radfahrer.

cyprian † (si'p-r-ən) Freudenmädchen; ~ house Haus von üblem Rufe, Bordell.

D.

d (di) Handel-Slang: statt penny Groschen; two d zwei Pence (20 Pf.).

D statt dust [Müll] (Anweisung für den vorbeifahrenden dustman oder Müllkärrner).

'd [F statt had]: he 'd been er war da gewesen; you 'd better go es wäre besser, wenn ihr ginget.

'd [F statt would]: he 'd sometimes stop for an hour er blieb wohl manchmal eine Stunde.

dd ⚓ [statt discharged dead] als tot von der Liste gestrichen.

dab (däb) **1.** *s.*: a) P Schlag: you'll get a dab on the jaw (GREENWOOD) du wirst eine aufs Maul kriegen; Schmutz-

fink. — b) F Bett. — c) Flußschiffer: aufgefischter Leichnam weiblichen Geschlechts (*River Rats*, GREENWOOD); j. flounder, salmon. — **2.** *v.*: a) F dab it up with a woman eine galante Verabredung treffen; beschmutzen, beflecken. — b) ⌐ to ~ down one's pieces zahlen, F berappen.

dabs P (däbs) = dapster.

dabster P (dä'b-st'r) = dapster.

dace ⌐ (dēs) zwei Pence (GROSE); = duce.

daddle ⌐ (dädl) Hand: tip us your ~ reich mir die Hand.

daddy (dä'd-ə) Kindersprache: Väterchen.

daffey ⌐ (dä'f-ə) Gin (GROSE); = jackey.

dagen F (dēgn) Schwert (GROSE).

dags (dăgj) Kunststücke (*Sl. Dict.*).

dairy F (dā'-rĕ) Brüste (GROSE).

daisy (dē'-jĕ) [Maßliebchen]: F as fresh as a ~ so frisch wie eine Rose.

daisy-cutter (dē'-jĕ-tŏt-tŏr) Sport: Rennpferd, das die Füße nicht hoch hebt.

damage (dă'm-ĕdʒ) [Schaden]: F who 'll pay the ~ wer wird die Zeche, die Kosten bezahlen?

dame-school F (dē'm-ßkūl) altmodische Kleinkinderschule.

damn (dăm) [verdammt]: ~ the thing could we find (*Nights at Sea*) nicht ein gottverdammtes Ding konnten wir finden.

damper (dă'm-pŏr): 1. F to put on a ~ die Freude verderben, den Spaß stören, einen Dämpfer aufsetzen. — 2. F Ladenkasse, Schublade: to draw a ~ (*Sl. Dict.*) das Geld aus der Theke stehlen.

dance (dănß) s. F Treppe; v. [tanzen]: F ~ upon nothing gehängt werden (GROSE).

dander † (dă'n-dŏr) Zorn: to get one's ~ up (*Sl. Dict.*) ärgerlich werden: this raised his ~ (*The Boy's Own paper*) dies machte ihn zornig, brachte ihn außer sich.

dandified F (dă'n-dĭ-faīd) stutzermäßig.

dandy F (dă'n-dĕ) [Stutzer] falsches Geldstück; that's the ~ (GROSE) das ist geschickt.

dandy-horse (dă'n-dĕ-hŏ'rß) altertümliches Velociped.

dandy-master (dă'n-dĕ-maß-tŏr) einer, der falsches Geld münzt, Falschmünzer.

dandypratt ↘ (dă'n-dĕ-prăt) komisches Männchen (*Sl. Dict.*).

dandyzette † (dă'n-dĕ-jet) Modedämchen der Dandy-Periode (vor 50—60 Jahren).

dang it! P (dă'ng ĭt) alle Wetter!

dangler † (dă'ng-glŏr) Verehrer des schönen Geschlechts.

dapster F (dă'p-ßtŏr) erfahrener Spieler, Kenner.

darbies F (dā'-bĕ) Handschellen.

dare F (dā'r) [statt dared und durst]: he ~ not do it er wagte es nicht zu thun; F und P (mit Hilfszeitwort) we did not ~ so much as sing (*Punch*) wir wagten nicht einmal zu singen; F dared statt durst: and yet he hardly ~ to believe in such good fortune (*The Boy's Own paper*) und doch getraute er sich nicht einmal an ein so gutes Glück zu glauben; I ~ not look at her (*Lorrequer in Love*) ich wagte nicht, sie anzuschauen [die schwache Form dared scheint durst auch in dem höheren Stile ganz verdrängen zu wollen].

dark (dā'k) [dunkel]: F ~ cull der seine Mätresse nur des Nachts besucht (GROSE); Sport: ~ horse (*Sl. Dict.*) unbekanntes Pferd; Jägersprache: as ~ as the inside of a wolf so dunkel wie die Nacht, pechfinster.

dark-blue (dā'k-blū) Sport: auf die (Mannschaft der) Universität Oxford bezüglich, besonders mit Rücksicht auf die alljährlich stattfindende Frühlingswettfahrt; ~ practice Übungsfahrt der Orforder Studenten.

darkee, darkey, darky F (alles: dā'-kĕ) Nacht; Blendlaterne (GROSE).

darkmans F (dā'k-mănj) Nacht; darkmans' budge Dieb, der sich in ein Haus schleicht, um des Nachts seine Genossen einzulassen.

darky ↓ (dā'-kĕ) Neger; s. auch darkee.

darn (dān) P statt damn.

dash (dăsch) 1. s. math. a' (sprich r) ~; F there's such ~ and go in him er hat soviel Mut und Feuer; F put a ~ of brandy with it thu' ein Tröpfchen Cognac dazu. — 2. v. ~ it! ~ my wig! alle Henker!

dashing F (dă'sch-ĭŋ) keck, herausfordernd, flott.

daub (dāb) [schmieren] Künstler-Slang: v. schlecht malen; s. Sudelbild; P Künstler. — F = dawb.

Dave P (dē'w) statt David.

'davy P (dē'-wĕ) [P statt affidavit eidliche Aussage]: on my ~! meiner Treu!; take my ~ on it du kannst dich fest darauf verlassen.

Davy ↓ (dē'-wĕ) (old) ~ Vater Ozean; der Satan (dieser heißt auch ~ Jones); ~ Jones' locker (oder ~'s locker) das Meer (als Begräbnisstätte); ~ Jones' natural children Seeräuber; Schmuggler; Halunken.

dawb F (dāb) bestechen (GROSE).

dawdle (dádl): F to ~ a person's time jemand aufhalten; to ~ one's time seine Zeit totschlagen.

dawg (dág) P statt dog Hund.

day F (dē): it's early ~s yet es ist noch zu früh an der Zeit; es läßt sich noch nichts darüber sagen; sprichw.: as happy as the ~ is long allezeit vergnügt; to do a ~'s gardening, washing sich seinen Tagelohn mit Gärtnerarbeit, Waschen verdienen; to have a ~'s outing einen Ausflug machen.

day-boarder (dē'-bōʳ-dŏʳ) Schulsprache: Schüler, der in der Schule zu Mittag speist.

day-boy (dē'-bŏi) Schulsprache: Externe(r) [im Gegensatze zu den „boarders"].

day-light ↓ (dē'ʳ-lait) [Tageslicht]: to knock ~ thro' one einem das Lebenslicht ausblasen; ~ spl. Augen. — S. top-lights.

day-scholar (dē'-sskŏl-ăʳ) = day-boy.

day-school (dē'-sskūl) Schulspr.: Schule, die ausschließlich oder vorwiegend von Externen besucht wird.

dead (déd) [tot]: a) F ~ as mutton mausetot; he is ~ against you er ist dein Todfeind; a ~-and-alive place ein stilles, zum Sterben langweiliges Nest; ~-and-done for rein futsch; it had such a ~-and-done for look es sah so ganz erbärmlich aus; he's ~-and-gone er liegt längst im Grabe; ~-beat todmüde; ~ out of luck ewig im Pech, ohne alles Glück; ~ sure fest überzeugt, ganz sicher; ~ sweet up bis über die Ohren verliebt in; ~ loss reiner Verlust; ~ shot Schütze, der nie sein Ziel verfehlt; ~ take-in famoser Schwindel, schlaues Gaunerstück; ~ weight schwerer, regungsloser Körper; nutzlose Last; unnützes Mitglied. — b) P ~-flabbergasted zu Tode, höchst erstaunt; feel ~ knocked up todmüde, abgehetzt sein. — c) F ~ cargo schlechte, wertlose Beute (GROSE). — d) ↓ ~ months Wintermonate (SMYTH). — e) Kricket: Regel: if any fieldsman stop the ball with his hat, the ball shall be considered *dead*. — f) Sport: ~ amiss wegen Krankheit unfähig zum Rennen (*Sl. D.*); ~ heat totes Rennen, bei welchem die Gegner zugleich an das Ziel gelangen. — g) alte Dramatiker: ~ pay Löhnung für (gefallene) Soldaten, die nur auf dem Papier stehen. — h) Politik: ~ season Sauregurkenzeit, tote Zeit.

dead-head (déd-héd): a) Theater: einer, der freien Eintritt, ein Freibillet hat; b) Telegraphisten-Sl.: Telegramm, für das keine Gebühr entrichtet wird; c) Eisenbahn: Freipassagier.

deadly F (déd-li): ~ nevergreen (GROSE) Galgen.

dead-men (déd-me'n): a) F scherzhaft: leere Weinflaschen; b) Bäcker-Slang: Brote, welche den Kunden fälschlich angerechnet worden sind.

deady F (dē'd-ʲ) Gin (GROSE)

deal (dīl) [Teil]: a) F he had a ~ to say er hatte viel auf dem Herzen; what a ~ we 've heard was haben wir nicht alles gehört; he 's a (great) ~ too good for her er ist viel zu schade für sie; a ~ sooner viel lieber. — b) P Geschäft, Affäre. — c) Kartenspiel: it's my (your) ~ ich bin (Sie sind) am Geben.

deal-board F (dīl-bōʳd) [Diele]: he can see thro' a ~ er kann durch eine Mauer sehen (b. h. er sieht sehr gut).

deal-suit P (dīl-ssūt, P dīl-sūt) Sarg, den Armen auf Gemeindekosten geliefert, fig. P Nasenquetscher.

deaner F (dī'-nˢ) Schilling (*Sl. D.*).

dear (dīʳ) [teuer]: F (why) ~ me! ach Herrje! Weibersprache: s. you 're a ~ du bist ein Engel; (zu Kindern) there's a ~ sei artig.

deary F (dī'-nˢ) Liebchen, Herzchen.

death (déth): a) it will be the ~ of him es wird sein Tod sein; to catch one's ~ of cold sich auf den Tod erkälten; he was at ~'s door er stand schon mit einem Fuß im Grabe. — b) to be dressed to ~ aufgedonnert, auffallend gekleidet sein.

death-hunt (déth-hŏnt) Hinlaufen nach Richtplätzen.

deceiver (dī-ssī'-vˢʳ) Sport: versagendes, wider Erwartung geschlagenes Pferd: Boulevard will prove a ~ (*Sporting Life*) B. wird seine Gönner im Stich lassen.

decent F (dī'-ssⁿt) anständig; a ~ sort o' chap ein braver Mensch.

decimal (dē'-ss-ᵉ-mˢl) Schulsprache: Decimalstrich. [In der englischen Mathematik dient ein Punkt statt des sonst üblichen Kommas, z. B. .4 (lies decimal four) = 0,4 (Null Komma vier).]

decipherist * (dĕ-ßai̯'-fĭ-ʀĭßt) einer, der (bei Gerichtsverhandlungen u. s. w.) Handschriften entziffert.

declare F (dĕ-klai̯''): I ~ it does nothing but rain es bleibt wahrhaft ewig beim Regnen; Börse: [st. ~ bankrupt] durch öffentlichen Anschlag bankrott erklären.

decline (dĕ-klai̯'n) v. [abnehmen] Börse: = recede; s. F he is in a ~ er hat die Schwindsucht.

dee F (di) Brieftasche (*Sl. D.*).

deed (did) [That] sprichwörtlich: better the day better the ~ „je besser der Tag, desto besser die Arbeit" (so sagt der fromme Engländer, wenn er des Sonntags arbeitet).

defy F (dĕ-fai̯') sehr gewöhnlich: I ~ you to (do that, etc.) ich behaupte, du kannst es nicht (thun u. s. w.).

degen F (dẽgn) Schwert (GROSE).

degree (dĕ-gʀi̯') [Grad]: F he's jealous to a ~ er ist entsetzlich eifersüchtig.

delicate (dĕ'l-i-kᵘt) ironisch: he has a ~ appetite er frißt wie ein Scheunendrescher.

deliveress ↘ (dĕ-li̯'w-ĕ-nĕß) Retterin.

dell (dĕl) Old Cant: unverführtes Mädchen, Jungfer (im Gegensatze zu doxy); Betteldirne.

demagogy * (dĕ'm-ᵃ-gŏdʒ-ᵉ) Demagogenwirtschaft.

demirep, demyrep (dĕ'm-ĭ-nĕp) † Hochstaplerin; demi-monde.

democratize * (dĕ-mŏ'k-ʀᵃ-tai̯ʒ) demokratisch machen.

demolish F (dĕ-mŏ'l-iʃch) [zerstören] aufzehren, auffressen.

demonstrative F (dĕ''m-ᵒn-ßtʀᴇ't-iw*) von lautem, keckem Wesen; auf das Äußerliche bedacht; he's not very ~ er ist ziemlich zurückhaltend, bescheiden.

*) Die Aussprache dieses Wortes ist eigentlich dĭ-mŏ'n-ßtnᴇ-tiw, doch wird in der obigen Bedeutung stets dᴇ''m-ᵒn-ßtnᴇ't-iw gesprochen.

demy-rep (dĕ'm-ĭ-nĕp), s. demirep.

den F (dĕn) [Höhle] Haus, Wohnung, F Bude.

dense (dĕnß) [dicht] dickköpfig, schwer von Begriff.

dental * (dĕ'n-tᵉl): ~ surgeon (surgery) Zahnarzt (Zahnarzneikunde); ~ hospital Hospital für Zahnkrankheiten.

dentity P (dĕ'n-tᶤ-tᵉ) statt identity Identität, Übereinstimmung.

depend F (dĕ-pe'nd): it all ~s das kommt ganz drauf an.

depperty (dĕ'p-ᵖᶤ-tᵉ) P statt deputy Vertreter.

Derby (dö'ʀ-bᵉ und da'ʀ-bᵉ, P da'-bᵉ): the ~ Rennen von dreijährigen Pferden (nach Earl ~ benannt; findet seit 1780 auf Epsom Downs (ĕ'p-ßᵉm daũnß) bei London statt); a ~ crack ein Rennpferd ersten Ranges.

dersay (dĕ-ße') [P statt dare say]: I ~ das will ich wohl glauben.

déshabille (dĕʃ-ᵃ-bi̯'l) [Medespr., franz.] Negligee, Morgenkleid.

despatchers F (dĕ-ß-pᵃt-ʃchᵉʃ) doppelt numerierte Würfel (*Sl. D.*).

despotize * (dĕ'ß-pᵒ-tai̯ʒ) tyrannisieren, bedrücken.

dence (dʒüß, P düß): a) F = dace; b) F [statt devil]: I don't know what the ~ he means ich weiß nicht was zum Henker er damit sagen will; she has a ~ of a temper sie ist verteufelt jähzornig; it played the very ~ with him es hat ihm arg zugesetzt.

dence-a-vile, dewse-a-vile (düß-ᵃ-wi̯'l) Old Cant: Land, Dorf [im Gegensatze zu Rom-vile = London].

denced F (düß-bᶦd, düßt, P dü'-bᶦd, düßt) verteufelt: a ~ awkward place ein verdammt böser Platz.

devil (dĕ'wl) [Teufel] (in guter Gesellschaft anstößig): a) F und P a ~ of a fellow ein Teufelskerl; a ~ of a row ein Höllenspektakel; ~ a bit! bei allen Teufeln! ~ a bit you 're sure it worn't a sperrit? (AINSWORTH, *Auriol*) alle Wetter, weißt du sicher, daß es kein Gespenst war? here's, there's the ~ to pay (with them) sie sind in einer bösen Patsche, Verlegenheit; ~ to pay and no pitch hot (SMYTH) ein böses Geschäft und keiner da, der's auf sich nehmen will. — b) F ~'s bedposts Schippen Vier (*Sl. D.*); ~'s daughter (GROSE) böse Sieben; ~-dodger Pfaffe; ~'s teeth Würfel (*Sl. D.*). — c) ⚓ enough wind to blow the ~'s horns off erbärmlicher Wind; the ~'s own (messmate) Seeräuber; the ~'s own ship Piratenschiff; ~'s smiles Sonnenstrahl aus dunkeln Wolken. — d) Juristen-Slang: [barrister's] ~ stellvertretender Advokat. — e) Knabenspiel: pull ~, pull baker (HOPPE). — f) Whist: the ~'s bedstead die dreizehnte (also letzte) Karte einer ausgespielten Farbe.

devil-catcher F (dĕ'wl-kätſch-ᵉ) = devil-dodger (ſ. unter devil b).

devil-driven F (dĕ'wl-driwn) vom Teufel besessen.

devil-may-care F (däwl-me-kä'ᵉ) [= devil-me-care] a. tollkühn: a ~ (auch devil-may-carish) sort o' fellow ein verwegener Geselle, ein Mensch, der sich selbst vor dem Teufel nicht fürchtet.

devilish F (dĕ'w-liſch) verteufelt, verflucht: a ~ cold day ein verdammt kalter Tag.

dew-beater (djū'-bī-tᵉ, P dū'-bī-tᵉ), **dew-duster** (dū'-döß-tᵉ), **dew-treader** (dū'-trēd-ᵉ) P Fuß.

dewse-a-vile, ſ. deuce-a-vile.

dew-sprinkled (djū'-ßprinkld) [taubesprenkelt] Modesprache: mit Glasperlen besetzt.

dial F (dai'-ᵃl) [Zifferblatt] Gesicht.

Dials, the (dai'-ᵃlſ) [P statt Seven-Dials] Londoner Diebesviertel, zwischen Charing-Cross und Oxford-Street gelegen.

diamond F (dai'-mᵃnd): a rough ~ ein ungeleckter, aber ehrlicher Mensch.

dibbs ⚓ (dibſ) Geld (SMYTH).

Dick (dik): F in the reign of queen ~ niemals; as queer as ~'s hatband schlecht gelaunt; P to be dressed up to ~ fein anstaffiert sein; I take my ~ it wasn't me bei meiner Treu, ich bin's nicht gewesen.

dicked F (dikt): ~ in the nob verrückt (GROSE).

dickens (di'k-ᵉnſ) [F statt devil], ſ. deuce.

dick(e)y (di'k-ᵉ) 1. *s.*: a) F Vorhemdchen; b) Kindersprache: [statt ~-bird] Vögelchen; c) ⚓ second ~ (statt second mate) Untersteuermann; d) P Esel (GROSE); e) F Unterrock. — 2. *a.* P erbärmlich, elend: in a ~ condition in einer kritischen Lage; Sport: ~ horses ungesunde Pferde; it isn't all ~ (*Punch*) es ist nicht ganz ohne; P ~ dido! dummer Wicht!

dicky-diaper † (di'k-ᵉ-dai'ᵉ-ᵉ-pᵉ) spöttisch: Leinwandhändler.

diddle P (didl) 1. *s.* Schwindel, Betrug. — 2. *v.* prellen, anschmieren: he ~d us nicely er hat uns schön angeführt, 'reingelegt.

diddler F (di'd-lᵉ) Betrüger.

didn't have (di'dnt häw) [P statt had not]: he ~ a sixpence er hatte nicht einen Groschen.

dido P (dai'-dō), ſ. dickey 2.

didoes P (dai'-dōſ): to cut up one's ~ Streiche spielen (*Sl. Dict.*).

die (dai) [Würfel]: as straight as a ~ kerzengerade.

dig (dig) 1. *s. u. v.* Schul-Slang: ~ ober ~ away *v.* ochsen, pauken; *s.* Studium: he had a ~ at his Caesar er hat seinen Cäsar geochst. — 2. *s.* F a ~ in the ribs ein Stoß in die Rippen.

diggers F (di'g-gᵉſ) Sporen (GROSE).

diggings (di'g-ginſ) [Goldgräberei] Sport — wahrscheinlich aus Amerika stammend: Wohnung: I'll give you a hail at your ~ ich will dich auf deiner Bude einmal besuchen.

digit (di'dſ-it) *math.* Ziffer: a number of five ~s eine fünfstellige Zahl.

dimber (di'm-bᵉ) Old Cant: nett, zierlich; ~ damber Erzgauner, Bettler-Prinz.

dimension F (di-mĕ'n-ſch'n): to take the ~s of ausmessen, anmessen.

dimmock F (di'm-mᵉk) Geld (GROSE).

dine F (dain) bewirten: we were ~d by the citizens of Cork (HARRY LORREQUER) wir wurden von den Bürgern der Stadt Cork bewirtet.

ding (dinᵍ): a) F (*The Thieves' Grammar*, 1719) stehlen und davonlaufen; schlagen: ~ the cull on the poll steige dem Kerl aufs Dach; ~ to your pal! (GROSE) bring' deinem Kameraden das Gestohlene! b) Boxer-Slang: ~ away blindlings drauf los schlagen.

ding-dong (di'n-dᵒnᵉ) F Hals über Kopf; ⚓ schweres Geschützfeuer zwischen feindlichen Schiffen; Sport: a ~ race eine Wettfahrt, bei der bald das eine, bald das andere Boot die Führung übernimmt.

dingy ⚓ (di'n-dᵍᵉ) [dunkel]: ~ christian Mulatte.

dip (dip) 1. *v.* [tauchen] F that ~ped considerably into my pocket das hat mir ein böjes Loch in die Kaſſe gemacht. — 2. *s.* Fluß= oder Seebad: have you had a ~? haſt du dich gebadet?

dipper F (dĭ'p-p⁵ʳ) ironiſch: Anabaptiſt, Wiedertäufer.

dipsey lead ⚓ (dĭ'p-ß⁵ leḋ) ſtatt deep-sea lead Tieflot.

directly (dĭ-rĕ'tt-lⁱ) [*conjunct.* F ſtatt as soon as]: ~ he came in he twigged you ſobald er eintrat, ſah er dich.

dirt (dö̆rt) [Dreck]: F as cheap as ~ ſpottbillig (auch ~-cheap); they treated me like ~ ſie haben mich geringſchätzig, wie einen Schuhputzer behandelt.

dirt-cheap (dö̆'t-tſchīp) *adv.*: the boys were in the habit of selling the pigeons ~ die Knaben hatten die Gewohnheit, die Tauben ſpottbillig, um ein Lumpengeld zu verkaufen. — S. auch **dirt.**

dirty (dö̆r'-tⁱ) F: he won't do your ~ work for you er wird ſich hüten, deinen Bedienten zu ſpielen; a ~ trick ein gemeiner Streich; a ~ walker eine Perſon, die ſich beim Gehen ſtark die Kleider beſchmutzt, jemand, der in alle Pfützen tritt; ⚓ ~ weather ſtürmiſches Wetter.

disagreeables F (dĭß-ᵃ-grī'-ᵃ-blſ) *s/pl.* Unannehmlichkeiten, Verdrießlichkeiten.

discount ✶ (dĭ'ß-kaunt): at a ~ unter Pari; silks are at a ~ Seidenſtoffe ſind billig zu haben.

disguised F (dĭß-gai'ʒd) [verkleidet] betrunken (*Sl. Dict.*).

dish (diſch) Sagd: aus dem Sattel werfen; Politik: ſtürzen: (Chamberlain) Disraeli desired to ~ the Whigs D. wünſchte die Liberalen aus dem Sattel zu heben; F anſchmieren; ~ up ruinieren (GROSE).

dishclout P (dĭ'ſch-klaut) [Tellertuch, Wiſchlappen) ſchmieriges Weibsbild (GROSE); to make a napkin of one's ~ ſeine Köchin heiraten.

dismembered* (dĭß-mĕ'm-b'rd) Parlament: nicht durch einen Abgeordneten vertreten (beſonders mit bezug auf die vor dem Jahre 1885 beſtehenden Wahlbezirke oder „boroughs").

dispensation (dĭ'ß-pĕn-ße̅''-ſch'n) Religion: by the ~ of Providence durch die gnädige Fügung der Vorſehung.

disposed (dĭß-pō̅'ʒd) Zeitung: ~ here and there will be found bronzes and pottery hier und dort wird man Bronzeartikel und Thonwaren ausgeſtellt finden; ſcherzhaft: ~ of aufgegeſſen.

disrate ⚓ (dĭß-rē̅'t) degradieren (HOPPE).

distance (dĭ'ß-t⁵nß) Sport: Diſtanz von 240 engl. Ellen (vor dem Zielpunkte); ~d geſchlagen (von einem Pferde, das im Einzelrennen [heat] 240 Ellen hinter dem Sieger zurückgeblieben iſt).

ditchwater F (dĭ'tſch-wā̅-t⁵ʳ) [Grabenwaſſer]: as dull as ~ entſetzlich langweilig.

ditto (dĭ't-tō) Schneiderſprache: suit of ~ ganzer Anzug aus einem Stoffe (GROSE).

dive F (daiw) [tauchen] *v.* Taſchen ausleeren; ~ the pockets (*Ben Jonson*) aus den Taſchen ſtehlen; *s.* to make a ~ for nach etwas angeln, nach etwas haſchen.

diver F (dai'-w⁵) Taſchendieb (GROSE).

diving F (dai'-wⁱⁿᵍ) Taſchendiebſtahl (GROSE).

Dizzie (dĭ'ſ-⁵) [abgekürzt aus Disraeli] Spitzname des verſtorbenen Lord Beaconsfield.

d'n (dn) [P ſtatt don't oder do not]: I ~ care mir iſt's ſchnuppe; I ~ know ich weiß nicht, habe keine Ahnung. — S. **dunno.**

do (dū) 1. *v.*: a) ✶ there's nothing doing die Geſchäfte ſtehen ſtill. — b) Handel und Sport: do a bill Wechſelgeſchäfte machen, Wucher treiben. — c) Schulſprache: do twenty lines zwanzig Linien (zur Strafe) ſchreiben; do punishment ſeine Strafarbeit machen. — d) F do the Continent: a) den Kontinent bereiſen; b) betrügen; I am not going to be done by him ich werde mich nicht von ihm unterkriegen laſſen; do a constitutional (auch take one's const.) geſundheitshalber ſpazieren gehen; do it fat, fine den Vornehmen ſpielen; he thinks he's doing wonders er glaubt, er thut Wunder was! — e) P do for one einen zu grunde richten, umbringen; I could do with a chop ich ließe mir ein Kotelett gefallen; verrichten. — f) F abſitzen: How long are you doing, mate? Five, said I (*Prison Life*) „Wie lange mußt du brummen, Kamerad?" „Fünf" [Jahre], ſagte ich); Sagd: do him gib ihm den Fang! — 2. *s.* P Betrug: it's all a do es iſt der reine Schwindel; a gallows do (*A little Ragamuffin*) ein hölliſcher Anſchlag. — 3. P ſtatt does.

doable F (dū'-ᵇbl) was ſich thun läßt, ausführbar.

dock (dok) 1. *s.* ⚓ in ~ [auf der Werft] im Hoſpital mit der Venerie. — 2. *v.*: a) Old Cant: beſchlafen, verführen. — b) Arbeiterſprache: ~ wages vom Lohne etwas abziehen, Abzüge machen; ~ a workman einen Arbeiter (wegen verſäumter Arbeit) aufſchreiben.

docked (dokt) Roßkamm-Slang: mit gekürztem Schweife, angliſiert.

doctor (dŏ'k-tᵉʳ) 1. *s.* ✕ to pass the ~ (vor der Anwerbung) die ärztliche Unterſuchung beſtehen; Würfelſpiel: letzter Wurf; Schenke: Mittel zum Verſchönen oder Fälſchen; ⚓ Schiffskoch. — 2. *v.* F verſchönen; verfälſchen; ~ed up künſtlich gemacht, gefälſcht.

doctors F (dŏ'k-tᵉʳ∫) *s/pl.* falſche Würfel.

dodderer F (dŏ'd-dᵉ-nᵉʳ) zitternde(r) Alte(r).

dodge F (dŏdG) *s.* an artful ~ ein böſer Kniff; *v.* zu verwirren ſuchen; aufs Glatteis führen.

dodger (dŏ'd-Gᵉʳ): an artful ~ ein ſchlauer Kunde.

dodgy P (dŏ'd-Gᵉ) voller Kniffe, pfiffig.

dog (dŏg) 1. *s.* [Hund]: a) F going to the ~s dem Verderben entgegengehend; gone to the ~s dem Elende verfallen, zuſammengebrochen; ~ in a manger der, welcher einen andern nicht möchte genießen laſſen, was er ſelbſt nicht mag, kann; it isn't fit to turn a ~ out es iſt ein Hundewetter; ein Wetter, daß es einen Hund jammert; ſprichwörtlich: every ~ has his day jeder Menſch hat ſeine Gelegenheiten im Leben. — b) P ~'s soup (Grose) Regenwaſſer. — c) † to blush like a blue ~ (Grose) nicht erröten; sad ~ flotter Burſche, galanter Menſch. — 2. *v.*: a) F ~ one's heels einem auf den Ferſen folgen. — b) P ~ a way (one's time) müßig vertändeln.

dog-nose P (dŏ'g-nōſ) Schnaps und Bier gemiſcht.

dog-sleep ⚓ (dŏ'g-ſlīp) unruhiger, oft geſtörter Schlaf.

dog-watch ⚓ (dŏ'g-wötſch) halbe Wache von 4—6 und von 6—8 Uhr abends.

doldrums F (dŏ'l-drᵘm∫) Trübſinn, Schwermut.

dolldom (dŏ'l-dᵘm) ſcherzhaft: Puppenwelt.

dolly P (dŏ'l-lᵉ) *a.* dumm, herzig; Gaunerlied: my ~ pals meine lieben Bürſchchen.

dollymop ✕ (dŏ'l-lᵉ-möp) Griſette, Soldatendirne.

dollymopper ✕ (dŏ'l-lᵉ-möp-pᵉʳ) galanter, verliebter Soldat.

dolly-shop P (dŏ'l-lᵉ-ſchŏp) Pfandhaus unterſten Ranges.

dominie (dŏm-ᵉ-nᵉ') F Schulmeiſter; F Geiſtlicher (*Sl. Dict.*).

domino-box (dŏ'm-ᵉ-nō-bŏk∫) Boxer-Slang: Mund voll Zähne.

dommerar (dŏ'm-mᵉ-nᵉʳ) Old Cant: Bettler, der ſich blödſinnig ſtellt.

don (dŏn) ⚓ Spanier; Univerſität: Lehrer; F a regular ~ ein rechter Geck; Haſard: der welcher gewinnt.

dona P (dō'-na) [aus der Lingua Franca entnommen; vergl. ital. donna] Frauenzimmer, Frau: well, chummy, 'ow's the ~ (auch doner) nun, Kamerad, wie geht's der Frau?

done (dŏn): a) F ~ to death: a) zu ſcharf gebraten; b) überſpannt geſchrieben; ~ like a dinner tüchtig angeſchmiert; I've ~ with it, with him ich bin damit, mit ihm fertig. — b) F I 've ~ him ich habe ihn geplündert; to be ~ for a crack für einen Diebſtahl gehängt werden; Haſard: ~ brown ruiniert.

douer P (dō'-nᵉʳ), ſ. dona.

donkey (dŏ'ng-kᵉ) [Eſel] Drucker-Slang: Setzer; ſcherzhaft: to have a ~ in one's throat Schleim im Halſe haben; ſprichwörtlich: he (she) has as much idea as a ~ has of a Sunday er (ſie) hat ſoviel Begriff (davon) wie der Eſel vom Sonntage, das ſind ihm (ihr) alles böhmiſche Dörfer.

don't say die yet! P (dōnt ſē dai jᵉt) halt mutig aus!

don't you fear! F (dōnt ju fīᵉʳ) hab' du nur keine Angſt, glauben Sie mir das nur!

don't you know (dōnt ju nō') ſehr gebräuchlicher Zuſatz: verſtehen Sie wohl; wie Sie wohl wiſſen.

dookering (dŭʹf-ᵇ-nĭnᵉ) = dukkering.

doomsday F (dū́mʃ-dē) [jüngſte(r) Tag]: you may wait till ~ da kannſt du lange warten; warten, bis du ſchwarz wirſt.

door (dōʳ) [Thür] ſprichwörtlich: if one ~ shuts another opens wenn wir eins im Leben verlieren, bietet ſich gleich etwas anderes; wenn die Not am höchſten, iſt die Hilfe am nächſten.

doorsteps F (dōʹ-ʃtěpß) [Treppe] Butterbrot.

dorse F (dŏß) ſchlafen: ~ with a woman (GROSE) ein Frauenzimmer beſchlafen.

dose (dŏß) Sport: genug bekommen.

doss P (dŏß) 1. s. Wohnung; Herberge oder „lodging house" der ärmlichſten Gattung: I got some browns where-withal to pay my ~ (*King of the Beggars*) ich erhielt einige Kupfer-münzen, womit ich mir ein Nachtlager verſchaffen konnte. S. crummy.— 2. v. logieren, wohnen, ſchlafen: ~ out bei Mutter Grün logieren.

dosser P (dŏ́ß-ᵇᵉ) einer, der in der Bettlerherberge logiert.

dossing-crib (dŏ́ß-ßĭnᵉ-kraib), **dossing-ken** (dŏ́ß-ßĭnᵉ-kĕn) F Logis, Herberge.

doss-money P (dŏ́ß-mon-ᵉ) Geld für ein Nachtquartier.

doss-ticket P (dŏ́ß-tĭk-ᵉt) Einlaßkarte für die Herberge, die der Armenvogt den Bettlern gibt.

dot F (dŏt) [Punkt]: such a dot ſo ein Knirps, Zwerg.

dotty P (dŏ́t-t) [punktiert, angefault] übergeſchnappt; to go ~ überſchnappen; ~ in the filbert verrückt.

double F (dŏbl) 1. s. to tip the ~ durch-brennen.— 2. v. entkommen.

double-dash P (dŏbl-dä́ʃch) Kreuzhagel!

double-Dutch (dŏbl-dŏ́tʃch) Kauderwelſch.

double-knock F (dŏbl-nŏ́t) mehrmaliger Doppelſchlag mit dem Thürhammer, der nur Gäſten der Herrſchaft zuſteht.

double-shuffle P (dŏbl-ʃchŏ́fl) Art Tanz.

dough-boys ↓ (dōʹ-bŏĭ) Klöße (SMYTH).

douce, douse F (dauß) = dowse.

dove-tart P (dŏʹw-tät) Taubenpaſtete (*Sl. Dict.*).

dowdiefied (dauʹ-dĭ-faid) altmodiſch, ſchlumpig.

dowdy F (dauʹ-dᵉ) s. altmodiſches, ſchlumpiges Weibsbild; a. altmodiſch.

dowdy-period (dauʹ-dᵉ-pĭʹ-rᵉōd) Malerei: Kunſtepoche der vierziger und fünfziger Jahre.

down (daun): a) F he'll rave the door ~ er wird vor Wut durch die Thüre rennen; he's ~ upon me like a ton o' bricks er redet mir zu wie einem kranken Schimmel; F ten pounds cash ~ zehn Pfund bar, auf den Tiſch; ~ in the dumps mißmutig; to be ~ on one's luck Pech haben; I put it ~ to his ignorance ich ſchrieb es ſeiner Unwiſſenheit zu gute; als a. herunter-gekommen: anybody knowing how ~ he was jeder, dem es bekannt war, wie ſehr er auf den Hund gekommen ſei. — b) **down** P ſtatt is ~, are ~, was ~, were ~: they ~ on him as if they was afeard of his tricks (J. GREENWOOD) da ſtürzten ſie ſich über ihn her, als ob ſie vor ſeinen Künſten Furcht bekommen hätten. — c) F auf der Hut: the cove is ~ (GROSE) die Leute paſſen auf, man hat etwas gemerkt. — d) Kricket: two wickets ~ zwei Schläger ſind aus. — e) Eiſen-bahn: a ~-train ein abfahrender, von London abreiſender Zug; ~ the line an der Bahn (in der Nähe Londons) ge-legen.

downer (dauʹ-nᵉ) Sport: Sturz, Fall.

down-pour (dauʹn-pōʳ) Platzregen.

downright F (dauʹn-rait): a ~ shame eine wahre Schande.

downy (dauʹ-nᵉ) † fein modiſch gekleidet; F verſchmitzt.

dowry F (dauʹ-rᵉ) große Menge.

dowse (dauß) F auslöſchen; P ~ the glim mach's Licht aus.

doxy (dŏ́kß-ᵉ) Old Cant: liederliches Weibs-bild, Bettlerhure.

dozen F (dŏ́zn): to talk thirteen to the ~ ſich das Maul abſchwätzen.

drab F (dräb) ſchmutziges, zerlumptes Weibsbild.

draft ✕ (draft) s. Detachement; v. ~ off verſetzen.

drag (drăg) 1. P: a) Schwierigkeit, Not: that's where the ~ is das iſt ja das Elend, da liegt der Hund begraben; b) Straße, Gäßchen. — 2. F: a) (3 Monate) Gefängnisſtraſe: I had done a little ~ for it (*King of the B.*) ich hatte eine Zeitlang dafür gebrummt; b) Karren; c) Beraubung von Laſtwagen.

drag-cove F (drä'g-kôw) Fuhrmann.

draggletail F (drä'gl-têl) *s.* Schlumpe; *a* zerlumpt: a ~ crowd ein Haufen Bettelvolk.

drag-lay F (drä'g-lêᵉ) Überfall von Güterwagen (GROSE).

dragsman F (drä'gß-män) Straßenräuber, der Karren überfällt (GROSE).

drain F (drên) Tropfen: not a ~ nicht ein Tröpfchen; a ~ o' something ein Schlückchen für den Durſt.

drain-pipe (drê'n-paip) [Abflußröhre] Schülerſprache: Makkaroni.

dram - drinking P (drä"m - dri'nᵏ - kînᵍ) Schnapsſaufen.

drank (dränᵏ) [F ſtatt drunk getrunken]: we 've ~ his health wir haben ſeine Geſundheit ausgebracht (das Partizip drunk getrunken wird in guter Geſellſchaft nur ſelten gehört, ſtatt ſeiner dient drauk, taken u. ſ. w.).

draper F (drê'ᵉ-pᵊ) ale ~ Schenkwirt (GROSE).

drat (drät) [P = (Go)d rot Gott verderbe!]: ~ it! zum Henker!

draw (drä) 1. *s.* Theater: Zugſtück: to work a ~ ein Spektakelſtück in Scene ſetzen; Schach: Remis; Sport: totes Rennen; Kricket: Schlag auf einen Ball, der zwiſchen dem rechten Beine des Schlägers und dem wicket hindurchfliegt (Captain Crawley: A hit which is now out of fashion. It is made by a right-handed batsman hitting the ball away between his right leg and the wicket); F a Christmas ~ (or raffle) eine Weihnachtslotterie (die Gewinne beſtehen gewöhnlich aus Speiſeartikeln). — 2. *v.:* a) F this preacher ~s a large congregation dieſer Prediger iſt ſehr populär; we must ~ the line somewhere alles hat ſeine Grenzen; *v.n.* Tennyson's plays do not ~ Tennyſons Theaterſtücke ziehen nicht, ſind nicht ſehr populär. b) Kricket: ~ the stumps die Pfähle aus dem Boden ziehen, das Spiel einſtellen. c) F ~ the king's picture (GROSE) falſchmünzen: betrügen, berauben, ſtehlen: they ~ed him ſie plünderten ihn aus.

d) ~ back ſich zurückziehen von; ~ in *v/n.* nachgeben; the days are ~ing in die Tage nehmen ab; ~ it mild! mach's nicht zu arg! ~ upon ♥ ziehen auf, traſſieren; ⚓ überholen; F ~ upon one's imagination ſeiner Phantaſie folgen.

drawers (drä'-rᵊj) Old Cant: lange Strümpfe.

dread (dred): F ~ the fellow! hol' den Kerl der Henker!

dreaded (of) P (dre'd-ᵊd) in Furcht (vor): dogs is more ~ of it (*A little Ragamuffin*) Hunde haben mehr Angſt davor.

Dreadnought (dre'd-nät) altes Kriegsſchiff auf der Themſe, das als ſchwimmendes Matroſenhoſpital dient.

dredgy ⚓ (dre'd-ɡᵊ) Geſpenſt eines Ertrunkenen (SMYTH).

dreffful (dre'f-ᵊl) [P ſtatt dreadful] entſetzlich.

drencher F (dre'n-tſchᵊʳ) Platzregen.

dress F (dreß) *a.:* it was a ~ affair es war ein feiner Ball, eine Geſellſchaft in voller Toilette.

dress - improver (dre"ß - im-prū'-wᵊʳ) Krinolette (auch bustle genannt).

dressing F (dre'ß-înᵍ) Tracht Prügel, Scheltworte: I gave him a good ~ ich habe ihm den Kopf gehörig zurechtgeſetzt, tüchtig gewaſchen.

dribble F (dribl) [~ the ball vorſichtig den (Fuß-)Ball auf dem Boden voranrollen]: ~ away one's money ſein Geld verklappern, verquaſſeln.

drink F (drinᵏ) *s.* fond of ~ dem Trunke ergeben; the worse for ~ betrunken.

drinking F (dri'n-kinᵍ): he's a ~ man er iſt ein Säufer.

drive (draiw) 1. *v/a.:* a) Kricket: ~ the ball den Ball mit aller Kraft auf den „bowler" zu ſchlagen; ſ. on-drive. — b) F ~ a hard bargain einen vorteilhaften Handel abſchließen; he can be led, but not ~n er läßt ſich führen, aber nicht treiben; euphemiſtiſch: ~ one's pigs to market ſchnarchen; he ~s his own carriage er hält ſich Wagen und Pferde. — c) P he ~s a smartish trade er betreibt ſein Geſchäft mit Schwung. — 2. *v.n.* P von Arbeitgebern: Überſtunden ohne entſprechende Lohnerhöhung erzwingen (HOPPE). — 3. *s.* Kricket: ſtarker Schlag in der Richtung, von welcher der Ball herkam, d. h. auf den „bowler" los; P Schlag, Stoß: he gave me a ~ in the face that sent me backwards (GREENWOOD) er schlug mir mit solcher Gewalt ins Gesicht, daß ich rückwärts taumelte.

drivel F (drihwl) langweiliges, fades Zeug.

driz P (driß) Spitzen.

dromedary F (drŏm-ĭ-dŏ̄-n̆e) ungeschickter Dieb (GROSE).

drop (drŏp) 1. *s.* [Tropfen]: he's fond of a ~, of his ~s er liebt einen guten Tropfen. — 2. *v.*: a) F we ~ped him wir brachen mit ihm, sagten ihm die Freundschaft auf; a line, a post-card ein Briefchen, eine Postkarte schreiben; he ~s in occasionally er besucht uns zuweilen; ~ off (to sleep) einschlafen. b) P ~ the coin bezahlen, *fig.* F blechen; ~ in hineinfallen, *fig.* F angeschmiert werden. c) F ~ one's leaf das Zeitliche segnen; ~ off the hooks (GROSE) ins Grasbeißen. d)Boxer-Slang:~ into a man einen durchprügeln. e) Schul-Slang: ~ on mit Strafe heimsuchen; ~ on to überrumpeln, durchprügeln, schelten.

drop-coves F (drŏ'p-kōwß) Gauner, die wertlose Schmucksachen auf der Straße fallen lassen, damit Vorübergehende von dem mitverschworenen Finder zu dem anscheinend billigen Ankauf des Schmuckes veranlaßt werden (GROSE).

drop-dry ⚓ (drŏp-drai') wasserdicht.

drop-kick (drŏ'p-tik) Fußball: Fallenlassen und sofortiges Schleudern (kicking) des aufgeprallten Balles.

drove (drōw) P statt driven getrieben.

drownded (drau'n-dĕd) P statt drowned ertrunken.

drowning ⚓ (drau'-ning) ~ the miller Verdünnen, Verwässern der Spirituosen.

drub F (drŏb) [prügeln]: ~ into a person einem etwas einpauken, mit vieler Mühe klar machen.

drug (drŏg) ※: a ~ on the market unverkäuflich, im Überflusse vorhanden; *v.* F: ~ a person jemand viel Medizin eingeben, mit starken Mitteln einschläfern, betäuben.

drum (drŏm) 1. *s.* [Trommel]: P as empty as an old ~ so hungrig wie ein Wolf; F Gasse; a back ~ ein Hintergäßchen; † große Gesellschaft; ※ ~-head (court-

martial) Kriegsgericht [SMYTH: ~ head court martial = sudden court held in the field for the immediate trial of thefts or misconduct]. — 2. *v.* ※ ~ out (of the regiment) mit Schimpf und Schande (vom Regiment) fortjagen.

drummer ※ (drŏ'm-mᵉr) [Trommler] Agent, Kommissionär, Handlungsreisender.

drummerdairy (drŏ"m-mᵉ-dā'n-rᵉ) P statt dromedary Dromedar.

drumsticks P (drŏ'm-ßtikß) [Trommelschläger] Beine.

drunk (drŏnᵏ): F ~ as a Lord, as Chloe (klō'-ᵉ), as a fiddler, as David's sow, as a wheel-barrow, as a fiddler's bitch u. s. w. so besoffen wie ein Schwein, voll wie ein Schlauch, eine Teke, Haubitze u. s. w.

Drury-Lane F (drū̆'-nᵉ-lēn) [ein Londoner Viertel (nahe beim Strand), in dem das ~ Theatre liegt]: ~ ague Venerie; ~ vestal Freudenmädchen (GROSE).

druv (drŏw) P statt drove trieb.

dry (drai): *a.* F as ~ as a bone trocken wie Stroh; our luck hasn't run ~ yet (J. GREENWOOD) das ~ Glück hat uns noch nicht ganz verlassen; Lodging-house Slang: ~ lodging Logis ohne Verköstigung (*Sl. Dict.*); *v.* F ~ up verduften, sich davon machen; P ~ up! halt's Maul!

dry-boots (drai'-būtß) Witzbold mit trockenem Humor.

d'see (dsī) P statt do you see? siehst du wohl?

D. T. scherzhaft statt Delirium tremens Säuferwahnsinn.

dub (dŏb) 1. *s.* Dietrich, Brecheisen (GROSE); P ~s Kupfermünze. — 2. *v.* F betiteln; P ~-up blechen, zahlen.

dubber F (dŏ'b-bᵉr) Dieb, der die Schlösser aufbricht (GROSE); mum your ~! (*Sl. Dict.*) halt's Maul!

dub-lay F (dŏ'b-lᵉ) Aufbrechen der Schlösser (GROSE).

duce F (djūß, P dūß) zwei Pence (GROSE); = deuce.

duck F (dŏk) [Ente]: you're a ~ du bist ein Zuckerkindchen, Engelchen; s. lame.

duckie F (dŏ'k-ᵉ) [Entchen] Herzchen, Liebchen.

ducking (dö'k-ĭnᵈ) Sport: Entenjagd; [Untertauchen]: F to get a ~ ins Wasser fallen, bis auf die Haut naß werden; they gave him a ~ sie warfen ihn ins Wasser, ließen ihn Wasser schlucken.

ducks-and-drakes F (dŏkß-ănd-dne'kß) [Enten und Enteriche]: he's making ~ of his money er verputzt, vergeudet sein Geld.

duck's frost F (dŏ'kß-fnŏßt) leichter Reif.

dudgeon F (dŏ'd-ᵍᵘn): in high ~ entrüstet, aufgebracht.

duds P (dŏdß) Lumpen, Kleidungsstücke (schon bei BEN JONSON und FLETCHER).

due (djū, P dū) *a.* [schuldig] Eisenbahn: the train is ~ der Zug hat sich verspätet; *s.* F you must give him his ~ du mußt ihm zugestehen, was ihm gebührt.

dney (dū'-e) Cirkus-Slang: zwei Pence; f. duce.

duffer (dŏ'f-ĭᵘᵉ): a) F Dummkopf; b) P Betrüger, Schwindelmeier; a rank ~ ein Erzschwindler; c) F falsche Münze; bird-~ einer, der aus Spatzen und Tauben Vögel seltener Art zu machen versteht; f. faker.

duffing (dö'f-ĭnᵈ) einfältig: a ~ fellow ein Einfaltspinsel; P wertlos, nachgemacht: ~ coin falsche Münze; ~ electro schlechtes Neusilber.

dugs F (dŏgß) Brüste (GROSE).

duke F (djūk, P dūk): to dine with ~ Humphrey fasten, Luft kneipen.

dukes F (P dūkß) Finger; here, open your ~; I always like to pay my attorney (*Bill Sykes*) hier, mach die Hand auf; ich zahl' stets gern meinem Advokaten.

dukkering (dŏ'k-kᵉ-nĭnᵈ) Zigeuner-Cant: Wahrsagen.

Dull-street (dŏ'l-ßtnīt) scherzhaft: to live in ~ in einem langweiligen Viertel wohnen.

d. w. t. (dī-dŏ'bl-ĭ-tī″) [= declined with thanks] Zeitungsbüreau: (Manuskript) mit Dank abgelehnt.

dumfungled (dŏm-fŏ'nᵍld) [P statt dumbfounded] bestürzt.

dummy (dŏ'm-mᵉ) F Strohmann; F einer, der sich taubstumm stellt; Notizbuch; Schaufenster: nachgemachter, künstlich nachgebildeter Artikel, Attrappe; ~ daddle

(ausgestopfte) Hand in der Schlinge (der zwei wirklichen Hände bedarf der Taschendieb für sein Handwerk); ~ dodge vorgebliche Taubstummheit: I put on the ~ dodge ich stellte mich taubstumm [ähnlich to do the ~ dodge].

dump F (dŏmp) [Bleimarke]: a) he hasn't got a ~ er hat keinen Heller; b) in doleful ~ in schlechter Laune. — S. down.

dumpty P (dŏ'mp-tᵉ) [klein und dick]: the ~ little villain (*Almost lost*) der aufgedunsene, kleine Bösewicht.

dunderhead P (dŏ'n-dᵘ-hĕd) Einfaltspinsel.

dung (dŏnᵈ), **dunghill** (dŏ'nᵈ-hĭl) † Geselle, der sich den offiziell festgesetzten Lohn gefallen läßt (GROSE).

dunnage (dŏ'n-nᵉdᴳ) Gepäck, Kleidungsstücke (*Sl. Dict.*).

dunno (dŏ'n-nō) P statt I don't know ich weiß nicht.

dunnock F (dŏ'n-nᵘk) Kuh (GROSE).

durance (djū'-nᵘnß) Zeitungen: ~ vile Gefängnishaft.

durrynacking (dŏ″n-nᵉ-nä'k-ĭnᵈ) Zigeuner-Cant: = dukkering.

dust (dŏßt) I. *s.* [Staub]: P to kick up a ~ Spektakel machen; Geld: down with your ~ heraus mit dem Mammon! (GROSE). — 2. *v.* F I'll ~ his jacket for him ich will ihm das Leder verschohlen, das Fell gerben.

dusting ⌄ (dŏ'ß-tĭnᵈ) stürmisches Wetter.

dustman F (dŏ'ßt-mᵘn) [Aschenkärrner]: he let the ~ get hold of him er schlief ein.

dusty (dŏ'ß-tᵉ) 1. *s.* P statt dustman. — 2. *a.* F none so ~! nicht übel!

Dutch (dŏtsch) [holländisch]: F ~ auction Schwindelauktion; a ~ build eine dicke, plumpe Gestalt; ~ courage Hasenpanier; I'll talk to him like a ~ uncle ich will ihm die Leviten lesen; P ~ concert Katzenmusik (GROSE); † ~ feast Fest, bei dem der Wirt vor den Gästen betrunken wird.

Dutchman (dŏ'tsch-män) [† statt Dutch clock] holländische Uhr.

Dutchmen (dŏ'tsch-mᵉn) Kindersprache: Blasen, die der Gußregen auf den Lachen erzeugt.

dwell (dwĕl) s. Börse und Sport: Festigkeit der Preise: after a considerable ~ nachdem die Kurse lange auf derselben Höhe stehen geblieben waren.

dying F (dai'-ing) [sterbend]: I 've been ~ to see that play ich hätte das Stück für mein Leben gern gesehen.

dynamitard (dai"-n²-mai'-tä²d), **dynamiter** (dai"-n²-mai'-t²r), **dynamitist** (dai"-n²-mai'-tist) * Dynamitverbrecher.

d'ye (dji), **d'you** (djū) F statt do ye, do you: ~ hear? hörst du wohl?

E.

e' P statt ye, you: sit ~ down! setz' dich!

'e P statt he er.

early (ö'-li) [früh] sprichwörtlich: the ~ bird catches the worm Morgenstunde hat Gold im Munde; ~ worm armer Teufel, der in der Frühe auf den Londoner Straßen nach Cigarrenstumpfen und verloren gegangenen Wertsachen sucht.

earth F (ö²th): I don't know what on ~ he 'll do ich weiß nicht, was er in aller Welt anfangen wird.

earth-bath F (ö²th-bāth) Grab (GROSE).

earthly F (ö²th-li): it's of no ~ use to me es hat für mich nicht den allergeringsten Wert.

earwig P (i²'-wig) in die Ohren flüstern.

earwigging P (i²'-wig-ing) Ohrenflüsterei (GROSE).

ease F (īs) berauben. Langsam!

ease up! (īs o'p) ⚓ und Sport: (Kommando)

easy (i'-si) [leicht]: a) F as ~ as shelling peas so leicht wie Kuchen essen; he takes things ~ er nimmt's gemütlich, er macht sich wenig Kummer darüber; ladies of ~ virtue leckere Frauenzimmer; b) F make the cull ~! (GROSE) schlag' den Kerl tot! Ruderersport: ~ all! Stillgehalten! row ~ all! rudert langsam! Whist: honours are ~ Honneurs auf beiden Seiten gleich.

eat (īt) [essen]: a) F he's ~ing us out of house and home er frißt uns arm; the donkey in our stable is ~ing his head off der Esel in unserem Stalle steht müßig; b) P I'll ~ my hat if I can't do it ich will Feuer fressen, wenn ich's nicht thun kann; ~ one's words (GROSE) seine Worte zurücknehmen; c) statt eaten gegessen.

eau-de-nil (ō'-d²-nīl) franz. Modesprache: hellgrüne Farbe.

ebony (ĕ'b-²-ni) [Elfenbein] scherzhaft: a bit, a piece of ~ ein Neger.

edge-tools (ĕ'dG-tūls) [geschliffene Werkzeuge]: to play with ~ mit gefährlichen Dingen spielen.

edge-ways F (ĕ'dG-wēs): you can't get a word in ~ (sagt man, wenn einer in der Gesellschaft das große Wort führt) wenn der (die) da ist, kann kein Mensch ein Sterbenswörtchen sagen; der (die) redet für alle zusammen.

edickation (ĕ'd-i-k-ĕ"-sch²n) P statt education Erziehung.

egad (²-gä'd) = gad.

eight (ĕt) Sport: the Oxford ~ die acht Ruderer auf der Orforder Seite.

either F (ai'-dh²r) [eins von beiden] ein beliebiges, eins unter dreien, vieren u. s. w. (besonders bei drei Dingen tritt dieser Sprachfehler häufig auf).

eke F (īk) [ergänzen]: ~ out the lion's skin with the fox's Stärke mit List vereinigen.

elbow (ĕ'l-bō): a) F out at ~s zerlumpt; b) F to crock one's ~ (Sl. Dict.) kneipen.

elbow-grease F (ĕ'l-bō-grīs) saure Arbeit.

elbow-scraper ♪ (ĕ'l-bō-skrē'-p²) Geiger.

elbow-shaker F (ĕ'l-bō-schē'²-k²) Spieler (GROSE).

elephant † (ĕ'l-²-fänt): to have seen the ~ die Welt kennen (Sl. Dict.).

eleven (²-lĕ'w²n) Sport: the Australian ~ die elf Kricketspieler der australischen Seite.

eligible F (ĕ'l-i-dGibl) heiratsfähig.

'em P (ĕm) [aus altengl. hem verdorben] statt them: among ~ unter ihnen.

embankment (ĕm-bä'nᵏf-mᵉnt) [Sonboner] Themsequai.

emigrationist * (ĕ'm-ᶤ-ᶢᵃnē''-ᶴḥ'n-ᶤ̣ßt) einer, ber sich mit ber Auswanberungs= frage beschäftigt.

employ (ĕm-plŏĭ') [F statt employment] s.: in the ∼ of a City firm in Dienften eines Sonboner Handelshauses.

end F (ĕnb): there's an ∼ to the matter bamit hat bie Sache ein Enbe; no ∼ of unzählige: there were no ∼ of them es waren viele bort; on ∼ in einem Stücfe, ohne Unterbrechung; it makes one's hair stand on ∼ ba ftehen einem bie Haare zu Berge.

enemy F (ĕ'n-ᶤ-mᵉ) [feinb] Zeit: what says the ∼ (Sl. Dict.) wie viel Uhr ift's?

energize * (ĕ'n-ᵊ̅ʳ-ᵈᵍᵃͥß) mit Thatfraft, Leben erfüllen.

engaged-ring F (ĕn-gĕ'bᵍb-nᶤnᵍ) Ber= lobungering.

engagement (ĕn-gĕ'bᵍ-mᵉnt) [Berpflich= tung]: a) 🌑 to meet one's ∼s feine Schulben bezahlen; b) F 1 have an ∼ for the evening ich bin für ben Abenb schon versagt; their ∼ was broken off ihre Berlobung ging zurücf.

enough (ᶤ-nuᵒ'f) sprichwörtlich: ∼ to make a horse sick so viel, baß fein Pferb es aushält, baß einem übel unb weh babei werben möchte (ähnlich: ∼ to choke a black man möchte bie Kränfe baven friegen); F they're rich ∼ people es finb Seute, bie ihr Schäfchen im Trocfnen haben; sprichwörtlich: ∼ is as good as a feast eine Variation bes alten Spruches: ber Zufriebene ift glücflich.

ensanguined (ĕn-ßä'nᵈ-gwĭnb) Sitteraten= slang: blutig, blutgetränft (statt bes ver= pönten bloody).

ensign-bearer F (ĕ''n-ßaĭn-bä'-nᵊʳ) [Fahnenträger] Besoffener mit rotem Gesichte (GROSE).

en suite (änᵊ ßwĭ't) französische Mobesprache: folgerichtig: that sounds quite O. K. and ∼ (Punch) bas flingt ganz richtig unb logisch.

entail F (ĕn-te'l): it ∼s a great deal of expense es verursacht große Kosten.

enter F (ĕ'n-tᵊʳ): I didn't ∼ into it ich ließ mich auf bas Gespräch nicht ein; 🌑 ∼ into partnership with zum Ge= schäftsteilhaber nehmen.

entertain F (ĕn-tᵊʳ-te'n) [unterhalten]: I shouldn't ∼ the idea of it ich würbe mich auf einen solchen Plan nicht ein= lassen.

envelope F (a'nᵊ-wᵗ-lŏp) Briefconvert.

E. P. (ī pī') Kirchensprache: Abfürzung von eastward position (östliche Position im Zeremoniell), eine befannte Streitfrage zwischen englischen Theologen.

equestrienne F (ᵉ-fwē'ß-tnᵊ-ᵉn) Cirfus= reiterin.

er (ᵊʳ) an Zahlen gehängt: a) Schulsprache: niner, tenner, fourteener u. f. w. Kastanie, womit man bem Gegner neun, zehn, vierzehn u. f. w. Kastanien (f. Conquerors) zerschlagen hat; b) Kricfet: twoer, threer, fiver u. f. w. Ball, burch welchen zwei, brei, fünf u. f. w. Säufe erzielt worben finb.

'ere (ī') [P statt here]: this 'ere chum o' mine mein Kumpan ba.

erection F (ᵉ-nᵉ'f-ᶴḥ'n) Gebäube leichter Struftur; canvas ∼s (Almost lost) Zeltbütten.

error P (ĕ'n-nᵊʳ): and no ∼ [statt and no mistake]: it's worth the whole bob and no ∼ (Punch) es ift ohne Zweifel bie ganze Marf wert.

erstwhile (ᵊ'ßt-wāĭl) poetischer Archaismus: früher, vormalig.

essence F (ĕ'ß-ßᵉnß): the ∼ of politeness ein Muster von Höflichfeit.

Essex lion F (ĕ''ß-ßᵊfß lāĭ'-ᵊn) Kalb (GROSE).

established F (ĕß-tä'b-lischb) fest etabliert; an ∼ truth, fact eine unzweifelhafte Thatsache; the Established Church bie (englische) Staatsfirche.

eternal (ᵉ-tö'r-n'l) [bei Shakespeare u. f. w.] euphemistisch: (statt bes verbotenen infernal) höllisch, verbammt.

eternity-box F (ᵉ-tö'r-nᶤ-tᶤ-bŏfß) Sarg.

Eton-boys (ī'-tᶤn-bŏĭß) Schüler ber alten Lateinschule von Eton (bicht bei Windsor).

Etonian (i-tō'n-ĭᵊn) zur Eton=Schule ge= hörig; ∼s f. Eton-boys.

eureka 🌑 (iū-nī'-fa) [griechisch εὕρηκα = ich habe gefunden, befannter Ausruf bes Archimebes]: the ∼ overcoat ein Über= zieher feinfter Qualität.

evaporate F (ᵉ-wä'p-ᵊ-nᵊt) scherzhaft: ver= schwinben, fig. F verbuften.

4

even F (iwn): I'll be ~ (auch evenhanded) with him ich will ihm mit gleicher Münze zahlen.

event ('-we'nt) [Ereignis] Sport: Rennen; three-year-old ~s Rennen von dreijährigen Pferden.

ever F (e'w-'): ~ so many years ago vor sehr, sehr vielen Jahren; I waited for ~ so long ich wartete eine Ewigkeit; mother's been ill this ~ so long (GREENWOOD) Mutter ist schon wer weiß wie lange krank.

evergreen F (e'w-'-gnin) unverwüstlich.

everlasting (e'w-'-la"ß-tin) [ewig]: F it was an ~ affair die Geschichte wollte gar kein Ende nehmen; F ~ staircase Tretmühle; scherzhaft: ~ shoes (Sl. Dict.) Füße.

eviscerated ('-wl'ß-ß'-rɛ-t't) [ausgeweidet] Litteraten-Slang: inhaltloses, bedeutungsloses.

ewe F (jū) [Mutterschaf]: white ~ schönes Weib; an old ~ dressed lamb-fashion ein altes Weib, das sich jung kleidet.

exam (ɛgj-ä'm) Schul-Slang: statt examination Prüfung.

examination-paper (ɛgj-ä'm-'-nɛ"-ich'n-pe-p'r) Schulsprache: Zettel mit Prüfungsfragen bedruckt.

excellent F (ɛ'f-ßl-lent): an ~ good thing eine ausgezeichnete Sache.

exchequer F (ɛfß-tjche'f-'r) [Schatzkammer]: there's no money in the ~ es ist kein Geld in der Kasse.

excise (ɛf-ßai'j) Litteraten-Slang: ausmerzen.

excursion (ɛfß-fö'r'-ich'n) Eisenbahn: statt excursion-train Extrazug mit ermäßigten Fahrpreisen.

execution F (ɛ'gj-'-kjū"-ich'n): to put in an ~ gerichtlich mit Beschlag belegen, eine Pfändung vornehmen.

exes ♥ (ɛ'f-ß'j) statt expenses Auslagen.

Exeter Hall (ɛ'fß-'-t'r hâl) große Halle im Strand, worin kirchliche und politische Versammlungen stattfinden.

exodus F (ɛ'fß-'-döß): a general ~ eine allgemeine Auswanderung.

expect (ɛfß-pɛ'tt) euphemistisch: she's ~ing (to be confined) sie ist hochschwanger, guter Hoffnung.

explosive F (ɛfß-plö'-ßiw): an ~ temperament ein feuriges Temperament.

express (ɛfß-prɛ'ß) Eisenbahn u. s. w.: statt express train, boat Eilzug, Postdampfer.

exquisite † (e'fß-twi-ßit) s. Stutzer.

extra F (ɛ'fß-tna): a. I had an ~ lay ich blieb länger als gewöhnlich (im Bette) liegen; if you pay an ~ four shillings wenn du vier Mark zulegst.

extras F (e'fß-tnaß) s. pl. Extragebühren, Nebenkosten.

extremist (ɛtß-tni'-mißt) Politik: zu einer extremen Partei gehörig.

eye (ai) [Auge]: a) F my ~(s) meiner Treu! he has an ~ to business er macht gern ein Geschäft; to give a person a black ~ einem ein blaues Auge schlagen; it's all in my ~ das glaub' ich noch lange nicht; hang on with your ~-brows bleib' dabei, so lang du nur kannst; to hang by the ~-lids in großer Gefahr schweben; it's an ~-sore to me es ist mir ein Dorn im Auge; he has cut his ~-teeth der hat's hinter den Ohren, ist nicht von gestern und heute. — b) eye and ear Vertrauensmann, Hauptstütze: Stuart was General Lee's ~ and ear during the civil war (Daily Telegraph) Stuart war General Lee's rechte Hand während des Bürgerkrieges. — c) ↓ into the wind's ~ in, gegen den Wind.

eyeglassed * (ai'-glaßt) lorgnentragend.

eye-water F (ai'-wä-t'r) Gin (GROSE).

F.

fabled (febld) poetisch: zur Sage gehörig: these ~ giants diese Riesen des Fabellandes.

face (feß) [Gesicht] I. s.: a) F he hadn't the ~ to deny it er hatte nicht die Stirn, es abzuleugnen. — b) P he has got some ~ (Sl. Dict.) an Unverschämtheit fehlt's ihm nicht; he has no ~ but his own (GROSE) er hat kein Geld in der Tasche, beim Kartenspielen: kein

Bild in der Hand. — 2. v. F ~ the consequences sich auf die Folgen gefaßt machen; ~ it out sich keck durchreden, eine kecke Miene zur Sache machen.

face-entry (fē'ß-ĕn-trᵉ) Theater: freier Eintritt. [zeugung.]

face-making F (fē''ß-mæ³-kĭn³) Kinder-]

facer (fē'ȝ-ḫᵉr) Boxer-Slang: Schlag ins Gesicht; F volles Glas (GROSE).

facings ✗ (fē'-ßĭn³j): to go thro' one's ~ das Exerzitium (der Infanterie) durchmachen. [That.]

fact (fäkt) Sport u. f. w. statt in ~ in der]

Faculty (fä'f-ᵘl-tᵉ): the ~ die medizinische Fakultät, die Mediziner (HOPPE).

fad (fäd) Caprice, Liebhaberei; f. fid-fad.

faddistF(fä'd-dĭßt)Theoretiker,Schwärmer.

fadge P (fädG) passen; it won't ~ das geht nicht.[Schon beiSHAK., jetzt vulgär.Sl.Dict.]

fag (fäg) 1. s. Schulsprache: jüngere(r) (von den älteren Mitschülern tyrannisierter) Mitschüler. — 2. v. den älteren Mitschülern Dienste leisten; F schlagen: the boss(GROSE) das Weibsbild prügeln.

fag-end F (fäg-ᵉ'nd) Schluß, allerletzter Teil. [knebeln.]

fa(g)got (fä'g-gᵘt) s. P Weibsbild; v. F]

faggot-vote (fä'g-gᵘt-wōt) Politik: durch einen Scheinkauf erworbeneWahlstimme.

fain (fēn) Kanzelsprache u. f. w.: gern: he would ~ have filled his belly with the husks (Bibel) er begehrte seinen Bauch mit Träbern zu füllen.

faint F (fēnt): I haven't the ~est idea ich habe gar keine Ahnung davon.

fair (fǟr) [Fußball]: ~ catch Fangen des von einem der Mitspielenden (mit dem Fuße) emporgeschnellten Balles; ~ trade: a) F Schmuggelei; b) * beschränkter Schutzhandel.

fake (fēk) 1. v. F thun, verrichten, betrügen, berauben; the sparrer he'd been trying to ~ (D. Tel.) der Spaß, den er versucht hatte „umzuwandeln"; f. (bird-)duffer; ~ a cly eine Tasche ausleeren: ~ his clies, pals (AINSWORTH, *Rookwood*) leert ihm die Taschen aus, Jungens! ~ a screeve ein Dokument fälschen, einen Bettelbrief schreiben; ~ one's slangs (GROSE) seine Ketten durchfeilen; ~ up: a) zustutzen; b) fälschen. — 2. s. Geschäft; Gaunerei, List.

fakeman charley F (fē''k-mᵉn tschä'-lᵉ) Zeichen auf gestohlener Ware (GROSE).

fakement F (fē'k-mᵉnt) Macherei, Betrügerei, gefälschtes Schriftstück; the beginning o' the ~ (D. Tel.) der Anfang der Schelmerei. [spieler.]

fakir (fē'-kᵉ) Circus: Circusreiter, Schau-]

falderal P (fäl-dᵉ-rä'l) Luftbarkeit, Schelmerei: Master Jove had his fancies and fine ~s (DIBDIN) Herr Zeus hatte seine Passionen und seinen Spaß.

fall (fäl) 1. v.: a) F they fell to sie begaben sich ans Werk; b) ⊥ it fell (stark) calm es trat eine (tote) Windstille ein; a ~ing glass ein sinkendes Barometer; c) Sport u. f. w: ~ foul of stoßen gegen; in den Weg laufen. — 2. s.: a) F we had a lucky ~ wir thaten einen glücklichenZug;b)⚓Preisrückschlag.

fullal (fäl-lä'l) 1. s. P Flitterzeug: she don't fling 'er money away in ~s (*All the Year round*) sie wirft ihr Geld nicht für eitlen Putz weg. — 2. a. eitel; none of your ~ rubbish for me (Mrs. Brown) bleibt mir mit eurem Possen vom Leibe.

fam (fäm), **famble** (fämbl) F Hand: we clap our fambles (*Beggar's Bush*) wir klatschen in die Hände.

famberly (fä'm-bᵉ-lᵉ) P statt family Familie. [drücken (GROSE).]

famgrasp F (fä'm-graaßp) die Hand]

family (fä'm-ĭ-lᵉ): ~ of love Freudenmädchen, lockere Gesellschaft.

family-man (fä'm-ĭ-lᵉ-män): a) F Hausvater, Spießbürger; b) F Dieb, Hehler.

family-trade ✶ (fä'm-ĭ-lᵉ-trädᵉ) Detailgeschäft (auf Kredit).

family-way F (fä'm-ĭ-lᵉ-wē) Schwangerschaft: to fall (to be) in the ~ schwanger werden (sein); her little ~ ihre kleinen Kinder.

fam-lay F (fä'm-lē) Stehlen von Ringen in Juwelierläden mittels einer klebrigen Substanz an den Händen (GROSE).

fan F (fän) prügeln (GROSE).

fancies (fä'n-ßᵉs) Sport: Boxer, Sportliebhaber; f. fancy.

fancy (fä'n-ßᵉ) [Einbildung]: F it took my ~ ich fand Gefallen daran; a ~-dog Hund von feiner Race; F ~-man Louis; Sport: the ~ Boxer, Freunde des „Turf"; v. Sport: züchten.

4*

fantail (fä'n-tel) Kappe der Müllkärrner und Kohlenträger mit lang herabhängendem Nackenstück.

fanteeg P (fän-ti'g) Verlegenheit, (schlechte) Wirtschaft: she was in a regular ~ sie wußte nicht ein noch aus.

far F (fā') [weit]: too difficult by far viel zu schwer; far too good to be true viel zu gut, als daß es wahr sein könnte; as far as it goes nur bis zu einem gewissen Grade; few and far between selten vorkommend; far gone schwer betrunken, halb verrückt.

fare (fā') [Fahrgeld] Droschke: Fahrgast.

farthing (fā'-dhin⁹) [Heller]: F he doesn't care a brass ~ es macht ihm nicht den geringsten Kummer, er schert sich den Teufel darum; six pence ~ sechs Pence (Groschen) und ein Farthing.

fast (faßt) [schnell]: F I am fast, too fast meine Uhr geht vor; a fast life ein liederliches Leben; to play fast and loose with (Sl. Dict.) ausnutzen und dann links liegen lassen; sehr gewöhnlich: fast and furious(ly) in aller Eile, Hals über Kopf; F to be fast in (Geld-) Verlegenheit (F im Dalles) sein.

fat (fät) I. s. F he lives off the fat of the land er lebt wie Gott in Frankreich; P all the fat's in the fire alles ist verraten, es ist alles vorbei (Grose). — 2. a. und adv.: F he's cutting, doing it fat er lebt herrlich und in Freuden, er spielt den großen Herrn; P a fat lot you'll do it das wirst du wohl nett bleiben lassen! F a fat cull ein reicher Wicht.

fatalities (fä-tä'l-ŧ-tɪ⁹) s/pl. Zeitungen: Unglücksfälle.

fate F (fet) [Schicksal]: as sure as fate ganz sicher.

fatigue-party ⚓ (fä-ti'g-pā-tɪ) Soldaten, zu nicht militärischer Arbeit abbeordert (Smyth).

fatty (fä't-tɪ) Schülersprache: Fetthans, Dicker.

favour (fe'-wɵ') 1. s. (Gunst) in Briefen: your ~ to hand Ihr Wertes, Ihr wertes Schreiben habe ich empfangen. — 2. v. [begünstigen] ~ gleichen, ähnlich sehen: the brood who ~ed both their parents much (Fun, 1886) die Brut, die ihren Eltern beiden ähnlich sah. [In diesem Sinne schon bei Shakespeare.]

favours (fe'-wɵⁱⁱʒ) Atlasschleifen und Rosetten, die bei Hochzeiten (wedding ~) und anderen festlichen Gelegenheiten getragen werden.

favourite (fe'-wɵⁱ-ʀlt): F he's a great ~ of mine ich bin ihm sehr zugethan; Sport: Pferd, das hoch in der Gunst des (wettlustigen) Publikums steht, die meisten Chancen hat.

fawney F (fā'-nɵ) Ring; ~-rig Fallenlassen von vergoldeten Ringen zum Zwecke des Betrügens; s. drop-cove.

feague (fig) Pferdehandel: mit Ingwer und anderen künstlichen Mitteln (ein Pferd) munter machen.

fear F (fɪ') [fürchten]: don't you ~, never you ~ seien Sie nur nicht bange, nur nicht ängstlich!

fear-monger (fɪ'-mönⁱ-gɵ') ängstliche(r), verzagte(r) Mensch.

fearsome (fɪ'-ʒɵm) Witzblätter: entsetzlich, fürchterlich.

feast (fißt) [Fest] sprichwörtlich: a contented mind is a continual ~ Zufriedenheit schafft nie endendes Glück.

feather (fe'dh-ɵ') s. [Feder]: a) F to shew the white ~ die Waffen strecken; there's not a piece of ~ in our host-good argument, I hope, we will not fly (Shakespeare, Henry V) nicht eine Feder blieb in unserm Heere — Beweis genug, mein' ich, daß wir nicht fliehen wollen; in full ~ in vollem Staate; Lady Marlborough who was then in high ~ (Ensign Macshane, Thackeray) Lady M., die damals in hoher Gunst stand. — b) P I haven't got a ~ to fly with ich habe keinen Heller mehr in der Tasche. — c) F to be in good ~ gut dran sein. — d) Sport: Plattschmeißen der Riemen; their ~ was very uneven sie heben die Riemen in sehr ungleichem Takte aufs Wasser; v. plattschmeißen, (die Riemen) flach aufs Wasser heben.

feather-bed(fe'dh-ɵ'-bed)[Federbett] ironisch: ~ soldiering der leichte, bequeme Dienst der „Volunteers".

fee F (fi) [honorieren]: ~ the porter sich mit Geld den Weg bahnen, fig. F schmieren.

feed F (fid) Mahlzeit.

feeder F (fi'-dɵ') Löffel (Grose).

feeding-gale ⚓ (fī'-tin¹-gēl) zunehmender Sturm (SMYTH).

feele ℾ (fīl) [aus der Lingua Franca oder dem französischen fille; f. Verrede] Tochter, Kind.

feet (fīt) [Füße]: ℾ to make feet for children's stockings (GROSE) Kinder erzeugen; scherzhaft: officer of feet Infanterie-Offizier.

felicities (fē-li'ş-ᵉ-tᵉş) Litteraten-Slang: glücklich gewählte Redensarten.

fell (fel) P statt fallen gefallen.

feller (fe'l-l̄ᵉʳ) P statt fellow Kerl.

fen ℾ (fen) [Sumpf] Hure (GROSE).

fence ℾ (fenß) s. Hehler; v. an den Hehler verkaufen.

fencer (fe'n-ß̄ᵉʳ) Sport: Pferd, das gut über die Barriere geht.

fencing-crib ℾ (fe'n-ßin³-kraib) Bettler-spelunke.

fencing-ken ℾ (fe'n-ßin³-ken) Haus des Hehlers.

fen-nightingales F (fe″n-nai'-tin-gelß) [Sumpf-Nachtigallen] scherzhaft: Frösche und Kröten (*Sl. Dict.*).

ferret ℾ (fe'ʀ-nᵉt) [Frettchen] Bürschchen, das in die Kohlenbarken schlüpft, um für seine Gefährten die Kohlen über Bord zu werfen.

ferricadouzer P (fe'ʀ-nᵉ-kā-dau″-şᵉ) Hiebe (*Sl. Dict.*).

fetch (fetsch) 1. *v.* [holen]: ℾ I ~ed him one which he won't forget ich wischte ihm eins aus, das er nicht vergessen wird; I hope this will ~ 'em ich hoffe, daß dies sie ergötzen, erstaunen wird; the furniture ~ed very little das Mobiliar brachte wenig ein, wurde zu geringem Preise verkauft; P he ~ed it a crack with his spade er schlug mit dem Spaten darauf. — 2. *s.* arglistige, neugierige Frage.

fetching F (fe't-schin³) bezaubernd: a ~ story eine fesselnde Geschichte.

fettle (fetl) Sport: Zustand, Gesundheit: he's in good ~ er ist in guter Verfassung; ⚓ Drohung.

fevertrap F (fī'-wᵉʳ-träp) ungesundes Haus, Fieberhöhle.

fib (fib) 1. Kindersprache: v. lügen; s. Lüge. — 2. ℾ schlagen: fib the cove's quarron in the rumpad for the lour in

his bung (GROSE) prügle den Kerl auf der Landstraße, um das Geld in seinem Beutel zu bekommen; fibbing gloak (GROSE) Boxer.

fibber (fi'b-bᵉʳ) Kindersprache: Lügner.

fiddle ℾ (fidl) 1. *s.*: a) Marktschreier (*Sl. Dict.*). b) to go out on the ~ nach Bekanntschaften suchen, denen man das Fell über die Ohren ziehen kann. c) [Geige] to play first ~ die erste Geige spielen; False Prophet had to play second ~ to Johnny Langtail (der Renner) F. P. blieb hinter J. L. zurück, konnte es mit J. L. nicht aufnehmen. — 2. *v.* anschmieren; if a boy of mine takes to fiddling (*A little Ragamuffin*) wenn einer meiner Jungen sich auf die Gaunerei verlegt.

fiddle-de-dee! (fi'dl-dᵉ-dī″), **fiddlestick!** (fi'dl-ßtik) P Unsinn!

fiddler (fi'd-lᵉʳ): ⚓ ~'s green Himmel; P ~'s money [kleine Münze] = fiddle-de-dee.

fiddling P (fi'd-lin³) Umherlungern (*Sl. Dict.*).

fid-fad F (fi'd-fäd) verwöhnter, wählerischer Mensch.

fidgets F (fi'd-ḡᵗş): he's all on the ~ er ist schrecklich unruhig.

fidlam ben ℾ (fi'd-lᵉm be″n) Galgengesindel.

field (fīld) 1. *s.* a) Sport: Gesamtzahl der Rennpferde, Feld; in a ~ of eight he backed all but two (*Sporting Times*) von acht Pferden schloß er nur zwei von seinen Wetten aus; b) Kricket: die angreifenden (auf dem Spielplatze verteilten) Spieler. — 2. *v.* Kricket: als Ballfänger (fielder) den Angriff des „bowler" auf den Dreipfahl unterstützen; ~ a ball den Ball beobachten (um, wenn möglich, des Schlägers Spiel zu Ende zu bringen); the hits he had to ~ die Schläge (des „batsman"), die er (durch seine Wachsamkeit) wirkungslos machen sollte.

fielder (fī'l-dᵉʳ), **fieldsman** (fī'ldş-män) Kricket: einer von der Oppositionspartei (out-party), nicht der „bowler"; Sport: = layer.

fig (fig) 1. [Feige]: ℾ I don't care one (a) fig mir liegt nicht die Spur daran. — 2. [statt figure]: F he came in full fig er kam in vollem Staate.

figaries F (fig-é'-rǐj) Schelmereien, Streiche.

figdean F (fig-dī'n) totschlagen (GROSE).

figging law F (fǐ'g-gin· lǎ) Taschendieberei (GROSE).

fight F (faït) v/a.: I'll ~ you ich will mit dir boxen, schlagen; ~ shy of vermeiden.

fighting-cove P (faï'-tin-kōw) Boxer.

figure (fǐ'g-ör) 1. s. [Gestalt]: F she looked such a ~ sie sah gar sonderbar aus; Ziffer: the high ~ he gave for it die hohe Summe, die er dafür zahlte; ~s Rechnen; he's clever in ~s er versteht sich aufs Rechnen; P what's the ~ wieviel ist zu bezahlen? (GROSE). — 2. v. [erscheinen]: F he ~d away in the papers er stand immerfort in der Zeitung.

figure-head † (fǐ'g-ör-hed) [Bild des Schiffes] Gesicht.

figure-man (fǐ'g-ör-män) Sport: Schlittschuhläufer, der auf dem Eise Figuren zeichnen kann.

filander (fǐ'l-än-d'r), s. philander.

filbert F (fǐ'l-bört) [Nuß]: cracked in the ~ übergeschnappt; s. dotty.

fileh (fǐltsch) Old Cant: Haken zum Stehlen; F ~ing cove (GROSE) Spitzbube; ~ing mort (GROSE) Spitzbübin.

file (faïl) s. Old Cant: Taschendieb: F an old file ein Schlaufuchs; the files die Zeitungen; v. Old Cant: berauben, betrügen (Sl. Dict.).

fill F (fǐl): I had my ~ of gooseberries ich aß mich an Stachelbeeren satt.

filly F (fǐ'l-ĭ) [Stutenfüllen] ausgelassenes Mädchen.

fin ↓ (fĭn) [Flosse] Arm; Hand: a wooden fin ein Holzarm.

finance ✳ (fǐ-nä'nß) v. finanziell ausarbeiten.

find (faïnd) t. v. Gericht: the Jury found for the defendant die Geschworenen sprachen den Angeklagten frei; Arbeiter, Handelswelt u. s. w.: stellen, beschaffen: who 'll find the money wer wird das Geld schaffen? he has to find his own material er muß sein Material selbst stellen; she (besonders von Dienstleuten) has twenty pounds and everything found sie bekommt zwanzig Pfund und

volle Verpflegung; scherzhaft: how do you find yourself? wie geht's Ihnen? — 2. s. F Fund.

finder F (faï'n-dör) Dieb.

fine (faïn) [schön] ironisch: fine language affektierte Redensarten; F you 're a fine fellow du bist mir der Rechte!

finessing (f-ne'ß-ßin·) Sport: schlaues Manövrieren.

finger (fǐ'n-gör) Kindersprache: a ~ of bread ein Schnittchen Brot; F to have one's ~ in the pie sich einmischen, seine Nase hineinstecken; P to put ~ in eye (GROSE) weinen.

finger-post F (fǐ'n-g-pōßt) [Wegweiser] Geistlicher (GROSE).

finger-smith F (fǐ'n-g-ßmith) a): Dieb; b) Hebamme (GROSE).

finik (fǐ'n-ĭk), **finikin** (fǐ'n-ĭk-ĭn) s. pedantischer Geck; a. geckenhaft: your ~sirs may in finery appear (DIBDIN) es mögen die Gecken sich schmücken und spreizen.

finish (fǐ'n-ĭsch) Schulsprache: die Erziehung zum Abschluß bringen, vollenden; F ganz totschlagen, abthun.

finnf, finuff F (beides: fǐ'n-ßf) [aus dem deutschen fünf; s. Vorrede] Fünfpfundnote.

fippence (fǐ'p-penß) [P statt five pence] fünf Groschen.

fire (faïr) 1. s. F like a house on fire wie der Wind, wie toll; his speech missed fire seine Rede zündete nicht; he wouldn't set the Thames on fire der hat's Pulver nicht erfunden. — 2. v. Litteratensprache: it fired his imagination es begeisterte ihn; F fire away immer zu! Eisenbahn: Abfahren! F fire up at in Feuer und Flammen sein, gewaltig auflodern über.

fire-priggers F (faï'-prig-g'rj) Diebe, die bei Feuersbrünsten scheinbar Beistand leisten (GROSE).

fire-ship F (faï'-schĭp) venerisches Frauenzimmer (GROSE).

fire-shovel P (faï'-schŏwl) großer Mund: he was fed with a ~ when young (GROSE) er hat ein breites, großes Maul.

first (förßt) Schulsprache: statt first-class Examen mit Auszeichnung bestanden; Kandidat, der gut bestanden hat: Universität: a double first einer, der sowohl in der Mathematik, als auch im Lateinischen und Griechischen in der „first-class" bestanden hat; das also bestandene Examen; F first in the field zuerst auf der Stelle; sprichwörtlich: first come first served wer zuerst kommt, mahlt zuerst.

first-chop P (fööst-tschö'p) [statt des eleganteren first-class, first-rate] vorzüglich, pikfein.

first-nighter (fö'ßt-naï'-t²r) Theater: Stück, das zum ersten Male [in derselben Saison] aufgeführt wird.

first-night-wreckers (fö''ßt-naït-rē''k²j) Theater: Zuschauer (besonders des Parterres und der Galerie), welche ein Stück bei der ersten Aufführung auszischen.

first thing P (f²ßt thi'n²) adv. ganz früh: I shall come ~ to morrow morning ich will morgen sehr früh kommen.

fish (fisch): 1. s. F he's like a fish out o' water er ist nicht in seinem Elemente; as mute as a fish so stumm wie ein Fisch; a strange fish ein wunderbarer Heiliger; all's fish that comes to his net er greift nach allem, was kommt, nimmt alles mit; F Matrose (GROSE). — 2. v. F he's fishing for a compliment er hascht nach einem Kompliment.

fish-fag (fi'sch-fäg) P und ⚓ Fischerweib, Schlumpe (SMYTH).

fish-fosh (fi'sch-fosch) Fisch mit Kartoffeln aufgewärmt.

fishy (fi'sch-²): F this looks ~ das sieht verdächtig aus, das sind faule Fische; ✱ a ~ concern eine wackelige Affäre.

fist (fißt) [Faust] Sport: at ~s im Faustkampfe.

fistic (fi'ß-t²k) Boxer-Slang: auf die Faust bezüglich; his ~ superiority sein Ruf als bester Boxer.

fit (fit) [Anfall] in hyperbolischen Redensarten: I shall lick him into ~s ich werde ihn ganz gründlich schlagen; she will knock you to ~s sie wird euch gehörig den Kopf verdrehen, euch gehörig verrückt machen.

fit to (fi't t²) P statt such as to so daß: the water drained in, ~ float my blanket on to the deck (By a seafarer) das Wasser strömte in solcher Menge herein, daß es meine Wolldecke hätte auf's Verdeck spülen können.

fiver P (faï'-w²) Fünfpfundnote.

fives F (faïwj): the ~ die fünf Finger.

fixings P (fi'ß-in²j) Möbel.

fixture (fi'ß-tj²r) Sport: periodisch stattfindende Hetzjagd; Wettrennen; the spring ~s die für den Frühling angesetzten Rennen.

fiz P (fis) Champagner.

fizzing P (fi'j-in²) ausgezeichnet (Sl. Dict.).

flabbergast F (flä'b-b²r-gaßt) verblüffen.

flag ⚓ (flägg): the ~ of defiance (oder the bloody ~ die Blutsflagge) is out er ist schwer betrunken; scherzhaft: ~ of distress Hemd, das aus der Hose hervorsieht (Sl. Dict.).

flam P (fläm) Flunkerei; Gassenhauer: A tale I'll tell without any ~ sing' euch ein Liedchen sonder Lug, eine wahre Geschichte trag' ich euch vor.

flame † (flēm) Schatz, Liebchen, Flamme.

flamers ✱ (flē'-m²rj) Art Zündhölzchen.

flaming (flē'-ming): F übertrieben; ~ accounts stark aufgetragene Berichte, fig. P starker Tobak.

flap F (fläp) plündern; s. jay.

flare-up F (flā³-²'p) [Aufflackern] wilde, tolle Festlichkeit, Orgie.

flaring F (flā'-rin²) grell, kraß: ~ advertisements Annoncen, ins Auge fallende Plakate.

flash (fläsch) 1. s. [Blitz]: a) ⚓ a ~ of lightning ein kräftiger Schluck, ein Glas Gin. — b) † (ursprünglich von der Muskete) a ~ in the pan ein Fehlschuß, ein vereitelter Plan. — 2. a.: a) flott forsch, pfiffig, schelmisch; F he's not one of the ~ sort er ist keiner von den lustigen Brüdern. — b) F ~ cove Schelm, Gauner, Hehler; ~ lingo, language Gaunersprache; ~ man (GROSE) Louis, Zuhälter; ~ mollisher (GROSE) Freudenmädchen; ~ panney (GROSE) Bordell; ~ song Gassenhauer; unzüchtiges Lied. — 3. v.: a) P verprassen: women who ~ money with a flourish (D. Tel., 1885) Weiber, die ihr Geld flott verputzen; to ~ one's ticker seine Uhr zur Schau tragen. — b) F to ~ the hash (GROSE) sich übergeben; to ~ one's ivory (GROSE) beim Lachen die Zähne zeigen.

flashiness F (flä′sch-i̇-neß) Äußerlichkeit, Flitterputz, Stutzerhaftigkeit.

flash-in-the-pan F (flä″sch-in-dhi̇-pä′n) a. aufflackernd: no ~ legislation will benefit us (*Nineteenth Century*) keine nur für den Augenblick berechnete Gesetzgebung wird uns von Nutzen sein.

flashly P (flä′sch-li̇) flott; ~ dressed auffallend gekleidet.

flashy P (flä′sch -i̇) unecht; betrügerisch; stutzerhaft.

flat F (flät) 1. a. [flach, platt]: a) that's ~ das ist klar, liegt auf der Hand; a ~ affair ein langweiliger Kram; ~ in spirits niedergeschlagen, in gedrückter Stimmung. b) Sport: ~ race (HOPPE) Rennen ohne Hindernisse, Flachrennen. (über flat siehe sharp.) — 2. s.: a) F Dummerian, Schwachkopf; on the ~ of one's back flach auf dem Rücken. b) Bettler-Cant: einer, der sich leicht etwas verlügen läßt.

flat-catching F (flä′t-kät-schin·) Bauernfängerei.

flat-move F (flät-mū′w) Dummheit (GROSE).

flats (flätß): a) Theater: hintere Kulissen, Hintergrund der Bühne; b) F ~ and chits Wanzen und Flöhe; c) = flatts.

flat(t)s F (flätß) Karten (GROSE).

flawd F (flåd) besoffen (GROSE).

flay the fox † = shoot the cat.

flay-bottomist P (flē-bo′t-t·m-ißt) [Lochversohler] Schulmeister.

flea-bite F (flī′-baͤit) [Flohstich] Kleinigkeit.

Fleet † (flīt): the ~ das alte Londoner Schuldengefängnis (Fleet-prison, auch No. 9 Fleetmarket genannt); ~ -marriage (HOPPE) heimliche, im Bezirke des Fleet-Gefängnisses abgeschlossene Ehe; ~ -parson (HOPPE) Geistlicher, der eine solche Ehe einsegnet.

flesh (flesch) v. alte Dramatiker: ~ one's sword mit dem Schwerte dreinschlagen, wüten.

flesh-broker F (flê′sch-brō-k·r) [Fleischmakler] Kuppler (GROSE; bei SHAK. flesh-monger).

flesh-creeper (flê′sch-krī-p·r) scherzhaft: Schauerroman, Gruselgeschichte (bei der es einem kalt überläuft).

flesh-market F (flê′sch-mā·-k·t) öffentliche Prostitution.

flick P (flik) 1. s. Kauz, Kerl; old ~ lieber Alter. — 2. v. schlagen, zerren, wippen; he ~ed it away er riß es weg; F just ~ him on it sharp schlag' nur gehörig auf ihn los!

flicker F (fli′k-·r) Trinkglas (GROSE).

flies (flaͤiß) Theater: Soffiten.

flimp F (flimp): to put on the ~ gewaltsam anfallen, garottieren.

flimsy (fli′m -i̇·) Bettler-Cant: Straßenlied; Notenblatt; F Banknote: you might be worth a ~ then (*A little Ragamuffin*) vielleicht hattest du damals etwas Geld.

fling (fling) s. [Wurf] he must have his ~ er muß sich austoben; v. F betrügen (GROSE).

flint † (flint) Schneider (der für den gesetzlich festgesetzten Lohn nicht arbeiten will) (GROSE); s. dung.

flip (flip) 1. s. † beliebtes Matrosengetränk (aus Schnaps, Bier und Zucker gebraut); starkes, warmes Getränk. — 2. v. F schießen (GROSE).

flip-flap ↓ (flip-flä′p) Arm.

flipper ↓ (fli′p-·r) [Flosse] Hand.

float (flōt) v. [oben schwimmen, treiben lassen]: a) ✾ ~ a company eine Aktiengesellschaft ins Leben rufen; b) F ~ing hell (GROSE) Galeeren.

flock (flok) [Herde] Domino: ~ of sheep Dominosteine, die man vor sich aufgestellt hat.

flogger † (flo′g-·r) Peitsche.

flogging cove F (flo′g-gin kōw) Prügelmeister (in Bridewell).

floor (flō·): a) F zu Boden schlagen; that ~ed me das verwirrte mich. — b) Schulsprache: durchfallen lassen: I was ~ed ich fiel durchs Examen; I ~ed the paper ich beantwortete sämtliche Fragen. — c) F ~ the pig (GROSE) schlag' den Schutzmann nieder.

floorer (flō′-n·r) [wuchtiger Hieb]: a) P you deserve a ~ du verdienst eine Tracht Prügel; the first question was a regular ~ (*King of the Beggars*) die erste Frage machte mich total verwirrt. — b) Lodging-house Slang: second ~, third ~ einer, der auf dem zweiten, dritten Stocke wohnt.

flop P (flŏp) *v.* plötzlich niederstürzen, plumpsen (*Sl. Dict.*); *adv.* it came ~ down es plumpste herab.

flop-whop (flŏp-wŏ′p) onomatop.: flip flap.

flounder (flau′n-d⁵ʳ) *s.* Flußschiffer-Slang: aufgefischter Leichnam männlichen Geschlechts (*River Rats*, GREENWOOD); f. dab.

flour ⚓ (flau′) mit Mehl vermengen (besonders von Senf).

flow F (flō) [Fluß]: he has a fine flow of language er hat eine sehr fließende Sprache.

flowery F (flau′-ʀᵉ) Logis (*Sl. Dict.*).

flowing hope ✗ (flō-in⁹ hō′p) Abteilung, die ein Wagestück unternimmt [französisch: enfants perdus] (SMYTH).

flue-faker F (flū′-fe⁵-f⁵) Schornsteinfeger; f. fake.

fluke F (flūk) Billard: Fuchs: to win by a mere ~ durch Glücksstöße (fig. F durch Schwein) gewinnen.

flummox, flummux P (beides: flo′m-m⁵fß) in Verlegenheit bringen: she ~ed 'em all to a coon (SIMS) sie setzte sie sämtlich in Verlegenheit.

flurry (flö′ʀ-ʀᵉ) [verwirren] scherzhaft: what's flurried your milk was hat dich so aufgeregt?

flush (flösch) 1. *s.* F Überfluß; a ~ of water ein tüchtiger Wasserstrom; I had a ~ of diamonds ich hatte die Hand voll Edelsteine. — 2. *a.* F wohl versehen [schon bei SHAKESPEARE]: he seemed to be ~ of money sein Beutel schien gut gespickt; F ~ in the fob gut mit Geld versehen.

flusteration ⚓ (flö′ß-t⁵-nä″-sch′n) Verwirrung.

fly (flai) 1. *v.* [fliegen, fliegen lassen] F (von Glas und Porzellan): zerspringen; don't fly out (*Ch. Dickens*) brause nur nicht auf; ✹ und Sport: fly the kites Wechsel in Umlauf bringen; P fly the mags (GROSE) mit Kupfermünze (durch Emporschnellen) spielen; Sport: hinwegsetzen über: the horse flew the lot (*Sporting Sketches*) das Pferd setzte über das Ganze leicht hinweg, nahm tadellos das ganze Hindernis; ⚓ fly the British flag unter englischer Flagge segeln. — 2. *a.* P pfiffig, eingeweiht; F the police were fly to the coal-stealing die Polizei gab auf die

Kohlendieberei acht; he put me fly to several gents (*King of the Beggars*) er gab mir gute Adressen von mehreren Herren. — 3. *s.*: a) Verer-Slang: Schlag; b) F on the fly auf verschlagene, schelmische Weise.

fly-away (flai′-ä-wē) Sport: Art Tricycle.

fly-by-night P (flai′-bⁱ-nait) Hexe (GROSE).

flyer (flai′-⁵ʳ) Sport: vorzügliches Rennpferd.

flying (flai′-in⁹) [fliegend]: a) P ~ angel Kind, auf den Schultern eines Erwachsenen stehend; he gave me a ~ angel er ließ mich auf seinen Schultern stehen; ~ bedstead offene Wagenbude des Londoner Trödlers; ~ stationer (GROSE) Verkäufer von Balladen und Mordgeschichten. — b) Verer-Slang: ~ horse, ~ mare Kunstgriff der Ringer. — c) Fußball: ~ man Spieler, der hinter den „posts" und „side-posts" aufgestellt ist. — d) ✗ to be in ~-mess (*Sl. Dict.*) schlecht verproviantiert sein.

flymy P (flai′-mⁱ) verschmitzt (*Sl. Dict.*).

fogey, fogie (beides: fō′-gᵉ) F alter Griesgram, Knicker; a regular old ~ ein altes Möbel, eine alte Jungfer, fig. P eine alte Schachtel.

foggy ⚓ (fŏ′g-gᵉ) [neblig] angetrunken (SMYTH).

fogle F (fōgl) seidenes, buntes Taschentuch [GROSE: blue handkerchief with white diamond spots, also blue bird's eye]. [dieberei.]

fogle-hunting F (fō″gl-hŏ′n-tin⁹) Taschen-

fogo P (fō′-gō) Schwalm, Gestank.

fogram (fō′-gʀ⁵m) P Knauser; f. fogey; ⚓ Spirituosen.

fogus (fō′-gⁱⁿß) Old Cant: Tabak, Rauch: a gage of ~ (GROSE) eine Pfeife Tabak.

foist (foist) 1. *v.* F hintergehen; a ~ed up affair eine Schwindelei. — 2. *s.* F Taschendieb.

fokesel, foke-sill, fok'sl ⚓ (alles: fōkßl) [statt forecastle] Vorderkastell.

follow (fŏ′l-lō) Schule: ~ my leader Spiel, bei welchem man dem Vordersten (in der Reihe) über Stock und Stein folgen muß; F ~ suit Farbe bekennen; nachmachen, mitmachen.

following (fŏ′l-lō-in⁹) *s.* Politik: Anhänger, Partei.

food-stuffs ✚ (fū'd-ßtöfß) Proviant, Nahrungsstoffe.

fool (fūl) [Narr] scherzhaft: a ~ at one end and a maggot at the other'(GROSE) ein Angler; Schule: to be put in the ~'s corner in die Ecke gestellt werden; F all ~s' day der erste April; to go on a ~'s errand sich vergeblich wohin bemühen; to live in a ~'s paradise gedankenlos dahinleben; Schach: ~'s mate (HOPPE) Schäfermatt, Matt nach wenigen Zügen.

foolish F (fū'-lish): he looked very ~ er sah ganz beschämt aus; we made the goose look very ~ wir ließen wenig von der Gans übrig.

foont (fūnt) [aus dem deutschen Pfund verdorben] Old Cant: Pfund Sterling.

foot (fūt) [Fuß]: 1. s. ✕ five hundred ~ fünfhundert Mann zu Fuß, Infanterie; scherzhaft: to travel by Mr. Foot's horse auf Schuhmachers Rappen reiten [gewöhnlich: on shanks' pony]; Theater: before the ~-lights [Lampen an der Rampe] vor den Lampen, auf der Bühne; ✕ ~-wabbler Infanterist (GROSE). — 2. v. Amerikanismus: ~ a bill Bürgschaft leisten, eine Schuld auf sich nehmen; Sport u. s. w.: ~ up sich belaufen auf; the receipts are expected to ~ up to £ 800 (Sportbericht) man erwartet, daß die Einnahmen achthundert Pfund betragen werden.

football (fū't-bāl) Fußballspiel [bei welchem der Ball nur mit dem Fuße vorangerollt oder emporgeschleudert werden darf]. — S. kick.

footing (fu't-iñ) scherzhaft: Tanzen: her skilful ~ (*Echo*, 1886) ihr geschicktes Tanzen.

foozlified ⚓ (fū'-l-ı-faid) besoffen.

for (för'): a) F what did you do this for? weshalb hast du das gethan? he left for good er ist auf längere Zeit, auf Nimmerwiederkehr abgereist; let's take this for granted angenommen, es wäre so! — b) Boxer-Slang: he went for Jim er stürzte sich auf Jim los. — c) Kricket: I once made a hit to long-field for nine runs (JOE BROADLEY's *Cricket Lecture*) ich gewann einmal neun Läufe dadurch, daß ich den Ball nach „long-field" schlug. — Vgl. auch die besonderen Titelköpfe for that und for to.

for'ad ⚓ (fo'r-năd) statt forward.

force F (förß) 1. s. the ~ [abgekürzt statt police-force] die Schutzmannschaft, die Polizei. — 2. v. [zwingen]: to ~ oneself upon sich aufdrängen.

fore F (för): to come to the fore Ruf bekommen, sich eine Stellung in der Welt verschaffen.

forecast (för'-kāßt) s. Zeitungen: ~ (of the weather) Wetterprophezeiung, Wetterbericht [in Amerika heißt der Wetterprophet: „Old Probabilities"].

forefoot ↑ (för'-fut) [Vorderfuß] Hand (GROSE).

foregone F (för'-gön): a ~ conclusion eine ausgemachte Sache; etwas, das sich leicht voraussagen läßt.

forelock F (för'-lök): to take time by the ~ zeitig handeln, im voraus sorgen.

foreman (för'-män, P för'-m'n) [Obmann] scherzhaft: ~ of the Jury gewaltiger Schwätzer (GROSE).

forestaller ✚ (för'-ßtā-l'r) Börse: Kornspekulant, der die Ernte im voraus aufkauft.

forewarn (för-wā'rn) sprichwörtlich: ~ed, forearmed gewarnt, gewaffnet.

forfeit F (för'-fit) Pfand; Gesellschaftsspiel: to cry ~s die Pfänder ausrufen.

forge ahead (förDG ā-he'D) Sportberichte, besonders von Booten: sich nach vorn drängen.

forget F (f'r-ge't): When did you meet him? I ~ Wann hast du ihn getroffen? Ich kann mich nicht mehr erinnern.

forgot P (f'r-go't) statt forgotten vergessen: you have ~ the will I told you of (SHAK., *Julius Caesar*) ihr vergaßt das Testament, wovon ich euch gesprochen; I had ~ almost the day of the week (*Pepys' Diary*, 1666) ich hatte fast den Wochentag vergessen.

fork (förk) 1. s. [Gabel]: P he's been drinking vinegar with a fork ihm ist eine Laus über die Leber gelaufen; ↑ Taschendieb (GROSE); ~s Mittel- und Zeigefinger [Langfingern von besonderem Nutzen]. — 2. v. P fork out the chips heraus mit der Münze. [hope.]

forlorn hope ✕ (f'r-lö'r'n-höp) = flowing]

form (för'm) Schule: Klasse; our sixth ~ unsere oberste Klasse; Sport: Verfassung, Leistung; Ton; in good ~

tüchtig, wohlbestallt; out of ~ in schlechter Verfassung; Don John proved the ~ for the cup (*Bell's Life*) Den Zehn war durchaus das rechte Pferd für dieses Rennen; his two-year-old ~ seine Leistungen als zweijähriges Füllen: that was the ~ of old painters (*Punch*) das war die Manier der alten Maler; Studentengeschichte: it's bad ~ to know so many bookies es schickt sich schlecht, so viele Ritter vom Sport zu kennen.

forsook (fĭ-ßȧ'f) P statt forsaken verlassen [bei Shakespeare häufig].

forth ⚔ (fŏ'rth): march ~! vorwärts, marsch!

for that † (fĭr dhä't) weil; gerichtl. Vorladung (1886): ~ you maliciously and seditiously contrived and intended the peace of our Lady the Queen and of this realm to disquiet weil ihr in böswilligem und aufrührerischem Geiste plantet und versuchtet, den Frieden Ihrer Majestät der Königin und dieses Reiches zu stören.

forthcoming F (fŏ'rth-fŏ'm-ĭn*): when the money did not appear to be ~ I sued him als das Geld allem Anscheine nach unbezahlt bleiben sollte, verklagte ich ihn.

fortin (fŏ'-tᵘn) P statt fortune Glück.

for to (fŏ'r tᵘ) [P statt in order to] [in der älteren Litteratur sehr häufig anzutreffen, z. B.: *Chaucer's Prologue*: „erly for to ryse" um früh aufzustehen — jetzt nur in der vulgären Rede] Gassenhauer: she left me ~ travel sie ließ mich um zu reisen; I 've 'ad a stick anigh me ~ knock the rats off (*All the Year round*) ich hatte einen Stock zur Hand, um die Ratten wegzutreiben; the thief cometh not but ~ steal (Bibel) der Dieb kommt nur um zu stehlen.

forty (fŏ'-tᵉ) [vierzig]: P ~ guts Schmerbauch; F to have one's ~ winks sein Schläfchen halten; F the Forties eine berüchtigte Londoner Diebesbande unserer Zeit [der Leser denke an Ali Baba und die vierzig Räuber aus „Tausend und eine Nacht"].

forward (fŏ'-wᵘrd) 1. *a.* F a ~ child ein verlautes Kind; Kricket: ~ play Schlagen mit vorgebeugtem Körper. — 2. *s.* Fußball: ~s Spieler des Vordertreffens [vor den „half-backs"].

fosterous (fŏ'ß-tᵉ-nuß) [P statt phosphorus] Phosphor.

foul (faul) 1. *a.* ↓ to fall ~ of schelten, herfallen über. — 2. *v.* Sport: gegen einander stoßen; F ~ a plate with zusammen essen mit (GROSE). — 3. *s.* Sport: Gegeneinanderfahren, Anfahren, Heißfahren (besonders von Kähnen); Boxer-Slang: unerlaubter, ungesetzlicher Schlag.

fourth (fŏ'rth) [vierte] Zeitungen: the ~ estate die Journalistenwelt; Parlament: the ~ party Lord Randolph Churchill und seine Anhänger.

fox (fŏfß) [Fuchs] Old Cant: Schwert (MASSINGER); F fox about umherspioniren.

frank (fränᵏf) 1. *v.* † frankiren. — 2. *s.* † Frankatur, frankirte(r) Brief [jetzt nur durch pay, pay for, postage paid u. s. w. ausgedrückt].

free (fri) 1. *a.* F as free as a bird frei wie ein Vogel; P free and fair offen und ehrlich. — 2. *s.* P free-and-easy lustiger Kneipabend mit Gesang [jetzt am Aussterben. S. G. R. SIMS „*How the Poor live*"]. — 3. *v.* F stehlen, berauben.

freeman (fri'-mᵃn, P fri'-mᵃn) London: a ~ of the city ein wohlbestallter Bürger der Altstadt; F to lush at ~'s quay (GROSE) auf Kosten anderer trinken.

freezer F (fri'-jᵉr) frostige(r) Wintertag.

French (fräntsch) [französisch]: F to take ~ leave F sich englisch drücken [ohne Abschied zu nehmen]; F ~ cream Cognac; ~ gout Syphilis.

fresh (fräsch) F as ~ as a daisy, ~ as paint so frisch wie eine Rose; Bordell: a ~ girl ein unschuldiges, keusches Mädchen, Jungfer.

fresher F (frä'sch-ᵉr) Studenten-Slang [statt freshman] Fuchs.

fretful (frä't-fᵘl) [reizbar] häufig scherzhaft aus Shakespeare citiert: like the ~ porcupine wie das empfindliche Stachelschwein.

fribble P (fribl) Weichling, Wollüstling (GROSE).

Friday-face F (frai'-dᵉ-fᵉß) betrübtes Gesicht (GROSE).

frigate ↓ (fri'g-ᵉt): a well-rigged ~ ein schön geputztes Frauenzimmer.

frisk ⌐ (fri§t) unterſuchen, beobachten, ⌐ ausbaldowern [beſonders vor beabſichtigtem Einbruche]; ~ a cly eine Taſche ausleeren (= fake a cly).

frivoller ⌐ (fri′w-ⁿl-lᵇʳ) frivoler Menſch.

friz (fri§) P ſtatt frozen gefroren.

froe ⌐ (frō) = frow.

frog (frŏg) [Froſch] ⌐ Poliziſt; ~-and-toe Spißname von London; ~'s wine (Grose) Gin; ⌺ ~s Franzoſen.

froglander P (frŏ′g-län-dᵇ⁵) Holländer.

front ⌐ (frŏnt): to change ~ eine neue Seite herauskehren, einen andern Ton anſchlagen; to come to the ~ = to come to the fore (ſ. fore); to shew a bold ~ eine kecke Miene aufſeßen; Börſe: eine feſte Haltung zeigen.

frosty ⌐ (frŏ′§-tᵉ) [froſtig]: ~ face Blatternarbige(r).

frow (frō) [aus dem deutſchen Frau verborben; ſ. Vorrede] Weib (Grose).

frummagemmed (frŏ″m-ma-dGe′md) Old Cant: erwürgt.

frump ⌐ (frŏmp) 1. s. wunderliches, geſchmackles gekleidetes Frauenzimmer: an old ~ ein altes Weibſtück, fig. P eine alte Schachtel, Here. — 2. v. (Beaumont and Fl.) verſpotten, hänſeln.

fry ⌐ (frāi) [Fiſchbrut] [ſcherzhaft: small ~ kleine Kinder, fig. ⌐ Würmer.

f sharp P (ef ſcha′p): Floh [im Gegenſaße zu b flat = Wanze. Dieſes wißige Wortſpiel entſtammt der Muſit, da f sharp eigentlich f dur und b flat unſer h moll bedeutet].

fuddle P (fŏdl) v. ſaufen, kneipen; s. ont on the ~ am Saufen, auf der Bierbank; Spirituoſen.

fuddled P (fŏdld) bebuſelt.

fuddler P (fŏ′d-lᵇ) Trunkenbold.

fudge ⌐ (fŏdG) s. Unſinn, eitles Geſchwäß; v. Blue-coat School: verjagen, reden.

fulhams, fullams ⌐ (fu′l-ämj) falſche Würfel (Ben Jonson, Shak.).

full (ful): a) Hotel, Schule, Herberge u. ſ. w.: we are ~ wir haben keinen Plaß mehr. — b) ⌐ F to pay in ~ voll auszahlen; he was ~ of it er war ganz davon erfüllt, ſprach von nichts anderem; ~ in the face mit rundem Geſichte; (nach to look anybody) feſt ins Geſicht. — c) Theater:

~ rehearsal Generalprobe. — d) Kritet: ~ pitch Ball, der auf den Dreiſtab losfliegt, ohne den Boden berührt zu haben.

fullied (fu′l-lᵇd) ⌐ ſtatt fully committed (for trial) vor die Aſſiſen verwieſen.

fulness ⌺ (fu′l-nᵉ§) bibliſch: in the ~ of time (Hoppe) da die Zeit gekommen war, erfüllet ward; in the ~ of years in reifen Jahren.

fumble-fisted ⌺ (fo′mbl-fi§-tᵇd) ungeſchickt, plump (Smyth).

fume (fjūm) [Dampf]: in a ~ aufgebracht, ⌐ aus dem Häuschen.

fun ⌐ (fŏn): the ~ of the fair der ganze Wiß, der Hauptſpaß bei der Geſchichte; there's not much ~ to be got out of him mit dem iſt nicht gut Kirſchen eſſen; I don't see the ~ of it ich ſehe keinen vernünftigen Grund dafür.

funk P (fŏnk) 1. s.: a) Angſt: I never saw anyone in a bluer ~ than you ich habe nie jemand in hellerer Angſt geſehen als dich; b) ängſtlicher Menſch: he was the most utter ~ on a horse imaginable (Sporting Sk.) er war zu Pferde der ängſtlichſte Menſch, den man ſich nur vorſtellen kann. — 2. v. Angſt haben, fürchten.

funky P (fŏ′n-kᵉ) furchtſam, ängſtlich.

funny P (fŏ′n-nᵉ) s. Waſſerſport: leichter Kahn.

fur P (fö′) ſtatt far weit.

furmen P (fö′′-mᵉn) [Pelzmänner] Aldermen der City [mit pelzverbrämter Amtstracht] (Grose).

fussock (fŏ′§-§ᵇt) s. ⌐ faules, fettes Weibsbild (Grose); v. P viel Weſen machen.

fussickin, fussockin (fŏ′§-§ᵇk-ⁿn) P ſtatt fuss Aufhebens, viel Lärm um nichts.

fusty ⌐ (fŏ′§-tᵉ) [muffig]: ~ luggs (Grose) Schmußweib, Lümmel.

futures ⚹ (fjū′-tᵇⁱj, ⌐ fjū′-tſchᵉⁱj) Börſe Ernteausſichten.

fuzz P (fŏj) betrunken machen, ſich betrinken.

fuzzy (fŏ′j-jᵉ) P angeſäuſelt; ⌺ ungeſund, merſch (Smyth).

fy out P (fāi āu′t) ausfindig machen, ausſpionieren.

fylche (Harman) = filch.

G.

gab, gabbe (gäb) P Maul; F the gift of the ~ ein gutes Mundwerk, eine geläufige Zunge; not much given to ~ kein großes Schwätzmaul; F ~ string (GROSE) Zügel.

gaby F (ge'-bᵉ) Pinsel, Dummkopf.

Gad (gäd) in Flüchen häufig gebraucht für God, z. B. but, o ~, two such un-licked cubs aber, zum Henker, zwei so ungeschlachte Gesellen.

gad (gäd) 1. *v.* F ~ding the hoof Land-streicherei; F ~ about umherschweifen, Vergnügungen nachjagen. — 2. *s.* P ~ about Pflastertreter, vergnügungssüchtige Person; upon the ~ (SHAK.) toll um-herlaufend.

gaff F (gäf): to blow the gaff upon ver-raten, angeben. — S. penny-gaff.

gaffer F (gä'f-ᵉ) Besitzer, Wirt einer Bettlerherberge.

gag(gäg)*s. u. v.* F Lüge; lügen, anschmieren; Theater: vom Schauspieler aus dem Steg-reife eingeflochtene, improvisierte Worte; extemporieren, in die Rolle einflechten.

gages P (ge'-dGᵉⁱ) statt greengages Reine-claudes. [(GROSE).]

gaggers P (gä'g-gᵉⁱ) Spieler, Betrüger

gal (gäl) P statt girl Mädel; 'is ole ~ seine Alte.

gala F (ge'-la) Fete, große Gesellschaft.

galaney (gäl-e'-nᵉ) [lat. gallina] Old Cant: Huhn.

galanty (gäl-ä'n-tᵉ), **galanty-show** (gäl-ä'n-tᵉ-schō) P (altmodisches) Schattenspiel.

galley-foist (gä'l-lᵉ-fȫßt) alte Dramatiker: Staatsbarke des Lordmayors.

galligaskins F (gä'l-lᵉ-gä"ß-kinᵈ) Hosen (GROSE).

gallimaufry, gallimawfry (gä'l-lᵉ-mä"-frᵉ) ⚓ Ragout aus Überbleibseln, *fig.* F Wochenübersicht (*Sl. Dict.*).

gallipot (gä'l-lᵉ-pot) [Apothekertopf] scherz-haft: Apotheker (GROSE).

gallivant F (gä'l-lᵉ-wänt) auf den Strich gehen, die Kur schneiden, in Gesell-schaften laufen.

gallomania (gä'l-lᵉ-me"-nja) Franzosen-freundlichkeit, Vorliebe für Frankreich (*Times*).

galloper P (gä'l-lᵉ-pᵉ) flinkes Pferd.

gallore F (gäl-lō') viel (GROSE).

gallows, gallus (gä'l-lᵉ) 1. *s.* P Galgen-strick: move off, young ~ (*A little Ragamuffin*) schieb ab, drück dich, du Galgenvogel! — 2. *a.* und *adv.* P ent-setzlich: if you know 'd how ~ hungry I was (*A little Ragamuffin*) wenn Sie wüßten, wie fürchterlich hungrig ich bin. [schichte.]

gally-yarn ⚓ (gä'l-lᵉ-jän) erlogene Ge-

gamb F (gäm) (mageres krummes) Bein (*Sl. Dict.*); farcy ~s (GROSE) ge-schwollene Beine.

game (gem) [Spiel] 1. *s.*: a) F Schlich, Streich: I know his ~ ich weiß, was er im Schilde führt; ah, that's his little ~ also das sind seine Pläne! — b) Sport: to play the ~ schwunghaft ins Werk setzen. — c) Bordell: Freuden-mädchen. — 2. *a.*: a) F bereit: he's for anything der ist zu allem fähig; a ~ old girl ein herzhaftes, fedes Frauen-zimmer. — b) P ~ women lockere Weibsleute; to die ~ verstedten Herzens sterben. — c) F ~ leg (*Sl. Dict.*) lahmes Bein (*vgl.* gamb); ~ pullet (GROSE) lockere Dirne.

gamecock P (ge'm-kok) [Kampfhahn] fecker, dreister Bursche.

gameness P (ge'm-neß) Herzhaftigkeit, Keckheit.

gammon (gä'm-mᵉn) 1. *s.* F Betrug, Auf-binderei: it's no ~, said Ginger (*Auriol*) es ist kein Humbug, sagte G.; P that's ~ you 're pitching du willst uns etwas aufbinden; Old Cant: give me ~ decke mich, hilf mir [während ich den Leuten die Taschen ausleere] (*The Thieves' Grammar*, 1719). — 2. *v.* F anführen: you can't ~ him over du kannst ihm nicht ein X für ein U vormachen; F ~ lushy sich betrunken stellen.

gammon-and-patter F (gä'm-mᵉn-änd-pä"t-tᵉ) Zunftsprache.

gammoner P (gä'm-m³-n³) Schwindler.

gammy F (gä'm-m³) schlecht, unvorteilhaft, betrügerisch, knickerig: they 're awfully ~ about here (*King of the Beggars*) hier in der Gegend ist das Volk fürchterlich geizig.

gamp (gämp), gampy (gä'm-p³), auch Mrs. Gamp P Regenschirm [Spitzname des konservativen *Standard*].

gamut F (gä'm-³t)[Tonleiter]: now, as they run down the whole ~ of accusation (R. CHURCHILL) nun da sie ihre Anschuldigungen in jeder nur erdenklichen Tonart vorbringen.

gan (gän) Old Cant: Lippe, Mund.

gander-faced P (gä'n-d³-fäßt) [mit einem Gänserich-Gesicht] mit einem dummen Gesichte, Gansgesicht.

gander-month P (gä'n-d³-month) Wochenbett [lustiger Monat für einen lockeren Ehemann] (*Sl.Dict.*).

gang ↖ u. † (gän) gehen; Gassenhauer: if to the church you will ~ wenn zur Kirche du willst gehen.

gangway (gä'n³-we) Parlament: Mittelgang [zwischen den Sitzreihen der Abgeordneten]; below the ~ abseits von den Ministeriellen sitzend, zu einer extremen Richtung gehörig [wie z. B. die Radikalen auf der liberalen Seite].

gantline ⚓ (gä'nt-lain) [statt gauntlet Handschuh]: to run the ~ Spießruten laufen.

gape-seed (gē'p-ßīd) scherzhaft: to look for ~ Maulaffen feil halten (*Sl. Dict.*).

Garden (gä'-dn): the ~ [statt Coventgarden] Markt oder Theater von Coventgarden.

garden F (gä'dn) [Garten]: to put a person in the ~ einen (Diebesgehilfen) um seinen Anteil betrügen.

gargle (gä'gl) [Gurgelwasser] Mediziner-Slang: Flüssiges zum Spülen der Kehle, Trunk.

garish (gä'-nisch) poetisch: schmuck, zierlich.

garlic F (gä'-lik) [Knoblauch]: to smell ~ etwas wittern, Unrat merken.

Garn! (gä'n) Fluchwort: zum Henker!

garret F (gä'r-ät) [Dachstübchen] Kopf.

garreter F (gä'n-nät-t³) Dieb, der sich in die Dachstübchen schleicht.

garret-master (gä'r-ät-maß-t³) armer Möbelschreiner, der [auf eigene Faust] im Dachstübchen arbeitet.

garroter (gän-rö't-³) Straßenräuber, der sein Opfer von hinten anfällt und würgt.

garters ↓ (gä'-t³ß) [Strumpfbänder] Fesseln (SMYTH).

gas P (gäß): to give a person gas (*Sl. Dict.*) jemand schelten, prügeln.

gasp F (gaßp) [keuchen]: may I gasp my last if ... ich will des Todes sein, wenn ...

gaspipe (gä'ß-paip) [Gasröhre] spöttische Bezeichnung des Snider-Gewehres, 1885.

gaspipe-crawler (gä'ß-paip-krä'-l³) Gasarbeiter-Slang: dürrer Mensch, der in eine Gasröhre kriechen kann.

gassy P (gä'ß-³) [gasig] heftig, sanguinisch.

gate (gēt) Sport: statt gate-money Entree; free ~ freier Eintritt.

Gate (gēt): the ~ [P statt Billingsgate] Londoner Haupt-Fischmarkt.

gather (gä'th-³) [sammeln]: F I ~ from what he said ich schließe aus dem, was er sagte; biblisch: when I am ~ed to my fathers wenn ich das Zeitliche gesegnet habe, zu meinen Vätern versammelt bin.

gatter F (gä't-t³) Bier: a shant o' ~ ein Schoppen Bier.

gawk(y) P (gäk, gä'-k³) s. lange, ungeschickte Person; a. groß und ungeschickt.

gay F (gē): ~ woman liederliches Weibsbild; a ~ life ein ausschweifendes Leben.

gazette ✠ (gä-sε't) (in der *Gazette*) öffentlich bankrott erklären.

gee P (dgī): it won't ~ in es will nicht stimmen.

gee-gee (dgī'-dgī) Kindersprache: Pferd.

gelt (gält) Old Cant: Geld (= gilt).

gemman (dgε'm-m³n), genlman (dgε'nl-m³n) P statt gentleman Herr.

general (dgε'n-n³l) F statt ~ servant Hausmagd.

generality F (dgε'n-n³-rä''l-³-t³)[Allgemeinheit]: the ~ of people die Welt im allgemeinen.

gen'lly (dgε'n-l³) P statt generally gewöhnlich.

gent (dgĕnt) [P ſtatt gentleman]: P ~s ſtatt gentlemen: ~s' boots Herrenſtiefel.

gentleman (dgĕ'ntl-m'n) [Herr] Sport: ~ player Dilettant; einer, der aus dem Spiel kein Handwerk macht; F ~s companion (GROSE) Laus; Kinderſprache: a ~'s piece ein dünnes, delikates Schnittchen; Whiſt: when the ~ comes to the door, it shews he does not keep many servants wenn jemand den Trumpſkönig ausſpielt, dann muß er die kleineren Trumpfkarten alle weggeworfen haben.

gentry cove (dgĕ'n-tŏ kōw) Old Cant, ſchon bei HARMAN: Herr; ~ ken Herrenhaus, feines Haus.

gerry (dgĕ'n-nŏ) Ex̌kremente (TH. HARMAN). — S. jerry.

gerry-builder (dgĕ'R-n'-bĭl''l-d'r) Spekulant, der ſchlechte Häuſer mit ſchöner Außenſeite baut.

gerrymander F (dgĕ'R-n'-mä''n-d'r) beſchönigen; ſchlechte Häuſer mit ſchöner Außenſeite bauen; politiſch: ſeine Zuhörer durch gleißneriſche Redensarten auf den Leim führen.

gerund - grinder (dgĕ''n-n'nd-gnāi'n-d'r) [Gerundiumpauker] ironiſch: Schulmeiſter, Pedant.

get (gĕt) 1. v. [bekommen, werden, machſen, geraten] ironiſch: I wish he may get it er hat's noch lange nicht; F she 'll get it nicely ſie wird's ſchön friegen; to get tipsy ſich betrinken; he's getting beyond me er wächſt mir über den Kopf; what gets over me is this was ich nicht begreifen kann, iſt dies; P when a fellow gets in co with the demon alcohol wenn ein Menſch ſich mit dem Teufel Alkohol verbündet; what are yer getting at? worauf ſpielen Sie an? Sport: get off aus Ziel gelangen: Don John got off last Don Jhon kam zuletzt an; P get out with you rede doch nur nicht ſo! F get oneself up ſich aufdonnern: she got herself up for the occasion ſie kam in ihrem beſten Staate; get wind unter die Leute kommen. — 2. s. Sport: Geſtüt; P Nachkommenſchaft.

get-up F (gĕt-ö'p) s. eitler Putz, Schwindelei; abgekartete Geſchichte; Zeitung: a ~ of the Tories ein Poſſenſpiel der Tories.

ghost F (gōſt) [Geiſt]: he has given up the ~ er hat's Zeitliche geſegnet; he hasn't the ~ of a chance er hat nicht die geringſte Ausſicht auf Erfolg.

gib (dgĭb) ⚓ Geſicht; ſ. jib; F gib-face (Sl. Dict.) häßliches, ſaures Geſicht.

gig(g) (gĭg) F Naſe; ſ. rattle; Spaß (Sl. Dict.); ⚓ leichtes Boot.

gig(g)er F (dgĭ'g-'r) = jigger.

gig-lamps † (gĭ'g-lämp̌ß) Brille.

Giles (dgaĭlß): St Giles's Greek Londoner Gauner-Argot [St. Giles's iſt ein berüchtigtes Viertel in unmittelbarer Nähe von Seven Dials].

gill (dgĭl) == jill.

gills P (gĭlſ) [Riemen] Kinnbacken; to lick one's ~ ſich das Maul lecken; to look merry about the ~ (GROSE) fröhlich ausſehen, ein luſtiges Geſicht machen.

gilt (gĭlt) [Vergoldung]: a) F ſchönes Äußere; the gilt soon rubs off if a bloke has to cadge for two da hört es bald auf, Spaß zu ſein, wenn ein Menſch für zwei betteln muß; that takes the gilt off the gingerbread das zehrt allen Profit auf. — b) F Hausdieb, der Schlöſſer (beſonders in Gaſthöfen) aufbricht (GROSE); auch == gelt.

gimcrack (dgĭm-kraⁱt) F kunſtvolles Machwerk; F ſchmuckes Menſch.

gimcrackery F (dgĭm-kraⁱt-ⁱ-nŏ) billige, ſchlechte Ware.

gim(b)let F (gĭ'm-lĕt) [Nagelbohrer]: ~ eyed ſcheel (GROSE).

gin ⚓ (gĭn) ſtatt gave und given.

gin-and-tatters F (dgĭ'n-änd-tä''t-t'rſ) Schnapsſäufer(in) in Lumpen.

gin-buds (dgĭ'n-bŏdſ) == brandy-blossoms.

gin-foundered (dgĭn-faŭ'n-d'rd) Zeitungen vom Schnaps zu Grunde gerichtet.

ginger P (dgĭ'n-dgŏ) [Jngwer] Rothaar.

gingerbread (dgĭ'n-dgŏ-brĕd) [Pfefferkuchen] 1. a.: F a ~ affair ein zerbrechliches Machwerk: a ~ battle eine Schlacht mit gemalten Soldaten; ⚓ ~ hatches ſeines Quartier. — 2. s.: a) F Geld (= gelt): your old dad had the ~ (AINSWORTH, Rookwood) Jhr Alter hatte Moneten; ſ. auch gilt a; b) † vergoldeter Wagen des Lordmayors.

ginger-haired (dgĭ'n-dgŏ-hāⁱd), **gingerpated** (dgĭ'n-dgŏ-pⁱ-tⁱd) P rothaarig.

ginger-pop (dʒĭn-dʒĭs-pop) [P ſtatt Ginger Ale] limonadenartiges Getränk.

gingham P (gĭn-ᵊm) = gamp.

ginirally (dʒĭn-ăᵉl-ĭ•) P ſtatt generally gewöhnlich.

gird (gö•d) [umgürten]: to ~ up one's loins (bibliſch) ſich zur Arbeit rüſten.

girl (gö•l) [Mädchen]: F the girl das Dienſtmädchen; we 'll be good girls, wir wollen artige Mädchen ſein; ſ. boy; girl graduate weiblicher Student [mit akademiſchem Grade]; * girl machinist Nähmaſchinenarbeiterin.

git (gĭt) P ſtatt get.

give (gĭw) [geben]: a) F ~ a cry, a mew ſchreien, miauen; ~ away (die Braut bei der Trauung) dem Bräutigam übergeben; I'll ~ it you ich komme dir ſchon; ~ me the good old times da lobe ich mir die gute, alte Zeit; von Hunden: ~ tongue anſchlagen (Hoppe). — b) Theater: ~ it mouth laut und vernehmlich vertragen. — c) ⚓ ~ lip to plaudern, ſchelten; ~ way aus allen Kräften rudern. — d) F ~ it to berauben: I gave it to him for his reader (Grose) ich ſtahl ihm ſeine Brieftaſche. — e) P ſtatt gave gab, gaben.

giver (gĭw-ᵊ) Bérer-Slang: gute(r) Bérer.

glass eyes (glaˉ•s aˉĭ) [Glasaugen] Perſon, die eine Brille trägt.

glasyers (gleˉ-jᵉj) Old Cant: Augen [Th. Harman; ſ. Vorrede].

glaze (gleˉĭj), ſ. star.

glazier (gleˉ-jᵉ•, P gleˉᵉ-G•) [Glaſer] ſcherzhaft: your father wasn't a ~ glaubſt du, du ſeiſt durchſichtig? Dein Vater iſt kein Glaſer! [ſtatt geh mir aus dem Lichte!]; F Dieb, der Ladenfenſter beraubt.

glean (glĭn) [ernten]: F I ~ed nothing ich habe nichts erfahren können; F ſtibitzen: pinchin', findin', gleanin', some coves call it (A little Ragamuffin) mauſen, finden, ſtibitzen nennen's manche.

glib (glĭb) 1. a. [glatt]: F a glib tongue eine geläufige Zunge. — 2. s. F Zungenfertigkeit; slacken your glib (Sl. Dict.) ſchwatz nicht ſo viel!

glim P (glĭm) Licht: and every star its ~ is hiding (Ainsworth, Rockwood) und jeder Stern verbirgt ſein Licht; ſ. dowse; ~(-)stick Leuchter.

glimflashy F (glĭ'm - flăſch-•) zornig (Grose).

glimmer (glĭ'm-mᵉs) [Schimmer]: F to put the lamp, the light on a ~ die Lampe, das Licht herunterſchrauben; F Feuer.

glim(m)s F (glĭmj) Augen (Grose).

glim(-)stick P (glĭ'm-ſtĭk) Leuchter.

glistner F (glĭ'ſ-nᵉs) [Glänzer] Sovereign, Goldſtück (Grose).

gloar (gloˉ•) = glower.

globe-trotter * (gloˉ'b-trot-tᵉs) Weltbummler (Daily Telegraph, 1885).

glorious F (gloˉᵉ'-jᵉs) [ruhmvoll] köſtlich: we had a ~ lark wir hatten einen feinen Spaß.

gloriously F (gloˉᵉ'-jᵉj-lĭ•) adv. fein, ſehr, entſetzlich: he got ~ drunk er trank ſich einen gewaltigen Rauſch an.

glory F (gloˉ'-rᵉ•): we left him in his ~ wir ließen ihn allein ſitzen.

glower ⚓ (glaˉ•) glotzen, ſtieren: then he sat silent, ~ing at the fire (Greenwood) dann ſaß er ſchweigend, ins Feuer ſtierend, da.

gluepot F (gluˉ'-pot) [Leimtopf] Geiſtlicher, der die Brautpaare einſegnet (Grose).

glump (glomp), **glumpish** (glo'm-pĭſch) P mürriſch, verdrießlich.

glumpy P (glo'm-pᵉ) bedrückt.

glutton (glotn) [Freſſer] Bérer-Slang: einer, der viel vertragen, nicht genug [Hiebe] bekommen kann.

glybe F (glaˉĭb) Schriftſtück (Grose).

glycerine * (glĭſᵉ-rĭ'n) mit Glycerin beſtreichen.

glymmar (glĭ'm-mᵉ•) Old Cant: Feuer (Th. Harman).

go (goˉ) [gehen] 1. v.: a) allgemein: F the money went in gin das Geld ging für Schnaps drauf; how goes the world wie ſteht's? was gibt's Neues? P here goes alſo jetzt! nun drauf! F as far as that goes was das anbetrifft; he's a very nice fellow, as far as it goes er iſt ſehr artig, man muß nur nicht zu viel (von Leuten) erwarten [as far as it goes wird als beſchränkende Redensart ſehr häufig angewandt; doch iſt es oft ſchwer, eine entſprechende deutſche Redensart zu finden]; it was a fine carriage, as far as French car-

riages go für einen französischen Wagen ließ derselbe an Eleganz wenig zu wün=
schen übrig; to let go loslassen. — b) *v. a.* Redensarten mit Objekt: Sport: to go the **gamble** das Spiel wagen; to go **halves** (mit einem andern) teilen; P go it dran und drauf! immer zu! he's going it fine, thick er treibt's toll; I'm going to go it a bit (*Our Boys*) ich will ein Weilchen den Flotten spielen. S. auch cropper, hog, pile. — c) *v. n.* Redensarten mit adverbialer Be=
stimmung: P to go **a-pleasurin'** Ver=
gnügungen nachjagen; F that will go against him das wird ihm zum Nach=
teile, zum Schaden gereichen; to go **bad** verfaulen, verderben; that doesn't go **down** with him das läßt der sich nicht weis machen; Theater: to go down ge=
fallen; any amount of mumbo-jumbo goes down in this locality (GREENWOOD) in dem Quartier kannst du den Leuten so viel Hokuspokus vormachen, als du nur Lust hast; Börse: the speculators went for 2½ die Spekulanten kauften eifrig die 2½ prozentigen (Papiere); Boxer: to go **for** sich losstürzen auf: he went savagely for his old col-
league (*Punch*) er machte einen grim=
migen Ausfall auf seinen früheren Kollegen; F to go for a stroll, a drive spazieren gehen, ausfahren; Sport: to go **for** the gloves wetten, ohne selbst Geld zu haben [Damen wetten überhaupt nur um Handschuhe]; P to go **for to** (statt des üblicheren go and u. s. w.): don't you go for to think thet 'cos my 'air is grey, I ain't got any strength left me glauben Sie nur ja nicht, daß ich keine Kraft mehr habe, weil mein Haar grau ist; Kricket: to go **in** die Verteidigung des Dreipfahls (als „batsman") überneh=
men; F to go **in for** Gefallen finden an, sich befassen mit; he goes in for bicycling das Radfahren ist seine Lieb=
haberei; they go in largely for French eggs sie machen ein bedeutendes Ge=
schäft mit französischen Eiern; F to go **off** fortgehen; vergehen, verwelken; he went off in a tiff er ging erbost von dannen; to go **off** into sits Anfälle haben; to go off one's chump über=
schnappen; ~ **on!** Unsinn! to go on at a person einen schelten; F to go **out** mausen, stehlen gehen; F to go out of one's mind verrückt werden; to go

out of one's way (to please a person) sich alle erdenkliche Mühe geben (um einem gefällig zu sein); to ~ **up** im Preise steigen; provisions have gone up die Lebensmittel sind gestiegen; kind words go a long way ein gutes Wort findet seinen guten Ort; to go **white** (with rage) (vor Zorn) erbleichen; to go **without** sich behelfen ohne; as we had no money, we had to go without dinner da wir kein Geld hatten, so mußten wir uns ohne Mittagessen zu=
frieden geben; to go **wrong** auf Ab=
wege geraten. — S. Bath, Jericho, pot, smash, spree, sprawling. — 2. *s.* F I had a go at it ich versuchte es einmal, that einen Wurf, Schuß; here's a go das ist eine tolle Geschichte; they had a fine go of it die hatten einen Haupt=
spaß; a rum go eine sonderbare Ge=
schichte; these hats are all the go diese Hüte sind jetzt modern; we had a good go of cherries (of ices) wir aßen uns voll und satt an Kirschen (an Gefrorenem); it's no go damit geht's nicht; das hilft nichts; they 're no go mit denen ist's nichts, läßt sich nichts anfangen; Litteraten=
slang: full of go and grit voll Schwung und Witz; Universität: little go, great go erstes, zweites Examen [für die Baccalaureus-Würde, bes. in Cambridge]. — 3. F und P (besonders aber in der älteren Litteratur) häufig ausgelassen: and he to England shall alony with you (SHAK.) und er soll mit euch nach England; Barbary and her husband away before us (*Pepys' Diary*) Barbara und ihr Gatte gingen vor uns fort.

go - ahead (gō-ă-hĕd' und gō-ă-hĕ't) *a.* fortschrittlich, vorwärts strebend.

go-alonger F (gō-ă-lo'n'-gˣ) einfältiger Mensch, der sich als Werkzeug gebrauchen läßt (GROSE).

go-ashores ⚓ (gō-ă-jchˣ'j) Feiertagskleider (SMYTH).

gob (gŏb) *v.* P ausspeien; *s.* Schüler-Slang: Portion. — S. gab.

gobble (gŏbl) 1. *v.* P he ~d it up er fraß es auf. — 2. *s.* P shut up your ~ halt's Maul!

gobbler P (gŏ'b-lˣ), s. cobbler.

go-by-the-ground F (gō"-baĭ'-dhˣ-graŭnd) kleine Person, fig. P Dreikäsehoch (GROSE).

God (gǒť): F God-a-mercy me! um des Himmels willen! Theater: the Gods die hohen Gäste des „Olymp“, der Galerie.

godfather ⌐ (gǒ'ṫ-fā-dhᵉ) [Gevatter]: to stand ∼ (GROSE) die Zeche bezahlen.

goggles (gǒgli), **goggle-eyes** (gǒ'gl-aĩ) P Brille.

going (gō'-in⋅): F I must soon be ∼ ich muß bald gehen; I'm not ∼ to tell him ich werde mich hüten, es ihm zu sagen; he's not ∼ to humbug me er soll mich nicht zum Besten haben; it's the finest business ∼ es ist das schönste Geschäft, das es nur gibt; he's ∼ it too fast er lebt zu flott; there's nothing ∼ on es passiert nichts, es ist nichts los; ∼ on for fast: I 've worked for him ∼ on for six months ich arbeite schon fast ein halbes Jahr bei ihm; bei Versteigerungen: ∼, ∼, gone! zum Ersten, zum Zweiten, zum Dritten und Letzten! — P they 're the wust set o' cutthroats goin' das sind die schlimmsten Halsabschneider auf Gottes Erdboden.

goings-on F (gō'-in⋅s-ǒ"n) s/pl. Vorfälle, Vorkommnisse: I hear of your ∼ ich habe wohl gehört, was du treibst.

going-upon-the-dub ⌐ (gō'-in⋅-ǒp-ǒ"n-dhⁱ-ṫǒ"b) Hauseinbruch (GROSE).

gold ⌐ (gōlṫ) von Kindern: as good as ∼ kreuzbrav, sehr artig; he's worth his weight in ∼ das ist ein durch und durch tüchtiger, ehrsamer Mensch.

goldbacked uns ⌐ (gōlṫ-bä̈'ft ⁱni) = grey-backed uns.

goldfinch F (gō'lṫ-fintsch) [Distelfink] reicher Mensch, fig. F Goldfink.

golgotha (gǒ'l-gö-tha) Studenten-Slang: Hut [insofern die Schädel aufweisen oder Schädelstätten sind].

golls (gǒlj) Old Cant: Fäuste.

gollumpus ⌐ (gǒl-lǒ'm-pǔ̈ß) plumper Mensch (GROSE).

gollup up P (gǒ'l-lⁱp ö"p) hinunterstürzen, rasch verschlucken (GROSE).

G. O. M. (ṫgī ō ě'm) Witzblätter: statt Grand Old Man = Gladstone.

gom (gǒm) Old Cant: Mann (*Beaumont § Fl.*); auch = gommed.

gommed P (gǒmṫ) Fluch: verdammt!

gondola (gǒ'n-ḋⁱ-la) [Gondel] DISRAELI: the ∼ of London der zweirädrige Fiaker (hansom cab).

gone F (gǒn) [gegangen] fort; euphemistisch: verschieden: dead and ∼ tot und dahin; in times ∼ by in vergangenen Tagen, in früheren Zeiten; if this exploit had ∼ undetected wenn diese That unentdeckt geblieben wäre; scherzhaft: verliebt; Witzblatt: the young 'un is desperately ∼ on both his cousins das Bürschchen ist in seine beiden Kusinen sterblich verliebt; ⅃ ∼ goose im Stiche gelassenes, verlassenes Fahrzeug (SMYTH). — S. going, grass.

gonnof, gonnoph, gonof (gǒ'n-nǒf) ⌐ u. F Halunke [wie Gauner aus dem Hebräischen und schon seit Chaucer gebräuchlich].

good (gǔṫ) 1. a.: a) F I'm not in his ∼ books ich stehe nicht gut bei ihm angeschrieben; the ∼ man of the house der Eigentümer des Hauses; the ∼ people iron.: die Frommen; †die Geister, die Elfen; it's a ∼ job he didn't come es ist ein Glück, daß er nicht gekommen ist; that's a ∼ one (P a good 'un) das ist doch stark! das ist famos! he as as told me er hat mir mit anderen Worten gesagt; he's ∼ at sums er kann gut rechnen; it is not ∼ for much es läßt sich nicht viel damit anfangen; they are ∼ for another dozen children die können noch gut ein zweites Dutzend Kinder bekommen. — b) ⌐ leicht zu berauben: a crib which is ∼ upon the crack (GROSE) ein Haus, in das sich leicht einbrechen läßt; the swell is ∼ for his montra (GROSE) es wird leicht sein, dem Herrn die Uhr zu stibitzen. — 2. s.: a) F I do it for his own ∼ ich thue es zu seinem Besten; a stylish bit o' goods ein fein geputztes Dämchen. — b) Sport: ∼s Rennpferde; good ∼s gute Artikel (zum Wetten). — c) ✶ to be ten pounds to the ∼ 200 Mark Profit machen.

good(l)ish P (gǔṫ-(l)isch): a ∼ few einige wenige; a ∼ many years ago vor langen Jahren; ∼-sized von beträchtlicher Größe.

goodness F (gǔ'ṫ-nⁱß) Ausruf: ∼ gracious (alive)! o du meine Güte! ∼ (only) knows! weiß der Himmel! for ∼' sake! um Gottes willen!

goods (gŭḟ) Eisenbahn: statt goods train Güterzug.

goody (gŭ'ḋ-ᵉ) *s.* P my ~ = goodness gracious! F goodies Zuckerzeug, Konfekt; Zeitungen: ~ ~ literature moralischfrömmelnde Litteratur.

goose (gūß) 1. *s.* [Gans]: a) sprichwörtlich: what's good for the ~ is good for the gander was dem einen recht ist, ist dem andern billig [bezieht sich gewöhnlich auf Mann und Frau]. b) F I shall cook his ~ for him (GROSE) ich werde ihn umbringen. c) Theater: to get the ~ (auch to get the bird oder the big bird) ausgezischt werden: what would you do if you were to get the ~ as actors' slang has it (*Funny Folks*) was würden Sie machen, wenn Sie ausgezischt würden? d) Sport: s. guinea. e) ↓ s. Greenwich. — 2. *v.* Theater: auszischen.

gooseberry F (gū'ß-bĕr-n°) [Stachelbeere]: it will play old ~ with us es wird uns vollständig zu grunde richten. — S. muffin.

gooseberry-fool F (gū'ß-bĕr-n²-ful) eitler Geck. [(GROSE).|

goosecap ꞈ (gū'ß-käp) Einfaltspinsel

gooser (gū'-ß²) Verer-Slang: letzter, entscheidender Schlag.

goosgog P (gū'ß-gög) Stachelbeere.

goree ꞈ (gŏ-ni') Gold (GROSE).

gorge (gŏ'ꝺG) *v.* F schlingen; *s.* P Fraß.

gorgio (gŏ'-ꝺGŏ), **gorger** (gŏ'-ꝺG²) Zigeunersprache: Christ, Mann.

gorger P (gŏ'-ꝺG²) Fresser; Stutzer (GROSE).   [by Jove!] alle Wetter!|

Gosh! P und ✣ (gŏsch) [statt by God oder ſ

gospel-shop ꞈ (gŏ'ß-p²l-schöp) Kirche (*Sl. Dict.*); s. schism-shop.

goss ꞈ (gŏß) Hut (*Sl. Dict.*).

gossom ↓ (gŏßm) Lümmel (SMYTH).

got F u. P (gŏt) [als Einschiebsel nach dem Zeitwort have]: he hasn't ~ any money er hat kein Geld; you 've ~ to do it du mußt es thun; what's that ~ to do with me was geht das mich an? ~ any browns (statt have you ~ a. b.) hast du etwas Kupfermünze?

go-to-meeting P (gŏ'-t²-mi''-tῐn°) *a.* für den Kirchengang; a ~ coat ein Sonntagsrock.

governor (gῠ'w-²ʳ-n²ʳ) [Chef]: F my ~ mein Vater, F mein Alter; P hallo, ~! heda, Freund!

gownd (gūnd) P statt gown Kleid.

grab (gꞃäb) [grapsen] ↓ festpacken, festnehmen; F to ~ hold of (statt des gew. to seize, lay hold of) fassen, schnappen nach; he's too fond of ~bing er ist zu habsüchtig.

grab-all (gꞃä'b-äl), **grabber** (gꞃä'b-b²ʳ) F Geizhals, habsüchtiger Mensch.

grace (gꞃäß) a) [Anmut] F you can do that with a very good ~ du kannst das ohne allen Anstoß thun. — b) [Gnade] Universität: Verordnung (des Senats).

Graces (gꞃä'-ß²ß) Sport: the three ~ die drei Brüder Grace [berühmte Kricketspieler der letzten Jahrzehnte].

graciosities (gꞃä'-sch²-o''ß-²-t²ß) Literatensprache: anmutige, herablassende Redensarten; to speak ~ (CARLYLE) in herablassender, huldvoller Weise sprechen.

gracious F (gꞃä'-sch²ß) [gnädig] Ausruf: ~ alive! good ~! goodness ~! s. goodness.

graft ꞈ (gꞃaft) [pfropfen] arbeiten; zum Hahnrei machen (*Sl. Dict.*).

grain F (gꞃän) [Korn, Strich]: not a ~ nicht ein Körnchen; it goes against the ~ das Herz ist nicht dabei, es geschieht gegen meine (seine u. s. w.) Neigung; ich thue es mit Widerwillen.

grand F (gꞃänd): she has such ~ ideas sie hat so großartige Ideen; to do the ~ F den Feinen rausbeißen.

granddad F (gꞃä'n-däd) Großväterchen (vgl. granny 1).

Grand Old Man (gꞃä'nd ŏld män) Witzblätter: s. G. O. M.

Grand Trunks ✿ (gꞃän(d) tꞃᵘ'n²ßß) Börse: statt Grand Trunk Railway (of Canada) shares Aktien der großen Hauptbahn von Kanada.

grannam (gꞃä'n-n²m) [lat. granum, TH. HARMAN] Old Cant: Getreide.

granny (gꞃä'n-n°) 1. *s.* F Großmütterchen. (vgl. granddad). — 2. *v.* ꞈ wissen, kennen (*Sl. Dict.*).

granted F (gꞃä'n-t²t) [zugestanden]: he takes it all for ~ er glaubt's ohne weiteres; ~ he had taken it gesetzt, er hätte es genommen.

grasper (gnäß-p⁵ᵉ) = grab-all.

grass (gnaß) 1. *s.* Sport: to bring to ~ zu Boden schlagen, überwinden; Γ gone to ~ gestorben (*Sl.Dict.*); F he doesn't let the (oder much) ~ grow under his feet das ist ein rühriger Geselle; er läßt sich keine Mühe verdrießen. — 2. *v.* Sport: besiegen.

grasser (gna'ß-ß⁵ᵉ) Sport: schwerer Sturz, Schlag: some have terrible ~s in climbing into the pigskin (*Flyers of the Hunt*) manche thun einen schweren Fall, während sie sich in den Sattel schwingen.

gravel P (gnäwl) verwirren, reizen (*Sl. Dict.*).

gravelrash (gnä'wl-näsch) [Riesausschlag] Schul-Slang: aufgeschundene Kniee; *fig.* P zerkratztes Gesicht.

gray (gnē) [grau]: F as ~ as a badger ganz grau; P the ~ mare die Frau, welche die Hosen anhat, das Haus regiert.

graybacked uns (gnēᵉ-bä'ft ⁵nß), **grays** (gnēᵉß) Γ Läuse (*Sl.Dict.*).

grease Γ (gnīß) [schmieren] bestechen (GROSE).

greasy (gnī'-ß*) [schmierig]: F to climb up the ~ pole eine schwierige Sache verrichten; ↓ stürmisch, regnerisch.

great F (gnēt): in a ~ many ways in vielen Beziehungen; such a ~ child ein dickes, schweres Kind [Gegensatz von small]. — S. gun, Joseph.

Grecian † (gnī'-sch⁵n) [griechisch] (unter den jungen Damen herrschende) Sitte, sich beim Gehen vornüber zu beugen.

greedy-guts P (gnī'-dⁱ-götß) Knicker, Filz (GROSE).

Greek F (gnīk), s. grig.

Greeks Γ (gnīkß) [Griechen] Gauner, Falschspieler (gleich dem franz. grec).

green (gnīn) 1. *a.* F u. P as green as duckweed so dumm wie eine Gans, so grün wie ein Zeisig; unerfahren, *fig.* F grün; ~ stuff Gemüse; Γ a ~ hand ein angehender, junger Dieb; ~ bag (GROSE) Advokat; Schülersprache: ~-eye grüner Klicker, Murmel. — 2. *s.* [Roßkamm]: I'll send my horse to Doctor Green ich will mein Pferd auf die Weide (zum Dottor Grün) schicken.

greenhead (gnī'n-heb), **greenhorn** (gnī'n-ho'n) P Grünschnabel.

greens (gnīnß) F Gemüse (= green stuff); Börse: nordamerikanische Staatspapiere [auf der Rückseite grün, darum auch greenbacks.]

Greenwich (gnī'n-dG) [Ort bei London, bekannt wegen seines Matrosen-Asyls, des ~ Hospital]: ↓ to get ~ zum Krüppel geschossen, für den Seedienst untauglich werden; ~ goose (GROSE) Invalide in Greenwich.

griddle (gnidl) Bettler-Cant: auf der Straße singen: we must ~ for a living (*King of the Beggars*) wir müssen uns durch Singen ernähren.

griddler (gnid-l²) Bettler-Cant: Straßensänger.

gridiron Γ (gni'd-ei-⁵n) [Bratrost] gerichtliche Vorladung (*Sl.Dict.*).

grief (gnīf) [Kummer] Sport: Unglücksfälle.

grievous (gnī'-w⁵ß), s. Peter.

griffinage ✗ (gni'f-i-²n-dG) Rekrutenzeit [griffin in Ostindien = Neuling].

grig (gnig) [junger Aal]: F as merry as a grig kreuzfidel [auch as a Greek]; Γ = farthing (2 Pfennig).

grin (gnin) [grinzen]: F to ~ and bear it mit Mühe, mit vieler Not aushalten; Γ to ~ in a glass-case (nach dem Gehängtwerden) vom Doktor in Spiritus aufbewahrt werden (GROSE).

grind (gnaind) *v.* [mahlen]: a) Schulsprache: ochsen, einpauken; auch s. Pauken, Ochsen. — b) P (Arbeiter, Untergebene) schlecht behandeln, schlecht bezahlen.

grinder (gnai'n-d²ᵉ) Studenten-Slang: Lehrer, der fürs Examen einpaukt (vgl. grinding-mill); Arbeiter-Slang: harter, tyrannischer Herr (HOPPE). — S. gripper.

grindery (gnai'n-d²-n²) Schuster-Slang: Schustermaterial.

grinding-mill (gnai'n-dln²-mil) [Schleifmühle] Studenten-Slang: Presse, Paukstunden fürs Examen.

grindstone P (gnai'nd-ßtōn, P gna'l-ßt²n) [Wetzstein] ermüdende, erschöpfende Arbeit: we were kept with our noses to the ~ (GREENWOOD) wir mußten ohne Unterbrechung arbeiten.

grip Γ (gnip) [Umklammerung]: with an iron ~ mit eiserner Faust.

gripes P (gräīpß) *s/pl.* Bauchschmerzen, Kolik.

gripper P (grī′p-p²) Geizhals, Knauser; ~s and grinders Wucherer und Knicker.

grist F (grißt) [Mahlkorn]: (it brings) ~ to the mill (das bringt) Vorteil, (füllt die) Tasche mit Geld [vgl. das deutsche: das ist Wasser auf seine Mühle].

grizzle (grißl) Kinderstube: wimmern, verdrießlich, mürrisch sein.

grizzled ⚓ (grißld) ergraut.

grizzle-pot (grī′ßl-pot) Kinderstube: Murrkopf; verdrießliches, mürrisches Kind.

grog P (grog): he has ~ on board er ist betrunken.

grog-blossom P (gro′g-bloßm), s. brandy-blossom.

grog-fight P (gro′g-fäīt) Kneiperei (*Sl. Dict.*).

groggified P (gro′g-g²-fäīd) bekneipt.

groggy (gro′g-g²) P beduselt, wackelig; Sport u. s. w., von Pferden: ermüdet, abgeracktert, ausgenutzt.

grogham P (gro′g-ᵇm) Pferd, Schindmähre.

grog-tub ⚓ (gro′g-töb) Schnapsflasche.

groom (grūm) [Diener] Spielhölle: Croupier.

groove F (grūw) [Rinne]: he keeps in the same ~ er lebt im alten Schlendrian, er treibt das nämliche Geschäft.

gropers F (gro′-p²j) Blinde (GROSE).

grotto (gro′t-tō): the ~ die Grotte von Austernschalen, welche Londoner Straßenjungen am 1. August [zum Zwecke des Almosenforderns] bauen.

ground F (gräūnd) [Boden]: he worships the (very) ~ she treads upon er liebt sie über alle Maßen; we got over a good deal of ~ wir sind ein gutes Stück vorwärts gelangt; a house which stands in its own ~(s) ein Haus, das von Anlagen umgeben ist.

ground-ball(gräū′nd-bāl) Kricket:=sneak.

grounded (gräū′n-d²d) Schulsprache: to be well ~ gute Vorkenntnisse, eine gute Grundlage haben.

grounder (gräū′n-d²r) Kricket: = sneak.

ground-sweat F (gräū′nd-ßwēt) Grab (GROSE).

grow F (grō) [wachsen, werden]: bad habits ~ upon one schlechte Gewohnheiten werden einem zur zweiten Natur; to ~ stale langweilig werden; as the week ~ old im Verlaufe, gegen Ende der Woche.

growler P (gräū′-l²) (vierräderige) Droschke.

grown-ups (grōn-ö′pß), **growns** (grōnj) P Erwachsene; eight ~ and three smalls acht Große und drei Kleine.

grub P (grob) 1. *s.* Lebensmittel, Nahrung; I hadn't a bit o' ~ ich hatte nichts zu essen; s. bub; (schwere) Arbeit; in ~ beschäftigt: I am on like ~ ich habe meine Arbeit sehr gern. — 2. *v.*: a) *v/a.* abfüttern; Gassenhauer: you 're the girl to ~ me, put me some jampudding by du bist das rechte Mädel, um mich zu füttern; heb' mir Geleepudding auf; b) *v/n.* speisen, ein Mahl verzehren.

grubbery (gro′b-b²-n²), **grubbing-ken** (gro′b-bin-ten) P Speiselokal der untersten Gattung, F Armenhaus (workhouse).

grub-hunting (gro′b-hon-tin²) Bettler-Cant: Betteln ums liebe Brot.

grub-stealer (gro′b-ßtī-l²r) Bettler-Cant: einer, der den Proviant der anderen Bettler stiehlt.

grub-street (gro′b-ßtrīt) [Name eines Londoner Buchhändler-Gäßchens]Litteraten-Slang, jetzt veraltet: elende Schmiererei; jämmerlich abgefaßtes, schlecht gedrucktes Buch).

grub-trap F und ⚓ (gro′b-träp) [Futterfalle] Mund.

gruel (grū′-l) 1. *s.* [Haferschleim]: F to give a person his (her) ~ jemand totschlagen. — 2. *v.* Sport: schlagen; he got a dreadful ~ling er erlitt eine schimpfliche Niederlage.

grumble-guts (gro′mbl-gotß), **grumbletonian** (gro′mbl-tō″-nj²n) P grämlicher, mürrischer Mensch.

grumbles (grömblj), **grumps** (grömpß): P all on the ~ voller Klagen.

Grundy, Mrs. F (mi′ß-ß²j gro′n-d²) die Welt, das Publikum: what will ~ say? was werden die Leute sagen?

grunter (gro′n-t²), **grunting-cheat** (gro′n-tin²-tschīt) F Schwein.

grunters F (gꝛo'n-t'j) Häjcher (GROSE).

grunting-peck F (gꝛo'n-tin᷎-pɛf) Specf (GROSE).

gruts F (gnꞟtß) Thee (GROSE).

guard F (gā'd) [Wache, Wachjamfeit]: I put you on your ~ ich warne dich; that took me off my ~ das lenfte meine Aufmerfjamfeit ab.

guernsey F (gö'꛰n-f꛰) Wollhemd, wollene Jacfe.

guess F (gɛß) [vermuten]: we shan't hear any more of him, I ~ von dem, glaube ich, befommen wir nicht mehr viel zu hören [der Amerifanismus I guess = ich glaube, bürgert jich auch in England jetzt immer mehr ein].

guffaw F (gɔf-fā') jchallendes Gelächter.

guinea (gi'n-꛰) Sport: a ~ to a goose zehn, hundert u. j. w. gegen eins, eine ungleiche Wette.

guinea-pig (gi'n-꛰-pig) [Meerjchweinchen] City-Slang: Direftor einer Aftiengejellichaft [dem für die Sitzung eine Guinee (21 Mart) bezahlt wird].

gullibility F (gɔ'l-li̇-bi̇''l-i̇-t꛰) Leichtgläubigfeit.

gulp F (gɔlp) großer Schlucf: he drank it off at a ~ er jtürzte es haftig hinunter.

gulpin ⚔ (gɔ'l-pꞟn) ungehobelter Refrut.

Gum F (gɔm): old mother ~ zahnloje(s) Mütterchen.

gum P (gɔm) Scheltworte (GROSE).

gummie P (gö'm-m꛰) Dummfopf.

gump P (gömp) Einfaltspinjel.

gumption F (gɔ'm-jch'n): there's no ~ about him er hat wenig Grütze.

gum-tree ⚓ (gö'm-tꞟī) [Gummibaum]: he has seen his last ~ er pfeift auf dem letzten Loche.

gun (gɔn) 1. s. [Gejchütz]: F a great ~ ein Haupterl; it's blowing great ~s der Wind heult fürchterlich; F Dieb; ⚔ son of a ~ Soldatenbaftard, jidele(r) Bruder. — 2. v. F ausfundjchaften, F ausbaldowern.

gunner ⚔ (gɔ'n-nꞟꞟ) [Kanonier]: to kiss the ~'s daughter auf die Kanone feftgebunden und aljo geprügelt werden.

gush F (gɔjch) [Strom] Herzensergießung: he writes so much flowery ~ to the newspapers er jchreibt jo viel jentimentales Zeug an die Zeitungen: Zeitungs-Senjationsartifel.

gush about F (gɔjch ꙇ-bꙇū't) flatjchen, umherjchwatzen: why shouldn't he be gushed about as much as the others warum jollte man um ihn nicht joviel Lärm jchlagen wie um die anderen?

gushing F (gö'jch-in꛰) romantijch; zudringlich.

guts (gɔtß) [Eingeweide]: more ~ than brains (GROSE) mehr Glücf als Verftand; my ~ curse my teeth (GROSE) ich bin jo hungrig wie ein Wolf.

gut-scraper F (gö't-ßfrꜳꙇ-pꞟꞟ) [Darmfratzer] Geiger.

gutter P (gö't-tꞟꞟ) [Gojje]: to lap the ~ jich unmenjchlich bejaufen.

gutter-bred F (gö't-tꞟꞟ-brꜳd) auf der Straße groß gezogen.

gutter-chaunter F (gö't-tꞟꞟ-tjchꜳn-tꞟꞟ) Bänfeljänger, Straßenjänger.

gutter-hotel F (gö''t-tꞟꞟ-hꜳ-tꜳ'l) Londoner Straße: fleine Bude für Erfrijchungen.

gutter-kid P (gö't-tꞟꞟ-fi̇d) Straßenbengel.

gutter-lane (gö't-tꞟꞟ-lꜳn) jcherzhaft: Kehle.

gutter-prowler F (gö't-tꞟꞟ-pꜳꙇū-lꞟꞟ) Straßendieb, Strolch.

guv'ner (gö'w-nꞟꞟ) P ftatt governor.

guy (gꜳī) [ftatt Guy Fawkes] 1. s. P he looked a regler guy er war recht närrijch aufgeputzt; Cirfus: Gönner, Herr. — 2. v. jich fortftehlen.

Guy's (gꜳī) F ftatt Guy's Hospital: nothing could save 'im but ~ 'orspittle (Tag, Rag & Co.) nichts fönnte ihn retten als Guy's Hojpital.

guzzle P (gɔjl) v. fneipen; s. Getränf.

gym-shoes (dᴢꜳm-jchꙅ'j) [ftatt gymnastic-shoes] Schuljprache: Turnjchuhe.

H.

h F (etſch): he drops his h'es er läßt die h's aus, er ſpricht unrichtig (vgl. die Vorrede).

ha' (hä) P ſtatt have: I ha' told the story (Sims) ich habe die Geſchichte erzählt.

haberdasher (hä'b-ŏr-däſch-ŏr) [Mode-warenhändler] ſcherzhaft: ∼ of pronouns (Grose) Schulmeiſter; ſ. gerund-grinder.

hack (häf) 1. *s.* [gewöhnliches Zugpferd]: F to make a ∼ of a dress ein Kleid täglich tragen. — 2. *v.* Pferde u. ſ. w. für allgemeine Zwecke verwenden.

hackle P (häfl) [lange Rückenfeder des Hahns]: to show ∼ (*Sl.Dict.*) ſich kampfbereit zeigen.

hackslaver P (hä'f-ßläw-ŏr) ſtammeln (*Sl.Dict.*).

haddick (hä'd-dif) P ſtatt haddock.

haddock F (hä'd-dŏf) [Stockfiſch] Geldbörſe: a ∼ stuffed with beans (Grose) eine Börſe voll Gold.

hail (hel) *s.* [Anruf]: F within ∼ in geringer Entfernung; Sport und Univerſität: Beſuch: give me a ∼ beſuch' mich einmal!

haint P (hē͂nt): a) ſtatt have not; b) ſtatt am not oder ain't.

hair P (hä͂r) [Haar]: keep your ∼ on ereifre dich nur nicht! ∼ of the dog ein Schnäpschen für den Brummſchädel, der auf das Kneipen folgt.

hair-splitter F (hä͂r'-ßplit-tŏr) Pedant.

hale F (hēl): ∼ and hearty munter und geſund.

half (häf) 1. *a.* u. *adv.* [halb]: F that's ∼ the battle damit iſt die Sache halb gewonnen; I could see it with ∼ an eye ich ſah es ohne die geringſte Mühe; you're not ∼ a fellow, not ∼ up to snuff du verſtehſt den Witz (F den Rummel) noch lange nicht. — 2. *s.* ∼ [Hälfte]: a) F he didn't do one ∼ what I did er hat nicht halb ſoviel gethan wie ich; to cut in half [ſtatt to cut in halves] mitten durchſchneiden; Wirtshaus: one

half o' bitter [ſtatt one half-pint of bitter ale] ein halber Schoppen „bitter ale"; two halves o' stout zwei halbe Schoppen Schwarzbier. b) Schulſprache: [ſtatt half term halbes Tertial]: it was our first ∼ es war in unſerem erſten Halbtertial (zwei Monate).

half-a-bean F (häf-ŭ-bi'n) eine halbe Guinee (10,50 M.).

half-a-farthing F (hä'f-ŭ-fä͂r'''-dhin͞s): for ∼ he would have gone hätt' man ihm noch ein klein wenig zugeredet, ſo wäre er hingegangen.

half-a-hog F (häf-ŭ-ho'g) ſechs Pence (Grose).

half-and-half (häf-änd-hä'f) Schenke: Ale und Porter zu gleichen Teilen gemengt.

half-backs (hä'f-bäks) Fußball: (zwei) Spieler, links und rechts, vor den backs (ſ. backs).

half-baked P (häf-bē͂tt) übergeſchnappt (*Sl.Dict.*).

half-crowner (häf-fnau'-nŏr) Buchhändler-Slang: Zeitſchrift (magazine), deren Preis eine halbe Krone (= 2½ M.) beträgt.   [angeſäuſelt.]

half-gone F (häf-go'n) halb verrückt;ſ

half-penny F (hē'-pĕn-ne) *a.* a ∼ bun ein Fünfpfennigweck.

half-price F (häf-praī'ß) zum halben Preiſe: I bought it (at) ∼ ich habe es zum halben Preiſe gekauft.

half-seas-over (hä'f-ßij-ō'''-wŏr) halb betrunken, F ſtark beglänzt.

half-timer (häf-taī'-mŏr) Volksſchule: Schüler, der die eine Hälfte des Tages arbeitet, die andere zur Schule kommt.

half-volley (häf-wŏ'l-le) Kriket: (weit geſchleuderter) Ball, der dicht vor dem Dreiſtabe aufprallt.

half-way (häf-we') ∼ house (Hoppe) mitten am Wege liegendes Wirtshaus.

hall P (hä͂l): **a)** ſtatt Music Hall, engl. Vergnügungslokal; **b)** the Hall ſtatt Leadenhall Market Londoner Fleiſch-markt.

ham-cases F (hăm-ke͡ʻʐ-ḡ͡ʻj) [Schenkel=futterale] Hojen.

hammer (hă″m-m͡ʻr) 1. *s.* to be at ~-and-tongs auf gespanntem Fuße leben; they went at him ~-and-tongs sie gingen mit aller Macht auf ihn los. — 2. *v.* F I could not ~ it into him ich konnte es ihm gar nicht begreiflich machen, in ihn hineinkriegen; Boxer=Slang: blind drauf los schlagen.

hammering boxers (hă″m-m͡ʻ-nĭn˗ bŏʻf-ḡ͡ʻj), **hammering fighters** (hă″m-m͡ʻ-nĭn˗fai̯ʻ-t͡ʻj), **hammermen** (hă″m-m͡ʻʐ-mĕn) Boxer=Slang: Boxer, die mit vieler Wucht und wenig Kunst auf den Gegner losschlagen.

Hammersmith (hă″m-m͡ʻʐ-ḡmĭth) [ein Londoner Stadtviertel] scherzhaft: he has been at ~ er hat schwere Prügel bekommen.

hammock ⚓ (hă″m-mŏt) [Hängematte]: the moon's stepping out of her ~ der Mond geht auf.

hand (hănd): a) ✱ your letter (has come) to ~ im Besitze ihres werten Schreibens u. s. w.; large supplies of gold will come to ~ es stehen große Goldsendungen bevor. — b) F a **good** (a **bad**) ~ at geschickt (ungeschickt) in: he's a good ~ at mathematics, a bad ~ at cards er ist ein guter Mathematiker, ein schlechter Karten=spieler; to have a good, a bad ~ gute, schlechte Karten haben; to buy second ~ antiquarisch, in gebrauchtem Zu=stande kaufen; to put in ~ (Handwerker) in die Arbeit nehmen; to take in ~ ziehen, tüchtig vornehmen; to write a good ~ eine schöne Hand schreiben. — c) ✕ (gemeiner) Soldat; ⚓ Matrose; Fabriken u. s. w.: (gewöhnlich) Arbeiter: he is two ~s short es fehlen ihm zwei seiner Leute; my ~s (im Munde von Offizieren) meine Leute. — d) ~ **over** ~ in aller Eile: the frigate was walking up ~ over ~ (*Nights at Sea*) die Fre=gatte kam in voller Hast heran. — e) P bear a ~ leg' Hand mit an.

handicap (hă′n-d͡ʻ-kăp) 1. *s.* Sport: Be=stimmungen, durch welche auch den schwächeren Mitbewerbern eine gewisse Aussicht auf Erfolg zugesichert wird; ~ stake Rennen für kleinere Beträge. — 2. *v.* Sport: (stärkere und schwächere

handle F und P (hăndl) [Griff]: a) ~ to one's face (physog) Nase; b) Vorname: I'd rather drop the 'andle (GREENWOOD) ich möchte lieber ohne Vorname fertig werden; c) ~ to one's name Titel: he's got a ~ to his name er ist von Adel.

hand-me-downs P (hă′nd-mĭ˗dau̯nj) ge=brauchte Kleidungsstücke (*Sl. Dict.*).

hand-saw P (hă′nd-ḡă) = chiv-fencer.

handsomely ⚓ (hă′nd-ḡ͡ʻm-l˗) *adv.* [schön] vorsichtig, langsam und ruhig. ꜩ

handspring P (hă′nd-ḡprĭn˗): to chuck ~s and summersets Rad, Purzelbäume schlagen.

handy F und P (hă′n-d͡ʻ) [zur Hand]: 1. *a.* a) geschickt: these boys are very ~ with tools diese Knaben wissen geschickt mit Werkzeug umzugehen; b) dicht bei, nahe an: ~ to the Japanese temple (*Daily Telegraph*) dicht beim japanesischen Tempel; 'e's 'andy on forty er ist nahe an vierzig. — 2. *s.* Kindersprache: ~-pandy, sugar-de-candy, pray which hand will you have? Händchen, Pfänn=chen, Zuckerkäntchen; sag', welch Händ=chen du magst!

hang (hăn˗) 1. *v.*: a) in Flüchen: ~ it (all)! Schwerenot!; go and be ~ed! geh zum Henker! b) Sport: a man ~ing (*Sl. Dict.*) ein Mann in sehr schwieriger Lage; c) F und P the matter is ~ing fire die Sache ist im Schweben; to ~ it on (GROSE) auf die lange Bank schieben; scherzhaft: to ~ out wohnen: that's where he hung out dort war sein Quar=tier; d) F to ~ up gewaltsam berauben, garrottieren; e) ⚓ to ~ in the wind zögern; ~ on her! rudert mit aller Kraft! — 2. *s.* F I don't care a ~ mir liegt den Henker daran.

hang-dog P (hă′n-dŏg): ~ face Galgen=gesicht; ~ looking mit einem Armen=sündergesichte.

hangers on (hă′n-g͡ʻj ŏ″n) politisch: An=hänger; ✕ Lagergesindel, Schlachten=bummler.

hangfire F (hä′n₃-fai′): there was a deal of ~ about it die Sache blieb lange am Schweben.

HangingCommittee(hä″n₃-gin₃tom-mit′-t₃) Maler-Slang: Ausschuß für das Placieren der Bilder in der „Academy".

(h)ang-slangin(g)-about P (h)äng₃-släng₃- gin₃-ä-bau″t) faul umherlungernd.

hankeycher (hä′n₃-t⁵-tjch⁵ʳ) P statt hand- kerchief Taschentuch).

ha′porth P (he′-pᵉʳth): a poor ~ o′ cheese ein schwächliches Perschönchen.

ha′porth o′ coppers (he′-pᵉʳth ᵒ tₒ″p-pᵉʳj) [½ Groschen in Kupfermünze]: Zuristen- Slang: statt Habeas Corpus (*Sl. Dict*).

hard (hä′d): F ~ cash bare Münze; to drive a ~ bargain bis aufs äußerste feilschen; it's ~ lines das scheint sehr hart, ist ein großes Unglück; he's a ~ worker er arbeitet fleißig; Sport: in ~ condition in gesunder Kondition; ↓ ~ tack Schiffsbiskuit (*Sl. Dict*.).

hard-hit ✻ (hä′d-hi′t) von schwerem Un- glück betroffen.

hard-mouthed P (hä′d-mau′dht) [hart- mäulig] knickerig; eigensinnig.

hard-up (hä′d-o′p) 1. *adv.* F in Geld- verlegenheit. — 2. *s.* P Bettler, der die Cigarrenstummel von den Straßen auf- liest und entweder selbst raucht oder verkauft (*Sl. Dict*.).

hard-uppishness F (hä′d-op-pijch-n₃ß) scherzhaft: Geldverlegenheit.

hardware swag (hä′d-wä gwä″g) Vagabunden-Cant: Eisenwaren, besonders Scheren, Rasiermesser und Brillen, die auf der Straße feilgeboten werden.

hare-and-hounds (hä′-ănd-hau″ndj) Schülerspiel, auch paper-chase: die „Hasen" (hares) streuen Papierschnitzel hinter sich, so daß die „Jagdhunde" [hounds] ihre Spur verfolgen können.

hark away P (hä′t-ä-we) fortlaufen [der Jagd entnommen].

Harlequin (hä′-[k-twin) Londoner „Panto- mime": Geliebter der „Columbine", stets mit einem Zauberstabe (magic wand) auftretend.

Harman (hä′-m₃n) Old Cant, besonders bei den alten Dramatikern: Polizist; ~ beck Büttel.

harness F (hä′-n⁵ß) [Harnisch]: in full ~ voll gerüstet; arbeitsfähig.

harp F (hä′p) *v.* [die Harfe spielen]: he's (still) ~ing upon the same string es ist bei ihm noch immer das nämliche (alte) Lied.

Harry F (hä′ʀ-n₃) [Heinrich]: it played old ~ with him es hat ihn greulich mitgenommen. — S. gooseberry.

hartmans (hä′t-m⁵nj) Old Cant: Fußblock.

harum-scarum F (he′-n³m-ßtᵉ″-n⁵m)*a.* aus- gelassen, wild: in a ~ sort o′ way in haftiger, überstürzter Weise; *s.* wilder, ausgelassener Bursche.

has (häj) [P statt have]: so I ~ to take my turn (*All the Year round*) also muß ich warten, bis an mich die Reihe kommt.

hash (häjch) [Ragout]: F they made a ~ of it sie haben die Sache in den Dreck geritten; P to settle one′s ~ einen ausbezahlen, gründlich ruinieren.

hat-band (hä′t-bänd) sprichwörtlich: as cross as Dick′s ~ [so verkehrt wie Richards Hutband — besonders von Kindern]: un- artig; übelgelaunt.

hatches ↓ (hä′t-jch⁵j) [Luke]: under ~ wohlversorgt, wohlverwahrt; gestorben; tight under ~ unter dem Daumen, unter dem Pantoffel.

hatchet (hä′t-jch⁵t) [Beil]: F to bury the ~ einen alten Streit ruhen lassen; to throw the ~ flunkern [im Grimmschen Märchen „Der Wolf und der Mensch" sagt der Fuchs: „Siehst du, was du für ein Prahlhans bist! Du wirfst das Beil so weit, daß du′s nicht wieder holen kannst"]; ↓ to sling the ~ durchbrennen.

hatchet-face Ⰼ (hä′t-jch⁵t-fe⁵ß) langes, mageres Gesicht (GROSE).

hatchway ↓ (hä′tjch-w⁵) [Luke] Maul.

hatter (hä′t-tᵉʳ) [Hutmacher], f. mad.

haul (häl) ↓ [anholen]: to ~ one′s wind for ... direkt lossteuern auf ...; F to ~ up (before the magistrate) vor Gericht ziehen.

have F und P (häw) [haben]: a) zu sich neh- men: I had a steak and some ale ich aß ein Beefsteak und trank etwas Ale dazu; b) to ~ a game eine Partie spielen; we had two games o′ chess wir spielten zwei Partien Schach; c) to ~ some friends eine kleine Gesellschaft geben, einige Freunde bei sich sehen; d) bekommen: ~ you had your money? hast du dein Geld bekommen? e) ~ to müssen; we ain't [statt have not] got to do it wir brauchen's nicht zu thun; f) to ~ a person up vor Gericht laden: he was had up or mußte vor Gericht erscheinen; g) I'll ~ it out of him ich will es ihm vergelten; h) sprichwörtlich: you cannot ~ a cake and eat it man kann nicht dieselbe Sache zweimal genießen; i) euphemistisch: she's had it sie hat einen Fehltritt begangen; k) vom Wetter: we shall ~ it wet wir werden nasses Wetter bekommen; l) ✿ to be had of every grocer bei jedem Spezereihändler zu kaufen.

have-not (hä′w-nŏt) Zeitungen: Hans Habenichts; the ~s die Besitzlosen.

haw-haw F (hä-hä′) v. in affektierter Weise reden, stammeln.

hawk P (häf): ware ~! [P gewöhnlich wŏ′ä′f ausgesprochen] sei auf deiner Hut!

hawse ⚓ (häs) [Klüse]: to fall athwart one's ~ einem in den Weg kommen.

hay (he) [Heu]: P ~ing [statt haymaking] Heuernte; sprichwörtlich: make ~ while the sun shines schmiede das Eisen, so lange es warm ist.

hay-bag F (he′-bäg) Weib (GROSE).

hazard (hä′j-ṡⁿd) [Zufall] Billard: to gain a ~ einen Fuchs machen.

haze ⚓ (hes) [benebeln] durch nutzlose Arbeiten bestrafen (SMYTH).

he (hi) [er]: F the he's and the she's die Männlein und Weiblein; Schülersprache: who's he? wer ist dran? I am he ich bin dran; F und P he statt it (nicht nur von der Sonne, sondern scherzhaft oder pathetisch auch von andern leblosen Gegenständen): shut him it well mache sie (nämlich die Thür) gut zu; I've got him ich hab's schon, hab' ihn schon (nämlich den gesuchten Gegenstand); my heart will not confess he owes the malady (SHAK.) mein Herz will sich die Krankheit nicht eingestehn.

head F u. P (hĕd) I. s. [Kopf]: a) he's got no ~ er hat keinen Verstand; b) Katzenjammer: it gave me a ~ the next morning mir brummte nächsten Morgen der Kopf davon; c) Reiten: I gave him his ~ ich ließ die Zügel schießen; d) Sport:

to take the ~ vorn vorangeilen; e) von Bier: there's a ~ (no ~) to it es hat Schaum (keinen Schaum); f) von unbeschäftigten Tieren und Menschen: he'll eat his ~ off er wird vor Langerweile umkommen; g) eigentlich von Geschwüren, auch *fig.*: it has come to a ~ die Sache ist reif; h) to make ~ way vorwärts kommen, Fortschritte machen. — 2. *v/a.* [anführen] F to ~ the list in der Liste oben stehen; politisch: to ~ the poll die meisten Stimmen (bei der Wahl) haben; to ~ a subscription eine Subskription eröffnen. — 3. *v/n.* ⚓ to ~ for direkt lossegeln, losgehen auf.

head-and-ears F (hĕd-änd-i′′j): over ~ in love bis über die Ohren, sterblich verliebt.

head-and-front F (hĕd-änd-fnŏ′nt): the ~ of his offence der Hauptteil seines Vergehens.

head-beetler P (hĕd-bi′t-lⁿ) Hauptkerl in einem Geschäfte, einer Werkstatt (*Sl. Dict.*).

head-cook-and-bottle-washer (hĕd-kŭk-änd-bŏ″tl-wŏsch-ⁿ) scherzhaft: Mädchen für alles.

header (hĕd-ⁿ) [Kopfsprung] Sport: kühnes Wagen; Bühne: keckes Spiel.

headgear ⚓ (hĕd-gi′ⁿ) [Kopfschmuck] Hut; Kopfbedeckung.

head-rails (hĕd-rĕls) ⚓ Zähne [man vgl. das homerische ἕρκος ὀδόντων, Gehege der Zähne].

head-way F (hĕd-wē): to make ~ vorwärts kommen, Fortschritte machen (vgl. head 1h).

heap (hip) [Haufen]: F struck all of a ~ ganz betroffen, verblüfft, niedergeschmettert; P that's ~s das ist mehr als genug, mehr denn zuviel. — S. lots, oceans.

hear (hir) [hören]: a) F we haven't heard all, the last of it wir werden noch mehr davon zu hören bekommen; I shall never ~ the last of it es wird mir immer wieder unter die Nase gerieben; he won't ~ of it er will nichts davon hören. — b) Schule: to ~ the lessons abhören, überhören. c) Old Cant: ~ing cheats Ohren.

heart F (hä′t) [Herz]: a good fellow at ~ im Grunde ein guter Mensch; to slave one's ~ out sich zu Tode quälen; it's enough to have one's ~ up es wird einem übel und weh dabei; my ~ was in my mouth, in my shoes mir fiel das Herz in die Schuhe, Hosen; mich überkam eine Heidenangst; Ausruf: ~ alive! gerechter Himmel!

hearthstone (hä'rth-ßtēn) *v.* Küche: mit dem „Herdsteine" reiben, scheuern.

heartie, hearty ⚓ (hä'-t•): my ~ mein Liebster! what cheer, my hearties was Neues, Jungens? — Vgl. auch den folgenden Artikel.

hearty ⌐ (hä'-t•) f. hale; ~ choke and caper-sauce [entstellt aus Artischocke oder Herzenswürgen, und Caper-Sauce, aber auch Tanz-Sauce] Hängen am Galgen (Grose).

heat (hīt) Sport: einzelnes Rennen; dead ~ unentschiedener Wettlauf, gleichzeitiges Ankommen am Ziele.

heave (hīw): a) ⚓ abstoßen: we ~d the old craft off the sands wir stießen das alte Fahrzeug vom sandigen Ufer ab; ~ ahead macht voran! ~ away nun los! to ~ in sight in Sicht kommen; to ~ to anlegen, einkehren; well hove! gut gemacht! — b) ⌐ to ~ a bough, a case ein Haus plündern.

heaver (hī'-w⁶) Old Cant: Brust (*The Scoundrel's Dict.*, 1754).

heavers ⌐ (hī'-w⁶f) Ladendiebe (Grose).

heavy (hĕ'w-•) [schwer]: a) F langweilig: it was a ~ affair es war eine langstielige Geschichte. — b) P ~ wet (Grose) Bier. — c) ⚓ a ~ sea hochrollende Wogen, schwere See. d) Exerb-Slang: ~ dragoons Wanzen [light infantry = Flöhe; *Sl. Dict.*]. — e) Sport: to lay ~ wagers schwere Summen wetten.

heavyweight (hĕ'w-•-wĕt) Sport: muskulöser, robuster Boxer; Rennpferd, dem ein schwerer Reiter bestimmt wird (im Gegensatze zu light-weight).

hedge (hĕdG) *v.* Sport: auf verschiedene Rennpferde u. s. w. zu gleicher Zeit wetten [nähere Beschreibung im *Sl. Dict.*]; ⌐ ausweichen.

hedge-alehouse P (hĕdG-e̅'l-hauß) kleine, obskure Schenke (Grose).

hedge-lawyer P (hĕ'dG-lä-j•) Winkeladvokat.

hedge-priest P (hĕ'dG-prīßt) Dorfgeistliche(r).

hedger (hĕ'd-G⁵•) Sport: einer, der durch geschickte Manipulation beim Wetten, besonders aber durch gleichzeitiges Einsetzen auf verschiedene Pferde u. s. w. einen Profit zu machen weiß.

heel (hīl) [Ferse]: F to kick up one's ~s lustig springen, tanzen; down at ~, out at the ~s zerlumpt, abgerissen; I was left to cool my ~s upon the steps man ließ mich ruhig vor der Thür stehen; to be laid by the ~s im Stocke liegen, brummen.

heel-tap P (hī'l-täp) Neige, Rest im Glase (*Sl. Dict.*).

heliograph * (hī'-lje-gnaf) mittels eines Heliographs mitteilen.

hell (hĕl) [Hölle]: P a ~ of a row (auch ~'s own row) ein höllischer Lärm; † Schneiderhölle; Spielhölle.

hell-born babe ⌐ (hĕ'l-bon bĕb) Taugenichts (Grose).

hell-cat ⌐ (hĕ'l-kät) Hausdrachen, Here.

hellite † (hĕ'l-ait) Spieler von Profession.

helm (hĕlm) [Steuerruder] Politik: at the ~ of affairs am Ruder.

help (hĕlp) [helfen]: F to ~ a person out of a scrape einem aus der Patsche helfen; who could have ~ed it? wer hätte es anders machen, verhindern können? ironisch: he ~ed himself to it er hat's mitgenommen, gestohlen.

helping F (hĕ'l-pin•) Portion: he had two good, large ~s er ließ sich zweimal tüchtig vorlegen.

hemp P (hĕmp) [Hanf]: young ~ (Grose) Galgenstrick.

hempen ⌐ (hĕmpn) [hänfen]: to die of a ~ fever (Grose) am Galgen sterben; ~ cravat (*Sl. Dict.*) Strick um den Hals; ~ widow (Grose) Witwe eines Gehängten.

hen ⌐ (hĕn) [Henne]: ~s and chickens (Grose) große und kleine Zinnmaße der Schenken.

hen-frigate ⚓ (hĕ'n-fnig-ăt) Schiff, worin die Frau des Kapitäns das große Wort führt.

hen-house P (hĕ'n-hauß) Haus unter weiblichem Regiment (Grose).

her (hö⁻) P und F ſtatt she ſie: it's ~, not him ſie iſt's, nicht er.

Her Majesty's Carriage (hö⁻ mä⁻dᴳ-ſ҃ſ-t҃ſ kä҃⁻n-n҃dᴳ) ſcherzhaft: ſchwarze(r)Gefängnis=wagen. — S. Black Maria.

here P (hī⁻) [hier]: a) an this und these ge=hängt: this ~ gent dieſer Herr; these 'ere kids o' mine meine Rangen da. b) Toaſt: here's to our old Rob! es lebe unſer lieber Robert! — S. there.

hern (hö⁻n) P ſtatt hers; ſ. hisn.

Herr F (hö⁻) Titel deutſcher Muſiker und deutſcher Lehrer.

herring-gutted F (hö⁻ʀ-ᴋin²-gu⁻t-t҃d) klapperdürr (GROSE).

herring-pond (hö⁻n-ᴋin²-pond) ſcherzhaft: der Ozean, das Atlantiſche Meer.

hick F (hik): a country ~ ein dummer Bauer (GROSE).

hide P (hāid) [Fell]: I'll tan his ~ for him ich will ihm das Fell ſchon gerben.

hide-and-seek (hāi⁻d-änd-sīk) Kinderſpiel: Verſteckens.

hiding (hāi⁻din²) Schul-Slang und F: Prügel. — S. licking.

higgledy-piggledy F (hi'gl-b⁻-pi'gl-d⁻) konfus, durcheinander; a ~ collection ein buntes Durcheinander.

high (hāi) [hoch]: F ~ up in the stirrups in hoher, guter Stellung; P on the ~ ropes (GROSE) zornig, ärgerlich.

high-cockelorum † (hāi'-kok-ſl-ō҃⁻-n҃m): ~ jig Hauptkerl, vornehmes Tier.

high-faluting (hāi'-fäl-jū҃⁻-tin²) große Zeremonien, Umſchweife; extravagant ~ (Punch) überſpannte Redensarten.

high-flier F (hāi-flāi'-ᵇ⁻) ſchneller Zug; feiner Kerl (Sl.Dict.).

high-fly F (hāi-flāi') Bettelei mittels ſchlau abgefaßter Bettelbriefe.

high-flyer F (hāi-flāi'-ᵇ⁻) Hochstapler; Bettelbruder; fein gepußte Straßendirne.

high-jinks P (hāi-dᴳi'nᴋß) feiner Schwof, tolle Wirtſchaft.

high-life F (hāi-lāi'f) Leben der Vor=nehmen, des Adels.

high-living F (hāi-li'w-in²) Wohnung im Dachſtübchen.

high-road F (hāi-ro҃'d): on the ~ to destruction dem Untergange entgegen=eilend.

high-spice F (hāi-ßpāi'ß): ~ toby Land=ſtraße.

high-strikes P (hāi-ßtnāi'kß)ſtatt hysterics.

high-tide (hāi-tāi'd), ſ. high-water.

high-water (hāi-wå҃'-t⁻ᵉ⁻) ſcherzhaft: ~ mark [Flutmarke] Grenzlinie (beſonders bei Kin=dern) zwiſchen dem ſauber gewaſchenen Geſichte und dem ſchmutzigen Halſe; P it's ~ (auch: high-tide) with him (GROSE) er hat Geld im Überfluſſe. — S. hunt.

hike F und ⚓ (hāik): to ~ off (GROSE) ſich drücken.

hillman P (hi'l-m²n) Anführer der Müll=kärrner.

hillo! (hil-lō') P ſtatt hallo! holla!

hilt F (hilt) [Heft am Schwerte]: to live up to the ~ in Saus und Braus leben.

him (him) [P ſtatt he] Gaſſenhauer: when ~ you're all to is dead wenn der, dem du alles biſt, geſtorben iſt.

himself F (him-ße'lf) [er ſelbſt]: he isn't ~ er iſt nicht mehr derſelbe, er iſt ſehr verändert, fühlt ſich gar nicht wohl.

hind-leg (hāind-le'g), ſ. talk.

hinge F (hindᴳ): to ~ (one's argument etc.) upon ... (etwas) begründen mit ...

hinge-and-pluck (hindᴳ-änd-plö'k) Meß=gerei: Herz, Leber und Lunge eines ge=ſchlachteten Schweines.

hip (hip) [Hüfte]: P I had him on the hip ich übertraf ihn, ſchlug ihn; † we smote him hip-and-thigh wir prügelten ihn windelweich.

hipped P (hipt) ärgerlich, trübſinnig (Sl.Dict.).

his (hiß) [ſein]: F he gave us some of his cheek er kam uns recht grob, war recht flegelhaft gegen uns; F his nabs er.

hisn (hiʒn) P ſtatt his der, die, das ſei=nige: some pals of ~ einige ſeiner Kameraden; that 'eart of hissen ſo ein Herz wie ſeins.

hisself (hiß-ße'lf) P ſtatt himself.

hissen P (hi'ſ-ſ²n), ſ. hisn.

hist (hāißt) 1. v. [P ſtatt hoist] aufheben. — 2. s. P give us a ~ helfen Sie mir heben!

hit (hit) v. [treffen]: F you've hit it du haſt's erraten; they can't hit it off ſie können sich nicht vertragen; he hit me on the head er hat mich auf den Kopf geschlagen; Kricket: den Ball mit dem Ballholze treffen; sprichwörtlich: to hit the right nail on the head den Nagel auf den Kopf treffen.

hitch (hĭtsch) **1.** *s.* [Knoten]: F there's a ~ somewhere die Sache hat einen Haken, stimmt nicht ganz. — **2.** *v.* ↓ to ~ up one's slacks die Segel straff ziehen.

Hittites (hĭt'-taĭtß) [alte Völkerschaft, Bibel] Sport: Boxer. [Wetter!]

hoaky ↓ (hō'-kĭ•) [Herd]: by the ~! alleſ

hob ÷ (hŏb): P to hob-and-nob vertraulich zusammenleben, kneipen; will you hob or nob with me? (GROSE) willst du mit mir trinken, anstoßen?

hobbadehoy (hŏb'-bȧ-dĭ•-hōī''), **hobbledehoy** (hŏ'-bl-dĭ•-hōī'') F Bauernlümmel.

hobble F (hŏbl) Schwierigkeit: I got into a nice ~ da bin ich in eine schöne Patsche geraten.

hobbled F (hŏbld) [mit den Füßen zusammengebunden] vor die Assisen verwiesen.

Hobson's choice (hŏb'-ß•nß tschŏĭß) scherzhaft: keine Wahl [d. h. wenn einer nur eins wählen darf. — Hobson soll, gewissen Sportbüchern zufolge, ein Roßkamm gewesen sein, der Reitpferde an die Studenten vermietete. Diese durften sich angeblich ihr Pferd selbst aussuchen, fanden aber stets dieselbe alte Schindmähre vor und mußten sich damit begnügen].

hocks F (hŏkß) Füße (GROSE).

hocus F (hō'-k•ß) [abgekürzt aus hocus-pocus, das vermutlich aus der lateinischen Meßformel „hoc est corpus" hervorgegangen ist] *v.* mittels narkotischer Stoffe betäuben; beschwindeln (*Sl. Dict.*). — S. hokey-pokey.

Hodge (hŏdG) Zeitungen u. f. w.: Typus des unwissenden Bauers: what would ~ have got, if he had been the culprit (*Funny Folks*) was würde man mit einem gemeinen Manne gemacht haben, wenn er der Schuldige gewesen wäre?

hoffl (hŏfl) P statt offal Abfall.

hog (hŏg) [Schwein]: F to go the whole hog eine Sache gründlich thun; F Schilling; he has brought his hogs to a fine market (GROSE) er hat ein schönes Geschäft gemacht; ↓ like a hog in a squall [wie ein Schwein im Sturme] außer sich, von Sinnen.

hog-grubber F (hŏ'g-grŏb-b•) gemeiner Filz (GROSE).

hoga (hō'-ga) [anglo-indisch]: that won't ~ das geht nicht.

hogo P (hō'-gō) = fogo.

hogshead (hŏ'gß-hĕd) [großes Faß] Old Cant: to conch a ~ (*The Roaring Girl*, 1611) sich schlafen legen.

hoist (hōĭßt) **1.** *s.* F Ladendieberei; Ladendieb (GROSE). — **2.** *v.* ↓ to ~ in [einziehen] sich weismachen, sich gefallen lassen.

hokey-pokey P (hō-kĭ-pō'-kĭ•) [von hocus-pocus] wertlos, geschwindelt: a ~ concern ein fauler Zauber.

Holborn (hō'-b•rn) [Londoner Stadtviertel]: the ~ feines Restaurant in Holborn; P ÷ to ride backwards up ~ Hill (GROSE) zum Galgen [nach Tyburn] gebracht werden [von 1784 an fanden die Hinrichtungen bei Newgate statt].

hold (hōld) **1.** *v.* [halten]: F that doesn't ~ water das hält nicht Stich; to ~ out hopes (to) Versprechungen machen; it's ~ing up es hört auf zu regnen; I do not ~ with you ich stimme nicht mit Ihnen überein; P ~ hard! halt ein! ~ your noise, your row! haltet's Maul! Börse: he ~s five shares er hat fünf Aktien. — **2.** *s.* F he has no ~ upon me er hat keine Gewalt über mich; ↓ to keep a good ~ of the land (SMYTH) nahe an der Küste segeln.

hole (hōl) [Loch]: **1.** *s.*: a) F it made a ~ in my pocket es hat mir ein Loch in die Tasche gebrannt; to pick a ~ in bekritteln; scherzhaft: to make a ~ in the water ins Wasser springen. b) P a dirty ~ ein schmutziges Nest. c) F to be put in the ~ (GROSE) bei der Verteilung der Beute leer ausgehen. — **2.** *v.* Billard: ins Loch treiben, (den Ball) machen.

holiday P (hŏ'l-ĭ-dĕ•) [Feiertag]: blind man's ~ (GROSE) Dunkelheit.

holiday - makers F (hŏ''l-ĭ-dĕ-me'-k•rß) pläsiersuchende Menschen, Leute, die sich am Feiertage zu belustigen suchen.

holiday - making F (hŏ''l-ĭ-dĕ - me'-kĭn•) Feiertagsvergnügen.

holla-balloo P (ḣŏ'l-la-bȧl-lū″) höllischer Lärm.

holler (ḣŏ'l-lᵉr), **hollo** (ḣŏ'l-lō) P schreien; 'stead of hollering be began crying (*Daily Telegraph*) statt zu kreischen, fing er an zu weinen.

hollow F (ḣŏ'l-lō) [hohl]: I beat him ~ ich übertreffe ihn bei weitem.

holus-bolus ⚓ (ḣō-lᵘß-bō'-lᵘß) Hals über Kopf.

holy (ḣō'-lⁱ) [heilig] scherzhaft: more ~ than righteous voller Löcher; P by the ~ poker! alle Wetter! ⚓ ~ Joe Geistliche(r); ⌐ ~ land Diebesquartier von St Giles's, Seven Dials.

home (ḣōm) 1. *s.* [Heimat] bei Spielen: Freistatt (HOPPE). — 2. *a.* politisch: ~ affairs innere Angelegenheiten. — 3. *adv.* [heim]: F it comes ~ to me es ist mir bekannt, ich erkenne es wieder; my remark went ~ meine Bemerkung saß; ⚓ the wind blows ~ (SMYTH) der Wind streicht ohne Hindernis, gleichmäßig über Land und Meer dahin; to sheet ~ (Segel) einziehen.

home-bird F (ḣō'm-bᵘᵉᵈ) Stubenhocker, eingezogen lebender Mensch.

homo-genius (ḣō'-mᵘ-ʤⁱ″-njᵘß) scherzhaft: Genie [zugleich Wortspiel auf homogeneous gleichförmig].

honest (ŏ'n-ᵉßt) [ehrlich]: a) sprichwörtlich: when thieves' fall out, ~ people come by their due wenn sich die Diebe zanken, wird ehrlichen Leuten ihr Recht. — b) ⌐ to turn an ~ penny (*Sl. Dict.*) sich durch Prostitution ernähren.

honeymooning F (ḣŏ″n-ⁱ-mū″-nⁱnᵍ) in den Flitterwochen lebend.

hoof ⌐ (ḣūf): to ~ it zu Fuße gehen.

hook (ḣūk) 1. *s.* [Haken]: P sling your ~ mach dich auf die Beine; to take one's ~ Reißaus nehmen; to be on one's own ~ auf eigenen Füßen stehen; ⌐ to drop off the ~s sterben. — 2. *v.* P to ~ it durchbrennen; they ~ed it at the hopping time sie haben sich längst aus dem Staube gemacht; ~ um snivey (aus hook and snivey, *Sl. Dict.*) Krankheit vorschützen; to ~ off wegnehmen, aufpacken.

hooker ⚓ (ḣū'kᵉr) Schiff [eigentlich kleines Küstenschiff].

hook(e)y P (ḣū'k-ⁱ): by ~! bei allen Heiligen!

Hookey Walker, j. Walker.

hoop ✿ (ḣūp) [Reif]: 1. *s.* to go thro' the ~ sich vor Gericht bankrott erklären, Konkurs anmelden. — 2. *v.* [unreifen]: F I'll well ~ his barrel ich will ihn gehörig durchgerben.

hooray (ḣū-rⁱ′) P statt hurrah.

hop (ḣŏp) 1. *v.* [hüpfen]: a) P to ~ in hereinkommen: you could never have ~ped in at a more opportune moment (*Tom and Jerry*) du hättest gar nicht zu einer gelegeneren Zeit kommen können. b) to ~ the twig: 1. ⌐ (GROSE) sich drücken, verduften; sterben; 2. ⚓ auf Holzbeinen gehen: and now he travels about upon a couple of wooden consarns, ~ping the twigs as blithe as a lark (*Nights at Sea*) und jetzt marschiert er auf ein Paar Holzbeinern und stampft lustig und fidel umher; to ~ the wag, j. wag; ~ping Giles (GROSE) Krüppel. — 2. *s.*: a) Modewelt: Tänzchen; scherzhaft: ~ merchant Tanzmeister; we shall catch 'em on the ~ wir werden sie zu Hause erwischen. b) Kricket: ~ (ball) Ball, der in kurzen Sätzen auf den Dreistab losspringt.

hopeful (ḣō'p-fⁱl) [hoffnungsvoll] ironisch: Young Hopeful kleiner Taugenichts, vielversprechendes Bürschlein.

Hop o' my thumb F (ḣŏp ᵘ mⁱ thō'm) Knirps, Däumling, fig. P Dreikäsehoch.

hopper dockers ⌐ (ḣŏ″p-pᵉ-᷄ dᵘ'k-fᵉⁱ) Schuhe (GROSE).

hopthalmia (ḣŏp-thȧ'l-mja) Mediziner-Slang: (statt opthalmia) Augenkrankheit.

horn F u. P (ḣōᵃn): to draw in one's ~s mäßigere Ansprüche machen, bescheidener auftreten, fig. F ein Loch zurückstecken; the two ~s of the dilemma die zwei Seiten einer schwierigen Frage; ~ swoggle Unsinn (*Sl. Dict.*).

horn-fisted P (ḣōᵃn-fⁱßt-ᵉᵈ) mit schwieligen Fäusten.

hornpipe (ḣō'n-paⁱp) [schottischer, bei Seeleuten beliebter Tanz] Zeitung: every word savours of pigtail and ~ jedes Wort verrät den Matrosen.

horror F (ḣŏ'n-nᵉr) [Grauen]: to have the blue ~s (im Säuferwahnsinn) Männchen sehen.

horse (ho̅ṛß, P ho̅ß) 1. *s.* [Pferd]: a) F as strong as a ~ ſtark wie ein Gaul. b) P ~ buss (GROSE) laute(r), ſchallende(r) Kuß, Schmatz; ~ godmother großes, ſtarkes Frauenzimmer; ~'s meal Eſſen ohne Trinken. c) ꝟ Fünfpfundnote; the old Horse das Zuchthaus in Horsemonger-Lane; ~ chaunter (*Sl. Dict.*) verſchlagener Roßkamm; ~-faker Pferdehändler; Fuhrmann; ~ nails (*Sl. Dict.*) (Geld. d) ⚓ übermütiger, hochfahrender Offizier; dead ~ vorausbezahlte Arbeit; salt ~ zähes Pökelfleiſch; ~ marine Einfaltspinſel. — 2. *v.* Schulſprache †: einen Mitſchüler auf dem Rücken tragen, während der Lehrer ihn prügelt.

horseflesh (ho̅ṛß-fle̅ſch) Sport: ſtatt horse Pferd, oder gewöhnlicher ſtatt horses Pferde.

horsey F (ho̅ṛ-ßė) einem Roßkamme gleichend, nach dem Stalle riechend; in Amazonentracht; von ſportsmänniſchen Manieren.

hoss (hoß) P ſtatt horse.

hot (höt) [heiß]: F a ~ dinner warmes Eſſen; ~ brandy Cognac mit heißem Waſſer; he 'll get it ~ and strong er wird tüchtig geſcholten, durchgeprügelt werden; to get into ~ water with ...: a) in Streit geraten mit ...; b) ſich einen Verweis zuziehen von ...; London is becoming too ~ for him er kann ſich in London nicht länger halten, *fig.* F das Pflaſter von London wird ihm zu heiß; P she's a ~ 'un das iſt ein ausgelaſſenes, verliebtes Weibsbild, *fig.* F die hat Bouillon; ~ coppers Kater.

hotchpotch P (hötſch-pö'tſch) Ragout aus Speiſereſten, Miſchmaſch.

hottentott P (hö'tn-töt) im Londoner Oſten: Fremder, beſonders aus dem Weſtend, in einem öffentlichen Lokale.

Houndsditch (haunds-di'tſch) Judengaſſe des Londoner „East-end“.

house (hauß): F as safe as a ~ ganz ſicher, gewiß: he 'll eat us out of ~ and home er wird uns bettelarm, aus Haus und Hof hinaus eſſen; ~ warming erſte Geſellſchaft in einem neuen oder neu gemieteten Hauſe; ſprichwörtlich: like a ~ on fire ſo ſchnell wie der Wind; ✗ ſcherzhaft: the ~ that Jack built das Arreſtlokal; ♥ a ~ of business ein Geſchäft; ꝟ ~ to let Witwe.

House (hauß) [P ſtatt workhouse]: the ~ das Armenhaus (vgl. big house); P ſtatt public-house die Kneipe, die Schenke; City: die Börſe [im Gegenſatze zu: „the street“ die Straße].

house-farmers (hau'ß-fā̅-m"ṛ]), **house-knaekers** (hau'ß-näk-ẹ"ṛ) P Londoner Blutſauger, die den Armen ſchlechte, wohlfeile Wohnungen vermieten.

hove-down ⚓ (ho̅w-dau'n) bettlägerig.

hoveller ⚓ (hö'w-ẹ-lẹ) einer, der die Frachten geſtrandeter Schiffe in Sicherheit bringt; Stranddieb.

how (hau) [wie]: a) F ~ comes it? wie kommt's? ~ goes it? wie geht's? ~ came he there? wie kam er dahin? ~ come you to say that ... wie kommen Sie dazu, ſo etwas zu ſagen? ſcherzhaft: he is ~-came-you-so [ſagt man von einem Betrunkenen] er iſt ſehr betrunken, *fig.* F er hat ſchwer geladen; b) ⚓ ~ fare ye? was macht ihr? c) P as ~ daß: 'e knows as 'ow you nicked it er weiß, daß du's geſtohlen haſt.

how-d'ye-do F (hau'-dj̄ẹ-d̄ẹ) Verlegenheit: here's a pretty ~ das iſt eine nette Geſchichte.

how-do (hau-d̄u') High Life ſtatt how d'you do? wie geht's?

however P (hau-e'w-ẹṛ) wie nur: I don't understand ~ 'e's goin' to do it ich kann nur gar nicht verſtehen, wie er's machen will. [verlieren.]

howler (hau'-lẹṛ) Sport: to go a ~ ſchwer]

howling F (hau'-lin) [heulend]: a ~ cad ein infamer Lump; (ſehr gewöhnlich) ~ wilderness eine öde, entſetzliche Wüſte.

hows'ever (hauß-e'w-ẹ), **howsomever** (hau'-ß"m-ẹ"w-ẹ), **howsomdever** (hau'-ß"m-dẹ-ẹ"w-ẹ) P ſtatt howsoever und however jedoch, indeſſen: hows'ever none on 'em answered (*Pickwick*) doch keiner von ihnen entſprach den Erwartungen; howsome'er their hearts are severed in religion (SHAK., *All's well that ends well*) ſo ſehr auch ihre Herzen in Religionsſachen getrennt ſind.

hoyden, hoydon P (beides: höidn) Lümmel; ausgelaſſene Dirne.

hoys ꝟ (höiß) Ladenräuberei (GROSE).

hub (höb), **hubbie** (hö'b-ẹ) [F ſtatt husband]: my dear old ~ mein Goldmännchen.

hubble-bubble P (ho'bl-bobl) s. Konfusion, Durcheinander.

hue F (jū) prügeln: the cove was ~d in the naskin (GROSE) der Schurke wurde im Zuchthause gepeitscht.

huey (jū'-e) Old Cant: Stadt, Dorf: to stall in the ~ in der Stadt leben.

huff (hof) 1. s. F in a ~ im Ärger, verdrossen; F Streich, Schlich. — 2. v. Dambrett: blasen; ↓ ~ed beleidigt, gereizt.

hug (hog) v. [umarmen]: ↓ to ~ the land dicht am Lande segeln; † to ~ brown bess dienen, den Kalbfuß tragen.

hugger-mugger F (hö"g-g³r-mö'g-g³r) v. u. s. geheim halten, knausern; Knauser.

hull (höl) [Schiffsrumpf]: P the ~ of us wir alle beisammen; ↓ Leib: every timber in her ~ jedes Glied an ihrem Leibe.

hullabaloo P (hö'l-la-bä-lū"), s. hollabaloo.

hullo P (höl-lā'), s. hillo.

hum (höm) [Gesumme]: P ~ box Kanzel; ~ cap (GROSE) starkes Bier; ~ durgeon eingebildete Krankheit; F ~s Leute in der Kirche.

hum-and-haw P (höm-änd-hā') v. in der Rede zaudern, stocken; Einwendungen machen.

humanity F (jū-mä'n-ᵉ-tᵉ) [Menschheit] scherzhaft: Leute; a specimen of ~ ein Mensch.   [(GROSE).]

hummer F (hö'm-m³r) Aufschneiderei

humming F (ho'm-min³) stark berauschend (Sl. Dict.).

hummums (höm-mö'ms) türkische Badeanstalt.

humour F (jū'-m³r) [Laune]: to be, to feel in the ~ for ... aufgelegt sein zu ...

hump (hömp) 1. s. [Höcker]: P to have the ~ (Sl. Dict.) verdrießlich sein; to have one's ~ up zornig, gereizt sein. — 2. v. verderben.

humpty-dumpty (ho'mp-tᵉ-do"mp-tᵉ) *Nursery Rhyme* (zugleich Räthsel):

> Humpty-dumpty sat on a wall,
> Humpty-dumpty had a great fall,
> All the king's horses and all the king's men
> Cannot put humpty-dumpty together again.
>   (Lösung: ein Ei.)

hunks P (honᵏß) Knicker.

hunt (hönt) [jagen]: F I've ~ed everywhere ich habe überall gesucht; to ~ high and low in allen Winkeln suchen.

hunting F (hö'n-tin³) Kartenschwindelei.

hunt-the-slipper (hönt-dhᵉ-ßli'p-p³r) Gesellschaftsspiel: Pantoffeljagd [die Mitspielenden sitzen im Kreise und halten den zu suchenden Gegenstand — gewöhnlich einen Pantoffel — versteckt. Dabei wandert dieser so lange von einen zum andern, bis der zum Suchen Verurteilte das corpus delicti entdeckt und dadurch seine lästige Rolle los wird; vgl. unser deutsches Ringlein, Ringlein, du sollst wandern].

hunt-race (ho'nt-neß) Sport: Rennen von Jagdpferden.

hurdle-race (hö'rdl-neß) Sport: Rennen mit (Zäunen als) Hindernissen (HOPPE).

hurry-skurry F (ho'n-nᵉ-ßko"n-nᵉ) a. überstürzt.

husband (hö'ß-bönd) [Gatte] scherzhaft: ~'s tea schwacher Thee; ~'s boat Dampfboot, das an Sonnabenden von London nach Ramsgate u. s. w. fährt.

husbin (ho'ß-bin) P statt husband Gatte.

hush F (hosch) [still machen] totschlagen.

hush-money F (ho'sch-mön-ᵉ) Abfindungssumme, Schweigegelder.

hush-shop F (ho'sch-schop) Schenke ohne Konzession (Sl. Dict.).

hustling F (ho'ß-lin³) gewaltsamer Raubanfall.

huxter F (ho'ßß-t³) Geld.

hyena (hai-i'-na) häufig zitiert: laugh like a ~ (SHAK.) lachen wie eine Hyäne.

hyp P (hip) [Abkürzung] Hypochondrie; trübsinniger Mensch (GROSE).

I.

i' (i) P ſtatt in: i' the morning des Morgens.

I (ai) P ſtatt me: between you ˈand ~ and the lamp - post unter uns geſagt.

ice (aiß), ſ. break.

I'd (aid) P u. F ſtatt I would: ~ sooner go ich möchte lieber fort; ſtatt I had: ~ done nothing ich hatte nichts gethan.

idea F (ai-di'-a): the ~ of such a thing denk' dir nur ſo was! ſtell' ſich einer das vor! the ~ of him coming to interfere was, will der ſich noch drein mengen!

idea-pot F (ai-di'-a-pŏt) Kopf (GROSE).

identiscope * (ai-de'n-tiß-kŏp) lebens= große Photographie.

idiot-fringe (i'd-i-ŏt-frindG) ſpöttiſch: franſenartig auf die Stirn herab= gekämmtes Haar der Fabrikmädchen, Hökerweiber u. ſ. w.

I d'n know (ai'dn-nē) P ſtatt I don't know ich weiß nicht.

idolize F (ai'-dŏ-laiſ) [vergöttern] über die Maßen lieb haben.

if (if) 1. P ausgelaſſen, wie in: and yet, come to the rights of it [ſtatt if you come to the rights of it], he'd no business here at all und doch, wenn man's genau betrachtet, hatte er gar nichts hier zu ſchaffen. — 2. F she's fifty, if she's a day ſie iſt mindeſtens fünfzig; if I were him wenn ich an ſeiner Stelle wäre; if it comes to that was das angeht; genau genommen; not if I know it [dieſe Redensart iſt faſt immer ironiſch: „nicht, wenn ich zu befehlen habe"]: „Lend me some money!" „Not if I know it" „Leih' mir etwas Geld!" „Ich werde mich wohl hüten!" ſprichwörtlich: if all strings break wenn alles fehlſchlägt, wenn nichts anderes übrigbleibt, *fig.* F wenn alle Stränge reißen. — 3. elliptiſch: F ſtatt if it be: if agreeable to your-self, I will call falls es Ihnen angenehm iſt, will ich vorſprechen.

if as how (i'f aſ hau) P ſtatt if: ~ any one had come up wenn jemand hin= zugekommen wäre.

if so be (i'f ßō bi) P ſtatt if: ~ 'e 'd only work wenn er nur arbeiten wollte.

Ikey F (ai'-fi) [ſtatt Isaac] jüdiſcher Hehler, Wucherer.

ile (ail) P ſtatt oil: the nine ~s ein be= kanntes, populäres Einreibungsmittel.

I'll (ail) F ſtatt I will ich will: I'll see you hanged, beggared first du kannſt mir geſtohlen werden.

ill F (il) *a.* und *adv.* [übel, bös, krank]: it would be no ill store das wäre recht gut zum Aufbewahren; an ill-tempered fellow ein jähzorniger, auf= brauſender Menſch; she's as ill as a witch ſie hat's richtig erraten, voraus= geſagt, *fig.* F ſie hat eine feine Naſe; ſprichwörtlich: it's an ill wind that blows nobody any good auch das größte Unglück iſt jemandes Glück.

I'm (aim) F ſtatt I am ich bin; P I'm blest, blown if (mit Negation) wahr= haftig, meiner Treu; I'm blown if 'e didn't eat the lot Schw...t, er hat alles aufgegeſſen; I'm finished ſtatt I have finished ich bin fertig.

imbibe F (im-bai'b) [einſaugen] ſaufen.

immense (im-me'nß) High-Life-Slang: famos, großartig: an ~ affair eine brillante Affäre.

impasse (franz. äⁿ-pa'ß) Zeitungsſprache: Stocken, Stillſtand.

imperence (i'm-pⁱ-rĕnß) P ſtatt imperti-nence Unverſchämtheit.

imperent (i'm-pⁱ-rĕnt) P ſtatt impertinent unverſchämt (*Punch*).

imperial (im-pi'-rⁱ-ᵃl) [kaiſerlich] britiſch im weiteren Sinne; the ~ interests das Intereſſe des britiſchen Reiches.

impo (i'm-pō) Schüler-Slang: ſtatt imposi-tion Strafarbeit.

improve F (im-prau'w) [verbeſſern]: ~ each shining hour benutze jede ſchöne Stunde [oft citierter Vers aus WATT'S *Hymns*].

improve off F (im-prū̱'w ŏf) austreiben: to improve the gypsies off the face of the earth die Zigeuner vom Erdboden vertilgen.

in (in) 1. *prp.*: a) F he hasn't it in him er hat nicht das Zeug dazu; we have nothing in the house wir haben nichts (zum Essen oder Trinken) im Hause; not one in a thousand would have done it unter tausend hätt's nicht einer gethan; seven in all im ganzen sieben; we 're not in funds wir haben kein Geld; in that way auf die Weise; it's all in (there's everything in) the way you do it es kommt ganz drauf an, wie man's macht. — b) P to be in co with im Bündnisse stehen mit; in coorse statt of course natürlich. — c) F he is in town (GROSE) er ist mit Geld versehen; ♫ in the wind betrunken, s. grub, humour, swing. — d) ♣ to allow one shilling in the pound fünf Prozent Diskonto gestatten; Bankrott: to pay one shilling in the pound mit fünf Prozent akkordieren. — 2. *adv.*: a) F he's in for it er hat's riskiert, er ist schön hineingefallen; euphemistisch: she's in for it sie ist in anderen Umständen; Bierwirte: to be well in with the brewers den Brauern viel Geld schulden; sprichwörtlich: in for a penny, in for a pound wer Kleinem fängt man an, mit Großem hört man auf, fig. F wer A sagt, muß auch B sagen. — b) to go in: a) Krickel: die Verteidigung des Dreipfahls übernehmen; b) Politik: das Ministerium übernehmen. — c) F to be in for pound (Sl. Dict.) vor den Assisen stehen. — 3. elliptisch, besonders in Erzählungen: statt in came, in went: in the old gentleman herein kam der alte Herr.

inch (intsch) [Zoll]: sprichwörtliche Redensart: if you give an ~ he'll want an ell gibst du ihm den Finger, so nimmt er gleich den Arm; to be beaten, flogged, trashed within an ~ of one's life fast zu Tode geprügelt werden.

incog (in-kŏ'g) F statt incognito unter fremdem Namen; P besoffen.

increment (i'n-krĭ²-mĕnt) [Zuwachs] Politik: the unearned ~ der dem englischen Grundbesitze (während eines Pachttermins aus Neubauten u. s. w.) erwachsende, unverdiente Vorteil.

indescribables ↘ (i'n-dĭ²ß-krai̱''-b'blṣ) mehr gebräuchlich: **inexpressibles** (i'n-ĕkß-prĕ''ß-ßĭblṣ) [Unaussprechliche]: Hosen (*High Life Slang*); s. unmentionables.

infancy (i'n-fän-ßĭⁱ) Rechtssprache: Minderjährigkeit, Unmündigkeit.

infant (i'n-fⁱnt) Rechtssprache: minderjährige Person.

infantry (i'n-fän-trⁱ) scherzhaft: Kinder.

infinitude (in-fĭ'n-ĭ²-tjūd) scherzhaft: große Menge: 1 return you an ~ of thanks (AINSWORTH, *Rookwood*) ich sag' euch unendlichen Dank.

Informationists ✻ (i'n-fⁱ²-mē''-schⁱn-ĭßtß) Pädagogen, welche das Hauptgewicht auf solide Kenntnisse (information) legen.

Ingee (i'n-dgⁱⁱ) P statt India Indien.

inger-rubber (i'n-dgⁱ²-röb-bⁱ²) P statt india-rubber Guttapercha.

ingan, ingun (i'nⁱ-gⁱn) P statt onion Zwiebel.

inkspiller F (i'nⁱk-ßpĭl-lⁱ²) Federfuchs; schlechter Skribent.

inlaid P (i'n-lĕd) [eingelegt]: well ~ (GROSE) bemittelt.

innard (i'n-nⁱd) s. P statt inward Innenseite: to fill one's ~ (*The unprofessional Vagabond*) sich den Magen füllen; there's something wrong with my ~s ich habe ein inneres Leiden.

inner man F (i'n-nⁱ² män) [innerer Mensch] scherzhaft: Magen; after refreshing my ~ nachdem ich mich erquickt hatte; you must look well after the ~ du darfst das Essen und Trinken nicht vergessen.

innocents (i'n-nⁱ²-ßĕntß) [Unschuldige]: Parlament: murder of the ~ [eigentlich biblisch: Kindermord] Beseitigung der unerledigten Vorlagen am Schlusse der Session (HOPPE).

inquiration (in-kwai̱-rē''-schⁱn) scherzhaft: statt inquiry Nachfrage.

ins and outs (inß änd au'tß): the ~ (of a place) F die (geheimsten) Schlupfwinkel (einer Stadt u. s. w.); Politik: the Ins and (the) Outs die regierenden Minister und die Häupter der Opposition.

inside (i'n-ßai̱d) [Innenseite]: he likes to know the ~ of everything er möchte gern seine Nase in alles hineinstecken; I feel queer in my ~ mir wird's flau.

inside-lining P (ĭ'n-ḡaĭṫ-laĭ''-nĭnᵉ) Effen, P Futter (*Sl. Dict.*).

instance (ĭ'n-ḣṫᵉuḃ) [Beispiel, Fall]: F in the first ~ zuerst; Annoncen, sehr ge=wöhnlich: letters in the first ~ to be adressed to A. B. man wende sich zu=erst schriftlich an A. B.

instantly (ĭ'n-ṣtänṫ-lᵉ) F statt as soon as: ~ he crossed the line sobald er über die Schienen ging.

intellectuality ⟍ (ĭn-tĕl-lĕ'k̆-tjᵘ̈-ä''l-ᵉ-tᵉ) Verständigkeit, Verstandesabstraktion.

interduce (ĭn-tᵉ̆r-dū'ß) P statt introduce einführen.

interest F (ĭ'n-tᵉ̆rĕṣt) [Zinsen]: we re-turned his fierce looks with ~ wir gaben ihm seine wütenden Blicke mit Zinsen zurück.

intermediate * (ĭn-tᵉ̆r-mĭ''-dᵉ̆t) [zwischen=stehend]: ~ schools, education Mittel=schulen, Mittelschulwesen.

internationalize * (ĭ'n-tᵉ̆r-nä̈''ĭch-ᵉn-äl-aĭ'ᶾ) international machen.

interviewer * (ĭ'n-tᵉ̆r-wjū'-ᵉr) [Besucher] Zeitungskorrespondent, der leitende Per=sönlichkeiten auszuhorchen sucht.

into (ĭ'n-tū und ĭ'n-tᵉ̆): F we'll lick him ~ fits wir wollen ihn ganz gründlich aufs Haupt schlagen; he coaxed them ~ it er hat sie mit süßen Worten ge=angelt; P I'll be ~ him (*Sl. Dict.*) ich will ihm tüchtig eins versetzen. S. slip.

Inventions (ĭn-wᵉ̆'n-ſchᵉnṣ): the ~ statt Inventions' Exhibition 1885er Aus=stellung.

invite F (ĭ'n-waĭṫ) statt invitation Ein=ladung.

involve F (ĭn-wᵒ̈'lw) [einhüllen]: it ~s a great deal of expense es bringt viele Ausgaben mit sich.

inwards (ĭ'n-wᵒ̈'dᶴ), f. innard.

I. O. U. (aĭ ŏ iu') *s.* (eigentlich: I owe you ich schulde Ihnen) Schuldverschrei=bung: he gave me an ~ for it er stellte mir einen Schuldschein dafür aus.

Irish (aĭ'-riſch): the ~ brogue der iri=sche Dialekt; P ~ apricots (*Sl. Dict.*) Kartoffeln; ~ Cockneys Londoner von irischer Abkunft; ✕ the ~ theatre das Arrestlokal; ⚓ ~ horse Pökelfleisch; f. salt horse.

iron (aĭ'-ᵉrn) 1. *s.* [Eisen, Bügeleisen]: F to have many ~s in the fire viele Pläne auf einmal haben, vielerlei Dinge auf einmal in Gang setzen; P Geld (GROSE). — 2. *a.* [eisern]: F he wants an ~ rod over him man muß ihn mit eiserner Strenge behandeln; Zeitungen: the ~ Chancellor der eiserne Kanzler, Fürst Bismarck; F ~ doublet Ge=fängnis.

Isabella (ĭſ-ă-bĕ'l-la) Rhyming Slang statt umbrella Regenschirm.

issue (ĭ'ß-jū) [Ausgang]: F to join ~ with a person upon a question [ur=sprünglich juristisch] einen Streit über eine Frage mit jemand aufnehmen; to await the ~ of events (sehr gewöhnliche Phrase) den Ausgang der Ereignisse ab=warten.

it F (ĭt) als verstärkendes Objekt (sehr gewöhn=lich; f. Beispiele unter do, go, hang, stash, cab, keep): we had a nice time of it (oft ironisch) wir haben eine schöne Zeit verbracht.

itch (ĭtſch) [Jucken] *fig.* Begierde: an ~ for notoriety (RUSKIN) ein brennendes Verlangen nach Ruf.

Itchland (ĭ'tſch-länd) F statt Scotland Schottland.

item (aĭtm) [✻ Artikel]: F that's an important ~ das ist ein wesentlicher Punkt.

its (ĭtß) F und P statt it in gewissen Partizipial=sätzen: its being so cold that day da es an dem Tage so kalt war.

ivories F (aĭ'-wᵒ̈-nᵉ̆ſ) Zähne; a box of ~ ein Mund voll (guter) Zähne; to wash one's ~ sich die Kehle spülen, saufen; f. flash 3 b.

6*

J.

jabber F (dʒä'b-b˙ᵉʳ) ſchwaßen, ſchwadronieren.

jaber ✕ (dʒä'b-ᵉʳ): be ~! alle Wetter!

Jabez ↓ (dʒē'-b˙ᵉj): by ~! beim Henker!

Jack (dʒät) [Hans] Kartenſpiel ſtatt knave Bube; F (auch half-)falſche Geldmünze, die als Spielmarke dient; F ~ is as good as his master ſie bleiben ſich einander nichts ſchuldig; ſ. house; ~ Ketch allgemein üblicher Spißname des Henkers; F ~ sprat (*Sl. Dict.*) Knirps; ~ tar Matroſe; ~ weight dicke(r), feiſte(r) Kerl; F Poſtwagen; ~ Adams (GROSE) Narr; ↓ ~ afloat Matroſe; Old Cant: ~ man Skribent, der die Bettelbriefe u. ſ. w. ſchreibt. — S. Robinson und die beſonderen Titelköpfe mit Jack in Zuſammenſeßungen.

jack P (dʒät) *v.* to ~ up aufgeben, dranhängen. — S. chuck up.

Jack-a-dandy F (dʒät-ä̆-dä'n-d˙ᵉ) Rhyming Slang ſtatt brandy.

jackal (dʒä'f-äl) [Schakal] F dienſtfertiger Begleiter; politit: politiſcher Handlanger eines Staatsmannes [der Schakal der Naturgeſchichte iſt der Begleiter des Löwen].

Jack-and-Jill P (dʒät-änd-dʒi'l) Männchen und Weibchen; *Nursery Rhyme*:
Jack and Jill
Went up the hill
To fetch a pail of water;
Jack fell down
And broke his crown
And Jill came tumbling after.

Jack-at-a-pinch P (dʒä'f-ät-ä̆-pi''ntſch) Freund in der Not.

jacked up F (dʒätt äp) verloren, ruiniert.

jacketing F (dʒä'f-t-t-in) Prügel, heftige Vorwürfe.

jackey P (dʒä'f-ᵉ) Gin (*Sl. Dict.*).

Jack-in-office F (dʒä'f-in-ö''ſ-fiß) übermütige(r) Beamte(r).

Jack-in-the-box F (dʒä''f-in-dhᵉ-bŏ'fß) kleine Schraube zum Öffnen von Geldſchränken; Kind im Mutterleibe [auch ein Spiel auf Jahrmärkten; HOPPE].

Jack-in-the-water ↓ (dʒä'f-in-dhᵉ-wä''-tᵉ) Bummler, Eckenſteher an Landungsplägen von Schiffen.

Jack-nasty-face ↓ (dʒä'f-nä̆'ß-t-feß) zweiter Koch, Küchenjunge; Matroſe.

Jack-of-legs P (dʒä''f-öf-le'gſ) langbeinige(r) Menſch (GROSE).

Jack-of-all-trades F (dʒä'f-öf-ä'l-tneß) Allerweltspfuſcher; einer, der ſich auf alles verſteht, Hans in allen Gaſſen.

Jacob (dʒē'-t˙ᵇ) Old Cant: Leiter; F ~'s ladder Streifen im Tricot einer Ballettänzerin.

jagger F (dʒä'-gˢ) [aus dem deutſchen Jäger] Herr.

jam (dʒäm) [Eingemachtes] ſcherzhaft: ſüßes, liebes Geſchöpf; she's real jam es iſt ein ſüßes Mädel, der reine Honig.

jambed P (dʒämd) zum Erdrücken voll; the streets was that ~ there wasn't room to move (*Funny Folks*) die Straßen waren ſo gedrückt voll, daß man keinen Plaß hatte, ſich zu bewegen.

James (dʒemſ) [Jakob — hier Jakob I.] F Pfund Sterling (*Sl. Dict.*); St. ~ ein königlicher Palaſt; [im Gegenſaße zu St. Giles'] die ariſtokratiſchen Viertel der Hauptſtadt.

jammed F (dʒämd) [feſtgezwängt] gehängt (GROSE).

janders (dʒä'n-t˙ᵉj) [P ſtatt jaundice] gewöhnlich yellow ~ Gelbſucht.

janizaries † (dʒä'n-ᵉ-jä-nˢ) [Janitſcharen] Pöbel (GROSE).

jannock F (dʒä'n-n˙f) *a.* und *adv.* recht, ehrlich: I likes a cove to act ~ (*King of the Beggars*) ich mag's gern, wenn einer ehrbar, freigebig handelt.

japan (dʒä-pä'n) [lackieren — hier ſchwarz lackieren] Univerſitäts-Slang: zum Geiſtlichen weihen, ordinieren.

jar P (dʒa') : to put the door on the jar [ſtatt ajar] die Thüre anlehnen, halb zudrücken.

jark(e) (dʒāɪk) Old Cant: Siegel, Petſchaft.

jarvey P (dʒāꞋ-wᵉ): a) Droſchkenkutſcher; ~'s upper Benjamin der kapuzenreiche Mantel des Londoner Droſchkenkutſchers; b) Droſchke.

jaw (dʒā) [Kinnbacken] P Geſchwätz, Geklatſch; slack ~ eitle Rederei; shut up your ~ halt's Maul; I gave 'er a bit o' my ~ ich hab' es ihr gründlich geſagt. — 2. v/n. P ſchwadronieren, klatſchen; ↓ ~ing gear Maulwerk. — 3. v/a. P mit Geklatſch beläſtigen; he was ~ing me (*King of the Beggars*) er hielt mir eine lange Rede; don't you ~ me in that way (*A little Ragamuffin*) red' du mir nicht ſo viel dummes Zeug vor, bleib' mir mit deinem Geklatſch vom Leibe.

jawbone (dʒāꞋ-bōn) [Kinnbacken] Amerikanismus: Kredit.

jaw-breaker (dʒāꞋ-brē-kⁱɪ), auch **break-jaw** (brēꞋk-dʒā) F lange(r), ausländiſche(r) Name, ſchwer auszuſprechende(s) Wort (*Sl.Dict.*).

jaw-me-down ↓ (dʒāꞋ-mⁱ-daun) fürchterliche(r) Schwätzer.

jaw-twister F (dʒāꞋ-twiſ-tⁱɪ) = jaw-breaker.

jay (dʒē) [Dohle] unwiſſender, leichtgläubiger Menſch: flapping a jay means plundering a simple-minded person (J. GREENWOOD) eine „Dohle rupfen" heißt einen unerfahrenen Menſchen ausplündern.

jazey F (dʒēꞋ-ſⁱ) Perücke (*Sl.Dict.*).

Jeames (dʒīmſ) beſonders in Witzblättern: Typus des bepuderten und fein gallonierten Bedienten im Londoner Weſtend; Spottname der ariſtokratiſchen *Morning Post*.

jee-jee (dʒīꞋ-dʒī), ſ. gee-gee.

jee-up (dʒī-ŏꞋp) aufmunternder Fuhrmannsruf: hü, hott!

Jehu F (dʒīꞋ-hū) [urſprünglich bibliſch] Droſchkenkutſcher, Kutſcher.

Jemeny P (dʒīꞋm-ⁱ-nⁱ) Ausruf: oh ~! Herrjes!

Jemima (dʒē-maīꞋ-ma) [weiblicher Vorname] ſcherzhaft: our ~s unſere Dienſtmädchen, dienſtbaren Geiſter.

jemmy (dʒēꞋm-mⁱ) [Jaköbchen] 1. s. F Brecheiſen; gebackener Schafskopf (*Sl.Dict.*). — 2. a. P ſauber.

Jemmy Ducks ↓ (dʒēꞋm-ⁱ-dȯꞋkſ) Geflügelaufſeher.

Jemmy Jessamy F (dʒēꞋm-ⁱ-dʒēꞋſ-ſⁱ-mⁱ) Stutzer.

jemmy john F (dʒēꞋm-ⁱ-dʒȯꞋn) Krug, Trinkgefäß.

Jeremy Diddler F (dʒēꞋr-ⁱ-mⁱ dⁱꞋd-lⁱɪ) Windbeutel, Gauner (*Sl.Dict.*).

Jericko F (dʒēꞋr-ⁱ-kō): I should see him first at ~, he may go to ~ rather than da ſoll er mir eher zum Henker gehen!

jerk F (dʒȯꞋk) [ſtoßen] berauben: we ~ed him for the lot (GREENWOOD) wir raubten ihm das Ganze.

jerky P (dʒȯꞋ-kⁱ) krampfhaft, ſtoßweiſe auffahrend.

jerry (dʒēꞋn-rⁱ) [Jeremias] 1. s.: a) P Kneipe; Nachtgeſchirr; ~-go-nimble Diarrhöe, Lauſtapfer, ſchnelle Kathrine; b) habſüchtiger Bauſpekulant. c) F Uhr; ~-and-slang Uhr und Kette; ~-nicking, ~-sneaking Stehlen von Uhren. S. gerry und die folgenden Titelköpfe. — 2. v. F aufziehen, zum beſten haben, verſöhnen.

jerry-built F (dʒēꞋn-rⁱ-bĭlt) unſolid gebaut [auch gerry-built geſchrieben; ſ. gerry-builder].

jerry lynch F und P (dʒēꞋn-rⁱ lĭꞋntſch) gepökelte(r) Schweinskopf.

jerry shop F (dʒēꞋn-rⁱ ſchȯꞋp) Bierlokal.

jerry sneak (dʒēꞋn-rⁱ ſnīꞋk): a) † Haburei; b) F Dieb, der ſich Uhren zur Spezialität macht.

jersey (dʒȯꞋ-ſⁱ) = guernsey.

Jerusalem pony P (dʒēꞋn-nū-ſā-lⁱm pōꞋ-nⁱ) Eſel: they'd make a ~ split (*Punch*) über die könnt' ein Eſel ſich krank lachen.

jes (dʒēſ) P ſtatt just gerade, juſt, eben.

jessy F (dʒēꞋſ-ſⁱ) Prügel; to give a person ~ jemand durchbleuen, hauen.

jew P (dʒū) 1. s. [Jude]: to be as thick as two jews on a pay-day intim befreundet ſein; as precious as a jew's eye äußerſt wertvoll; ~ fencer jüdiſche(r) Handelsmann der Londoner Straße. — 2. v. F betrügen: he jewed us right and left er hat uns mächtig übers Ohr gehauen.

Jezebel F (dʒēꞋſ-ſⁱ-bĕl) [bibliſcher Charakter] böſe(s), jähzornige(s), leidenſchaftliche(s) Weibsbild.

jib P (dgīb) 1. *s.* [↓ Klüver]: a) ſcheues Pferd (*Sl. Dict.*); b) Phyſiognomie: the cut of his jib der Schnitt ſeines Geſichts. — 2. *v.* ſcheuen, (mit dem Wagen) durchgehen.

jibb (dgīb) Zigeunerſprache: Zunge.

jibber (dgī'b-b³) 1. *s.* P Schindmähre. — 2. *v.* ↓ to ~ the kibber ein Schiff bei Nacht durch eine (an den Hals eines an b. Küſte vorangſchreitenden Pferdes gebundene) Laterne ans Land locken.

jiff, jiff(e)y (dgīf, dgī'f-°): P in a ~ im Nu; and on with my boots in a ~ flugs waren die Stiefel an; in half a ~ in einem Nu, ſcherzhaft: in einer halben Sekunde, im Handumdrehen; wait a ~ wart' ein bißchen.

jig (dgīg) 1. *s.* bei den alten Dramatikern: Ballade, Geſang; jig-maker (HAMLET) Bänkelſänger, Reimſchmied. — 2. *v.*: a) reimen: these jigging fools (*Jul. Caesar*) dieſe Reimnarren; b) P ſchlenkern: what are you jigging your legs for (*A little Ragamuffin*) was zappelſt du ſo mit den Beinen?

jigger (dgī'g-g³') 1. *s.*: a) ↑ Thür: to strike the ~ die Thür aufbrechen; to dub the ~ (*Sl. Dict.*) die Thür zumachen [*Lanthorne and Candle-light*, 1609: „to dup the giger" die Thüre aufmachen!]; ſ. knapping. b) Old Cant: heimliche Schnapsbrennerei. c) ✻ Arreſtlokal. — 2. *v.* ſcherzhaft: I'll be ~ed if ... ich will mich hängen laſſen, wenn ...

jigger-dubber ↑ (dgī'g-g³-dö'b-b³) Gefängniswärter.

jiggot o' mutton † (dgī'g-g³t ˂ mo'tn) [franz. gigot] Hammelkeule.

jilt F (dgīlt) 1. *s.*: a) F Kokette, eine, die Männer zum beſten hält; einer, der ſein Mädchen ſitzen läßt; b) ↑ Brecheiſen, Dietrich. — 2. *v.* (Männer) foppen; (Mädchen) im Stiche laſſen.

Jim Crow P (dgīm-krō') ſchwarzer Tauſendkünſtler, drolliger Neger [verattet, urſpr. aus Amerika].

jingo F (dgī'n³-gō) [ſoll aus Gingoulph, dem Namen eines Heiligen, verberbt ſein]: by ~! by the living ~! alle Wetter! meiner Treu!

Jingoes * (dgī'n³-gōſ) Politik: the ~ die (kriegsluſtigen) Tories [dieſer Spitzname, urſprünglich der Refrain eines patriotiſchen Liedes, ward den Konſervativen wegen ihrer kriegsluſtigen Stimmung, zur Zeit des Premierminiſters Disraeli, beigelegt.]

Jingoism * (dgī'n³-gō-iſm) Politik: Chauvinismus, kriegsluſtige Tendenz der ToryPartei.

jinks F und ↑ (dgīnkſ): on the high ~ auf dem hohen Pferde (ſitzend), anmaßend.

jist P (dgīſt) ſtatt just.

job (dgöb) 1. *s.*: F he would be glad of a ~ er möchte gern Arbeit finden; it was (such) a ~ es war ein ſchweres Geſchäft, eine böſe Geſchichte; they made a good ~ of it ſie haben es glücklich repariert, ins Geleiſe gebracht; what a ~ (it all is) das iſt ja rein zum Verzweifeln! ↑ a ~ in the eye ein Schlag, Stich ins Auge; to do the ~ for umbringen; a ~ lot ein buntes Allerlei; Politik: eigennützige Handlung, beſ. Handel mit Stellen und Privilegien. — 2. *v.*: P thun, verrichten, arbeiten; ↑ I shall ~ you in the eye ich werde dir eins ins Auge hauen! Fuhrleute: to ~ horses, carriages Pferde, Wagen vermieten; a ~-carriage ein Mietwagen.

Job F (dgōb): ~'s comforter (urſpr. bibliſch) einer, der neue Unglücksnachrichten bringt; as poor as ~, as ~'s turkey blutarm.

jobation ↓ (dgö-bē'-ſh³n) Scheltworte, Vorwürfe.

jobber ✻ (dgö'b-b³) Zwiſchenhändler, Makler.

jobbery (dgö'b-b³-r³) Politik: Korruption, Unterſchleif; Mißbrauch politiſcher Macht.

jock (dgök) Sport: ſtatt jockey Reiter; gentlemen ~s Amateure, die zum Vergnügen am Rennen teilnehmen; Herrenreiter.

jockey (dgö'f-³) *v.* übertölpeln, vereiteln.

Joe F (dgō) [Joſephchen]: a) the artful Joe Spitzname d. radikalen Miniſters Joſeph Chamberlain [in den Witzblättern ſtets durch ſein Lorgnon gekennzeichnet]; b) Münchhauſeniade, Meidinger; ſtark aufgetragener Schwank.

Joe Miller (dgō mī'l-l³) = Joe b.

joey ↑ (dgō'-³) [Joey Joſephchen] 4 Pence (*Sl. Dict.*) [Dieſe Münze ſoll ihren Namen und Urſprung dem Abgeordneten Joſeph Hume verdanken.]

jog (dʒŏg) *v. a.* [rütteln]: F he wants a great amount of ~ging man muß ihn sehr treiben, immer hinter ihm her sein; it ~ged his memory es mahnte ihn daran; *v. n.* [traben]: they ~ along pretty comfortably sie führen ein bescheidenes, glückliches Leben.

jog-trot (dʒŏg-trŏt') Trab; ruhiger, gleichmäßiger Gang.

jogul ʃ (dʒŏg-ŭl) [aus dem spanischen jugar] spielen.

John Blunt P (dʒŏn blö'nt) [Johann Derb] grober, ehrlicher Kerl (*Sl. Dict.*).

Johnny (dʒŏ'n-nⁱ) [Hänschen]: ʃ ~ Darbies [franz. gensdarmes, *Sl. Dict.*] Polizisten; ~ Raw: a) ↓ unerfahrener Matrose, Landratte; b) ⚔ Rekrut; Cirtus=Slang: to do a ~ Scaparey durchbrennen.

John Thomas ʃ (dʒŏn tŏ'm-ăs): Bediente(r), Lakai.

join (dʒŏin): ⚔ to ~ (the regiment, the ranks) ins Heer treten, sich anwerben lassen; religiös: to ~ the Salvationists sich der Heilsarmee anschließen; euphem.: to ~ the majority sich zu seinen Vätern versammeln, ins Jenseits fahren.

joint ʃ (dʒŏint) gemeinschaftlicher Raubzug (JAMES GREENWOOD).

joke F (dʒŏk) [Scherz]: to play practical ~s upon a person einem einen Schabernack anthun; setting all ~s apart (oder: joking aside, apart) Scherz beiseite!

joker ʃ (dʒŏ'-kⁱ) [Spaßmacher] lustiger Patron, Gauner.

jolly (dʒŏ'l-lⁱ) 1. *a.* [lustig]: a) F (gew. hyperbolisch oder verstärkend): he's a ~ lot too fast er ist viel zu liederlich; we had a ~ go of cherries wir aßen eine entsetzliche Menge Kirschen; we had a ~ bad time of it es war eine sehr böse Zeit für uns. — b) ʃ a ~ old cock ein lustiger Schelm; ~ nob(GROSE) Kopf. — 2. *v.*: a) P verhöhnen: they 're always jollying me sie hänseln mich beständig. — b) ~ for = bonnet. — 3. *s.*: a) statt ~-boat Jolle. — b) ↓ Marinesoldat: that's just like you jollies, all for paint and pipe-clay (*Nights at Sea*) das sieht euch Seesoldaten ganz ähnlich, ihr denkt meist nur an Schminke und Pfeifenthon. — c) Trödler=Slang: Lob, Empfehlung: chuck a ~ lob' meine, seine Sachen, Waren!

jomer ʃ (dʒŏ'-mⁱ) Schätzchen.

Jonathan (dʒŏ'n-ă-thăn) auch brother ~ scherzhaft: Amerikaner, Bruder Jonathan.

jonnick ʃ (dʒŏ'n-nik) ehrlich, ordentlich, recht. S. jannock.

jordan, jorden P (beides: dʒŏdn) Nachtgeschirr (schon bei den alten Dramatikern).

jorum P (dʒŏ'-rŭm) Gericht, Haufen, große Menge: a ~ of grog eine tüchtige Portion Grog; a good ~ of peas eine tüchtige Schüssel voll Erbsen.

Joseph (dʒŏ'-sⁱf): P not for ~ nicht um alles auf der Welt; Old Cant: a) Mantel (*English Rogue*); b) great ~ Überzieher (GROSE).

joskiu ʃ (dʒŏ'ß-kⁱn) Bauer (GROSE).

jossop (dʒŏ'ß-ŏp) Schüler=Slang: Sirup, süße Brühe.

jow (dʒŏ) [ursprünglich anglo=indisch]: mach' dich fort! geh' zum Henker! pack' dich!

Judas ʃ (dʒŭ'-dăß) Verräter, Betrüger, Judas; ~ haired rothaarig.

Judy (dʒŭ'-dⁱ) [Judith] Weib des Punch im Punch-and-~-show der Londoner Straßen; ʃ an old ~ eine alte Hexe.

jug (dʒŏg) [Krug] Old Cant: Gefängnis; Coster-Slang: ~-loops Haartracht mit Löckchen an den Schläfen.

juggins P (dʒŏ'g-gⁱnʒ) Narr; I never saw such a ~ (*Pantomime*, 1885) solch ein Rindvieh hab' ich mein Lebtag nicht gesehen.

juicy F(dʒŭ'-sⁱ) [saftig] pikant, zotig, saftig.

Jumbee ↓ (dʒŏm-bⁱ') der Negerteufel.

Jumbo (dʒŏ'm-bⁱ) Name des berühmten, großen Elefanten, den der weltbekannte Amerikaner Barnum dem zoologischen Garten in London abgekauft hatte und der beim Abschiede von Alice, seinem Weibchen, (1881) Thränen vergossen haben soll; P großer, plumper Gesell. — Volkslied:

Jumbo said to Alice: "I love you".
Alice said to Jumbo: "I don't believe you do;
For if you did lo've me,
A's you say you do',
You' would ta'ke me to Ame'rica with you'".

Jumbo sprach zu Else: „Ich lieb' dich!"
Else sprach zu Jumbo: „Das glaub' ich dir nicht!
Denn wenn du mich so liebtest, wie du mir da sagst,
So nähmst du mich auch nach Amerika mit!"

jump (dᴼömp) 1. *s.* F [Sprung]: to go the ~ durchs Fenster springen; not by a long ~ noch lange nicht, bei weitem nicht. — 2. *v.* [springen]: a) F he would ~ at it er würde mit allen fünf Fingern danach greifen; to ~ to a conclusion einen übereilten Schluß ziehen; he ~ed down my throat er fuhr mich heftig an, fiel mir plötzlich in die Rede; scherzhaft: by the ~ing Jehosaphat zum Henker! b) F to ~ a man einen gewaltsam berauben; to ~ a house ein Haus plündern. c) ♁ by the ~ing Jupiter alle Wetter!

jumped up F (dᴼömpt ö'p) unverschämt, anmaßend, aufgeblasen.

jumping-powder (dᴼö″m-pïnˢ-pᴬu'-d⁶ʳ) Sport: Schluck vor dem Reiten, Springen u. s. w.

jump up behind ❋ (dᴼömp-ö'p-bⁱ-hᴀi″nd) (einen Wechsel) endossieren, eine Schuld garantieren, Bürgschaft leisten.

juniper F (dᴼü'-nⁱ-pˢ): Wachholderbranntwein, Gin.

junk ♁ (dᴼöⁿᵏ), f. salt junk.

jury leg (dᴼü'-nˢ lᴇg) P Holzbein, Stelzfuß (Grose) [♁ ~ mast = Notmast].

juwaub ✕ (dᴼü-wᵃ″b) [angle-indisch] Weigerung, abschlägige Antwort.

K.

kate F (kᴇt) [Kate Käthchen] Dietrich (Grose).

kedge (kᴇdᴳ) P statt cadge betteln.

keel ♁ (kïl) [Kiel]: from the ~ to the truck, from ~ to sticks von vorn bis hinten, an allen Ecken.

keel-hauling ♁ (kï'l-hᴀ̈-lïnˢ): Mißhandlung [urspr. Untertauchen ins Meer an einem Tau, bekanntes Mittel seemännischer Disciplin], rauhe Behandlung.

keep (kïp) 1. *v/a.* [halten]: F to ~ one's own carriage-and-four sich einen Vierspänner halten; to ~ the game alive; the pot boiling die Sache, den Spaß im Gang erhalten; mit *Part. praes.*: fortwährend thun, z. B.: P I keep a-tellin' 'im of yer (statt: I kept telling him of you) ich erzählte ihm fortwährend von Ihnen; mit *Part. pass.*: F we kept her well posted up wir hielten sie gut mit Neuigkeiten auf dem Laufenden; P ✕ mit *Inf.*: it sets a fare against you, if you keep 'ammer 'ammer at your 'orse (J. Greenwood) es bringt den Passagier gegen einen auf, wenn man fortwährend nur auf sein Pferd losschlägt; ♁ to ~ in two hinterher laufen lassen; mitschleppen; F to ~ up appearances den Schein, die äußere Form bewahren; to ~ it up all night die ganze Nacht durch zechen, tanzen u. s. w. — 2. *v/n.* Studenten-Slang: wohnen; F it won't ~ es hält sich nicht, läßt sich nicht aufheben; to ~ in doors sich zu Hause halten; to ~ out of mischief keine bösen Streiche verüben; to ~ to the truth der Wahrheit treu bleiben. — 3. *s.* F he had nothing beyond his lodging and his ~ er bekam nichts weiter als Kost und Logis; Kinderspr.: no ~s nicht zum Behalten, nur zum Spielen (geliehen).

keeper F (kï'-p⁵ʳ) [Hüter]: I'm not my brother's ~ (ursprünglich biblisch) soll ich meines Bruders Hüter sein? ich kann nicht für andere verantwortlich sein.

keeping F (kï'-pïnˢ) [Verwahrung]: nothing is safe in his ~ nichts ist sicher unter seiner Obhut, unter seinem Verwahrsam.

kelp F (kᴇlp) Hut (Grose).

kelter (kᴇ'l-t⁵ʳ) Old Cant: a) Ordnung (Grose); b) Geld; f. gilt.

ken F (kᴇn) Haus, Bude: to slink into one's ~ in sein Logis gehen; a bob ~ ein feines, gut möbliertes Haus.

ken-cracker (kᴇ'n-krᴀk-⁵ʳ), **ken-miller** (kᴇ'n-mill-l⁵ʳ) F Dieb, der Einbruch verübt.

kenird (kᴇ'n-ö'd) Back-Slang: statt drink.

kennedy F (kᴇ'n-nⁱ-d⁵) Ofenstecher (Sl. Dict.); to give ~ mit dem Ofenstecher schlagen, totschlagen.

kenning-glass ♁ (kᴇ'n-nïnˢ-glaß) Fernrohr.

kenurd (k⁶n-ö'r) Back-Slang: ſtatt drunk.

kent rag ſ (ke'nt räg): baumwollene(s) Taſchentuch.

kep (kep) P ſtatt kept hielt.

ketch (ketſch) P ſtatt catch fangen.

Ketch P (ketſch) der Henker; ſ. Jack Ketch.

ketched (ketſcht) P ſtatt caught fing.

kettle ſ (ketl) [Keſſel]: a fine, pretty ~ of fish eine tolle Geſchichte, ein großer Skandal.

kew ſ (kjū) Back-Slang: ſtatt week Woche.

key (kī) [Schlüſſel] euphemiſtiſch: his wife keeps the ~ er iſt dem ſtillen Suff ergeben; ſcherzhaft: he has the ~ of the street er hat keinen Schlüſſel, muß alſo auf der Straße bleiben.

Khedive ✽ (kī'-dīw) Börſe: Privatanleihe (1870) des ägyptiſchen Vizekönigs.

kibosh P (kai-bo'ſch) Blödſinn; to put on the ~ verleumden, verunglimpfen.

kick (kik) 1. *s.* [Tritt]: a) ſ Wurf, Spiel: let's have one more ~ wir wollen's noch einmal verſuchen; ſprichwörtlich: more ~s than ha'-pence mehr Schläge als Brot. b) P Augenblick: I'll be there in a ~ (*Sl. Dict.*) ich werde im Nu da ſein; ~-up Höllenſpektakel. c) ſ ſechs Pence: I haven't a ~ in my pocket ich habe keine fünf Groſchen in der Taſche; three-and-a-kick = 3½ Schilling. d) Sport: he has always the ~ on his side er hat immer Glück, Schwein. e) Fußball: it's our ~ wir ſind daran; Spieler: a good ~ ein guter Fußballſpieler; ~ off erſter Wurf, Vorrecht des Anſpielens. f) City-Slang: Abſchied: he had the ~ er bekam den Laufpaß. — 2. *v.* [treten]: ſ to ~ **against, at** ſich kräftig wehren gegen; euphemiſtiſch: to ~ the **bucket** ſterben; Fußball: to ~ a **goal** den Ball über das Mal hinausſchleudern; to ~ **off** das Spiel (im Centrum) beginnen; ſ I shall ~ him **out** ich werde ihn vor die Thüre ſetzen; to ~ **over** the traces (GROSE) über Maß und Ziel hinausgehen, verſchwenderiſch leben; P to ~ **up** a dust, a row, a shindy großen Lärm machen; ſ ~ up the devil's delight einen Höllenlärm machen; ſ. heel.

kicker ⚓ (ki'k-²) Pferd, Gaul.

kicks (kikß), **kicksies** (ki'k-ß²i) ſ Hoſen; Schuhe.

kickshaws † (ki'k-ſchäß) [aus dem franz. quelques choses verderben] Kleinigkeiten.

kicksies - builder ſ (ki"k - ß²i - bi'l-b²r) Schneider.

kicksy P (ki'k-ß²) mürriſch, aufſäſſig.

kicksy-wicksy (ki'k-ß²-wi"k-ß²): that hugs his ~ here (*All's well that ends well*) der hier ſein Liebchen herzt.

kick-up ſ (kik-ö'p): a) dicker, tegelförmiger Boden einer Flaſche. — b) ſ Lärm, Aufruhr.

kid (kid), **kiddy** (ki'd-²) 1. *s.*: a) P Kind, Pute, junger Dieb; Unſinn: that's all ~ das iſt alles Blech. — b) ⚓ flache Schüſſel, worin den Matroſen ihr Eſſen zugemeſſen wird. — 2. *v.* P Spaß machen, hänſeln: I think he's ~ding ns ich glaub' er hält uns nur zum beſten; ſ to ~ on to jemand den Hof machen.

kidder (ki'd-d²) P ſtatt Kidderminster carpet billiger Wollteppich.

kidden (kid-dē'n), **kidken** (kid-ke'n) ſ Herberge, Schule für junge Diebe.

kiddier ſ (ki'd-di²) Schweinemetzger.

kiddily ſ (ki'd-di²-l²): ~ togged (*Sl. Dict.*) fein geputzt.

kiddy ⚓ (ki'd-²) aufgeblaſen; ſchmuck, geputzt (SMYTH).

kiddyish ſ (ki'd-d²-iſch) fröhlich, vergnügt.

kid-lay (kid-le'), **kid-rig** (kid-ri'g) ſ Betrügen, Berauben; Verlocken von Kindern und jungen Burſchen.

kidment ſ (ki'd-m²nt) Unſinn.

kidney P (ki'd-n²) [Niere]: of a strange ~, of a different ~ von ſeltſamer, von anderer Sorte; all of a ~ von der nämlichen Gattung [die zwei Nieren ſind ſtets von gleicher Geſtalt, daher denn auch ſehr gewöhnlich: two of a ~ zwei vom nämlichen Schlage, Kaliber].

kid-rig, ſ. kid-lay.

kids (kidß) ſ ſtatt kid - gloves Glacéhandſchuhe.

kidsman P (ki'dſ-m²n) Wirt einer Herberge für junges Galgengeſindel.

Kilkenny (kil-ke'n-n²) [iriſche Grafſchaft] ſcherzhaft: to fight like ~ cats [die zwei

Katzen in dem betreffenden Histörchen fraßen einander, in echt irischer Kampfeswut, bis auf die Schwänze auf] sich mörderlich zerschlagen, zerfleischen.

killed off P (kild-ŏˊf) [abgeschlachtet] betrunken unter dem Tische liegend.

killing F (kiˊl-lïng) [vernichtend] gewöhnlich scherzhaft: reizend, bezaubernd: to look ~ zum Bezaubern schön aussehen.

kimbaw (kiˊm-bå), **kimbo** (kiˊm-bō) v. F beschwindeln (GROSE).

kimbo P (kiˊm-bō): to hold one's arms a-~ (GROSE) die Arme in die Seiten stemmen.

kinchen, kinchin (kiˊn-tschĕn) F [ein sehr altes Cant-Wort] Kind; ~ cove Bettelbube; ~ mort Betteldirne; ~lay f. kid-lay; a ~mort in her slate at her back (DECKER, *The Roaring Girl*, 1611) ein kleines Mädchen in ihrem Leintuche auf dem Rücken hängend.

kind F und P (kaīnd) [Art]: these, those ~ of things derartige Sachen; ~ of, kinder gleichsam, fast: I felt kinder stunned ich war so zu sagen besinnungslos.

Kindergarten * (kiˊn-dĕr-gäˊrn) [deutsch] Fröbelsche Kinder-Bewahranstalt; the ~ system das Fröbelsche System.

King (kïngˊ) [König] Damenspiel: Dame. [Viele der in den Wörterbüchern angegebenen Redensarten mit King's, z. B. King's English, King's evidence, müssen, während der Regierungszeit einer Königin, mit Queen's gebildet werden.]

King-Caesar (kïngˊ-ßīˊ-zˊr) Schulsprache: Art Räuberspiel [dem Eingefangenen wird dreimal auf den Kopf geschlagen; dabei wird gerufen: "One, two, three; I crown my man King Caesar!"]

kingdom (kïngˊ-dˊm) [Königreich]: scherzhaft: to go to ~come [dem Vaterunser entnommen] ins Himmelreich fahren, fig. P abfahren.

kingsman (kïngˊs-mˊn) Coster-Slang: buntes Halstuch mit gelbem Muster auf grünem Grunde (*Sl. Dict.*).

king's picture F (kïngˊs pïˊk-tschˊr) Geldstück [jetzt natürlich Queen's picture; vgl. King].

kip (kïp), **kipsie** (kïˊp-ßˊ) F Bett, Lager.

kisky P (kïˊß-kˊ) berauscht (vielleicht nur Reim-Slang zu frisky und whisky?).

kiss (kïß) [küssen] in Spielen: leise berühren; to ~ hands den Handkuß leisten; beliebtes Volksspiel: ~-in-the-ring Fuchs ins Loch (HOPPE); † ~-me-quick kleines Damenhütchen.

kiss-curl P (kïˊß-köl) Stirnlöckchen.

kissing (kïˊß-ßïng): P easy as ~ äußerst leicht; Kindersprache: half-past ~-time, it's time to kiss again (wird Kindern erwidert, die zu oft nach der Uhr fragen); Bäcker-Slang: ~ crust weiche Stelle, welche anzeigt, wo die Brote ursprünglich an einander fest gebacken waren; Borer-Slang: ~-trap Mund.

kissing-and-hissing (kïˊß-ßïn-ănd-hïˊß-ßïn) Gesellschaftsspiel, bei dem viel geküßt wird [heißt auch clapping-and-hissing].

kit (kït) P Ausrüstung, Geschirr, Werkzeug: all the old kit (J. GREENWOOD) der ganze Plunder, F der ganze Kitt; F the whole kit of 'em die ganze Gesellschaft, Bande; Tanzmeister (GROSE).

kitchen-physic (kïtschˊn-fïˊz-ïk) [Küchenarznei] scherzhaft: kräftiges Essen (GROSE).

kitching (kïˊt-schïn) P statt kitchen Küche.

kite (kït) [Drachen]: to fly a ~ einen Drachen steigen lassen; f. fly; F to pull a ~ Gesichter, Grimassen schneiden.

kite-flying ✻ (kïˊt-flaï-ïn) Wechselreiterei.

kitna ✕ (kïˊt-na) [anglo-indisch] wie viel(e)?

kittys F (kïˊt-tˊs) Möbel (GROSE).

knack F (năk): he has no ~ in him er hat kein Geschick; you must know the ~ of it du mußt den Kniff kennen.

knacker (năˊf-ˊr) s. [Schinder] F Schindmähre; v. P umbringen: he's ~ed er ist abgemurkst worden.

knap (năp): P we shall ~ it wir werden's schön kriegen; F stehlen (GROSE); † zerbrechen.

knapping F (năˊp-pïn): ~ jigger Schlagbaum: to dub at the ~ jigger Wegegeld entrichten.

knark P (năk) hartherziger Mensch (*Sl. Dict.*).

knickers (nïˊk-ˊs) Schneidersprache: statt knickerbockers Knabenhöschen, Kniehosen.

knife (naīf) 1. s. [Messer]: F to play a good ~-and-fork beim Essen tüchtig zugreifen, *fig.* F eine gute Klinge schlagen; bei Omnibusen: the ~-board [eig. Brett zum Messerpolieren] Sitzbrett auf dem Omnibus, Imperiale. — 2. *v.* P u. ⊥ (tot) stechen, mit dem Messer verwunden; F ~ it! lauf davon!

knight-of-the-blade P (naī't-⸗w-dhī-ble⸗d) Prahlhans.

knight-of-the-needle P (naī't-⸗w-dhī-nī⸗dl) Schneider, F Ritter von der Elle [auch knight-of-the-thimble].

knight-of-the-pencil (naī't-⸗w-dhī-pē⸗n-sl) Sport: Spekulant (= bookmaker).

knight-of-the-post † (naī't-⸗w-dhī-pō⸗st) gedungene(r) Zeuge.

knight-of-the-rainbow † (naī't-⸗w-dhī-rē⸗n-bō) Bediente(r) in bunter Livree.

knight-of-the-road F (naī't-⸗w-dhī-nō⸗d) Straßenräuber.

knight-of-the-thimble P (naī't-⸗w-dhī-thī⸗mbl), s. knight-of-the-needle.

knight-of-the-wheel * (naī't-⸗w-dhī-wī⸗l) Sport: Radfahrer, Ritter vom Rade. S. cyclist.

knight-of-the-whip F (naī't-⸗w-dhī-hwī⸗p) Kutscher.

Knightsbridge (naī'tß-bridG) Soldatenquartier nahe bei Piccadilly.

knob (nob) *s.* [Knauf] P Kopf; ⊥ Offizier; *v.* P to ~ on to sich hängen an, sich verlieben in; he ~bed on to her er machte ihr den Hof.

knobstick (no'b-stik) Handwerker, Arbeiter, der für geringeren Lohn arbeitet als die „society-men".

knock (nok) I. *v.* [pochen, klopfen]: a) F to ~ a woman (GROSE) schwängern. b) ~ about the bub (*Sl. Dict.*) laß das Glas rundgehen; ~ (somebody) a cock (jemand) zu Boden schlagen; Versteigerung: to ~ **down** zuschlagen: it was ~ed down at 4000 guineas (*D. Tel.*) der Zuschlag erfolgte mit 4000 Guineen; P to ~-'em **down** Applaus errungen; ~ in fangt an, los! to ~ it **down** Beifall klatschen; to ~ **off**: a) F zustande bringen; b) P aufhören (von der Arbeit); verdienen; Fußball: to ~ **on** mit den Händen oder Armen (den Ball) vorantreiben; Broker-Slang: to ~ **out** mehrmals unter den Hammer bringen; unter Maklern versteigern, losschlagen (vgl. ~ 2); Boxer-Slang: to ~ **under** sich

geschlagen erklären; F to ~ **up** wecken; Schüler-Slang: steigen über [statt des gew. to take up]: he ~ed me up er stieg über mich; F to ~ **up** a little dance ein Tänzchen veranstalten. — 2. *s:* a) F a ~-down eine Überraschung, schlimme Nachricht. b) P ~-'em-down Vergnügungslokal der niedrigsten Gattung (vgl. auch knock-'em-downs, besonderer Titelkopf); ~-me-down: a) starkes Bier; b) Getümmel [bei dem man leicht über den Haufen geworfen wird]; Broker-Slang: ~-out von den Maklern veranstaltete Versteigerung.

knocked up F (nokt ö'p) ermattet, ermüdet; Amerikanismus: in gesegneten Umständen.

knock-'em-downs F (nok-'m-dau'nß) Kegelspiel.

knocker F (no'k-⸗r) [Thürhammer]: up to the ~ piksein; sehr tüchtig.

knocker-face F (no'k-⸗r-feß) häßliches Gesicht [die Thürhämmer der früheren Zeit waren häufig mit absonderlichen Köpfen und Fratzen verziert].

knocker-up P (no'k-⸗r-ö'p) armer Teufel, der Arbeiter zu gewissen Stunden des Morgens weckt.

knock-in F (nok-i'n): Leo [ein bekanntes Hasardspiel].

know (nō) 1. *v.* [wissen] in feierlicher Rede: I ~ not statt I do not ~; I the ~s too much for me er ist mir zu schlau; he ~s a trick or two das ist ein durchtriebener Bursche. — 2. *s.* P [Wissen]: he's all ~ das ist ein rechter Bücherwurm.

know'd (nōd) P statt knew oder known wußte oder gewußt.

knowing F (nō'-in): a ~ blade, card, codger ein abgefeimter Bursche, durchtriebener Spitzbube.

knowledge-box (no'l-edG-boks) Kopf, F Verstandeskasten.

know-nothing F (nō⸗-no'th-in) Dummkopf.

knuck F (nök) Dieb, Gauner (ROOKWOOD).

knuckle (nökl) 1. *s.* [Knöchel]: a) P **down** on the ~ im tiefsten Elende, F an den Hund gekommen, in großer Geldverlegenheit; b) F Taschendieb. — 2. *v.* F to ~ **under** sich unterwerfen, nachgeben; F stehlen.

knuckle-duster ℾ (nŏ′ſl-dŏß-t⁵ʳ)Handſchuh zur Bewaffnung der Fauſt [beſ. aus der Zeit der Garrotters bekannt].

knuckler ℾ (nŏ′ſ-l⁵ʳ) Taſchendieb.

knuller † (nŏ′l-l⁵ʳ) Schornſteinfeger (*Sl. Dict.*).

kool ℾ (kūl) Back-Slang: ſtatt look.

kootee (ku-tī′) [anglo=indiſch] Haus.

k'rect (krĕkt) P ſtatt correct richtig; Sport: the ∼ card die Kursliſte, das

(richtige) Verzeichnis der Rennpferde u. ſ. w.

kudize (kjū′-daiſ) Studenten=Slang: preiſen, ehren. S. kudos.

kudos (kjū′-dŏß)[griechiſch: κῦδος] Studenten= Slang: Lob, Ehre.

kyebosk (kai-bŏ′ßk) = kibosh.

kypsie (ki′p-ß⁵) Zigeunerſprache: Korb. S. kip.

L.

La (lā) P ſtatt Lord: herrjes! S. Law.

lac (läk) [anglo=indiſch] hunderttauſend.

lace P (le′ß) [↓ prügeln] mit Schnaps ver= ſehen: lacing it well with brandy (*Sporting Sketches*) indem ich gehörig Cognac zuſetzte.

laced (le′ßt) [geſchnürt] P mit Brannt= wein vermengt; ℾ ∼ mutton Weibs= bild.

lace-ups ℾ (le′ß-ŏpß) ſtatt laced-up boots Schnürſtiefel.

lacing P (le′-ßin⁵) Prügel.

ladder (lä′d-d⁵ʳ) [Leiter] ſcherzhaft: he can't see a hole thro' a ∼ er kann nicht mehr aus den Augen ſehen; ℾ to go up the ∼ to rest (GROSE) gehängt werden.

la-de-da (lā-d⁵-dā′) ſcherzhaft: to do the ∼ to the ladies den Damen mit großer Aufmerkſamkeit begegnen, *fig.* Süßholz raſpeln.

Ladies' mile (le′-d⁵j maī′l) ariſtokratiſche Promenade in Hyde=Park.

Ladies' toilet (le′-d⁵j tŏī″-l⁵t) Geſellſchafts= ſpiel: jedem Mitſpielenden wird ein der Toilette entnommener Name „Broſche", „Band" u. ſ. w. beigelegt. Auf dem Tiſche läßt man hierauf einen Teller oder ein kleines Theebrett kreiſel= artig tanzen und ruft dabei jedesmal einen Namen aus; der oder die Gerufene muß her= beieilen, um den Teller oder den Niederfallen auf= zufangen oder — ein Pfand geben.

lad-of-wax ℾ (läd-⁵w-wä′kß) Schuſter, Pechbruder [auch cock-a-wax].

Lady (le′-d⁵) königlicher Titel: our ∼ the Queen Ihre Majeſtät die Königin.

lady (le′-d⁵): ℾ she 's quite the ∼ ſie iſt ſehr vornehm, ſpielt die feine Dame; euphemiſtiſch: ∼ of easy virtue Freuden= mädchen; ladies' man Kurmacher; ſcherzhaft: my old ∼ meine Frau; the old ∼ meine Alte.

lady-bird ℾ (le′-d⁵-böd) [Marienkäfer] leichtfertige Dirne; *Nursery Rhyme* (von Kindern geſungen, wenn ſie ein Marien= käferchen gefangen haben):
Lady-bird! lady-bird! fly away home,
Thy house is on fire, thy children all gone.

ladyship ↓ (le′-d⁵-ſchip) [gnädige Frau] ſcherzhaft: her ∼ unſer Schiff.

lady-sitter (le′-d⁵-ßit-t⁵ʳ) Künſtlerſprache: Dame, die ſich aufnehmen, malen läßt.

lag (läg) 1. *s.* Sträfling, Deportierter: you hear a lot of grubbing-ken dossers talk about the fine life of a ∼ (*King of the Beggars*) du hörſt ſo viele Bettelleute in den Herbergen von dem feinen Leben eines Zuchthäuslers reden. — 2. *v/a.* ℾ fangen, deportieren; ∼ged, ∼ged, cried he (*True Blue*) ertappt! ertappt! ſchrie er. — Vgl. auch den folgenden Artikel.

lag(e) (läg) Old Cant: 1. *s.* Waſſer [altes Zigeunerwort; ſchon bei TH. HARMAN lag Waſſer]. — 2. *v.* ſein Waſſer ab= ſchlagen.

lag-fever ℾ (lä′g-fī-w⁵) Deportations= fieber, ſimulierte Krankheit eines Sträflings.

lagger ℾ (lä′g-g⁵ʳ) Matroſe (GROSE).

lagging gage (lä′g-gin⁵ gedG) Old Cant: Nachtgeſchirr.

laid P (lĕᵉd) (ſehr häufig, auch F) ſtatt lay lag: she laid still (*Almost lost*) ſie lag ſtill [die Romanſchriftſteller legen nicht nur dieſe Form ihren „low characters" mit der Bedeutung „lag", in den Mund, ſondern fehlen in derſelben Weiſe gelegentlich auch ſelber!]

laid by P (lĕᵉd bā') bettlägerig, in den Wochen.

laid up F (led ŏ'p) bettlägerig: he 's ~ with rheumatism der Rheumatismus hält ihn ans Bett gefeſſelt.

lamb ╔ (läm) [Lamm] Angeſchmierte(r), Betrogene(r).

lambasting ╔ (lä'm-bäß-tin²) Prügel, P Holzerei.

lambskin-men ╔ (lä'm-ßkin-men) [Lamm-fell-Männer] Richter (GROSE).

lambswool ✚ (lä'mß-wul) heißes Getränk aus Bier, Genever, Zucker und Gewürz gebraut [Variationen dieſes Ausdruckes ſind flannel und hot flannel].

lame (lēm) [lahm]: F a ~ excuse eine faule Ausrede; ❦ Börſe: ~ ducks Spekulanten, die verkaufen, was ſie nicht liefern oder die kaufen, was ſie nicht bezahlen können; ↓ ſchlechte, wurmſtichige Fahrzeuge.

lamented F (lä-më'n-t'd) [beklagt] ſelig verſterben: our ~ master unſer ſeliger Herr.

lamming (lä'm-min²) Old Cant: Prügel [ſchon bei den alten Dramatikern].

lammy ╔ (lä'm-m²) Wolldecke.

lamp (lämp) [Lampe]: ╔ ~s Augen; P off like a ~ lighter im Nu verſchwunden.

land (länd) 1. *s.* [Land]: F to see, know how the ~ lies die Sachlage beurteilen, erfahren; I soon knew how the ~ lay ich wußte bald, wie ſich die Sache verhielt; ╔ Schenke: how lies the ~ (GROSE) wie hoch iſt die Zeche? — 2. *v.* [landen] *v/n.* F anlangen: we ~ed at the other end wir kamen auf der andern Seite an; *v/a.* F bringen: we were ~ed in a great difficulty wir gerieten in eine große Verlegenheit; Boxer-Slang: verhauen: he ~ed him a little one on his left ogle er gab ihm eins aufs linke Auge; Sport: betrügen; profitieren; at the last Derby we ~ed seven flimsies beim letzten Derby-Rennen gewannen wir ſieben Banknoten.

land-hunger * (lä'nd-hön²-g²ᵉ) Landgier.

land-leaguer * (lä'nd-lī-g²ᵉ) Mitglied der iriſchen Land-Union.

land-lordism * (lä'nd-lŏᵉ-dißm) Herrſchaft, Intereſſe der Gutsbeſitzer, gutsherrliche Wirtſchaft.

land-lubbers (lä'nd-löb-b²ſ), land-men (lä'nd-m²n), landsmen (lä'ndſ-m²n) ↓ Landratten.

landshark ↓ (lä'nd-ſchäk) Advokat.

Lane (lēn): the ~ ſtatt Drury-Lane Theatre.

lank P (län²k) lange(r), magere(r) Menſch.

lansprisado (lä'nß-pr²-hā"-dō) Old Cant: armer Teufel; ✗ † Reitersmann zu Fuß (GROSE).

lantern-jawed ╔ (lä'n-t²n-dſchād) mit magerem, knöchernem Geſichte.

lap (läp) 1. *v.* [auflecken]: ╔ ~ the gatter Bier trinken; ſ. gutter. — 2. *s.*: a) ╔ Getränk (*Sl. D.*); Buttermilch, Molken (GROSE); b) Sport: Umkreis einer für Wettläufer hergerichteten Rennbahn.

lapel(le) † ↓ (lä-pe'l) [Aufſchlag]: to ship the white ~ Marineoffizier werden. [Seit 1812 tragen die engliſchen Marineoffiziere ſtatt der „lapels" Epauletten.]

lapper ╔ (lä'p-p²ᵉ) Säufer, F Söffel.

larboard ↓ (lä'-bŏᵉd) *a.* links: his ~ peeper ſein linkes Auge.

large (lädG) [groß]: a) ❦ to be in a ~ way (of business) ein bedeutendes Geſchäft haben; ~ merchants Groß-händler. — b) F a convict at ~ ein entſprungener Sträfling; on a ~ scale in großem Umfange, auf großem Fuße.

lark (läᵉk) 1. *s.* [Lerche] F loſe(r) Streich, Scherz: they were up to their ~s ſie machten wieder tolle Streiche; P ſtatt mud-larks [Schmutzfinken] arme Men-ſchen, die im Themſeſchlamme nach Kohlen und Wertſachen ſuchen. — 2. *v.* Streiche machen: they were ~ing about ſie tollten umher; ſie machten (da und dort) Dummheiten; vgl. auch skylarking.

larries (lä'ʀ-aᵉſ) Old Cant: Kleider (*The Scoundrel's Dict.*, 1754).

larrup P (lä'ʀ-ʀ²p) windelweich ſchlagen.

last (läßt) 1. *a.* [letzt]: a) F the ~ I saw of him was at the ball ich ſah ihn zum letzten Male auf dem Balle;

on one's ~ legs rettungslos verloren; on one's ~ resources ratlos, in verzweifelter Lage; to the very ~ bis zu allerletzt. b) Theater: ~ night of Hamlet die letzte Vorstellung von Hamlet. — 2. v. [dauern] F sprichwörtlich: it's too good to ~ es ist zu schön, als daß es lange währen könnte; strawberries won't ~ Erdbeeren werden sich wohl nicht halten.

late (lĕt) [spät]: F ~ dinner Diner um sechs oder sieben Uhr; euphemistisch: the ~ Mr. S. der verstorbene, selige Herr S.

latest F (lĕ'-tĕßt) [letzter]: what's the ~ was gibt's Neues?

lath (lāth) [Latte]: as thin as a ~ spindeldürr.

lather F (lā'dh-ᵃ) v. [einseifen] durchprügeln.

latter (lā't-tᵃʳ) Boxer-Slang: the ~ end der Hintere.

laudanum ✕ (lā'-dᵃ-nᵘm) v. mit Laudanum vergiften: I suppose you'd ~ him (*Ensign Macshane*) Sie möchten ihn wohl mit Laudanum umbringen.

laugh (lāf): 1. v. F to ~ on the wrong side of the mouth, the face weinen. — 2. s. F [Gelächter]: to have the ~ of ... triumphieren über ...

laughter-lifter F (lā'f-tᵉʳ-lif-tᵉʳ) Witzbold, Spaßmacher, Schauspieler, der das Publikum aufzuheitern versteht.

lavender † (lā'w-ᵉn-tᵉʳ) [Lavendel]: to lay up in ~ versetzen.

law (lā): a) P statt Lord: herrjes! — b) [Gesetz] Sport: to give ~ to einen Vorsprung lassen; Spielraum geben; F to take the ~ in one's own hands sich auf eigene Faust Recht verschaffen.

lawf Γ (lāf) Back-Slang: statt tall.

lay (lĕ) 1. v/a. [legen]: a) Sport [statt to lay a wager] wetten: that cove, I lay, would startle you a bit der Kauz würde dich verblüffen, wett' ich. b) P u. F statt lie liegen: he was laying (statt lying) on the couch er lag auf dem Sofa. c) F to lay by (for a rainy day) sparen. d) to lay down the law das große Wort führen; he's laying it on a bit er übertreibt, er trägt stark auf. e) to lay oneself out for sich einrichten auf. f) to lay the table den Tisch decken. g) lay not up for yourselves treasures upon earth (biblisch)

sammle dir keine Schätze auf Erden. h) P to lay down the knife and fork sterben. i) to lay into (auch to lay it on to) gehörig losschlagen auf. k) Γ to lay them down (*Sl. Dict.*) Karten spielen. — 2. s.: a) P Schläfchen; s. lay-down. b) Γ Streich, Schelmerei: to be in the lay die Hand mit im Spiele haben; on the lay auf Wache, auf der Hut [schon bei SHAK., *Sl. Dict.*]. c) Old Cant: Buttermilch. d) Walfischfang: Anteil an der Beute, am Fang.

lay-down P (lĕ'-daun) Schläfchen: I had a wash and a ~ ich wusch mich und legte mich ein wenig aufs Ohr.

layer (lĕ'-ᵉʳ) Sport: gewerbsmäßiger Spekulant, „bookmaker" [im Gegensatze zu „backer"].

laze about P (lĕ ᵃ-bau't) faulenzen, bummeln.

lazy-body (lĕ'-i-bŏd-ᵉ), **lazy-bones** (lĕ'-i-bōnß) P Faulenzer.

lazy-roany (lĕ'-i-rō'-nᵉ) ↓ statt lazzaroni Lazzaroni.

lead (līd) 1. v/a. [führen]: F he led us a nice dance er hat uns schön mitgespielt, schön irre geführt; she ~s him a pretty sort o' life sie macht ihm das Leben herzlich sauer. — 2. v/n. Sport: vorn sein: to ~ the field an der Spitze reiten, die Führung übernehmen; Karten: eine Farbe anspielen; Kirche: vorsingen. — 3. s. Sport, Politik u. f. w.: Spitze, Führung: he stole a ~ upon them er gewann unversehens einen Vorsprung vor ihnen; Karten: Anspielen einer Farbe: it was my ~ ich habe es angespielt; Kirche: Vorsingen; P Sammlung für das Begräbnis eines armen Bekannten.

lead (lĕd) F [Blei]: as dull as ~ sehr blöde, stumpf, dumm; s. ditchwater.

lead-off (līd-ŏ'ff) Journalisten-Slang: erste(r) (gem. von einem bekannten Schriftsteller herrührender) Artikel.

leaf (līf) [Blatt]: a) F sprichwörtl. Redensart: to turn over a new ~ ein neues, besseres Leben beginnen; I shall take a ~ out of your book das werde ich auch so machen wie du. b) Γ Brett unter dem Galgen, auf welchem der zu hängende Verbrecher steht: the fall of the ~ [der Laubfall] (das plötzliche Umklappen dieses Brettes bei der) Hinrichtung.

leak † (līk) *v.* [rinnen] sein Wasser ab=
schlagen (GROSE).

leaky P (lī'-k•) [leck] geschwätzig (GROSE).

lean-and-fat ʄ (līn-ᵃnd-fä't) Rhyming
Slang: statt hat.

lean-and-lurch ʄ (līn-ᵃnd-lö'tsch) Rhyming
Slang: statt church.

leap-frog (lī'p-frog) Knabenspiel: Sprung=
frosch: to play at ~ Froschsprung
spielen.

learn (lö'n) [lernen]: P statt to teach
lehren: let me ~ yer ich will dich
lehren; Caliban: The red plague rid
you for ~ing me your language
(*Tempest*) hol dich die Pestilenz dafür,
daß du „mir" deine Sprache „gelernt"
hast!

leary (lī'-r•) Old Cant: *a.* verschlagen, ver=
schmitzt: a ~ bloke ein abgefeimter
Bursche; *v.* aufpassen.

lease (līß) [Pacht] scherzhaft: he has taken
a new ~ of his life er lebt wieder
ganz neu auf. — Vgl. leaf.

leash (līsch) *s. u. v.* Jagd: Koppel: a ~
of beaks (*Bell's Life*) drei Richter;
zusammenkoppeln: ~'d in like hounds
(SHAK., *King Henry V*) wie Jagd=
hunde gekoppelt.

least (līßt) [wenigst]: F the ~ he might
have done was to call er hätte doch
mindestens einen Besuch machen sollen;
P the ~ bit of a noise das allerkleinste
Geräusch; ʄ to play ~ in sight
(GROSE) sich fortstehlen, *fig.* F verduften.

leastaways (lī'ßt-ᵃ-wē's), **leastways**
(lī'ßt-wē's) P oder besser gesagt.

leather P (lĕ'dh-•r) durchledern, das Leder
versohlen.

leave (līw) 1. *v.* [lassen, verlassen]: Schul=
sprache: may I ~ the room? darf ich
'mal 'rausgehen? F sehr gewöhnlich: If
you don't like it, ~ it wenn du's
nicht magst, so laß es liegen! ~ me
alone laß mich in Ruh! P to ~ hold
of, ~ go aus den Händen schlüpfen,
rutschen lassen; to ~ nothing undone
nichts unterlassen. — 2. *s.* [Abschied]
euphem.: to take ~ of one's senses
den Verstand verlieren.

leaving-shop P (lī'-wins-schŏp) Pfand=
haus.

led-captain † (lĕd-kä'p-tᵉn) Schmarotzer
(*Sl. Dict.*).

leech † (lītsch) Arzt: the ~ knows all
things (ROBERT BROWNING) der Arzt
weiß alles.

leef (līf) bisweilen statt lief: I 'd as ~
do it as not ich will's ebenso gern
thun als lassen.

leer (līr) *s.*: a) P Schielen, Schelsein. —
b) ʄ Zeitung, Drucksache.

leetle (lītl) scherzhaft statt little: just a
~ bit nur ein bißchen!

leeway ⌁ (lī'-wā) [Abtrift]: to make ~
Hindernisse besiegen.

leg (lĕg) [Bein] 1. *s.*: a) F to put the best
~ foremost sich beeilen, alle Kräfte
zusammenraffen; to fall on one's ~s
(like a cat) glücklich durchkommen; to
get on one's ~s sich erheben, um zu
sprechen; to give free play to one's
~s sich schnell davon machen; he hasn't
a ~ to stand upon er hat keinen Grund
zur Entschuldigung, er ist in der
Klemme. b) P [statt blackleg] Gauner,
Schwindler; to give a ~ beistehen,
aufhelfen, in den Sattel helfen; to
make a ~ einen Kratzfuß machen.
c) ʄ *fig.* to break a ~ (GROSE) unehe=
lich niederkommen; to give ~-bail
aus dem Gefängnisse entspringen. d) ⌁
to have ~s (von Fahrzeugen) schnell
fahren; all ~s and wings leichtes, schnell
fahrendes Segelschiff. e) Kricket: ~-bail
Querhölzchen beim rechten Beine des
Schlägers; flick, went his ~-bail
up in the air (*Sporting Sketches*)
schwups! da flog sein Querhölzchen in
die Luft; ~-bye Wurf, welcher die
Person oder ein Kleidungsstück (nicht
die Hände) des Schlägers trifft; auch
der hierdurch errungene Lauf; ~-hit
Schlag auf einen weit vom Drei=
stabe fliegenden Ball, der diesen nach
„Long Leg" zu schleudert [Captain
Crawley: leg-hit is the hit made by
turning round at a ball pitched wide
of the leg-stump]; ~-side Seite
rechts vom Kegler (bowler); ~-stump
Pfahl, neben dem der Schläger steht,
also für den Kegler rechts.

Dreifahl.

2. *v.* ʄ ~ it sich auf die Beine machen.

legal (lī'-găl) [gefeßlich] ſcherʒhaft: a ~ gentleman ein Juriſt, Advofat, Mann des Geſeßes.

Leger (lĕ'DG-ʰr) Sport: ſtatt St. Leger Races [ein in Doncaster abgehaltenes Rennen für dreijährige Pferde; HOPPE].

leg-grinder (lĕ'g-grain-dʰr) Turner=Slang: Kniewelle. — S. auch muscle-grinder.

leggy-peggy (lĕ'g-gĭ-pĕg-gĕ) Kinderſprache: Beinchen.

leg-of-mutton ᚷ (leg-ᵇw-mo'tn) [Hammel= feule] ſcherʒhaft: Hammelfuß; ~ fist große, ſehnige Fauſt.

length (lĕnᵗʰ) [Länge] Theater: 42 Linien (Manuſfript) eines Bühnenſtückes; ᚷ ſechsmonatliche Gefängnisſtrafe; F you wouldn't go the ~ of a sovereign Sie würden wohl nicht ein Pfund an= legen wollen? she gave him the ~ of her tongue ſie bearbeitete ihn tüchtig mit ihrer Junge; to the ~ of in dem Maße; he loved her to the ~ of firing a bullet into his brain er liebte ſie ſo leidenſchaftlich, daß er ſich eine Kugel durch den Kopf jagte.

lengthen (lĕ'ng-thᵉn) Bauernregel: as the days begin to ~, the cold begins to strengthen werden die Tage fälter, wird die Kälte ſtrenger.

let (lĕt) [laſſen]: a) F she ~s them have their own way too much ſie läßt ihnen ʒuviel freien Willen; ~ alone ganʒ abgeſehen von, geſchweige denn: few possessed the energy to crawl out, ~ go marching and shouting (*Pall Mall Gazette*) wenige beſaßen ſoviel Energie, um herausʒufrabbeln, geſchweige denn ʒu marſchieren und ʒu ſchreien; to ~ in prellen; I was ~ in for ten pounds ich wurde um ʒehn Pfund beſchwindelt, *fig.* P mit 10 £. hineingelegt; to ~ into a secret in ein Geheimnis einweihen; to ~ out [ſtatt des volleren to let the cat out of the bag] ausplaudern; he ~ it all out er hat alles verraten. — b) P to ~ drive at losſpanfen auf; to ~ fly at ſchießen, losſchlagen auf; to ~ go of fahren laſſen; to ~ out at ſich losſtürʒen auf.

letty (lĕ't-tĕ) [ital. letto] s. u. v. Cirtus u. ſ. w.: Bett; legieren.

levant (lᵉ-wă'nt) *v.* Sport, Handel u. ſ. w.: durchbrennen [ohne Wetten oder Schulden ʒu beʒahlen].

levanter (lᵉ-wă'n-tᵉr) F Ausreißer, falſcher Spieler; Sport: einer, der verlorene Wetten nicht einlöſt.

level (lĕ'w-ᵉl) [eben] Sport: ~ money gleicher Einſaß auf beiden Seiten, eins gegen eins.

leviathan (lᵉ-waī'-ᵉ-*thän*) Sport: großer Spefulant.

lib (lĭb) Old Cant: liegen [ſ. Vorrede].

libbage, libbege (lĭ'b-bᵉDG) Old Cant: Bett.

Liberationists (lĭ'b-ᵉ-Rᵉ''-ſchᵉn-iſßt) Kirche: Mitglieder der „Liberation-Society", einer Diſſenter=Geſellſchaft, welche die anglifaniſche Kirche anfeindet.

liberty (lĭ'b-ᵉr-tᵉ) [Freiheit]: F to take liberties with ... ſich Freiheiten er= lauben gegen ...; ⚓ Urlaub.

liberty-boys (lĭ'b-ᵉr-tᵉ-bŏĭ), **liberty-men** (lĭ'b-ᵉr-tᵉ-mĕn) ⚓ Matroſen auf Urlaub.

liberty-ticket (lĭ'b-ᵉr-tᵉ-tĭʰf-ᵉt) Urlaub= ſchein, Paß.

libken (lĭ'b-fᵉn) Old Cant: Behauſung.

Libs (lĭbſ) ſtatt Liberals Liberale (*Punch*, 1885).

lick (lĭf) 1. *s.* [Straßenjunge]: lend me a ~ laß mich einmal (an deinem Eiſe u. ſ. w.) lecken! P Prügel: I'll give you a good ~ o' the chops (GROSE) ich werde dir ins Geſicht ſchlagen; ⚓ to give it a ~ and a promise etwas nur halb thun; ~ of the tar-brush Matroſe (SMYTH). — 2. *v.* [lecken]: F to ~ into shape ʒiehen, polieren; ſchlagen; P it ~s me how he can do it ich fann nicht begreifen, wie er's macht.

licker P (lĭ'f-ᵉr): that's a ~ to me das geht über meinen Verſtand hinaus.

lickidation (lĭ'f-ĭ-dᵉ''-ſchᵉn) P ſtatt liqui- dation Banfrett.

licking F (lĭ'f-ĭn) Prügel, Schläge, Niederlage.

lie (laī) [liegen] Sport: to ~ close to- gether Bügel an Bügel reiten; F it ~s with you es hängt von Ihnen ab; P und F (im Imperfeft und Partiʒip) häufig mit lay verwechſelt: he laid down er legte ſich hin; ſ. lay.

lie-a-bed P (laī'-ᵉ-bĕd) *fig.* Schlafmüße, Faulenʒer.

lied (laīd) P ſtatt lain gelegen: considerin' how heavy them muffins must have

~ on his chest (*Pickwick*) wenn man in Betracht zieht, wie schwer die Butter= kuchen ihm auf dem Magen gelegen haben müssen.

lief ↘ (līf) gern: and so I as ~ tell him to his face as look at him (*Tag, Rag & Co.*) und ich hätte es ihm gern frisch weg ins Gesicht gesagt.

liege (līdʒ) [Vasall] scherzhaft: her Majesty's ~s alle guten Briten.

life F (laif) [Leben]: not for the ~ o' me nicht um alles in der Welt; he worries the ~ out o' me er quält, schindet mich zu Tode; Welt: he wants to see ~ er möchte gern die Welt sehen.

lifer F (laí'-fʳ): a) lebenslängliche Zucht= hausstrafe: he got a ~ er ward zu lebenslänglichem Zuchthaus verurteilt; b) einer, der zu lebenslänglicher Ge= fangenschaft verurteilt ist.

lift (lift) 1. s. [Aufheben] P Fahrt; Bei= stand: to give a person a ~ einem auf= helfen, voranhelfen. — 2. v. F stehlen, mausen, stibitzen [in dieser Bedeutung schon bei SHAK. und im Altgermanischen].

light (lait) 1. s. [Licht]: F he's no great ~ er ist kein großes Licht; F ~s Augen; I'll put your ~ out ich will dir das Lebenslicht ausblasen; Metzger= sprache: the ~s die Lungen, schlechte Fleischstücke; Schenke: wöchentlicher Kredit, Pump: the ~ is out es wird nicht mehr gepumpt. — 2. a.: a) [leicht]: F it's no ~ matter es ist nicht zum Spaßen; P ~ bob (GROSE) leichter Infanterist; F ~ feeder (*Sl. Dict.*) silberne(r) Löffel; ~ troops (GROSE) Läuse; ↓ ~-handed unvollständig bemannt; Sport: ~-weight Jockey, der (11 stone, d. h. 11 × 14 =) 154 engl. Pfund, d. h. fast 69 Kilo, oder darunter wiegt; Pferd, das einen solchen Reiter zu tragen bestimmt ist; leichter, gewandter Borer. b) [hell]: F ~ blue (GROSE) Genever; Sport: ~ Blues Vertreter (Ruderer, Turner u. s. w.) der Universität Cambridge.

lightmans (laít'-mᵊns) Old Cant: Tag.

lightning F (laít'-niŋ) [Blitz] scherzhaft: like greased ~ wie der Blitz; s. flash.

like (laik) 1. a. P statt likely: 'cos I'm ~ for to die (SIMS) weil ich wahr= scheinlich sterben muß; the missis had ~ to 'a died (SIMS) die Frau wäre mir fast gestorben. — 2. prp. wie:

F he wasn't ~ that before je war er doch früher nicht; there's nothing ~ it es geht nichts drüber; P just ~ my beastly luck das ist wieder mein verfluchtes Pech; but ~ the greedy beggar he is, he wouldn't be content aber so ein Erzfilz, wie er ist, wollt' er sich nicht zufrieden geben. — 3. conj. P statt as (sehr gewöhnlich, auch F): ~ it used to be wie es früher zu sein pflegte; ~ he told you wie er dir's gesagt hat. — 4. P als überflüssiges Suffix oder Schlußwort: and then I'm alone with my thoughts ~ (SIMS) und dann bin ich wohl mit meinen Gedanken allein; that's acting 'andsome ~ das ist schön gehandelt; 'e looked stunned ~ er sah wie betäubt aus. — 5. s. the ~ of: F I've never seen the ~ of him ich habe nie seinesgleichen gesehen; I'd scorn to take adwantage o' the ~s o' you (AINSWORTH, *Auriol*) ich würde mich schämen, Kerle wie euch zu betrügen.

likely F (laí'-li) [augenscheinlich]: he's not a very ~ candidate er hat als Kandidat geringe Aussichten; ironisch: he's not a very ~ customer das ist mir der Rechte!

lil F (lil) Brieftasche (*Sl. Dict.*).

Lillibullero † (li'-li-bᵘl"l-i-rō) Name (und Refrain) einer häufig erwähnten, von Lord Wharton (1686) verfaßten, populären Ballade, mit welcher der Verfasser sich rühmte, Jakob II. aus seinen drei Königreichen hinaus= gesungen zu haben.

lily Benjamin F (li'-li be"n-dʒä-min) weiße(r) Überrock.

limb (lim) [Glied]: 1. s. euphemistisch: statt leg Bein; P duke of ~s (GROSE) lange(r) Mensch; F Wildfang; he's a ~ for knocking out his clothes er zerreißt entsetzlich viel Kleider; F ~ of the law Winkeladvokat, Gerichts= schreiber; ↓ blow off my last ~, but it's true, sir! hol' mich der Teufel wenn's nicht wahr ist! — 2. v. P in Stücke reißen, umbringen.

limbo F (li'm-bō) [aus lat. limbus, dem Fegefeuer der Kirchenväter]: a) Gefäng= nis: he's laid-up in ~ er sitzt, brummt; b) Gefangenschaft.

line (lain) 1. s.: a) F [Linie] the ~ must be drawn somewhere alles hat seine Grenzen; Geschäft: that's not in my

7

~ mit dergleichen befaffe ich mich nicht; he's in the sweetstuff ~, in the grocery ~ er ift Zuckerbäcker, Spezereihändler; Loo, Geschick: that's hard ~s das ift recht hart [*Punch* zog noch kürzlich Lord M. Churchill auf, weil er fich diefes Ausdrudes im Parlamente bedient hatte]; his ~s are not fallen in pleasant places [eine Variation des biblifchen: the lines are fallen unto me in pleasant places] er ift nicht auf Rofen gebettet. b) [Reihe] F to get in a ~ (*St. Dict.*) zum beften halten; to cut the ~ (GROSE) fich kurz faffen; dem Spaße ein Ende machen. — c) F ftatt railway-line Bahn: fifteen miles down the ~ fünfzehn engl. Meilen von London an der Bahn. — 2. v. [füttern]: F to ~ one's pocket fich die Tafchen füllen.

linendraper F (li"n-ᵉn-dᵃe'ᵉ-pᵉ) Rhyming Slang: ftatt paper.

line o' battler (lai'n-ᵉ-bᵃ"t-(ᵉʳ), **line-of-battleship** (lai'n-ᵉ-ᵂᵒ-bᵃ"tl-fchip) ⚓ Kriegsfchiff.

liner(lai-nᵉʳ): a) ⚓ Kriegsfchiff; Paketfchiff oder Paffagierboot, das regelmäßig fährt (SMYTH); b) Journaliften-Slang: ftatt des volleren penny-a-liner Zeitungsfchreiber der dritten Größe, Federfuchfer.

linesmen ✕ (lai'nᶠ-mᵉn) Linientruppen.

liney P (lai'-nᵉ) runzlig.

lingo F (li'nᵍ-gō) [aus der Lingua Franca] gewöhnlich fcherzhaft: Sprache, Kauderwelfch.

linkister ⚓ (li'nᵏ-kⁱˢ-tᵉʳ) Linguift, Dolmetfcher (SMYTH).

lint-scraper F (li'nt-fᵏnᵉ-pᵉʳ) [Charpieftreicher]fcherzhaft: Chirurg (THACKERAY).

lion-hunter F (lai"-ᵃn-hᵒ'nᵗ-ᵉ) einer, der Celebritäten nachjagt.

lionize F (lai'-ᵉ-naiz) den Löwen des Tages fpielen; Fremde umherführen; (Merkwürdigkeiten) befichtigen: he took me round to places which I had not ~d before er nahm mich an Örtlichkeiten hin, die ich früher noch nicht in Augenfchein genommen hatte.

lip (lip) s. [Lippe] ⚓ Unverfchämtheit, Dreiftigkeit; v. ⚓, vocliſch reden, nennen: millions ~ thy name (*Punch*) Millionen nennen deinen Namen; P fingen.

liquor P (li'k-ᵉ) 1. s. [Flüffigkeit]: what's your ~ was willft du trinken? to mix

one's ~s Verfchiedenes durcheinander trinken; in ~ betrunken. — 2. v. ~ (up) fich bekneipen, fich am Schnaps gütlich thun, *fig.* F gehörig laden.

lissum P (li'ß-ßᵘm) gelenkig: when their bones is ~ (*A little Ragamuffin*) wenn ihre Knochen biegfam find.

'list (lißt) P ftatt enlist fich anwerben laffen. Dhr.]

listener (li'ß-nᵉˢ) [Laufcher] Berer-Slang:ſ

literalist * (li't-ᵉ-nᵃ-lißt) jemand, der wörtlich überfetzt.

little (litl) [klein, wenig]: F he ~ thought that I stood near by er hatte keine Ahnung, daß ich nahe bei ftand; Sport: ~ one leichter Jockey, Stallbube.

Little Bo-peep (litl bō-pi'p) bekannter Charakter der Ammenmärchen. *Nursery Rhyme:*

Little Bo-peep has lost his sheep
And cannot tell where to find them;
Leave them alone, and they'll come home
And bring their tails behind them.

Hänschen hat feine Schafe verloren.
Kann's feinem fagen, wo fie find;
Laß fie nur laufen, fie kommen fchon heim
Und bringen die Schwänze noch hinter fich drein.

Little Jack Horner (litl dgäk hᵒ'-nᵉʳ) Typus des gefräßigen Knaben. *Nursery Rhyme:*

Little Jack Horner sat in a corner
Eating his Christmas pie;
He put in his thumb and pulled out a plum,
And said: "What a good boy am I!"

littler (li't-lᵉʳ) Kinderfprache: kleiner.

little-snakes-man F (litl-ßnᵉᵏfᶠß-mᵃn) kleines Bürfchchen, das Dieben bei ihren Operationen Beiftand leiftet.

littlest (li't-(ᵉfᵗt) Kinderfprache: kleinft, am kleinften.

live (liw) [leben]: a) F to ~ it down die Reden der Läftermäuler durch ein tugendhaftes Leben Lügen ftrafen; to ~ on fich nähren von. b) P (auch paffiv): I ain't goin' to be ~d on by idle warmint like he is (J. GREENWOOD) ich will mich nicht von fo faulem Ungeziefer wie dem da arm freffen laffen. c) ⚓ beftehen: she cannot ~ thro' such a storm es (das Schiff) kann einen folchen Sturm nicht überdauern; a strong mast that ~d upon the sea (fchon bei SH., *Twelfth Night*) ein ftarker Maft, der den Sturm beftanden.

live-eels ſ (laͤw-i'lſ) Rhyming Slang: ſtatt fields.

live-lumber ⚓ (laͤw-lŏ'm-bʳ) [lebendiger Plunder] Paſſagiere, Vieh, Geflügel an Bord.

livener P (laͤ'-wᵉ-nᵉ) [Aufmunterer] Schnäpschen.

Liverpudlians (lï'w-ᵉ-pu"d-lï-ᵉnſ) scherzhaft: Bewohner Liverpools [vgl. Brum].

live-stock P (laͤ'w-ſtŏk) [Rindvieh] Ungeziefer.

Lloyd's (lŏïdſ): at ~ Londoner Börse für Seesachen, besonders Schiffsversicherung [dient für den letzteren Zweck schon seit 1601. SMYTH].

loads P (lŏdſ) = lots.

loaf (lŏf) [Laib Brot]: ſ to look after the loaves and the fishes auf den Gewinn aus sein; ſ to be in a bad ~ (GROSE) sich in einer unangenehmen Lage befinden.

loaver (lŏ'-wᵉʳ) Old Cant: = lour.

lob (lŏb), **lob-cock** (lŏ'b-kŏk) ⚓ ſ. lubber und den folgenden Artikel.

lob(b) (lŏb) Old Cant: Schublade, Kasse; to frisk a ~ (GROSE) eine Schublade plündern.

lob-bowler (lŏ'b-bŏ-lᵉʳ) Kricket ſtatt underhand bowler einer, der den Ball rollt, anſtatt ihn zu werfen.

lobkin (lŏ'b-kᵉn) = libken.

loblolly ſ (lŏb-lŏ'l-lᵉ) s. Leckermaul; a. verzärtelt, weichlich.

loblolly-boy ⚓ † (lŏb-lŏ'l-lᵉ-bŏï) [Hafergrützenjunge] Krankenwärter.

lobs (lŏbſ) Kricket: Rollen des Balles (vgl. lob-bowler); Zigeunersprache: Worte (*Sl. Dict.*); Schüler-Slang: ~! aufgepaßt, der Magister kommt!

lob-sneaking ſ (lŏ'b-ſnī-kïnᵍ) Bestehlen der Kasse, Beraubung der Theke.

lobster ſ (lŏ'b-ſtᵉʳ) [Hummer] Soldat; ~-box Kaserne; unboiled ~ Schutzmann [weil er eine bunkle Uniform trägt].

Local Parliament * (lŏ'-kᵉl pạr'-lï-mᵉnt) Politischer Verein für Redeübungen, nach Art eines Parlaments eingerichtet.

lock ſ (lŏk) [Schloß]: under ~ and key unter Schloß und Riegel; we came to a dead ~ wir fuhren uns fest, wir gerieten in große Verlegenheit.

locker ⚓ (lŏ'k-ᵉʳ) [Behältnis]: no shot in the ~ kein Geld im Beutel; Davy Jones' ~ die See.

locksmith ſ (lŏ'k-ſmith) [Schlosser]: ~'s daughter (GROSE) Schlüssel.

lock-up (lŏk-ŏ'p) Polizeigefängnis.

lodesmen ⚓ † (lŏ'dſ-mᵉn) Lotsen (SMYTH).

log down ⚓ (lŏg dȧu'n) aufnotieren: I can't speak without they log it down again me for wit (*Nights at Sea*) ich kann nicht sprechen, ohne daß sie mir's als Witz anrechnen.

loggerheads ſ (lŏ'g-ᵃʳ-hĕdſ): to be at ~ uneins sein; to come to ~ an einander geraten.

logic (lŏ'-dᵍᵏ) Theater-Slang: falsche Juwelen, Flittergold.

loll P (lŏl): ~ about herumlungern, auf der faulen Bärenhaut liegen.

lollipop (lŏ'l-lï-pop) [Gerstenzucker] scherzhaft: Leckermaul.

lolly (lŏ'l-lᵉ) Boxer-Slang: Kopf (*Sl. Dict.*).

Lombards ✿ (lŏ'm-bᵃʳdſ) Börse: lombardisch-venetianische Eisenbahnaktien.

London (lŏ'n-dᵉn): ſ you must shew the best side to ~ du mußt die beste Seite nach außen kehren; im Seebade: the ~ ordinary Picknick der Londoner Gäste auf der offenen Düne.

long F u. P (lŏnᵍ) a. u. adv. [lang]: he won't be ~ er wird nicht lange bleiben; to draw the ~ bow flunkern; euphemistisch: ~ in the fingers langfingerig; ~ firm Schwindelgeschäft; ~ ghost lange(r), dürre(r) Mensch, fig. ſ langes Geſtell; ~ price, ~ profit hoher Preis, große(r) Profit; † ~ Meg (GROSE) langes Frauenzimmer.

long-field off. long-off -lŏ'n-filp-ŏf, lŏnᵍ-ŏ'f) Kricket: Spieler (auch Stellung) links vom bowler und in einiger Entfernung hinter mid-off.

long-field on. long-on (lŏ'nᵍ-filp-ŏn, lŏnᵍ-ŏ'n) Kricket: Spieler (auch Stellung) rechts vom bowler und hinter mid-on.

long-headed ſ (lŏ'nᵍ-hĕd-ᵈ) verschlagen.

long-hop (lŏ'nᵍ-hŏp) Kricket: Ball, der nach kurzem Aufsatze (pitch) in weitem Bogen auf den Dreistab losfliegt.

long-hundred (lŏnᵍ-hŏ'n-dᵈ) Fischmarkt von Billingsgate: hundertzwanzig (Heringe u. s. w.).

7*

long-leg (lŏ'nᵉ-lĕg) Kricket: Spieler (hinter short-leg) an einem der äußersten Grenzpunkte des Spielplatzes.

long-odds (lŏnᵉ-o'dj) Sport: hohe(r) Einsatz gegen Renner u. f. w.; it's ~ he won't win es ist 100 gegen 1 zu wetten, daß er nicht gewinnen wird.

long-off. f. long-field off.

long-on. f. long-field on.

longs-and-broads ᴵ (lŏnᵉj-ănd-bnâ'dj) Karten (GROSE).

longs-and-shorts ᴵ (lŏnᵉj-ănd-ſchā'ᵉtß) Karten zum Betrügen (*Sl. Dict.*).

long-shore⌄(lŏ'nᵉ-ſchā'ᵉ)[ſtatt along-shore] an der Küste, besonders aber am Themseufer befindlich: ~ lawyer Advokat, Spitzbube; ~ lubbers Landratten; ~ men Hafenarbeiter; Flußschiffer.

long-shot ⌄ (lŏ'nᵉ-ſchŏt) [Fernſchuß] ſtark aufgetragene Geſchichte.   Katze.]

long-tailed beggar ⌄(lŏ'ng-tᵉˡd-bĕ''gᵉ)]

long-tailed'unᴵ(lŏ'ng-tᵉˡd-ᵉn): Banknote.

long-tails (lŏ'nᵉ-tᵉlj) [Langſchwänze] ⌄ Chineſen; Jagd: Faſanen.

loo (lū) Hazardſpiel, dem alten (Studentenſpiele) „Zwicken“ ähnlich: to be looed keinen Stich bekommen; ᴵ for the good of the loo (GROSE) fürs allgemeine Beſte.

looard (lū'-ᵉd) ⌄ ſtatt leeward Icewärts.

looby (lū'-bᵉ) = looney.

look (luk) *v.* [ausſehen, blicken]: ᴵ she does not ~ her age ſie ſieht für ihr Alter noch jung aus; to ~ black mürriſch, verdrießlich ausſehen; he ~ed his blackest er ſah ſehr verdrießlich aus; to ~ daggers at a person giftige Blicke auf jemand werfen; things are ~ing up das Geſchäft, die Sache macht ſich; ᴵᴾ ~ slipperry [ſtatt des gewöhnlicheren ~ sharp] mach raſch! ſprichwörtlich: ~ before you leap ſieh dich vor; Sprichwort:
Vergethan und nachbedacht
Hat manchem ſchon groß Leid gebracht.

looking-glass ᴵ (lū'f-in-glaß) Nachtgeſchirr.

loom (lūm) 1. *s.* ⌄ [Schaft des Riemens]: he don't savvy the ~ from the blade er kann noch kein X vom U unterſcheiden. — 2. *v.* [ſichtbar werden] ᴵ (gewöhnlich *fig.*): it's ~ing in the distance wir können noch lange drauf warten (eigentlich: es winkt aus der Ferne).

looney (lū'-nᵉ) P ſtatt lunatic Verrückte(r).

loose ᴵ und P (lūß) [los, locker]: ~ box (*Sl. Dict.*) Wagen für die Mätreſſe; ~ fish liederliches Geſindel, verkommener Menſch; at ~ ends: a) in Unordnung; b) ohne regelmäßige Beſchäftigung; to shake a ~ leg (auch to go on the ~) auf den Schwof gehen, ſich eine luſtige Nacht machen.

lope ᴵ (lŏp) [Aus dem Niederdeutſchen oder auch aus dem Altengliſchen. Man vgl.: be on lopen to London (PIERS, *The Plowman*) ſind nach London geeilt] fortlaufen: he ~d down the dancers (GROSE) er lief die Treppe hinunter.

loper (lŏ'-pᵉ) Old Cant: Landſtreicher [auch land-loper].

lop-sided P (lŏp-ßaï'-dᵉd) einſeitig, auf einer Seite höher oder größer als auf der andern.

Lor' (lâr) P ſtatt Lord.

Lor'-a'-merey me (lâr-ă-mŏ'-ßᵉ nï) Alle Wetter! Um des Himmels willen!

Lord † (lŏrd): a) Parloment: in the ~s im Oberhauſe; b) Herr Buckel: Thou seest but one ~ here, and I see two (J. SH. KNOWLES, *The Hunchback*, Act. I) du ſiehſt nur einen Lord hier, ich aber zwei (mit Anſpielung auf den buckligen Master Walter).

Lord Mayor (lŏrd mĕ'-ᵉr): a) ᴵ to take it as easy as a ~ (*Sailor's Yarn*) bequem der Ruhe frönen. b) ᴵ langes Brecheiſen (zum Aufbrechen von eiſernen Geldſchränken; RONNER's *Vade Mecum*).

lose (lūs) [verlieren] Parloment: the bill was lost in the Lords der Vorſchlag fiel im Oberhauſe durch; ᴵ is it all lost upon you? macht alles das gar keinen Eindruck auf dich? iſt Hopfen und Malz bei dir verloren?

lot P (lŏt) [Los, Anteil] Menge: he'd think such a lot o' that das würde er doch anſchlagen; take the lot nimm den ganzen Quark! he's lots o' money er hat Geld die Hülle und Fülle; ᴵ a bad ~ ein ſchlechter Kerl, eine ſchlechte Perſon, ein Erzlump.

Lothario (lŏ-the'-njŏ) High-Life-Slang: Verführer, Don Juan.

lotion (lŏ'-ſchᵉn) [Abwaſchung] Getränk.

loud F (lāūd) *a.* unb *adv.* [laut] in die Augen fallend: she wears very ~ bonnets fie trägt äußerst auffallende Hüte; she dresses very ~ fie kleidet fich fehr auffallend.

lour, lowr (lōꝰr) Old Cant: Geld [Zigeunerwort; f.Berrede]; gammy ~ falsche Münze.

louse P (lāūß): as mean as a ~ fehr filzig.

louse-trap (lāū'ß-tꞑáp) Old Cant: enge(r) Kamm, fig. P Laufcharke.

love (lȫw) [Liebe]: F there's no (eder not much) ~ lost between them fie leben wie Hund und Katze; to play for ~ um nichts, um die Ehre fpielen; bei Spielen: four ~, five ~ vier Points auf der einen, Null auf der andern Seite, fünf zu nichts; elliptisch: ~ to mother (statt give my love to m.) grüß mir die Mutter; liebkofend: you 're a ~ of a man du bist ein allerliebster Mann; it's a ~ of a book es ist ein reizendes Buch; your daughters too, what ~s of girls (TH. HOOD's, *Comic Poems*) auch Ihre Töchter, was für holde Mädchen; P a ~-begotten child (GROSE) ein Bastard.

loveage (lȫ'w-ꝰDG) Schente: abgestandenes Bier, das aus dem Zapfen getröpfelt ist; Schnaps und Bier gemischt.

low (lō) [niedrig]: a) ♥ billig: we 've never known sugar so ~ wir haben nie den Zucker fo billig gefehen; b) F ~ tide, ~ water Ebbe im Beutel; c) F ~ pad (GROSE) Straßenräuber.

lower (lō'-ꝰr) [herablaffen] Sport: to ~ the colours *fig.* die Flagge ftreichen, fich für befiegt erklären [auch to strike one's flag].

£ s d (ēl-ēß-dī') (fehr gewöhnliche Abkürzung für pounds, shillings and pence) Geld: he's a worshipper of the ~ er betet den Mammon an.

lubbares (lö'b-bꝰrf) *s/pl.* (TH. HARMAN, 1566) = country bumpkins Bauernlümmel; f. lubber.

lubber ⚓ (lö'b-bꝰr) [fchon bei PIERS, *The Plowman*, um 1370): great lobres and long große, lange Schlingel] Lümmel, Kerl, Strolch; this great ~, the world (SHAK., *Twelfth Night*, Act IV) diefer große Lümmel, Welt genannt; ~-land Schlaraffenland; ~'s hole Öffnung,

durch welche ein furchtfamer Matrofe die gefährlichste Stelle des Mastes vermeiden kann; daher denn auch überhaupt: feige Ausflucht.

lucifers F (lū'-ff-fꝰr) statt lucifer matches Streichhölzchen.

luck (lök) [Glück]: F down on one's ~ in Schwierigkeiten; P ~ in a sieve (GREENWOOD) fchnell zerrinnendes Glück; ~-piece Talisman, Amulett.

lucky P (lö'f-ꝰ): cut your ~! mach dich aus dem Staube! Fluch: strike me ~! Potztaufend!

Ludlam F (lö'd-lꞑm): he's as lazy as ~'s dog er ist fo faul, daß er stinkt.

luff ⚓ (löf) 1. statt lieutenant Lieutenant. — 2. luff! [fegelt in den Hafen] nur zu, luftig!

lug (lög): 1. *s.*: a) P give him a ~! zerre, zupfe ihn! b) F ~, auch ~-chovey Pfandhaus: my togs are in ~ (*Sl. Dict.*) meine Kleider find verfetzt. — 2. *v.* F faufen, kneipen.

lullaby-cheat(lö'l-lꞑ-bai-tfchī″t) Old Cant Säugling, Kindchen [ein bekanntes Wiegenliedchen beginnt: Lullaby, baby, in the tree-top ftill, ftill, mein Kindchen, hoch auf dem Baume! Bgl. das deutfche: eiapepeia, fchlag's Kickelchen tot, u. f. w.].

lully (lö'l-lꞌ) Old Cant: Hemd: ~-prigger Wäfchedieb.

lumber (lö'm-bꝰr): a) F (mit Gerümpel) anfüllen: the room is ~ed up with old muck die Stube ist mit altem Plunder bis oben angefüllt. b) P fchwerfällig voranrollen, ftürzen: something came ~ing up against my heels es kam mir etwas gegen die Ferfen gerutfcht; it came ~ing down with a crash es kam mit lautem Gepolter herabgeftürzt. c) F verfetzen (*Sl.Dict.*).

lumber-house F (lö'm-bꝰ-hauß) Berfteck für geftohlene Ware.

luminary (lū'-mꝰ-nꞑ-nꝰ) [Lichtkörper]: fcherzhaft: this legal ~ diefe Leuchte der Rechtsweisheit.

lummy P (lö'm-mꝰ) famos, ausgezeichnet (*Sl.Dict*.)

lump (lömp) 1. *s.* [Klumpen]: a) F we paid it in a ~ wir zahlten's auf einmal, auf einem Brett; a ~ sum eine runde Barfumme. b) P lauter, fchwerer Schlag: he gave such a ~ at the door er schlug mit großem Gepolter an die Thüre. c) Ƒ Armenhaus (*Sl. Dict.*). — 2. *v.*: a) all the authors of antiquity were ~ed together as romancers (*Daily Telegraph*) alle Schriftsteller des Altertums wurden samt und sonders für erfinderische Köpfe erklärt. b) P im Klumpen nehmen, hinlegen: whether to ~ the money on the horse or to keep it, I didn't know (*Sporting Times*) ich wußte nicht, ob ich das ganze Geld auf das Pferd setzen oder behalten solle. c) P nicht mögen: if he doesn't like it, he may ~ it wenn er's nicht mag, so kann er's bleiben lassen; sprichwörtlich: wer nicht will, hat schon. d) to ~ it down (*Sl. Dict.*) in einem Schlucke trinken. e) Ƒ ~ the lighter deportirt werden.

lumper (lŏ'm-pᵉʳ) 1. ♣ Lieferant, der große Kontrakte für Ausrüstung von Schiffen u. s. w. übernimmt. — 2. Ƒ Dieb, der Schiffe und Warenlager plündert (*Sl. Dict.*).

lumping P (lŏ'm-pĭnᵉ) schwerfällig, schwer: a ~ lot ein riesiges Stück; the most ~est tub of a wessel as never you could dream of (*A Sailor s Yarn*) die plumpste Bütte von Schiff, die sich nur denken läßt.

lumpy (lŏ'm-pᵉ) [klotzig]: a) P betrunken (*Sl. Dict.*). b) Sport: ~ water Wasser, das hohe Wellen wirft.

lunan Ƒ (lū'-nᵉn) Zigeunersprache: Mädchen (*Sl. Dict.*).

Lunnon (lŏ'n-nᵘn) P statt London.

lurk (löf) Bettler-Cant: Schwindelei, Betteln mit gefälschten Papieren: the ~ I was then working (*King of the Beggars*) die Art von Bettel, die ich damals betrieb.

lurker Ƒ (lö'-tᵉ) [Laurer] Schwindler mit gefälschten Bettelbriefen.

lush P u. Ƒ (lŏsch) 1. *s.* eins für den Durst: he's too fond o' ~ er ist dem Trunke ergeben; ~-crib, ~-ken Schnapshaus. — 2. *v.* trinken: to ~ up sich besaufen [s. Verrede].

lush(e)y P (lŏ'sch-ᵉ) betrunken.

lushing muzzle ⚓ (lŏ'sch-ĭnᵉ mŏsl) Schlag aufs Maul (GROSE).

Lushington Ƒ (lŏ'sch-ĭnᵉ-tᵉn) Trunkenbold.

lushy Ƒ (lŏ'sch-ᵉ) besoffen; mit rotem, versoffenem Gesichte.

lyb-beg (lī'b-bĕg) Old Cant: Bett (TH. HARMAN); s. lib.

lyp (līp) (TH. HARMAN) = lib.

lypken (lī'p-tᵉn) (TH. HARMAN) = libken.

M.

'm P statt madam: yes'm jawohl, Madam; indeed 'm ja wirklich, gnädige Frau.

ma (ma) statt mama Mama.

mab (mäb) Fiaker, Mietwagen.

macarony Ƒ (mäk-ᵃ-rō'-nᵉ) 1. Stutzer, Geck: as spruce as macaronies (AINSWORTH, *Rookwood*) so fein geputzt wie Gecken. — 2. Rhyming-Slang: statt pony.

mace Ƒ (mēß) 1. *v.* anpumpen, beschwindeln: he returned the jay a quid of what he'd ~d him of (GREENWOOD) er gab seinem Opfer ein Pfund von dem zurück, was er ihm abgenommen hatte. 2. *s.* on the ~ auf Pump; to strike the ~ pumpen, ohne Absicht zu bezahlen.

mace-cove, maceman (mē'ß-fŏw, mē'ß-mᵘn) Schwindler, Gauner (*Sl. Dict.*).

machine * (mä-schī'n) *v.* mit der Nähmaschine arbeiten: you had to ~ 'em (*All the Year round*) man mußte sie mit der Nähmaschine säumen, annähen.

machining* (mä-schī'-nĭnᵉ) Nähmaschinenarbeit.

machinist * (mä-schī'-nĭßt): Coventry ~s Fabrikant von Zwei- und Dreirädern; s. girl ~.

mad (mäd) [verrückt]: Ƒ as ~ as a marchhare, ~ as a hatter ganz toll; Ƒ ~ Tom = Abram-man.

madams (mä'd-ämß) scherzhaft statt ladies: no, no, my pretty ~ (THACKERAY, *Ensign Macshane*) nein, nein, meine hübschen Dämchen!

mad-doctor (mäd-dŏ't-tᵉʳ) ironisch: Irrenarzt.

made (mĕd): F a ~ man ein gemachter Mann; ~ of gold steinreich; F gestohlen; Küche: ~-up dishes Ragouts, zusammengesetzte (eigentl. künstliche) Gerichte [also nicht die eigentlich englischen Braten und Gemüse].

Madeira cake (mä-dī'-ra kēk) Sandtorte.

madza (mä'd-sa, gew. mä'd-jü') [italienisch mezza] P Circus, Schauspielertruppen u.f w.: halb; ~ caroon = half-a-crown (2 Mark 50 Pf.); ~ poona = 10s (10 Mark); ~ saultee [auch major saultee] = ½ penny (4 Pfennig).

mag P (mäg) s. Maulwerf, Geplapper; v. plappern.

mag. magpie (mäg, mäg-pai'): P = half-penny (5 Pfennig): All day long not a ~ (A little Rag.) den ganzen Tag lang nicht einen Heller.

maggot F (mä'g-göt) [Made] Laune: just as the ~ bites her wie ihr gerade der Kopf steht [vgl. F ihm ist eine Laus über die Leber gelaufen].

maggoty P (mä'g-gö-tē) [madig] reizbar, empfindlich.

magpie, f. mag.

mags (mägs) s/pl. Buchhandel: statt magazines Magazine, Monatsschriften.

magsman F (mä'gs-mən) Bauernfänger.

mahogany (mä-ho'g-ä-nē)[Mahagoni] 1. s.: a) F statt mahogany table Tisch: under my ~ an meinem Tische. b) F amputate your ~ (Variation des gewöhnlicheren cut your stick) mach dich davon! — 2. a. F ~ flat (Sl. Dict.) Wanze.

mahometan † (mä-ho'm-ĭ-tən) [mohammedanisch]: ~ gruel (Grose) Kaffee.

maiden (mēdn) [jungfräulich]: a. Gericht: ~ session Assisen ohne Todesurteil; Parlament: ~ speech Jungfernrede, erste Rede eines neuen Abgeordneten; Sport: Sophist made his ~ bow over the country (der Hengst) S. bestand seinen Probritt, nahm zum ersten Male an einem Rennen teil.

mail F (mēl) v. auf die Post geben (Sl. Dict.).

main (mēn) 1. adv. P sehr: we was ~ pleased (All the Year round) wir waren äußerst vergnügt. — 2. s. F the ~ F statt main-pipe Haupröhre; Eisenbahn: statt main-line Hauptstrecke.

main-chance F (mēn-tschä'ns): the ~ die nötigen Gelder.

mainguy (mē'ən-gai) Circus: Besitzer, Vorsteher, Hauptkerl.

main-toby F (mē'n-tō'-bē) Landstraße.

majority-party F (ma-dgo''n-ĭ-tē-pä'-tē) Gesellschaft bei Gelegenheit des 21. Geburtstages, also zur Feier der Großjährigkeit.

major saultee (mē''-dgö'' sā'l-tī) = madza saultee.

make (mēk) 1. v/a. [machen]: a) F verdienen, machen: he's making his five hundred a year er verdient sich seine fünfhundert Pfund jährlich; to ~ a night of it die Nacht aufsitzen; to ~ nothing of it sich nichts daraus machen; to ~ old bones alt werden. b) P to ~ (a place) in a mess wüst zurichten; to ~ a mess of it etwas verderben, etwas Schönes anrichten; to ~ tracks durchbrennen. c) Sport: to ~ flesh an Korpulenz zunehmen. — 2. v/n. [sich begeben, sich machen]: F to ~ away with oneself sich den Garaus machen; to ~ off fortlaufen; to ~ off with the money das Geld durchbringen, verprassen; to ~ up to a lady einer Dame den Hof machen. — 2. s.: a) ⚹ a bad (good) ~ ein schlechtes (gutes) Fabrikat. b) Old Cant: = Make. c) F on the ~ auf Gaunerei, Schwindelei aus.

make-up F (mēk-o'p) s. Verkleidung; erlogene Geschichte.

making (mē'-kiŋ): F troubles of his own ~ Unglück, das er selbst verschuldet; it would be the ~ of him das wäre für ihn das größte Glück; P ~s Material, Stoff: he has the ~s of a good politician (Sl. Dict.) er hat das Zeug zu einem guten Politiker.

malapropism (mä'l-ä-prə-pism) Zeitungen u.f.w.: unrichtige Anwendung von Fremdwörtern [nach Mrs. Malaprop in Sheridan's Rivals].

malice (mä'l-iß) [Bosheit] Juristen-Slang: with ~ aforethought, ~ prepense mit Überlegung, in böswilliger Absicht.

malt F (mält) [Malz] Bier.

Malthusianism (mäl-thū'-ji-nism) System des Nationalökonomen Th. R. Malthus, welcher durch Verhinderung der Befruchtung und dadurch erzielte Beschränkung der Kindererzeugung den Wohlstand der Völker zu heben empfiehlt.

mammy P (mä'm-m̄) Mutter.

man (măn) [Mann]: F he's not the ~ to do it er ist nicht der Mann dazu; he's not your ~ der würde für Sie nicht passen; in Erzählungen, bei Gericht u. s. w.: the ~ Smith dieser Smith; zuweilen verächtlich, zum Unterschiede von gentleman: what does this ~ want was will der Mensch da? im höheren Stile: Mensch: all men are brothers alle Menschen sind Brüder; in Geschäften: Arbeiter: his men are badly paid seine Leute werden schlecht bezahlt; P every ~ Jack jeder, alles; you 've cleaned me out, every ~ Jack du hast mir alles abgenommen, bis auf das letzte.

manablins F (măn-ă'b-linſ) Speisereste.

manage P (mä'n-ᵈᵍ): d'ye think you can ~ a glass o' whiskey? (Daily Telegraph) meinst du, du könntest dir ein Gläschen leisten?

managing man F (mä'n-ᵈᵍ-in³ măn) ſehr gewöhnlich ſtatt manager Geſchäftsführer, Impreſario.

man-handle P (măn-hă'ndl) rauh anpacken.

man-in-possession (man-in-poſ-ſe'ſch-'n) vom Gläubiger oder vom Gerichte angeſtellter Hüter der mit Beſchlag belegten (Sachen, beſonders) Möbel. — S. bum.

mander F (mă'n-d³) ſtatt remanded prisoner Angeklagter, der ſich zum zweiten oder dritten Male geſtellt hat.

mandozy (măn-dō'-ſe) jüdiſch, beſonders im Oſten Londons: Liebſter (Sl. Dict.).

mangonize ⚓ (mă'n³ gŏ-naïſ) mit Sklaven handeln (Smyth).

manilla P (mă-nĭ'l-la) Cigarre; and a-puffin' a great big Maniller und eine große Manilla paſſend.

manner (mă'n-n³ʳ): a) F Manier: he hasn't the ~s of a pig er hat ſehr ſchlechte Manieren; b) P Art: all ~ of things alle möglichen Sachen; by no ~ o' means auf keinen Fall, unter keinen Umſtänden; c) in a ~ o' speaking beiläufig geſagt [häufig als rhetoriſcher Zuſatz].

manoeuvre F (mă-nū'-w³ʳ) v. [geſchickt handhaben]: to ~ the apostles (Grose) jedermann anpumpen [eigentlich: to borrow from Peter to pay Paul].

many F (mä'n-⁻ᵉ) [viele]: one too ~ einer zu viel; I haven't seen him for ~ a day ich habe ihn ſchon lange nicht mehr geſehen; like so ~ sheep wie die Schafe.

marble (mă'bl) [Marmor]: a) Knabenſprache: Murmel, Klicker; to play ~s Klicker ſpielen; b) F ~s Möbel; money and ~s Geld und ſonſtige Habſeligkeiten (Sl. Dict.).

marchioness F (ma'-ſch³n-⁻ſ) ſchmutzige Küchenmagd.

mare F (mä') [Stute]: a ~'s nest Blödſinn; he has found a ~'s nest (and is laughing at the eggs) er lacht, ohne zu wiſſen warum [man ſagt auch: he has found a giggle's nest (giggle Kichern) and is laughing over the eggs].

margery (mă'-dᵍ-n³) [Margery Grete] Old Cant: ~-prater Gans.

margin ✳ (mă'-dᵍn) [Rand] Nutzen, Überſchuß.

marine ⚓ (mă-nī'n) [Seeſoldat]: tell that to the ~s! mach das einem andern weis!

marine-officer (mă-nī'n-ŏ"f-fⁱ-ḣ³ʳ), **marine-recruit** (mă-nī'n-rᵉ-kŭ"t) ⚓ leere Flaſche.

mariolatry (me'-nⁱ⁻ŏ"l-ă-tn³) kirchlich: Anbetung der Madonna, Madonnenkultus.

mark (mă't) 1. s.: a) [Kennzeichen] Schulſprache: Cenſur, Prädikat. b) F [Qualität]: he doesn't come up to the ~, he's not up to the ~ er ist ſeiner Aufgabe nicht gewachſen, entſpricht nicht den geſtellten Anforderungen; I'm not up to the ~ ich fühle mich nicht ſtark genug. c) I 've lost my ~ if (zur Bekräftigung): if he doesn't turn you out, I 've lost my ~ ich will ein Schuft heißen, wenn er dich nicht hinauswirft. d) Vorteil: feuſches, als Freudenmädchen angeworbenes Mädchen; the girl, a likely ~, was a simple country-lass (Pall Mall Gazette) das Mädchen, vermutlich zur Proſtitution beſtimmt, war eine Bauerndirne. — 2. v. Schulſprache: mit einem Prädikate verſehen.

market (mā'-k⁵t) [Markt] von den Londoner Costers gern zur Empfehlung beigefügt; z. B. a ~ buuch ein Strauß; Sport: ~-horse Pferd, das nur auf dem Papier existiert; ✻ ~ prices Marktkurse.

marketeer (mā-k⁵t-ī') Sport: Sports-man, der die Sportkurse genau studiert (*Sl. Dict.*).

marm (mäm) P statt madam: like some stuck-up ~s (GREENWOOD) wie gewisse hochmütige Frauenzimmer.

marmaid (mā'-med) ⚓ statt mermaid Sirene.

marriage (mä'r-r⁵dG) [Heirat]: F ~-finger Goldfinger der linken Hand [an welchem der Trauring getragen wird]; F ~ - music Kindergeschrei.

married F (mä'r-r⁵d) [verheiratet] an einander gefesselt.

marrow-bones P (mä'r-rō-bōnß) [Markt-knochen]: to go down on one's ~ auf die Kniee fallen [vermutlich durch Umdeutung entstanden; s. die Vorrede].

marrowskying (mä"r-nō-ßkal'-in²) Art Mediziner-Slang, gleich dem deutschen Schüler-Jargons, nach gewissen Regeln aus bestehenden Wörtern gebildet.

marry (mä'r-r²): a) [heiraten] sprichwörtlich: ~ in haste, repent at leisure schnell gefreit, lange bereut. — b) [vermutlich aus Mary: by Mary! bei der Madonna!] wahrhaftig! meiner Treu!

Martin (mā'r-t²n), s. eye [s. auch Vorrede über my eye, Betty Martin].

martinet (mā'r-t⁵-n⁵t) ⚓ und ✗ strenge(r) Vorgesetzte(r) (SMYTH und GROSE).

martingale (mā'r-tin⁵-gel) Hasard: fortgesetzte Verdoppelung des Einsatzes (*Sl. Dict.*).

martyr F (mā'r-t⁵r): I'm quite a ~ to chillblains etc. ich leide entsetzlich an Frostbeulen u. s. w.

Mary (mā'-r²) Alter Kinderreim, vermutlich aus den Tagen der katholischen Marie:
Mary, Mary, quite contra'ry,
How do'es your garden grow?
Si'lver bells and co'ckle-shells
And co'lumbines a'll of a ro'w.
Marie, Marie, du ganz verkehrte,
Wie mag dein Garten gedeih'n?
Silberglocken, Muschelschmuck
Und lange Reih'n von Akelei'n.
[cockle-shells = Herzmuscheln, welche die Pilgrime trugen].

marygold (mä'n-n⁵-gōld) City-Slang: eine Million Pfund Sterling [marygold ist eine der in englischen Gärten sehr gemeinen Kompositen mit goldgelben Strahlenblüten]. — S. auch plum.

Marylebone (mä'n-n⁵-bōn) ein Londoner Stadtviertel; ~ Cricket Club ein in allen Kricket - Angelegenheiten tonangebender Klub.

mash P (mäsch) 1. s.: a) Brei: I'm bruised almost to a ~ (*Almost lost*) ich bin fast zu Brei zerschlagen. b) ✻ Liebhaber: she saw her ~ in a box with another girl (*Sporting Times*, 1885) sie sah ihren Schatz mit einem andern Mädchen in einer Loge. — 2. v/n. to ~ it den Stutzer spielen; v/a. ✻ verliebt machen; Gassenhauer: he tries to ~ the gals he sees er will die Mädels, die er sieht, berücken.

mashed P ✻ (mäscht) [gematscht] verliebt: ~ on Tessie (*Funny Folks*) in Tessie verliebt.

masher F ✻ (mä'sch-⁵r) Stutzer; auch eine gewisse Gattung neuer Stehkragen, die in den Augen des modernen Dandy besondere Gunst gefunden zu haben scheinen.

mashery P ✻ (mä'sch-⁵-n⁵) Stutzerwesen.

mashing P (mä'sch-in²) aufgeblasen, stutzerhaft; a ~ looney ein hochmütiger Narr.

mashy (mäsch-⁵) = mashed.

massacre (mä'ß-ß⁵-k⁵r), s. innocent.

master (nnā'ß-t⁵r) [Meister]: a) F he shan't get the ~ o' me er soll nicht Herr über mich werden. b) F ~ of the mint [Münzmeister] Gärtner (GROSE); ~ of the rolls [Ober-Kanzleipräsident, zugleich Meister der Semmeln] Bäcker (GROSE).

match (mätsch) 1. s. F [Heirat]: she made a good ~ sie ist gut verheiratet; do you think the ~ will come off glaubst du, daß aus der Partie etwas wird? [Zusammenstimmen]: it's no ~ das paßt nicht; they bought six chairs and an arm-chair to ~ sie kauften sechs Stühle und einen dazu passenden Lehnstuhl; Sport: Spiel, Partie, z. B.: cricket-~, football-~, Lawn-Tennis ~. — 2. v. F [zusammenpassen]: they are ill ~ed sie passen schlecht zusammen; we tried to ~ the vase wir suchten eine Vase derselben Art zu kaufen.

mate (mĕt) *s.* [Schach] matt; *v.* matt machen.

mater (mē'-tᵊr)[lat.] Schülersprache: Mutter.

maternity (mă-tö'-nᵉ-tᵉ) Litteratensprache: mütterliche Handlung (CARLYLE).

matey (mē'-tᵉ) P statt mate Geselle, Kamerad; ↓ Handwerker, Zimmermann auf den Werften (SMYTH).

matter F (mă't-tᵊr) [Sache] Betrag: I lost a ~ of 500 pounds ich verlor eine Summe von fünfhundert Pfund; when I was a ~ of twenty years younger als ich volle zwanzig Jahre jünger war; for the ~ of that was das an= betrifft. — S. mince.

Matthew (mă't-jū) *Nursery Rhyme*:
Matthew, Mark, Luke and John
Leapt into bed with their breeches on.
Matthäus, Markus, Lukas, Johann
Sprangen ins Bett mit den Hosen an.

matutinal ⭢ (mă-tjū'-tᵉ-nᵉl) früh, zum Morgen gehörig.

maudlin drunk P (mă'd-lᵉn drönₖf) jämmerlich bekneipt, viehisch betrunken.

mauley (mă'-lᵉ) = mawley.

maul-in-goal (măl-in-gō'l) Fußball: Hinausschieben des Balltragenden über das feindliche Mal und sofortiges Nieder= halten des Balles; f. touch-down.

maund (mănd), **maunder** (mă'n-dᵊr) Old Cant: betteln.

maw P (mă) Mund, Maul (*Sl. Dict.*).

mawl (măl) P schlagen; betasten; don't ~ her over knutsche sie nicht so ab.

mawley (mă'-lᵉ) Boxer=Slang: Hand, Faust, Schlag; F Unterschrift.

mawworm F (mă'-wöm) Heuchler.

max P (măks) [wahrscheinlich Abkürzung von maxime höchst] Genever.

maybe (mē'-bĭ), **mebbe** (mĕ'b-bᵊr) P viel= leicht.

may-bees (mē'-bĭs) [Maibienen; scherzhaft: Umdeutung von may-be's] sprichwörtlich: ~ don't fly all the year long (GROSE) was nützt mir dein „vielleicht"! [eigent= lich: Maibienen fliegen nicht das ganze Jahr hindurch].

may-hap (mē-(h)ă'p) = maybe.

mayn't (mĕnt) P statt may not: we ~ go wir dürfen nicht gehen.

mazarine (mă'-j-ă-rīn) Theater: untere Bühne, Raum unter der Bühne.

me (mĭ) P u. F statt I: don't you wish you were ~ möcht'st du nicht an meiner Stelle sein? poor ~ bore all the blame ich Arme(r) trug die ganze Schuld; sehr gewöhnlich: it's ~ ich bin's; P statt myself: I turned ~ round ich drehte mich um; Witz[statt: I'll buy me a sheet of the best cream-laid ich will mir einen Bogen des feinsten Briefpapiers kaufen; I'll get me to a place more void (SHAK.) ich will mich an einen öderen Platz begeben.

meal F (mĭl) [Mahlzeit]: he made quite a ~ of it er hat sich tüchtig satt daran gegessen.

mealy-mouthed F (mĭ'-lᵉ-maudhd) glatt= züngig.

mean (mĭn) 1. *a.* [mittel]: a) *math.* the ~ proportional die mittlere Propor= tionale. b) F gemein, filzig: he has a ~ look about him man sieht ihm den Knauser an. c) gering: no ~ advantage kein geringer Vorteil. — 2. *s.* [Mittel= weg]: a) *math.* the arithmetical ~ das arithmetische Mittel. b) ~s Mittel: P he was the ~s of getting you kicked out er war schuld, daß du an die Luft gesetzt wurdest. — 3. *v.* [meinen]: F does he ~ it? meint er's ernstlich?

meaning-like (mĭ'-nĭn-laĭf) P statt meaningly in vollem Ernste; f. like.

measly (mĭ'j-lᵉ) [maserig, finnig] Sport: armselig.

measure P (mĕ'G-ᵊr) [Maß]: he's our ~ das ist unser Mann.

meat (mĭt) [Fleisch]: F fresh-killed ~ frisch Geschlachtetes; F to make cold ~ of ermorden, abmurksen, *fig.* P kalt machen; P ~-fosh aufgewärmtes Fleisch mit Kartoffeln; ~-(h)ook leckige Frisur der Londoner Costers.

mebbe, f. maybe.

medder (mĕ'd-dᵊr) P statt meadow Wiese.

medical Greek (mĕ'd-ᵉ-k'l grĭf)[Mediziner= Griechisch]: Argot der Londoner Me= diziner. S. marrowskying.

medicals(mĕ'd-ᵉ-k'ls) *s/pl.* Studentensprache: Mediziner.

medico ↓ (mĕ'd-ᵉ-kᵒ) Schiffsarzt (SMYTH).

medium F (mĭ'-djᵊm) *a.* [mittel]: a man of ~ capacity ein Mann von mittel=

mäßigen Anlagen; *s.* Mittelstraße: to find-the happy ~ die richtige Mitte treffen.

meet (mīt) *s.* Sport: Rendezvous (HOPPE); *v.* [begegnen] ✻ to ~ a bill eine Rechnung begleichen.

meg ⌐ (mĕg) *s.* Geld: without a ~ ohne einen Groschen; *v.* beschwindeln.

megging ⌐ (mĕg-gins) Gaunerei.

melt (mĕlt): ⌐ ~ing moments schwüle Hitze; ⌐ ausgeben: will you ~ a horde (GROSE) willst du eine Mark dran wenden? .

melting (mĕl-tins) *s.* Boxer-Slang: schwere Prügel.

mem ✻ (mĕm) statt memento und memorandum: das was man nicht vergessen soll, Notiz, Note, Rechnung.

member-mug ⌐ (mĕm-bŏ-mŏg) Nachtgeschirr (GROSE).

memory-powder (mĕm-ŏ-nŏ-pau-dŏr) [Gedächtnispulver]: scherzhaft: you want a little ~ du hast ein schlechtes Gedächtnis.

men (mĕn) [Männer] Schach: Figuren; Dambrett: Steine; Old Cant: high ~ falsche Würfel mit hohem Wurfe; low ~ falsche Würfel mit geringem Wurfe.

menagerie (mĕ-na´-gĭ-rŏr) Theater: Orchester (*Sl. Dict.*).

menavelings (mĕ-näw-linß) Eisenbahn: täglicher Überschuß der Kasse, den die Kassierer teilen (*Sl. Dict.*)

mend P (mĕnd) *s.* Besserung: he's on the ~ er ist auf dem Wege der Besserung.

mental (mĕn-t³l) [geistig] Schulsprache: ~ arithmetic Kopfrechnen.

mention ⌐ (mĕn-schŏn) [erwähnen] in höflicher Erwiderung: please, don't ~ it es ist gern geschehen!

menu ⌐ (mĕ-nju) [französisch] Speisekarte; Diner.

merchant of capers ⌐ (mŏr-tschaut-ow-kēᵖᵉ-pŏß) = caper-merchant.

mermaid † (mŏr-mĕd) Freudenmädchen (*Massinger & Ford*); s. marmaid.

Merriker (mŏr-ᴿ-nᵉ-tᵉ), **Merrikin** (mŏr-ᴿᵉ-kĭn) P statt America.

merry (mĕr-ᴿ) [lustig]: † ~ Andrew (GROSE) Spaßmacher eines Marktschreiers; ⌐ Merry Dun of Dover (*Sl.*

Dict.) sagenhaftes Riesenschiff; ⌐ ~-begotten kid (GROSE) uneheliches Kind. — S. auch grig, more.

mervousness ✻ (mŏr-wŏß-nĕß) [politisches Wortspiel aus Merv, dem Namen einer bekannten asiatischen Stadt, nach dem Muster von nervousness gebildet] Russenfurcht.

mess (mĕß) 1. *s.* [Bad, Tischgesellschaft]: ⚓ to lose the number of one's ~, to be scratched out of one's ~ ins Gras beißen; ⚔ to be in flying ~ nichts zu nagen noch zu beißen haben, am Hungertuche nagen: s. make. — 2. *v.* Coster-Slang, bes. von der Polizei: sich einmengen; P to ~ (up) beschmutzen, beschmieren.

mess-traps(mĕß-träpß)*s pl.* Kochgeschirr.

metallician (mĕt-³l-lĭ˝schᵘn) Sport: = bookie.

metals(mĕt-³lß) *s/pl.* Eisenbahn: Schienen.

Metropolis (mĕt-tnŏ´p-ĕ-liß): the ~ London im weiteren Sinne [London im engeren und bes. offiziellen Sinne beschränkt sich auf die City oder Altstadt].

Metropolitan (mĕt-nŏ-pŏ˝l-ĭ-t³n) zu London im weiteren Sinne gehörig, auf die Hauptstadt im weiteren Sinne bezüglich; South ~ zu Süd-London gehörig.

Mets (mĕtß) Börse: Aktien der unterirdischen (Metropolitan) Eisenbahn.

mice's (h)oles P (mai´-ßᵉß (h)ŏlß) Mauselöcher.

miche (mĭtsch) Old Cant: umherlungern, mausen [stammt aus den Tagen SHAK.'s].

micher (mĭ´-tschᵉr) Old Cant: Bummler, Strolch, Dieb.

mid ⚓ (mĭd) = middy.

middle (mĭdl) [mittler] 1. *a.*: ⚓ the ~ watch die Wache (auch Wachmannschaft) von Mitternacht bis 4 Uhr morgens. — 2. *s.* [Mitte]: P I'll knock you into the ~ of next week ich gebe dir eins, daß dir Hören und Sehen vergehen soll.

middleman ✻ (mĭdl-mᵃn) Makler, Vermittler zwischen Produzenten und Kleinhändlern.

middling P (mĭd-lins) ziemlich gut: "'ow are ye?" "Pretty middlin'" wie geht's? So so, la la!

middy (mĭd-dᵉ) ⚓ statt midshipman Seekadett.

midge-net ↘ (mīdg-nĕ't) Damenschleier (*Sl. Dict.*).

midnight-oil (mī'd-nålt-ål) [Mitternachts=öl] Litteratensprache: to burn the ~ spät aufsitzen, studieren.

mid-off (mīd-ŏ'f) Kricket: Spieler (auch Stellung) in einiger Entfernung links vom bowler.

mid-on (mīd-ŏ'n) Kricket: Spieler (auch Stellung) in einiger Entfernung rechts vom bowler.

mightiness (mãī'-tï=nĕß) [Macht] Zeitung: these high ~es and right honourables diese hochmächtigen Herren und Minister.

mighty (mãī'-tï) [mächtig] 1. *a.*: F ironisch: a ~ swell *fig.* ein gewaltiges Tier. — 2. *adv.* P them chaps was ~ pleased die Kerle waren mächtig froh.

mike P (māīk) 1. *s.* irischer Arbeiter (*Sl. Dict.*). — 2. *v.* faulenzen, umherlungern.

mikerscope P (māī'-tʃ=ßkōp) statt microscope Mikroskop.

mild (mālt) f. draw; scherzhaft: ~ bloaters (*Sl. Dict.*) [milde Bücklinge] Weichlinge, Stutzer in sportsmännischer Tracht.

mile ⚓ (māīl): to make short ~s schnell segeln.

miler (māī'-lᵉʳ) Sport: Rennpferd, das eine Meile zu laufen versteht.

milestone-monger (māī″l-ßtōn-mŏ'nᵉ-gᵉʳ) scherzhaft: rastloser Wanderer.

milk (mïlk) 1. *s.*: a) F this accounts for the ~ in the cocoa-nut das erklärt die Sache, klärt das Geheimnis auf; b) P = milksop. — 2. *v.*: a) Sport: ein Pferd am Rennen teilnehmen lassen, um selbst dagegen zu wetten; b) † to ~ the pigeon (GROSE) Unmögliches versuchen.

milker (mï'l-tᵉʳ) Landwirtschaft: a good ~ eine gute Milchkuh.

milksop F (mï'lk-ßŏp) Muttersöhnchen, Weichling.

milky (mï'l-kᵉ) P statt milkman Milchmann.

milky ones F (mï'l-kᵉ wŭnß) weiße, leinene Lappen.

mill (mïl) 1. *s.* [Mühle]: a) † altes Bankrott=verfahren: to go thro' the ~ sich in aller Form fallit erklären. b) Sport u. f. w.: I have been thro' the ~ myself ich

habe es selber durchgemacht, P ich kenne den Rummel. c) P auch Schul=Slang u. Sport: Schlägerei, Borerei. — 2. *v.*: a) Old Cant: stehlen [f. in der Vorrede unter den Quellen die aus Fletcher's *Beggar's Bush* mitgeteilte Rede des Higgen]. b) F metern: boren: I should have won his cups and belt, I stand A1 at ~ing (*The Coiner's Song, Bill Sykes*) ich hätt' die Becher, den Gürtel ihm abgewonnen, ich bin ein verteufelter Borer.

millennium (mïl-lĕ'n-ŭⁱᵐm): the ~ [das tausendjährige Reich] in Zeitungen u. f. w.: das kommende Zeitalter des Weltfriedens.

miller (mï'l-lᵉʳ) [Müller]: P und ⚓ to drown the ~ zu viel Wasser in den Grog gießen; Old Cant: to give the ~ jemand in ein Gespräch verlocken und dann Mißhandlungen aussetzen; Sport: Borer.

Miller, f. Joe.

million F (mï'l-jᵘⁿ): the ~ der große Haufen; food for the ~ Nahrung für alle.

milltag (mï'l-täg), **milltog** (mï'l-tŏg), **milltug** (mï'l-tŏg) älteres Bettler=Cant: Hemd: when I nicks a new mill-tug, I just wears it till it begins to be dirty (*King of the Beggars*) wenn ich ein neues Hemd stehle, trag' ich es genau so lange, bis es anfängt, schmutzig zu werden.

milvader F (mïl-wē'ᵗ-dᵉʳ) schlagen.

mince F (mïnß) [bemänteln]: he doesn't ~ matters er übt scharfe Kritik, *fig.* er nimmt kein Blatt vor den Mund.

mind (māīnd): a) [Sinn, Wille]: F to have a ~ of one's own entschlossen sein, P seinen Kopf für sich allein haben; I was in two ~s about it ich schwankte, die Wahl fiel mir schwer. b) [Lust] P I'm a great ~ (statt des gew. in a great ~) to run away (*Almost lost*) ich habe große Lust, fortzulaufen.

minder P (māī'n-dᵉʳ) Kind in Kost oder Pflege: they ain't no brothers or sisters o' mine, they 're only ~s das sind keine Geschwister von mir, das sind nur Kostkinder.

mindjer (māī'nd-gᵉʳ), **mindyer** (māī'nd-jᵉʳ) P statt mind you verstehen Sie wohl: though, mindjer, it would have been better if he'd faced it out (*River Rats*) doch wär's beffer gewefen, verftehen Sie wohl, wenn er's durchgemacht, ausgefreffen hätte.

mine (main) fcherzhaft und altertümlich ftatt my mein: ~ host mein Wirt; at ~ uncle's verfetzt, verpfändet.

minikin P (mi'n-i̯-kin) *a*. fehr klein, winzig.

minister (mi'n-iß-t͡ɛᵉ) kirchlich: Geiftliche(r) einer Dissenter-Kirche [zum Unterfchiede vom clergyman, einem Geiftlichen der „Church of England", der englifchen Staatskirche].

minor-clergy † (mai'-n͡ᵉᵉ-klä͡r-dʒᵉ͡ᵉ) [niedere Geiftlichkeit] Schornfteinfegerjungen.

mint F (mint) [Münze]: a ~ o' money ein Haufen Geld; f. master; the Mint verrufene Londoner Freiftatt der früheren Zeit, in Southwark gelegen. — S. auch Alsatia.

minus (mai'-n͡ᵉß) [lateinifch: weniger] F und P ohne; Zeitung: the other party, ~ the ornithologists die andere Gefellfchaft, mit Ausnahme der Ornithologen; and so they departed ~ the breakfast (*King of the Beggars*) und fo machten fie fich ohne Frühftück auf den Weg.

mis ... (miß) In Zufammenfetzungen: übel, fchlecht.

mischief F (mi'ß-tfchi̯f) [Unheil]: he means ~ er führt Böfes im Schilde, hat's auf etwas abgefehen.

mischievous (miß-tfchi̯'-wi'ß) P ftatt mischievous.

miserables P (mi'ſ-ᵉ̯-n͡ᵇlſ) *s/pl.* the ~ das graue Elend.

mis-fielding (miß-fi̯'l-din͡g) kricket: fchlecht geleitete(r) Angriff der fielders.

misfit (miß-fi̯'t) Schneiderfprache u. f. w.: Kleidungsftück, das nicht paßt; fcherzhaft: that's a ~: a) das ift ein fchlechter Witz, b) das paßt wie die Fauft aufs Auge.

mish (mifch) Old Cant: Hemd; f. commission.

mishtopper (mi'fch-top-p͡ᵉᵉ) Old Cant: Rock (*The Scoundrel's Dict.*, 1754).

miss (miß): a) P Abwefenheit, Verluft: I feels the ~ of 'em more'n you do ich vermiffe fie mehr als du; b) F [Fräulein] Mätreffe (GROSE).

miss-fire (miß-fai͡ᵉᵉ) Jagd u. f. w.: Verfagen des Gewehrs.

missioning (mi'fch-ᵉ̯-nin͡g) Kirche: Miffionsarbeit.

miss-kick (miß-ki̯'k) Fußball: ungefchickter Tritt.

miss Nancy ✕ (miß nä'n-ß͡ᵉ) verweichlichter Kamerad: such ~ sort o' fellows (*The Young Dragoon*) folche Mutterföhnchen.

missis, missus P (mi'ß-ß̍ß) Frau, Hausfrau: I'll tell my ~ ich will's meiner Frau fagen; im *pl.* missuses: there's some servants the same, tho' the missuses don't know it (GREENWOOD) es gibt Mägde, die das nämliche thun, wenn's auch die Hausfrauen nicht wiffen.

mistake (miß-te̯'k) 1. *v/a.* F verkennen: I mistook the house ich irrte mich in dem Haufe. — 2. *s.* P Beträftigungsformel: and no ~ ohne Zweifel; a true Briton and no ~ jeder Zweifel ein echter Sohn Albions; f. error.

mister (mi'ß-t͡ᵉᵉ) P (gew. ironifch) ftatt sir; well, ~, what's the matter nun denn, mein lieber Herr, was fehlt Ihnen?

mistook (miß-tu'k) ftatt mistaken: That neither eyes nor ears For commoners had over them ~ (BYRON, *Don Juan*) Daß weder Aug' noch Ohr Sie für Gemeine je gehalten hätte.

mite P (mait) [Kleinigkeit]: we haven't had a ~ o' grub wir haben nicht einen Brocken zu effen bekommen; laying his ~s of hands together (*Almost lost*) indem er die winzigen Händchen faltete; if ain't a ~ of use (*All the Year round*) es nützt nicht das Geringfte.

mitey F (mai'-tᵉ) [von mite Milbe; *Sl. Dict.*] Käfehändler.

mittens F (mitn͡ſ) [Fauftbandfchuhe] Hände (GROSE); Verhandfchuhe.

mix (mikß) [mifchen]: a) F to be ~ed up in ... feine Hand im Spiele haben bei ...; to be ~ed up with ...: 1. im Bunde ftehen mit ..., 2. vertraut fein mit ... b) P to get ~ed fonfus werden. c) F to ~ it up Pläne fchmieden, eine Gaunerei verabreden.

mizzle F (mifl) durchbrennen, fich davonfchleichen.

mizzler F (mi'ſ-l͡ᵉ) armer Fechtbruder.

moab † (mō'-ăb) [nach einer Stelle in den Psalmen: moab is my washpot. Psalm 108. 9] Modesprache: turbanartiger Hut.

moabites ┌ (mō'-ă-baitß) [Moabiter] Gerichtsdiener (Grose).

mob (mŏb) *s.* [Pöbel] ┌ Diebesgefährten, Bande (*Sl. Dict.*); *v. a.* ┌ (in großer Menge) anfallen, belästigen, verhöhnen.

mobility (mŏ-bi'l-ĭ-tĕ) scherzhaft statt mob Pöbel.

mobocracy (mŏ-bŏ'k-Rā-ßĕ) Politik: Pöbelherrschaft.

mobsman ┌(mŏ'bß-măn)eleganterSchwindler (*Sl. Dict.*).

mocho P (mō'-kō) Kaffee: a cup o' ~ eine Tasse Mokka.

mockered ┌ (mŏ'k-ķĕd) durchlöchert, pockennarbig.

modest ┌ (mŏ'd-ĕßt) [bescheiden]: a ~ quencher (*Sl. Dict.*) ein Schnäpschen mit Wasser verdünnt.

modiste (mŏ-dĭ'ßt) Modesprache: Putzmacherin.

modsman (mŏ'dß-măn) Studenten-Slang (Oxford): Kandidat für die zweite Prüfung (Moderations).

moe ┴ (mō) Grimasse.

moey (mō'-ĕ) Zigeunersprache: Mund.

moisten (mŏißn) [befeuchten]: ┌ to ~ one's throat seinen Durst löschen; ┌ ~ your chaffer (*Sl. Dict.*) trink eins!

moke (mōk) Coster-Slang: Esel.

moko (mō'-kō) Sport: (irrtümlich schon) vor Eröffnung der Jagd geschossene(r) Fasan.

moll P (mŏl) [Mariechen] Dirne: where's your smutty ~? (*King of the Beggars*) wo ist dein Negerweib?

molled P (mŏld) in weiblicher Gesellschaft.

mollisher ┌ (mŏ'l-lĭschĕ) schlechtes Weibsbild (*Sl. Dict.*).

mollsack ┌ (mŏ'l-ßäk) Korb, Sack zum Einkaufen.

moll-tooler ┌ (mŏ'l-tū-lĕ) Taschendiebin (*Sl. Dict.*).

molly-coddle (mŏ'l-ĭ-kŏdl), **molly-cuddle** (mŏ'l-ĭ-kŏdl) P verzärtelter, weibischer, schlaffer Mensch.

mollygrabs P (mŏ'l-ĭ-gRăbß) Bauchweh.

molrowing ┌ (mŏ'l-Rău-inğ) sich mit lockeren Dirnen umhertreibend.

monaker(mŏ'n-ĕ-kĕ), **moneker**(mŏ'n-ĕ-kĕ), **monekeer**(mŏ'n-ĕ-kĭ) Bettler-Cant: Unterschrift, Name: gammy ~ falsche Unterschrift; my monaker's up in every grubbing-ken (*King of the Beggars*) mein Name ist in jeder Bettlerspelunke bekannt.

monarch (mŏ'n-ĕk) scherzhaft: I'm ~ of all I survey hier (das bißchen Zeug) ist alles, was ich besitze [man vergleiche das klassische: omnia mea mecum porto].

Monday (mŏ'n-dĕ) [Montag]: ┌ Saint ~ blauer Montag; Modesprache: ~ pops [statt Monday popular concerts] Montagskonzerte im Coventgarden-Theater.

mondayish (mŏ'n-dĕ-lĭsch) [montäglich] scherzhaft: to feel ~ (Sonntags) an die kommende Wochenarbeit denken, das Montagsfieber bekommen.

moneke(e)r. s. monaker.

money P (mŏ'n-ĕ) [Geld]: he's the man for my ~ das ist für mich der Mann; you're not everybody's ~ du würdest nicht vielen gefallen; *fig.* (besonders von teuren Lebensmitteln): it's like eating ~ man ißt sich ja dabei rein arm, das Zeug kostet ja ein haariges Geld.

monish P (mŏ'n-ĭsch) besonders jüdisch: Geld.

monk ┌ (mŏnk) Schimpfname: gemeiner Kerl, P ekliges Luder.

monkery (mŏ'n-kĕ-Rĕ) Bettler-Cant: Land, Provinz: fit for any game in the ~ (*King of the Beggars*) zu jedem Gaunerstreiche unter dem Bauernvolk bereit.

monkey (mŏ'n-kĕ) [Affe]: a) Bube: an artful young ~ ein schlauer Range. b) P Zorn: when his ~'s up wann er gereizt ist; take the ~ off your back beruhige dich, werde nur nicht so zornig! c) juristisch: ~ with a long tail (*Sl. Dict.*) Hypothek. d) ⚓ to sling the ~ Matrosenspiel, wobei der mit einer Schlinge an eine Segelstange Festgebundene (the monkey) sich mit einem Stück Kreide gegen die Mitspielenden verteidigen muß; der von ihm mit der Kreide Betupfte wird sein Nachfolger. e) ┌ to suck the ~ (Grose) ein Faß leer saugen; ~'s allowance (*Sl. Dict.*) mehr Prügel als Futter. f) Sport: fünfhundert Pfund Sterling: the layer of nine fifties was ready to deal to the extent of a ~ (*Bell's Life*) der, welcher neun gegen fünfzig bot, war bereit, Wetten bis zu fünfhundert Pfund einzugehen.

monkey-board (mŏ'n³-f-bō°d) [Affenbrett] Trittbrett des Omnibuskonducteurs; f. knife-board.

monkey-tail ⚓ (mŏ'n³-f²-tel)[Affenschwanz] fabelhafte Geschichte: to hold on by somebody's ~ einem ein Märchen aufs Wort glauben.

monks and friars (mŏn'fß ånd frā'°²j) Drucker-Slang: zu stark und zu schwach Gedrucktes (GROSE).

month of Sundays ┏ (mŏndh ⁵w ßö'n-dē⁴j) ewig lange Zeit; Zeit, die gar nicht vergehen will.

montra ┏ (mŏ'n-tna) Uhr (GROSE).

Monument (mŏ'n-jü-m²nt): the ~ die zum Gedächtnisse an die große Londoner Feuersbrunst (1666) bei London Bridge errichtete 200 Fuß hohe Säule. POPE:
Where London's column, pointing to the skies,
Like a tall bully, lifts the head and lies.

mooch ┏ (mūtsch) schmarotzen (*St. Dict.*); to ~ about herumlungern; on the ~ herumlungernd, das Pflaster unsicher machend, auf dem Strich.

moocher P (mū'-tsch³) Flibustier, Vagabund.

moon (mūn) 1. *s.* [Mond]: a) ┏ sprich-wörtlich: he knows no more about it than the ~ knows about Sunday er weiß nicht die Spur, hat keine Ahnung davon; to cry for the ~ nach Unmöglichem begehren; till the blue ~ bis wer weiß wann, bis in die Ewigkeit. b) P to shoot the ~ vor Tagesanbruch ausziehen. c) ┏: one ~ ein Monat (oder vier Wochen) Gefängnisstrafe. — 2. *v/n.* F faseln; zielos umherschweifen.

moon(e)y (mū'-n°) F faselig, einfältig; ⚓ beduselt, beglänzt.

moon-eyed hen ┏ (mū'n-aīd h²n) scheles Mensch (GROSE).

moon-faced F (mū'n-feßt) japanesisch.

moonlight (mū'n-laīt), **moonshine** (mū'n-schaīn) ┏ eingeschmuggelter Branntwein.

moonlight flit ┏ (mū'n-laīt flit) Wegschaffen der Möbel bei Nacht und Nebel, ehe der Hausbesitzer sie für Miete mit Beschlag belegt hat.

moon-men ┏ (mū'n-mĕn) Zigeuner(GROSE).

moonshee (mūn-schī') [anglo-indisch] Gelehrte(r), Lehrer.

moonshine (mū'n-schaīn) [Mondschein] F Faselei, Unsinn; once in a ~ sehr selten; ✻ gilded ~ falsche(r) Wechsel. — S. auch moonlight.

moon-struck P (mū'n-ßtrŏk) halb verrückt, übergeschnappt.

moored ⚓ (mūrd) (vor Anker) sitzend, ruhend: she was ~ in the same arm-chair (*Nights at Sea*) sie saß in demselben Lehnstuhle.

moot F (mūt) [erörtern]: you must not ~ it about du mußt's nicht unter die Leute bringen.

mop (mŏp) 1. *s.* [Wischlappen] F sprichwörtlich: I feel all ~s and brooms ich bin voller Schmerzen und Sorgen; P Trunkenbold, Kneiperei: on the ~ ewig am Saufen. — 2. *v.* [aufwischen]: ✗ u. ⚓ to ~ up schlagen, vernichten; ┏ ~ up the malt sauf das Bier aus!

moper ✗ (mō'-p³) Deserteur.

mop-stick F (mŏ'p-ßtif) Tropf, Einfaltspinsel.

mopuses, mopusses ┏ (mō'-pöß-²j) Geld.

mopy P (mō'-p°) verdrießlich, trübselig.

moral (mŏ'n-r³l) *s.* Sport: moralische Gewißheit: we thought it a ~ for the Cantabs wir hielten den Sieg der Cambridger Studenten für gesichert.

more (mō°) [mehr] sprichwörtlich: the ~ the merrier je mehr desto besser; P ~ fool you [statt the ~ fool you are] to marry wie könntest du nur so verrückt sein zu heiraten; P statt no more: ~ 'tis das ist's auch nicht; ~ she ain't [statt no ~ she is] das ist sie auch nicht; sprichwörtlich: you can't have ~ than the cat and his skin man kann eine Sache nicht mehr als einmal genießen (f. auch cake); P ~ shall I [statt no ~ shall I] das will ich auch nicht; ~ fools they (ROOKWOOD) rechte Narren das, die sind ja rein verrückt.

more-ish (mō'-rīsch) scherzhaft: it tastes ~ es schmeckt „nach mehr".

morning-drop ┏ (mō'-nīn²-drŏp) Galgen (GROSE).

morning-watch ⚓ (mō'-nīn²-wŏtsch) Wache von 4—8 Uhr morgens.

mort (mōrt) Old Cant: Weibsbild; the old ~ (*Venetia*) die Hexe.

mortal (mŏr´-t'l) *a. u. adv.* [sterblich]: F u. P hyperbolisch oder verstärkend: any ~ thing alles was du nur willst; in a ~ funk in Todesangst; ~ bad tod= krank; it must be ~ hard es muß entsetzlich schwer sein.

mortar-board (mŏr´-t'r-bōrd) [Mörtel= brett] Schüler=Slang: viereckige, steife Kopfbedeckung (College-cap) der Stu= denten und gewisser Schüler.

moskeneer F (mo´ß-t'-nī) für mehr ver= setzen, als der wirkliche Wert beträgt, den Pfandleiher beschwindeln (*Sl.Dict.*).

moss F (mŏß) [Moos] Blei.

mossoo P (mŏß-ßū´) [franz. monsieur] scherzhaft: Franzose.

most (mŏßt) [meist] euphemistisch: as good as ~ people gar nicht so übel, keiner von den Schlimmsten.

mot F (mŏt) = mort.

mot-cart F (mŏt-kārt) für die Mätresse gehaltene(r) Wagen; j. loose box.

mother (mŏdh-'r) [Mutter] P ironisch: what will your ~ say? did you tell your ~? go home to your ~! u. s. w. ich sag's deiner Mutter! Hast du's deiner Mutter gesagt? geh' und laß dich begraben! u. s. w.; F ~ (of the maids) (GROSE) Kupplerin.

mother-and-daughter F (mŏ´dh-'r-s-kn(d)-dä´r-t'r) Rhyming Slang statt water.

mother-coddle (mŏ´dh-'r-fŏdl), **mother's boy** (mŏdh-'rs bŏi) F = molly-coddle.

motion (mŏ´-jch'n) [Bewegung] Kinder= sprache: Stuhlgang.

mouch F (mūtjch) auf anderer Kosten leben, F nassauern; vgl. mooch.

moucher F (mū´-tjch'r) = moocher.

mouchey P (mau´-tjch'r) [wie Mausche(l) aus Moses entstellt] Jude.

moue (mū) [französisch] Mäulchen: with a little mock-heroic ~ (*Pall Mall Gazette*) mit einer kleinen spöttischen Mundbewegung. [kennte.]

mought (māt) ↓ statt might mochte,

mouldy F (mŏ´l-d'r) granbarig; ~ pate gepuderte(r) Lakai.

mouldy-grubs P (mŏ´l-d'r-gröbß) umher= ziehende Schauspieler, Jongleurs(*Sl.D.*).

Mounseer Cockoolu P u. ↓ (mau´n-ßī fo´t-u-lū´) Spitzname der Franzosen; j. mossoo..

mount (maunt) 1. *v/a.* [besteigen]: ✗ to ~ guard die Wache beziehen; Theater: to ~ a piece ein Stück in Scene setzen. — 2. *v/n.* F falsch zeugen (GROSE). — 3. *s.* Sport: Reitpferd: to have the ~ on (als Jokey ein Rennpferd) reiten besteigen.

mountain-dew (mau´n-t'n-dgū´) [Berg= tau] schottische(r) Whisky.

mountain-pecker F (mau´n-t'n-pe´k-'r) Hammelskopf, Schöpsenkopf.

mounter F (mau´n-t'r) falscher, mein= eidiger Zeuge (*Sl.Dict.*).

mourning F (mō´-nin·) [Trauer]: to wear half ~ ein „blaues" Auge haben, whole ~ zwei „blaue" Augen — trau= rige Folgen einer lustigen Prügelei.

mouse (mauß) [Maus] Boxer=Slang: Beule, Geschwulst, blaues Mal: to raise a ~ eine Beule schlagen; sprichw. Redensart: to speak like a ~ in a cheese (GROSE) schwach und undeutlich reden.

mouse-trap (mau´ß-träp) [Mausefalle]: a) Sprichwort: fig. every man to his ~ Schuster, bleib' bei deinem Leisten. — b) the parson's ~ (GROSE) die Ehe.

mouth (mauth) 1. *s.* [Mund]: a) F to be down in the ~ niedergeschlagen sein, die Ohren hängen lassen; to give ~ to äußern. b) P verlanter Mensch; Hans Narr; to stand ~ (GROSE) sich übers Ohr hauen lassen. — 2. *v.* äußern: ~ing their dogmas late and soon (*Punch*) ihre Dogmen verkündend spät und früh.

mouth-almighty F (mauth-äl-mai´-t'r) gewaltige(r) Schwätzer.

mouthing F (mau´-dhing) schlagfertig; a ~ firebrand (*Echo*) ein Maulheld.

mouthpiece (mau´th-pīß) [Mundstück] F Wortführer; F Advokat, der die Ver= teidigung führt.

movables, moveables (mū´-w'blß) *s pl.* [Mobilien] ↓ Glieder.

move (mūw) 1. *v.* [bewegen, sich bewegen] Schach, Damebrett u. s. w.: ziehen; Londoner Polizei: ~ on! vorwärts! fort da, Platz gemacht! — 2. *s.* [Bewegung] bei Spielen: Zug; F he's up to every ~ er ist mit allen Hunden gehetzt; P to be up to a ~.

or two in allen Ränken Bescheid wissen;
ſ to be flash to every ~ upon the
board (Grose) den Lauf der Welt genau kennen.

M. P. (ĕm pī') Polizei-Slang: ſtatt member
of the police Schußmann [ſonſt bedeutet
M. P. Member of Parliament Abge-
ordneter].

Mrs. Gamp, ſ. Gamp.

Mrs. Grundy, ſ. Grundy.

Mrs. Jones (mĭß-ĵ͞eſ dĝō'nſ) euphemiſtiſch:
A B, Water-Cloſet, ſ bei Tante Meier.

M. S. (ĕm ĕ'ß) Litteraten-Slang ſtatt manu-
script; Byron: My room 's so full —
we 've Gifford here Reading M. S.
Mein Zimmer iſt ſo voll — wir haben
Gifford hier, der Manuſkripte lieſt. —
S. auch Murray.

M. T. (ĕm tī') Eiſenbahn-Slang: ſtatt empty
leerer Wagen.

much ſ (mŭtſch) [viel]: it isn't ~ of a
play an dem Stücke iſt nicht viel
dran; ironiſch: so ~ for his promises
nun wiſſen wir ja, was ſeine Ver-
ſprechungen wert ſind; as ~ ungefähr,
mit anderen Worten: he said as ~
das war der Sinn ſeiner Rede, das
wollte er ſagen; ſcherzhaft: he's ~
married er hat eine böſe Sieben, ſteht
unter dem Pantoffel; how ~ wie ſo
denn? bei den alten Dramatikern auch der
Adjektiven: who began to be ~ sea-
sick (*Winter's Tale*) den ſtark die Seekrankheit befiel.

muchness ſ (mŭ'tſch-nĕß): they 're much
of a ~ ſie ſind ſo ziemlich von der
nämlichen Art, gleichen Kalibers.

muck (mŭf) 1. *s.* [Dreck]: a) P a heap o' ~
ein Haufen Unrat; to run a ~ ſich ins
Verderben ſtürzen [urſpr. von religiös-
wahnſinnigen Malaien]; it's all ~ das
iſt lauter Blödſinn; the nasty little
~ ein eklige kleine Geſchöpf; chief ~
Hauptkerl. b) ſ Geld. — 2. *v.*: a) P
to ~ up ſchmierig, ſchmutzig machen.
b) ſ ſchlagen: he ~ed me clean out
er hat mich total geſchlagen, ruiniert;
~ed out ausgeplündert.

muckenger, muckinger (mŭ'k-ͣn-dĝ') P
Schnupftuch.

mucking P (mŭ'k-īn·) *a.* ſchmierig, eklig:
a ~ daub ein armſeliges Bild.

muck-snipe ſ (mŭ'k-ſnai̯p) [Dreckſnipe]
ausgeplünderter Spieler.

muckworm P (mŭ'k-wŏm) Geizhals, Filz.

mud (mŏd) [Schlamm] ſ Einfaltspinſel;
⚔ verächtlich: ~-crusher Infanteriſt, P
Sandhaſe; P ~-larks armes Geſindel,
das im Themſeſchlamm nach Wertſachen
wühlt; von Stiefeln: ~-proof waſſer-
dicht [eigentlich kotdicht]; ironiſch: ~-salad
market der Gemüſemarkt von Covent-
garden [ſeiner moraſtigen Beſchaffenheit
wegen]; ſpöttiſch: ~-student (*Sl. Dict.*).
Zögling einer landwirtſchaftlichen Schule,
ſtudentiſch: Schüler einer „Miſtakademie".

muddle ſ (mŏ'dl) *s.* [trüber, wirrer Zu-
ſtand]: to be in a ~ im Durcheinander, verwirrt ſein.

muff P (mŏf) [Muff]: a regler ~ ein
armſeliger Tropf.

muffin (mŏ'f-fĭn) [glatte, weiße Semmel]:
Modeſprache: Herr, unter deſſen Schutze
mehrere Damen ſtehen.

muffin-face P (mŏ'f-fĭn-fĕß), *a.* **muffin-
faced** (Perſon) mit bleichem, kränklichem
Geſichte, *fig.* ſ Milchſuppengeſicht.

muffin-worry ſ (mŏ'f-fĭn-wŏn-ͥ) Alt-
weiber-, Klatſch-Geſellſchaft.

mufflers (mŏ'f-lͣͦſ) Sport: Vorhandſchuhe.

muffling cheat (mŏ'f-lĭn· tſchīt) Old Cant:
Serviette.

mufti ⚔ u. ⚓ (mŏ'f-tͤ) [anglo-indiſch]: in ~
in Civilkleidung [der Ausdruck in ~ in
gewöhnlicher, bürgerlicher Kleidung wird
jetzt auch von Geiſtlichen vielfach gebraucht].

mug (mŏg) 1. *s.* ſ Mund, Geſicht: an
ugly ~ eine häßliche Fratze; to pull
a long ~ eine Fratze ſchneiden; Old Cant:
stall your ~ drück dich! Theater: to
cut ~s Grimaſſen ſchneiden. — 2. *v.*
ſ ins Geſicht ſchlagen; boxen; plündern;
to ~ oneself (*Sl. Dict.*) ſich beknei̯pen;
to ~ up: a) ⚔ ſich fürs Examen vorbereiten; b) Theater: ſich ſchminken, an-
kleiden und für die Vorſtellung fertig
machen.

mug-faker ſ (mŏ'g-fĕͤ-fͤ) Schreier,
Komödiant, Sänger.

mugging ſ (mŏ'g-gĭn·) Prügel, Niederlage.

muggins P (mŏ'g-gͥnſ) Narr; Unſinn.

8

muggy (mö'g-g·) P vom Wetter: schmutzig, regnerisch; ↓ angesäuselt, mit einem Räuschchen.

mulberry-bush(mo"l-b⁸ʀ-ʀᵉ-bu'sch) Kinderspiel, bei welchem die Spielenden sich an den Händen fassen und im Kreise herumtanzen, während sie die folgenden Verslein singen:

    Here we go round the mulberry-bush,
      the mulberry-bush, the mulberry-bush,
    On a cold and frosty morning.
    This is the way we wash our hands,
      we wash our hands, we wash our hands,
    On a cold and frosty morning
        u. s. w.

mule P (mjūl) [Maultier] Eselskopf, Rindvieh.

mull P (möl): to make a ~ of it (*Sl. Dict.*) eine Sache verderben; sich blamieren.

mulligrubs P (mö'l-l⁶-grŏbj) = mollygrubs.

maltee kertiver (mö'l-t· kö-tī''-m⁸) [aus ital.: molto cattivo) Circus-Slang: sehr bös, schlimm, schlecht.

mum P (möm): a) statt ma'am or madam. b) to be ~, to keep ~ sich still verhalten, Schweigen bewahren; ~ for that (GROSE) ich werde nichts davon sagen; Stephano ~, then, and no more (SHAK., *Tempest*) still dann und nichts weiter; ~'s the word seid alle still; as ~ as mice mäuschenstill.

mumble P (mömbl) kauen, knuppern: she can chew her wittles (statt victuals) properly, while I can only ~ mine (GREENWOOD) sie kann ihr Essen ordentlich kauen, während ich meins nur so zerknuppern kann.

mumble-peg(mö'mbl-pĕg) Zigeuner: Spiel, bei welchem ein in die Erde gerammter Pfahl mit den Zähnen herausgezogen werden muß.

mumbo-jumbo (mö'm-bē-dg ŏ"m-bō) [seltsam ausstaffierter Richter an der Goldküste; SMYTH] P Hokuspokus, Marktschreierei.

mummer (mö'm-m⁸) Old Cant: Mund (GROSE); P wandernde(r) Schauspieler (*Sl. Dict.*).

mump (mömp) [murmeln] Bettler-Cant: 1. *v/n.* betteln: she's a bad hand at ~ing (*King of the B.*) sie versteht sich

schlecht auf das Fechten. — 2. *v/a.* anbetteln: 1 ~ed the shops (*King of the Beggars*) ich bettelte in den Läden.

mumper(mö'm-p⁸) Bettler-Cant: geschickte(r) Bettler: a game on which the best ~ going is not likely to get fat (*King of the Beggars*) ein Schlich, durch den der geschickteste Fechtbruder in der Welt wohl nicht fett werden könnte.

mumping (mö'm-pĭn·), **mumpus** (mö'm-p⁸ß) Bettler-Cant: das was man zusammengebettelt hat.

mumps P (mömpß) *s/pl.* Trübsinn, schwarze Laune; s. miserables.

mundungus P (mön-dö'n·-g⁸ß) schlechter Tabak (GROSE).

mung Γ (mön·) = mump.

mungarly P (mö'n·-g⁸ᵛ-l·) [aus der Lingua Franca; *Sl. Dict.*] Brot, Nahrung.

muns (mönj) [deutsch Mund?] Old Cant: Mund, Gesicht (*The Scoundrel's Dict.*, 1754).

murder (mö'ᵛ-d⁸ᵛ) 1. *s.* sprichwörtlich: ~ will out [schon bei Chaucer: mordre wil out] 's ist nichts so fein gesponnen, es kommt doch an die Sonnen. — 2. *v.* [morden] Künstlersprache: schlecht spielen, verhunzen.

murphy P (mö'-f·) [Murphy, irischer Name] Kartoffel.

Murphy [scherzhaft statt Morpheus]: in the arms of ~ in Morpheus' Armen.

Murray (mö'ʀ-ʀē) Name des aus BYRON'S Gedichten bekannten Londoner Buchhändlers, sowie auch einer, jetzt veralteten, Grammatik (und Stilistik); BYRON:

    To thee, with hope and terror dumb,
    The unfledged M S authors come;
    Thou printest all and sellest some,
        My Murray!

    Zu dir, das Herz von Ängsten schwer,
    Strömt hoffend das Skribentenheer,
    Verkaufst ja viel und druckst noch mehr,
       O Murray!

muscle-grinder (mö'ßl-gnaīn-d⁸ᵛ) Turnen: Armwelle.

mush P (mösch) [abgekürzt aus mushroom Schwamm] Regenschirm.

mush-faker P (mö'sch-fē⁶-⁶⁸) Regenschirmflicker.

mushroom † (mŏ'ĵch-ꞃūm) ein pilzartiger Damenhut; P Regenſchirm.

musical chairs (mju̅'-ſⁱ-kᵉl tĵchā̋''ĵ) Geſellſchaftsſpiel: Man ſtellt die Stühle des Zimmers in eine Reihe und zwar einen weniger, als es Mitſpielende ſind. Dann wird auf dem Klavier geſpielt, während die Geſellſchaft um die Stühle ſpaziert. Plötzlich hört die Muſik auf; dann ſtürzt alles auf die Stühle los, und der, welcher leer ausgegangen iſt, wird ausgelacht.

muslin ſ (mŏ'ſ-lⁱn) Frauenzimmer (*Sl. Dict.*).

musn't (mŏſnt) P ſtatt must not; ~it ſtatt must it not nicht wahr, ſo muß es ja (ſein u. ſ. w.)?

muster (mŏ'ß-tˢʳ) 1. *s.* [Muſterung]: ſ to pass ~ (noch) gerade) gut genug ſein, hingehen. — 2. *v.* [muſtern]: ſ he could not ~ five shillings er hatte im ganzen keine fünf Mark aufzuweiſen, beſaß keine fünf Mark.

mute (mju̅t) *s.* [Stummer] bei Begräbniſſen: angeworbene(r) Begleiter des Leichenwagens; ſ they stood there like ~s ſie ſtanden ſtockſteif, ohne ein Wort zu ſagen, da.

mutton (mŏtn) [Hammelfleiſch]: a) ſ to give one the cold shoulder of ~ einen verächtlich, herabſchätzend behandeln (vgl. cold). b) P ~ headed (GROSE) dumm; ~ dressed lamb-fashion aufgedonnerte Alte. c) ſ ~ in long coats Weibsbild;

a leg of ~ in a silk stocking Mädchenware; ~ monger (GROSE) Weibernarr, Hurenjäger.

mutton-chop-whiskers ſ (mŏ'tn-tĵchŏp-hwi̅'ß-kᵉĵ) kotelettenartige(r) Backenbart. Vgl. das franzöſiſche côtelettes.

mutton-fist ſ (mŏ'tn-fiß̌t) große, ſchwere, rote Fauſt.

mutton-fisted ſ (mŏ'tn-fiß-tⁱd) mit grober, wuchtiger, roter Fauſt.

Muttons ♀ (mŏtnĵ) (gewöhnlich Mttons) Börſe: türkiſche Anleihe (1865) auf Schafherden.

muzzle P (mŏĵl) [Schnauze] Maul, Geſicht, Bart.

muzzler P (mŏ'ĵ-lⁱĵ) Schlag ins Geſicht (GROSE).

muzzy P (mŏ'ſ-ſⁱ) abgeſtanden; beduſelt.

my (mai̅ und mⁱ) [mein] elliptiſch: my! ſtatt my eye! oder my goodness! Potztauſend! euphemiſtiſch: at my aunt's im A B, fig. ſ bei Tante Meier; ſ my nabs ich (ſ. his nabs); P my tulip mein Herzallerliebſter; P my uncle's = at my uncle's (vgl. mine).

mylord (mⁱ-lo̅'ᵈ, P mⁱ-lŏ'ᵈ) † Herr Buckel! ſ. lord.

mynt (mⁱnt) [Münze] Old Cant: Geld. S. auch mint.

mystery (mⁱ'ß-tⁱ-ꞃⁱ), ſ. bags of mystery.

N.

'n P ſtatt than: more 'n mehr als.

nab (nȧb) 1. *v.*: a) P erwiſchen, feſtpacken: I can hunt down a burglar and nab him (SIMS) ich kann einen Dieb einfangen und feſtpacken; he swore he'd have me nabbed (*King of the Beggars*) er ſchwur, er würde mich arretieren laſſen. b) ſ to nab the rust (*Sl. Dict.*) ſich beleidigt fühlen. c) Old Cant: nabbing chit (*The Thieves' Grammar*, 1719) Galgen. — 2. *s.* ſ Kopf; Old Cant: nab-cheat Hut.

nabrood (nȧ'ⁱ-bꞃᵘᵈ) P ſtatt neighbourhood Gegend, Stadtteil.

nabs ſ (nȧbſ) Perſon; ſ. his, my.

nail (nⁱl) 1. *s.*: [Nagel]: a) ſ to pay on the ~ auf einem Brett bezahlen, bar berappen; ~ in one's coffin: a) großer Kummer, fig. ſ Nagel zum Sarge, b) P ſcherzhaft: Schnäpschen; it froze as hard as ~s es hat Stein und Bein (zuſammen) gefroren; as dead as a ~ mausetot:

8*

And there he hung
Till he was dead
As any nail in town.
(Tomas Hood's *Comic poems*.)
Dort hing er,
Bis er war so tot
Als wie der kälteste Stein.
Bei Shak., *Henry VI*, 2. Teil, Aft 4: as dead as a door-nail]. b) Г Gauner, besonders einer, der Schulden macht; a dead ~ ein abgefeimter Schurke, einer, der betrügerische Wetten eingeht. — 2. *v.*: a) P [nageln] (jemand) beim Worte halten; (etwas) stibitzen, mausen; b) Г festnehmen; arretieren; ~ the rent bezahlen, berappen; c) ⚔ to ~ a gun eine Kanone vernageln.

nailing (ne'-lhn⁸) *adv.* Sport: sehr; a ~ good two-year-old ein vorzügliches, zweijähriges Füllen.

nailor Г (ne'⁶-l¹⁸) Abneigung, Vorurteil: don't think I've a ~ on business-chaps (*The Boy's Own paper*) glaub' ja nicht, daß ich gegen Handlungsdiener etwas einzuwenden habe.

name (nēm) [Name] scherzhaft: a nice ~ to go to bed with was für ein sonderbarer Name! Г how, in the ~ of fortune, am I to do it? beim heil'gen Nepomuk, wie soll ich's nur machen? [Amerikaner sagen gern in demselben Sinne: how, in the ~ of wonder].

nammus (nä'm-m¹ß) Coster-Slang: ~! mach dich fort! Г let's ~! laß(t) uns fort!

nancy Г (nä'n-ß¹⁸) [Nancy Ännchen] Hintere(r) (Grose).

nanny-shop Г (nä'n-n⁸-schöp) [Nanny Ännchen] verrufenes Haus, Bordell (*Sl. Dict.*).

nantee, nanti (beides: nä'n-t⁸) [Lingua Franca; it. niente; *Sl. Dict.*] Schauspieler-Slang und P ich habe nichts, kein ...

nantee palaver Г (nä'n-ti pⁱ-lā''-w⁸) schwatz nicht! halt's Maul! laß dein Gewäsch!

nantz † (nänß) Cognac.

nap (näp) 1. *v/a.*: a) Boxersprache: einen Schlag versetzen: he napped him a heavy one on the knowledge-box er gab ihm einen schweren Schlag auf den Hirnkasten. b) Г to nap one's bib heulen, jammern; to nap the regulars die Beute teilen. Zuchthaus: to nap the teaze gepeitscht werden. — 2. *v/n.* Sport: to nap it einen Schlag erhalten, geschlagen werden; Г to nap falsch würfeln. — 3. *s.* Old Cant: Hut (Grose).

nap-nix (nä'p-nifß) [Kriegnichts] Theater: einer, der unentgeltlich mitspielt, Dilettant.

napper (nä'p-p⁸) Old Cant: Kopf, Hut.

nark Г (naſ) Häscher (*Sl. Dict.*).

nase (nēß) (Old Cant, Th. Harman) = nazy.

nash (näsch) Old Cant: durchbrennen.

nasty P (na'ß-t⁸) übelgelaunt, bösartig.

nation Г (nē'⁸-sch⁸n) abgekürzt aus damnation oder tarnation: verflucht! verdammt!

natives Г (nē'⁶-tiwß) [Eingeborene] Einfaltspinsel.

nat'ral (nä't-n²l) P statt natural und naturally.

natty (nä't-t⁸) Г zierlich, gewandt; Г ~ lads junge Diebe.

natural Г (nä't-j⁸-ʀ²l, P nä't-sch⁸-ʀ²l) *s.* Blödsinnige(r).

nazy (nē'⁶-j⁸), **nazzy** (nä'j-j⁸) Old Cant: besoffen (*The Scoundrel's Dict.*, 1754).

near (nī⁸) 1. *a.* [nahe] Sport: the ~ side (of a horse) die linke Seite (eines Pferdes); f. off; P knauserig, filzig. 2. *adv.* statt nearly: it won't seem ~ so hard es wird nicht halb so schwer erscheinen. — 3. *prp.* [nahe bei]: you're very ~ the mark du hast's beinahe getroffen, du bist nahe dran.

neat P (nīt) von Branntwein: unverdünnt, rein.

neat's leather † (nī''tß lⁱ'dh-⁸ʳ): as proper men as ever trod on ~ (Shak.) so brave Menschen wie nur je auf Gottes Erdboden gewandelt sind [man vgl. das moderne: as good as man as ever trod shoe-leather].

neb P † (nĕb) [Schnabel] Mund, Gesicht.

neck (nĕf) [Hals]: Г you'll get your ~ stretched du wirst noch an den Galgen kommen; scherzhaft: to wash one's ~ sich die Gurgel spülen; Sport: Halslänge (eines Pferdes): to win by a ~ um eine Halslänge gewinnen; they

came in ~ and ~ ſie kamen genau
zu gleicher Zeit (Kopf an Kopf) durchs
Ziel [ſ. dead]; F ~ or nothing [urſpr.
auch ein Sport=Ausdruck] verzweifelt, auf
einen Wurf; P to turn a fellow out
~ and crop einen mit Gewalt an die
Luft ſetzen; to go ~ and heels into
a thing ſich mit aller Wut auf etwas
werfen, etwas mit voller Luſt beginnen.

neck-basting F (nĕ′f-bā²g̃-tĭnᵈ) Gurgel=
ſpülen, Saufen, Kneipen.

neck-beef P (nĕ′f-bīf) [Halsſtück des
Ochſen; da dieſes ſehr ſehnig und zähe, ſo
liefert es nur Braten von ſehr geringer
Qualität] Gemeinheit, Grobheit, Fle=
gelei (*Sl. Dict.*).

neckinger P (nĕ′f-ĭn-dG²) Halstuch.

neck-oil F (F nĕf-aī′l ſtatt ~-ōï′l) Bier,
Schnaps ꝛc. [überhaupt Getränke, mit denen
der Menſch ſeine Gurgel vor dem Trocken=
werden ſchützt].

neck-weed (nĕ′f-wīd) [Halskraut] Old Cant:
Hanf [ein Kraut für „Galgenſtricke“].

ned F (nĕd) Guinee, 21 Mark (*Sl. Dict.*).

neddy (nĕ′d-ĭ·) [Neddy Eduard] P Eſel;
F Totſchläger.

needful F (nī′d-fᵘl): the ~ die nötige
Barſchaft, das nötige Geld; to show
the ~ bezahlen, berappen.

needle (nīdl) 1. *s.* [Nadel]: a) F to be as
sharp as a ~ ſehr klug, ſchlau, ge=
wißt ſein. b) P to cop the ~ (*Sl.
Dict.*) ſich verletzt, gekränkt fühlen. —
2. *v.*: a) F reizen, aufbringen: ~d
ärgerlich, gereizt. b) P † feilſchen mit ...
(GROSE).

needle-and-thread F (nībl-ᵎnd-*thnĕ′d*)
Rhyming Slang ſtatt bread.

needle-point F (nī′dl-pōïnt) [Nadelſpitze]
Gauner (GROSE).

needy-mizzler F (nī′-d-mĭⁿ²ſ-[ᵉ) Lump,
Vagabund, der dem Wirt nicht bezahlt;
ſ. mizzle.

negro-delineator (nī′-gnō-dⁱ-lĭⁿⁿ-jĕ-tĕ²)
Music Hall: ſchwarzer Künſtler, der ſeine
luſtigen Lieder auf der Negerguitarre
begleitet. — S. negro-melodist und
banjoist.

negro-melodist F (nī′-gnū-mĕⁿⁿl-ᵎ-dĭ²t)
ſcherzhaft: ſtatt Christy minstrel ſchwarzer
[oft nur ſchwarz angeſtrichener] Sänger,
muſikaliſcher Neger.

neither P (naī′-*dh*², bisweilen nī′-*dh*²) ſtatt
either und dazu noch: he don't make
the best of 'em ~ (GREENWOOD) auch
weiß er ſie nicht gut auszunutzen; nor
I ain't no ways proud ~ (*All the
Year round*) auch bin ich durchaus
nicht hochmütig.

nem. con. (nĕ′m kŏn) [abgekürzt für ne-
mine contradicente] Parlament: ein=
ſtimmig.

nerve (nŏ′w) 1. *s.* F he hasn't got the ~
er hat nicht den Mut. — 2. *v.* F to ~
oneself Mut faſſen; Roman: all that
he had ~d himself to say alles was
er den Mut in ſich fühlte zu ſagen.

nerver P (nŏ′-w²) eins für den Durſt,
Magenlikör.

net (nĕt) 1. *a.* ⚓ netto: net cash bares
Geld. — 2. *v.* Sport: verdienen: he
~ted a monkey er ſteckte fünfhundert
Pfund ein. — 3. F Back-Slang ſtatt ten:
~ gen ſtatt ten shillings (10 Mark);
~ rith gen ſtatt thirteen shillings
(13 M.); ~ roaf gen ſtatt fourteen
shillings (14 M.); ~ evif gen ſtatt
fifteen shillings (15 M.); ~ exis gen
ſtatt sixteen shillings (16 M.); ~ nevis
gen ſtatt seventeen shillings (17 M.);
~ theg gen ſtatt eighteen shillings
(18 M.); ~ enin ~ ſtatt nineteen
shillings (19 M.); ~ yanneps ſtatt
ten pence (⅚ M.). [Dieſe Bezeichnungen
der Geldſorten bilden den bei weitem nützlichſten
Teil der geheimen Sprache des Londoner Coster
und werden von ihm mit Vorliebe verwandt.
S. auch die Vorrede über Back-Slang, ſowie
die Artikel nevele und nevis].

nettled F (nĕtld) gereizt, verdrießlich (vgl.
needle 2 a).

nevele F (nĕ′w-ᵉl) Back-Slang ſtatt eleven:
~ gen ſtatt eleven shillings (11 M.);
~ yanneps ſtatt eleven pence.

never (nĕ′w-ᵃᵣ) [nie] F ſprichw.: a better
man ~ trod shoe-leather einen beſ=
ſeren Mann hat's nie gegeben; ſ. auch
neat's leather und vgl. Claudius:

Es war ein Mann, nehmt alles nur in allem,
Ihr werdet nimmer ſeinesgleichen ſehen.

you ~ mean to tell me that ... du willſt doch nicht etwa ſagen, daß ...; he's ~ the one to pay er bezahlt nie; elliptiſch: I ~ ſo was habe ich in meinem Leben nicht gehört! P bekräftigend: ~ trust me if ... ich will ein Schurke heißen, wenn ...; doppelte Verneinung: I ~ got no farther weiter bin ich nie gekommen; mit ſo auch noch ſo: be it ~ so little [ſtatt ever so little] iſt es auch noch ſo wenig; he would rather walk his boots clean off his feet, though with ~ so forlorn a prospect (GREENWOOD) er würde ſich, wenn auch mit noch ſo wenig Ausſicht, lieber die Sohlen an den Füßen ablaufen.

never fear ſ (nĕ′w-ᵌ fĭ″) Rhyming Slang: ſtatt beer.

nevis ſ (nĕ′w-iß) Back-Slang ſtatt seven: ~ gen ſtatt seven shillings (7 M.); ~ yanneps ſtatt seven pence; ~ stretch ſieben Jahre Zuchthaus.

newcome ↓ (njū-ḳŏ′m) neuer Ankömmling.

Newgate (njū′-gĕt, P nū′-gⁱt) [Zuchthaus der City]: P ~ bird Galgenvogel; ~ knocker [Thürhammer des Zuchthauſes] ein (bei Costers und Dieben beliebtes) unter dem Ohre hervorſtehendes Löckchen; ſprichwörtlich: as black as ~ knocker ſo ſchwarz wie die Nacht.

Newgate fringe ſ (nū′-gⁱt fni″ndᴳ), **Newgate frill** (nū′-gⁱt fni″l) Bart unter dem Kinn, der eine fatale Ähnlichkeit mit der von "Jack Ketch" dem Galgenvogel anzulegenden Halsbinde beſitzt. S. auch hempen cravat.

Newmarket (njū-maʳ′-ḳⁱt) ein (in Sportberichten häufig erwähnter) ſeiner Pferderennen wegen bekannter Platz.

newspaper boys ſ (njū′j-pⱸ-pᵉʳ bŏij) Zeitungskolporteure.

newspaper-clipper * (njū″j-pⱸ-pᵉʳ-ḳli″p-pᵉʳ) einer, der Zeitungsparagraphen und Inſerate für Geſchäftszwecke ausſchneidet und ſammelt.

newspaper coves P (njū′j-pⱸ-pᵉʳ ḳŏwj) **newspaper men** ſ (njū′j-pⱸ-pᵉʳ mĕn) Journaliſten.

newsy ſ (njū′-j-) voller Neuigkeiten, beſ. a ~ letter.

next ſ (nĕḳßt) [nächſt]: ~ door to nothing faſt nichts; ſcherzhaft: ~ door to

the twenty thousand faſt gewonnen; ~ to impossible beinahe unmöglich.

nib (nib) Old Cant: feiner Herr (GROSE).

nibble (nĭbl) 1. v. [nagen, anbeißen]: ſ kleine Schelmereien verüben, mauſen. — 2. s. [Anbeißen] Angler: a glorious day for a ~ ein prächtiger Tag zum Angeln; P erſte(r) Verſuch.

nibbler ſ (nĭ′b-lⁱ) Burſche, der kleine Diebereien verübt (vgl. nibble 1).

nib-cove ſ (nĭ′b-ḳŏw) = nib.

niblike ſ (nĭ′b-laik) vornehm, elegant, fein.

nibs ſ (nĭbß) Perſon; Cirkus: let's clem his ~ wir wollen ihn durchprügeln. — S. nabs.

nibsome ſ (nĭ′b-ß°m) = niblike.

nice P (naiß): the bread is ~ and new das Brot iſt recht friſchgebacken; ~ and wide gehörig weit.

nice-mouthed (naiß-maŭ′dhⁱ) wähleriſch (im Eſſen und Trinken).

Nick P (nik): the old ~ der Teufel (vgl. old).

nick ſ u. P (nik) 1. v. ſtehlen; Pferdehandel: angliſieren, durch eine kleine Operation ein ſtolzes Tragen des Schweifes erzielen; P treffen, gewinnen: he's ~ed it (Sl. Dict.) er hat's getroffen. — 2. s. on the ~ am Stehlen, Mauſen, auf Gaunerei aus.

nicker (nĭ′f-ᵉʳ) Schüler-Slang: Dieb.

nidget ↓ (nĭ′d-gⁱt) Feigling (SMYTH).

nig (nig) 1. s. Blue-coat School: Streich, Schlich; Old Cant: das von Münzen abgeſchnitzelte Gold oder Silber. — 2. v. Old Cant: Geld beſchneiden (GROSE).

nigger (nĭ′g-gᵉʳ) [Neger]: ſ to work like a ~ arbeiten wie ein Pferd, wie ein Sklave; ironiſch: where the good ~s go zum Henker; ↓ ~'s sleep leichter Schlaf, fig. nur mit einem Auge.

niggle (nĭgl) Old Cant: v a. beſchlafen, beiwohnen; v/n. I'll ~ with you (The Roaring Girl, 1611) ich will bei dir ſchlafen.

nigh (nai) a., adv. und prp. P ſtatt near nahe, naſebei; you wouldn't get a ~er fit, if you was measured (A *little Ragamuffin*) du würdest nichts Passenderes bekommen, selbst wenn dir's angemessen würde; ~ on thirty years (*All the Year round*) an 30 Jahre; ~ the churchyard nahe beim Kirchhofe.

night-cap (naī't-käp) [Schlafmütze] F Schlaftrunk, Schlummerpunsch (vor dem Schlafengehen); bei den alten Dramatikern: liederliche(r) Kerl; F Mütze, die dem Verbrecher vor dem Gehängtwerden über den Kopf gezogen wird (HOPPE); horse's ~ Strick zum Gehängtwerden; to die in a horse's ~ am Galgen enden.

night-hunter F (naī't-hön-t') Wilddieb.

night-shade (naī't-scheb) [Nachtschatten] Old Cant: Straßendirne (*Beaumont & Fl.*).

night-snap (naī't-snäp) Old Cant: Hausdieb.

night-work † (naī't-wö̈rf) Ausleeren der Gruben.

nigmenog (nī'g-mē-nòg) Old Cant: Dummkopf (GROSE).

uil F (nīl) halb.

nil desperandum (nīl dē'š-pĕ-nä''n-d'm) [lat.] statt des gew. never say die nur nicht verzagt! sprichwörtlich: Mut verloren, alles verloren.

nim (nim) Old Cant: stibitzen [schon bei den alten Dramatikern; s. Vorrede, Quellen, W. SHAKESPEARE].

nimini-pimini P (nī'm-ĕ-nē-pī''m-ĕ-nē) winzig, niedlich.

nimming (nī'm-mīn) Old Cant: Dieberei.

nincom F u. P (nī'nə-t'm), **nincom noodle** (nī'nə-t'm nū''dl) [abgekürzt aus nincompoop, statt des juristischen non compos mentis] Unzurechnungsfähige(r), Blödsinnige(r); einfältige(r) Tropf.

nine (naīn) [neun]: a) F a ~ days' wonder die Hauptbegebenheit des Tages, das, was die Welt eine Woche lang in Erstaunen setzt; sprichwörtlich: ~ tailors make a man neun Schneider gehen auf einen Mann; s. ninth; b) P ~ corns eine Pfeife voll Tabak; as right, sure as ~ pence [statt nine pins] ganz richtig, sicher; ~ winks (of sleep)

Schläfchen (vgl. forty); c) F ~ shillings [statt nonchalance; *Sl. Dict.*] Dreistigkeit.

nines (naīnš) *math.*: casting out the ~ Neunerprobe; P to be dressed, togged up to the ~ pitfein gekleidet sein.

nineteen (naī'n-tīn) [neunzehn]: P to talk ~ to the dozen unmäßig schwatzen.

ninety-nines F und P (naīn-tĕ-naī'nš): to be dressed up to the ~ aufgedonnert, fein geputzt sein. — S. nines.

ning-nang F (nī'n-nän) schlechtes Rennpferd (*Sl. Dict.*).

ninny (nī'n-nə), **ninny-hammer** (nī''n-nē-hä'm-m'r) P Pinsel, Tropf; Caliban: What a pied ninny 's this (SHAK., *Tempest* III, 2) was für ein schiechiger Narr ist das!

ninth (naīnth) [neunt] scherzhaft: the ~ part of a man ein Schneider (vgl. nine).

nip (nip): 1. *s.*: a) F as white as nip so weiß wie Schnee; b) P Schluck: she took a long and hearty nip (*A little Ragam.*) sie that einen langen, herzhaften Schluck; c) F Kniff; Gauner. — 2. *v.*: a) F stehlen; Old Cant: to nip a bung eine Börse angeln; b) fangen: There's no justice Lippus Will seek for to nip us (BEN JONSON) Kein Richter Lippus Wird suchen uns zu schnappen.

nipper (nī'p-p'r) 1. *s.*: a) F fröstige(r) Tag. b) P Bub (besonders der Bursche eines Coster); junger Dieb. c) F Polizist: dowse the glim, here come the ~s (*A little Ragamuffin*) macht's Licht aus, die Polizei kommt! — 2. *v/a.* = nab.

nippers (nī'p-p'rs) Old Cant: Handschellen (GROSE).

nippy (nī'p-pə) Sport: robust, F was einen Puff vertragen kann.

nisi-prius (naī'-šaī-praī''-üš) Advokatenslang: langweilige, pedantisch gehaltene Rede. — S. niz-priz.

nix (niks) [deutsch: nichts] F nichts: to grub for nix umsonst essen; F nix my dol gar nichts [Refrain eines bekannten Gaunerliedes]. S. in der Vorrede unter den Musterstücken "Jerry Juniper's Chant".

nixey (nĭ'ĭ̄-•) Cirfus: nein, nicht; ~ weeden! redet nicht! haltet's Maul! S. nix.

niz-priz (nĭ'j-prĭs) Gerichtswesen: ſtatt nisi prius Gericht für Zivilklagen.

nizzie (nĭ'ĭ̄-ĭ•) Old Cant: Narr, Dummkopf (*Sl. Dict.*).

no (nō) [fein]: a) F there was no such thing das war durchaus nicht der Fall; in less than no time in ſehr kurzer Zeit; ſprichwörtlich: no news good news die beſte Neuigkeit iſt keine Neuigkeit; no rest for the wicked [ſagt man, wenn man oft hintereinander aufſtehen muß] man hat doch nie Ruhe; ſ. auch old shoes. b) P (doppelte Negation): I didn't want no tellin' das brauchte mir keiner zu ſagen; whether or no ob oder ob nicht; I can't say whether or no ich kann weder ja noch nein ſagen; ſ. end.

nob (nŏb) 1. s.: a) F hohe Perſönlichkeit: a great nob ein feiner Herr. b) P Kopf: who's cracking my nob? wer ſchlägt mir auf den Schädel? c) fahrende Künſtler: to do a nob mit dem Hute Geld einſammeln; ſ. bob. — 2. v. Straßenkünſtler: Geld ſammeln: to nob the glazes vor den Fenſtern mit dem Hute Gaben ſammeln.

no-ball (nō'-bāl) Kricket: gegen die Spielregeln geworfene(r) Ball.

nob-a-nob (nŏb-å-nŏ'b) vertraulich, freundſchaftlich: we must have a ~ glass together (AINSWORTH, *Rookwood*) wir müſſen ein Gläschen in Freundſchaft trinken.

nobba (nŏ'b-ba) [it.: nove] Orgeldreher= Slang: neun (*Sl. Dict.*).

nobber (nŏ'b-b•) Boxer=Slang: Schlag auf den Kopf (vgl. nob 1b).

nobbing (nŏ'b-bĭn•) fahrende Künſtler: Geld= ſammeln (vgl. nob 1c u. 2).

nobbing-cheat (nŏ'b-bĭn•-tſchīt) Old Cant: Galgen.

nobble (nŏbl) a) F Parlament: überreden, für ſich gewinnen, auf ſeine Seite ziehen. b) P betrügen, prellen um. c) Sport: (ein Pferd durch Gift u. ſ. w.) untauglich für ein Wettrennen machen.

nobbler (nŏ'b-l•) P ⚮ Betrüger; Boxer= Slang: entſcheidende(r) Schlag; F Ver-

bündete(r) beim Haſardſpiele, der die Opfer ins Garn zu locken verſteht.

nobby F (nŏ'b-b•) fein, nobel.

nob-thatcher (nŏ'b-that-ſch•) [Kopfdach= decker] Old Cant: Perückenmacher (GROSE).

nobody (nō'-b•-d•) [niemand]: F they 're ~ particular die ſind von ganz gewöhnlicher Art, Herkunft; euphemiſtiſch: she's ~ die iſt nicht weit her, das iſt keine ſaubere Perſon!

nocky boy P † (nŏ'f-• bŏi) einfältiger Menſch (GROSE).

nod (nŏd) s. [Kopfnicken, Wink]: † to go to the land of nod einſchlafen; ſprichwörtlich: a nod is as good as a wink man braucht (bei ihm u. ſ. w.) nicht mit dem Zaunpfahl zu winken.

noddy P † (nŏ'b-d•) Dummkopf (GROSE).

no-fear P (nō-fī') [keine Furcht] ich werde mich ſchwer hüten! You think I shall tell him? ~! Glaub' nur ja nicht, daß ich's ihm ſagen werde!

no-flies P (nō-flāi'ſ) [keine Fliegen]: and ~ ſtatt des gewöhnlichen and no mistake ohne Zweifel.

no-fly (nō-flāi') Drucker=Slang: verſchmitzt, verſchlagen. — S. fly.

no-go P (nō-gō') erfolglos, unwirkſam: all his fine plans were ~ all ſeine ſchönen Pläne ſind zu Waſſer geworden.

no-good P (nō-gud') nutzlos: it would be ~ him referring to a crib like this (JAMES GREENWOOD) es würde ihm wenig helfen, wenn er ſich auf ein Haus wie dieſes da beziehen wollte; all what I did was ~ was ich auch thun mochte, es nützte nichts.

nohow P (nō'-hāu) P ſtatt not anyhow auf keinerlei Weiſe; ſtatt anyhow: 'e couldn't do it ~ er konnte es ſchlechterdings nicht thun; she looked ~ ſie ſah verkommen, nachläſſig gekleidet aus.

no-howish ⚓ (nō'-hāu-lſch) unwohl, im Vorſtadium einer Krankheit.

nokes (nŏkſ) = noddy.

noli-me-tangere F (nō'-lat-mĭ-tä"n-dg̃•-n•) [lat.: rühr' mich nicht an] Krätze. — S. auch Scotch fiddle.

nominal † (nŏ'm-•-n•l): ~ soldier Soldat „auf Papier", für den zwar der

Oberſt Löhnung bezog, der aber längſt gefallen war, oder nie in Fleiſch und Blut exiſtiert hatte.

non (nŏn) in Zuſammenſetzungen: Nicht=, Miß=, Mangel an u. ſ. w.; z. B.: ~ success Mißerfolg.

nonce P (nŏnß) Vernunft: there's no ~ about him er iſt ſchwer von Begriffen.

non-com (nŏn-kŏ'm) ✕ ſtatt non-commissioned officer Unteroffizier.

non-con (nŏn-kŏ'n) kirchlich ſtatt Non-Conformist Diſſenter; ſ. chapelite.

none (nŏn) [kein]: a) F ~ of your new-fangled ideas for me bleib' mir mit deinen neumodiſchen Ideeen vom Leibe; I am ~ the wiser for it ich bin dadurch um kein Haar klüger geworden; ~ too soon keine Minute zu früh. b) P ~ the less ſtatt nevertheless nichtsdeſtoweniger: 'e done it ~ the less er hat's trotz alledem gethan.

nonesuch (nŏ'n-ßötſch) [non-pareil] ironiſch: he's Mr. ~ ſo einen gibt's nicht mehr.

non-plus F (nŏ'n-plŏß): to catch a person on the ~ jemand überraſchen.

no odds F (nŏ ŏ'dſ) ſchad't auch nichts, P das iſt mir ſchnuppe.

noom F (nūm) Back-Slang ſtatt moon.

noose P (nūß) [Schleife, beſonders am Ende eines Strickes]: to slip (one's head) ont of the hangman's ~ mit genauer Not dem Galgen entgehen.

noosed, noozed (beides: nūſd) F gehängt; verheiratet (Grose).

nor P (nŏr und nö'r) [noch, auch nicht]: a) ſtatt than: there's them as uses a patient porter worse nor a dirty, dog-leaved Bradshaw (*Daily Telegraph*) es gibt Menſchen, die einen geduldigen Eiſenbahnbedienſteten ſchlimmer behandeln, als ein ſchmieriges, zerknittertes Reiſehandbuch. b) doppelte Negation: nor never ſtatt nor ever auch nie: nor never none shall mistress be of it (*Twelfth Night*) auch keine andre ſoll je Herrin davon ſein; nor to no Roman else (*J. Caesar*) auch keinem andern Römer.

nork F (nŏf) Spion, Häſcher: coppers' ~s Polizeiſpione. — S. auch nark.

north (nŏrth) a. [vom Norden] P verſchmitzt [north-country men, beſonders Yorkshire

men werden von Süd=Engländern für ſchlau und verſchlagen angeſehen; *Sl. Dict.*].

nor'wester (nŏr'-wĕ'ß-t'r) ſtatt north-wester Nordweſtwind; ↓ Grog, Schnaps.

nose (nŏß) 1. *s.* [Naſe]: a) P to put one's ~ in the manger (*Sl. Dict.*) ſich zum Eſſen hinſetzen; he put your ~ out of joint [wohl von Tournieren hergenommen] *fig.* er hat dich ausgeſtochen; to shove one's ~ in ſich vordrängen. b) F Spion, Angeber. c) Waſſerſport: the ~ (of the boat) der vordere Teil (des Kahnes). — 2. *v.* P riechen; auskundſchaften; zeugen (gegen). S. pay.

nose-and-chin F (nŏß-änd-tſchi'n) Rhyming Slang ſtatt (des Cant-Wortes) winn Penny.

nose-bag (nŏ'ß-bäg) [Futterbeutel] Kellner-Slang: einer, der ſein eigenes Eſſen mitbringt (*Sl. Dict.*).

nose-cough F (nŏ'ß-kŏf) [Naſenhuſten] Verſtopfung in der Naſe, und dadurch verurſachte Beſchwerlichkeit im Atmen.

nose-ender (nŏ'ß-ĕn-d'r) Boxer-Slang: Schlag auf die Naſenſpitze.

nosegay (nŏ'ß-gē) [Blumenſtrauß] Boxer-Slang: Schlag auf die Naſe; ↓ vom Marinerat beſtallte(r) Seeoffizier, dem warrant-officer entſprechend [alſo tituliert, weil Lord Melville die warrant-officers "the very flowers of the service" genannt haben ſoll, woraus dann ein Witzbold wiederum nosegay (of the service) gemacht hat. Der Ausdruck iſt übrigens veraltet].

noser (nŏ'-ß'r) Boxer-Slang: ſ. nose-ender.

noser-my-knacker F (nŏ'-ß-mi-nä'k'r) Rhyming Slang ſtatt 'backer oder 'bacco Tabak [auch verkürzt zu nose 'em].

nos-rap F (nŏ'ß-näp) Back-Slang ſtatt parson Pfarrer.

not (nŏt) [nicht] P (gewöhnlich ironiſch): not if I know it ich denke nicht dran; "Will you go there?" "Not I!" ironiſch: „Willſt du hingehen?“ „Das werd' ich bleiben laſſen!“ P überflüſſige oder doppelte Verneinung: her mother couldn't hardly speak for sobs ihre Mutter konnte vor Schluchzen kaum reden; 'e didn't give me no money er gab mir kein Geld.

not-class (nŏt-tlā'ß) Cirkus: nicht ſehr gut, von gewöhnlicher Sorte [was im allgemeinen Slang durch "not up to much" ausgedrückt wird].

nothing F (nŏ'th-ĭⁿ°) [nichts]: she's ~ to us fie ift mit uns nicht verwandt, nicht befreundet, fie ift uns gleichgiltig; he makes ~ of walking all day long den ganzen Tag zu marschieren, das ift nichts für ihn; a mere ~ eine wahre Bagatelle; ~s s/pl. F nichtsfagende Reden, leere Phrafen (HOPPE).

notice (nŏ'-tĭß): a) [Wahrnehmung]: F you must take no ~ of it du mußt es unbeachtet laffen; he took no ~ of us er hat fich gar nicht um uns bekümmert. b) [Kündigung]: F to have ~ to quit (GROSE) am Sterben liegen.

not-out (nŏt-au't) s. Kricket: Spieler (auf Seiten der verteidigenden in-party), der noch nicht ans Schlagen (batting) gekommen ift (who has not had his innings).

nought P (nŏt) nichts: I don't see ~ of him (*Almost lost*) ich kann ihn nicht fehen.

nous (nauß) in Zeitungen u. f. w.: Verftand. — S. nous-box.

nous-box (nau'ß-bŏtß) [griechisch: νοῦς Verftand] Boxer-Slang: Kopf, F Verftandeskaften (GROSE).

now F (nau) [nun]: well, ~ nun denn! what will he say ~ was wird er dazu fagen? ftatt now that jetzt da: ~ he's gone they play all sorts o' pranks jetzt, feitdem er fort ift, fpielen fie alle möglichen Streiche.

nowhere F (nŏ'-hwā°) [nirgendwo] unbedeutend: his new play is ~ fein neues Stück zieht nicht [urfpr. ein Sportausdruck, befonders von Pferden].

nub (nŏb) † Hals (GROSE); F nubbing Gehängtwerden.

nug (nŏg) † Liebchen; F nugging house Bordell (GROSE).

nuisance P (nju'-ßⁿß, P nū'-ßⁿß) [Befchwerlichkeit]: he's a regler ~ er macht uns beftändig Verdruß; er ift immer im Wege, *fig.* ift uns ein Dorn im Auge.

nulling cove P † (nŏ'l-lĭnⁿ kⁿw) Boxer (GROSE).

nullity suit (nŏ'l-lĭⁿ-tⁿ ßūt) juriftisch: Klage wegen Ungiltigkeit der Ehe.

number one (nŏ'm-bⁿⁿ wŏ"n) [Nummer eins] fcherzhaft: felbft, (meine) eigene Perfon: to look well after ~ fich nichts abgehen laffen.

number-sixes F (nŏ'm-bⁿ-ßĭ"kßⁿ-ĕⁿ) Löckchen der Costers in Geftalt der Ziffer 6, P Sechferlocke [auch cow-lick].

nunnery F (nŏ'n-nⁿ-nⁿ°) [Nonnenklofter] Bordell (GROSE).

nurse (nⁿ'ß) [pflegen]: a) F to ~ one's cold eine Erkältung kurieren, durch Pflege loszuwerden fuchen; to ~ the baby den Säugling in den Armen halten; das Kind fäugen; ~ one's knee die Beine über einander fchlagen; b) F prellen (GROSE).

nut (nŏt) I. s. [Nuß]: a) P Kopf: f. cocoa-nut; b) F I've a nut to crack with him ich habe ein Hühnchen mit ihm zu pflücken; c) P as sweet as a nut blank und rein (geputzt), F wie aus dem Ei gepellt; d) to be nuts for ... angenehm fein für ...: that was what Scrooge called nuts to him (DICKENS) das war ihm, wie S. fich ausdrückte, Waffer auf feine Mühle; e) to be nuts on ... verliebt fein in ...: I can't say I'm nuts on that fashion (*Punch*) ich kann nicht behaupten, daß ich in die Mode verliebt bin; she's dead nuts on him fie ift in ihn rein verfchoffen, vernarrt. — 2. v. † flattieren, fich einfchmeicheln bei ... (GROSE).

nutshell F (nŏ't-ſchĕl) [Nußfchale]: you can put the whole thing in a ~, it lies in a ~ es läßt fich ganz kurz zufammenfaffen, mit zwei Worten fagen.

nutty F (nŏ't-tⁿ) lecker, füß, lieb, angenehm: my nuttiest blowen mein liebftes Mädel.

nux F (nŏkß) Gegenftand, um den es fich handelt.

nypper F (nĭ'p-pⁿ) Tafchendieb (GROSE); f. nipper.

O.

o (ō) Anhängſel, Schlußlaut in Straßenrufen: spring ungans-o! frühe Zwiebeeeeln! fresh plaice-o! friſche Schelleeeen! — S. alive-o.

o' F (ŏ) ſehr gewöhnliche Abkürzung von of: a bag o' gold ein Sad Gold.

oak (ōk) [Eiche]: F hearts of ~ (doppel- ſinnig) Herzen wie Eichen ſo feſt; altes Lied: hearts of ~ are our ships aus harter Eiche ſind unſere Schiffe; Uni- verſität: to sport one's ~ F ſeine Bude durch eine Doppelthür verſchließen [um den Studien leichter obliegen zu können].

Oaks (ōks): the ~ Sport: ein gleich dem Derby-Rennen in Epsom, aber zwei Tage ſpäter [das Derby-Rennen gewöhnlich am Mittwoch, die Oaks am Freitag] ſtatt- findendes Pferderennen.

oakum F (ō'-kŭm) [Werg]: to pick ~ [als Sträfling Werg zupfen] im Zuchthauſe ſitzen, bisweilen: im Armenhauſe ſein.

oar P (ō') [Ruder]: to put in one's oar, to shove in an oar ſich einmengen, *fig.* F ſeine Naſe dazwiſchen ſteden.

oat ⌐ (ōt) Körnchen, kleines Teilchen, Atom.

oath (ōth) [Eid] ſehr gew. Bekräftigung: upon my ~ meiner Treu! ich will's beſchwören!

oats F (ōts) [Hafer] ſprichwörtlich: he's sowing his wild ~ er thut ſich aus, er macht ſeine Jugendſtreiche, *fig.* F ihn ſticht der Hafer.

oats-and-Charley ⌐ (ōts-ănd-tſchā'-I-) Rhyming Slang ſtatt Charley Karl [früher auch Nachtwächter].

oat-stealer P (ō't-ſtī-l³r) [Haferdieb; Um- deutung von ostler] Stallknecht (*Sl. Dict.*).

o be joyful ⚓ (ō bī dᴣŏï'-f³l) [ſo ſeid froh] Schnaps.

obfuscated P (ŏ'b-fŭ̈ß-kē-t³d) ſchwer im Kopfe, F benuſelt.

obligated (ŏ'b-lī-gē³-t³d) P ſtatt obliged verpflichtet, verbunden.

oblige (ŏb-lā̈i'dᴣg) [verpflichten] Omnibus und Pferdebahn: will any gentleman ~ a lady will einer der Herren auf- ſteigen (d. h. auf die Imperiale ſteigen), einer Dame Platz zu machen?

obliquely (ŏb-lī'k-l·) [ſchräg] ſcherzhaft: he questioned us ~ er ſtellte ein Kreuz- verhör mit uns an.

obscurities (ŏp-ßkjū'-r³-t³ß) Zeitung: un- bekannte, obſkure Perſönlichkeiten.

obstropolous (ŏp-ßtnō'p-l-l³ß) P ſtatt ob- streperous eigenſinnig, widerſpenſtig.

occabot ⌐ (ŏ'k-kᴇ-bŏt) Back-Slang ſtatt to- bacco.

occasional (ŏk-kē'-G³n-³l) *s.* Schenke: für beſondere Gelegenheiten engagierte(r) Kellner.

occult (ŏk-kŏ̈'lt) Mesmerismus u. ſ. w.: the ~ room das dunkle, heimliche Zimmer.

oceans P (ō'-ſch³nß) große Menge: he's got ~ o' money er hat Berge von Gold; ſ. lots.

ochre ⌐ (ō'-k³) [Oder] Gold (*Sl. Dict.*).

o'clock P (³-klŏ'k) [Uhr]: like one ~ blitzſchnell; he knows what's ~ er weiß Beſcheid, F er kennt den Rummel.

'od (ŏd), ſ. ods.

odd (ŏd) [ungerade, überzählig] Whiſt: the odd trick der Trid, Stich über ſechs.

odd-come-shorts P (ŏd-kŏm-ſchō'tß) Speiſereſte, Überbleibſel.

odd-man (ŏd-mä'n) Ruderſport: Ruderer, der ſich für den Fall einer Krankheit oder ſonſtigen Abhaltung einen der (acht) für die Wettfahrt beſtellten Ruderer in Bereitſchaft hält, Erſatz zu leiſten.

odd-man-out ⌐ (ŏd-män-āu't) Hazardſpiel: die drei, (fünf, ſieben u. ſ. w.) Mitſpielenden ſchnellen ſämtlich Kupfermünzen in die Luft empor (man nennt dies auch skying), und wenn zwei Münzen auf der nämlichen Seite (entweder head oder tail) zur Erde fallen, so hat der dritte verloren; spielen fünf oder sieben mit, so wird es selbstverständlich schwieriger, den odd-man zu bestimmen.

odds (ŏdß) *s/pl.* [Unterschied] Sport: to have the ~ of somebody einen Vorteil vor jemand voraus haben; the ~ are in his favour er hat den Vorteil auf seiner Seite; F it's within the ~ es ist immerhin möglich; P what's, where's the ~ was schadet's denn? it's no ~ o' mine (*A little Ragamuffin*) das kann mir ganz egal sein; that ain't no manner of ~ das macht gar nichts aus; Sport: long ~ acht, zehn (oder noch mehr) gegen eins.

'ods (ŏdß), **'od** (ŏd) in Flüchen: statt God's und God: z. B. 'ods blood statt God's blood und 'od drat it statt God rot it.

O. D. V. (ō dī wī') scherzhaft statt eau-de-vie Branntwein, Spiritus.

of P (ŏw): a) als eingeschobene Partikel: you 're a-gobblin' of it up (GREENWOOD) du schlingst es ja rein auf; what are you doing of (*Our Boys*) was machen Sie? they 're takin' of her to the pit-hole (*A little Ragamuffin*) sie schleppen sie auf den Kirchhof; † (in Passivkonstruktionen statt by]: ye shall be hated of all men (Bibel) ihr sollt von allen gehaßt werden. b) ausgelassen: you, sir, what trade are you? (SHAK.) Sie, Mensch da, was ist Ihr Geschäft? what colour was her dress? welche Farbe hatte ihr Kleid? c) s. den folgenden Artikel und off of.

of a P (ŏw-ä): they were all ~ heap sie lagen in einem Haufen da; ~ Sunday(s) Sonntags; 'e didn't use to come only ~ night-time er pflegte nur des Abends zu kommen; ~ skew (statt askew) verkehrt, konfus, in Unordnung.

off (ŏf) 1. *adv.* [fort]: a) F I'm off to Folkestone ich reise nach Folkestone; it went off with eclat es ging glänzend von statten. b) P (mit cannot be) (kann nicht) umhin: I couldn't be off likin' it (*A little Ragamuffin*) ich konnte nicht anders, als damit einverstanden sein. c) dead off ganz und gar; she 'll be fainted dead off, thinks I (GREENWOOD) sie wird in eine tiefe Ohnmacht fallen, dachte ich. d) Г to have

the bags off sein Schäfchen im Trockenen haben, von seinen Renten leben. — 2. *a.* [entfernt]: a) Sport: the off horse das Pferd zur Rechten; the off side (of a horse) die rechte Seite [weil der Reiter links aufsteigt]. b) frei: an off day (auch: a day off) ein Feiertag, an off Sunday ein freier Sonntag. c) P the off chance die letzte Chance. — 3. *prp.* [fort von]: a) P off one's feed ohne Appetit [dem Stalle entlehnt]; off one's nut, one's chump, one's head verrückt. b) Г off duty am Feiern, d. h. nicht am Stehlen; off the ramparts auf und davon.

off-and-on (ŏf-änd-ŏ'n) [dann und wann] *a.* unschlüssig: an ~ sort o' chap (*Sl. Dict.*) ein unentschlossener Mensch.

off-drive (ŏ'f-draīw) *v.* Kricket: (den Ball) nach links vom „bowler" zurückschlagen.

offhand (ŏf-hä'nd) *a.* P schnell, ohne Verzug: the ~ packing (*Almost lost*) das überstürzte Packen.

offhandish P (ŏf-hä'n-dĭsch) kurz angebunden, rücksichtslos.

office Г (ŏ'f-fĭß) [Amt]: to give the ~ einen heimlichen Wink geben.

officer (ŏ'f-fĭ-ß'r) Zeitungen, sehr häufig: Schutzmann.

officialdom F (ŏf-fĭ'sch-'l-d'm) Bureaukratie.

offish P (ŏ'f-fĭsch) kalt, gemessen, zurückhaltend.

off-night (ŏf-naī't) Parlament: Abend, an welchem keine Bill von Bedeutung, insbesondere kein Regierungsvorschlag zur Beratung kommt.

off of (ŏf ŏ'w) P statt off: that takes the beauty ~ it (*All the Year round*) das verhunzt die ganze Sache.

off-side (ŏ'f-ßaīd) Fußball: Seite des feindlichen Males (besonders beim Handgemenge); s. on-side; Kricket: Seite links vom bowler.

ogle (ōgl) P Auge: Old Cant: rum ogles helle, durchdringende Augen.

ogler (ō-gl'r) Boxer-Slang: Schlag aufs Auge.

oil (ŏil) [Öl]: † oil of barley (GROSE) starke(s) Bier; oil of palms Geld, mit dem man besticht, F mit dem man schmiert. — S. palm-oil.

O. K. ♗ (ō kē') statt all correct richtig befunden!

old (ōld) [alt] P (liebkosend): my old boy (mein) alter Junge; my old girl (mein) Weibchen; the old Baily der Kriminalgerichtshof von Newgate; Sport: old Blues „alte Herren" der akademischen Ruderklubs; F old cockelorum lieber Alter, liebes Männchen! an old dog ein abgefeimter Schurke, Spitzbube; the old doss das Gefängnis von Bridewell in Blackfriars; euphemistisch: the old gentleman, old Gooseberry, old Harry, old Nick, the old 'un der Teufel; P an old hand ein durchtriebener Bursche (vgl. den besonderen Artikel Old Hand); ⚓ old horse Pökelfleisch; F old hoss Liebste(r); City-Slang: the old lady of Threadneedle-Street die englische Bank; amerikanisch: Old Probabilities, f. forecast; ⚓ old salt alter Matrose; P an old stager einer, der seine Leute kennt; old Tom Gin [auch: cat's water]; Kartenspiel: old woman's poke Mischen der Karten durch Ineinanderstecken; scherzhaft: I know you of old ich kenne dich, Spiegelberg! old shoes, up again muß man schon wieder aufstehen! [auch: no rest for the wicket].

Old Hand * (ōld hǟnd) Spitzname Gladstone's, der sich in einer kürzlich (1886) abgehaltenen Rede "an old parliamentary hand" nannte. — S. G. O. M.

Old Mother Hubbard (ōld mŏ'dh-ᵘr hŏ"b-ᵇᵘrd) Nursery Rhyme:

Old Mother Hubbard
Went to the cupboard
To get her poor dog a bone;
But when she came there,
The cupboard was bare,
And so the poor dog had none.

Die alte Frau Schwanf,
Ging an den Schrank,
Einen Knochen dem Mops zu erjagen.
Doch als sie kam hin,
War nichts mehr darin,
Da gab's denn für Mops nichts zu nagen.

Old Soldier (ōld sō'l-djᵉʳ) Gesellschaftsspiel: an die Mitspielenden werden Fragen gerichtet, bei deren Beantwortung die Wörter:

"yes, no, nay,
black, white or gray"

vermieden werden müssen. Wer sich dazu verleiten läßt, ein verbotenes Wort zu verwenden, muß ein Pfand geben.

oldsters (ō'ld-ŝtˢʳs) scherzhaft: ältere Mitglieder [nach der Analogie von youngsters].

ole (ōl) P statt old alt.

oleo ♗ (ō'-ljō) statt oleo-margerine: Oleo-Margarin, Kunstbutter.

olive-branches (ŏ"l-ᶦw-bra̤"n-tschᵉs) [Olivenzweige] scherzhaft: Kinder.

oliver (ŏ'l-ᶦ-wᵘʳ): a) P sprichwörtlich: a Rowland for an ~ Zahn um Zahn; b) F Mond: ~'s in town der Mond scheint; ~ puts his black night-cap on (Rookwood) fig. F Luna setzt ihre schwarze Nachthaube auf (der Mond versteckt sich hinter den Wolken); c) Zigeunersprache: ~s Strümpfe.

ollapod F (ŏ'l-ᶦᵃ-pŏd) Land-Apotheker.

omee (ŏ-mī') [Lingua Franca; ital. uomo Mann] fahrende Künstler: Wirt, Hausherr (Sl. Dict.).

omniophagist (ŏm-nⁱ-ŏ'f-ᵃ-dʒĭst) [lat. omnia, griechisch φαγεῖν] scherzhaft: einer, der (eine, die) alles ißt (was ihm (ihr) vorgesetzt wird).

omniumgatheram P(ŏ"m-nⁱᵘmgă"dh-ᶦ-rᵃm) scherzhaft: Mischmasch, buntes Gemenge.

on (ŏn) 1. prp. [auf]: ⚓ to be dead on end for direkt lossteuern auf; F on all hands allerseits; Sport: to get on a horse auf ein Pferd wetten; P on the loose auf dem Striche; F on the nose am Aufpassen; on the nick, on the pinch auf Diebereien aus; F on that score was das anbetrifft; P on the shelf: a) von alten Jungfern: ohne Hoffnung auf einen Ehemann; b) von Staatsmännern u. s. w.: ohne Amt (s. auch shelf); on the spree auf Abenteuer aus; 'e 's on the spree er arbeitet nicht, F er macht blau; on the tiles auf dem Nachtbummel; on the town umherlungernd. — 2. adv. u. a. Sport I'm on (Sl. Dict.) topp, ich nehm's an; P he's a little bit on er hat sich einen kleinen Spitz angetrunken; Theater: am Spielen; von Freunden: an der Reihe; at the time when Dick was on als Richard sein Freund war; P statt of (häufig bei den alten Dramatikern; SHAK.,

Tempest): Caliban: You taught me language and my profit on't Is knowing how to curse du lehrteſt mich die Sprache, und mein Gewinn iſt der: ich weiß jetzt, wie zu fluchen; I like not, Julia, this your country-life I'm weary on't (KNOWLES, *The Hunchback*, I. Act) ich mag nicht, Julie, dieſes dein ländlich Leben; ich bin es ſatt; there's 'undreds of us out, mister, as I dare say you might have 'eerd on (GREENWOOD) Hunderte von uns ſind ohne Arbeit, Herr, wie Sie das ſicherlich gehört haben werden [deute gehört dieſes on ausſchließlich der Vulgärſprache an]. — 3. P (als überflüſſige Partikel, ſ. of 1): who's that you 're meaning on wen meinen Sie damit?

once (wönß) 1. *adv.* [einmal]: F ~ in a blue moon alle tauſend Jahre einmal; ~ in a way, ~ in a while dann und wann; if I told him ~, I told him twenty times ich habe es ihm wenigſtens zwanzigmal geſagt. — 2. *conj.* ſtatt when once: F ~ he was roused, no one could stop him als er erſt einmal gereizt war, konnte niemand ihn halten.

oncoming (ŏ'n-kŏm-ĭn˚) poetiſch: herannahend: the ~ wave die heranbrauſende Welle.

on-drive (ŏ'n-dnaīw) Kricket: (den Ball) mit voller Macht nach rechts vom bowler ſchlagen.

one F (wŏn) [ein]: it's all one to me es iſt mir ganz einerlei; he's one out of a thousand ſeinesgleichen wirſt du nicht leicht wiederfinden; not one in ten would have done it nicht einer unter zehn hätte es gethan (ſ. auch den beſonderen Art. one-in-ten); you 're one too many for me du biſt mir über, zu ſtark; he's the one das iſt der (rechte) Mann; ſ. o'clock.

on'em (ŏ'n-'m) P ſtatt of them von ihnen.

one-in-ten (wŏn-ĭn-tĕ'n) Old Cant: Geiſtliche(r), der den Zehnten erhält.

one-man (wŏ'n-măn) Politit: a ~ policy [ſo nannte kürzlich Lord R. Churchill die iriſche Politik (Gladſtone's)].

one-member (wŏ'n-mĕm-b˚r) *a.* politiſcher Neologismus: mit einem Abgeordneten; ſ. single-member.

oner (wŏ'n-ĭr) P [ein] der (die) Rechte, Wahre: Job must 'ave been a ~ at patience (GREENWOOD) Hiob muß, was die Geduld anbelangt, ein Kapitalkerl geweſen ſein.

onest (wŏ'n-ĭ͞ſt) ⅃ ſtatt once einmal, einſt.

one-subject (wŏn-ßŏ'b-dʒ˚kt) Univerſität ꝛc.: ~ men Spezialiſten.

onion F (ŏ'n-j˚n) [Zwiebel] Siegel, Petſchaft.

only F und P (ŏ'n-lĭ): we ~ heard it yesterday [ſtatt we heard it ~ yesterday] wir hörten es erſt geſtern; ſtatt except: they never came, ~ on Tuesdays ſie kamen nie, ausgenommen Dienstags.

on-side (ŏ'n-ßaīd) Fußball: eigene Seite; Kricket: Seite rechts vom bowler.

on't (ŏnt) P ſtatt of it: not a bit on't ganz und gar nicht.

'ont (ŏnt) P ſtatt won't wird nicht.

onto (ŏ'n-tū) P ſtatt on auf, an: he had a strange habit of somerseting ~ him (*Nights at Sea*) er hatte eine ſonderbare Gewohnheit an ſich, Purzelbäume zu ſchlagen; it was brought ~ the table es wurde auf den Tiſch gebracht.

on'y (ŏ'-n˚) P ſtatt only nur.

ooftish F (ū'f-tĭſch) Geld.

'ooman (ŭ'm-'n) P ſtatt woman Weib.

'ooray P (ū-rĕ'˚) ſtatt hurrah! hurra!

ooze F (ūʒ): ~ out [auslaufen]: it ~d out es iſt zufällig an den Tag gekommen.

O. P. (ŏ pī') Theater: ſtatt opposite the prompter dem Souffleurkaſten gegenüber; ſ. P. S.

open (ŏpn) 1. *v./a.* [öffnen]: to ~ the ball: a) Sport: vorn, der erſte ſein; b) F den Streit anfangen; etwas zuerſt thun. *v/n.* [ſich öffnen] Schule: anfangen: the school ~ed on Monday die Schule wurde am Montage eröffnet; ⚹ Börſe: Home railways ~ed flat engliſche Eiſenbahnattien waren anfangs flau. — 2. *a.* [offen]: F I'm ~ to an offer ich laſſe mit mir handeln; the post is ~ to you die Stelle ſteht dir offen; an ~ question eine offene, unentſchiedene Frage; Sport: an ~ event

ein Rennen, zu welchem jeder sich
Meldende zugelassen wird; juristisch: ~
verdict Wahrspruch der Geschworenen
in zweifelhaften Fällen und in Ermangelung von Zeugen (HOPPE).

opium-master (ō‴-pi⁵m-ma′ß-t⁵ᵉ) im Londoner Matrosenviertel: Vorsteher eines
Opiumhauses.

opt (ŏpt) Schul-Slang: statt optimus: der
erste Schüler, der Primus omnium. —
S. auch pess.

optics (ŏ′p-t⁵fß) scherzhaft: Augen.

oracle (ŏ′ʀ-ʀᵘfl) [Orakel]: ⌐ to work the
~ etwas pfiffig anlegen; ⌐ einen Raub
aushecken.

Oranges-and-lemons (ŏ′ʀ-nᵉu-DGᵉf-ănd-
lᵉ‴m-ᵌnf) Kinderspiel: Zwei Erwachsene
reichen sich die emporgehobenen Hände. Durch
die also gebildete Pforte ziehen die Kinder
in Paaren hindurch. Dabei wird gesungen:

"Oranges-and-lemons",
(says) the bells of St. Clement's,
"You owe me five farthings",
says the bells of St. Martin's.
"When will you pay me",
says the bells of old Bailie.
"I do not know!"
says the great bell off Bow.

[die hier angeführten Kirchen gehören sämtlich der Londoner Altstadt an].

orbs (ŏ′bj) poetisch: Augen: his wandering
~ sein wandernder Blick.

order (ŏ′-d⁵ʀ, P ă′-d⁵) Theater: Freibillet.

organ-grinder ⌐ (ŏ‴-gᵌn-gaaĭ′n-d⁵ʀ)
Orgeldreher.

orlop ⌄ (ŏ′-lᵌp) [Kuhbrücke]: demons of
the ~ Seekadetten und jüngere Marineoffiziere.

ornamentation (ŏʀ′-nᵃ̆-mĕu-tᵉ‴-fch⁵n)
scherzhaft: Putz.

ornery (ă′-nᵉ-ʀᵉ) P statt ordinary gewöhnlich.

'orspittle P (ŏ′ß-pĭtl) statt hospital.

oss P (ŏß) statt horse.

other (ŏ′dh-⁵ʀ) [ander]: a) ⌐ I didn't say
an ~ word ich sagte kein Wort mehr;
P he's just such an ~ der ist gerade
wieder so einer; ironisch: if he doesn't
like it, he may do the ~ thing wenn's
ihm nicht gefällt, dann kann er's ja
bleiben lassen, thun was er Lust hat;
Parlament: in an ~ place im anderen
Hause [so sagt man z. B. im Oberhause,
wenn vom Unterhause die Rede ist]; f. t'other.
b) or ~ als Redeschmuck nach some, somebody etc.: some girl or ~ ein beliebiges, gewisses Mädchen; somebody
or ~ must have told him irgend
jemand muß es ihm gesagt haben; ~
time or ~ früher oder später: f. another. c) sonst: none ~ than himself niemand anders, keiner sonst als er.

otherwise (ŏ′dh-⁵ʀ-waĭ j) [anderswie, sonst]
Höflichkeitsformel: unless you are ~
engaged wenn Sie nichts anderes,
besseres vorhaben; ⌐ (nach Komparativen)
he did it more for our good than ~
er hat es mehr zu unserem Besten als
aus anderem Grunde gethan; I should
like to stay rather than ~ ich möchte
am liebsten bleiben.

otter ⌐ (ŏ′t-t⁵) [ital. otto] acht (Pence).

Otto-Bicycle * (ŏ′t-tĕ-baĭ‴-ßĭkl) neue Art
Bicycle mit zwei Parallelrädern.

ottomise (ŏ′t-t⁵-maĭ f) P statt anatomize
sezieren (GROSE).

ottomy (ŏ′t-t⁵-mᵉ) P statt anatomy rappeldürrer Gesell, Zwerg [bei SHAKESPEARE
atomy; Sl. Dict.].

ought (ăt) P didn't 'e ~ to stay (statt
ought he not to have stayed) hätt'
er nicht bleiben sollen? more there
didn't oughter be (statt more there
ought not to have been) mehr hätten's
nicht sein dürfen; as he had ~ to do
(statt as he ought to have done) wie
er's hätte thun sollen; † ohne to:
he ought not come at that time
(HOLINSHED) er sollte um die Zeit
nicht kommen; you ought not walk
upon a labouring day (SHAK.) ihr
solltet an einem Werktage nicht spazieren
gehen.

ould (ō′-ŭld) P statt old alt.

ourn (auu) P statt ours der, die, das
unsrige. — S. auch hisn, yourn.

out (aut) 1. *adv.*: a) P (zur Verstärkung des
Superlativs) 'e 's one o' the biggest
scamps ~ das ist einer der größten
Schufte, die 's je gegeben. b) to be ~:
1. Kricket: nicht mehr am Schlagen sein;
2. Politik: nicht mehr im Amte sein.

c) F im Irrtume: you 're a long way
~, far ~ du bist auf dem Holzwege.
d) † verdrießlich, unmutig: I beseech
you, sir, be not out with me! (SHAK.)
ich flehe Sie, Herr, seien Sie mir nicht
böse! e) F beim Hazard: to stand out
sich des Spielens (der Reihe nach) enthalten; out on the pickaroon auf
lustige Streiche, Liebesabenteuer, Gaunereien ausgehend. — 2. v. P statt to
come out, &c.; so she ~s with her
crutchet (*D. Tel.*) sie holt also die
Krücke hervor.

out-an(d)-out P (aut-ăn(d)-au't) *a.* un-
gewöhnlich, unschicklich: an ~ size eine
besondere Größe; an ~ Radical ein
radikaler Heißsporn.

out-an(d)-onter P (au't-ăn(d)-au''-t˙ᵉ) *s.*:
a) Teufelskerl, durchtriebene Person;
b) auffallendes Kleidungsstück; Dinge,
die über die Gewohnheit oder die Schick-
lichkeit hinausgehen.

outbroke (au't-brōk) poetisch: erwiderte:
„Pause", ~ the elder, „be precipitate
nowise" (R. BROWNING) „Halt", entgegnete der ältere, „überstürze dich nicht".

outer † (au'-t˙ᵉ) äußerst: cast him into
~ darkness (Bibel) werft ihn in die
äußerste Finsternis hinaus.

outlandish F (aut-lä'n-dish) [ausländisch]
fremdartig, seltsam.

out of (au't ŏw): a) P ~ collar ohne Stelle,
arbeitslos; I was done ~ it ich ward
darum geprellt; ~ luck F im Peche;
euphemistisch: ~ town verduftet; † im
Schuldgefängnisse; not ~ the way nicht
übermäßig teuer. b) F ~ twig (GROSE)
in Verkleidung.

out of pocket ✠ (aut ˡw pŏ'k-ˡt): to
be ~ einen Verlust erleiden; I was
five pounds ~ ich verlor fünf Pfund.

out of sight (aut ˡw ßai't): F they put it
~ sie schafften es auf die Seite; Sprichwort: ~, out of mind aus den Augen,
aus dem Sinn.

out-o-the-way P (aut-ˡ-dhˡ-we'ˡ) *a.* ab-
gelegen: an ~ place ein entlegener
Ort. — S. auch out of.

out-o'-work P (au't-ˡ-wŏ'f) *s.* Arbeits-
lose(r).

out-party (au't-pā̆-t˙ᵉ) Kricket: die an-
greifende Partei.

out-patient (au't-pē-shˡnt) Klinik:
Patient, der nicht im Hospitale wohnt.

outs (auts) F scherzhaft: a gentleman of
four ~ ein Mensch ohne Witz, Geld,
Kredit und gute Manieren.

outside P (aut-ßai'd) außer, mehr als:
tuppence ~ their value (GREENWOOD)
zwei Groschen über ihren Wert hinaus;
Sport: the ~ public das allgemeine
Publikum [im Gegensatze zu bookmakers
und turfites].

outsider (aut-ßai'-d˙ᵉ) Sport: a) jemand,
der gegen die bookmakers wettet, Un-
eingeweihte(r); b) Pferd, das nicht zu
den favourites gerechnet wird; Rennpferd von unbekannter Herkunft.

out-size (au't-ßai'ß) Handschuhmacher: un-
gewöhnliche Größe.

Oval (ō'-w˙l) Sport: the ~ statt the
Kennington ~, ein seiner Kricket-
turniere wegen sehr bekannter Platz
im Süden Londons.

oven P † (ŏwn) [Backofen] große(s) Maul
(GROSE).

over (ō'-w˙ᵉ) 1. *prp.*: a) F to haul a
person ~ the coals einen zur Rechen-
schaft ziehen; P höhnisch: ~ the left
(*Sl. Dict.*) das glaub' ich nicht! sprichwörtlich: it's no use crying ~ spilt milk
geschehene Dinge lassen sich nicht ändern;
b) F don't come it ~ me like that
mach' mir nicht solche Flausen vor;
I came the old gent ~ 'im ich setzte
ihm vertenfelt zu; 'e comes Shakespeare ~ you er stellt sich, als ob
er dir weit überlegen wäre. — 2. *adv.*
P that's him all ~ das sieht ihm
ganz ähnlich; F it's like that all
the world ~ so ist es in der ganzen
Welt. — 3. *s.* Kricket: vier Würfe
des bowler [Captain Crawley: Four
balls to an *over* then, as now].
Ruf nach je 4 Würfen: over! [wonach die
Angreifenden die Plätze wechseln].

over-and-over (ō'-w˙ᵉ-ănd-ō''-w˙ᵉ) *s.*
Cirkus: Luftsprung; he turned his ~s
er überschlug sich einmal ganz.

over-arm bowling (ō''-w˙ᵉ-ā''m bā'-lin˙),
over-hand bowling (ō''-w˙ᵉ-hănd bō'-
lin˙) Kricket: Schleudern (des Balles) von
oben nach unten und mit gestrecktem
Arme.

overhaul (ō-w⁶ʳ-ḣặ'l) [↓ überholen] wieder-holen; genau nachsehen: I was ~ing his face ich sah mir genau sein Ge-sicht an.

overheat (ō-wᵉʳ-ḣī't) scherzhaft: ~ one's flues [die Rauchfänge zu stark erhitzen] sich besaufen, *fig.* zu stark auf die Lampe gießen.

overhotelled * (ō'-wᵉʳ-ḣŏ-tě"ld) allzu-reichlich mit Gasthöfen versehen.

overrun (ō-wᵉʳ-rŏ'n) [überfluten]: P we 're ~ with mice wir haben das ganze Haus voll Mäuse.

overs (ō'-wᵉʳj) *s/pl.* in Banken: Geld, das abends beim Zählen übrig bleibt [und dann unter die Kassierer verteilt wird. *Sl. D.*].

own (ōn) [eigen] P (oft nur als attributiver Zusatz) they keep their ~ chickens sie halten sich selbst Hühner; scherzhaft: to paddle one's ~ canoe (gew. to be on one's ~ hook oder eleganter to do for one's self, to be on one's ~ account) auf eigenen Füßen stehen; liebkosend: my ~ dear girl mein lieber einziger Schatz; F (mit of und dem Personalpronomen) a whim of his ~, an invention of my ~ eine seiner Capricen, meine eigene Erfin-dung; ✠ to buy a thing at one's

~ price etwas für einen beliebigen Preis kaufen. — 2. *v.* [besitzen] Kirche: to be ~ed Proselyten machen.

ownest (ō'-nᵉst) High-Life Slang: my ~ own mein Herzallerliebster, zuckersüßestes Schätzchen.

Oxford (ŏ'ffß-fᵉᵉd) beliebte Frage (turz vor der Universitäts-Wettruderfahrt): Are you ~ or Cambridge? wetten Sie auf ~ oder Cambridge? Besonders in Schulen wird diese Frage und zwar sowohl an Schüler als auch an Lehrer gestellt. Die folgenden Verslein, welche anscheinend von Verehrern der „Dunkelblauen" (s. dark-blue) herrührten, drücken die Sympathieen des Volkes in kräftiger Weise aus:

1. Oxford the winner,
   Cambridge the sinner,
   Put him in a match-box
   And push him in the river.
2. Oxford the strong,
   Cambridge the weak,
   Punch him in the stomach
   And make him squeak.

Oxonian (ŏfß-ō'n-jᵉn) *a.* Sport u. s. w.: zu Oxford gehörig; ~s *s pl.* Oxforder Sportsmänner, Studenten.

o yes (ō jē'ß) [o ja] scherzhaft: statt des [altfranzösischen] bei Eröffnung von Gerichts-sitzungen üblichen Rufes oyez hört! (HOPPE).

P.

pace F (pēß) [Schritt]: to put on one's best ~ seine Schritte beschleunigen; dem Stalle entlehnt: to put a person thro' his (her) ~s jemand vorführen, zustutzen, einweihen.

Pacifics ✠ (pₐ-ḣī'f-ifß) Börse statt Pacific Railway Shares Aktien der Pacific-Eisenbahn.

pack (päf) 1. *s.* [Pack]: P it's all a ~ o' nonsense, a ~ o' lies es ist lauter Unsinn, alles gelogen; they 're a ~ o' swindlers das ist eine Schwindelbande. — 2. *v.* [packen]: P ~ one's traps sich auf die Reise machen; ~ up and be off oder auch abgekürzt: ~ off! (*Sl. Dict.*) pack dich! his son had been sent ~ing

(GREENWOOD) sein Sohn war fortgejagt worden; gerichtlich: a ~ed jury eine stark beeinflußte, parteiisch zusammengesetzte Jury.

packs ↓ (päfß) *s/pl.* Gewitterwolken (SMYTH).

pad (päd) 1. *s.* Bettler-Cant: to stand ~, to sit ~ stehend oder sitzend die Vor-übergehenden durch teils wahre, teils erlogene Geschichten zum Erbarmen rühren; Old Cant: Raubanfall. — 2. *v.* F to ~ the hoof zu Fuße gehen.

Pad (päd), **Paddy** (pä't-ᵈ•), **paddy-whack** (pä't-ᵈ-w-wäf) P Spitzname der Iren; Paddy's land Irland.

padding (pä'd-diñ') [Wattierung] Journaliſten=Slang: kleinere, leichtere Artikel in den Wochen= und Monatsſchriften [im Gegenſatze zu den serial stories].

padding-ken (pä'd-diñ'-k'n) Bettler=herberge.

Paddington fair (pä'd-diñ'-t'n fä·''') [Meſſe in Paddington, jetzt einem Stadt=bezirke Weſt=Londons] † Volksbeluſtigungen bei Gelegenheit der (ehemals) im nahen Tyburn ſtattfindenden Hinrichtungen.

paddle (pä'dl) [rudern, plätſchern]: ſ ſ. own; P to ~ about umherſtreichen; ſ durch=brennen.

paddy P (pä'd-e·): a) Liebhaberei, Steckenpferd; b) Zorn, Unmut.

Paddy, ſ. Pad.

pa-in-law (pä'-iñ-lâ) High-Life Slang ſtatt father-in-law Schwiegervater.

paint (pent) 1. v/a. [malen]: ſ I'll ~ your eye for you ich ſchlag dir das Geſicht ſchwarz und blau; v/n. ſ she ~s ſie ſchminkt ſich. — 2. s. ſ. fresh.

painter (pe'n-t'r) [Anſtreicher] Borer=Slang: Fauſt: he let go the ~ er ſchlug herz=haft mit der Fauſt drauf los; ♪ Fang=leine, Seil, welches den Kahn feſthält; cut your ~ mach dich davon! reiß aus!

pair (pä·) 1. s. [Paar]: a) ſ a ~ o' scissors, tongs eine Schere, Zange; that's another ~ o' shoes, boots, trousers das iſt ganz was anderes, das iſt eine Sache für ſich. b) ſ ~ of wings (GROSE) Ruder. — 2. v. Parlament: to ~ off mit einem Abgeordneten der Gegenpartei verabreden, ſich der Abſtimmung zu enthalten.

pair-o'-saul (pä·-ʳ-s̄â'l) P ſtatt parasol Sonnenſchirm.

pal (päl) s. [altes Zigeunerwort; ſ. Vorrede] Kamerad, Spießgeſelle; v. P he pals up to the fellow er drängt ſich an den Kerl heran.

Palace (pä'l-ⁱs̄) the ~ ſtatt the Crystal Palace der Kriſtallpalaſt: Annonce: shilling-day at the ~ ein Tag, an welchem der Eintritt zum Kriſtallpalaſt nur eine Mark koſtet.

palaver ſ (pä-lä'-w'r) s. Geklatſch, Ge=räſch; v. klatſchen, ſchwatzen.

pale (pel) v/n. Romanſprache: bleich werden; paling ominously bedeutungsvoll er=bleichend.

pall (pâl) [verſtopfen, verhüllen]: a) ſ (ſehr gewöhnlich): to ~ upon kalt laſſen, kei=nen Reiz mehr haben für ... b) ♪ paul there, my heartie (SMYTH) ſchweig', Alter! you ~ me du bringſt mich in Verwirrung. c) Old Cant: ~ that halt's Maul davon.

Pall Mall (päl mä'l) bekannte Straße im Weſtend; auch abgekürzt ſtatt Pall Mall Gazette.

palm (pām) [betaſten]: P to ~ oneself off as ... ſich ausgeben für ...; don't be ~ed off with such stuff laß dir nicht ſolches Zeug in die Hände drücken, laß dich nicht mit ſolchem Schunde anſchmieren; ſ beſtechen.

palmer † (pä'-m'ʳ) Gauner.

palming ſ (pä'-miñ·) Beraubung eines Ladens, von zweien ausgeführt, von denen der eine zum Scheine etwas an=kauft, der andere draußen lauert.

palm-oil † (pām-ōi'l) [Wortſpiel auf Palmen=öl] Beſtechung; Geld, das man einem in die Hand drückt. — S. oil.

palm-soap † (pām-ſō'p) = palm-oil.

Pam † (päm) ſtatt Lord Palmerston.

Pamp P (pämp): as snug as old ~ in ſchönſter Behaglichkeit.

panicky ❋ (pä'n-ⁱk-e·) Börſe: ſtatt panic-stricken in einer Panik: the wheat-market was ~ (*Daily Telegraph*) auf dem Weizenmarkte herrſchte die größte Aufregung.

pannam ſ (pä'n-n'm) = pannum.

pannikin P (pä'n-nⁱ-k'n) Pfännchen.

pannum ſ (pä'n-n'm) Brot.

pannum-bound ſ (pä'n-n'm-bäund) im Zuchthauſe: zu Waſſer und Brot ver=urteilt.

pannum-fencer ſ (pä'''n-n'm-f'n-s̄') Höker, der Kuchen oder ſonſtiges Ge=bäck auf den Straßen feilbietet.

pannum-struck ſ (pä'n-n'm-ſtr̄ök) am Verhungern.

panny (pä'n-n·) Old Cant: Zigeunerhütte. Haus: the pigs frisked my ~ (GROSE)

die Polizei durchstöberte meine Woh=
nung; ~ men Hauseinbrecher.

Pantaloon (păn-tă-lū'n) eine Hauptrolle der
„Pantomimes"; tritt gewöhnlich als Greis auf.

panter (pä'n-t³ʳ) [Keuchende(r)] Old Cant:
Herz (GROSE).

pantile P (pä'n-taïl) [Dachpfanne] spöttisch:
Cylinderhut [auch verkürzt zu tile; vgl.
dieses].

pantiler Γ (pä'n-taï-l³) Dissenter [wahr=
scheinlich davon herrührend, daß bei gewissen
Sekten der Nonkonformisten die Sitte herrscht,
den Hut in der Kirche aufzubehalten].

panum (pä'n-³m) Old Cant: Brot. — S.
pannum.

panzy (pä'n-j°) Old Cant: Raub, Einbruch.

paper (pĕ'-p³ʳ) [Papier]: a) Theater: Frei=
billet: the house is full of ~ die Zu=
schauer sind alle umsonst eingelassen.
b) Schule und Universität: (gedruckter)
Fragebogen fürs Examen (s. auch examination): to set an arithmetic-~ eine
schriftliche Prüfung im Rechnen ab=
halten; einen Fragebogen für die arith=
metische Prüfung aufsetzen. c) in ge=
lehrten Gesellschaften u. Vereinen: Vorlesung:
to read a ~ on ... eine Vorlesung
halten über ...

paper-chase (pĕ'-p³ʳ-tschĕß) Schulsprache:
Jagdspiel (s. hare-and-hounds), bei
welchem die verfolgten „Hasen" ihre
Spur durch ausgestreute Papierschnitzel
bezeichnen.

paper-law (pĕ'-p³ʳ-lā) parlamentarisch: Ge=
setz, das nur auf dem Papiere existiert.

paper-maker P (pĕ'ʳ-p³-mĕ'ᵗ-k³) Lumpen=
sammler (*Sl. Dict.*).

paper-padded (pĕ'ʳ-p³-pä'd-d³d) Schuster=
Slang: mit Papier, statt mit Leder, ge=
füttert.

paper-skull Γ (pĕ'ʳ-p³-ßköl) [Papier=
schädel] Einfaltspinsel (GROSE).

paper-worker P (pĕ'ʳ-p³-wö'-k³) Balladen=
händler.

parachute F (pä-ʀ-schü't) Art Sonnen=
schirm.

parcel (pä'ßl) [Paket] (englisches) Mädchen,
an ein ausländisches Bordell verkauft
(*Pall Mall Gazette*).

parcel-finder (pä'ßl-faïn-d³ʳ) Pfandhaus:
Bursche, der die ausgelösten Bündel
aussucht.

pardner (pä'-dn³) P statt partner Ge=
nosse, Teilhaber.

parish F (pä'n-ʀïsch) [Gemeinde]: to come
to the ~, throw one's self on the ~
der Gemeinde zur Last fallen.

parish bull Γ (pä'n-ʀïsch bŭ'l) Pfarrer.

parish lantern Γ (pä'ʀ-ʀïsch lä'n-t³n)
Mond.

parly (pä'-l°) Eisenbahn: statt parliamentary train Bummelzug.

Parnellism * (pä'-n³l-ïsm) politisch: Grund=
sätze der Anhänger Parnells.

Parnellite * (pä'-n³l-aït) politisch: An=
hänger des Iren Parnell [den die Zei=
tungen gern „the uncrowned King of Ireland"
nennen].

parny (pä'-n°) Zigeunersprache: Regen;
dowry of ~ viel Regen.

parsnip P (pä'ß-n³p) [Pastinake] scherz=
haft: I beg ~s (statt pardon) bitt' um
Entschuldigung.

parson Γ (pä'ßn) Wegweiser [weil der Geist=
liche den Weg zum Himmel, wenn nicht stets
geht, so doch immer zeigt].

parson's journeyman Γ (pä'ßnß dschö'-n³-
m³n) statt curate Amtsvertreter des
Pfarrers.

part P (pät) [teilen, sich trennen] zahlen.

parter P u. Γ (pä'-t³) freigebige Person
(*Sl. Dict.*).

particle P (pä'-tïkl) Stück, Teil: not a
~ of furniture nicht das kleinste Stück
Möbel; there wasn't a ~ of truth in
it es war kein Sterbenswörtchen davon
wahr.

particular (pä-tï'k-j³-l³ʳ) [besonder]: F
he's very ~ er nimmt's sehr genau;
he 's ~ about (his eating and
drinking etc.) er ist (im Essen und
Trinken u. s. w.) wählerisch, schwer zu
befriedigen.

particular P (pä-tï'k-j³-l³) sehr gewöhnlich
statt particularly: I want to speak to
you awfully ~ (*The Boy's Own Paper*)
ich möchte so gern mit dir sprechen, ich

9*

habe dir etwas besonders Wichtiges zu sagen. [S. auch die syntaktischen Bemerkungen in der Vorrede.]

partinger (pär'-t⁵n-dg⁵r) Kartenspiel u. f. w., scherzhaft statt partner: Mitspielende(r). — S. auch pardner.

parts P (pärtß) *s pl.* Streiche: don't play me any of your ~ spiel' mir keinen von deinen Streichen.

party F u. P (pär'-tᵉ) [Partei] Person (schon bei SH., *Tempest* III, 2): Canst thou bring me to the ~? kannst du mich zu dem Menschen hinführen? this 'ere ~ diese Person, dieser Mensch da; a third ~ eine dritte (zuweilen auch unparteiische) Person.

pash † (päsch) schlagen, prügeln.

pass (paß) 1. *v/a.*: Modesprache: to ~ the compliment upon der Form, der Höflichkeit halber einladen; Schulsprache: (eine Prüfung) bestehen: he ~ed a first-rate examination er hat sein Examen glänzend bestanden; von schlechtem Gelde: you won't be able to ~ it du wirst es nicht ausgeben, an den Mann bringen können; am Eingange eines öffentlichen Lokals: passieren lassen, hereinlassen; beim Essen: ~ me the salt, please! reich' mir, bitte, das Salz! poetisch: ruhig sterben: thus might he pass indeed (*King Lear*) so könnt' er wahrlich still verscheiden. — 2. *v/n.* Schulsprache: in der Prüfung bestehen: to ~ in honours mit Auszeichnung, mit „Ehren" [d. h. ein spezielles Examen] bestehen; vom Wetter: vorübergehen: a ~ing shower ein kurzer Regenguß, F eine Husche. — 3. *s.* P things have come to a pretty ~ dann sind wir weit gekommen; Schulsprache: statt pass-examination leichteres Examen [im Gegensatze zu dem schwierigeren examination "in honours"]; Eisenbahn: statt pass-ticket Jahresbillet; ✕ kurzer Urlaub, Urlaubschein.

passée (pa'-ßė) [franz.] Ladies' Slang: über die schönen Jahre der Jugend hoffnungslos hinaus [auch deutsch: sie ist passée].

passenger (pä'-ß-ßn-dg⁵r) [Passagier] Eisenbahn: statt passenger-train Personenzug.

passion F (pä'sch-⁵n) [Leidenschaft]: to fly into a ~ in Leidenschaft, Zorn ge-

raten; in a towering ~ in heftigem, wildem Zorne.

passman (pa'ß-m⁵n) Universität: Bakkalaureus u. f. w., der nur die leichtere Prüfung (the pass-examination) besteht.

paste (pēßt) 1. *s.* ✠ falscher (Simili-) Diamant, aus Glas und Borax angefertigt. — 2. *v/a.* P durchwalken: he punches and ~s her (*Tag, Rag & Co.*) er knufft und zerbleut sie.

paste-board (pē'ßt-bȯrd) *s.* [Pappe] High-Life-Slang: (Visiten-)Karte; they lodged their ~ (*Jack Brag by A. Beckett*) sie gaben ihre Karte ab; *v/a.* seine Karte abgeben (*Sl. Dict.*).

paste-horn (pē'ßt-hȯrn) Schuster-Slang: Nase [nach der Gestalt des Horns, in welchem der Schuster den Kleister aufbewahrt].

pasty F (pē'ß-tᵉ) Buchbinder.

pat (pät) *a.* [passend]: F it came ~ to the purpose es entsprach genau dem Zwecke; P bereit, zur Hand: he had it quite ~ er hatte es am Schnürchen, konnte es an den Fingern herzählen.

pat-a-cake (pä't-ᵃ-kēk) Nursery-Rhyme (während man dem Kindlein die Verse vorträllert, flatscht man, nach dem Rhythmus des Spruches zugleich in die Hände):

Pat-a-cake, pat-a-cake, baker's man,
Make me a cake as fast as you can.
Pat it, and prick it, and mark it with T,
And send it home for Tommy and me.

patch (pätsch): a) [Fleck]: F etwas, das sich vergleichen läßt mit ...: she's not a ~ upon the cousin (*Our Boys*) sie läßt sich mit ihrer Base nicht vergleichen; b) [bei SHAKESPEARE häufig; war ursprünglich der Name des berühmten Hofnarren Wolsey's] † Hanswurst, Narr.

pate F (pēt) Kopf, Schädel.

pater (pē'-t⁵r) [lat.] Schülersprache: Vater; my ~ mein Alter.

Paternoster-row (pä't-⁵r-nȯ'ß-t⁵r-nō″) berühmtes Buchhändlergäßchen. BYRON:

For him reviews shall smile, for him o'erflow
The patronage of Paternoster-row.

Ihm lächelt huldreich die Kritik,
Fließt reich die Gönnerschaft von Paternoster-row.

patience P (pē'-sch⁵nß) [Geduld]: I' ve no ~ with him ich nehme es ihm sehr übel, das empört mich von ihm.

patlander ⌐ (pǎ't-lǎn-d⸱) Jrc.

patrico (pǎ't-n⸱-ko) Old Cant: Art Bettler, der den Priester vorstellt [f. Vorrede zu *Ben Jonson*].

patter (pǎt-t⸱) *v.* [platschen, klappern] P plappern, plärren, anrufen; *s.* P Geplapper; ⌐ Verhör, Prozeß.

patteran (pǎ't-t⸱-n⸱n) Zigeunersprache: Gras, das auf den Weg gestreut wird, um den Nachfolgenden als Spur zu dienen.

patterer † (pǎ't-t⸱-n⸱r) Balladensänger, der auch Mordgeschichten und Sterbereden der Gehängten vorzutragen wußte; Marktschreier.

pattern † (pǎ't-t⸱rn) Beispiel.

pauca (pǎ'-ka) [statt pauca verba lat.: wenige Worte] Old Cant: sprecht wenig, verhaltet euch ruhig! [auch bei SHAK.]

Paul Pry ⌐ (pǎl prai") neugierige(r) Mensch [Titel einer bekannten Posse].

paum ⌐ (pǎm) in der Hand verbergen, betrügen. — S. palm.

Pav (pǎw) High-Life-Slang: the ~ statt the Pavilion, Name eines Londoner Theaters und Vergnügungslokals.

pavier ⌐ (pe'w-j⸱r) [Pflasterer]: ~'s work-shop (GROSE) Straße.

paw P (pǎ) [Pfote] Hand, Fuß: hind ~ Fuß; höhnisch: ~s off, Pompey! Hand ab, Finger weg! ~-cases (*Sl. Dict.*) Handschuhe.

pay (pē) 1. *v.:* a) [zahlen] ⌐ (sehr gew. mit for) are these things paid for? sind diese Sachen bezahlt? to ~ thro' the nose einen fabelhaften, übermäßig hohen Preis bezahlen; s. piper. b) ↓ [verpechen] durchprügeln. c) mit adverbialen Bestimmungen: to ~ away [↓ ausstechen] immerfort erzählen, zugreifen; mother paid away at the snuff (*Nights at Sea*) Mutter griff herzhaft in die Schnupf-tabaksdose; Boxer-Slang: to ~ away at auf einen hilflosen Gegner losschlagen; P to ~ into losschlagen auf; to ~ out [↓ ausstechen] hergeben; to ~ out the slack of one's gammon seinen übrigen Vorrat von artigen Märchen zum besten geben; ✠ to ~ over to aus-zahlen an; to ~ up (vollständig) ab-zahlen. — 2. *s.* [Zahlung] ⌐ in the ~ of im Solde von; P poor ~ kärg-liche(r) Lohn.

pay-day ✠ (pē'-dē) Börse: (vierzehntägiger) Zahlungstag [an welchem alle „Differenzen" der Börsenspekulanten berichtigt werden müssen].

pea ⌐ (pī) [Erbse] sprichwörtlich: they 're like two ~s in a pod sie sind sich so ähnlich wie ein Ei dem andern.

peace ⌐ (pīß) [Frieden]: for ~ and quiet-ness' sake um des lieben Friedens willen.

Peace (pīß) berüchtigter Londoner Dieb und Mörder im vorigen Dezennium, zugleich ein Lebemann, Kunstkenner, Violinvirtuos und Tierabrichter.

peach (pītsch) ⌐ verraten; if we ~es you 're sartin to sving (AINSWORTH, *Auriol*) wenn wir dich angeben, so wirst du sicherlich gehängt.

peacock-horse (pī'-kŏk-hŏrß) Leichenbestatter: Pferd mit stolzem Gange (*Sl. Dict.*).

peacocky ⌐ (pī'-kŏk-⸱) stattlich, stolz.

pea-jacket (pī-dgǎ'k-⸱t) Sport: Jacke der Jockey's.

peaking ✠ (pī'-kin⸱) Tuchreste.

peaky P (pī'-k⸱) kränklich, blaß und schmächtig (aussehend).

peal ⌐ (pīl) [Geläute der Glocken]: to ring a ~ in a man's ear einen schelten, schimpfen, ausschunzen.

pearl (pö'l) [Perle] sehr gew., urspr. biblisch: like throwing ~s before swine als wollte man Perlen vor die Säue werfen; P sprichwörtlich: like a ~ in a hailstorm gar nicht mehr zu entdecken; mußt: to ~ the passages die Läufe perlen lassen, perlend rein spielen: she ~ed the passages die Läufe perlten tadellos rein bei ihr hervor.

pea-shooter (pī'-schū-t⸱r) Schülersprache: Blaserohr.

pea-soup P (pī'-ßūp): as thick as ~ dick wie Mehlsuppe, (bef. vom Nebel) ganz dicht.

pea-soupy P (pī'-ßūp-⸱) statt "as thick as pea-soup".

peccavi ⌐ (pěk-kē'-wai) [lat.: ich habe ge-sündigt]: to cry ~ seine Schuld be-kennen, peccavi sagen.

peck (pěk) 1. *v.* [picken] P essen, Brot ver-dienen; 'e 's the laziest young warmint that was ever sent out to ~ for hisself das ist der faulste Bengel, der noch je ausgeschickt worden ist, sich selbst zu ernähren. — **2.** *s.* Old Cant: Fleisch, Essen; ˡ ~ and booze Essen und Trinken.

peck-alley (pĕ̆k-ä´l-lⁱ˘) [Futtergäßchen] scherzhaft: Kehle, Schlund.

pecker P (pĕ̆k-ᵉ˘) Appetit, Mut: keep your ~ up, old fellow! nur nicht den Mut verloren, Kamerad!

Peckham P (pĕ̆k-(h)äm) [Londoner Vorstadt] scherzhaft: to go to ~ zum Essen gehen.

peckish P (pĕ̆k-ĭsch) hungrig.

peculiar ˡ pⁱ̆-kū´-ljⁱ˘) Mätreffe.

ped ˡ (pĕ̆d) Korb.

pedant † (pĕ̆d-änt) Schulmeister.

pedestrianism * (pĕ̆-dĕˢ″ß̆-tnⁱ̆-än-ĭ´sm) Sport: Fußgängersport, alles was auf walking matches Bezug hat.

pedlar's French † (pĕ̆d-lˢʳ˘ fräntsch) Gaunerlatein, Cant.

peel (pⁱl) *v/n.* [sich schälen] P sich ausziehen; *v.a.* Jack had ~ed all off (*King of the Beggars*) Hans hatte sich nackt ausgezogen; Kommando beim Boxen: ~! entblößt den Oberkörper!

peeler P (pⁱ´-lˢ) Polizist [nach Sir Robert Peel]; Gassenhauer: bobby, bobby, ~, leg-o'-mutton stealer Polizist; Polizist, der die Hammelkeulen frißt! [Der Londoner Schutzmann ist der Liebling der Köchinnen, bemißt aber seine Gunst gewöhnlich nach der Qualität des Essens, das ihm seine Liebste vorstellt. Daher vermutlich die Anspielung auf die Hammelkeulen].

peep-bo (pⁱ´p-bō) Spiel mit kleinen Kindern [man verhüllt sich oder verbirgt zuerst das Gesicht; dann guckt man hervor und sagt: ~!]. — S. bo-peep u. vergl. das deutsche: Mumm, mumm, fick, fick!

peeper (pⁱ´-pᵉʳ) Kindersprache und ˡ: Auge; Old Cant: Spiegel; single ~ Einäugige(r).

peeping Tom † (pⁱ´-pĭⁿᵍ tö″m) neugierige(r) Mensch [als Godiva, die milbthätige Gräfin von Chester, um eines guten Zweckes willen, einst um 12 Uhr mittags nackt durch die Straßen der Stadt Coventry ritt, guckte ein neugieriger Schneider, namens Tom, heimlich durchs Fenster, wurde aber, der Sage nach, sofort blind].

peepy † (pⁱ´-pᵉ) schläfrig (GROSE).

peery ˡ (pⁱ´-rᵉ˘) argwöhnisch, neugierig.

peg (pĕ̆g): **1.** *s.* [Pflock]: a) ˡ he uses it as a peg er braucht's als ein Mittel zum Zwecke; he'll have to be taken down a peg man muß ihm den Kopf zurechtsetzen. b) Schüler-Slang: I'll have a peg at you ich werde auf deinen Kreisel ꝛc. einmal losgielen. c) Boxer-Slang: kunstgerechte(r) Schlag. d) ˡ Cognac mit Selterwasser. — **2.** *v.*: a) ˡ to peg away at sich abmühen an. b) Schüler-Slang: peg a top einen bereits angedrehten Kreisel in die Luft werfen und mit der Hand auffangen. c) P: saufen. d) ˡ to peg out sterben.

pegger P (pĕ̆g-gᵉʳ) Säufer.

peg-in-the-ring (pĕ̆g-ĭn-dh˘ĕ-ᴚⁱ″nᵉ) Schülersprache: ein Kreiselspiel [wobei es darauf ankommt, daß ein Spieler den Kreisel, peg-top, des andern wemöglich mit der scharfen Spitze seines Kreisels zerspaltet; HOPPE].

peg-tops (pĕ̆g-töpß) *s.pl.* [Kreisel] oben sehr weite, unten eng anschließende Beinkleider.

pelf P (pĕ̆lf) [Profit] Geld.

pelt (pĕ̆lt): **1.** *s.* [dichter Hagel] P Zorn, Ärger: don't get in a ~ with me, mister seien Sie nur nicht böse auf mich, lieber Herr! — **2.** *v.n.* [dicht fallen] stark regnen: P a ~ing shower ein starker Regenguß; Schüler-Slang: to ~ along voraneilen; off I ~ed ich machte, daß ich wegkam, ˡ ich drückte mich so schnell als möglich.

pelter P (pĕ̆l-tˢ) Platzregen.

pelting † (pĕ̆l-tĭnᵍ) kleinlich, erbärmlich.

penalty (pĕ̆n-ˢl-tᵉ) [Buße] Sport: Extragewicht, das einem Rennpferde aufgelegt wird.

penance-board † (pĕ̆n-ˢnß-bōᵈ) [Bußbrett] Pranger (GROSE).

pence (pĕnß), f. penny.

pencil-fever (pĕ̆n″ß̆l-fⁱ-wᵉʳ) angebliche, erlogene Krankheit eines Rennpferdes.

penciller (pĕ̆n-ß̆l-lˢʳ) Sport: = bookie.

pennam (pĕ̆n-nˢm) Old Cant: = panum.

penn'orth (pĕ̆n-ˢth) P statt penny-worth was einen Groschen wert ist, kostet: she gave me a good ~ sie gab mir

den vollen Geldeswert für meinen
Groschen; was sie mir gab, war einen
vollen Groschen wert; so sagt man auch:
two-~, three-~, six-~ was zwei, drei,
sechs Groschen wert ist; three ha'-~
für 1½ Groschen.

penny (pĕ'n-nĕ) ['½ Schilling]: a) P I'll
bet a ~ ich wette dir was; ~-a-liar
(statt penny-a-liner) Zeitungsschreiber
dritter Größe; besonders im East-end: ~
gaff Theater der untersten Gattung;
~-ride, drive Fahrt für einen Groschen,
eine Groschentour; ~-starver (Sl.Dict.)
Milchbrötchen; the pence kleine Münze.
b) scherzhaft: ~-dreadful Schmutzroman,
der einen Groschen kostet, F Sechser-
roman. c) sprichwörtlich: ~ wise and
pound foolish im Kleinen sparsam, im
Großen verschwenderisch; take care of
the pence, and the pounds will take
care of themselves man soll auch in
kleinen Dingen sparsam sein; sprichw.:
Mit Kleinem fängt man an, mit Großem
hört man auf. d) F a bad ~ ein schlechtes
Subjekt, ein unbrauchbarer Mensch.

pen'orth (pĕ'n-ᵘrth) = penn'orth.

pension P (pĕ'n-sch'n) [Pension]: not for
a ~ nicht um alles Geld in der Welt.

pensioner F (pĕ'n-sch'n-ᵉr) Zuhälter,
Louis.

people F (pīpl) Diebe, Räubergesindel
[auch vertraulich: family-men oder the
family].

pepper (pĕ'p-pᵘr) I. s. [Pfeffer]: a) P Schmerzen, Schläge: I'll give you ~ ich will
dir's einpfeffern, besalzen, tüchtig geben.
b) Boxer-Slang: he had ~ on his nut
er bekam Faustschläge auf den Kopf;
~ was exchanged es setzte Hiebe auf
beiden Seiten. — 2. v.: a) P nieder-
rieseln: the rain came ~ing down
(GREENWOOD) es fiel in feiner, dichter
(Staub-)Regen. b) Boxer- und Schüler-
Slang: durchprügeln, abschmieren; bei
SHAKESPEARE: totschießen.

pepper-and-salt F (pĕ'p-pᵘr-ánd-ßā"lt)
besonders von Kleidern: pfeffer und salz-
farbig, gesprenkelt, getüpft.

pepper-boxes (pĕ"p-pᵘr-bo'ᵏß-ᵉs) [Pfeffer-
büchsen] scherzhaft: Nationalgalerie auf
dem Trafalgar Square [ihrer unschönen
Türmchen wegen] (Sl.Dict.).

peppered † (pĕ'p-pᵘrᵈ) [gepfeffert] venerisch
(GROSE).

per (pᵘr) 1. P in Zusammensetzungen statt pro
und pre; z. B.: percession statt proces-
sion, perfessor statt professor, perwent
statt prevent. — 2. [lateinisch]: P as per
usual statt as usual wie gewöhnlich;
Handelskorrespondenz: per return umgehend; sehr gewöhnlich: per annum jährlich, das Jahr (über); scherzhaft: per
contra im Gegenteil, umgekehrt.

perambulator * (pᵘr-ă'm-bj-lĕ-tᵘr) Milch-
händler: kleiner Rollwagen, mit Kannen
und Zinnmaßen ausgestattet, im Gegensatze zu dem mit einem Pferde be-
spannten Milchkarren, milk-cart. [Sonst
bedeutet perambulator fast ausschließlich eine
gewisse Art „Kinderwägelchen".]

per-cents ⚓ (pᵘr-ßĕ'ntß) Börse: the four ~
die 4-prozentigen Papiere; the three ~
die englischen Consols [five per-cents
heißen in der Börsensprache auch Fives, six
per cents, auch Sixes u. s. w.].

perch (pᵘrtsch) s. [Hühnerstange] scherzhaft:
I'm off to ~ (Sl. Dict.) ich geh' ins
Bett; Old Cant: to hop the ~ sterben.

period (pīᵉr-jᵈ) ironisch: a girl of the ~
ein Modedämchen.

periwinkle (pĕ-n-rᵉ-wīn'kl) Old Cant:
Perücke [vermutlich aus periwig entstellt]

perk (pᵘrk): ~ up the cap [die Haube
herausputzen] nach Bewerbern angeln
[R. P. PEAKE, Uncle Rip]. — S. auch
cap.

perkin F (pᵘr'-kᵉn) Bier.

perks (pᵘrkß) s. pl. P statt perquisites
Nebenverdienst.

perpendicular F (pᵘr-pĕn-dᵉ'k-jᵘ-lᵉr) Imbiß
am Schanktische (bar) einer Kneipe.

personable P (pᵘr'-ß-nᵘbl) von ange-
nehmem Äußern.

personality ⚓ (pᵘr-ß-nă'l-ᵉ-tᵉ) persönliche Erscheinung.

persuader (pᵘr-ßwĕ'-dᵉr) [Überredende(r)]
Kutscher-Slang: Peitsche; Peitschenhieb,
der seine Wirkung nicht verfehlt; Reiter-
Slang: ~s Sporen.

pertickler (pᵘr-tᵉ'k-lᵉr) P statt particular,
particularly besonder(s).

perty (pᵘr'-tᵉ) P statt pretty hübsch.

Perus 💥 (pĭ-nū′j) Verſe [ſtatt Peruvian stocks ober Peruvians]: peruaniſche Staatspapiere.

pessimist (pĕ′ṡ-ṗĭ-mĭßt) a. Zeitungen: peſſimiſtiſch.

pet (pĕt) [Liebling] a. liebkoſend: Lieb= lings=...: my little pet boy mein lieber Herzensjunge; P in a pet zornig, auf= gebracht, verdrießlich.

Peter (pī′-tᵉr) Old Cant: Reiſetaſche; biter of ∼s Straßenräuber, der die Koffer und Kiſten aus den Fuhrwerken ſtiehlt; (vgl. auch peter-hunter); Wilddieb=Slang: Rebhuhn (*Sl. Dict.*). — S. auch rob.

Peter Funk ꜰ (pī-tᵌ fŭ′nᵉḟ) Amerikanismus: = Dutch auction.

Peter - grievous ꜰ (pī′ - tᵌr - gnī″ - wᵌß) Griesgram.

peter-hunter (pī″-tᵌr-ḥṵ′n-tᵌr) Old Cant: Straßenräuber (in den Blütetagen Dick Turpins und ſeiner edlen Vorgänger), der es beſonders auf Koffer, Kiſten und Reiſetaſchen abgeſehen hatte. [Man nannte dieſen Zweig der „höheren" Straßeninduſtrie auch "peter-hunting" und ein gewiſſes Werkzeug, deſſen ſich der „Kofferjäger" zum Losmachen des Gepäckes von den Wagen bediente, "peter-hunting jemmy".

Petticoat Lane (pĕ′t-tĭ-ḳōt lēn) Gaſſe im Oſten Londons, in welcher ſtark mit alten Kleidern gehandelt wird.

petticoat-pensioner ꜰ (pĕ′t-tĭ-ḳōt-pᵌ″n-ſchᵌ-nᵌr) Louis, Zuhalter. — S. auch pensioner.

pettifogger (pĕ″t-tĭ-fᵒ′g-gᵌr) [Winkel= advokat] Kleinigkeitskrämer, Streithahn.

pettish P (pĕ′t-tiſch) jähzornig, aufgebracht, ärgerlich.

petty † (pĕ′t-tĭ) klein: each ∼ artery in this body (*Hamlet*) jede kleine Ader in meinem Körper.

pewter ꜰ (pū′-tᵌr) [Zinngerät] Silber, Geld; to stump the ∼ bezahlen, F be= rappen, blechen.

phenomenal (ḟ-nŏ′m-ᵉ-nᵌl) [phänomenal] Zeitungen: hervorleuchtend: the most ∼ of living actors der hervorragendſte aller heutigen Schauſpieler; the flood of nonsense lately published is, what writers of bad English call ∼ (*Daily News*, 1886) die in letzter Zeit ver=

öffentlichte Flut des Unſinns iſt, um mich eines ſchlechten engliſchen Aus= drucks zu bedienen, „phänomenal".

Philadelphia ↓ (ſĭl-ᴬ-dᵉ′l-ſja): enough to puzzle a ∼ lawyer ein ſchweres Rätſel, ſehr ſchwierige Frage.

philander P (ſĭ-lä′n-dᵌr) umherwandeln: he went a-filandern all over the place (*Mrs. Brown on the grand tour*) er ſpazierte von einer Ecke der Stadt zur anderen; to ∼ away with weg= ſpazieren mit, fortbugſieren.

Philip ꜰ (ſĭ′l-ᵢp) Poliziſt.

philiper ꜰ (ſĭ′l-ᵢp-ᵌr) Diebesgehilfe, der auf der Lauer ſteht.

Philistines (ſĭ′l-ᵢ̑ß-taïnß) *s'pl.* [Philiſter] Old Cant: Gerichtsdiener.

phiz (ſĭj), **phizog** (ſĭ′j-ᵌg) P ſtatt physiog- nomy Geſicht; what a furious ∼ I have (CONGREVE, *The Old Bachelor*, 1692) was für eine fürchterliche Fratze ich habe [bei SPENSER und SHAKESPEARE finden wir die Formen visnomy und phisnomy].

phos bottle (ſŏ′ß-bᵒtl) Old Cant: Flaſche mit Phosphorus, als Leuchte dienend.

photo P (ſŏ′-tᵒ) [abgekürzt ſtatt photograph] Photographie: to have one's ∼ taken ſich aufnehmen laſſen.

phys(og) (ſĭ′j-ᵌg) = phiz(og).

piazza † (pĭ-ä′j-ſa): to walk the ∼ auf den Männerfang gehen.

picaroon ꜰ (pĭḳ-ᴬ-nū′n) Seeräuber, Gauner.

Piccadilly (pĭḳ-tᴬ-dĭ′l-[ᵉ) im Weſtend, ſcherzhaft: ∼ weepers (*Sl. Dict.*) langer, ſorgfältig gepflegter Backenbart; I might have chosen ∼, A place where pecca- dillos are unknown (BYRON, *Don Juan*) ich hätte Piccadilly wählen können, wo man dergleichen Schelmereien nicht kennt.

pick (pĭk) 1. [picken, zupfen]: ꜰ to ∼ a hole in ſcharf kritiſieren; P to ∼ one's nose an der Naſe klauben; I have a crow to pick with him ich habe ein Hühnchen mit ihm zu pflücken. — 2. [wählen]: ꜰ to ∼ and choose ſorg= fältig auswählen. — 3. to ∼ up [aufleſen]: a) P he ∼s up a few pence now and then er verdient ſich hier und da ein paar Groſchen; he ∼ed her up somewhere er hat ſie irgendwo auf=

gegabelt; to ~ up with... Bekanntschaft machen mit... h) ⚓ einholen. c) F to ~ up one's crumbs sich (nach einem Sturze) aufraffen, (nach einer Krankheit) erholen [auch ~ up one's pieces].

pick (pĭk) = pickwick.

pickaninny ⚓ (pĭ′k-ă̆-nĭ″n-ĕ) kleines Kind.

pickers † (pĭ′k-ĕrⱼ) Hände (SHAK.).

picker-up F (pĭk-ĭ-ŭ′p), s. pick-up.

pickings (pĭ′k-inⱼj) s pl. Nebeneinkünfte, Gewinst.

pickle (pĭkl) [Salzbrühe] s.: P to be in a nice ~ in arger Verlegenheit sein; F I have rods in ~ for him er soll mir das noch schön büßen, ich will ihm eine schöne Rute binden [man vergl. auch, was Scheffel in seinem „Ekkehardt" über das Einweihen von Ruten in Salzlauge erzählt]; Buchhandel: schlecht ausgestattetes, wohlfeiles Buch; ~ manufacturer Verleger schlecht ausgestatteter Werke; Old Cant: in ~ in der Schwitzkur.

pickle herring F (pĭkl hŏ′n-rĭnᵘ) Spaßmacher, Geck.

pickling-tub (pĭ′k-lĭnᵘ-tŏb), s. powdering-tub.

pick-me-up (pĭk-mĕ-ŭ′p) [raff mich auf] s. bekanntes Patentmittel für die Nerven.

Pickt Hatch † (pĭkt hä′tsch) [berüchtigtes Stadtviertel] Old Cant (auch bei SHAK.): to go the manor of ~ ins Bordell gehen.

pick-up (pĭk-ŭ′p) 1. v. F anreden, Bekanntschaft suchen mit (um später auszuplündern); [ein Gauner, der dieses Geschäft mit Talent oder Vorliebe betreibt, heißt dann auch picker-up]. — 2. s. Schüler-Slang: (gelungenes) Aufheben des sich noch drehenden Kreisels (top), den man dann auf der Hand weiter tanzen läßt.

pickwick P (pĭ′k-wĭk) schlechte Cigarre.

Pickwickian F (pĭk-wĭ′k-ĭ-n) heuchlerisch, jesuitisch [nach Pickwick, einem bekannten Charakter des Dickens'schen Romans].

picture (pĭ′k-tĭˢᵗ, P pĭ′k-tschᵉᵗ): F he's a ~ of health er sieht terngesund aus; F angestrichene(r) oder mit falschen Federn geschmückte(r) Vogel.

piddle P (pĭdl) regnen: it ~d buckets full es regnete wie mit Eimern, Mulden.

pie F (pāī): to have a finger in the pie teilhaben an, die Hand mit im Spiele haben.

piece (pīs) [Stück]: a) F to give a person a ~ of one's mind einem derb die Wahrheit sagen. b) P (zuweilen ironisch): a nice ~ o' goods eine nette Person c) ~s Geld: plenty o' ~s ein Haufen Geld; all to ~s: 1. ⚓ bankrott; 2. Sport: in schlechter Verfassung. d) Old Cant: Freudenmädchen; a damned good ~ eine verdammt feine Schnepfe, eine die 's versteht.

pig (pĭg) [Schwein] 1. s. P sprichwörtlich: he snores like a pig in the sun er schnarcht wie ein Bär; s. drive, poke, thunderstorm; P ironisch: pigs might fly das ist ja ganz unmöglich! [vergl. das franz. quand les poules pisseront]; Old Cant: Polizist; Sechspencestück; Kindersprache: Stückchen (besonders einer Apfelsine); Setzer-Slang: Drucker, der an der Presse arbeitet, Preßier [die pressmen nennen umgekehrt die Setzer donkeys. Man vergl. die französischen Wörter singe und ours. Im Pariser Buchdrucker-Argot bedeutet nämlich singe (Affe) einen Setzer, während umgekehrt im Argot der Setzer mit ours (Bär) ein Preßier bezeichnet wird*]; Oxford-Slang: to keep a pig mit einem andern Studenten, besonders einem Fuchse (freshman) dieselbe Bude (im College) bewohnen; Nursery-Rhyme [während man dies dem Kindlein vorträllert, zupft man der Reihe nach seine fünf Fingerchen, indem man beim Daumen anfängt]:

This little pig went to market,
This little pig stayed at home,
This little pig had a bit of meat,
And this wee pig had none.
This little pig said: „Wee, wee, wee,
I can't find my way home".

Das kleine Ferkel zog auf den Markt,
Das kleine Ferkel blieb daheim,
Das kleine Ferkel aß etwas Fleisch,
Und das winzige da das kriegte keins.
Das kleine Schwein grunzte: „Ru, ru, ru,
Ich finde den Weg nicht nach Haus."

2. v. P: ~ together (zu zweien oder mehr) in einem Bette (oder in einem engen Raume) schlafen.

pigeon F (pĭ′DG-ᵉn) [Taube]: a) (beim Hazard) Betrogene(r); to milk the ~

* Vgl. C. Villatte, „Parisismen". Berlin. Langenscheidt.

einem das Fell über die Ohren ziehen;
b) Blei: to fly the ~ das Blei der
Dachbekleidung stehlen.

pigeon's milk † (pĭ'dʒ-ŭnĭ mĭlk): Tauben-
milch [welche man denen, die in den April geschickt werden sollen, aufträgt, einzukaufen; das
Wort ist jetzt, wenigstens in London, unbekannt].

piggy-wiggy(pĭ'g-gĕ-wĭ'g-gĕ)Kindersprache:
Schweinchen.

pig's eye F (pĭgʒ ai') Eckstein-As.

pig's eyes F (pĭgʒ ai'ʒ) kleine Augen,
Schweinsaugen.

pig-skin (pĭ'g-skĭn) [Schweinsleder] Sport:
Sattel.

pig-sticker F (pĭ'g-stĭk-ᵉr) scherzhaft:
Schweineschlächter.

pig's whisper P (pĭ'gʒ wĭ'ĥ-pᵉr) leise(s)
Geflüster (*Sl. Dict.*).

pig-tail ↓ (pĭ'g-tel) [Zopf] Kautabak.

pig-tub F (pĭ'g-töb) Behälter der Speise-
kammer für Speisereste.

pig-widgeon F (pĭ'g-wĭd-ġᵉn) Einfaltspinsel.

pike-it P (pai'k-ĭt): if you don't like it,
take a stick and ~ wenn du's nicht
magst, so kannst du's bleiben lassen,
F so mal' dir was. — S. auch lump.

pike off (pai'k ö'f) Old Cant: durchbrennen
(*The Scoundrel's Dict.*, 1754).

pikestaff P (pai'k-staf) [Pikenschaft]
sprichwörtlich: as plain as a ~ ganz einfach, leicht verständlich, auf der (flachen)
Hand liegend.

pikey P (pai'-kĕ) Zigeuner, Landstreicher
(*Sl. Dict.*).

pilcher (pĭ'l-tjᵉr) Old Cant: Taschendieb.

pile (pai'l) 1. s. [Haufen]: P to go the
whole ~ alles auf einen Wurf setzen.
— 2. v. [aufhäufen]: to ~ it on, to
~ on the agony sich sehr verliebt stellen;
die Rechnung hoch schrauben; etwas
übertreiben.

pill (pĭl) s. [Pille] scherzhaft: Arzt; ~-box
[Pillenschachtel] Wagen eines Arztes.

pill-driver F (pĭ'l-drai-wᵉr) Apotheker.

pimp P (pĭmp) Kuppler; Old Cant: ~
whiskin geschickte(r) Kuppler.

pimple P (pĭmpl) [Schwärchen] Kopf:
sharp brains in my noble ~ (*Racing
Song*) hellen Verstand im edlen Schopf

pin (pĭn) [Pflock, Stecknadel] 1. s.: a) F there
isn't a pin to choose between them,
seltener: there isn't a pin's difference
between them sie sind kaum um ein
Haarbreit verschieden. b) P I have
pins and needles in my leg mir ist
das Bein eingeschlafen; in a merry pin
angesäuselt, halb berauscht. c) Kindersprache und F: pins Beine. d) [schon bei
SPENSER: who not a pin does care der
sich kein Haarbreit kümmert]; Boxer-
Slang: to grow weak on one's pins
nicht mehr auf den Beinen stehen können.
e) F I don't care a pin mir liegt den
Teufel d'ran, mir ist's schnuppe; I do
not set my life at a pin's fee (HAMLET)
ich schlage mein Leben gern in die
Schanzen. — 2. v. Sport: he had him
pinned in on the rails er zwang ihn,
nahe am Gitter zu reiten.

pin-basket F (pĭ'n-baß-kᵉt) jüngste(s) Kind.

pinch (pĭntsch) 1. v. [klemmen, drücken]:
P ~ing times harte Zeiten; [mit den
Fingern fassen] F stehlen; arretieren. —
2. s. [Klemme, Not]: F on a ~ zur
Not; [Prise] sprichwörtlich: like a bird
who has a ~ of salt put upon his
tail wie ein Vogel, dem man Salz auf
den Schwanz gestreut hat; wie ein be-
gossener Pudel.

pinchbeck (pĭ'ntsch-bᵏ) [pinchbeck s.
eine schlechte Art Tombak, das seinen Namen
einem Londoner Fabrikanten des vorigen Jahrhunderts verdankt] a. von geringer Qualität.

pinch-gloak (pĭ'ntsch-glök) Old Cant:
Gauner, Ladendieb.

pinch-gut ↓ (pĭ'ntsch-gᵏt) knauserige(r)
Proviantmeister (SMYTH).

pinch-penny(pĭ'ntsch-pᵉn-ĭ): the process
of ~ (*Pall Mall Gazette*) das Spar-
system.

pine (pai'n) P statt pine-apple Ananas.

pinion (pĭ'n-jᵉn) P statt opinion Ansicht.

pink (pĭnk) 1. s.: F ~ of neatness
Muster der Sauberkeit; the ~ of fashion
die allerneueste Mode; Sport: in the
~ of condition in der allerbesten Verfassung. — 2. v. F verwunden, tot-
stechen.

pinnel (pĭ'n-nᵉl) F statt penal servitude
Zuchthausstrafe.

pinner-np P (pĭn-ŭꞵ-ŏ'p) Ballabenhändler, der seine Ware, auf einem Brette mit Nadeln befestigt, auf der Straße feil= bietet.

pinny (pĭn-ʏ) Kindersprache statt pinafore Schürzchen.

pipe (paĭp) 1. *s.* [Pfeife]: a) P (höhnisch): put that in your ~ aud smoke it das kannst du nun nehmen, wie du willst; *fig.* F da kannst du dran knabbern; P to put a person's ~ out (*Sl. Dict.*) jemandes Pläne durchkreuzen. b) ↓ Stimme: in a feeble ~ mit schwacher Stimme. c) F Stiefel: his swell kickeys and pipes (AINSWORTH, *Rookwood*) seine eleganten Hosen und Stiefel. — 2. *v.*: a) P to ~ one's eye heulen; to ~ up singen. b) F to ~ off aus= horchen; to ~ on angeben. c) ↓ her= beirufen, pfeifen: to ~ to grog zum Grog pfeifen; ~ the hammocks down (*Nights at Sea*) pfeift das Signal für die Hängematten!

pipe-clay ✕ (paĭp-klē)[Pfeifenthon]: a) bei den Vorgesetzten gut angeschriebener Soldat; b) militärische Disziplin.

piper P (paĭ'-pᵉr) [Pfeifer] Ausruf: by the ~! pottausend! to pay the ~ die Kosten tragen; F engbrüstiges Pferd; f. auch roarer.!

pipes F (paĭpꞵ), f. pipe.

pips F (pĭpꞵ) Kartenspiel: die Zwei heißt two pips, die Zehn ten pips, das As dagegen single pip.

piping (paĭ'-pĭnᵍ): F those ~ times of prosperity jene schönen, blühenden Zeiten des Glücks; P ~ hot glühend heiß.

pippin P (pĭp'-pᵉn) [Apfel]: my ~ mein Liebster! he's as sound as a ~ er hat Backen wie ein paar Borsdorfer Äpfel.

pish P (pĭsch) *v.a.* mit Verachtung be= handeln: a dowdy a shopgirl 'ud ~ (*Punch*) ein Weibsbild, über das ein Ladenmädchen „pfui" sagen würde.

piss F (pĭꞵ): he shall not ~ my money against the wall er soll nicht auf meine Kosten saufen; ~ down a person's back einem flattieren; ~ pins and needles den Tripper haben.

piss-a-bed P (pĭꞵ-ă-bĕ'd) Löwenzahn [vgl. das franz. pissenlit].

piss-maker F (pĭꞵ-mē-kᵉr) Säufer.

piss-prophet (pĭꞵ-pröf-ᵉt) Old Cant: Arzt, der gern den Urin besah, Harndoktor.

pit F (pĭt) Brusttasche.

pitch (pĭtsch) 1. *s.* P Stand, Bude, Ge= schäft; fahrende Künstler: to do a ~ in the drag (*Sl. Dict.*) eine Vorstellung auf der Straße geben; Kricket: Auf= prallen des Balles, ehe er den Dreistab erreicht; vom Schläger: to command the ~ (den Ball) sofort nach dem Aufprallen zurückschlagen. — 2. *v.a.* [schleudern, aufschlagen]: P she ~ed it to me about old times and old happiness sie schwatzte mir etwas von alten Zeiten und altem Glücke vor; Schüler-Slang: ~ up! wirf zu! F to ~ the fork rührende Geschichten vortragen. — 3. *v.n.* P stürzen: 'e ~ed into the boiler er fiel in den Kessel; to ~ it stark auftragen, flun= kern; F falsches Geld unter die Leute bringen; Bäcker-Slang: auf kurze Zeit zur Ruhe geben (*Sl. Dict.*); P to ~ into losschlagen auf; Zirkus: to go a~ing Purzelbäume schlagen; altes Spiel: to ~ the nob, f. prick.

pitcher F (pĭt-schᵉr) [Krug] Old Cant: Zucht= haus von Newgate [auch] stone jug genannt].

pit-hole P (pĭt-hōl) Grab.

pit-man F (pĭt-mᵉn) Brieftasche.

pitster (pĭt-stᵉr) Theater: Parterre= besucher.

pivot-foot (pĭv-ŏt-fŭt) Kricket: rechte(r) Fuß, auf dem der Schläger sich wiegt.

place (plēꞵ) Sport: a) *s.* erster, zweiter oder dritter Platz eines Rennpferdes [den ihm der Schiedsrichter, judge, zuerkennt]. b) *v.* den ersten, zweiten, dritten Preis zuerkennen.

place-hunger (plē-ꞵ-hŏng-gᵉr) Politik: Gier, Jagd nach Staatsämtern.

place-kick (plēꞵ-kĭk) Fußball: Tritt, der innerhalb des umgrenzten Spielplatzes geschieht.

placing (plē'-ꞵĭnᵍ) Sport: Rang eines Rennpferdes; f. place.

plagued P (plēgd) *adv.*: I'm ~ hard up (*The Boy's Own Paper*) ich bin ver= flucht knapp dran.

plaguy P (ple´-ge) *adv.* beſonders in der älteren Komödie: a ~ fine fellow ein verdammt feiner Kerl.

plain-clothes-man (plēn-klō´ʒ-mᵉn) Polizist in Civilkleidung.

plain sailing F (plēn ßē´-lin⁹) einfache, leichte Aufgabe; klare Sache.

plank F (plänᵏ) *v.* hinlegen: I ~ed down a sovereign ich ſchmiß ein Pfund Sterling hin.

plant F (plānt) 1. *v.* [pflanzen] (Geld) verbergen; ſich (jemand) zum Opfer auserleſen; to ~ the sour falſches Geld ausgeben. — 2. *s.*: a) Behälter im Hauſe des Hehlers; b) verborgene Beute, Schätze: to spring a ~ auf verborgene Schätze ſtoßen; to rise the ~ verborgene Wertſachen wegſchleppen, entfernen, den Schatz heben; c) Gaunerſtreich.

plate (plēt) [Silber-, Goldgeſchirr] *s.* Sport: silver ~ (gleichbedeutend mit, im Werte ſich belaufend auf) fünfzig Pfund Sterling; gold ~ achtzig oder hundert Pfund Sterling.

platform (plä´t-fō⁹m) [Rednerbühne] Politik, urſprünglich amerikaniſch: politiſche(s) Programm [ſchon bei SHAK. in der Bedeutung „Plan, Entwurf, Projekt"].

platitudinarian (plä´t-ⁱ-tjū-dⁱ-nе⁹⁹-iᵘn) Zeitungen: alberne(r), fade(r), platte(r) Menſch.

platter-faced F (plä´t-tⁱ-ſeⁱßt) [mit einem Schüſſel-Geſichte] mit einem flachen, breiten Geſichte.

play (plē) 1. *v.* [ſpielen]: ~ the game etwas mit voller Luſt, Energie angreifen; Boxer-Slang: ~ a cross eine Scheinboxerei veranſtalten, ſ. knife; F to ~ least in sight verduften (GROSE); P to ~ old Nick with zu Grunde richten; ſ. gooseberry. — 2. *s.* [Spiel] ſprichwörtlich: all work and no ~ makes Jack a dull boy man kann nicht ewig arbeiten; ohne Erholung wird der Menſch ſtumpf.

player-up (plē-ⁱ-ö´p) Fußball: Spieler des Vordertreffens.

play-going F (plē´-gō-in⁹) gern das Theater beſuchend.

play-up (plē-ö´p) Fußball: in den Vorderreihen (ſ. forwards) ſpielen.

please † (pliʒ) elliptiſch: ~ God we live, we'll go there wenn's Gott gefällt, daß wir noch am Leben ſind, wollen wir dahin gehen.

please-man † (pliʒ´-män) SHAK. u. ſ. w.: Schmarotzer, Salonheld, Intrigant.

pleasure (ple´ʒ-ⁱ⁹) im Laden: what's your ~? was ſteht zu Befehl?

pleasure-going F (ple´ʒ-ⁱ⁹-gō´-in⁹) *s.* Luſtpartie, Ausgehen aufs Vergnügen.

pliceman, pleaseman (beides: pliʒ-mᵉn) P ſtatt police-man Schutzmann.

pledge (pledG) *s.* [Pfand] Abſtinenzler: to take the ~ ſich ſchriftlich zur völligen Enthaltſamkeit (von Spirituoſen) verpflichten.

plenipo' (ple´n-ⁱ-pō) ſtatt plenipotentiary: without the aid of prince or ~ (BYRON) ohne Hilfe von Fürſten und Geſandten.

pliceman, ſ. pleaseman.

plight F (plāⁱt) [Verlegenheit]: in a sore ~ in einer böſen Patſche.

ploughed (plaud) [gepflügt] P beduſelt; Schul-Slang: im Examen durchgefallen; ſ. pluck.

pluck (plöf) 1. *v.* [rupfen] ſ. crow; P ~ed 'un kühn, tollkühn; euphem. (von Frauen): ~ a rose auf den A B gehen [auf dem Lande iſt dieſer gewöhnlich im Garten]; Schul-Slang: in der Prüfung durchfallen laſſen: he was ~ed in Virgil er fiel im Virgil durch). — 2. *s.* F Mut, Herzhaftigkeit [das Subſtantiv pluck Mut, ſowie das Adjektiv plucky mutig, noch vor wenigen Jahrzehnten der Vulgärſpracheangehörig, haben ſich jetzt auch in der Schriftſprache eingebürgert].

plucked F (plöft): a ~ 'un ein mutiger, tollkühner Geſelle.

plum (plöm) [Pflaume, Roſine] High-Life Slang: Summe, Vermögen [beſonders einer ledigen Dame, *Sl. Dict.*] von £ 100 000; BYRON:

Ah, bravo, Dick hath done the sum,
He 'll swell my fifty thousand to a plum.
Bravo, mein Richard rechnet fein,
Nennt halb ſtatt fünfzig hunderttauſend ſein.

plumb (plöm): give him a taste of blue ~ (ROOKWOOD) laßt ihn Blei ſchmecken!

plummy P (plö'm-m·) dickwanstig, quabbelig; vorzüglich (*Sl. Dict.*).

plump (plömp) 1. *adv.* P gerade heraus: say it out ~ sag's rund heraus; ~-and-plain offenherzig, freimütig; ~ in the pocket mit vollen Taschen. — 2. *v/n.* P sich schwer, plötzlich niederlassen, mit der Sprache herausrücken; Politik: to ~ for seine Stimme geben für (einen Wahlkandidaten). — 3. *v/a.*: P please to ~ yourself there bitte, lassen Sie sich da nieder; to ~ down plötzlich hinfallen lassen; ⚕ to ~ one's pockets sich die Taschen füllen; ⌐ schlagen; ~ his peepers, his day-lights schlag' ihm ins Gesicht, in die Augen; erschießen. — 4. *s.* ⌐ Schlag: I'll give you a ~ in the bread-basket ich geb' dir einen Stoß in die Rippen [eigentl. einen Schlag auf den Bauch].

plumper (plö'm-p⁵·) Politik: ungeteilte Wahlstimme.

plumply P (plö'mp-l·) *adv.* = plump 1.

plunder (plö'n-d⁵·) *s.* Pferdehandel u. s. w.: Gewinst (*Sl. Dict.*).

plunge P (plöndG) [Tauchen, Sturz] Wagnis: he is pledged to the ~ er hat sein Wort darauf gegeben; to make the ~ auf böse Wege geraten.

plunger (plö'n-dG⁵·) P flotte(r), ausgelassene(r) Geselle; ✗ schwere(r) Kavallerist (*Sl. Dict.*).

plush ⚓ (plöſch) Grog, der nach Austeilung der Rationen übrig bleibt.

plyer ⌐ (plaī'·⁵) Krücke.

pocket (po'k-⁴t) *v.* [in die Tasche stecken]: F to ~ an insult eine Beleidigung ruhig einstecken; Billard: machen, ins Loch treiben.

pocket-borough † (po'k-⁴t-bo''r-n-ō) Wahlbezirke unter dem Einflusse oder in der Macht eines Gutsherrn.

pocket-piece P (po'k-⁴t-pī''ß) ſ. luck-piece unter luck.

pocket-pistol ⌐ (po'k-⁴t-pī''ß-t⁵l) [Taschenpistol] Schnapsflasche: a flash from his ~ (*Bell's Life*) ein Schluck aus seiner Flasche.

pockets-to-let (po'k-⁴tß-t⁵-lä''t) mit leeren Taschen.

poeta (pō'f-ta) *s.* [die fünf Anfangsbuchstaben von **prevention of cruelty to animals**] Kutscher-Slang: Mitglied eines Tierschutzvereins.

pogey-aqua ⚓ (pō'-g·-ä't-wa) [nach dem Spanischen poco aqua wenig Wasser] mach den Grog recht steif!

pogue ⌐ (pēg) Sack.

pogy ⌐ (pō'-g·) besoffen.

point (pŏint) *s.* [Punkt, Spitze] F (von Menschen und Tieren) Eigenschaft: he has his good ~s er hat seine guten Seiten; to stretch a ~ sich besondere Mühe geben, ein Übriges thun [in alter Zeit, so erzählt GROSE, wurden die Hosen mit Schnüren (points) festgemacht. So oft man einen großen Schritt that, zogen sich diese auseinander und gaben nach]; Kricket: Spieler rechts vom Schläger, nicht weit vom slip.

point-blank F (pŏint-blä'n⁴f) *adv.* gerad' heraus (sagen u. ſ. w.).

poisoned (pŏiſnd) Old Cant: schwanger.

poison-pated (pŏi'ſn-pe-t⁴d) Old Cant: rothaarig.

poke (pōk) 1. *s.* [Tasche] a) F to buy a pig in a ~ die Katze im Sacke kaufen. b) P Rippenstoß, Faustschlag; I'll lend you a ~ ich gebe dir eins in die Rippen. c) ⌐ Gestohlenes, Beute: the ~ had been got away der Raub war beiseite geschafft worden. — 2. *v/a.* [schüren, stoßen]: P ~ him well in the ribs sporn ihn gehörig an; to ~ fun at sich lustig machen über; *v.n.* to ~ about umhertappen.

poker P (pō'-f·) [Stochereisen]: a) scherzhaft: by the holy ~ Kreuzwetter! b) ⌐ Schwert; he's burnt his ~ er hat die Syphilis.

poker-back (pō'-f⁵·-bäf) steife(r), stolze(r) Geselle.

poky P (pō'-f·) eng, schmal, elend, ärmlich.

pole (pōl) *fig.* F: to climb up the greasy ~ große Schwierigkeiten überwinden, etwas Schweres unternehmen; ⚓ under bare ~s mit bloßen Masten (d. h. ohne Segel).

pole-axing (pōl-ä'fß-in·) [Abschlachten] Arbeiter-Slang: Herabdrücken der Löhne bis zu Hungersätzen.

police-man P (pŏ-lī'ß-m'n) [Polizist] Schmeißfliege [Wortspiel auf blue bottle].

polish (pŏ'l-ĭsch) [polieren: ~ a bone etwas essen; ~ the king's iron with one's eye-brows im Zuchthause sitzen, F brummen [eigentl. den Kopf gegen die Eisengitter reiben].

polish off P (pŏ'l-ĭsch ŏ"f) [abpolieren]: a) aufessen; b) abmurksen, aus dem Wege räumen.

poll (pŏl) *s.* Old Cant: Kopf, Schopf, Perücke; Politik: Wahl, Wahlplatz; to be at the head of the ~ den Sieg (bei der Wahl) erringen. — *v.* Politik: to ~ for ... seine Stimme abgeben für ...

poll P (pŏl) [Abkürzung von Polly Mariechen] Weibsbild; (statt poll - parrot) Papagei.

poll (pŏl) [statt οἱ πολλοί der große Haufen] Studenten-Slang, Cambridge: Kandidat für das leichtere Bakkalaureus-Examen [s. pass und passman]; die betreffende Prüfung selbst die pass-examination.

poll-parrot P (pŏl-pä'r-rᵘt) [Papagei] geschwätziges Frauenzimmer.

Polony (pŏ-lō'-n̆ᵉ) P statt Bologna sausage Art Wurst, Schwadermagen.

polt (pŏlt) Old Cant: Schlag, Stoß.

pommel P (pŏ'm-m'l) *v/a.* knuffen, prügeln.

'pon (pŏn) P statt upon: ſ ~ my sivey meiner Seele! [statt F ~ my soul!]

ponce P (pŏnß) Kuppler, P Louis; Pennbruder.

Pontius Pilate † (pŏ'n-ĭschᵘß pai'-l᷎t) Pfandleiher (Grose).

pon(e)y (pŏ'-nᵉ) Sport: 25 Pfund Sterling; to pot the ~ bezahlen, blechen; vgl. monkey f.

P. O. O. (pī ō ō') [statt Post-office order] brieflich: Geldanweisung.

pooh-pooh F (pū-pū') *v/a.* geringschätzend sprechen von ...: they ~ed all that we proposed über alles, was wir vorschlugen, rümpften sie die Nase.

poona ſ (pū'-na) Pfund Sterling (Sl. Dict.).

poor (pūᵃ, P pŏᵃ') [arm]: P it's a ~ lookout das sind ganz erbärmliche Aussichten; ~ fun wenig Spaß.

poor-family F (pūᵃ-fä'm-ĭ-lᵉ) *a.* was sich für arme Leute schickt; ~ fish wohlfeile Fische.

poorly F (pūᵃ'-lᵉ) schwächlich, unwohl; Frauensprache: ~ time Monatliches, Periode.

Poor man's side (pūᵃ mänß ßai'd): the ~ (of the river) die Südseite der Themse [im Gegensatze zu the Rich man's side, der Nordseite des Flusses].

poor-neighbourhood F (pūᵃ-nᵉ'-b᷎ᵘᵃ-h᷎ūd) *a.* zu einem Armenviertel gehörig.

pop (pŏp) 1. *s.* P Knall, Schuß: shall I have a ~ at him? (GREENWOOD) soll ich auf ihn losknallen? ginger-pop (statt ginger-beer) Ingwerlimonade. — 2. *v.* P legen, thun; versetzen; Old Cant: erschießen; P to ~ (the question) einen Heiratsantrag machen; he was on the point of ~ping (Funny Folks) er stand im Begriffe, sich um sie zu bewerben; Gerichtsverhandlung: and pointing a revolver at his head he said: I'll ~ you off und indem er ihm einen Revolver vor den Kopf hielt, sagte er: ich will dich in die Ewigkeit befördern; *v.n.* P to ~ in einen Besuch machen; *v.a.* P to ~ off aus der Welt schaffen; *v.n.* to ~ off euphemistisch: das Zeitliche segnen; *v.a.* P to ~ on anthun, drauf thun.

pope † (pŏp): ausgestopfte Figur, die man am 5. November, dem Jahrestage der Pulververschwörung, wie einen Papst „in effigie", auf den Straßen zu verbrennen pflegte. — S. auch unter: stick das Lied von Guy Fawkes.

pop-gun F (pŏ'p-gŏn) Kindersprache: kleine Pistole.

pop-shop P (pŏ'p-schŏp) Pfandhaus.

popler (pŏ'p-l᷎ᵉr) Old Cant: Grütze, Brei.

popp'd P (pŏpt) böse, verdrießlich; ~ off fortgelaufen.

popper ſ (pŏ'p-pᵃ) Flinte; ~s Pistole.

popping-ball (pŏ'p-pĭn-bäl) Kricket: am Rande der Kelle abgeprallte(r) Ball.

popping-crease (pŏ'p-plnŝ-fnīß) Kriđet: mit ben Stäben bes Dreifahls in einer Entfernung von 4 Fuß parallel gezogene(r) Strich.

pops P (pŏpß) (kleine) Pistole; Old Cant: a man of two ~ and a galloper ein Straßenräuber [eigentlich einer, ber zwei Pistolen unb ein Pferb befißt]; the ~ are primed (ROOKWOOD) bie Pistolen sinb gelaben.

popsy-wopsy P (pŏp-ß'-wŏ'p-ß•) Herzchen, Liebchen.

pore F (pō•): ~ over one's books fleißig stubieren, ochsen; the poring German student (Zeitung) ber büffelnbe beutsche Stubent.

porker F (pō'-f•): a) Schwein; b) Jube.

port (pō•t) [Pforte] Damenbrett: to open the ~s Steine aus ber hintersten Reihe vorrücken.

portrait F (pō'-tnæ•) [Bilbnis] Pfunb Sterling (*Sl. Dict.*).

portraitist * (pō•'-tnæt-lßt) Porträtmaler.

pose F (pōṣ) *v n.* [sich in eine Stellung werfen]: to ~ as ... sich stolz ausgeben für ..., figurieren als ...

poser F (pō'-ṣ•r) verwirrenbe Frage: that's a ~ bas ist schlecht zu beantworten, schwer zu sagen.

posey (pō'-ṣ•) Old Cant: Blumenstrauß; I shall see you ride backwards up Holborn-hill with a book in one hand and a ~ in t' other ich werbe bich noch hängen sehen [bie gute Sitte erheischte es nämlich, baß ber Galgenkanbibat auf seiner letzten Fahrt — nach Tyburn — ein Gebetbuch in ber einen, einen Strauß in ber anbern Hanb trug. — S. auch AINSWORTH'S *Jack Sheppard*].

posh (pŏsch) Old Cant: Gelb.

position (pŏ-ṣi'sch-ŝn) [Lage] Zeitungen: Behauptung: I think he would find it hard to make good this ~ ich glaube, es würbe ihm schwer fallen, biesen Satz zu beweisen.

positive F (pŏ'ṣi-ŝ-tlw): I'm ~ ich weiß ganz bestimmt; this is proof ~ that ... bies beweist unwiberleglich, baß ...

posse P (pŏ'ß-ß•) Schar: a whole ~ ein ganzer Haufen.

possession (pŏ-ṣe'sch-ŝn) [Besitz] Parlament: to be in the ~ of the house in einer Sitzung bas Wort haben.

possum P (pŏ'ß-ß•m) [Abkürzung von opossum] *s.* ursprünglich amerikanisch: to play ~ sich tot stellen, sich verstellen: 'e warn't so much hurt as he was playin' ~ (*A little Ragam.*) er hatte sich nicht so weh gethan, als er vorgab.

post (pōṣt) 1. *s.* [Pfosten] Sport: to be on the right, wrong side of the (winning-) post auf bas rechte, verkehrte Pferb wetten; Fußball: Spieler im Centrum [ber Ball wirb bei Eröffnung bes Spieles zwischen bie Posts ber beiben Parteien geschleubert] sprichwörtlich: from ~ to pillar von Pontius zu Pilatus. — 2. *v.* [stellen] F auf bie Post thun, einen Brief aufgeben; to ~ off mit ber Post abfertigen; well ~ed up genau unterrichtet. b) P bezahlen. c) F unb Sport: to ~ down the cole (the pony) bas Gelb hinlegen; Will he ~ the cole? Will he come down with the dues? Ask him that!" cried Blueskin (*Jack Sheppard*) „Wirb er blechen? Wirb er bie schulbigen Gebühren berappen? Frag ihn bas!" schrie Bl.

post-mortem (pōṣt-mǒr'-t•m) gerichtlich statt ~ examination Leichenöffnung.

post-prandial (pōṣt-pnä'n-ɒj•l) Zeitungen: nach bem Essen, Diner stattfinbenb.

posty (pō'ß-t•) P statt postman Briefträger.

pot (pŏt) 1. *s.* [Topf] Börse und Turf: a pot of money eine hohe Gelbsumme; to drop a pot o' money einen Haufen Gelb verlieren; ❋ to be put in the pot verloren sein; Sport: to put on the pot sehr hoch wetten; ❋ to put the pot on zu viel verlangen; *fig.* F: to make pots and pans of one's property bas Gelb verschleubern; to keep the pot boiling sich unb bie Seinen am Leben erhalten; the pot calls the kettle black ein Schuft schimpft über ben anbern; P to go to pot ins Elenb geraten, *fig.* F auf ben Hunb kommen. — 2. *v.* ❋ (aus bem Hinterhalte) schießen auf; P abfertigen, zu Grunbe richten; to pot on sich verschießen in; when their fancy has potted on pink (*Punch*) wenn sie sich in Rosa verliebt haben.

potable (pō'-t⁵bl) [trinfbar] *s.* ſcherʒhaft: Getränk.

potato P (pŏ-te'-tō) [Kartoffel]: he's thought small ~es of er genießt nur wenig Reſpekt; ~es große Löcher in den Strümpfen [potato wurde in früherer Zeit auch als Schimpfwort gebraucht].

potato-trap P (pŏ-te'-tō-trăp') Mund, Maulwerk.

pot-boiler F (pŏt-bŏi-l⁵r) ſchlecht gemaltes Bild, überſtürzte Arbeit.

pot-convert † (pŏt-ŏ'n-w⁵rt): einer, der ſich für eine gute Mahlzeit zum Katholizismus bekehren ließ.

'potecary P (pŏt-ĭ-fā-r⁵) ſtatt apothecary: Apotheker.

pot-hat P (pŏt-hä't) runder, niedriger Filzhut (*Sl. Dict.*).

pot-hunter (pŏt-hŏ'n-t⁵r) Jagd: Jäger, der auf alles ſchießt (*Sl. Dict.*); Sport: Sportsman, der aus Habſucht den Sport betreibt.

pot-luck F (pŏt-lŏ'f) Schickſal derer, die nehmen müſſen, was gerade da iſt; you must take ~ du mußt's nehmen, wie's kommt, à la fortune du pot.

potter (pŏ't-t⁵r): ~ about ohne Regel oder Methode herumkramen, arbeiten.

pot-valiant P (pŏt-wä'l-i⁵nt) tapfer im Rauſche (*Sl. Dict.*).

pot-wabbler † (pŏt-wŏ'b-l⁵r): einer, der ſich durch kurzen Aufenthalt ein Stimmrecht in einem Wahlbezirke erwarb.

pouncey (pau'n-ßĭ), ſ. ponce.

pound (paund) 1. *s.* [Hürde] Old Cant: Gefängnis; shut up in the parson's ~ verheiratet (GROSE). — 2. *v.* [im Mörſer zerſtampfen] P und Schul-Slang: durchprügeln; Sport: to ~ along vorſchießen; Old Cant: ~ a cock eine hohe Summe auf einen Hahn wetten; I'll ~ it to be so ich bin meiner Sache ganz gewiß.

poundable (pau'n-d⁵bl) Old Cant: ſicher, unfehlbar.

pour (pō'r) [gießen] *v. n.* ſprichwörtlich: it never rains but it ~s ein Unglück kommt nie allein; P it's ~ing with rain es gießt mit Eimern; that ~ing (wet) afternoon an dem naſſen Nachmittage.

powder (pau'-d⁵r) 1. *s.* Sport: to give a horse ~ einem Pferde die Sporen in die Flanken drücken. — 2. *v. n.* Modeſprache: ſich pudern.

powdering-tub † (pau'-d⁵r-nĭn⁵-tŭb): in the ~ in der Schwitzkur für Syphilis [auch in the pickling-tub].

power (pau'-⁵r) [Macht]: F more ~ to your elbow Glück zu! Fluch: by the ~s, the ~s zum Henker! a ~ of people (AINSWORTH) ein Schwarm Menſchen, eine Menge Leute.

P. P.: a) F ſtatt pickpocket Taſchendieb. b) Sport ſtatt play or pay: entweder mußt du am Wetten weiter mit teilnehmen oder das eingezahlte Geld verlieren.

prad (präd) Sport: Reitpferd; F ~-cove Roßkamm.

prancer (prä'n-ß⁵r) F Pferd; ✗ Kavallerieoffizier (*Sl. Dict.*).

p'raps (präpß) P ſtatt perhaps vielleicht

prating-cheat (pre'-tĭn⁵-tſchīt) [Plauderding] Old Cant: Zunge.

prattling-box (prä't-lĭn⁵-bŏtß) [Klatſchkaſten] Old Cant: Kanzel.

pratts (prätß) Old Cant: Hinterbacken.

preachify P (prī'-tſchĭ⁵-fāi) fromme, ſalbungsvolle Reden halten.

precious P (prē'ſch-⁵ß) 1. *a.* [koſtbar] groß, mächtig: he's a ~ lot better off than you think er iſt viel wohlhabender, als du glaubſt; a ~ sight more than viel mehr als. — 2. *adv.* ſehr: he'll ~ soon let you go (*King of the Beggars*) er wird dich ſchon bald laufen laſſen.

preciously P (prē'ſch-⁵ß-lĭ) [koſtbar] ſehr: ~ dull entſetzlich langweilig.

prediclement (prĭ-dĭ'kl-m⁵nt) P ſtatt predicament verdammte Verlegenheit.

premium 💰 (prī'-mĭ⁵m) [Prämie]: at a ~ über Pari; F ſehr geſucht [im Gegenſatze zu at a discount].

prentice (prĕ'n-tĭß) P ſtatt apprentice Lehrling.

prenticed (prĕ'n-tĭßt) P ſtatt apprenticed in der Lehre.

Pre-Raphaelites (prī-räf-ā-⁵-lāi'tß) berühmte, in den 40er Jahren von Millais und andern gegründete Malerſchule.

present F (pʀĕ'ſ-ᵉnt) [anwejend]: all ~ alle Anwejenden; jprid)wörtlid): ~ persons always excepted Anwejende ſind immer ausgenommen.

present ✕ (pʀᵉ-jĕ'nt) *s.* Präjentieren des Gewehrs: did he come to the ~? kam er zur Parole?

press (pʀĕß) 1. *s.* ⚓ under a ~ of canvas mit vollen Segeln; † Gedränge. — 2. *v/a.* F he ~ed me to come er drang in mid), zu kommen. — 3. *v/n.* to ~ on voraneilen.

press-men (pʀĕ'ß-mᵉn) *s/pl.* Journaliſten (*Echo*).

pretence (pʀᵉ-tĕ'nß) [Vorwand] Geridts- wejen: under false ~s unter falſd)en Vorjpiegelungen.

pretty P (pʀᴵ't-tᵉ) [hübſd)]: it will cost him a ~ penny es wird ihm einen ſd)önen Groſd)en koſten; I knew all the ~ fellows about town (*Thackeray*) id) kannte alle ſeinen Herrd)en in London.

prick (pʀᴵk) *v.* [ſted)en] vom Monard)en: to ~ a sheriff einen Sd)eriff [durd) Bezeid)nung des Namens mittels einer Nadel] ernennen; Jagd: to ~ a hare einen Haſen nad) ſeinen Fußſpuren im Sd)nee jagen; altes, auf Meſſen und Märkten üblid)es Spiel: ~ the garter (aud) pitch the nob) Sted)en des Strumpfbandes [man ſoll dabei in eine gewiſſe Falte des Strumpf- bandes ſted)en, ſtid)t aber gewöhnlid) daneben; *Sl. Dict.*].

pricklouse (pʀᴵk'l-lauß) [Filzlaus] Old Cant: Sd)neider.

pride F (pʀaïd) [Stolz]: tho ~ of the town das, worauf die Stadt ſtolz iſt; in the ~ of his years in der Blüte ſeiner Jahre.

priest-linked (pʀiᵉ'ßt-linᵉkt) Old Cant: ver- ehelid)t, verheiratet.

prig (pʀᴵg) 1. *s.* F Dieb; Sd)ul-Slang: ein- gebildeter Fant, Pedant. 2. *v.* P ſtehlen.

prigger F (pʀᴵ'g-g⁻ᵉ) Dieb.

priggish (pʀᴵ'g-giſd)) F diebiſd); Sd)ul- Slang: eingebildet, pedantiſd).

prig-napper (pʀᴵ'g-näp-pᵉʳ) [altes Cant- Wort, ſd)on bei SHAKESPEARE] Old Cant: Häſd)er (GROSE).

prime (pʀaïm) 1. *a.* [urjprünglid)] Sd)ul- Slang und F vorzüglid): ~ fun famoſe(r) Spaß; in ~ condition in ausgezeid)- neter Verfaſſung. — 2. *v.* [Pulver auf- ſd)ütten] P gut mit Getränk u. ſ. w. verſorgen, tüd)tig betrunken mad)en.

Primrose day *** (pʀaï'm-ʀōſ dĕ) [Primeltag] der 19. April, der Todestag Lord Beaconsfield's, an weld)em ſeine (konſervativen) Verehrer die Lieblingsblume des Gefeierten, ein Primel- ſträußd)en, vorſtecken.

Primrose League *** (pʀaï'm-ʀōſ līg): (konjervativer) ariſtokratiſd)er Verband.

Prince Prig (pʀinß pʀᴵ'g) Old Cant: Zigeunerkönig, Räuberhauptmann.

principal (pʀᴵ'n-ß⁻ᴵ-pᵊl) *s.* [Hauptperjon] Zeitungsanzeige: only ~s will be dealt with nur mit den Leuten jelbſt (nid)t mit Agenten u. ſ. w.) wird unterhandelt werden, „Vermittler verboten"; Boxer- Slang: the ~s die (zwei) Boxer.

Princum Prancum (pʀᴵ'n-kᵊm pʀä''n-kᵊm) Old Cant: Mrs. ~ eine ſteife, pedantiſd)e Frau.

prinking † (pʀᴵ'nᵉ-kᴵnᵉ) feine(r) Putz (GROSE).

Prisoner's bars (pʀᴵ'ſ-ᴵn-ᵉʳ bā''ʳſ), **Prisoner's base** (pʀᴵ'ſ-ᴵn-ᵉʳ bē''ß) Lauf- und Fangſpiel von Knaben (LUCAS).

prittle prattle F (pʀᴵ'tl pʀätl) Plauderei, Gewäjd).

private (pʀaï'-wᵘt) 1. *a.* Sd)ulfad): ~ school Privatinſtitut [im Gegenjatze zu public school, vom Staate unterhaltene oder aus Vermäd)tniſſen unterſtützte Sd)ule]. — 2. *s.* ✕ Gemeine(r).

private-clothes-man (pʀaï'-wᵘt-klō''ſ̌- mᵊn) Geheimpolizist in Civil; j. plain- clothes-man.

prize (pʀaïſ) [Preis]: a) F there are few ~s in this profession dieſer Be- ruf hat nur wenig einträglid)e Stellen aufzuweiſen. b) Sd)ule: French ~, good-conduct ~ Preis für Franzöſiſd), für gutes Betragen; ~-man Preis- gekrönte(r). c) ✿ ~-medallist mit der Preismedaille Gekrönte(r).

profess F (pʀ⁻ᵉ-fĕ'ß) [bekennen, erklären]: I don't ~ to know Spanish id) maße mir nid)t an, zu behaupten, daß id) Spaniſd) kann.

professional (prŏ-fĕ'ſch-ᵘn-ᵃl) 1. a. [zum Berufe gehörig]: ᶠ a ~ man ein Mann vom Fach; ein den „gelehrten" Ständen angehöriger Mann [besonders Arzt, Jurist, Geistlicher, Künstler]; a ~ cricketer, oarsman, player ein Kricketspieler, Ruderer, Spieler vom Fach [im Gegensatze zu gentleman c., o., p.]. — 2. s. ᶠ Sänger, Schauspieler, Künstler, Sportsman von Profession.

prog P (prŏg) Lebensmittel; T. MOORE, *Fudge Family in Paris*:

And this is the place for it, Dicky, you dog,
Of all places on earth the head-quarters for prog.

Und das, lieber Richard, das ist ja die Stadt,
Da ißt man auf Erden am feinsten sich satt.

proing P (prŏ'-ĭnⁿ) Schauspielerfach, Sängerleben, wanderndes Künstlerdasein.

promatenr * (prŏ'-mᵃ-tjū'r) Sport: Angestellter eines Velocipedengeschäfts, dem es obliegt, bei den Wettrennen die Fabrikate seines Hauses vorzuführen und zur Geltung zu bringen.

prooshan, prooshin (beides: prŭ'-ſchⁿn) P statt Prussian preußisch.

prop P (prŏp) Schlag.

proper ᶠ (prŏ'p-ᵉr) zuweilen ironisch: anständig: to do the ~ thing thun, was sich schickt.

property (prŏ'p-ᵉr-tᵉ) [Eigentum] s. Theater: zur Aufführung gehörige Gegenstände. a.: ~ trees, snakes, snow-flakes gemalte Bäume, unechte Schlangen, Schneeflocken für die Bühne.

property-man (prŏ'p-ᵉr-tᵉ-män) Theater: Requisitenmeister.

prop-nailer ᶠ (prŏ'p-nᵉᵉ-lⁱ) Dieb, der Vorstecknadeln stiehlt.

props (prŏpß) s pl. Theater: statt properties Requisiten für die Bühne; P Krücken.

pros (prŏß) s pl. P statt professionals Schauspieler, Sänger, Künstler.

prospector ⚇ (prŏ-ßpᵉ'k-tᵉr): (großer) Spekulant, besonders in Ländereien.

pross (prŏß) v. Theater und Sport: sich traktieren lassen, sich auf Kosten anderer gütlich thun, ᶠ nassauern.

proud ᶠ (prŏud) [stolz] lüstern, geil (GROSE).

prowl ᶠ (prŏul) auf Raub ausgehen.

P. S. Theater statt prompter's side auf der Seite des Souffleurs.

psalm-smiter (ßā'm-ßmāi-tᵉr) [Psalmenmörder] spöttisch: Straßenprediger, Frömmler.

P's and Q's ᶠ (pīſ ᵘnd kjū'ſ): to mind one's ~ auf der Hut sein, vorsichtig verfahren.

pub (pŏb) P sehr gewöhnlich statt public-house Wirtschaft, Schenke.

public le(d)ger (pŏ'b-lik lᵉ"ᴅɢ-ᵉr) [Hauptbuch] Old Cant: Hure.

public man (pŏ'b-lik mä"n) Old Cant: Fallit, Zahlungsunfähige(r).

public patterer ᶠ (pŏ'b-lik pä"t-t⁵-rᵘ) Gauner, der auf offener Straße Predigten hält, um dadurch seinen Spießgesellen eine Gelegenheit zu verschaffen, ihren Mitmenschen den überflüssigen Mammon abzunehmen.

pucker (pŏ'k-ᵉr) 1. s. P Ärger, Verlegenheit: to judge from his frightened face, he was in a pretty ~ (GREENWOOD) nach seiner bestürzten Miene zu urteilen, war er in einer schönen Verlegenheit. — 2. v.: ᶠ to ~ one's mouth (up) die Lippen spitzen, ein Mäulchen machen.

puckering ᶠ (pŏ'k-⁵-rĭnⁿ): vertrauliche Unterhaltung, Gespräch unter vier Augen.

pudding ᶠ (pŏ'd-dĭnⁿ) Magen, Leib: Juan Drew forth a pocket-pistol from his vesture: And fired it into one assailant's ~ (BYRON) J. zog ein Pistol aus seinem Kleide, Und schoß damit dem einen auf den Leib; to give the crows a ~ das Zeitliche segnen, den Raben zum Fraße werden.

pudden (pŏ'd-d⁵n) P statt pudding.

pudding-headed ᶠ (pŏ"d-dĭnⁿ-hᵉ'd-⁵t) schwer von Begriffen.

Pudding Lane (pŏ'd-dĭnⁿ lᵉ"n): from ~ to Pye corner von einer Ecke der Altstadt bis zur andern [der Tradition nach (s. *Pepys's Diary*) begann die große Londoner Feuersbrunst (1666) in ~ und hörte in der Nähe von Pye corner auf].

pudding-snammer (pŭ'd-klu-ß̄nā"m-m˘ʳ) Dieb, der Lebensmittel aus Speise=häusern stiehlt (*Sl. Dict.*).

pudding-time (pŭ'd-k̆n˘⁵-taͥm):
But Mars who still protects the stout,
In pudding-time came to his aid.
(BUTLER's *Hudibras*.)
Doch Mars, der stets die Starken schirmt,
Kam zeitig noch ihm beizusteh'n.

puff (pŏf) I. *v.*: a) *v/a.* ✻, Politik u. s. w.: an=preisen, in den Himmel heben. b) *v/n.*: a ~ing tradesman ein Kaufmann, der sich auf die Reklame versteht; to ~ off durch Schreien an den Mann bringen. — 2. *s.* Schwindelreklame, leere Worte.

puffing and blowing F (pŏ'f-ßm⁵ ănd blō"-m⁵) keuchend, F wie eine Dampf=walze.

pug (pŏg) Boxer-Slang statt pugilist Faust=kämpfer.

pug-drink (pŏ'g-drm⁵k) Old Cant: Apfel=wein, mit Wasser verdünnt.

pug-nosed F (pŏ'g-nō̆s̆d) mit aufgestülpter Nase, mit einer Stülpnase.

pull F und P (pŭl) I. *v.*: a) *v/a.* [ziehen]: to ~ a long face ein langes Gesicht machen; to ~ off verdienen, erbetteln; to ~ up vors Gericht laden, führen; ins Gebet nehmen. b) *v/n.* trinken; Sport u. s. w.: rudern: F to ~ through sich durch=arbeiten; glücklich bestehen; to ~ up (mit dem Wagen u. s. w.) stillhalten. — 2. *s.* [Ruck]: a long ~, a strong ~, a ~ altogether (urspr. Refrain eines Liedes) ein starker, kräftiger, gehöriger Ruck; it's a great (hard) ~ es ist eine schwierige Sache; to have the ~ over einen Vorteil haben vor, in der Gewalt haben; I had a ~ at the bottle ich that einen Schluck aus der Flasche.

pullet P (pŭ'l-l̆t) [Küchlein] junges Mädchen, Backfisch [auch filly].

pully-hauly F (pŭ'l-l⁵-hā"-l⁵) lustige Rauferei von Mannsvolk und Weibs=volk, F fidele(r) Schwof.

pummel P (pŏ'm-m˘l) *v/a.*, s. pommel.

pump (pŏmp) [pumpen] F ausfragen: we ~ed him dry wir horchten ihn gehörig aus, *fig.* F wir zogen ihm die Würmer aus der Nase; ⚓ und P to ~ ship sein Wasser abschlagen.

pumper (pŏ'm-p˘ʳ) P neugierig fragende Person; Sport: schimpfliche Niederlage.

pumps ✝ (pŏmpß) *s pl.* Tanzschuhe.

pump-ship (pŏ'mp-schĭp), s. pump.

pun (pŏn) P statt pounds: two ~ ten zwei Pfund zehn Schillinge.

pundit F (pŏ'n-d˘t) [anglo-indisch] Ge=lehrte(r).

punish (pŏ'n-ĭsch) [bestrafen] Boxer-Slang (auch ✗): kräftig prügeln, schlagen, ab=wamsen, zerfetzen.

punishment (pŏ'n-ĭsch-m˘nt) [Strafe] ✗ und Sport: schwere(r) Verlust, Schaden, derbe Lektion; Boxer-Slang: schwere Faust=schläge.

punk Γ (pŏnk) Hure, Metze, Soldaten=dirne: she may be a ~; for many of them are neither maid, widow nor wife (*Measure for Measure*) vielleicht ist sie eine Metze, denn viele von denen sind weder Maid, Wittib noch Frau.

punt (pŏnt) 1. *s.* Fußball: Emporschnellen des fallenden Balles, ehe er den Boden berührt hat; s. drop-kick. — 2. *v.* ✝ auf Rouge et Noir setzen; ~ing shop Spielhölle; Sport: in kleineren Beträgen wetten, wenig wagen.

pup (pŏp) liebkosend: Herzchen, Liebchen.

puppyhood (pŏ'p-p⁵-hŭd) scherzhaft: Jugend=jahre (eigentlich eines Hundes). [Man vergl. deutsch „Kälberjahre".]

puppyism ✗ (pŏ'p-p⁵-ĭsm) Geckerei, Putzsucht.

pur (pŏʳ) in Zusammensetzungen statt per, pro und pre; z. B.: purtend statt pretend; s. per.

purchase (pŏʳ-tschäß) Old Cant (schon bei SHAK.): gestohlene Sachen.

pure finder (pjū' fal'n-d˘ʳ) Sammler von Hundekot auf den Londoner Straßen (*Sl. Dict.*).

purl ✝ (pŏʳl) heißes Getränk aus Ale, Zucker und Wermut zubereitet: Here taverns wooing to a pint of purl (BYRON) Hier Schenken, die den heißen Trunk uns bieten; ~ royal Kanarien=sekt (Canary wine) mit einem Wermut=aufgusse versetzt.

10*

purled (pö'ld) Sport: to get ~ vom Pferde stürzen, *fig.* F eine Lerche schießen [auch foaled und spilt].

purler (pö'r-lʳ) Sport: schwerer Sturz vom Pferde.

purse-proud P (pö'ß-praud) *s.* Geldproß, einer, der sich auf seinen Reichtum viel einbildet (GROSE).

push (pūsch) *s.* ⌐ Raubzug, Einbruch, Gaunerstückchen (*Sl. Dict.*); Old Cant: Gedränge.

pushing-school (pū'sch-in⁰-ßkūl) Old Cant: a) Fechtschule; b) Bordell.

puss (pūß) Jagd: Hase; P Hexe; Kinderspiel: ~-in-the-corner, ~-in-the-ring.

pussey-cat (ru'ß-ß²-kät) P Katze; † relig.: ~s spöttisch statt Puseyites (pjū'-ß²-aits) Anhänger des Orforder Theologen Pusey [jetzt gewöhnlich Ritualists genannt].

put (pūt) 1. *v.* [legen, stellen] euphemistisch: to ~ a bullet thro' totschießen; erzählend: they ~ as much ground as possible between themselves and their pursuers sie machten sich so schnell als möglich vor ihren Verfolgern aus dem Staube, legten möglichst viel Raum zwischen sich und ihre Verfolger; F to ~ the best step forward sich möglichst beeilen; he ~ his foot in nicely er hat sich schön verthan; that's a nice way of ~ting it das ist nett ausgedrückt; scherzhaft: I don't know where he ~s it all wo er's nur all hinthun mag, der Kerl frißt ja für drei; to ~ it mildly sich gelinde ausdrücken; to ~ it on den Heuchler spielen, zum Scheine thun; to ~ away [wegthun]: a) P aufzehren; b) ⌐ ins Loch stecken, einstecken; 'e ~ away half a kidney-pie er hat eine halbe Nierenpastete verzehrt; ⌐ he, she's ~ away all right er, sie ist in guten Händen; ✳ to ~ in the way of verhelfen zu ... (besonders von Geschäften), unterrichten über ...; Sport: a) to ~ on flesh an Körperfülle, Gewicht zunehmen; b) to ~ on an einer Wette (ohne Einsatz) mit teilnehmen lassen [you 're (~) on a quid heißt: wenn ich gewinne, bekommst du 20 Mark]; to ~ on a pot eine große Summe aufs Spiel setzen; F don't ~ yourself out ereif're dich nicht! 't would ~ up the veriest poodle (*Punch*) das

würde sich ja kein Hund gefallen lassen; ⌐ ~ up to (eine Gaunerei, einen Diebstahl) ins Werk setzen; Parlament: he ~ up for Sheffield er bewarb sich (bei den Wahlen) um das Mandat für S., er suchte Vertreter, Abgeordneter für S. zu werden; F they ~ me up to it sie haben mich dazu verleitet; to be ~ upon betrogen, ausgebeutelt, mißhandelt werden; to ~ one thing with another etwas reiflich erwägen. S. nose. pace. pipe. — 2. *s.*: a) ✳ Börse: Verkauf von Staatspapieren zu einem abgemachten Preise für ein zukünftiges festes Datum; f. call; ~ of more Verkauf von Wertpapieren zu den früheren Preisen. b) auch **putt** Lümmel, Bauer (THACKERAY). c) ⌐: ein unter „Galgenvögeln und „Nachtgeschöpfen" beliebtes Kartenspiel.

putt (pūt), f. put 2 b.

putter-up ⌐ (pūt-t²r-ö'p) einer, der den Einbruch oder Diebstahl plant und vorbereitet, ⌐ Ausbaldowerer (*Sl. Dict.*).

putty-head (pö't-t²-hed) [Kittkopf], **putty-cove** (pö't-t²-kōw) [Kittkerl] ⌐: a) Dummkopf; b) schlüpfriger, unzuverlässiger Geselle.

putty-covess ⌐ (pö't-t²-kō''-weß) von Frauen: dumme Gans (GROSE).

put up ⌐ (pūt-ö'p): Schwindelei, Gaunerstreich, geplante(r) Raubzug.

puzzle-cause ⌐ (pö'ſl-käſ) schlechte(r) Advokat.

puzzler P (pö'ſ-lʳ) etwas, das in Verlegenheit setzt: it has often been a ~ to me es ist mir oft ein Rätsel, F es ist mir oft schleierhaft gewesen.

puzzle-text † (pö'ſl-tekſt) unwissende(r) Pfaffe (GROSE).

pyah ↓ (paī'-a) [verderben aus pariah; *Sl. Dict.*] elend, erbärmlich.

Pye corner (paī ko'r-nʳ), f. Pudding Lane.

pyramids (pī'r-ră-mids): a) Schülersprache: Art Murmelspiel, bei dem man Murmelhäuschen umzuwerfen sucht; b) Art Billardspiel.

Q.

Q. T. (kjū tī′) (komische Breviloquenz für quiet): on the ~ im Vertrauen, heimlicherweise, unter der Hand.

quacking-cheat (kwä′k-ïn-tschīt) [quakendes Ding] Old Cant: Ente.

quail-pipe ┌ (kwe′ïl-païp) [Wachtelpfeife] Weiberzunge.

qualified ┌ (kwö′l-i-faïd) [geeignet]: ~ praise beschränktes, spärliches Lob.

quality † (kwö′l-i-tᵉ) (bei SHAK.) Geschäft, Handwerk, Schauspielerkunst.

quandary P (kwö′n-dä-rᵉ) [franz.: qu'en dirai-je? was soll ich dazu sagen?] Verlegenheit, verdrießliche Lage.

quantum ┌ (kwö′n-tᵘm): he's had his ~ er hat seinen Teil, er hat genug (gegessen, getrunken u. s. w.).

quarrel (kwö′r-rᵉl): ┌ our only ~ with the writer is … das Einzige, worin wir mit dem Verfasser nicht übereinstimmen können, ist …; Against whom comest thou, and what's thy ~ (*Richard II*) Gegen wen kommst du, und über was beklagst du dich?

quarrel-picker (kwö″r-rᵉl-pïᶜk-ᵉʳ) Old Cant: Glaser [kleine, viereckige Scheiben hießen carreux, P quarrels].

quarter ┌ (kwä′r-tᵉʳ) [Viertel, Weltgegend] *fig.*: the wind's in that ~, is it also da pfeift der Wind her?

quartet (kwä-tᵉt′): Sport: the ~ die vier besten Pferde, Preisbewerber.

quaver (kwe′-wᵉʳ) [Achtelnote] scherzhaft: Musiker (*Sl. Dict.*).

queau (kwin): (gemeine) Dirne, Weibsbild.

queen (kwin) [Königin] scherzhaft: the ~'s carriage der schwarze Gefängniswagen, s. Black Maria; in the reign, time of ~ Dick nie [eine „Königin Richard" hat es natürlich nie gegeben!]; P the ~'s gold medal ein Sovereign; ✕ the ~'s shil-

ling das Werbegeld, Handgeld; Zollbeamten-Slang: the ~'s tobacco-pipe der Ofen, in welchem eingeschmuggelter Tabak verbrannt wird (*Sl. Dict.*).

Queen Mab † (kwin mä′b): die Elfenkönigin. [S. in Romeo and Juliet I. 4].

Queen's day ┌ (kwi′ns dᵉ) = Queen's weather.

queen-street (kwi′n-strīt) Old Cant: to live in ~ unter dem Pantoffel stehen.

Queen's weather ┌ (kwi′ns wᵉ″dh-ᵉʳ) schönes Wetter, sonniger Tag [bei allen öffentlichen Auffahrten der Königin soll nämlich angeblich stets die Sonne scheinen?!] Vgl. das deutsche „Kaiserwetter".

queer (kwiʳ) 1. *a.* Old Cant: schlecht [im Gegensatze zu rum]; † ~ bail gedungene(r) Zeuge; ┌ ~ bird Galgenvogel, einer, der nach seiner Rückkehr aus dem Zuchthause sofort das alte Geschäft neu beginnt; ~-bit makers (*Sl. Dict.*) Falschmünzer; Old Cant: ~ bung (GROSE) leere Börse; P ~ cattle kreuzkurioses Gesindel; ~ cole maker (GROSE) Falschmünzer; ┌ ~ cove Schelm, Spitzbube; ~ cuffin Friedensrichter [s. Vorrede]; ~ 'em Galgen; scherzhaft: ~ in one's (oder in the) attic halb verrückt, ┌ verschroben, übergeschnappt; ~ ken (GROSE) Zuchthaus; Old Cant: ~ mort venerische(s) pockennarbiges) Weibsbild; ┌ ~-ogled scheel; Old Cant: ~ plunger Gauner, von denen der eine ins Wasser springt und der andere ihn herauszieht [auch jetzt noch ein bekanntes Mittel, mitleidige Seelen auf den Leim zu locken oder sich sonst eine Belohnung zu verdienen]; ~ screens, ~ soft gefälschte Banknoten. — 2. *adv.* P I feel a bit ~ mir ist's etwas schwach zu Mute. — 3. *v.* P krank, wehmütig machen: it ~s a fellow to trot round (*Punch*) bei dem Herumlaufen wird einem übel und weh; ┌ to ~ the beak dem Richter etwas vorlügen; to ~ a flat einen Dummen ins Garn locken:

Who in a row like Tom could lead the van,
Booze in the ken, or at the spellken hustle?
Who queer a flat?

(BYRON, *Don Juan*.)

Wer kann, wie Thomas, wüste Streiter führen,
Im Wirthshaus zechen oder beim Roulette berauben,
Wer Bauern fangen?

4. *s.* Ⓕ falsche Münze: to shove the
~ falsches Geld in Umlauf setzen.

queer-street Ⓕ (kwī'-stait): in ~ in
Verlegenheit, Not.

queucher Ⓟ (kwĕ'n-tĭchᵉ) [Löscher] Trunk.

querier † (kwī'- nˢ⁻⁶ʳ) [Fragende(r)]
Schornsteinfeger, der von Thür zu
Thüre geht.

querist ⬊ (kwī'-nißt) Fragesteller.

quick (kwik) [lebendig, schnell]: Ⓕ be ~
about it beeile dich damit; Ⓟ to cut
~ sticks (*Sl. Dict.*) schnell ausreißen;
Ⓕ that's ~ work das hat er (haben
Sie u. s. w.) schnell fertig gebracht.

Quicksilver ✱ (kwī'k-sil-wᵉʳ) Börse: spa-
nische Anleihe (1865) auf Quecksilber-
bergwerke.

quid (kwid) Ⓟ Pfund Sterling: half a
~ zehn Mark; ⬇ und Ⓟ statt cud: a ~
(of tobacco) eine Prieme Tabak.

quid-nunc (kwid-nŏ'n⁶k) [lateinisch: was
nun?] Ⓕ politische(r) Kannegießer, nase-
weise Person.

quier (kwiᵉ) Old Cant: ═ queer.

quiet (kwaī'-ᵉt) 1. *a.* Frauensprache, besonders
von Kleidungsstücken: schlicht, einfach (im
Gegensatze zu loud). — 2. *s.* Ⓕ to do things
on the ~ etwas im Stillen zu Werke
bringen, verschwiegen handeln. — S. auch
Q. T.

quill-driver Ⓕ (kwī'l-draī-wᵉʳ) [Kieltreiber]
Federfuchs, Skribent, Sudler.

quiller Ⓟ (kwī'l-lᵉ) Schmarotzer (*Sl.
Dict.*).

quillet (kwī'l-lᵉt), s. quirk.

quilt Ⓟ (kwilt) *v.* [polstern] durchgerben.
s. Prügel.

quinsy Ⓕ (kwī'n-sᵉ) [Bräune]: to be choked
by a hempen ~ gehängt werden.

quire (kwī') Old Cant: ═ queer; if you
come to our lib ken, you shall find
neither him nor me a ~ cuffin (DECKER)
wenn du in unser Logis kommst, sollst
du weder in ihm, noch in mir einen
Grobian entdecken; to scoure the ~
cramp ring (*Roaring Girle*, 1611) die
bösen Ketten tragen.

quirk Ⓕ (kwök) ~s and quillets lose,
schlimme Streiche.

quisby Ⓟ (kwī'j-bᵉ) bankrott, elend (*Sl.
Dict.*).

qui-tam (kwaī-tä'm) [lateinisch: derjenige,
welcher ebenso] ironisch: Rechtsanwalt.

quivication (kwiw-ᵃ-kᵃ'-schᵉn) ⬇ statt
equivocation Zweideutigkeit, Betrug.

qui vive (kᵉ wī'w) [französisch: wer da?]
Motersprache: *s.* Bereitschaft: to keep on
the ~ sich bereit halten, auf der Hut,
auf dem qui-vive sein.

quiz Ⓕ (kwiß) 1. *s.*: a) neugierige Person;
b) Necker, Witzbold. — 2. *v.*: a) neugierig
anglotzen, ausfragen; b) hänseln; ~
zing glass Lorgnette.

quizzical Ⓕ (kwī'j-ß⁶-k⁶l) humoristisch,
voll toller Einfälle.

quockerwodger † (kwŏ"k-ᵃ-wŏ'd-gᵉʳ)
politische(r) Hampelmann (*Sl. Dict.*).

quod (kwod) 1. *s.* Ⓟ Gefängnis: he's in
~ er sitzt. — 2. *v.* ins Loch stecken:
he's been ~ded three times er ist
dreimal eingesteckt worden.

quod-cove Ⓕ (kwŏ'd-kōw) Gefängniswärter.

quodger (kwŏ'd-gᵉʳ) [lateinisch: quo jure
mit welchem Rechte] Juristen-Slang: nach
welchem Gesetze? (*Sl. Dict.*).

quoits (kwoitß) Wurfscheibenspiel (LUCAS).

R.

rabbit (nä′b-bĭt) [Kaninchen]: P to buy the ~ sich übers Ohr hauen, sich beschwindeln lassen [augenscheinlich zuerst von leichtgläubigen Kunden gewissenloser Wildbrethändler, die Kaninchen für Hasen ausgeben].

rabbit-catcher (nä″b-bĭt-kä′tsch-ᵉʳ) OldCant: Hebamme.

rabbit-sucker (nä″b-bĭt-ßŏ′k-ᵋʳ) Old Cant: Verschwender, der gegen hohe Prozente kauft.

race (nēß) v.a. Schülersprache: um die Wette laufen mit, einholen.

racer (nē′-ß³ʳ) Sport: Rennpferd; leichtes Zweirad für Wettfahrten.

rack F (näk) [foltern]: to ~ one's brain *fig.* sich den Kopf zerbrechen.

racket (nä′k-ᵋt) F List, Streich, Schelmenstück; Sport: Ballholz (für Lawn-Tennis u. s. w), gewöhnlich mit Draht oder Darmsaiten überzogen; Old Cant: Diebstahl, Raub; bisweilen: Getöse, Lärm:

> I shall not survive the racket
> Of this brutal Lisbon packet. (BYRON.)
> Ach, das Getöse, es ist noch mein Tod,
> Auf diesem verhaßten Lissabonner Boot!

rackety F (nä′k-ᵋt-ᵋ) wüst, ausgelassen.

racks P (näkß) s pl. Knochen krepierter Pferde (*Sl. Dict.*).

raclan F (nä′k-län): verheiratetes Weib, Frau.

Rads (nädß) s pl. Politik: statt Radicals Radikale.

raff (näf) F s. riff-raff; P zerlumpte(r), liederliche(r) Kerl.

raffish (nä′f-fĭsch) F ↘ pöbelhaft; P zerlumpt, liederlich.

rag (näg) 1. s. [Lumpen] F Banknote, Papiergeld: to bank the rag eine Banknote in Sicherheit bringen; red rag Zunge. — 2. v. P schelten: to give a good ragging to ausschimpfen.

ragamuffin F (näg-ᵃ-mŏ′f-fᵋn) s. zerlumpte(r) Mensch, Bettelkerl; a. zerlumpt, in Lumpen, Fetzen.

rag-a(nd)-bone shop (näg-ᵃ-bō′n schŏp) Londoner Lumpen- und Knochenladen; P spöttisch: dürres, zerlumptes Frauenzimmer.

Rag-and-Famish (näg-ᵃnd-fä′m-ĭsch) High-Life Slang: der „Army-and-Navy" Klub.

rag-carrier (nä′g-kär-rᵋⁱʳ) Old Cant: Fahnenträger.

rage (nēdʒ) [Wut] Modesprache: it's all the ~ es ist die allgemeine Mode.

ragged (nä′g-gᵋd) [zerlumpt] Sport: armselig, schwach: their form was ~ sie waren schwach bestellt; Sport: sie machten ihre Sache herzlich schlecht; a ~ week eine schlechte Woche, Unglückswoche.

rag-gorgy (nä′g-gŏ-dʒᵉ), **rag-splawger** (nä′g-ßplä-g³) F reiche(r) Mann.

raging (nē′-dʒĭnᵋ) [rasend] Sport: a ~ favourite das erste, beliebteste Rennpferd.

rag-shop F (nä′g-schŏp) Bank.

rag-tailed F (nä′g-tēld) zerlumpt.

rail (nēl) 1. s. P statt railway Eisenbahn: by ~ mit der Bahn; ~s pl. ✠ Eisenbahnaktien: home ~s englische Eisenbahnaktien. — 2. v. a. mit der Bahn transportieren: the regiment was ~ed to Baku (*Daily Telegraph*) das Regiment wurde per Bahn nach Baku befördert. v. n.: to ~ (it) auf der Bahn fahren.

railly (rē′-lᵉ) P statt really wirklich, thatsächlich.

rain (nēn) s. [Regen] Bauernregel, auch in London gebräuchlich: ~ before seven, sun before eleven regnet's vor sieben, so scheint die Sonne vor eilf; v. s. pour.

rain-napper P (rē′n-näp-pᵋ) [Regenfänger] Regenschirm (*Sl. Dict.*).

rainy F (ʀē′-n•) [regnerifch] *fig.*: to lay, put by (a penny &c.) against a ~ day für die Zeit der Not etwas zurück= legen.

raise (ʀēś) [heben] *med.*: to ~ a blister eine Blaſe ziehen; ⚓ to ~ a sail ein Segel zu Geſicht bekommen; we had risen her to her lower yards (*A sailor's Yarn*) das Schiff war bis zu den unteren Segelſtangen ſichtbar; F to ~ a storm of indignation einen Sturm der Entrüſtung hervorrufen; 🐝 to ~ the wind (durch Verſetzen, Vorſpiegelungen u. ſ. w.) ſich Geld verſchaffen. — S. auch whistle.

rake up F (ʀēk ŏ′p) [aufſcharren] *fig.*: to ~ up a forgotten affair Vergeſſenes im Gedächtniſſe auffriſchen, *fig.* F alte Geſchichten wieder aufwärmen.

raker (ʀē′-kśr) Sport: hohe Wette; to go a ~ große Summen wagen.

rakish-looking F (ʀē′-kiſch-lū′k-ĭn•) ver= kommen ausſehend.

ram-cat F (ʀă′m-kăt) Kater.

rammer P (ʀă′m-ĭnśr) Arm (GROSE).

rammish F (ʀă′m-mĭſch) geil.

ramp (ʀămp) 1. *s.* F Raubanfall; Gauner, Dieb [beſonders bei Wettrennen; GREEN= WOOD]; P ~s Lärm, Scheinboxerei, be= ſonders um einen beabſichtigten Diebſtahl zu bemänteln [ramps or swindles got up to obtain the gate-money — um die Kaſſe zu berauben; SIMS, *How the poor live*]. — 2. *v.* F gewaltſam (be=) rauben.

rampage P (ʀă′m-pᵉdG) Gaunerei, Dieberei (GREENWOOD); on the ~ (DICKENS) ſehr übel gelaunt.

rampacious F (ʀăm-pē′-ſchŭſ),**rampagious** P (ʀăm-pē′-dGŭſ) laut lärmend, herum= ſpringend.

ramping (ʀă′m-pĭn•) P ſtatt rampant: ~ mad ganz toll.

rampsman F (ʀă′mpß-män) Straßen= räuber.

ramshackle ⚓ und F (ʀă′m-ſchäkl) in ver= fallenem, baufälligem, wüſtem Zuſtande.

randan (ʀă′n-dän) Sport: Boot für drei Ruderer.

random (ʀă′n-dŭm) *s.* Wagenſport: drei Pferde in einer Reihe vor einander ge= ſpannt (*Sl. Dict.*).

randy P (ʀă′n-dᵉ) heftig, hitzig, tobend.

Randy (ʀă′n-dᵉ) Spitzname des Lord Randolph Churchill, eines Nachkommen des Herzogs von Marlborough.

rank (ʀăⁿk) 1. *s.* [Reihe]: ✕ to join the ~s in das Heer eintreten; vom Militär über= tragen [vgl. den ebenſo übertragenen Titel von Spielhagens großem Roman: „In Reih' und Glied"]; the ~ and file (of a profession) die zum unterſten Range Gehörigen (eines Standes); to rise from the ~s von unten (von der Pike auf) dienen; Droſchkentutſcher: Droſchkenreihe. — 2. *a.* [verdorben, geil, ranzig]: F ~ poison ſtarkes Gift; a ~ imposture ein frevel= hafter Betrug; F a ~ nib (ROOKWOOD) ein feiner Herr; ~ riders (GROSE) Straßenräuber. — 3. *v.* F betrügen, ſchwindeln (*Sl. Dict.*).

ranker ✕ (ʀă′nᵉ-kśr) Offizier, der von der Pike auf gedient hat (who has risen from the ranks).

ran-tan P (ʀăn-tă′n) Kneiperei: on the ~ am Saufen, Zechen.

rantipole. rantipoll † (beides: ʀă′n-tᵉ-pōl) *a.* wild, ausgelaſſen; *s.* feckes, vorlautes Mädchen; geiles Weib.

rantum-scantum F (ʀă′n-tŭm-ßkă″n-tŭm) Zänkerei.

rap (ʀăp) 1. *s.* [Schlag]: a) F (oft *fig.*): a ~ on one's knuckles ein Schlag ins Geſicht. b) P † halbe(r) Groſchen (half-penny); F (ſehr gewöhnlich): I shouldn't care a ~ mir wäre kein Deut daran gelegen; he shan't have a ~ er ſoll nicht einen Heller bekommen! — 2. *v.* [klopfen, anklopfen] Old Cant: falſch ſchwören; P to ~ out ab mit der Zunge bearbeiten.

rapper P † (ʀă′p-pśr) derbe Lüge (GROSE).

rapping P (ʀă′p-pĭn•) 1. *a.* und *adv.* ge= waltig: a ~ big lie eine dreiſte Lüge (*Sl. Dict.*). — 2. *s.* F falſche(s) Schwören.

rapscallion P (ʀăp-ßkä′l-jśn) Lump, wüſte(r) Menſch.

rare P (ʀăˢ) [ſelten] *a.* und *adv.* über die Maßen gut, groß u. ſ. w.: that boy is a ~ trouble to them der Bube macht ihnen sehr großen Verdruß; a ~ kettle o' fish ein schöner Skandal; it will be a ~ nice thing for him es wird für ihn eine höchst angenehme Geschichte sein.

raree-show F (rā'-ʀĭ-ſchŏ): Raritäten=sammlung.

rat (răt) [Ratte] Politik: Achselträger, Wetterhahn; F to smell a rat etwas merken, *fig.* Unrat wittern, die Lunte riechen.

rat (it) (ră't ĭt) P statt (God) rot it ver=dammt! — S. 'od und drat.

rat-a-plan (ră't-ᵃ-plăn) onomatop. (von der Trommel): trrrrrr-am, trrrr-am u. ſ. w.

rate (rět) 1. *s.* [Grad, Rang] F a-first-~ ausgezeichnet; second-~ vom zweiten Range, mittelmäßig. — 2. *v.* ⅃ eine Rangstufe anweisen, einnehmen: I never yet sailed in a craft that ~d a parson (*Nights at Sea*) ich habe noch nie auf einem Fahrzeuge gedient, das einen Geist=lichen mit sich führte.

rather (rā'-dhᵉʳ) *adv.* [lieber] F (verstär=tend): ~ a long way ein recht langer Weg; ~ more than an ounce beträcht=lich mehr als eine Unze; öfters elliptiſch: "Do you like jam, Bob?" "Rather!" „Ißt du gern Gelée, Robert?" „Das will ich wohl meinen" (F „na und ob!").

ratses' 'oles (ră't-ß̅ĕſ ōlß) P statt rats' holes Rattenlöcher.

ratten (rătn) *v.* Arbeiter=Slang: einſchüch=tern, von der Arbeit wegſchrecken.

ratting (ră't-tĭnᵉ) *s.* Politik: plötzliche(r) Wechſel der politiſchen Farbe.

rattle (rătl) 1. *v.* [raſſeln, klappern] Karten=ſpiel: I shall ~ your gig ich will dich ſchön abtrumpfen, ſchlagen; F to ~ along ſchnell fahren, gehen, ſprechen; P to ~ off, out herſchnurren; Kricket: he ~d up to forty er errang ſehr raſch vierzig Läufe. — 2. *s.* Polizei: to spring the ~ die Raſſel ſchnarren laſſen (um andere Schutzleute herbeizurufen); F Würfel=becher (GROSE).

rattle-and-drive (rătl-ănd-drai'w) *s.* Arbeiter=Slang: überſtürzte Arbeit.

rattlecap P (ră'tl-kăp) Windbeutel, flatter=hafte(s) Mädchen (*Sl. Dict.*).

rattler (ră't-lᵉʳ) [Raßler] P ſchwere(r) Schlag, Fluch; F Kutſche (*Tom and Jerry*); ~s Eiſenbahn (*Sl. Dict.*).

rattle-trap P (ră'tl-trăp) 1. *s.* Mund (*Sl. D.*). 2. *a.* ſchwindelhaft, von ver=lockendem Äußern.

rattling (ră't-lĭnᵉ) *a.* und *adv.*: a) P a ~ fine dinner ein ganz köſtliches Eſſen; a ~ trade ein vorzügliches Geſchäft. b) F ~ cove (GROSE) Kutſcher; Old Cant: ~ numper Bettler, der neben den Wagen herläuft.

raw (ră) 1. *a.* F unerfahren: ~ recruits friſch, neuangeworbene Rekruten; a ~ country-lad ein ungehobelter Bauer=junge. — 2. *s.* Kutſcherſprache: wunde, durchgeriebene Stelle eines Pferdes; P *fig.*: empfindliche Stelle, wunde(r) Punkt (bei einem Menſchen).

rayther (rā'-dhᵉʳ) P statt rather eher.

reach-me-downs F (rī'tſch-mĭ-dauns) ge=tragene Kleider [auch hand-me-downs].

read-and-write F (rīd-ănd-rai't) Rhyming Slang: statt fight.

reader F (rī'-dᵉʳ) Brieftaſche, Notizbuch: ~ merchants (GROSE) Diebe, welche ihr Augenmerk auf Brieftaſchen richten.

ready (rĕ'd-ᵉ) *s.* P statt ready money bare(s) Geld.

real (rī'-ᵉl) Sport: a ~ good thing, ~ jam ein vorzüglicher Renner, ausge=zeichneter Artikel (zum Wetten).

realize 🕮 (rī'-ᵉ-lai̯) einbringen: the goods ~d five pounds für die Waren wurden 100 Mark erzielt.

ream F (rīm) = rum.

recede 🕮 (rĭ-ßī'd) [zurückweichen] Börſe: fallen, im Kurſe heruntergehen.

receipt (rĭ-ßī't) [Empfang] Boxer=Slang: die empfangenen Fauſthiebe: he showed strong symptoms of ~ (*Bell's Life*) die empfangenen Schläge hatten deut=liche Spuren bei ihm hinterlaſſen.

receive (rĭ-ßī'w) [empfangen] Boxer=Slang: Hiebe erhalten.

receiver-general (rĭ-ßī'-wᵉʳ-dſchĕⁿ-⅃-ʀᵃl) [Obereinnehmer] Boxer=Slang: der, welcher alle Püffe bekommt; F Allerweltshure (GROSE).

Recent incision ꜰ (nĭ'-ĥĕnt m-ĥĭⁿʠ-ᵇn) ſtatt New Cut: Name einer auf dem Süd-ufer der Themſe befindlichen, von der „lang-fingerigen" Brüderſchaft viel beſuchten Straße.

recheat (nᶻ-tſchī't) s. Jagd: Zurückrufen der Hunde; Signal zum Sammeln.

recherché (nᶻ-ſchör'-ſchē) franz., Modeſprache: ausgeſucht, elegant: Juan, a ~ wel-come guest (Byron) Juan, ein ge-ſuchter, willkommener Gaſt.

reck ꜱ (nĕf) ſich kümmern; Zeitung: little ~ed he of the constitutional problems which were congesting the brain of the noble Lord die konſtitutio-nellen Probleme, welche das Gehirn des edlen Lord beſchäftigten, machten ihm wenig Kummer.

reckon ᴘ (nĕfn) [rechnen] meinen: they won't come again, I ~ die werden wohl nicht ſo ſchnell wiederkommen; to ~ up zuſammenrechnen: we've ~ed him up wir ſind uns über ihn klar geworden; that's how I ~ it up ſo erklär' ich mir's.

reckonize (nĕf'-n-aīj) ᴘ ſtatt recognise erkennen.

reclaim (nᶻ-tlē'm) v. Kirche: bekehren.

recover (nᶻ-fö'w-ᵉr) 1. v. ✻ Börſe: Hun-garians ~ed 2 die ungariſchen Staats-papiere ſtiegen wieder um 2 Prozent. — 2. s. ✻ Aufnehmen, Abſetzen des Gewehres.

red (nĕd) [rot] Knabenſprache: red beard rote Murmel; ꜰ red clock, red 'un goldene Uhr (ſ. white clock); red her-ring (St. Dict.) Soldat; red lane (Grose) Kehle; ꜰ red letter day Feier-tag [die Feſttage waren in den alten Kalendern rot gedruckt; vgl. deutſch: den Tag ſtreich' ich mir rot an im Kalender]; ꜰ red liner Beamte(r) der dem Bettelhandwerke feindlichen Mendicity Society; ſ. rag; urſprünglich juriſtiſch: to be caught red-handed auf friſcher That ertappt werden.

redge ꜰ (nĕdG) Gold.

red-tape ꜰ (nĕd-tē'p): Bureaukratie, Beamtenwirtſchaft [die offiziellen Akten-ſtücke ſind mit roter Schnur geheftet].

reef (nīf) [⚓ Reef am Segel] ſcherzhaft: to let out a reef or two ſich's bequem machen, die Weſte u. ſ. w. aufknöpfen.

referees (nĕf-ᵊ-nī'f) s/pl. Sport: Ver-mittler, Schiedsrichter.

refresh ꜰ (nᶻ-fnĕ'ſch) [erfriſchen]: to ~ a person's memory jemandes Gedächtnis auffriſchen.

refresher ꜰ (nᶻ-fnĕ'ſch-ᵉr) etwas, das dazu dient, das Gedächtnis aufzufriſchen.

Regie (nĕDG-ᵉ) ꜰ ſtatt Reginald.

register (nĕDG-ᶻĥ-t'r) v. Politik: in die Wählerliſten eintragen; Poſt: to ~ a letter einen Brief einſchreiben.

reg'lar (nĕg-lᵃ) Bettler-Cant: [ſtatt regular cadger] Bettler von Handwerk, ge-borene(r) Lump.

regler (nĕg-lᵉr) ᴘ ſtatt regular, regularly: I took him on ~ ich gab ihm eine feſte Anſtellung.

regrater ✻ (nᶻ-gnē'-t⁵r) Börſe: Aufkäufer, Kornſpekulant.

regular (nĕg-i⁵-l⁵r) s. Omnibus: Paſſa-gier, der ſeinen Platz auf längere Zeit gemietet hat; ſonſt jeder regelmäßige Kunde oder Gaſt; ꜰ ~(s) Anteil an der Beute: each cracksman napped his ~(s) (Grose) jeder Raubgenoſſe er-hielt ſeinen Anteil an der Beute; I was stunned of my ~ ich ward um mei-nen Anteil betrogen.

regulation (nĕg-i⁵-lē"-ſchᵘn) a. Sport: der Vorſchrift, der Regel gemäß: ~ ball der vorſchriftsmäßige (Lawn-Tennis u. ſ. w.) Ball; the ~ number die vor-geſchriebene Zahl.

relieve ꜰ (nᶻ-lī'w) (urſprünglich ✕): to be ~d guard abgelöſt werden.

reliever ꜰ (nᶻ-lī'-wᵉr) Rock, den mehrere arme Teufel abwechſelnd tragen.

relieving officer (nᶻ-lī'-wᵢnᵘ o'f-i²-ĥᵉr) [Armenaufſeher] Studenten-Slang: Vater, Alte(r) (Sl. Dict.).

religious horse ꜰ (nᶻ-lī'DG-ᶻĥ hö"ß) Pferd, das gern in die Knice ſinkt.

remember (nᶻ-mĕ'm-bᵉr) v/a. ᴘ ſtatt remind ins Gedächtnis rufen: it ~ed us of Jonah es erinnerte uns an Jonas.

remove (nᶻ-mū'w) s. Schulſprache: Ver-ſetzung.

rench (nĕntſch) ᴘ ſtatt rinse (aus)ſpülen.

rendez-vous ⚔ (na'n³-d³-wu) [franz.] fid)
verfammeln, fid) ein Rendezvous geben.

rent (rĕnt) *s.* [Miete, Pachtzins] Old Cant:
to collect one's ~s Straßenraub ver-
üben; ~-collector Straßenräuber.

rep P † (rĕp): a) [Abfürzung von repu-
tation] übel beleumundete Dirne; f.
demi-rep. b) Schüler-Slang ftatt repe-
tition.

repeat (n³-pī't) [ftatt repetition] Theater:
Wiederholung eines Bühnenftückes, eines
Liedes, u. f. w.

repeater (n³-pī'-t³ʳ) [Wiederholer] Schulfprache, *math.*: decimal four seven ~
(gefchrieben: .4 ⁷) Null Komma vier
fieben,Periode fieben(gefchrieben:0,4777...
Per. 7).

report (n³-pō''t): F through good and
evil ~ (biblifch) in guten und in böfen
Tagen.

re-raw P (n³-rā'): on the ~ betrunken
(*Sl. Dict.*).

re-start (n³-ſtā't) *v.* Sport: nochmals
rennen, nochmals rennen laffen.

resurrection (nĕ'ĭ-³-nĕ''t-ſch³n) [Auf-
erftehung]: F ~-men. ~-coves Leichen-
räuber; fcherzhaft, Küche: ~-pie Paftete
aus Fleifchreften, F Wochenüberficht.

retired (n³-taī't) [zurückgezogen] F ftill,
befcheiden; ⚔ ~ list Penfionslifte; ~
pay Penfion für Offiziere außer Dienft.

return (n³-tö'ʳn) *v/a.* [zurückgeben]: F to
~ the compliment dasfelbe Kompliment
machen, wieder einladen; Whift: to ~
the partner's lead die Farbe, die der
Mitfpieler angefpielt hat, nachfpielen
(HOPPE).

return-crease (n³-tö'ʳn-fnīß) Kricket: recht-
winflig zum bowling-crease gezogene(r)
Strich.

revenge (n³-wĕ'ndG) Spiel: Revanche.

Reverence F (nĕ'w-³-rĕnß): Sir ~ Haufen
Kot [wer das Nähere hierüber erfahren
möchte, der fuche das beim luftigen GROSE
unter reverence]. S. auch Sir Reverence.

revivalism * (n³-waī'w-lifm) die von
Moodie, Sankey und ähnlichen Apofteln
ins Werk gefetzte Neubelebung des
Chriftentums.

reviver (n³-waī'-w³ʳ) [Wiederbeleber]
High-Life Slang: Gläschen zur Stärfung.

revivification ⚓ (n³-wĭ'w-³-fĭ-fe''-fch³n)
Wiederbelebung.

revoke (n³-wō'f) *v.* Kartenfpiel: die gefpielte
Farbe nicht befennen.

rheumatic (nū-mä't-ĭf) 1. *a.* [rheumatifch]
Bettler-Cant: ~ dodge Lift einer Bettler-
flaffe, welche Rheumatismus erheuchelt;
med.: ~ pills Pillen gegen den Rheumatismus. — 2. *s/pl.*: ~s F ftatt
rheumatism.

rheumatis (nū'-m³-tiß) P ftatt rheumatism.

rheumatism F (nū'-m³-tifm): to have
~ in the shoulder arretiert werden. —
Vgl. auch shoulder-clapper.

rhino P u. F (naī'-nō) [altes Cant-Wort]
Geld; sport the ~ blechen, berappen.

rhinoceral P † (naī-no''ß-³-n³l) [rhinoceros-
artig] vermögend (*Sl. Dict.*).

rib P † (nĭb) [Rippe] Frau (GROSE).

ribbon (nĭbn) [Band]: a) P all to ~s
in lauter Fetzen. b) F Geld: the ~
runs thick (GROSE) es ift Geld in
Haufen da; blue ~ Gin (vgl. blue).
c) Sport: to handle the ~s fahren,
fich auf den Wagenfport verftehen.
d) Sport: ~s *pl.* Zügel.

riboast † (nĭ'b-nōſt)windelweich) prügeln.

ribstone P (nĭ'b-ſt³n) P ftatt ribstone
pippin föftliche Apfelforte; liebfofend:
'ow are yer, my ~? wie geht's, mein
Liebfter?

rich (nĭtſch) [reich]: P that's ~ das ift
ftarf! ironifch: a ~ idea (*Sl. Dict.*) eine
föftliche (eigentlich närrifche) Idee; F von
Speifen: fräftig, mächtig.

Richard F (nĭ'tſch-ä'd) Wörterbuch (GROSE)
[ftatt dictionary; Wortfpiel auf Dick].

rickety-rackety (nĭ'f-³-t³-nä''f-³-t³) Dambrett: ~ corner Ecke mit zwei Feldern
derfelben Farbe, zwifchen denen man
hin und herziehen fann:

rid ⚓ (nĭd) ftatt rode: Henry rid well
like most Englishmen (BYRON) Heinrich ritt gut, wie faft alle Engländer.

riddance P (rĭ'd-d̶ănß) [Wegſchaffung]: that's a good ~ ſind wir den, das endlich los!

Riddle (rĭdl) Wiegenlied:

> Riddle me, riddle me rock,
> The mouse ran up the clock,
> The clock struck one,
> And down she come,
> Riddle me, riddle me rock.

[ſtatt riddle me u. ſ. w. heißt es auch wohl: dickory, dickory, dock].

ride (raīd) [reiten]: a) F to ~ the high horse ſich auf das hohe Pferd ſetzen. b) P to ~ the black donkey (*Sl. Dict.*) in ſchwarzer Laune ſein; to ~ rough grob dreinfahren; to ~ rough-shod over anmaßend behandeln. c) † ~ the mare [bei SHAK. u. ſ. w.] gehängt werden, ſ. three-legged mare; *Nursery Rhyme* (man ſagt dieſe Verslein dem Kinde vor, während man es auf den Knieen ſchaukelt, und mit dem Fuße den Takt dazu ſchlägt):

> Ri'de a cock-ho'rse to Ba'nbury Cro'ss,
> To see' an old la'dy upo'n a white ho'rse,
> Ri'ngs on her fi'ngers, be'lls on her to'es,
> She wi'll have mu'sic where'ver she go'es.

rider (raī'-d̶ər) [Reiter]: a) Schulſprache: Aufgabe, welche aus einer andern hervorgeht: ~ to Euclid geometriſche Aufgabe. b) Parlament: Anmerkung, Zuſatz. c) Droſchtenkutſcher-Slang: Paſſagier, Fahrgaſt.

Riding Skimmington † (raī'-tĭn ßkĭ'''m-mĭnz-t'n) lächerliche Prozeſſion (zu Ehren eines von ſeiner beſſeren Hälfte durchgewalkten Ehemannes), von Katzenmuſik begleitet.

riff-raff F (rĭ'f-răf) Pöbel; gemeine(r) Kerl, Straßendirne.

rifle-ball (raī'ſl-bǎl) [Büchſenkugel] ſprichwörtlich: as true as a ~ gerade aufs Ziel los.

rig (rĭg) 1. s. P Streich, Scherz: I'm up to your rig (GROSE) ich weiß, was du im Schilde führſt; to run a rig eine Vorſtellung geben, einen Streich ſpielen; to run one's rig upon a person jemand verhöhnen, verhunzen; I'm up to your rig ich kenne Deine Schliche ſchon; COWPER, *John Gilpin*:

> He little dreamt when he set out
> Of running such a rig.

> Hat's bei der Fahrt nicht vergeſeh'n,
> Daß er ſolch Kunſtſtück müßt' beſteh'n.

2. v. 🐝 Börſe: to rig the market die Kurſe beeinfluſſen, hinauf- oder herunterdrücken.

rigged P † (rĭgd) [aufgetakelt] gekleidet [um 1736 gebräuchlich; *Sl. Dict.*]: F well ~ out gut ausgeſtattet, gekleidet.

rigging F (rĭ'g-gĭnᵊ) [Takelwerk] Kleidung (GROSE); (bei einer Verſteigerung) wohl geplante Kombination, welche es den Mitbeteiligten möglich macht, die verſteigerten Artikel ſehr billig zu erſtehen. — S. auch rig.

right (raīt) [recht]: P to get on the ~ side of a person ſich jemandes Gunſt verſchaffen; (as) ~ ninepence [ſtatt nine pins?] ganz recht, richtig; 'e felt as ~ as ninepence er fühlte ſich ganz, durchaus wohl; ſcherzhaft: ~ you are ganz recht! F all ~ alles ſtimmt; euphemiſtiſch: he's not quite ~ er iſt nicht recht bei Verſtand; F to do the thing about ~ etwas ziemlich gut machen.

right-down P (raīt-dau'n) a. recht, echt: a ~ swindle eine gehörige Schwindelei.

rights F (raītß) s/pl. [Rechte]: he wants to know the ~ of everything er will alles ganz genau wiſſen; by ~ von Rechts wegen; F we had him to ~ wir bezahlten ihm mit gleicher Münze, vergalten ihm Gleiches mit Gleichem.

rigmarole F (rĭg-mǎ-nō'l) endloſe Geſchichte.

rig-out F (rĭg-au't) Ausſtattung.

rile P (raīl) ärgern.

riley P (raī'-lĭ) ärgerlich, verdrießlich.

ring (rĭnᵍ) 1. v. [läuten]: P to ~ castors (*Sl. Dict.*) Hüte vertauſchen; to ~ the changes: a) F durch Kniffe (den Ladenbeſitzer) beim Geldwechſeln übers Ohr hauen, ſchlechtes Geld gegen gutes umtauſchen; b) High-Life Slang: mit gleicher Münze bezahlen; P to ~ a peal (GROSE) eine Gardinenpredigt halten. — 2. s.: the ~ Sport: der Kampfplatz für Boxer; der offene Platz vor der Rennbahn; die Spekulanten und Gauner, welche dort ihr Weſen treiben; übertragen: jede enge Genoſſenſchaft, welche nur für ihren eigenen Nutzen wirkt (vgl. deutſch: „Fortſchrittsring" u. ähnl.).

ringdropping ⚓ (rĭ'nᵈ-drŏp-pĭnᵈ) Fallenlassen von unechten Ringen und Schmucksachen in der Hoffnung, daß der glückliche Finder, ein Mitverschworener, sie als echt an Vorübergehende absetzen könne.

ring-time † (rĭ'nᵈ-taīm) Zeit der Heirat
(SHAK.)

rip P (rĭp) 1. *s.*: a) Lümmel, Nichtsnutz:
a set o' rips Galgengesindel; b) Old Cant:
Schindmähre. 2. *v.* voranstürmen:
~ping and tearing about wie toll
umherrennen; ~ out one's clothes
seine Kleider zerreißen, schnell auf-
brauchen.

ripe † (raīp) [reif] betrunken.

rippen (rĭpn), **ripping** (rĭ'p-pĭnᵈ) 1. *a.* P
lümmelhaft, nichtsnutzig: he used to
tell us some of the rippenest yarns
I ever heerd tell (*Nights at Sea*) er
erzählte uns oft die verwegensten Geschichten, die ich je habe erzählen hören.
— 2. *adv.* P (vor Adjektiven): sehr, ungeheuer: a ~ fine story eine verteufelt
schöne Geschichte.

rippons † (rĭ'p-pᶜns) Sporen.

rip-saw (rĭ'p-ßā) [Schweifsäge] *fig.* Politik:
to tear one's way thro' an opponent's
plank like a ~ die Politik eines Gegners
unbarmherzig bloßstellen, rückhaltlos
verdammen, *fig.* in Stücke reißen.

ris, riz (beides: rĭs) P statt rose erhob sich,
stand auf; P statt risen aufgestanden.

rise (raīs) 1. *v.* [aufstehen]: a) P (sehr
gewöhnlich) statt raise aufrichten: they
rose it five feet sie hoben es um fünf
Fuß. b) ⚓ einholen: we ~ her fast
(*Nights at Sea*) wir nähern uns dem
Schiffe zusehends. c) ⚓ to ~ a barney
(*Sl. Dict.*) die Menge anlocken. — 2. *s.*
[Emporsteigen]: a) P to take a ~ out
of beschwindeln, übers Ohr hauen [ur-
sprünglich vom Emporkommen und Anbeißen
des Fisches an der Angel; *Sl. Dict.*].
b) ⚓ to buy for the rise (Aktien
u. s. w.) vor dem gehofften Steigen der
Kurse oder Preise aufkaufen [man sagt
im umgekehrten Sinne "to sel for the
fall"].

risible ⚓ (rĭ'ſ-ᵻbl) lächerlich, zum Lachen
dienend: the ~ muscles of justice
(DICKENS) die Lachmuskeln der Gerechtigkeit.

Ritualism * (rĭ't-j°-ăl-ĭſm) kirchlich: Lehre
und Ceremonienwesen der „hochkirchlichen" [zum Katholizismus sich hinneigenden]
Partei (High-Church Party).

Ritualists * (rĭ't-j°-ăl-ĭſtß) *s/pl.* Anhänger der „hochkirchlichen" Partei [früher
auch) Puseyites genannt].

Ritualistic * (rĭ't-j°-ăl-ĭ"ß-t°f) zur High
Church sich hinneigend, gehörig.

rival (raī'-wᵃl) † Teilhaber, Genosse:
If you do meet Horatio and Marcellus,
The rivals of my watch. (*Hamlet.*)
Trifft du Horatio und Marcellus,
Die meine Wache teilen.

rived † (raīwd) bei SHAK. u. ſ. w. statt
riven gespalten.

River Lea ⚓ (rĭw-ᵋ-līˈ) Rhyming Slang:
statt tea.

river-rat ⚓ (rĭ'w-ᵋ-răt) [Flußratte] Schiffs-
dieb, Gauner, der auf dem Flusse sein
Wesen treibt.

rivetter (rĭ'w-ᵋt-t°r) Schuster-Slang: Schuhflicker, der vor den Augen des Publikums (mit halbrunder Feile) Stifte ein-
schlägt.

R. M. D. (ā° ᵋm dī') ⚓ und Sport: statt
ready money down gegen bares Geld.

roadster (rō'd - ßt°r) [Wandersmann,
Vagabund] Sport: starkes Zweirad für
Reisen.

roaf ⚓ (nōf) Back-Slang statt four: roaf-
gen statt four shillings (4 Mark), roaf-
yanneps statt four pence (¹⁄₃ Mark).
— S. auch net.

roarer (nō'-n°r) Sport: asthmatische(s)
Pferd, Lungenpfeifer [man sagt von einem
solchen Pferde wohl auch: he, she has
musical propensities, es „rohrt"].

roaring (nō'-nĭnᵈ) 1. *a.* [brüllend, brau-
send] P vorzüglich: ⚓ they 're doing
a ~ trade sie haben ein ausgezeichnetes
Geschäft. — 2. *adv.* (vor Adjektiven):
P sehr, enorm; sehr gewöhnlich: ~ drunk
schwer betrunken. — 3. *s.* Sport: Keuchen
der Pferde; the stock of Melbourne
are inclined to ~ (*Bell's Life*) die
Nachkommen des (Pferdes) Melbourne
sind zur Engbrüstigkeit geneigt.

roaring-boy (nō'-nĭnᵈ-bŏi″) Old Cant: aus-
gelassene(r) Geselle.

roast (rōßt) [braten] P dem Gelächter einer Gesellschaft preisgeben (*Sl. Dict.*); Old Cant: festnehmen, arretieren.

roast-meat F (nō'ßt-mīt) [Braten]: she made him ~ for worms (*Pericles*) sie brachte ihn um, fütterte die Würmer mit ihm, machte ihn zu einem Braten für die Würmer.

Robin (rŏ'b-ᵊn). Ein bekanntes Kinderlied (das wir seiner Länge wegen hier nicht ganz wiederzugeben vermögen) schildert in sehr anmutiger Weise den Tod und das Begräbnis des Rotkehlchens. Die ersten Strophen lauten also:

```
"Who killed Cock Robin?"
"I", said the sparrow,
"With my bow and arrow,
"I killed Cock Robin."
"Who saw him die?"
"I", said the fly,
"With my little eye
"I saw him die."
```

„Wer erschlug Rotkehlchen?"
„Ich", sprach der Spatz,
„Mit Bogen und Pfeil
„Erschoß ich Rotkehlchen."
„Wer sah es sterben?"
„Ich", sprach die Fliege,
„Mit meinem Äuglein
„Sah ich es sterben."

S. auch rook.

Robin-good-fellow † (rŏ'b-ᵊn-gŭᵈ-fel-lō): Kobold, der (bes. mit Mädchen) allerlei Schabernack treibt. Seine Streiche (in einer BEN JONSON zugeschriebenen Ballade ausführlich erörtert) erinnern an Rübezahl, die Heinzelmännchen u. s. w.

Robin-redbreast † (rŏ'b-ᵊn-rĕᵈ'b-brĕßt) Polizist der älteren Periode, nach seiner roten Weste so benannt.

Robinson F (rŏ'b-ᵊn-ßᵊn): before you could say Jack ~ im Handumdrehen, ehe man sich's versieht.

rocked † (rŏft) [gewiegt, geschaukelt]: ~ in a stone-kitchen (GROSE) blödsinnig; half-~ (*Sl. Dict.*) (halb) verrückt.

Roger (rŏ'ᵈG-ᵉ) Old Cant: a) Reisetasche; b) Gans.

roger F *v a.* (rŏ'ᵈG-ᵉ) beschlafen.

rogue-and-pulley (rŏg-ănᵈ-pŭ'l-[ɪ̆-lᵉ)]OldCant: Landstreicher nebst Gefährtin.

rogue-and-villain F (rŏ'g-ănᵈ-wĭ'l-ᵊn) Rhyming Slang: statt shillin(g).

roker (rŏ'-fᵉ) Zigeuner-Cant: Can you ~ Romany? Kannst du Rotwelsch? — S auch Romany.

roll (rōl) 1. *v.* [rollen]: F a ~ing stone ein unstäter Mensch [nach dem Sprichworte „A rolling stone gathereth no moss"]; *fig.*: he's ~ing in money er ist steinreich; two ~ed into one zwei in einer Person. — 2. *s.* [Rolle] F ~ of snow weiße Wäsche.

roll-me-in-the-dirt F (rŏ'l-mĭ-ĭn-*dh*ᵊ-dᵊrt) Rhyming Slang: statt shirt.

roly-poly (rŏ'-lᵊ-pō-lᵉ)) Gerollte(r) Geleepudding. [Diese Art Pudding wird auch scherzhaft dog-in-a-blanket genannt.].

Roman † (rŏ'-mᵊn) [römisch] weibliche Mode: kerzengerade Haltung; s. Grecian.

romanise (rŏ'-mᵊ-naɪ̆s) kirchlich: römisch-katholisch machen.

Romany F (rŏ'-mᵊ-nᵉ) *a.* zigeunerisch: can you patter ~ (*Sl. Dict.*) kannst du die Zigeunersprache? — S. auch roker und rye.

rom-house (rŏm-bᵘ'ᵊ) Old Cant: Wein [s. Vorrede].

romboyled (rŏ'm-bⱺɪ̆lᵈ) Old Cant: gerichtlich verfolgt.

Rome (rŏm), **Rome-vile** (rŏm-wɪ̆'l) Old Cant: London.

Rome Mort (rŏm mō'ᵊt), **Roome Mort** (nŭm mō'ᵊt) (BEN JONSON) Old Cant: Dame; Königin.

romp (rŏmp) [sich balgen, toben]: Gassenhauer: ~ing Molly on the hay sich mit Marie auf dem Heu wälzend.

rook (nuf) 1. *s.* [Dohle] Spielhölle: Spieler von Profession; Beutelschneider; F Pfarrer. In dem Kinderliede von Cock Robin — s. Robin — heißt es:

```
"Who 'll be the parson?"
"I", says the rook,
"With my little book,
"I 'll be the parson."
```

„Wer will Pastor sein?"
„Ich", spricht die Krähe,
„Mit meinem Büchlein
„Will ich Pastor sein."

2. *v.* F betrügen, beschwindeln: F he wanted to ~ me (*The Boy's Own Paper*) er wollte mich übers Ohr hauen beschwindeln.

rookery F (ꞃuꞏf-ꞏ-ꞃꞏ) verrufene(s) Viertel.

rooky P (ꞃuꞏf-ꞏ) schuftig (*Sl. Dict.*).

room (ꞃūm) euphemistisch: we'd rather have his ~ than his company wir können ganz gut ohne ihn fertig werden, wollen ihm das Kommen gern schenken.

roomy F (ꞃū'-mꞏ) von Häusern: mit vielen Zimmern.

rooshan (ꞃūschn) P statt Russian Russe, russisch.

roost (ꞃūßt) [Aufsitzstange]: P gone to ~ zu Bette gegangen.

roost-lay Γ (ꞃū'ßt-lē) Stehlen von Geflügel (GROSE).

roosting ken Γ (ꞃū'ß-tꞏns-ken) Herberge.

root F (ꞃūt) [Wurzel]: to go to the ~ of a matter einer Sache auf den Grund gehen.

rooter Γ (ꞃū'-tꞏ) etwas besonders Schönes, Großes, Seltenes. — S. auch bumper, out-and-outer, stunner, topper, whopper.

rope (ꞃōp) 1. s. [Seil]: † upon the high ~s in gehobener Stimmung, rechthaberisch, anmaßend, auf hohem Pferde (sitzend); Sport: to know the ~s den Sport u. s. w., F den Rummel gründlich verstehen; ⚓ the ~'s end das Tauende [das auf dem Schiffe oft den Stock ersetzt]. — 2. v. Sport: absichtlich (bei einem Rennen, einer Boxerei u. s. w.) verlieren.

Roper ⚓ (ꞃō'-pꞏ): to marry Mrs. ~ sich bei den Marinesoldaten anwerben lassen.

rope's-end ⚓ (ꞃō'pß-end): to ~ (einen) das Tau schmecken lassen; 1 ~'s-ended the scamp (*King of the Beggars*) ich gerbte dem Schuft das Fell gehörig durch (vgl. rope, ⚓).

rope-yarn ⚓ (ꞃō'p-jän): ~ Sunday freie(r) Sonntag.

ropy P (ꞃō'-pꞏ) heiser.

rose (ꞃōß) 1. s. F under the ~ vertraulich, sub rosa. — 2. v. rose statt risen:

The sun has rose and gone to bed,
Just as if Partridge were not dead. (SWIFT.)
Die Sonne ging auf und ging wieder zur Rast,
Als wäre nicht Partridge, ach, erblaßt.

rosin (ꞃōsn) [Harz, Kolophonium] scherzhaft: Bier oder Wein für Musikanten.

rosin-the-bow (ꞃō'sn-dhi-bō) Geiger.

rosy-gills Γ (ꞃō-s-gꞏlß) jemand mit gesunder, rosiger Gesichtsfarbe.

rot P (ꞃōt) 1. s. [Fäulnis] Unsinn, *fig.* F Blech: it's all dry ~ es ist reiner Blödsinn; Sport: elendes Rennen, schlechte Kricketpartie. — 2. v. [zur Fäulnis bringen, faulen] Fluch: ~ him! — S. 'od und rat.

rotau (ꞃōtu) Old Cant: Karren, Wagen.

rot-gut P (ꞃō't-gꞏt) elende(s) Getränk.

rotten (ꞃōtn) sehr gew. Citat: something is ~ in the state of Denmark (*Hamlet*) 's ist etwas faul im Staate Dänemark.

Rotten Row (ꞃōtn-ꞃō') Sammelplatz (Korso) der feinen Welt in Hyde Park.

rough (ꞃōf) 1. a. [rauh]: † to lie ~ (GROSE) in den Kleidern schlafen, unbequem übernachten; F ~ and tough fest und zäh; P ~ fish (*Sl. Dict.*) schlechter Fisch; a ~-and-a-tumble eine wüste Boxerei, blutige Schlägerei; a ~-and-a-tumble chap (*A little Ragamuffin*) ein grober, rober Geselle; F on (a) ~ calculation bei ungefährer Berechnung. — 2. s. F robe(r) Geselle. — 3. v. P to ~ it sich durchschlagen, ein unbequemes Leben führen.

rough-and-tumble (ꞃōf-änd-to'mbl): the ~ of the world (Zeitung) der rauhe Kampf des Lebens.

rough-music F (ꞃōf-mū'-sꞏk) Katzenmusik.

rough-rider ✕ (ꞃō'f-ꞃaꞏ-dꞏ) Kavallerie: Bereiter, Remontereiter; Wachtmeister, der Rekruten einexerziert.

rough-spun P (ꞃōf-ßpo'n) [rauh gesponnen] ungehobelt, unmanierlich.

rouleau (ꞃū-lō') [franz.] Spieler-Slang: Rolle Goldstücke.

round (ꞃaund) 1. a. [rund]: F a good ~ sum eine beträchtliche Summe; a ~ game (HOPPE) ein Kartenspiel, an welchem eine beliebige Anzahl von Personen teilnehmen kann; a ~ 'un eine derbe Lüge; Kricket: ~-arm bowling kunstgerechtes Schleudern des Balles mit gestrecktem Arme. — 2. adv. F to bring ~ zur Besinnung bringen, umstimmen; to come ~ wieder gesund werden; sich freundlicher, verföhnlicher zeigen; all ~ allesamt, durch die Bank; P she gave 'em a bob all ~ sie gab jedem eine Mark; Sport: to bet ~ gegen mehrere Pferde u. s. w. auf einmal wetten. — 3. *prp.* F to get ~ a person sich jemandes Gunst erwerben. — 4. *s.* [Runde]: F a ~ of pleasures eine (ununterbrochene) Reihe von Lustbarkeiten; to make the ~ von einem zum andern gehen; I've been the ~ of all the pawnbrokers ich habe die Runde bei allen Leihhäusern gemacht; Boxersprache: Gang. — 5. *v.* P to ~ upon verraten, (einen Helfershelfer) angeben.

round-about (ʀău″nd-ä-bău′t) 1. *a.* [ringsumher]: F in a ~ way in umständlicher Weise. — 2. *s.* P Schmerbauch; F: a) große, weite Tasche, welche rings um das Kleid einer Diebin läuft; b) Tretmühle.

roundem F (ʀău′n-d'm): Knopf.

rounders (ʀău′n-d'ŕs) *s/pl.* Sport: Art Ballspiel, das mit einem Stocke (anstatt bes bat) gespielt wird. — S. base, feeder.

rounding (ʀău′n-din) *s.* Geflüster (Sh.); P Verrat.

round-the-(h)ouses (ʀău′nd-*dhi*-ău″-s'ś) Rhyming Slang statt trousies oder trousers.

rouse (ʀău̇s) *v/a.* [aufwecken, anfeuern]: F it takes a good deal to ~ him es gehört viel dazu, ihn aus seinem Phlegma aufzurütteln; *v/n.* ↓ to ~ out aufbrechen, fortgehen.

rouser P (ʀău′-ŕ²) [Wecker] starkes, lärmendes Pochen, bes. mit dem Thürhammer.

rousing P (ʀău′-sin²) gewaltig, entsetzlich.

rout (ʀău̇t) † große Gesellschaft; F ~-seats Bänke für Gesellschaften [die man jetzt gewöhnlich bei Möbelhändlern für den Abend mietet].

rover P (ʀō′-ʋŕ) Landstreicher.

Row (ʀō): the ~ [das Gäßchen] Breviloquenz für "Paternoster Row", eine Buchhändlerstraße der City.

row F u. P (ʀău̇) 1. *s.*: a) Lärm: they kicked up such a blessed ~ sie machten einen höllischen Spektakel; hold your ~: P halt's Maul; wot's the ~, eh? was

zum Henker gibt's da? b) Unannehmlichkeiten; Vorwürfe; Streit; I got into an awful ~ mir wurde der Kopf schön gewaschen. — 2. *v.*: a) lärmen, streiten: My father was continually ~ing with her (*A little Ragamuffin*) mein Vater hatte fortwährend Streit mit ihr. b) [rudern] Wassersport: ~ easy all! rudert langsamer! to ~ flat die Riemen platt schmeißen; *fig.* we 're ~ing in the same boat wir sind in der gleichen Lage, sprichwörtlich: mitgefangen, mitgehangen; to ~ in with unter derselben Decke stecken; *fig.* to row and pull together sich mit einander vertragen, sich einander in die Hände arbeiten.

rowdy F (ʀău′-d•) Geld (*Sl. Dict.*).

rowdy-dow F (ʀău′-d•-dău) gemein, unschicklich.

row-lock, s. rullock.

royal (ʀŏĭ′-'l) [königlich]: a ~ duke ein Herzog von königlichem Geblüte, bes. ein jüngerer Sohn des Souveräns; sprichw. Citat, gew. Euklid zugeschrieben: there is no ~ road to learning das Wissen muß mit Mühe errungen werden, ohn' Fleiß kein Preis.

royals (ʀŏĭ′-'lś) fest angestellte Arbeiter der Londoner Werften.

royal-scamp (ʀŏĭ′-'l-ßkä″mp) Old Cant: Straßenräuber, der (wie Schinderhannes und Dick Turpin) nur reiche Leute beraubt.

rub (ʀöb) 1. *v/a.* u. *v/n.* [reiben] F fortlaufen; F to ~ against a person auf jemand stoßen, gegen einen laufen; P to ~ along, to ~ on, to ~ through the world sich durchschlagen; F ~ off *fig.* verschwinden; if he mixes much with people that will soon ~ off wenn er viel mit Menschen verkehrt, wird sich das bald von selbst abschleifen; F to ~ off durchbrennen; † they must wait or ~ off (Congreve, *The Way of the World*, 1700) sie müssen warten oder sich drücken; F to ~ up (one's French, &c.) (sein Französisch u. s. w.) wieder lernen, auffrischen; to ~ up against... sich abgeben mit .... — 2. *s.* [Reibung]: F there's the ~ (aus *Hamlet*) das ist eben die Schwierigkeit, *fig.* F da liegt der Hase im Pfeffer [vgl. das franz. voilà le hic].

rub-a-dub (Rŏb-ă-dŏ'b) [onomatopoetisch als Geräusch der Trommel] tarram—tam—tam ....

rubbed-out F (Rŏbb-au't) [aus dem Register gestrichen] tot.

rubbishing (Rŏ'b-bĭsch-ĭn•), **rubbishy** (Rŏ'b-bĭsch-•) P schlecht, elend, armselig.

ruby-faced F (Rū'-bĭ-fē'ßt) mit rotem Gesichte.

ruck P (Rŏf) Haufen.

ruck on F (Rŏ'f ŏn) verraten, unsanft traktieren.

ruc(k)tion P (Rŏ'f-schŏn) Lärm, Auflauf, Schlägerei.

ruddy F (Rŏ'b-dĕ•) [röttlich] s. Gold(stücke), Sovereign; Sportzeitung: thirty ~ 30 Pfund Sterling.

ruff (Rŏf) † Halskragen; Old Cant: wooden ~ Pranger.

ruff(e)mans (Rŏ'f-m•nj) Old Cant: Hecke(n), Gebüsch, Wald.

ruffian (Rŏ'f-j•n) [rohe(r) Mensch] Old Cant: Teufel: the ~ cly thee! hol' dich der Teufel!

ruffles (Rŏfls) s/pl. Old Cant: Handschellen.

ruffmans, s. ruffemans.

rug (Rŏg) Old Cant: a. sicher, recht: it's all rug (GROSE) es ist alles in Ordnung, es stimmt alles; s. at rug schlafend.

Rugby (Rŏ'g-bĕ•) (auch the Rugby game) [nach Rugby-School, einer der bekanntesten Schulen Englands, so benannt] Sport: Art Fußball, wobei es jedem Mitspielenden, ausgenommen beim Handgemenge, gestattet ist, den Ball im Laufe davonzutragen. — S. Association.

Ruggins's (Rŏ'g-gĭn-f•j) Old Cant: to go to ~ schlafen gehen [vermutlich aus rugging, auf dem Teppiche schlafend, durch den Volkswitz entstellt].

ruggy F (Rŏ'g-g•) abgeschossen, abgetragen.

ruinate P (Rū'-ĕ-nĕt) zu grunde richten.

ruination P (Rū-ĕ-nĕ'-schŏn) Verderben.

rule (Rūl) 1. s.: F as a ~ in der Regel; Rechnen: ~-of-three, double ~-of-three Regeldetri, zusammengesetzte Regeldetri; the ~ of thumb eine praktische, faßbare Regel; to do a thing by ~ of thumb etwas nach einfachen, mechanischen Regeln bewerkstelligen; F to run the ~ over (jemandes) Taschen durchsuchen, gründlich berauben, sorgfältig visitieren. — 2. v. [beherrschen]: P to ~ the roast über das ganze Haus, über eine ganze Gesellschaft das Regiment führen; ♣ Börse: prices ~ higher, lower die Kurse sind gestiegen, gefallen.

rullock (Rŏ'l-lŏf) ♪ statt row-lock Ruderlampe; to shove one's ear into a seaman's ~ mit einem Matrosen Händel suchen.

rum (Rŏm) a. Old Cant: ausgezeichnet, trefflich; P wunderlich, seltsam; Old Cant: ~ beak (GROSE) Friedensrichter; F a ~ bit eine schlaue Gaunerei, Schelmerei; F that's a ~ case, a ~ 'un das ist ein kurioser Heiliger, ein sonderbarer Kauz; F a ~ clan ein silberner Pokal; Old Cant: ~ cod (GROSE) Börse Gold; F ~ cole neue Münze; ~ cull Direktor einer wandernden Schauspielertruppe; Old Cant: ~ cully (*The Scoundrel's Dict.*, 1754) reiche(r) Fant; Old Cant: ~ doxy feines Mensch; P a ~ go eine sonderbare Geschichte; ~-looking sonderbar aussehend; F ~-mizzler einer, der sich auf das Durchbrennen versteht; Old Cant: ~ Ned reiche(r) Narr; P a ~ old file ein alter Schlaufuchs; Old Cant: ~ pad (*The Scoundrel's Dict.*) Straßenräuber; ~ quick große Beute; adv. P to come it ~ närrisches Zeug reden, thun. — S. rome.

rumbler P (Rŏ'm-bl•) [Rumpler] (vierräderige) Droschke. S. rattler.

rumble-tumble (Rŏ'mbl-tŏmbl) Old Cant: Postwagen.

rumbo F (Rŏ'm-bō) Rum mit Wasser und Zucker versetzt.

rumbowling ♪ (Rŏm-bō'-lĭn•) verfälscht, schlecht.

rumbumptious ♪ (Rŏm-bŏ'm-schŏß) elend, schlecht; eigensinnig.

rumbustious P (Rŏm-bŏ'ßt-schŏß) hochmütig, anmaßend (*Sl. Dict.*).

rumgumption F (Rŏm-gŏ'm-schŏn) Verstand, *fig.* F Grütze [s. auch gumption].

rumgumptious ⌐ (rŏm-gŏ'm-jch⁵ʓ) verschlagen, durchtrieben.

rum Mawnd (rom mā'nd) [vermutlich aus rum maunder] Old Cant: einer, der sich blödsinnig stellt.

rummer (rŏ'm-m⁵r), **rummest** (rŏ'm-m⁵ʓt) *Compar.* und *Superl.*: P und ⌐ von rum seltsam: P 'e 's the rummest-looking chap I ever see ein so wunderlich aussehendes Individuum habe ich in meinem Leben nicht gesehen.

rummy P (rŏ'm-m⁵) = rum.

rump P (rŏmp) [*s.* Steiß] *v.*: to ~ any one (GROSE) einem den Rücken drehen.

rumped (rŏmpt) Old Cant: durchgepeitscht.

rumpus P (rŏ'm-p⁵ʓ) Gepolter, Höllenlärm.

rum-slim, (rŏm-ßlĭ'm), **rum-sling** (rŏm-ßlĭ'n⁵) ⌐ und ↓ Punsch (aus Rum).

rnmy (rū'-m⁵) Zigeuner-Cant: gute(s) Weib (*Sl. Dict.*).

run (rŏn) 1. *v.*: a) *v.n.* [laufen]: P don't run away with the idea that ... bilden Sie sich nur ja nicht ein, daß ..., denken Sie nur ja nicht, daß ...; to run for it auf und davonlaufen; to run loose wild verwildern, ohne Zucht und Ordnung leben; ♥ sich belaufen auf: that runs into a lot o' money das kostet ein gehörig Stück Geld; it won't run to that es wird sich so hoch nicht belaufen; P I don't run to it (*Sl. Dict.*) ich verstehe es nicht. b) *v/a.* Sport: auf die Rennbahn liefern: to run two horses zwei Pferde für das Rennen stellen; Parlament: to run a bill einen Antrag durchbringen; Politik u. s. w.: to run a candidate einen Kandidaten durchzubringen suchen; Eisenbahn, von Zügen: fahren lassen: the company ran two express-trains a-day die Gesellschaft ließ täglich zwei Kurierzüge ab; to be hard run for money auf dem Trocknen sitzen, in Geldverlegenheit sein; ⌐ to run a face auf die schamloseste Weise Schulden machen; Polizei: to run in mit dem Knüppel (truncheon) zu Boden schlagen; P run 'em in, bobby schlag drauf los, Schutzmann; to run on [statt ⌐ to run up an account] auf Pump leben; ⌐ to run one's pen through mit der Feder durchstreichen; to run riot [ursprünglich von der Meute: auf ein Rudel Hirsche stoßen] ⌐ wilde, ausgelassene Streiche begehen; to run up a bill eine Rechnung auflaufen lassen; to run up houses Häuser (in aller Eile) aufbauen. — 2. *s.* Kricket: Lauf eines Schlägers von einem Dreistabe zum andern; they made (scored) six runs sie liefen sechsmal von wicket zu wicket; with ten more runs to make noch zehn Läufe bis zum Siege; Theater: this play had a long run, a run of seventy nights das Stück wurde längere Zeit (ausschließlich) aufgeführt, erlebte siebzig Aufführungen hinter einander; ♥ Nachfrage: there's a run on 'em es ist starke Nachfrage nach ihnen, sie sind stark begehrt; the run on a bank die Bestürmung einer (finanziell verdächtigen) Bank; P Sorte: the general run o' cadgers die gewöhnliche Art von Bettelvolk; ⌐ to get the run on a person jemand arg mitspielen; to have a run for one's money sich bemühen, sich gewaltig anstrengen.

run-away ⌐ (rŏ'n-ŭ-wē) *a.* entlaufen: a ~ match eine Heirat mittels Entführung.

run-getter (rŏ'n-gĕt-t⁵r) Kricket: guter Schläger und Läufer.

run-getting (rŏ'n-gĕt-tĭn⁵) Kricket: gutes Schlagen und Laufen.

runned P (rŏnd) Partizip statt run gelaufen.

Runner (rŏ'n-n⁵r) † geheime(r) Polizist; ↓ für eine bestimmte Fahrt geheuerte(r) Matrose.

running (rŏ'n-nĭn⁵) 1. *a.* [laufend]: ⌐ twice ~, five times ~ zweimal, fünfmal hinter einander; a ~ fire: a) ✕ ein Schnellfeuer; b) ⌐ (übertragen): a ~ fire of abuse ein Hagelwetter von Schimpfworten; † ~ patterer, stationer fliegende(r) Balladenhändler, Buchhändler. — 2. *s.* Parlament: to be in the ~ for office sich um ein (hohes) Staatsamt bewerben.

rural (rū'-r⁵l) Studenten-Slang: ~ coach Lehrer, der nicht an einem der zur Universität gehörigen Colleges angestellt ist.

rush (rŏsch) 1. *s.* [Binse]: a) ⌐ he doesn't care a ~ ihm liegt nichts dran. b) ⌐

gewaltsame(r) Raub. — 2. v. [hervor-
stürzen] v.a. F übers Ohr hauen: the
wily Hindoo tried to ~ me for a
hundred rupees (*Sporting Sketches*)
der listige Hindu suchte mir 100 Rupees
abzuschwindeln; sprichwörtlich: fools rush
in, where angels fear to tread Narren
wagen mehr als die größten Helden.

rusher F (rŏ'ſch-ᵉ) Dieb, der ein Haus
während der Abwesenheit der Herrschaft
beraubt.

Russophile * (rŏ'ß-ßō-fail) s. Russen-
freund; a. russenfreundlich.

Russophobist * (rŏ'ß-ßō-fō''-bißt) die
Russen fürchtend.

rust F (rŏßt) [Rost]: to nab the ~ sich

beleidigt fühlen, ungehalten sein. —
S. auch rusty.

rusticate (rŏ'ß-tĭ-fet) [auf dem Lande
leben] v.a. Universität: relegieren, verweisen.

rusty F u. P (rŏ'ß-tᵉ) [rostig]: a) abgetragen: a ~ black coat (DICKENS) ein
verschossener, schwarzer Rock; my
French has got ~ mein Französisch
ist eingerostet; b) verdrießlich: to turn
~ (früher auch: to ride ~) ärgerlich
werden.

rusty-guts P (rŏ'ß-tᵉ-götß) Murrkopf.

rutting P (rŏ't-tĭn•) Begattung (GROSE).

rye (rai) Zigeunersprache: junge(r) Mensch;
a Romany ~ ein Zigeunerjüngling.

S.

's 1. F statt is: he 's er ist; P statt are:
we 's wir sind. — 2. P statt has: 'e 's
got it er hat's; she 's been sie ist da
gewesen. — 3. F statt us: let 's have a
lark wir wollen uns einen Ulk machen.
— 4. P statt as: 's long 's there 's
any money so lange wie Geld da ist.
— 5. † statt his oder God's in Flüchen
wie 's blood, 's death, 's life, 's light, 's
wounds (verkürzt zu zounds) statt God's
blood, God's death, God's life, God's
light, God's wounds.

sack P (ßäf) 1. s. [Sack]: a) Old Cant: to buy
the ~ sich bekneipen. b) Entlassung: to
get the ~ weggeschickt werden, fig. P
den Laufpaß, den Sack bekommen [man
vergleiche franz.: recevoir le sac. In London sagte man früher auch: to get the
bullet, to get the empty]; I gave 'em
the ~ ich jagte sie fort. — 2. v. fortschicken, entlassen; ~ away in Säcken
wegschleppen.

sacrifice (ßä'f-rᵉ-faiß) s. [Opfer]: F I
should make any ~ in order to ...
ich würde jedes denkbare Opfer bringen,
um zu ...; ♥ to sell at a ~, at an
enormous ~ spottbillig verkaufen, ver-
schleudern.

sad (ßäd) traurig: † a sad dog ein Wüstling; sprichwörtliche Redensart: a sadder,
but a wiser man ein Mann, der trau-
rige Erfahrungen gemacht hat, sprichwörtlich: durch Schaden wird man klug.

saddle (ßädl) [satteln]: F to ~ oneself
with (a debt, a responsibility) sich
(eine Schuld, eine Verantwortlichkeit)
aufladen; † to ~ one's nose (GROSE)
die Brille aufsetzen; to ~ the spit
(GROSE) ein Essen zurichten; F (ursprünglich auf der Jagd): to sound boot and
~ zum Aufbruche blasen; Theater: Abzug, den sich ein Schauspieler bei seiner
Benefizvorstellung (von der Gesamt-Ein-
nahme) muß gefallen lassen.

saddle-sick F (ßä'dl-ßif): he's ~ er hat
sich einen Wolf geritten.

sadly P (ßä'd-lᵉ) a. unpäßlich: my missus
is very ~ meine Frau ist sehr unwohl.

safe (ßef) [sicher]: F ~ to win des Sieges
gewiß; Politik u. s. w.: a ~ man ein
zuverlässiger, getreuer Mann; Sport:
a ~ 'un ein Pferd, das unmöglich beim
Rennen gewinnen kann; F he is not
~ on his legs er hat einen unsicheren

11*

Gang, ist nicht sicher auf den Beinen; on the ~ side seiner Sache gewiß.

safety-pin * (ßē'-t⁵-pin) Sicherheitsnadel, so konstruiert, daß man sich nicht daran stechen kann [besonders für Wickeltücher, Windeln und Verbände gebräuchlich].

sag † (ßäg) schlaff herabhängen, ermatten (SHAK. &c.).

sail (ßēl) v. [segeln] Sport: a) v a. schnell tragen: he ~ed home the winner der Renner brachte den siegreichen Jockey durchs Ziel; b) v/n. Despair ~ed home an easy winner (der Renner) D. errang den Sieg mit großer Leichtigkeit; ⌁ to ~ close to the wind sich unnötiger Gefahr aussetzen, tolle Streiche begehen; sich das Notwendigste am Munde absparen.

sain † (ßēn) statt said gesagt.

saint (ßēnt, vor Eigennamen ßᵉnt) [Heiliger, heilig]: F enough to aggravate a ~, enough to make a ~ swear daß auch einem Engel die Geduld reißen würde; P Heuchler(in), Fromme(r); ~-maritan statt Samaritan Samariter; ~ Monday blaue(r) Montag.

Saint Luke's bird (ßᵉnt lūkß bö͡'d) Old Cant: Ochs, Stier.

sal (ßäl) Theater: statt salary Gehalt; † statt salivation [Speichelfluß] Quecksilberkur (mit Schwitzbädern) für Syphilis. — S. auch powdering tub.

sal(a)am (ßä-lä'm) [anglo-indisch] Verbeugung.

salamander P (ßä-lä-mä'n-dᵉ²) Gaukler, Feuerfresser (Sl. Dict.).

sal(a)mon (ßä'l-mᵘn) Old Cant: Messe; Schwur: by the ~! bei meiner Seele!

salep † (ßä'l-ᵉp) früher sehr populäres, durch Aufguß des Pulvers der Salepwurzel (Wurzelknollen der Orchis mascula) hergestelltes, breiartiges Getränk.

salesman's dog † (ßē'lß-mᵘnß dö͡'g) Bursche, Gehilfe eines Trödlers oder Gemüsehändlers [jetzt barker. S. dieses Wort].

salivate (ßä'l-i-wēt) med.: (vermittelst Quecksilber, Blei u. s. w.) zum Speichelflusse bringen; English miners won't be ~d by digging lead at 1s. 4d. per diem Zeitung: englische Bergleute sind nicht gewillt, sich durch Bleigraben für 1⅓ Mark täglich vergiften zu lassen.

Sally P (ßä'l-ᴵ⁻) [statt Sarah]: Aunt ~ auf Messen, Jahrmärkten und bei allen Volkslustbarkeiten beliebte(s) Spiel: Mit kurzen Knüppeln werfen die Spielenden nach einer Reihe aufgerußter Holzköpfe, denen man in die Öffnung, welche den Mund „der Tante Sarah" vorstellt, eine Thonpfeife gesteckt hat. Es gilt dann, möglichst viele Pfeifen zu zerschlagen. Eine Variation dieses Spieles ist cock-shy, bei dem nach Kokosnüssen u. s. w. geworfen wird.

sally - lun (ßä'l-ᴵⁱ⁻ lᵘn) Kuchen zum Thee, mit oder ohne Butter genossen [sonst auch tea cake].

sally-port (ßä'l-ᴵⁱ⁻pᾱt) ⌁ [Ausfallsthor] Mund, P Maul.

salmon (ßä'm-⁵n) [Lachs]: a) Flußfischer: aufgefischte(r) Leichnam; s. flounder. b) s. salamon.

saloop † (ßä'l-ūp) = salep.

salop † (ßä'l-ᵉp) = salep.

salt (ßält) 1. s. [Salz]: F he doesn't fetch his ~ er verdient sich noch nicht das trockene Brot; P ~, ~-water Matrose. — 2. a. [salzig] von einer Rechnung: it's rather too ~ die ist gehörig gepfeffert. — 3. v. [salzen] F to ~ it for a person es einem einpfeffern, versalzen; ✱ to ~ the books die Bücher fälschen.

saltatory (ßä'l-tᵃ-tᵘ-nᵉ) scherzhaft: tanzlustig.

salt-box † (ßä'lt-bößß) Zelle, im Zuchthause von Newgate, für die Verurteilten.

salt-box ely (ßä'lt-bößß flᾱ") Old Cant: Tasche auf der Außenseite eines Rockes; äußere Rocktasche.

saltee (ßä'l-tī) [it. soldi, Plural von soldo; Lingua Franca der Drehorgelmänner u. s. w.] Penny: tray ~ (tre soldi) drei Pence; quarterer ~ (quattro soldi) 4 Pence; chinker ~ (cinque soldi) 5 Pence; say ~ (sei soldi) 6 Pence; say oney ~ oder setter ~ (sette soldi) 7 Pence; otter ~ (otto soldi) 8 Pence; nobba ~ (nove soldi) 9 Pence; dacha ~ (dieci soldi) 10 Pence.

salt-eel ⚓ (ßält-ī'l) [gesalzener Aal] Tau (rope's end) zum Durchprügeln der Schiffsjungen.

salt-junk ⚓ (ßält-dßö'n°k) Pökelfleisch.

Salvationist * (ßäl-wē'-ſch°n-ißt) zur Heilsarmee (Salvation Army) Gehörige(r).

salve P (ßäw) [Salbe] Schmeichelei; ſ. butter.

Sam ⸀ (ßäm): Bewohner Liverpools (Liverpudlian).

sam (ßäm) = sammy.

same P (ßēm) [selb]: ~ as ſtatt just as gerade wie: you 're only a cadger ~ as myself (*King of the Beggars*) du biſt nur ein Bettelkerl, wie ich auch; ſprichwörtlich: to lay all one's eggs in the ~ basket alles auf eine Karte ſetzen.

sammy P (ßä'm-m°) [Sammy Samuel] *a.* dumm, einfältig; to stand ~ traktieren.

sans † (ßän°ſ) [franz.] SHAKESPEARE &c.: ohne.

sanctification ⟍ (ßän°f-t°-ſ°-fē'-ſch°n) Heilighaltung: ~ of the Sunday (*Pall Mall G.*) Sonntagsfeier.

sanctified P (ßä'n°f-t°-faïd) fromm; ſcheinheilig.

sanctum F (ßä'n°f-t°m)[Heiligtum]Studierzimmer, Privatzimmer, Boudoir.

sand ✿ (ßänd) *v.* mit Sand vermengen.

S and B (r'ß änd bī) Schenke: ſtatt soda and brandy Sodawasser mit Cognac.

sandbeef (ßä'nd-bīf) [anglo-indiſch] = sandwich.

sandboy F (ßä'nd-bäi) [Sandträger] ſprichwörtlich: as jolly as a ~ ſo fidel wie ein Schneekönig.

sandwich (ßä'nd-witſch) 1. *s.* (Fleiſchbrötchen) ~, auch ~ man wandelndes Plakat, Menſch auf Bruſt und Rücken mit einem Annoncenbrette behangen. [*Daily Telegraph*: can there be an absurder word than the sandwich, so called after an Earl of Sandwich, who was First Lord of the Admiralty in the reign of George III?] — 2. *v.* nach Art eines Fleiſchbrötchens

zurechtlegen; von Schuhfabrikanten: ~ing layers of paper between two thin soles of leather zwiſchen je zwei dünne Lederſohlen Papierſchichten legend.

Sandy (ßä'n-d°) [aus Alexander abgekürzt] Spitzname der Schotten.

sandy pate P (ßä'n-d° pēt) Rothaarige(r) (GROSE).

sanitation (ßä'n-°-tē''-ſch°n) wiſſenſchaftliche Geſundheitspflege.

sankwork (ßä'n°f-wö'f) Schneider-Slang: Soldatenkleider (GROSE).

Santaclans * (ßän-t°-klä'ß) der heilige Nikolaus [der ſeit Jahren auch in England um die Weihnachtszeit umhergeht].

sap (ßäp) *s.* P Pinſel; Schüler-Slang: Bücherwurm; *v.* ochſen.

sapling (ßä'p-lin°) Jagd: junge(r) Jagdhund.

saponaceous (ßäp-ö-nē'-ſch°ß) [ſeiſig] ſcherzhaft: ſchlüpfrig, ſchmeichleriſch.

sappy P (ßä'p-p°) einfältig (*Sl. Dict.*).

sapskull P (ßä'p-ßf°l) Dummkopf.

sartin (ßätn) P ſtatt certain gewiß.

sartorial (ßä'-tō''-j°l) ſcherzhaft: zum Schneiderhandwerke gehörig.

sarvice (ßä'-w°ß) ⚓ und P ſtatt service Dienſt.

sassage (ßä'ß-ß°dG) P ſtatt sausage.

sassengers (ßä'ß-ß°n-dG°j) Kinderſprache ſtatt sausages Würſte.

sassiety (ßäß-aī'-°-t°) Wortſpiel auf satiety (Sattſein, Blaſiertheit) und society (Geſellſchaft).

satin † (ßätn) [Atlas] Weiber-Slang: white ~ Gin [den ſich die Dienſtmädchen unter dem Vorwande, daß ſie Bänder kaufen wollten, zu beſchaffen wußten].

sating (ßä't-°n°) P ſtatt satin Atlas.

sauce (ßäß) *v.* Old Cant: beſchimpfen, ausſchelten, verhöhnen [dem modernen cheek entſprechend].

saucebox P (ßä'ß-bôfß) ſchnippiſche Perſon.

saulty (ßä'l-t°) Cirkus und P: Penny; tray ~ (FROST) 3 Pence; vgl. saltee.

saveloy (ßäw-ᵉ-lōi') Art Wurſt [der Gattung polony verwandte Species].

savvy P (ßä'w-wᵉ) [Lingua Franca] v. wiſſen, verſtehen; s. Wiſſen, Verſtand.

saw P (ßä) [ſägen]: ~ your timber! (*Sl. Dict.*) mach dich fort! reiß aus!

sawbones (ßä'-bōnſ) [Knochenſäger] ℾ u. ✕ Chirurg, *fig.* F Pflaſterkaſten.

sawder (ßä'-dᵉs) P ſtatt solder [Lötmetall] Schmeichelei: soft ~ ſüßes Gerede.

sawdust P (ßä'-dᵘßt) [Sägeſpäne] Blödſinn, einfältiges Gewäſch.

sawney (ßä'-nᵉ) Old Cant: Speck; P Einfaltspinſel; ſpöttiſch: Schotte; ſ. auch Sandy und Paddy.

say (ßē) 1. *v.* [ſagen] F verwundert: you don't say so! was Sie ſagen! erzählend: no sooner said than done (wie) geſagt, (ſo) gethan; bekräftigend: I ~ what a nose he has got! nun, der hat aber eine Naſe, das muß ich geſtehen! P I ~, Mister! Sie, he da! erzählend: "I beg your pardon", ~s he „bitte um Verzeihung", ſagte er. — 2. *s.* Rede: F I've no ~ in it ich habe nichts dabei zu ſagen; they've had their ~ die haben das ihre, ihr Teil geſagt, F ihren Senf dazu gegeben; P have a civil ~ to them, says 'e, about being a 'spectable mechanic (GREENWOOD) erzähl' ihnen doch höflich, ſagte er, du ſeieſt ein ehrbarer Handwerker. — 3. *adv.* angenommen: F if you could come, ~ on Wednesday wenn du zum Beiſpiel etwa am Mittwoch kommen könnteſt.

's blood (ßblöd) † ſtatt God's blood! potztauſend!

scab P † (ßkäb) [Grind] elende(r) Wicht.

scabby-neck ↓ (ßkäb-bᵉ-nᵉk') Däne.

scabby-sheep P (ßkäb-bᵉ-ſchi'p) Taugenichts.

scab-raiser ✕ (ßkä'b-rᵉ-ſᵉʳ): Tambourmajor [weil dieſer früher zugleich das Amt eines Prügelmeiſters beim Regiment bekleidete].

scaff (ßkäf) Blue-coat School: ſelbſtſüchtige(r), ſtolze(r) Kamerad.

seald † (ßkäld) gemeine(r) Wicht, Filz (SHAK. &c.).

scalder ℾ (ßkä'l-dᵉs) Tripper.

scaldrum dodge (ßkä'l-drᵘm dodg) Bettler-Cant: Kniff der zünftigen Bettler, der darin beſteht, daß ſie ſich mittels Schießpulvers und Säure künſtliche Brandwunden machen (*Sl. Dict.*).

scale (ßkēl) *v a.* [ſtürmen] P feſſeln, erſtaunen; *v n* Sport: wiegen.

scaly P (ßkē'ᵉ-lᵉ) [ſchuppicht] dürftig, erbärmlich.

seamander ℾ (ßkä-mä'n-dᵉs) *v.* hin und her wandern [gleich dem ſich windenden Laufe des Skamander; *Sl. Dict.*].

scammered † (ßkä'm-mᵉʳd) betrunken.

scamp (ßkämp)[Strolch]ℾ Straßenräuber; Bettler-Cant: to go upon the ~ auf böſe Wege geraten; *v.* rauben; Arbeiter-Slang: to ~ (one's work) ſchlecht und überſtürzt arbeiten; ✳ ſchlechtes Maß oder Gewicht geben (*Sl. Dict.*).

scampsman ℾ (ßkä'mpß-mᵉn): and forth to the heath is the ~ gone (ROOKWOOD) hinaus auf die Heide der Räuber zog.

scandal-broth (ßkä'ndl-broth), **scandal-water** (ßkä'ndl-wä-tᵉʳ) High-Life Slang: [Klatſchbrühe] Thee.

scandal-monger ℾ (ßkä'ndl-mönᵍ-gᵉʳ) ſkandalſüchtige Perſon, Läſtermaul.

scape (ßkēᵖ) P ſtatt escape [auch öfters bei SHAKESPEARE].

scapegallows P (ßkēᵖᵖ-gäl-lōſ) Galgenſtrick (GROSE).

scar ℾ (ßkäʳ) häufig citiert: He jests at ~s that never felt a wound (*Romeo and Juliet*) Ob Narben ſcherzt, wer Wunden nie gefühlt.

scaramouch ℾ (ßkä'n-rä-mäutſch): nichtswürdige(r), untaugliche(r) Menſch.

scarce ℾ (ßkäß): to make oneself ~ durchbrennen, ſich drücken, verduften.

scarecrow ℾ (ßkä'-krō) [Vogelſcheuche] der Polizei bereits bekannte(r) Dieb.

scarlet-beans F (ßkä'-lᵉt-bi'nß) ſcherzhaft: "you might sow ~ (potatoes &c.) on his neck" auf ſeinem Hale kann man Kohlrüben ꝛc. ſäen (ſagt man von einem, der ſeinen Hals nicht gewaſchen hat).

scarlet-fever (ßkā⁻-l⁵t-fī′-w⁵ʳ) High-Life Slang: Vorliebe junger Damen für die rotröckigen Söhne des Mars.

Scarlet-Lady (ßkā⁻-l⁵t-lē′-d˙) kirchlich: the ~ die römische Kirche.

scarper P (ßkā⁻-pˢ) [span. escapar; *Sl. Dict.*] durchbrennen.

scene (ßīn) [Scene] F urspr. Theater: to appear on the ~ sich zeigen, (zum ersten Male) auftreten, F auf der Bildfläche erscheinen.

scent - bottle (ßē′nt - bŏtl) euphemistisch: A B, Abtritt.

schedule (schē′d-jᵘl) s. Verzeichnis; v a. verzeichnen; Bankrott: in die Liste der Gläubiger aufnehmen.

schism-shop (ßl′jm-schŏp) spöttisch: Dissenter-Kirche (GROSE).

schliver Γ (schli′w⁻ˢ) dolchartiges Taschenmesser.

schofel (schō′-f⁵l) = showful.

scholar (ßkŏ′l-⁵ʳ) [Schüler, Gelehrter]: F a good Latin ~ ein tüchtiger Kenner des Lateinischen, guter Lateiner.

scholard (ßkŏ′l-⁵ʳd) P statt scholar.

scholastic (ßkŏl - ä′ß - tik) [schulmäßig, Schul...]: ~ agency Stellenvermittelungs-Bureau für Lehrer; ~ profession Lehrstand.

school Γ (ßkūl) [Schule] Bande, Rotte.

School-Board * (ßkū′l-bō⁻d) Aufsichtsbehörde für den staatlichen Volksunterricht; P spöttisch: ~ worriers (eigentlich visitors) Aufseher, die den regelmäßigen Schulbesuch der Kinder (bes. aus den unteren Volksklassen) überwachen.

school-butter (ßkū′l-bŏt-t⁵ʳ) iron.: Schläge (GROSE).

schoolmaster (ßkū′l-maß-t⁵ʳ) [Schulmeister], s. abroad.

school of Venus Γ (ßkūl 'w wī′-n⁵ß) Bordell.

schwassle-box P (schwŏ′ßl-bŏkß) Kasten für Punch-and-Judy, gewöhnlich mit einem grünen Tuche umhängt, unter

welchem sich der die hölzernen Marionetten bewegende, bald lustig quiekende, bald fluchende, bald, je nach Bedürfnis, lachende oder weinende Showman befindet.

science (ßaī′-⁵nß) [Wissenschaft] Schulsprache: Naturwissenschaft, Physik.

scissors (ßi′ß-⁵ʳj) Turnen: the ~ die Schere.

scissors-and-paste * (ßi′ß-⁵ʳj-ånd-pe″ßt): the ~ business das (handwerksmäßige) Ausschneiden und Aufkleben von Zeitungsannoncen.

sconce (ßkonß) Orforder Studenten-Slang: mit einer Geldstrafe belegen.

scorcher (ßkō⁻-tsch⁵) [to scorch brennen, sengen] P tolles Weibsbild; Gemüsehändler: ~s schlechte, faule Kartoffeln.

score (ßkō⁻) 1. s. [Kerbe, Schuld]: P to run up ~ (im Wirtshause) ankreiden lassen, pumpen. — 2. v. [einkerben] bei Spielen: anschreiben, davontragen, gewinnen; Sport: to ~ a success, a victory einen Erfolg erringen, einen Sieg davontragen.; Schüler-Slang: ~ (an examination) eine Prüfung bestehen.

score-piling (ßkō⁻-paī-ling) *Punch:*

We 're looking forward to a score-piling day,
But whether win, tie or lose, no quarrel, hooray!
Lustig, der große Kricket-Tag ist nah,
Ob wir siegen, ob verlieren, ganz schnuppe, hurra!

scorf Γ (ßkof) gierig verschlingen, auffressen.

scoring-book (ßkō′-ning-buk) Kricket: Buch, in welchem die Zahl der Läufe u. s. w. aufnotiert wird.

scot P (ßkot) [Schotte]: a) jähzornige(r) Mensch; b) Zorn, Aufregung.

Scotch (ßkŏtsch) [schottisch]: ~ scone weiße Semmel. [Die Ausdrücke Scotch-chocolate, ~-coffee, ~-fiddle u. s. w. sind sämtlich ironisch und stammen wohl aus einer Zeit, da der reichere und behäbigere Engländer mit einer gewissen Verachtung auf Sandy, den ärmeren und daher sparsameren Sohn Schottlands, hinabsah].

Scotch-chocolate Γ (ßkŏtsch tschŏ′f-⁵-l⁵t) Milch mit Schwefelpulver.

Scotch-coffee ⚓ (ßtŏtſch kŏ'f-ſï) mit ge-
röſtetem Biskuit gekochtes und alſo
(kaffeeartig) gebräuntes Waſſer.

Scotch-fiddle ⨍ (ßtŏtſch-fï'dl) Krätze
(GROSE).

Scotch-greys (ßtŏtſch-grē'ſ) [ſchottiſche
Kavallerie in grauer Uniform] Läuſe
(GROSE).

Scotch Highlander (ßtŏtſch-hai'-län-bᵉʳ)
Wahrzeichen der Londoner Tabaksläden.
[Dem *Daily Telegraph* 1886 entnehmen
wir die folgende köſtliche Beſchreibung: creatures with shirt-frills and stand-up
collars who, carved in wood and
coloured to the life, *were* [? are] wont
to infest the doors of tobacconists'
shops in the metropolis Geſchöpfe mit
Spitzenhemd und Stehkragen, die, aus
Holz geſchnitzt und mit lebhaften Farben
geſchmückt, die Thüren der Tabaksläden
in der Hauptſtadt mit ihrer läſtigen
Gegenwart zu behelligen pflegten.
— Das Fragezeichen bei were deutet an, daß die
„Tabaksſchotten" keineswegs ausgeſtorben ſind].

scotchie (ßtŏ't-ſchᵉ) Schülerſprache: Murmel
mit bunten Streifen; ſ. alley.

Scotchmen (ßtŏ'tſch-mᵉn) *s/pl.* [Schotten]
Bettler-Cant: Ungeziefer. S. auch Scotch.

Scotch-peg ⨍ (ßtŏtſch pĕ'g) Rhyming Slang:
ſtatt leg.

scoure, scowre (beides: ßkau'ʳ) Old Cant:
fortlaufen; ſchleppen.

scourer † (ßkau'-nᵉʳ) toller, ausgelaſſene(r),
junge(r) Menſch, Wüſtling.

scout (ßkaut) 1. *s.* [Kundſchafter] Oxforb:
Stiefelfuchs, Studentendiener; ſ. gyp.
— 2. *v.* [verhöhnen]: F to ~ the idea
of mit Hohn zurückweiſen.

scout-ken (ßkau't-kĕn) Old Cant: Nachtwächterhäuschen.

scowre, ſ. scoure.

scrag ⨍ (ßkräg) *s.* Hals; ſpöttiſch: dürre(s)
Frauenzimmer, *fig.* F Plättbrett; *v.* ⨍
hängen.

scragg'em fair (ßkrä'g-ᵉm fä'ʳ) Old Cant:
öffentliche Hinrichtung.

scraggin(g)-post ⨍ (ßkrä'g-gᶠⁿˢ-pŏßt)
Galgen.

scragg's Hotel ⨍ (ßkrägſ he-tĕ'l) Armenhaus: we put up at ~ (well the
work'us, if you like it better)
(GREENWOOD) wir kehrten im „Hotel
der Lumpen" ein.

scraggy P (ßkrä'g-gᵉ) mager, knochig.

scramble F (ßkrämbl) 1. *v.* [grapſen, ſchnell
thun]: to ~ through one's work ſich
haſtig durcharbeiten. — 2. *s.* in a ~ in
aller Haſt.

scran ⨍ (ßkrän) Speiſereſte: out on the
~ um Nahrungsmittel bettelnd, auf
der Jagd nach Lebensmitteln.

scran-bag ⚔ (ßkrä'n-bäg) Torniſter.

scran-pocket (ßkrä'n-pŏ'k-ᶠt) Bettler-Cant:
Bettelſack, Ranzen oder Taſche für
Nahrungsmittel.

scrap (ßkräp) 1. *s.* [Stückchen]: F not a ~
nicht das kleinſte Fetzchen; Old Cant: nichts-
würdige(s) Projekt, geplante Gaunerei.
— 2. *v.* ⨍ (ſich) prügeln, ſchlagen, boren.

scrape (ßkräp) 1. *v.* [ſchrapen, ſcharren]:
F to be bowing and scraping Kratz-
füße machen; to ~ money together
Geld mit aller Mühe zuſammenbringen,
aufſparen. — 2. *s.* F Not, Verlegenheit; Schüler-Slang: bread and ~ dünn
geſchmiertes Butterbrot; Muſik: Kratzen,
(ſchlechtes) Geigen.

scrape-penny ⨍ (ßkrē'p-pĕn-nᵉ) Geizhals,
⨍ Pfennigfuchſer.

scraper † (ßkrē'-pᵉʳ) [Kratzer] (ſchlechter)
Violinſpieler (GROSE).

scraping F (ßkrē'-pĭnᵉ) [Schabſel] *fig.*:
he wouldn't give you the ~s of his
nails er iſt ſo knauſerig, daß er keinem
einen Heller gibt, einem nicht das
Schwarze unter dem Nagel gönnt.

scrapper ⨍ (ßkrä'p-pᵉʳ) Boxer.

Scratch ⨍ (ßkrätſch): Old ~ der Teufel.

scratch (ßkrätſch) 1. *v.* [kratzen]: F she
'll ~ your eyes out ſie wird dir die
Augen auskratzen; Sport: to ~ a horse
den Namen eines Rennpferdes von der
Liſte ſtreichen; ⨍ prügeln: they 'll ~
your back for you (*King of the
Beggars*) ſie werden dir den Rücken
zerbleuen; Litteraten-Slang: ſchmieren,
ſudeln; P to ~ it ausreißen, Ferſen-
geld geben. — 2. *s.* [Ritz, Kratzen]
F ſchlechte Schrift (vgl. scrawl); Sport:

Strich, mit dem die Ring= oder Renn=
bahn abgegrenzt wird; F he doesn't
come up to the ~ (eigentlich: er kommt
nicht bis an das Grenzmal der Renn=
bahn) er ist nicht gewiegt, geschickt ge=
nug; Weiber-Slang: he won't come up
to the ~ er will keinen Heiratsantrag
machen, F er beißt nicht an; P no great
~ (*Sl. Dict.*) nicht viel wert, kein großer
Schaden; Sport: ~ crew, ~ team Preis=
bewerber von ungleicher Leistungsfähig=
keit; ~-race, race from ~ Rennen ohne
alle Beschränkungen mit Bezug auf Ge=
wicht, Alter u. s. w.

Scratch-Land ⌐ (ßkrä"tsch-länd) Schott=
land. — S. Scotch-fiddle.

scrawl F u. P (ßkrål) schlechte Handschrift,
Gekritzel; schlecht Geschriebene(s): I ain't
dropped you a ~ for a age (*Punch*)
ich habe dir schon eine Ewigkeit nicht
mehr geschrieben.

scrawly (ßkrå'-lᵉ) schlecht geschrieben,
gemalt, geschmiert.

scream P (ßkrīm) [kreischen]: they may
~ their lungs out sie mögen sich zu
Tode schreien.

screamer (ßkrī'-mᵉʳ): a) F scherzhaft: Ge=
schichte, über die man sich tot lachen
könnte; b) P = licker, whacker.

screaming P ↖ (ßkrī'-minᵍ) ausgezeichnet
(*Sl. Dict.*).

screed (ßkrīd) ⌐ schlecht geschriebene(r)
Artikel, F Schund; Maler-Slang: schlecht
gemaltes Bild, Sudelei.

screen ⌐ (ßkrīn) [Schirm] (falsche) Bank=
note; queer ~ falsche Banknote.

screeve (ßkrīw) Bettler-Cant: schreiben,
aufsetzen, zeichnen.

screever (ßkrī'-wᵉʳ) Bettler-Cant: einer,
der durch bunte Kreidezeichnungen auf
dem Bürgersteige die Mildthätigkeit der
Vorübergehenden anruft, Trottoirkünst=
ler (gewöhnlich ein Krüppel).

screw (ßkrū) 1. *s.* [Schraube]: F Knicker,
Knauser; P to put on the ~ sorg=
fältiger, sparsamer verfahren; to put
under the ~ (*Sl. D.*) zwingen; all of a
~ verdreht, verrenkt; City-Slang: Stelle,
Gehalt: his ~ 's one pound a-week
er hat 20 Mark die Woche; Zuchthaus=

Slang: Gefängniswärter: he 's been
slogging one of the ~s (*King of the
Beggars*) er hat einen der Schließer
mißhandelt; Sport: schlechte(s), abge=
nutzte(s) Pferd, Schindmähre; s. loose.
2. Old Cant: beschlafen.

screwed P (ßkrūd) betrunken.

screw-jaws P (ßkrū'-dgås) Schiefmaul
(GROSE).

scrimmage(ßkri'm-m'dg)P Handgemenge;
Fußball: Ringen um den Ball.

scrimshaw-work ⚓ (ßkri'm-schä-wök)
Beschäftigungen, Erzeugnisse der Ma=
trosen in ihren Freistunden (*Sl. Dict.*).

scrip ⚘ (ßkrip) [Zettel] Börse: Obligation:
railway-~ Eisenbahnaktie (HOPPE).

scroof (ßkrūf) Old Cant: Schmarotzer.

scronge P (ßkrūndg) sich in die Ecke drücken,
sich verkriechen.

scrub (ßkröb) 1. [deutsch schreiben, oder lat.
scribere?]: a) *v.* Blue-coat School: schrei=
ben: ~ it down schreib's hin! b) *s.*
Handschrift. — 2. [Schrubben] F scherzhaft:
to give oneself a good ~ sich tüchtig
rein waschen; P schmutzige(r), armselige(r)
Mensch.

scrub-race (ßkrö'b-res) Sport: elende(s)
Rennen.

scruff ⌐ (ßkröf): ~ o' the neck Nacken;
to seize a person by the ~ o' the
neck jemand beim Nacken, am Kragen
fassen.

scrumptious P (ßkrö'm-schⁱß) köstlich,
vortrefflich.

scud F (ßköd): ~ (about) hin und her
laufen.

scuddick † (ßkö'b-dik) etwas von ge=
ringem Werte: not a ~ nicht ein
Groschen.

scuffy (ßkö'f-fᵉ) [statt scurfy schorfig?]
Blue-coat-School: mangelhaft, klein.

scull (ßköl) Wassersport: a) *s.* kürzere(s)
Ruder [etwa zehn Fuß lang]; b) *v.* mit
zwei (kurzen) Rudern zugleich arbeiten
[wie dies im randan, im skiff und anderen
Nachengattungen geschieht].

scum F (ßköm) [Abschaum] Hefe des
Volkes.

scurf P (ßföf) [Schorf] gemeine(r) Kerl, knickrige(r) Geselle; Pöbel (*Sl. Dict.*).

'scuse (ßkjuß) P statt excuse entschuldigen.

scut (ßföt) Old Cant (auch bei SHAK.): Hasenschwanz, Schwanz.

'se (ſ) P statt are: if they 'se left to theirselves (*All the Year round*) wenn sie sich selbst überlassen sind.

sea F (ßī) [Meer]: a sea of trouble unendliche Plage, *fig.* ein Heer von Plagen; at ~ ratlos; *scherzhaft:* worse things happen at sea es sind schon schlimmere Sachen passiert; *fig:* between the devil and the deep sea zwischen Scylla und Charybdis, zwischen zwei großen Gefahren, zwei Feuern.

sea-coal † (ßī'-fōl) Steinkohle [noch bei BYRON, *Don Juan*: ~-fires Kohlenfeuer].

sea-connie ↓ (ßī'-kon-ṅ·): Steuermann eines indischen Schiffes.

sea-cook ↓ (ßī'-kuf) [Schiffskoch] verächtlich: (damned) son of a ~ (verfluchter) Lump [im Gegensatze zu dem weit schmeichelhafteren son of a gun].

sea-coot ↓ (ßī'-kūt) [Seehuhn] schlechte(r) Seemann.

sea-crab (ßī'-knäb) [Seekrabbe], **sea-dog** (ßī'-dŏg) [Seehund] P Matrose.

sea-legs ↓ (ßī'-lĕgß) echte Matrosenbeine.

seals (ßīlß) *s/pl.* [Siegel] Kirchen-Slang: Bekehrte: his ~ die von ihm Bekehrten.

seamy side F (ßī'-m· ßaīd) [Nahtseite] verkehrte, schlechte Seite, Schattenseite.

sea-on-land P (ßī-ŏn-lä'nd) Art Karussel, bei welchem die Wagen (wie Schiffe auf den Wellen) auf- und niedersteigen, so daß es gewöhnlichen Menschenkindern, die nicht mit gußeisernem Magen versehen sind, bei der Rundfahrt, wie bei hohem Seegange, blau und grün vor den Augen wird.

season (ßīsn) [Jahreszeit] Eisenbahn: statt season-ticket Jahresbillet.

seat (ßīt) [Sitz] Sport: Reiter.

Seats' Bill * (ßī'tß bĭl) Politik: statt Redistribution Bill (1884) Bill, betr. die Neueinteilung der Wahlbezirke.

second (ßĕ'k-·nd) [zweit] Sport: to get ~ wind frischen Atem schöpfen.

secret F (ßī'-fṅ't): the grand ~ das Jenseits.

see (ßī) [sehen]: 1. a) F begleiten: I saw him to the door, to the station ich ging mit ihm an die Thüre, an die Bahn; b) empfangen: they see a good deal of company sie geben viele Gesellschaften; c) to see about (it), to see to (something) (etwas) besorgen; d) to see a person off einem (bei der Abreise) das Geleite geben; e) P I'll see it out ich will bleiben, bis alles vorbei ist, will es zu Ende sehen; f) ironisch: I don't see that das glaub' ich noch lange nicht, da bin ich doch ganz anderer Ansicht; do you see any green in my eye glaubst du, ich wäre dumm, so grün? g) *fig.* F: he can see things through a millstone er kann durch eine Wand sehen. — 2. P statt saw. S. auch see'd.

see'd (ßīd) P statt saw sah, sahen.

seedy P (ßī'-d·) [voller Samen, aufgeschossen] verkommen, abgenutzt, elend, schäbig: what a ~ lot o' knives was für ein erbärmliches Zeug von Messern; that's a ~ trick das ist ein nichtswürdiger Streich.

see-otches F (ßī'-ŏt-ſch'ß) Back-Slang: statt shoes.

sees (ßīß) Old Cant: Augen.

seld † (ßĕld) SHAK. &c.: selten.

selection (ßī-lĕ'f-ſch'n) Sport: Einteilung der Renner u. s. w. (mit Hinblick auf künftige Erfolge beim Wettrennen) in der von dem Sportpropheten gehofften oder gewünschten Rangfolge; dann auch jeder also aufgeführte Renner: Hamilton had been one of my ~s (Sportbericht) Hamilton war einer der von mir angeführten Renner.

sell (ßĕl) 1. *v/a.* [verkaufen] P betrügen, hintergehen. — 2. *v/n.* Handel u. s. w.: sich verkaufen lassen: the cherries didn't ~ die Kirschen ließen sich nicht an den Mann bringen; F I'll ~ 'em blind *fig.* ich will ihnen das Fell über die Ohren ziehen; ♥ to ~ off ausverkaufen. — 3. *s.* P Betrug, Täuschung, Schwindel.

'selp (ßĕlp), swelp (ßwĕlp) † Beteuerung: so wahr mir Gott helfe!

send (ßĕnd) [schicken]: F he sent us word that … er ließ uns sagen (sandte uns Botschaft), daß …; I'll ~ him flying ich werde ihm die Thür weisen; to ~ anyone after his, her business jemand den Standpunkt klar machen, grob zurechtweisen; it would ~ me mad es würde mich toll machen; Schulsprache: to ~ up (for an examination) zur Prüfung anmelden; gerichtlich: to ~ up for trial vor die Assisen verweisen; ✳ to ~ up the prices die Kurse in die Höhe treiben.

senior (ßi'n-iĕr) [älter]: F he is my ~ by four years er ist vier Jahre älter als ich; Schulsprache: the ~ boys die Schüler der höchsten Klasse [auch einfach seniors]; Universität: ~ classic, ~ wrangler Baccalaureus, der in der Prüfung für alte Sprachen, für Mathematik am besten bestanden hat.

sensational F (ßĕn-ßĕ'-sch'n-'l) Aufsehen erregend, sensationell: a ~ drama ein spannendes, rührendes Stück.

sense (ßĕnß) [Sinn]: F common ~ gesunde(r) Menschenverstand; Parlament: to take the ~ of the House, of a meeting eine Sache zur Abstimmung bringen; F it stands to ~ that es ist ja ganz klar (fig.: springt in die Augen), daß … [gewöhnlicher: it stands to reason that …].

sensible (ßĕ'n-ßibl) [bemerkbar]: F a ~ person, thing eine vernünftige Person, Sache; Schuster-Anzeige: ~boots rationell gemachte Stiefel.

separatist * (ßĕ'p-ä-rä-tißt) Politiker, welcher für die Trennung Englands und Irlands stimmt.

serene (ßĕ-ri'n) [heiter]: P all's ~! es stimmt alles, alles in Ordnung!

sergeant (ßär'-dßĕnt): ✗ ~ Kite Werbesergeant; Parlament: ~-at-arms Beamte(r), welcher Haftbefehle, Ausweisungen u. dgl., im Unterhause vollstreckt.

seriatim (ßir-jĕ'-tĕm) [lat.] Litteratur: der Reihe nach.

servant † (ßör-wänt) [SHAK. &c.]: Liebhaber.

serve (ßörw) [dienen]: F it ~s him right es geschieht ihm recht; Parlament: to ~ in parliament als Abgeordneter fungieren; gerichtlich: to ~ on a jury als Geschworener sitzen; F berauben (GROSE); P to ~ out fig. (einem) heimzahlen, mit gleicher Münze zahlen; F to ~ up (the dinner) (das Essen) auftragen (vgl. servieren).

served F (ßörwd) verurteilt (GROSE).

Service-lines (ßör'-wiß-laĭnß) Lawn-Tennis: parallel mit dem Netze, etwa 20 Fuß zur Linken und zur Rechten gezogene Kalkstriche. — S. base-lines.

set (ßĕt) 1. v/a. [setzen] Weiber-Slang: she ~ her cap at him sie wollte ihn ins Garn locken; F I haven't ~ eyes on him for a long while ich habe ihn seit langer Zeit nicht mehr gesehen; Litteraten-Slang: to set jewels alte Geschichten, Romane u. s. w. so mit einander verflechten, daß das lesende Publikum in dem neuen Schmucke die alten „Juwelen" nicht mehr erkennt; to ~ a thing going etwas in Gang bringen; to ~ right in Ordnung bringen; to ~ to sich (tüchtig) dran begeben; F to ~ off (mit Part.) bringen zum: she ~ them off howling sie brachte sie zum Heulen; ✳ to ~ up a competition Konkurrenz machen. — 2. v/n. [sich setzen]: to ~ up (in business) ein Geschäft anfangen, sich etablieren. — 3. s. [Satz]: F a ~ of swindlers eine Schwindlerbande; a dead ~ ein abgefeimter Betrug, ein heftiger Angriff, mörderischer Anfall. — S. auch setting-down.

set-down (ßĕt-daŭ'n): P to give a person a ~ jemand heruntermachen, fig. F den Marsch blasen, einen Dämpfer aufsetzen, die Leviten lesen. S. auch setting-down.

set-out F (ßĕt-aŭ't) Wirtschaft, Umstände, große Festlichkeit.

setter (ßĕ't-tĕr) Brokers' Slang: bei einer Versteigerung zum Bieten Angestellte(r); Old Cant (auch bei SHAK.): a) Spion; b) Gerichtsdiener; F sieben Pence (ital. sette).

setting (ßĕ't-tin) P statt sitting sitzend.

setting-down F (ßĕt-tin-daŭ'n) Vorwürfe: to give a person a ~ einen tüchtig schelten, ducken. — S. auch set-down.

settle (ßĕtl) (down) *v./n.* [ſich niederlaſſen]: F he has ~d down into a quiet country-life er hat ſich an ſein ſtilles Landleben gewöhnt; Wörte: settling day (14tägige) Abrechnungsfriſt. *v. a.* ☿ to ~ an account eine Rechnung bezahlen, begleichen; ſ. hash; F ~ a person's hash einen umbringen, abmurkſen.

settled F (ßĕtld) zu lebenslänglicher Zuchthausſtrafe verurteilt.

settler P (ßĕt-[ĕ) das, was eine Sache entſcheidet.

set-to P (ßĕt-tū') Schlägerei, Streit.

Seven Dials (ßĕwn daï'lſ) berüchtigte(s) Londoner Diebesviertel zwiſchen Charing Cross und Oxford Street [nach den 7 Gaſſen, die hier zuſammentreffen].

seven-leagued boots (ßĕ'wn-līgd bū"tß) Siebenmeilenſtiefel.

seven-pennorth F (ßĕwn-pĕ'n-nᵘʳth) [für ſieben Groſchen] ſiebenjährige Deportation oder Zuchthausſtrafe.

seven sleepers (ßĕrn ßlī'-pᵘʳſ) [Siebenſchläfer] ſprichwörtliche Redensart: it would rouse the ~ das würde die Toten auferwecken.

seven up (ßĕwn ŏ'p) Kartenſpiel (all-fours), bei dem man um ſieben Points ſpielt (*Sl. Dict.*).

sew (ßē) [nähen]: ~ing machine Nähmaſchine.

sewed up (ßēd ŏ'p) zu Grunde gerichtet, betrunken (*Sl. Dict.*).

sewer (ßū'-ᵘʳ, P ßū'-ᵘʳ) [Abzugskanal]: a) ~ man (HOPPE) einer, der in den Kloaken nach nutzbaren oder wertvollen Gegenſtänden wühlt, P ironiſch: Naturforſcher. b) Wortſpiel: common ~ Treppen, Schnäpschen, Trunk [weil drain Tropfen auch ein Synonym für sewer iſt].

sewn (ßēn) Weiberſprache, ſehr gewöhnlich ſtatt sewed genäht.

sewn up P (ßēn ŏ'p) todmüde (*Sl. Dict.*).

sey F (ßī) Back-Slang: ſtatt yes.

shabbaroon (ſchăb-bᵃ-nū'n) Old Cant: zerlumpte(r) Menſch, Lump.

shack-per-swaw F (ſchăf-pᵘ-ßwă') [franz. chaque pour soi; eigentlich chacun pour soi — und ſprichw. — et Dieu pour nous tous] jeder für ſich (und ſprichw. „und Gott für uns alle"), jedem iſt ſeine Haut am nächſten.

shade F (ſchĕd) [Schattierung]: there is scarcely a ~ of difference der Unterſchied iſt ſehr gering [man vergl. deutſch: kein Schatten von Ähnlichkeit]; ſprichw.: those, whose deeds are evil, seek the ~ der Übeltäter flieht das Licht, liebt die Finſternis; ſprichw.: im Dunkeln iſt gut munkeln.

shadow (ſchă'd-ō) [Schatten]: F a mere ~ of one's former self nur ein Schatten ſeines einſtigen Ichs; *fig.*: not a ~ of a doubt nicht der leiſeſte Zweifel; ſehr gewöhnlich: coming events cast their ~s before (Citat aus *Campbell*; HOPPE) künftige Ereigniſſe werfen ihren Schatten vor ſich her.

shady (ſchĕ'-dᵉ) [ſchattig] P und Sport: verrufen, anrüchig: on the ~ side of forty (*Sl. Dict.*) über die vierzig hinaus; a ~ trick (*Sl. Dict.*) ein Bubenſtück.

't is all through you I've got
The name of being such a shady lot.
(JACK SHEPPARD. *A burlesque*, 1886.)
Dir allein verdank' ich die Schand',
Als ſei ich ein lumpiger, ſchofeler Fant.

shake F (ſchĕᵉf) 1. *v.* [ſchütteln, zittern] berauben, ſtehlen: I shook a chest of slop (GROSE) ich ſtahl eine Kiſte Thee; Old Cant: to ~ a cloth in the wind gehängt werden; to ~ the elbow (GROSE) Würfel ſpielen. — 2. *s.* Hure.

shake-down P (ſchĕ'f-daun) in der Eile zurechtgemachte(s) Lager: we had a ~ wir ſchliefen auf der Matratze.

shake-lurk (ſchĕ'f-löf) Bettler-Cant: Bettelbrief mit Beſchreibung eines erdichteten Schiffbruches.

shaker F (ſchĕ'-tᵘʳ) Hemd (*Sl. Dict.*).

Shakers (ſchĕ'-tᵘʳſ) *s/pl.* religiöſe Sekte mit ſeltſamen Gebräuchen und Anſichten, ſtammt vermutlich aus Amerika und zählt zahlreiche Anhänger in und um New Forest.

shakes P (ſchĕ'tß) *s/pl.*: in a brace of ~ im Handumdrehen, im Augenblicke; he's no great ~ (GREENWOOD) er iſt nicht besonders wohl; the cabin-gear warn't any very great ~ (*Nights at Sea*) das Mobiliar taugte nicht besonders viel.

shakester (schĕ'kß-t⁵ʳ) = shickster.

shaky F (schĕ'-k⁵) [zitternd]: in a ~ condition in hinfälligem Zustande; to feel ~ Angst verspüren.

shaler P ⬉ (schĕ'⁵-l⁵) Mädchen (*Sl. Dict.*).

shall (schäl) [juckt's einen an der Nase, so sagt man:] I ~ be kissed, cursed or vexed ich werde geküßt, verflucht oder drangsaliert werden; [fangen zwei zu gleicher Zeit an zu reden, so heißt es:] I ~ have a letter to-day ich werde heute einen Brief bekommen; [ist alles aufgegessen worden, so sagt man:] we ~ shall a fine day to-morrow wir werden morgen schönes Wetter bekommen.

shallow (schä'l-lō) 1. *a*. [seicht, schal]: P ~ pate (GROSE) Dummkopf; Bettler-Cant: schlecht bekleidet, halb nackt: standing pad as a ~ cove (*King of the Beggars*) in zerfetzten Kleidern die Vorübergehenden um Almosen anbettelnd; ~ mot Bettelweib; to go ~ sich halbnackt vor den Leuten aufstellen, um Mitleid zu erregen. — 2. *s*. P Schubkarren der Londoner Kleinhändler (*Sl. Dict.*).

sham (schäm) 1. *s*. High-Life-Slang: statt champagne Champagner. — 2. *v*.

But now this sheet is nearly cramm'd,
So, if you will, I shan't be shamm'd,
And if you won't, you may be damn'd,
My Murray! (BYRON.)

Fast bleibt kein Raum auf diesem Bogen,
D'rum, willst du's, werd' ich nicht betrogen,
Und willst du nicht, bleib' mir gewogen,
Mein Murray!

Sham Abraham F (schäm ē'⁵-brä-häm) Bettler-Cant: *s*. Bettler, der sich krank stellt; *v*. sich krank stellen; vgl. Abraham.

shame F (schĕm) 1. *s*. [Schande]: people will cry ~ upon him man wird sich laut über ihn aufhalten; a sin and a ~ eine Sünde und Schande. — 2. ⬉ *v*. sich schämen: I ~ to say (*Lorrequer in Love*) ich schäme mich zu sagen.

shampoo (schäm-pū') *v*. Haarschneider: den Kopf mit Seife waschen; im türkischen Bade: den Körper kneten und abseifen. *s*. (das) Abseifen; im Bade: (das) Kneten und Abseifen des Körpers: I had a ~ ich ließ mich abseifen (und kneten).

shandrydan P (schä'n-dr⁵-dän) altmodische Chaise.

shandygaff P (schä'n-d⁵-gäf) Mischung aus Ale und Gingerbeer.

shanks P (schän⁵kß) Beine: to ride ~'s mare zu Fuße gehen, F auf Schusters Rappen reiten.

shanny P (schä'n-n⁵) blödsinnig, übergeschnappt.

shant F (schänt) Kanne, Schoppen: a ~ o' gatter, of bivvy eine Kanne Bier.

shan't (schänt) P statt shall not.

shanty (schä'n-t⁵): a) [Hütte; stammt aus Amerika; vom französischen chantier = Holzhütte, Schuppen in Kanada; *Sl. Dict.*] scherzhaft: Bude, Wohnung. — b) ⬇ Lied (*Sl. Dict.*).

shapes P (schĕ'pß) *s pl*. [Figuren]: to cut up ~, to shew ~ (*Sl. Dict.*) Streiche spielen; † to show one's ~ (vor dem Gepeitschtwerden) sich am Pranger entblößen.

shappo F (schä'p-pō) [franz.: chapeau] Hut.

shark (schä'ᵏ) [Hai] † Gauner; ⬇ black ~ Advokat.

sharkish (schä'ʳ-kisch) betrügerisch, gaunerhaft.

sharp (schä'ʳp) 1. *a*. [scharf] F von Personen u. s. w.: schlagfertig, begabt; a ~ one (P a ~ un) einer, der's dick hinter den Ohren hat, der mit allen Hunden gehetzt ist; ~ work flinke Arbeit; sprichwörtlich: more ~ than sure schlau, aber kaum wahr; F und P (von Handlungen): schwindelhaft; sehr gewöhnlich: ~ dodges, practices, tricks Gauner-, Schwindlerkniffe. — 2. *adv*. P behende: look ~ sputę dich; if you don't be off ~ wenn du dich nicht schnell drückst; I was ordered out of the room ~ after that (GREENWOOD) hierauf wies man mir sofort die Thür; von der Uhr, Zeit: genau, pünktlich: at 5 o'clock ~ Punkt, Schlag fünf Uhr. — 3. *s*. P statt sharper Gauner, Schwindler.

sharpen up P (schāpn ŏ'p) sich zusammen=
raffen: ~, my lads tüchtig angepackt,
Jungens!

sharpish (schā'-pisch) *a.* und *adv.* P statt
sharp und sharply: he looks ~ for his
rents (*All the Year round*) er treibt
seinen Mietzins ohne Säumen ein.

sharps (schā'pß) *s/pl.* Sport: Eingeweihte,
schlaue Spekulanten; auch ironisch: Leute,
die sich weiser dünken als andere.

sharp-set P (schāp-ßĕ't) ausgehungert,
abgezehrt.

shave (schēw) 1. *v.* [scheren, anstreifen]
P übers Ohr hauen, barbieren; *v/n.* P
mit einem blauen Auge davonkommen;
Studenten=Slang: mit genauer Not be=
stehen. — 2. *s.*: P to have a ~ sich
rasieren lassen; a close ~: a) ein Ent=
rinnen aus höchster Not; b) kurz ge=
schorenes Haar.

shaver (schē'=wŏ) [Scherer] P: a) Knauser,
Schinder, einer, der den Leuten das Fell
über die Ohren zieht; b) (junges) Bürsch=
chen; Old Cant: Gauner, Betrüger.

shay (schē') P statt chaise Chaise.

she (schī): a) F statt it in Personifizie=
rungen: England has not trusted
Ireland, she only know how to coërce
her (Zeitung) England hat Irland kein
Vertrauen geschenkt; es verstand nur
jenes Land zu unterjochen; she came
steaming along sie (die Lokomotive)
kam herangedampft [sein Schiff nennt der
Matrose stets she]. b) bisw. nach Prä=
positionen statt her sie.

sheave-o ↓ (schīw-ō') Saufgelage, Knei=
perei.

shed (schĕd) *v.* [ausgießen, abwerfen]
Sport: ausziehen, abstreifen; Wirtshaus:
to ~ a tear ein Gläschen trinken.

sheeny P (schī'-ne) Jude.

sheep (schīp) [Schaf]: P to make ~'s
eyes at a person (*Sl. Dict.*) jemand
verliebt angucken; F ~-skin fiddler
(GROSE) Trommler.

sheep-biter (schī'p-bāi-tŏ) Old Cant (auch
bei SHAK.): Dieb.

sheep-biting (schī'p-bāi-tiñ) Old Cant:
diebisch, gaunerisch.

sheep's eyes F (schīrß āi'ß): to make
~ verschmitzt, verliebt dreinsehen.

sheer P (schīr) [abstechen]: ~ off! troll
dich!

sheet (schīt): a) [Fläche] vom Regen: it's
coming down in ~s es strömt vom
Himmel; b) [Leinentuch]: F to turn in
between the ~s sich zwischen die Decken
strecken.

sheet-lane (schīt-lē'n) [Betttuchgäßchen
scherzhaft: down ~ into Bedfordshire
ins Bett.

shekels F (schĕ'lß) [aus der Bibel] Geld.

shelf (schĕlf) [Brett, Sims] *fig.*: on the
~ beiseite gelegt, ausrangiert; versetzt:
that period
Which lays both men and women on the shelf
To meditate upon their sins and shelf.
(BYRON.)
das Alter,
Das Mann wie Weib Entsagung auferlegt,
Wann Reue sich und Gram im Busen regt.
S. on.

shell (schĕl) 1. *s.* [Schale, Hülse]: F to
come out of one's ~ sich entpuppen;
gesprächig, leutselig werden; P von der
Gemeinde gestellte(r) Armensarg, P
Nasenquetscher. — 2. *v.* [aushülsen]: P
to ~ out bezahlen, herausrücken mit ...

s' help me (ßĕ'lp mi) P statt so God help
me! so wahr mir Gott helfe! S. 'selp.

shend † (schĕnd) schimpfen, schmähen.

shepherd (schĕ'p-hŏd, P schĕ'p-ŏd) *v.* ✕
u. s. w.: (den Feind) zusammentreiben,
scharf im Auge behalten.

sheriff's journeyman (schĕ'n-rißß džŏ̄'-n=
mŏn) [Sheriffs Geselle] Old Cant: Henker
(GROSE).

sherry (schĕ'r=ne) 1. *v.* F und ↓ durch=
brennen, davonlaufen. — 2. *s.* Cirkus:
to go to ~ sterben.

shew-leg-day (schā'-lĕg-dē) [Wadenzeige=
tag] windige(r) Tag [besonders aus der
Krinolinenzeit].

shice (schāiß) 1. *a.* [vermutlich aus dem
Deutschen] Bettler-Cant: betrügerisch: ~
coin falsche Münze. — 2. *v.* Bettler-
Cant: betrügen, im Stiche lassen, P be=
scheißen: she'll be revenged on you
for shicing her (*King of the Beggars*)
sie wird sich an dir rächen dafür, daß

du sie haft sitzen lassen. — 3. *s.* [
nichts: for ~ umsonst [vergl. deutsch:
da haft du den ganzen Dreck, die ganze
Sch....].

shicer (schaī'-ß⁵) Bettler-Cant: Halunke,
Lump.

shickery (schik-⁵-r⁴) Bettler-Cant: abgetragen, schäbig: my clothes were
become very ~ (*King of the Beggars*)
meine Kleider waren sehr schlecht geworden.

shickster (schik'f-ß⁵ʳ) [aus dem Hebräischen]
Old Cant: Mädchen, Weibsbild, (jüdisch)
Schickfel; Bettler-Cant: ~-crabs (*Sl.
Dict.*) Weiberschuhe.

shif ſ (schif) Back-Slang ſtatt fish.

shigs (schigs) Oſt-London: Geld (*Sl.
Dict.*).

shikaree (schik-ĭ-rī') [anglo-indisch, sehr
gewöhnlich] Jäger.

shillelag (schill-lī'-läg), **shillelah** (schil-
lī'-la) P irische(r) Knüppel: ~ practice
(*Punch*) eine irische Keilerei.

shillen (schil'-l⁴n) P ſtatt shilling.

shilly-shally (schil-l⁴-schä'l-l⁴) *v.* zögern:
there 's no use shilly-shallying any
longer (*Almost lost*) es iſt nutzlos,
noch länger zu schwanken.

shimmer (schi'm-m⁵ʳ) poetisch: schimmern,
glänzen.

shimmy (schi'm-m⁴) P ſtatt chemise oder
shift Frauenhemd.

shin (schin) *s.* [Schienbein] Schüler-Slang:
Tritt an das Schienbein; City-Slang:
to break one's ~s borgen, pumpen;
v. P to ~ about herumrennen;

shindy P (schi'n-d⁴) Lärm: to kick up
a ~ Lärm verursachen.

shine P (schaīn) 1. *s.*: a) = shindy;
b) [Borteil]: to take the ~ out of in
den Schatten stellen; Stiefelputzer: (do
you) want a ~. (may I) ~ your
boots, sir? soll ich Ihnen die Stiefel
putzen? — 2. *v.* [glänzen, glänzen
machen] (Stiefel) putzen.

shiner ſ (schaī'-n⁵) Goldstück, Guinee.

shiney ſ (schaī'-n⁴) [fadenscheinig] Hasard:
to win the ~ rag zu Grunde gerich-
tet sein.

shin-plaster (schin-pla'ß-t⁵ʳ) [Schienbein-
pflaster] Banknote [ursprünglich Amerikan.
Sl. Dict.].

ship (schip) 1. *s.* [Schiff] fig. F: when
the ~ comes home wenn uns das
Glück gut will, sobald Geld eingeht.
— 2. *v.* [sich einschiffen]: a) ↓ als
Matrose dienen. b) saufen: till I'd
~ped my six bottles bis ich sechs
Flaschen geleert hatte.

ship-shape F (schi'p-schep) in muster-
hafter Ordnung, nett aufgeräumt.

shirt (schö't) Berélein, mit dem die Gaſſen-
buben den begrüßen, dem das Hemd neugierig
aus den Hosen hervorguckt:

> Giddy, giddy, gout,
> Your shirt is out.

ſ he's got his ~ out er iſt in übler
Laune, vexiert.

shirty P (schö'-t⁴) in übler Laune, verdrießlich (*Sl. Dict.*).

shit (schit) [scheißen] *v.* P ~ through
one's teeth sich erbrechen, fig. ſ den
heiligen Ullrich anrufen, Kotzebue's Werke
ſtudieren, P kotzen.

shivereens P (schiw-⁵-rī'ns) =
smithereens.

Shivering Jemmy (schi'w-⁵-nīn⁵-dſchem-m⁴)
Bettler-Cant: Bettler, der sich halb entblößt, um das Mitleid der Leute zu
erregen. — S. auch shallow.

shockhead P (scho'k-⁵d) Struwwelkopf.

shod (schöd) Particip von shoe beschlagen;
F (sehr gewöhnlich): well ~ mit guten
Stiefeln, Schuhen versehen.

shoe (schū) 1. *s.* [Schuh]: a) ſ dead men's
~s das, was einem erst nach dem Tode
einer Person zufallen kann; as good
a fellow as ever walked in two ~s
der beste Mensch auf der Welt; ſ
everlasting ~s Füße. b) ſ to die in
one's ~s (*Sl. Dict.*) gehängt werden;
everlasting ~s Füße. — 2. *v/a.* Handwerker-Slang: einen neuen Gesellen feier-
lich aufnehmen [der neu Aufgenommene
muß die Zeche für alle bezahlen; *Sl. Dict.*].

shoe-leather ſ (schū'-ledh-⁵) horcht, es
kommt jemand! ich höre Tritte!

shofel, shoful (beides: schō'-f⁴l) *s.* P ſtatt
hansom cab zweirädrige Droschke. Vgl.
auch shoful.

shofel-pitcher ⌐ (ſchō″-fᵉl-pi'tſch⁵): einer, der falſche Münze unter die Leute bringt.

shofel-pitching ⌐ (ſchō″-fᵉl-pi't-ſchin³) Inumlaufſetzen von falſcher Münze.

shoful, showful ⌐ (beides: ſchō′-fᵘl) [aus dem Hebräiſchen] gemein, niederträchtig, ſchofel: ~ pullet unzüchtige(s) Frauenzimmer. Vgl. auch shofel.

shog † (ſchŏg): ~ (off) [ſchon bei SHAK.] ſich trollen, ſich davonmachen.

shook (ſchūk) P ſtatt shaken geſchüttelt.

shool (ſchūl) 1. *s.* Judenſprache: Synagoge: — 2. *v.* ⌐ bummeln.

shoon † (ſchūn) ſtatt shoes.

shoot (ſchūt) 1. *v/a.* [ſchießen]: ⌐ to ~ a lock ein Schloß (beſonders mittels eines Meſſers) ſprengen; ſ. moon, cat. — 2. *v/n.* [hervorſchießen]: to ~ out ſich verſtrecken; one hand shot out eine Hand ward emporgehalten. — 3. *s.* ⌑ Brett oder Brücke, auf welcher die Schiffsbefrachtung aufs Deck hinabgeſchafft wird; P the whole ~ of 'em die ganze Sippe.

shooter (ſchū-t¹ᵉ) Kricket: Ball, der nach dem Aufprallen (bis an den Dreifahl) auf dem Boden dahinſchießt.

shooting-iron (ſchū″-tin³-ai'-ᵉn) [Schießeiſen] Sport, ſcherzhaft: Schießgewehr.

shop (ſchŏp) 1. *s.* [Laden, Geſchäft] P Anſtellung, Stelle: F to talk ~ vom Kram, vom Geſchäfte reden; ent the ~ ſprich nicht von Geſchäften; Parlament: das Abgeordnetenhaus; P Haus, Örtlichkeit: 'ow are yer at your ~ wie geht's bei euch zu Hauſe? to be all over the ~ überall, im ganzen Hauſe herumlaufen; Sport: to get a ~ (*Sl. Dict.*) einen (erſten, zweiten oder dritten) Platz erringen. — 2. *v.*: F to do ~ping Einkäufe machen; ⌐ der Polizei überliefern, verraten.

shop-bouncer (ſchŏp-bau'n-ß³), **shop-lifter** (ſchŏp-li'f-t³) ⌐ Gauner, der Läden beſtiehlt (*Sl. Dict.*).

shop-masher P * (ſchŏ′p-mäſch-⁵) fein geputzter Ladendiener; ſ. masher.

shop-mumper (ſchŏ′p-möm-p³) Bettler: Cant: einer, der in Läden bettelt.

shoppy P (ſchŏ'p-p⁶) von einem Stadtviertel: voller Läden, Geſchäfte; von Leuten: krämerhaft, philiſterhaft.

shop-walker (ſchŏp-wā″-k³) Aufſeher, der im Laden auf und abwandelt, die Kunden empfängt u. ſ. w.

shore ⌑ (ſchō³) *v. a.* aus Ufer, in Sicherheit bringen.

short (ſchō′t) [kurz]: ❋ (to give) ~ weights or measures ſchlechtes Gewicht oder Maß (geben); P ſtatt ~ of money ohne Geld, ſchlecht bei Kaſſe: this keeps me ~ das hält mir die Taſchen leer; F to make ~ work of ... ſchnell fertig werden, ſchnell aufräumen mit ...; von Spirituoſen: unverdünnt (gew. neat); ſ. commons.

short-leg (ſchō′t-lĕg) Kricket: Spieler (auch Stellung) links und in einiger Entfernung vom Schläger.

shorter ⌐ (ſchō′-t³) einer, der Geldſtücke abfeilt oder durch Säuren ihren Wert vermindert.

Short's (ſchō′tß) eine ſehr bekannte, elegante Londoner Weinwirtſchaft im Strand [als Weinlokal jetzt faſt ebenſo berühmt wie **Dirty Dick's in Basinghall Street** bei der vorigen Generation].

shot (ſchŏt) [Schuß]: a) F to be off like a ~ ſpornſtreichs, Hals über Kopf davonjagen; b) P to make a bad ~ ſchlecht raten; c) Sport u. ſ. w.: a good ~ ein guter Schütze; a dead ~ ein Schütze, Jäger, der nie ſein Ziel verfehlt; d) ⌑ Anteil, Zeche; ſ. locker; e) Matroſenlied: 't was the ~ he paid for the flip 's war das Geld, das er für den Schnaps bezahlte [in dieſer Bedeutung ſchon bei BEN JONSON]; f) beteuernd: I wish I may be ~ if ... ich laſſe mich totſchießen, wenn ...; g) Roßtäuſcher-Slang: to ~ a horse einem engbrüſtigen Pferde kleine Schrotkügelchen eingeben, um ſein Schnaufen auf kurze Zeit zu unterdrücken.

shot-of P (ſchŏ′t-ᵒw) = shut-of.

shotten herring (ſchŏtn hö′r-rin³) Old Cant: rappeldürre(r) Geſelle.

shoulder (ſchō′l-d³ᵉ) 1. *s.* [Schulter, Achſel] ſprichwörtlich: think o' the devil and he's over your ~ man braucht nur vom Teufel zu reden, ſo iſt er gleich da.

— 2. *v.* [ſchultern]: ✕ to ~ (arms) (das Gewehr) übernehmen; ┌(vom Angeſtellten): den Brotherrn beſtehlen.

shoulder-feast † (ſchō'l-t⁵ʳ-fīßt) Mahlzeit (nach) dem Begräbniſſe) für die, welche den Sarg auf den Schultern getragen haben.

shont P (ſchaūt) [urſprüngl. auſtral.; *Sl. D.*] *v.* (die Geſellſchaft) traktieren; *s.* it's my ~ jetzt will ich euch trattieren, jetzt geht's auf meine Koſten.

shove (ſchöw) 1. *v.* [ſchieben]: ⤵ to ~ off vom Lande ſtoßen; P to ~ in any one's way einem in die Hände arbeiten, zuſchieben. — 2. *s.* P Bewegung: to keep on the ~ im Gange bleiben.

shove-groat (ſchö'w-grōt) altes Hazardſpiel [auch bei SHAK.].

shove-halfpenny P (ſchöw-hǟ'⁵-pĕn-n⁰) ein altes Hazardſpiel.

shove-in-the-mouth ┌(ſchö'w-ĭn-*dh*⁵-mäu″dh) Schnäpschen.

shovel (ſchöwl) [Schaufel], **shovel-hat** (ſchöwl-hǟ't) [Schaufelhut] ſcherzhaft: flacher Filzhut der Geiſtlichen mit breiter Krämpe (*Sl. Dict.*).

shoving-the-moon ┌(ſchö'w-ĭn-*dh*⁵-mū″n) = moonlight-flit.

show (ſchō) 1. *v/a.* [zeigen, zur Schau ſtellen]: F to ~ up öffentlich entlarven. — 2. *v/n.* [ſich zeigen]: F to ~ in one's true colours ſich im wahren Lichte zeigen. — 3. *s.* [Schauſtellung]: F to make a fine ~ ſich ſchön darſtellen, präſentieren; Sport: he made a bold ~ for the Richmond stakes er bemühte ſich ſehr ernſtlich um die Richmonder Preiſe.

showed (ſchōd) P ſtatt shown gezeigt.

showful (ſchō'-f⁵l), ſ. shoful.

shred P (ſchr⁵d) [ſetzen] Schneider (GROSE).

shrimp P (ſchrĭmp) [Garnele] Knirps [ſchon bei CHAUCER; *Sl. Dict.*].

shrive † (ſchraīw) Beichte hören.

shtumer (ſchtü'-m⁵ʳ) Sport: ſchlechter Renner, gegen den man ohne Gefahr Geld wetten kann.

shunt (ſchönt) [Eiſenbahn: auf das Nebengeleiſe bringen] P vermeiden (*Sl. Dict.*).

shut P (ſchöt) [ſchließen]: ~ off [P ſtatt rid of]: to get ~ off (*Sl. Dict.*) loskommen von; ~ up! halt's Maul! to ~ up shop das Geſchäft ſchließen.

shutter-racket (ſchö″t-t⁵ʳ-nä'k-t) Old Cant: Hauseinbruch, vermittelſt Ausnehmens von Scheiben durch ein Loch im Laden.

shy (ſchaī) 1. *a.* [ſcheu]: ┌ to be ~ of the blues Angſt vor der Polizei haben; F to fight ~ of vermeiden. — 2. *v.* P ſchmeißen: they shied it at his head ſie ſchmiſſen's ihm an den Kopf. — 3. *s.* Wurf: to have a ~ at ſich verſuchen an; bei Aunt Sally und anderen Volksbeluſtigungen: two shies for a penny zwei Würfe für einen Groſchen. [Daher der Name cock-shy für das bei Volksluſtbarkeiten beliebte Werfen von Knütteln nach aufgeſtellten Kokosnüſſen u. dgl. — S. auch sally].

shyster ┌ (ſchr'ß-t⁵), ſ. shicer.

sib † (ßĭb) SHAK. &c.: verwandt.

sich, sitch (beides: ßĭtſch) P ſtatt such ſolch.

sick F (ßĭf): I was as ~ as a horse es war mir zum Erbrechen übel; ich erbrach mich, übergab mich.

sick-a-bed P (ßĭ'f-⁵-b⁵d) bettlägerig.

sickener P (ßĭ'f-⁵-n⁵) Abſchreckungsmittel: it gave me a ~, I had a ~ ich ward's gründlich überdrüſſig.

side (ßaīd) [Seite]: F everything has its two ~s ſprichwörtlich: jedes Ding hat zwei Seiten; to err on the ~ of prudence aus allzu großer Klugheit irregehen; he has many ~s to him er iſt ſehr vielſeitig; bei Spielen: to take ~s ſich in (zwei) Parteien teilen; Schulſprache: the classical, the modern ~ die Gymnaſialklaſſen, die Realklaſſen.

'sides (ßaīd⁵) P ſtatt besides außer, außerdem.

side-splitter F (ßaīd-ſplĭ't-t⁵ʳ) Stück, Geſchichte um ſich tot zu lachen.

side-wind F (ßaīd-wĭ'nd) [halb konträre(r) Wind]: to hear by a ~ aus indirekter Quelle hören.

siege † (ßīdg) SHAK. &c.: Sitz, Seſſel, Rang.

sift ┌ (ßĭft) *v.* [ausleſen] kleine Münze ſtehlen.

sign ↓ (ßaïn) [unterzeichnen]: to ~ on sich anwerben laffen; f. pledge.

sight F u. P (ßaït) [Anblick]: it was quite a ~ es war ein recht merkwürdiger Anblick; I should like it a jolly (auch a dammed, a precious) ~ better ich hätte das viel lieber; I'd a ~ sooner be a-drivin' a night-cab than layin' awake all night (GREENWOOD) ich möcht um ein gut Stück lieber mit der Nachtdroschke fahren, als die ganze Nacht wach zu liegen; to take a ~ at a person den Daumen an die Nase halten und (als ein Zeichen der Unglaubigkeit) die Finger vor jemand höhnisch ausspreizen; fig. P jemand einen Efel bohren; Haufen: a precious ~ o' bobbies eine große Schar von Schußleuten.

Sike (ßaïk) fpöttifch: the ~ die „pfychifche" Gefellfchaft (the society for psychical research).

sikes (ßaïkß) fpöttifch: Mitglieder der „pfychifchen" Gefellfchaft.

silent matches F (ßaï'-lᵊnt mäᵍ"tfch-ᵉf) Zündhölzchen, die fich ohne Kniftern anftecken laffen und daher beim Einbrechen gute Dienfte leiften.

silk (ßilk) [Seide] Modefprache: to support one's ~s and satins in Samt und Seide prunken.

silly (ßi'l-i⁰) a. [einfältig]: F the ~ season die ftille Saifon, die Sauregurkenzeit; s. P Einfaltspinfel, fig. Rindvieh.

silly brated (ßi'l-iᵉ bnäᵉ-tᵊt) P ftatt celebrated (*Punch &c.*).

silver-beggar F (ßi'l-wᵉ-bᵉ"g-gᵉ) Landftreicher mit gefälfchten Papieren (*Sl. Dict.*).

silver hell F (ßi'l-wᵉ hᵉl) (gemeine) Spielhölle, in der nur mit Silbermünzen gefpielt wird.

silver-laced F (ßi'l-wᵉ-lᵉᵉßt) mit Läufen bedeckt.

Sim † (ßim) [abgekürzt aus Simeonide, Anhänger von Charles Simeon; *Sl. Dict.*] ironifch: Diffenter, Methodift.

Simon P (ßaï'-mᵊn): simple ~ einfältige(r), leichtgläubige(r) Menfch; ~ pure (*Sl.Dict.*) der wahre, echte Mann; F = six pence (Fünfgrofchenftück). — S. auch Simple Simon.

simple † (ßimpl) Kraut, das für Heilzwecke dient, offizinelle Pflanze; to be cut for the ~s fich die Narrheit austreiben laffen. [In Battersea, am Südufer der Themfe — da, wo fich jetzt der große Park von Battersea befindet — war in früherer Zeit ein großer Garten, in welchem Heilpflanzen jeder Art gezogen und zu gewiffen Zeiten des Jahres für die Londoner Apotheker eingefammelt wurden. Man fagte dann auch wohl von den Gärtnern und Apothekern: "they cut their simples" oder "they have their simples cut". Da simple auch für simple person oder simpleton Einfaltspinfel, ftehen kann, fo entftand hieraus das Wortfpiel: "they should go to Battersea and have their simples cut" oder "to be cut for their simples".] S. auch den folgenden Artikel.

Simple Simon (ßimpl ßaï'-mᵊn) *Nursery Rhyme:*

Simple Simon met a pieman
Going to the fair,
Says Simple Simon to the pieman
"Let me taste your ware".
Traf der Hans den Semmelfritzen,
Zur Kirchweih trug er die Wecke:
Sprach der Hannes da zum Fritzen:
„Laß koften dein Gebäcke".

simpleton (ßi'mpl-tᵊn) [vermutlich aus simple Tony oder simple Anthony dummer Anton] Einfaltspinfel. — Vgl. auch simple.

Simpson P (ßi'mp-ßᵊn) ironifch: Milchmann [nach einem gewiffen Simpson, der vor Jahren wegen Milchverfälfchung vor Gericht gezogen wurde].

sin (ßin) [Sünde], f. shame.

sinew (ßi'n-jū) [Sehne] fcherzhaft: the ~s of war (das nötige) Geld.

sinful F (ßi'n-fᵘl) [fündig]: a ~ waste eine entfetzliche Verfchwendung.

sing (ßinᵍ) [fingen]: F to ~ out laut fchreien; P (urfprünglich Amerikanismus) to ~ small klein beigeben.

sing-a-song (ßinᵍ-ᵃ-ßŏ'nᵍ) *Nursery-Rhyme:*

Sing-a-song of sixpence,
A pocket full of rye;
Four and twenty blackbirds
Baked in a pie.
When the pie was open'd,
The birds began to sing;
Was not that a dainty dish
To set before the King?

The King was in his counting-house
Counting out his money;
The Queen was in her parlour
Eating bread and honey;
The Maid was in the garden,
Hanging out the clothes;
By came a jackdaw
And snapt off her nose.
They sent for the doctor,
Who sew'd it on again;
The Jackdaw for this naughtiness
Deservedly was slain.

single-member (ßïn-gl-mĕ′m-b͞ŏr) a. Politit: durch einen Abgeordneten vertreten.

single-peeper Γ (ßïn-gl-pī′-p͞ŏ) Einäugige(r).

sing-song P (ßï′n-ßön°) [Singsang] schlechte(r) Gesang, Konzert in Bierschenken und gemeinen Lokalen.

singulary (ßïn°-g͞ū-lĕ′ʳ-n°) P statt singular seltsam: but the singulariest sight of all (*A Sailor's Yarn*) aber das Seltsamste von allem.

sink Γ (ßïnᵏf): v/n. F he is fast ~ing seine Kräfte nehmen sichtlich ab; v/a. [versenken] to ~ one's differences allen Streit beilegen; Parlament: such a clause would ~ the bill eine solche Klausel würde dem Vorschlage den Todesstoß versetzen.

sinkers Γ (ßï′n°-k͞ŏʳj) schlechte, falsche Münze (*Sl. Dict.*).

sinks Γ (ßïn°kß) [franz.: cinq] Würfelspiel: die Fünf.

Sir Harry Γ (ßö hä′ʳ-n°) Verstopfung.

Sirlogical Gardens (ßö-lŏ′ᵈG-ï-kᵉl gä″dn͡s) P statt Zoological Gardens zoologische(r) Garten. [Vergl. den Berlinismus: „Zapalotischer Garten.“] — S. auch Zoo.

sirretch Γ (ßö′n-n͡ᵗtsch) Back-Slang statt cherries.

Sir Reverence Γ (ßö nĕ′w-ᵊ-nĕnß) [vielleicht aus dem lat. salva reverentia mit Verlaub] Haufen Kot, P Kaktus, Schildwache; we'll draw thee from the mire of this sir-reverence love, wherein thou stick'st (*Romeo and Juliet*) wir wollen dich aus dem Kote dieser stinkigen Liebe, worin du steckst, befreien. — S. auch reverence.

Sir Roger (ßö′-nŏ′ᵈG-͞ŏʳ) statt Sir Roger Tichborne, Titel eines (angeblichen) wiederaufgetauchten Lords, dessen Pro-

zeß im vorigen Jahrzehnt großes Aufsehen erregte; P as fat as ~ ein echter Falstaff.

Sir Walther Scott Γ (ßö wä′l-tᵊ ßkŏ″t) Rhyming-Slang statt pot.

sis (ßïß), **sissie** (ßï′ß-ᵉ) liebkosend statt sister.

sit (ßït) 1. v/n. [sitzen] Parlament: to ~ upon a question etwas beraten; the crowner hath sat on her and finds it christian burial (*Hamlet*) der Leichenbeschauer hat ihren Fall untersucht und ein christliches Begräbnis angeordnet; Wortspiel: a dozen men sat on his corpse to find out why he died (Tu Hood) die Jury, zwölf Mann hoch untersuchte seine Leiche, um die Ursache, seines Todes zu entdecken; Schule und Universität: to sit for a certificate, for one's degree sich einer Prüfung unterwerfen, eine Prüfung bestehen; to sit for honours das höhere (Ehren-)Examen bestehen; P it sits on her mind es liegt ihr schwer auf dem Herzen; Dissenter-Slang: to sit under a minister die Predigten eines Geistlichen regelmäßig besuchen; zur Gemeinde, zur Herde eines Seelsorgers gehören; F to make a person sit up jemand in Erstaunen setzen, plagen; F to sit up for a person für jemand aufsitzen, spät des Abends auf jemand warten; to sit upon a person jemand tyrannisch behandeln, bedrücken. — 2. v/a. Sport: reiten, im Zaume halten; F to sit out durchsitzen; we sat the concert out wir blieben bis zum Schlusse des Konzertes; mit dem *pron. refl.*: they sat themselves down sie setzten sich; scherzhaft: sit ye down! setzt euch! Sport: he was fairly sat-upon er ward in die Ecke getrieben, in die Klemme gebracht. — 3. s. P Anstellung, Beschäftigung: I was once more out of a sit (*King of the Beggars*) ich war wiederum ohne Stelle.

sit-in-'ems (ßït-ï′n-ᵊmß) scherzhaft: Hosen.

sitiwation (ßït-ï-w͞e′-sch°n) P statt situation Anstellung.

sitter (ßï′t-t͞ŏʳ) Künstler-Slang: jemand, der für ein Bild sitzt, sich malen oder aufnehmen läßt.

sitting (ßï′t-tïn°) [Sitzung] scherzhaft: we ate it in one ~ wir aßen es in einer

12*

Mahlzeit auf, es wurde in einer Sitzung von uns vertilgt; Künstlersprache: Sitzen (für das Bild), Aufnahme.

sitting - breeches (ßi't-tīn - bal″tjch - ĕᶴ) Old Cant: einer, der gern auf der Bier= bank sitzen bleibt oder die Nächte durch= schwärmt.

sit-upons ᒋ (ßi't-ᵘ-pᵉnᶴ) Hosen.

sivey ᒋ (ßi'w-ᵉ) Seele: 'pon my ~! (*Tag, Rag & Co.*) meiner Seel'!

sivvy ᒋ (ßi'w-ᵉ) = sivey.

six (ßikß): ᒋ there 's six o' one and half a dozen o' the other die einen sind so schlimm wie die anderen; at sixes and sevens in der größten Un= ordnung.

six - and - eight - pence (ßikß-ᵃnd-ē't-pĕnß) scherzhaft: Jurist [wegen der stehenden Gebühr von sechs Schillingen und acht Pence].

sixpenn'orth (ßikß-pe'n-nᵘ°th) ᑭ statt six= pennyworth was 5 Groschen kostet, wert ist.

six-shooter (ßi'kß-jchū-tᵉʳ) sechsläufiger Revolver.

sixty ᒋ (ßi'kß-tᵉ): to go along like ~ rennen wie toll [gew. like a house on fire].

sixty-per-cent (ßi'kß-tᵉ-pᵉʳ-ßᵉ″nt) [60%] ironisch: Wechselreiter, Diskonteur (*Sl. Dict.*).

six-water grog ⚓ (ßi'kß-wā'-tᵉ-gnög) dünne(r), wässerige(r) Grog.

sizar, sizer (beides: ßa'-jᵉʳ) Student der ärmeren Klasse in Cambridge.

size (ßaiß) 1. *s.* [Größe]: ⚙ the largest ~ die größte Nummer; ᑭ that's about the ~ of it da haben Sie's gerade ge= troffen; ᒋ (schon bei Shak.) Ration; a ~ of ale ein halber Schoppen Bier. — 2. *v/a.* Gemüsehändler: nach der Größe sortieren.

sizer, s. sizar.

sizes ᒋ (ßai'-ßᵉß) Würfelspiel: alle Sechs.

skedaddle ᑭ (ßkᵉ-dä'dl) ursprünglich Amerikan.: ausreißen. [Soll aus dem nord= amerikanischen Bürgerkriege herstammen.]

skelder (ßkᵉ'l-dᵉʳ) Old Cant: betteln.

skeleton (ßkᵉ'l-ᵉ-tᵉn) [Gerippe]: ᒋ a ~ in the cupboard ein Familiengeheimnis;

Schneidersprache: ~ suit Knabenanzug ganz aus demselben Stoffe gemacht.

sketchily (ßkᵉ't-jchᵉ-lᵉ) *adv.* Zeitung: skizzenweise, flüchtig hingeworfen.

skid (ßkid): a) High-Life Slang: Pfund St. (*Sl.Dict.*); b) ᑭ [Hemmschuh]: put the ~ on halt' ein mit deinem Geplärr, hör' auf zu plappern.

skied (ßkaid) [zum Himmel gehoben] Maler= Slang: in der Ausstellung zu hoch ge= hängt.

skilligolee ᒋ (ßki'l-ĭ-gᵉ-lĭ″) Hafergrütze, Gefängnissuppe [auch skilly].

Skillington (ßki'l-līnᵉ-tᵉn), **Skimmington** (ßki'nt-mīnᵉ-tᵉn) *a.* altmodisch, lächer= lich: a ~ suit ein sonderbarer Anzug.

skills not † (ßki'lß not) Shakespeare: schad't nichts, macht nichts aus.

skilly (ßki'l-ᵉ), s. skilligolee.

skin (ßkin) [Haut] 1. *s.*: ᒋ I shouldn't like to be in his ~ ich möchte nicht in seiner Haut stecken; in a bad ~ übelgelaunt; ᒋ Börse; ᑭ a' guts rappel= dürre(r) Mensch. — 2. *v.* ᑭ im Werte verringern; Sport: to ~ the lamb alle Wetten gewinnen [von bookmakers, wenn ein Renner des zweiten Ranges ge= winnt und sie daher alles Geld einstreichen; *Sl. Dict.* Vgl. skin-the-lamb unter dem Artikel skinner].

skin-and-bones (ßkin-ᵃnd-bō'nß), **skin-and-grief** (ßkin-ᵃnd-guī'f) ᑭ scherzhaft: Haut und Knochen, dürre Person.

skinner (ßki'n-nᵉʳ), **skin-the-lamb** (ßkin-dhᵉ-lä'm) Sport: Sieg eines der weniger guten oder dem Publikum unbekannten Pferde, welcher den Turf-Spekulanten (bookmakers) die Taschen füllt.

skip-kennel (ßki'p-kᵉn-nᵉl) Old Cant: Lakai, Bediente(r).

skipper (ßki'p-pᵉʳ) Old Cant: 1. *s.*: a) Scheune; b) Bursch. — 2. *v.* ᒋ bei Mutter Grün (im Freien) schlafen.

skipper-birds ᒋ (ßki'p-pᵉʳ-bödß) Bettler, die in der Scheune oder im Schuppen übernachten.

'**skipper** (ßki'p-pᵉʳ) Kapitän eines Kauf= fahrteischiffes.

skip-rope (ßki'p-nōp) Schulsprache: Seil= springen.

skit (ßkit) politiſch: *s.* Pamphlet, witzige(s) Gedicht; Spottrede; *v.* bethören, beſchwätzen.

skittish P (ßkit'-tiſch) ausgelaſſen, geil.

skittles F (ßkitls) Art Kegelſpiel, bei welchem mit einer abgeflachten Holzkugel nach neun Kegeln (nine pins) geworfen wird; ſprichwörtlich: it is n't all beer and ~ es iſt nicht ſo leicht wie's ausſieht, man iſt dabei nicht auf Roſen gebettet.

skreek (ßkrīk) P ſtatt creak knarren (HOPPE).

skull-thatcher (ßko'l-*thät*-ſchr⁵) [Schädeldecker] Modeſprache: Strohhutfabrikant, Putzmacherin.

skunk (ßkönf) 1. *s.* [Stinktier] P Verräter, Überläufer. — 2. *v.* Schülerſprache: verraten, im Stiche laſſen.

sky (ßkai) 1. *s.* [Himmel]: F to praise a person up to the ~ (oder skies) jemand bis in den Himmel heben; P I blew him up ~high ich machte ihm gehörig den Marſch. — 2. *v.* P in die Höhe werfen.

sky-blue P (ßkai-blū') wäſſerige Milch.

skyer F (ßkai'-ßr⁵) Filz, Knauſer.

sky-larking P (ßkai'-lā'-kin⁹) halsbrecheriſche Kunſtſtücke, welche die Matroſen (zur Beluſtigung ihrer Kameraden) auf Raen und Tauen ausführen; Dummheiten, Poſſen.

sky-lodging P (ßkai-lo'dG-in⁹), **sky-parlour** F (ßkai-pā'-lr⁵) Dachſtübchen.

sky-pilot F (ßkai-pai'-lt) Geiſtliche(r).

sky-scraper F (ßkai'-ßkrē⁵-pr⁵) baumlange(r) Menſch.

slab P (ßläb) 1. *s.* [Platte] Meilenſtein. — 2. *a.* dick, klebrig.

slack (ßläk) [ſchlaff] ✺ flau, geſchäftslos; Circus: ~-wire performer Künſtler auf dem ſchlaffen Drahtſeile; F ~ and slim ſchlank und zierlich; ⚓ to hold on the ~ (Sl. Dict.) ausreißen.

slacken F (ßläkn): ~ your glib! P halt's Maul! S. auch skid.

slag F (ßläg): a) Gold- oder Silberkette; b) geduldiger Menſch, der ſich viel gefallen läßt, *fig.* F einfältiges Schaf, Dämlian.

slam (ßläm) 1. *v a.*: F to ~ a door eine Thür zuſchlagen. — 2. *v/n.* P fließend reden, ſchwadronieren (*Sl. Dict.*). — 3. *s.* F Streich, Schlich.

slam-bang-shop P (ßläm-bä'n⁹-ſchöp) Reſtaurant der niedrigſten Gattung, P Bums.

slamkin F (ßlä'm-kin) Schlumpe.

slang (ßlän⁹) 1. *s.*: a) Argot, Kraftſprache, volkstümliche Sprachwendung. b) F Uhrkette. c) P wandernde Künſtlertruppe: out on the ~ auf der Wanderſchaft. — 2. *v.* F Argot reden: he ~ed them in an awful sort o' language er redete ſie in ſehr derben Ausdrücken an; Zeitung: ~-whanger einer, der „platt" ſpricht, der gern Slang-Ausdrücke gebraucht, gern voigtländert; einer, der langatmige Reden hält. — 3. *a.* Coster-Slang, beſonders von Maß und Gewicht: falſch, ſchlecht.

slang(e)y (ßlä'n⁹-⁵) F argot-artig, zum Slang gehörig, auffallend, anſtößig.

slantingdicular P (ßlä'n-tin⁹-dï''f-i⁵-l⁵) [nach der Analogie von perpendicular] ſcherzhaft: ſchräg (aufſteigend), abſchüſſig.

slap (ßläp) 1. *interject.* P ſchwapp! plumps! wie der Blitz: ~ out of his 'ole (*Punch*) im Nu aus ſeinem Loche; it dropped ~ from the clouds es platſchte nur ſo aus den Wolken herab; the tail came ~ off ſchwapp, war der Schwanz weg; I met him ~ (*King of the Beggars*) ich lief ihm gerade ins Gehege; 'e was taken ~ aback er war (vor Verwunderung) wie verſteinert. — 2. *s.* F Schminke.

slap-bang P (ßläp-bä'n⁹), **slap-up** (ßläp-ö'p) ausgezeichnet, großartig: a reglar slap-up swell ein verflixt feiner Junge.

slap-dash (ßläp-bä'ſch) 1. *a.*: the ~ regiment known to fame (BYRON) das ſtattliche, berühmte Regiment. — 2. *interj.* plumps. — 3. *adv.* raſch, jählings.

slap-up. ſ. slap-bang.

slasher (ßlä'ſch-⁵r) Boxerſprache: gewaltige(r) Fauſtkämpfer (*Sl. Dict.*).

slashing P (ßlä'ſch-in⁹) grob, derb, kräftig; Boxer-Slang: a ~ fighter ein Boxer, der mit den Armen in der Luft ficht.

slate (ßlēt) 1. *s.* Old Cant: Betttuch;
fig. ⌐ to start with a clean ∼ ein neues
(besseres) Leben beginnen. — 2. *v.* P
durchwalten, durchprügeln.

slatternly P (ßlä't-t³r'n-l·) schlumpig.

slaughterhouse (ßlä'-t³r-hauß) [Schlacht-
haus] Arbeiter-Slang: Fabrik (bei. Möbel-
fabrik), welche Hungerlöhne zahlt.

slaughterman (ßlä'-t³r-m³n) [Schlächter]
Arbeiter-Slang: Fabrikant (besonders Möbel-
fabrikant), der den Arbeitern elende Preise
zahlt.

slaughter'us P (ßlä'-t³r-³ß) = slaughterhouse.

slavey(ßlē'-w·)[Diminutiv von slaveSklave]
scherzhaft: Dienstmädchen, Dienstbote,
studentisch: Dienstbalken. [Bei GROSE als
Cant-Wort erwähnt.]

Slavophile * (ßlä'w-ö-fạl) Slavenfreund.

slawmineyeux ⚓ (ßlä'-mạn-jū) [ver-
dorben aus ja, mynheer] Holländer.

sleek-and-slum-shop ⌐ (ßlīk-ānd-ßlö'm-
schöp) Haus, worin Liebespärchen sich
treffen können.

sleek wipe(ßlīk wạ'p) seiden(es) Taschentuch, Foulard.

sleep (ßlīp) 1. *v n.* [schlafen]: ❀ ∼ing
partner Teilhaber (am Geschäfte), der
an der Geschäftsführung keinen Anteil
nimmt, stiller Associé. — 2. *v a.*[schlafen
lassen] Gasthöfe u. s. w.: they can ∼
fifty people sie haben Raum für fünfzig Betten.

sleepless ⌐ (ßlī'p-l·ß): ∼ hat [Wortspiel
auf wide-awake] niedriger Filzhut,
Schlapphut.

sleepy ⌐ (ßlī'-p·) abgetragen.

sleepy-walker P (ßlī'-p·-wā''-k³r) Mond-
süchtige(r).

sleeveless errand ⌐ (ßlī'w-l·ß ₀''R-Rānd)
Suchen nach etwas, das sich unmöglich
finden läßt.

slender ✝ (ßlē'n-d³r) [SHAK. &c.] ein-
fältige(r) Landjunker.

slewed ⚓ (ßlūd) besoffen, verdreht.

slice (ßlạß) [Scheibe] Sport und P: a ∼
of good luck ein glücklicher Zufall;
⌐ a ∼ of fat ein profitabler Raub.

slick P (ßlik) *adv.* ursprünglich Amerikan.:
glatt, sachte: he 'got ∼ away (SIMS)
er machte sich sachte aus dem Staube.

sling(ßlinᵍ) 1. *v.* [schlingen]: a) P zuwerfen:
I might ∼ 'em a morsel (*King of the
Beggars*)ich könnte ihnen einen Brocken
abgeben; ⌐ bezahlen: I s'pose 'e slung
you a quid er hat dir wohl einen
Sovereign gegeben; P to ∼ -about
schwingen, bewegen: to ∼ about one's
legs die Beine schmeißen; ∼ your
hook! (oder your Daniel!) mach dich
fort, pack dich! Amerikanismus: to ∼
ink at mit der Feder angreifen, in der
Presse verkegern. b) ⌐ sich die Nase
mit den Fingern schneuzen. — 2. *s.* ame-
rikanische(s) Getränk [aus Genever und
Sodawasser mit Citronen und Eis].

slip (ßlip) 1. *v.* [schlüpfen]: P to ∼ into
a person einen durchwamsen, abgerben;
to ∼ into a thing sich kräftig an etwas
begeben; ⌐ ∼ the wind sterben, den
letzten Atemzug thun. — 2. *s.* Kricket:
Spieler (auch Stellung) im Rücken des
Schlägers; ✝ SHAK. &c.: falsches Geldstück; P to give the ∼ auskneifen [eigentl.
Anker und Kabel bis zu gelegener Zeit an
einer Boje festmachen]; vergl. SHAK.'s "to
give the counterfeit".

slip-slip (ßli'p-ßlip): excuse a foreign ∼
now and then (BYRON) verzeiht ein
fremdes Wörtlein hier und da.

slipslops P (ßli'p-ßlopß) fades Getränke
(GROSE). — S. auch slops.

slither P (ßli'*dh*-³r) gleiten, rutschen.

sloe-black ⌐ (ßlē-blā'k) schwarz wie
die Nacht, pechschwarz.

slog (ßlög) 1. *v.* Sport und Schulsprache:
schlagen, prügeln, schmeißen.—2. *s.* Prügelei.

slogdollager (ßlog-do'l-[ä-ₐɾ·]) Boxer-Slang:
wuchtige(r) Hieb.

slogger (ßlö'g-ₐr) Kricket: = swiper.
Boxer-Slang: Schlag; Sport: Art Kahn
für Wettfahrten.

slogging P (ßlö'g-glnᵍ) Prügelei, Prügel.

slop (ßlop) [schlecht gearbeitete Ware]: P ∼
furniture schlechtes, billiges Mobiliar;
∼ shop billiger, schlechter Laden; ∼
shoemaker Schuster der untersten Gattung; [Spülicht] P ∼-seller Wirt, der

schlechtes Bier verzapft; ⁓s Thee=
kiste, Kiste Thee; Polizist [Back-Slang
aus pol(i)c(e)]. S. auch slops.

slope P (ßlōp) [schräg abfallen] verduften,
durchbrennen.

slop-feeder ⌐ (ßlŏ'p-fī-d⁵) Theelöffel.

slops (ßlŏpß) s/pl. [Spülicht]: a) P Hosen
[schon in MARLOWE'S Lucan, bei SHAK.
&c.]; b) Kleidungsstücke und Bettzeug;
c) wässerige(s), fade(s) Getränk.

slop-tubs ⌐ (ßlŏ'p-töbß) Theeservice.

slosh (ßlŏsch) P statt slush halb getaute(r)
Schnee, Schneewasser.

slot (ßlŏt) Jagd: Spur, Fährte des
Wildes.

slour (ßlau⁵) v. Gefängnis-Slang: einsperren,
einschließen; ⌐ a ⁓ed hoxter eine zu=
geknöpfte Tasche.

slow (ßlō) [langsam]: F I am ten
minutes ⁓ meine Uhr geht zehn Mi=
nuten nach; (von Personen sehr häufig)
schwer von Begriff; ⁓ coach träge(r)
schwerfällige(r) Mensch, F Drehpeter;
Sprichwort: ⁓ and steady wins the race
Eile mit Weile; vgl. das lat. festina
lente. — S. auch speed.

slowdown (ßlō-dau'n) Wassersport: lang=
samer rudern.

slowed ⌐ (ßlōd) (ins Gefängnis) ein=
gesperrt.

slows (ßlōß) s/pl. Kricket: langsam ge=
rollte Bälle.

slubberdegullion † (ßlŏ'b-b⁶⁵-d⁵-gö"l-j⁵n)
Schlumpe, zerlumpte(s) Weibsbild.

sludge (ßlŏdG) feste(r) Bestandteil des
Londoner Kloakenabflusses.

slue ⚓ (ßlū) v. to ⁓ round (sich) herum=
drehen.

slug ⌐ (ßlŏg): to fire a ⁓ einen Schluck
thun, einen Schnaps trinken.

slug-a-bed ⌐ (ßlŏ'g-ă-bĕd) Faulenzer, der
gern im Bette liegen bleibt [so nennt
schon die Amme in SHAK.'s „Romeo und
Julie" die Heldin des Stückes].

sluice (ßlūß) 1. s. [Schleuse, Fluß] P Bad:
to have a ⁓ sich baden. — 2. v. P ab=
waschen; ⌐ to ⁓ one's bolt, one's ivories
saufen, kneipen.

sluicery P (ßlū'-ß⁵-r⁵) Schnapshaus, ge=
wöhnliche Kneipe.

slum (ßlŏm) 1. s.: a) F Spelunke, Hinter=
gäßchen. b) ⌐ Betrug; it's all ⁓ das
ist barer Unsinn. c) Gefängnis-Slang:
Brief (Sl. Dict.). — 2. v. ⌐ verstecken;
to ⁓ the gorger (Sl. D.) heimlich be=
trügen.

slummer (ßlŏ'm-m⁵ʳ) Zeitung: Bewohner
eines Londoner Armenviertels (vgl.
slum 1a).

slumming (ßlŏ'm-mīn⁵) Inumlaufsetzen
falscher Münze; politisch: to go ⁓ sich
mit der Aufbesserung der ärmeren Volks=
klassen befassen.

slummy (ßlŏ'm-m⁵) [slum 1a] voll ärm=
licher Gäßchen und Spelunken.

Slumopolis (ßlŏm-ŏ'p-⁵-līß) scherzhaft:
Londoner Armenviertel. Vergl. Cottonopolis.

slush (ßlŏsch) 1. s. ⚓ Bratenfett, Profit
des Schiffskoches (Sl. Dict.). — 2. v. P
⁓ thro' it (durch Schneewasser, Dreck
u. s. w.) hindurchwaten.

slushy ⚓ (ßlŏ'sch-⁵) Schiffskoch.

smacker P (ßmä'k-⁵ʳ) [Knall]: to go down
with a ⁓ plötzlich hinstürzen; s. whacker.

smacking-cove (ßmä'k-īn⁵-kōw) Old Cant:
Kutscher.

small (ßmāl) [klein]: P he doesn't think
⁓ beer of himself er hat eine gute
Meinung von sich; ⌐ ⁓ clothes Hosen;
F in the ⁓ hours of the morning in
den ersten, frühen Morgenstunden; P he
's very ⁓ potatoes (Sl. Dict.) er spielt
gar keine Rolle.

smalls (ßmālß) Universität: the ⁓ (erstes)
Examen für das Bakkalaureat.

smart (ßmä'ʳt) 1. a. P geputzt: as ⁓ as
a new pin, as ⁓ as threepence fein
aufgedonnert. — 2. s. feine(s) Herrchen;
the best of ⁓s and flashy dames
(DIBDIN) die feinsten Stutzer und
lustigsten Dämchen.

smart money (ßmä'ʳt mŏ'n-⁵) ✕ und ⚓
Schmerzensgelder (für abgeschossene
Arme oder Beine u. s. w.), Invaliden=
pension.

smash (ßmäsch) 1. v. P [zerschmeißen]
⌐ falschmünzen, falsches Geld in Um=
lauf setzen; ⚓ all to ⁓ bankrott; I've

~ed the lawyer's screen (*Rookwood*) ich habe den Wechsel des Rechtsanwalts eingelöft. — **2.** *s.* [Krach, Sturz] ✻ Bankrott: P gone to ~ zu Grunde gegangen, bankrott; we had a great ~ up es ist vieles zerschlagen worden, vieles ist zu Grunde gegangen.

smasher (ßmä'ſch-ᵉ): a) P Dienſtmädchen, das viele Schüſſeln zerbricht; b) ℾ einer, der falſche Münze unter die Leute bringt; Einbrecher.

smashfeeder ℾ (ßmä'ſch-fī-d⁵) Löffel aus Neuſilber.

smear-gelt (ßmī'ᵉ-gelt) [deutſch: Schmiergeld] Old Cant: Beſtechung.

smell (ßmĕl) **1.** *v.* [riechen] ironiſch: to ~ one's hat (in der Kirche) andächtig den Hut unter die Naſe halten; Rätſel: What ~s most in a doctor's shop? The nose. Was riecht am meiſten in einer Apotheke? Die Naſe. — **2.** *s.* [Geruch]: P I didn't get (even) a ~ of it ich bekam nicht ein Krümelchen davon.

smeller (ßmĕ'l-lᵉʳ) Boxer-Slang: Naſe.

smelling-cheat (ßmĕ'l-lin⁴-tſchīt) Old Cant: Garten; Blumenſtrauß.

Smitfield (ßmi'f-fild) P ſtatt Smithfield (Market) große(r) Fleiſchmarkt der City. — Vgl. auch Smithfield bargain.

smicket ℾ (ßmi'f-ĭt) (Frauen-)Hemd.

smirking P (ßmö'-kin⁴): ~ and smiling ſchmunzelnd und lächelnd.

smish P (ßmiſch) Hemd (GROSE). — Vgl. mish und franz. chemise [umſtellt s(e)-miche?].

smiter (ßmai'-tᵉʳ) [Schläger] Old Cant: Arm (*The Scoundrel's Dict.*, 1754).

smithers (ßmi'*th*-ᵉʃ), **smithereens** (ßmith-ᵉ-rī'nʃ) *s.pl.* P Fetzen: ⊥ the wind blew the sails all to ~ der Wind riß die Segel in Stücke.

Smithfield bargain † (ßmi'*dh*-fild bā'ʳ-g⁴n) unvorteilhafte(r) Handel; Heirat für Geld [auf Smithfield Market wurden in früherer Zeit viele Heiraten abgeſchloſſen].

smock-face P (ßmo'f-feᵉß) weibiſche(s), blaſſe(s), bartloſe(s) Geſicht (GROSE).

smock-faced ℾ (ßmo'f-feᵉßt) von glattem, ſchönem Angeſichte.

smoke (ßmōf) **1.** *s.*: the ~ [der Rauch] Bettler · Cant: London, die Stadt der Nebel. — **2.** *v.* [rauchen] ℾ entdecken (GROSE).

smoker P (ßmō'-fᵉ⁵) [Raucher] ſchwüle(r) Tag; Tabakshändler (GROSE).

smoky ℾ (ßmō'-fᵉ⁵) neugierig, argwöhniſch.

smous ℾ (ßmauß) [aus Moses?] deutſche(r) Jude.

smudge P (ßmodG) beſchmieren, beſudeln.

smug-faced ℾ (ßmö'g-feᵉßt) mit glattem, falſchem Geſichte.

smuggings ℾ (ßmo'g-ginʃ) *s'pl.* gemauſte, ſtibitzte Artikel (*Sl. Dict.*).

smuggling ken ℾ (ßmö'g-lin⁴ fĕn) verrufene(s) Haus.

smut ℾ (ßmöt) kupferne(r) Keſſel.

snabble ℾ (ßnäbl) berauben, totſchlagen; einfangen: it won't do to be ~d (*Rookwood*) wir dürfen uns nicht erwiſchen laſſen.

snack P (ßnäf) *s.* Imbiß, Biſſen; Anteil; to go ~s ſich teilen (in); *v.* ſchelten, ſchimpfen, necken.

snaffle ℾ (ßnäfl) *s.* heimliche(s) Geſpräch; *v.* arretieren.

snaggling ℾ (ßnä'g-lin⁴) Fangen von Gänſen mittels Köders, der an einer Angelſchnur befeſtigt iſt.

snaggy P (ßnä'g-g⁴) mürriſch, verdrießlich (*Sl. Dict.*).

snail P (ßneᵉl) *v.* (wie eine Schnecke) friechen: to ~ along vorankriechen.

snake P (ßneᵉf) [Schlange]: it will give him a ~ es wird ihn wurmen, verdrießen.

snake-in-the-grass ℾ (ßneᵉ'f-in-*dh*-gnaß) Rhyming Slang ſtatt looking-glass.

snam ℾ (ßnäm) ſchnappen, rauben.

snap (ßnäp) **1.** *v.* [durchbrechen] P kurz abfertigen: ~ping out their items of intelligence (*Almost lost*) ihre Nachrichten lakoniſch hervorſtoßend. — **2.** *s.* [Schnapp, Knack]: ℾ I don't care a ~ o' my fingers mir iſt nichts daran gelegen; Old Cant: Diebesgehilfe; ℾ Piſtolenſchuß: I had a ~ at him (*Rookwood*) ich ſchoß auf ihn; † ~s Anteil. — **3.** *a.* Politik ꝛc.: a ~ victory ein mühſam errungener Sieg.

snapps Γ (ßnäpß) Schnaps [das Wort wurde angeblich zuerst von deutschen Juden nach Ost-London importiert].

snatch-ely Γ (ßnä'tsch-tläi) Gauner, der den Weibern die Taschen ausleert.

sneak (ßnīk) 1. *v.* [schleichen] Schulsprache: den Angeber spielen, Γ stibitzen: "If it isn't stealin', what is it?" "Prowlin', sneakin',makin'!" (*A little Ragamuffin*) „Wenn's nicht stehlen ist, was ist's dann?" „Mausen, stibitzen, machen!" Kricket: den Ball langsam auf dem Boden rollen. — 2. *s.* Schulsprache: Angeber; Γ to go upon the ~ auf Raub ausgehen; Kricket: langsam gerollte(r) Ball.

sneaksman Γ (ßnī'ß-m³n) Ladenräuber, Dieb (*Sl. Dict.*).

sneerg Γ (ßnīg) Back-Slang statt greens Gemüse.

sneeze (ßnīf) *v.* [niesen]: Γ not to be ~d at nicht zu verachten; *s.* Γ Nase.

sneeze-lurker Γ (ßnī'j-lö-l³) Dieb, der bei Raubanfällen seinen Opfern Schnupftabak ins Gesicht streut.

sneezer (ßnī'-j³) Γ Schnupftabaksdose, Taschentuch (GROSE); ↓ Orkan, Sturm.

snell Γ (ßnäl) Nadel.

snell-fencer P (ßnä'l-fen-ß³) Hausierer, der Nadeln feil hält (*Sl. Dict.*).

snick (ßnīk) Kricket: *v.* (den Ball) nur mit genauer Not parieren; *s.* leise berührte(r) Ball, schlechter Seitenschlag mit der Kelle.

snicker P (ßnī'k-³) Becher, Trinkgefäß (*Sl. Dict.*).

snicker-snee ↓ (ßnī'k-³-ßnī): a) Kampf mit Messern; b) Dolchmesser.

snick-up † (ßnīk-ö'p) SHAK. &c.: hol' dich der Henker!

snide, snyde (beides: ßnaïd) Γ verschmitzt: erlogen: a ~ 'un (*Punch*) ein Kenner; ~ coin (*King of the Beggars*) falsche Münze; ~ witness falsche(r) Zeuge.

snide-pitscher Γ (ßnaï'd-pit-ïsch³) einer, der falsches Geld ausgibt.

snider, snyder Γ (beides: ßnaï'-d³) [aus dem Deutschen]: a) Schneider (*Sl. Dict.*). b) Kenner, Schelm, Schleicher, Spion.

sniff P (ßnīf) *v.* [schnüffeln]: to ~ about herumspionieren; *s.* [Schnieben]: she gives a scornful ~ (*Punch*) sie schnüffelt verächtlich mit der Nase.

sniffle P (ßnīfl) greinen, heulen.

snigger P (ßnī'g-g³) *v.* kichern: they were whispering and ~ing together (*A little Ragamuffin*) sie flüsterten und kicherten zusammen; *s.* Gekicher.

snilch Γ (ßnīltsch) genau besehen, betasten.

snip P (ßnīp) Schneider.

snipe P (ßnaïp) [Schnepfe] lange Rechnung (*Sl. Dict.*).

snipes P (ßnaïpß), **snippers** Γ (ßnī'p-p³j) *s. pl.* Schere.

snitch Γ (ßnītsch) 1. *s.* Verräter, Angeber: would you turn ~ on your old pal? (*Jack Sheppard*) würdest du einen alten Kameraden angeben? — 2. *v.* verraten, angeben.

snitcher Γ (ßnī't-ïsch³) Verräter, Angeber.

snivel P (ßnī'w-³l) heulen.

sniveller P (ßnī'w-³l-l³) Greiner, Heulmeier.

snob Γ (ßnob) [eingebildeter Fant] Schuster, Knote.

snobbish Γ (ßnö'b-bïsch) aufgeblasen, stutzerhaft, affektiert.

snob-stick (ßnö'b-ßtïk) Arbeiter-Slang: = knobstick.

snooze P (ßnūf) Schläfchen.

snoozing-ken Γ (ßnū'-ßïn-ßken) Bettlerherberge.

snore (ßnō³) Reimscherz:
> Dors, mon enfant, dors,
> Et snore, mon enfant, snore!
> Schlaf, Kindlein, schlaf!
> Und schnarch', Kindlein, schnarch!

snorter (ßnō³'-t³) [Schnarcher] Boxer-Slang: Mund; Schlag auf die Nase.

snot P (ßnöt) [Rotz] Schimpfwort: gemeine(s) Luder (*Sl. Dict.*).

snottinger P (ßnö't-³n-dg³) Schnupftuch.

snowball Γ (ßnō'-bäl) Neger.

snow-dropping Γ (ßnō'-dröp-pïn³) Stehlen der Wäsche von den Hecken.

snow-gatherer Γ (ßnō'-gädh-³-r³) [Schneesammler] Dieb, der die Wäsche stiehlt.

snub-devil F (ßnŏ'b-dĕw-²l) [Teufelbanner] Geistliche(r).

snudge (ßnŏdg) Dieb, der sich unter dem Bette versteckt hält.

snuff (ßnŏf) 1. *v.* [schnaufen]: F to ~ it ins Gras beißen. — 2. *s.* [Schnupftabak]: F to take ~ at … [statt des gewöhnlicheren to take umbrage at …] sich beleidigt fühlen über …

snuff-box (ßnŏf-boff) [Schnupftabaksdose] Boxer-Slang: Nase.

snuffing F (ßnŏ'f-fin') Beraubung eines Ladens, die man dadurch ermöglicht, daß man dem Ladendiener Schnupftabak ins Gesicht bläst.

snuffles F (ßnŏflf) Schnupfen.

snuffy P (ßnŏ'f-f•) bekneipt, betrunken (*Sl. Dict.*).

snyde, snyder, s. snide, snider.

so (ßō): **a)** P (mit as u. that) statt if only wenn nur, so lange nur: we don't care so as we make a pound a week wir machen uns keinen Kummer, solange wir nur ein Pfund die Woche verdienen können; they don't care who sinks so that they swim es kümmert sie nicht, wer untergeht, solange sie nur oben bleiben; that signifies it how, so that it be over quickly was liegt an dem Wie, wenn's nur rasch vorbei ist? sing a song no matter what, so that it is not lively (GREENWOOD) sing' ein Lied, einerlei was, wenn's nur nichts Lustiges ist; **b)** bei Maßbestimmungen: in pausing every minute or so etwa nach jeder Minute stille stehend; **c)** F (bekräftigend): quite so, I should think so da bin ich ganz Ihrer Meinung; **d)** beistimmend: "I gave it you!" "So you did!" "Ich hab dir's gegeben!" "Ja, freilich!" "I feel hungry!" "So do I!" "Ich habe Appetit!" "Ich auch!" "We are tired." "So are we!" "Wir sind müde." "Wir auch!"; **e)** so much as auch nur: he won't let any one so much as see the letter er will niemand auch nur den Brief sehen lassen; she wouldn't so much as have the lid opened sie wollte nicht einmal den Deckel öffnen lassen; **f)** elliptisch: if you like her, so; if not, I have lost my earnest wenn sie euch gefällt, dann gut; wenn nicht, so habe ich mein Geld ver-

loren; **g)** Sprichwort: as you brew so you must drink was man gesät, das wird man ernten; was du dir eingebrockt hast, mußt du auch ausessen.

soak (ßōf) 1. *v.* [einweichen]: F to be ~ed through bis auf die Haut naß werden. — 2. *s.* [Einweichen]: P in ~ betrunken; he came out of ~ er war nüchtern geworden.

soaker P (ßō'-f•): **a)** nasses Wetter; **b)** Trunkenbold.

soap P (ßōp) 1. *v.* [seifen]: to ~ over mit Schmeichelworten berücken, bereden; s. butter. — 2. *s.* s. soft 1.

sober F (ßō'-b•ʳ): as ~ as a judge ganz nüchtern.

sober-water (ßō'-b•ʳ-wā"-t•ʳ) [nüchternes Wasser] scherzhaft: statt soda-water Sodawasser.

sobriquet (ßō'-bri²-f•) [franz.] Litteratensprache: Beiname, Spitzname.

sociable * (ßō'-sch•bl) *s.* [Geselliger] zweisitziges Dreirad.

social (ßō'-sch•l) [gesellschaftlich] euphemistisch: the ~ evil die Prostitution.

socialist * (ßō'-sch•l-ißt), **socialistic** * (ßō-sch•l-l'ß-tif) sozialistisch.

socialize * (ßō'-sch•-laß) in sozialistischem Sinne gestalten, einrichten.

society-journal (ßo-ßaɪ"-t²-gō'-n•l) Modesprache: Journal für die feine Welt.

society-scandal (ßō-ßaɪ"-²-t²-ßfä'n-d•l) Modesprache: Skandalgeschichten der Aristokratie.

sock P (ßof) *s.*: on ~ auf Pump (*Sl. Dict.*); s. tick. *v.*: to ~ into losprügeln auf (*Sl. Dict.*).

sockdollager (ßof-dŏ'l-l²-dg•ʳ) Boxer-Slang: Schlag mit der linken Faust.

socket-money (ßo'f-²t-mo'n-•) durch angedrohte Bloßstellung (besonders in galanten Affären) erpreßte(s) Geld (GROSE).

sodden P (ßodn) durchnäßt.

soft (ßoft) 1. *a.* [sanft] P einfältig, blödsinnig; ~ soap Schmeichelei; ↓ ~ tack, ~ tommy Brot;. to pick a ~ plank sich's bequem machen. — 2. *s.* F Banknoten (GROSE).

soft-roed P (ßoft-rō'd) weichherzig.

soger (ßō'-ŕ*) P ſtatt soldier Soldat.

soho (ßŏ-hō') armes Fremdenviertel im Westend, dicht bei Oxford-Street.

soiled (ßŏild) [befleckt, beſchmutzt] ✻ ~ goods verſchoſſene Ware, Ladenhüter; euphemiſtiſch: ~ doves Prieſterinnen der Venus.

sojering P (ßō'-ŕ*-nin*), ſ. soldiering.

sold P (ßōld) [verkauft] angeführt; ſ. sell; ~ up bankrott.

soldier (ßō'l-dj*) [Soldat]: a) ⚓ Häring; b) ſ ~'s bottle rieſige Flaſche, große Schnapsflaſche; ~'s pomatum Stück-chen Talgkerze; c) beiratsluſtige Mädchen pflücken Grasähren oder Blumen, und während ſie dieſe, an das Schickſal appellierend, zer-'rupfen, ſprechen ſie:

> Soldier, sailor,
> Tinker, tailor,
> Beggarman, thief.
>
> Blaue Jacke, bunter Rock,
> Keſſelflicker, Schneiderbock,
> Bettelmann, Dieb.

[Verwandte Sprüche dieſer Art ſind:

> Coach, carriage,
> Wheel-barrow, cart.
>
> Kutſche, Wagen,
> Schubkarren, Fuhre.
>
> Little house, big house
> Pig-stye, barn.
>
> Großes Haus, kleines Haus,
> Schweineſtall, Scheune.]

soldiering P (ßō'l-dj*-nin*) im Heere dienend: when he was sojering out in the Indies (*Tag, Rag & Co.*) als er in Indien diente.

sole-slogger P (ßō'l-ßlög-g*) [Sohlen-ſchläger] Schuhflicker. [Man vergleiche SHAK's „mender of bad soles" und „surgeon to old shoes" in *Julius Caesar* I. 1.]

solid F (ßō'l-id): a ~ friend ein treuer, zuverläſſiger Freund.

solidly (ßō'l-id-l*) Parlament: the Par-nellites voted ~ for it die Parnel-liten ſtimmten ſämtlich dafür.

solly (ßŏ'l-l*) Witzblätter: Spitzname des Marquis of Salisbury, des ehemaligen Premierminiſters.

some F (ßom): he lives at ~ little place in Scotland er lebt in einem (mir un-bekannten) Städtchen Schottlands.

Somerset Ilouse (ßŏ'm-m*t-ßet hau"ß) alte(r) Palaſt in Fleet Street, in dem ſich jetzt verſchiedene Büreaus der Steuerbehörden, ſowie King's College befinden.

something (ßŏ'm-thin*) [etwas]: F there 's a ~ etwas muß daran ſein; that looked ~ of a mountain das war ein reſpektabler Berg; P he's ~ in the butter-and-egg line er handelt mit Butter und Eiern; that's ~ to 'rds it das läßt ſich ſchon (eher) hören; ſ ~ damp Trunk, etwas zu trinken, Stoff; a glass of ~ ein Gläschen für den Durſt; it looked ~ awful es ſah ent-ſetzlich aus.

somethinged (ßŏ'm-thin*d) euphemiſtiſch: ſtatt damned: that's like his ~ impertinence (*Fun*) das iſt wieder ſeine verfluchte Unverſchämtheit.

somewheres (ßŏ'm-hwäß) P ſtatt some-where irgendwo.

son (ßŏn) [Sohn] F ſehr häufig ſtatt son-in-law Schwiegerſohn; ſ ~ of prattle-ment (prattle plaudern gebildet) Advokat; poetiſch: ~ of toil Arbeiter; ⚓ und P damned ~ of a bitch ver-fluchter Halunke!

song F (ßŏn*) [Lied]: for a mere ~ ſpott-billig: nothing to make a ~ about nicht des Rühmens wert; † *fig.* his morning and his evening ~s do not agree (GROSE) er ſagt einmal dies, ein andermal jenes, er wechſelt häufig ſeine Geſinnung, er iſt ein Mantelträger.

sonkey (ßŏ'n-k*) ungeſchickte(r), plumpe(r) Geſelle.

sonny P (ßŏ'n-n*) Söhnchen.

soon (ßūn) P ſtatt as soon ſobald: ~ as he was hisself again ſobald er ganz wieder hergeſtellt war.

sop F (ßŏp) [Biſſen]: a sop for Cerberus Geſchenk, womit man einen Thürhüter oder Schließer beſticht.

soph (ßŏf) Cambridge ſtatt sophister Stu-dent (im zweiten oder dritten Jahre).

sooner (ßū'-n*) ſcherzhaft: he's like the "genteel dog"; ~ than being kicked out, he walked out er gleicht dem „höflichen Hunde", der lieber hinaus-ſpazierte, als daß er ſich hinauswerfen ließ.

sopped through P (ßoµt *thꞃü'*) bis auf die Haut durchnäßt.

sopping P (ßŏ'p-fĭnᵉ): ~ wet durch und durch naß, klatſchenaß.

sorrel-pate (ßŏꞃ-nᵉl-peᵉt) Γ rothaarige Perſon, F Brandfuchs.

sorrowful-tale Γ (ßŏ'n-ꞃŏ-ful-teᵘᵉl) Rhyming Slang ſtatt three months in jail drei Monate Gefängnis.

sort (ßŏ't) 1. *s.* [Art] ſprichwörtlich: it takes some of all ~s to make up a world es muß allerlei Menſchenkinder, Leute von allen Sorten geben; bei den alten Dramatikern: a ~ of people ein Haufen Leute [ähnlich wie jetzt a lot o' people]; P he's the right ~, my ~ das iſt der rechte Mann, einer nach meinem Ge- ſchmacke; the higher ~ die feine Welt; in these ~ of cases [ſtatt in such cases] in derartigen Fällen; out of ~s unwohl, übel gelaunt, ſchlecht geſtimmt. — 2. *adv.*: ~ of gleichſam: I felt ~ o' stunned ich war wie betäubt.

so-so P (ßŏ-ßŏ') anrüchig, verrufen: a ~ sort o' lady ein Dämchen von zweifel- haftem Rufe; a ~ matron (Byron) eine Matrone zweideutigen Rufes.

sot-weed Γ (ßŏ't-wĭt) Tabak.

sou (ßū) [franzöſiſch]: P not a ~ nicht einen Heller.

sough ↓ (ßŏf) [Pfeifen des Windes] Seufzer.

soul (ßŏl) [Seele]: F the very life and ~ of a thing die Seele des Ganzen; Politik: the ~ of a party die Haupt- ſtütze einer Partei.

sound Γ (ßaūnd) [geſund]: as ~ as a roach ſo geſund wie ein Fiſch im Waſſer.

sour Γ (ßaūᵉ) falſche Münze: to swallow the ~s falſches Geld verſchlingen [um es vor der Polizei zu verbergen — in der Londoner Kriminalgeſchichte öfters dageweſen]; ~ planting Jnumlaufſetzen von falſchem Gelde.

souse P (ßaūß) *adv.* plötzlich: to come down ~ upon ſich losſtürzen auf; I slipped ~ into the river (*Daily Tel.*) ich glitt jählings in den Fluß.

sou'wester ↓ (ßaū-weᵉß-tᵉʳ) Matroſen- kappe mit lang herabhängendem Nacken- ſtück; Südweſter.

sov (ßŏw) Sport u. ſ. w.: ſtatt sovereign Pfund Sterling.

sow P (ßaū) [Sau]: a) ~'s baby Ferkel; b) Eiſengießerei: Behälter, Form zur Aufnahme des geſchmolzenen Eiſens [das hiernach pig iron heißt].

spade F (ßped) [Spaten] *fig.*: to call a ~ a ~ jedes Ding bei dem rechten Namen nennen. [Vgl. das franzöſiſche appe- ler un chat un chat.]

spadge (ßpädG) Blue-coat-School: v. ſpa- zieren gehen; *s.* Spaziergang.

spake † (ßpek) Jmperfektum von speak.

Spanish (ßpä'n-ĭſch) Old Cant: Geld.

Spanish coin (ßpä'n-ĭſch kŏⁱⁿn) leere Komplimente, Schmeichelei.

Spanish padlock (ßpä'n-ĭſch pä"d-lŏk) Old Cant: Keuſchheitsgürtel, Venusgürtel.

spank (ßpänk) 1. *v.* P prügeln: he would ~ her about the head (*A little Rag.*) er pflegte ihr den Kopf zu zerſchlagen; Old Cant: ~ it in ein Ladenfenſter ein- brechen, während die Thüre gewaltſam zugehalten wird. — 2. *s.* Γ und Boxer- ſprache: Schlag: a ~ on the gob ein Schlag aufs Maul.

spanker Γ (ßpä'nᵉ-kᵉʳ) Renner, Pferd.

spanking (ßpä'nᵉ-kĭnᵉ) 1. *a.* u. *adv.* P groß, fein u. ſ. w.: they cut a ~ chasm in the pudding ſie machten ein enormes Loch in den Pudding; a ~ fine dinner ein pikfeines Diner. — 2. *s.* P Tracht Prügel: to get a ~ Schläge bekommen.

spar (ßpä') 1. *s.* [Sparren] ↓ Rippe; P Zank, Streit. — 2. *v.* P zanken, ſtreiten: they were ~ring all day ſie haderten den ganzen Tag; Boxerſprache: ſich in Poſition ſtellen: they were ~- ring for wind ſie ſchlugen nur in die Luft, um neuen Atem zu ſchöpfen.

spark P (ßpä'k) [,funken]: a) Anbeter; b) ~s *pl.* Diamanten, Edelſteine; c) he has a ~ in his throat er hat einen nicht zu löſchenden Durſt.

sparkish Γ (ßpä'-fĭſch) fein, elegant, vornehm.

sparkler (ſpāʳ-klᵇʳ) Wißblätter: Modeherrchen.

sparm-fish (ſpāʳm-fiſch) ⊥ ſtatt spermwhale Kaſchelot.

sparrow-moulh'd ⌐ (ſpäʳ-rō-maudht) mit großem Maule.

speak (ſpīk) 1. *v/n.* [ſprechen]: F they didn't ~ for a long time ſie ſprachen lange Zeit nicht mit einander; this ~s in favour of them, for them dies ſpricht für ſie; ~ up ſprechen Sie laut! to ~ up for a person jemand in Schuß nehmen. — 2. *v/a.*: F to ~ good grammar, bad grammar grammatiſch richtig, grammatiſch falſch ſprechen; this ~s volumes dies iſt Beweis genug; ⊥ to ~ a ship ein Schiff anrufen.

speaky (ſpī'-kᵉ) Old Cant: Geſtohlenes; he has made a good ~ er hat eine gute Beute gemacht.

spec ⚓ (ſpēk) Breviloquenz für speculation: on ~ auf Spekulation.

special (ſpe'ſch-ᵉl) Eiſenbahn: ſtatt special train Extrazug.

specially (ſpe'ſch-ᵉl-lᵉ) P ſtatt especially hauptſächlich.

speck (ſpēk) Coster-Slang: angefaulte Apfelſine (*Sl. Dict.*).

specs (ſpēkß) ſcherzhaft: ſtatt spectacles Brille.

'spect (ſpēkt) P ſtatt expect erwarten.

'spectable (ſpē'k-t²bl) P ſtatt respectable ehrbar.

speech (ſpītſch) [Sprache] Sport: to get the ~ einen Wink (über Rennpferde u. dgl.) bekommen (*Sl. Dict.*).

speech-day (ſpī'tſch-dē) Schulſprache: Aktus, Schlußfeierlichkeit.

speed (ſpīd) Sprichwort: the more haste the worse ~ blinder Eifer ſchadet nur; Eile mit Weile, lat.: festina lente.

speel (ſpīl) Old Cant: weglaufen, ausreißen, auskneifen.

speelken (ſpī'l-kᵉn), **spellken** (ſpe'l-kᵉn) ⌐ Schauſpielhaus (*Sl. Dict.*).

spell (ſpel) 1. *s.* [Zauberwort, Reihe]: F I had my ~ of luck mir war das Glück eine Zeitlang günſtig; we 've had a long ~ of cold weather das kalte Wetter hielt lange bei uns an;

⌐ = speelken. — 2. *v.*: a) P to ~ for (*Sl. Dict.*) ſich ſehnen nach. b) *v/a.* buchſtabieren. c) *v n.* Schulſprache: how does it ~? wie wird's geſchrieben? what does it spell? wie ſpricht man dies aus?

speller F (ſpe'l-lᵇʳ) [Buchſtabierende(r)]: a good (a bad) ~ einer, der richtig (der unorthographiſch) ſchreibt.

spending departments (ſpe'n-ding dᵉpä''t-mᵉntß) Parlament: das Kriegsund Marineminiſterium.

spice (ſpaiß) Old Cant: berauben.

spick-and-span F (ſpik-ᵃnd-ſpä'n) funkelnagelneu.

spidireen ⊥ (ſpid-ᶻ-rī'n): the ~ frigate (with nine decks and ne'er a bottom) ein Schiff, das nur in der Einbildung des Seemanns beſteht und das er gern nennt, wenn er ſein eigenes Schiff nicht angeben will. — S. auch Merry Dun of Dover unter merry.

spiff (ſpif) Drapers' Slang: beſondere Vergütung, die den Ladenmädchen für den Vertrieb abgelegener oder altmodiſcher Ware zu teil wird; ⌐ Stußer.

spiffin ⌐ (ſpif-fᵉn) herrlich, prächtig.

spiffing P (ſpi'f-fing) lecker, koſtbar.

spiffy P (ſpi'f-fᵉ) fein gekleidet (*Sl. Dict.*).

spiflicate ⌐ (ſpi'f-lᵉ-kēt) verraten, angeben; zum Schweigen bringen.

spill (ſpil) 1. *v.*: a) ⌐ = spiflicate; b) Kutſcherſprache: (einen Wagen) umwerfen. — 2. *s.* Sport: Sturz vom Pferde u. ſ. w.

spilt ⌐ (ſpilt) kleine Belohnung.

spilt milk F (ſpilt mi'lk) [übergeſſone Milch] das, was ſich nicht mehr ändern läßt: no use crying over ~ geſchehene Dinge laſſen ſich nicht ändern.

spin (ſpin) 1. *v.*: a) ✗ (im Examen) durchfallen laſſen (*Sl. Dict.*); b) [ſpinnen, ſpinnen laſſen]: ⊥ to ~ a twist, a yarn eine lange Geſchichte erzählen; Knabenſprache: to ~ a top mit dem Kreiſel ſpielen; P ~ning me over to my back (Greenwood) mich über den Haufen werfend. 2. *s.* Sport: raſche Fahrt, raſche(r) Lauf.

spindleshanks P (ſpi'ndl-ſchänᵉkß) dürrbeinige(r), magere(r) Menſch.

Spiniken ┌ (ſpi'n-ɨ-k'n) Armenhaus von St. Giles' (im bekannten Diebesviertel) [Pan, urſpr. das Armenhaus von St. Pancras, und Lump, urſpr. das Armenhaus von Marylebone, dienen auch als allgemeine Bezeichnungen für das verhaßte workhouse].

spinning-out P (ſpi'n-nin⁵-ɑ͞u″t) redſelig: a ~ sort o' chap ein rechtes Schwätzmaul.

spirit (ſpi'n-nⁱt) s. [Geiſt] bibliſch: the ~ is willing, but the flesh is weak der Geiſt iſt willig, aber das Fleiſch iſt ſchwach; v. to ~ away verſchwinden, F verduften; ſchnell bei Seite ſchaffen.

spiritty (ſpi'n-nⁱt-tᵉ) ſcherzhaft: geiſterhaft, überirdiſch.

spirt ✹ (ſpö̈'t) s. [Hervorſpritzen] Börſe: plötzliches Steigen oder Fallen der Kurſe: to put the ~ on die Kurſe zum Steigen oder Fallen bringen.

spit (ſpit) 1. s. [Speichel]: F he's the very ~ of his father, of his mother er iſt ſeiner Mutter wie aus dem Geſichte geſchnitten. — 2. v. [ſpeien] P ſprechen: ~ it out then nur heraus damit!

Spitalfield's breakfast ┌ (ſpi'tl-fi͞ld͡j bre″t-f̈ö̈ſt): to have a ~ ſich die Halsbinde (!) enger zuziehen und eine Pfeife rauchen [wenn man nichts zu eſſen hat].

spitfire P (ſpit'-fai) [Feuerſpucker] leidenſchaftliche, heftige Perſon (GROSE).

splash (ſpläſch) 1. s. High Life-Slang: weiße(s) Schönheitspulver für den Hals und das Geſicht. — 2. a. ┌ fein, elegant, vornehm.

splashing (ſplä'ſch-in⁵) a. u. adv. fein, nobel: a ~ (fine) feed ein verdammt feiner Fraß.

splash-up P (ſpläſch-o'p) a. u. adv. piſfein: we 'll do it ~ wir wollen den Noblen ſpielen.

splashy P (ſplä'ſch-ᵉ) a., ſ. splashing.

splendacious (ſplĕn-dē'-ſchᵘŏ̈), splendiferous (ſplĕn-d'f-ⁱ-nᵘŏ̈) High-Life Slang: famos, prächtig [bei DRAYTON &c. splendidious].

splice (ſplais) v. [ſpliſſen] ⚓ u. P heiraten; ⚓ to ~ the main-brace ein Gläschen trinken, fig. F eins auf die Lampe gießen; s. [Spliſſung] Heirat.

split (ſplit) 1. v. [ſpalten] Wirtshaus: a (bottle of) soda ~ eine Flaſche Sodawaſſer für zwei Gäſte; two brandies and a soda ~ (Sl. Dict.) zwei Cognacs und eine Flaſche Sodawaſſer (für zwei); ┌ to ~ company verſchiedene Wege gehen, um Argwohn zu vermeiden; Turner-Slang: well ~ up langbeinig. — 2. s. ┌ Verräterei; Angeber.

split-cause † (ſplit'-käj) ironiſch: Winkeladvokat.

split-fig (ſpli't-fig) Spezereihändler.

splitting (ſpli't-tin⁵) Sport: at a ~ pace in geſtrecktem Galopp.

splodger P (ſplod-g̈ᵉ) grobe(r) Klotz, Bauernlümmel (Sl. Dict.).

spoffy ┌ (ſpö̈'f-ᵉ) naſeweis.

spoil (ſpöil) Buchhändler-Slang: ~ a book ein Werk, deſſen ältere Auflagen vergriffen ſind, neu herausgeben und dadurch den Preis herabdrücken.

spoil-iron ┌ (ſpöil-ai'-ⁱ'n) Schmied.

spoke ┌ (ſpōk) 1. s. [Speiche]: to put a ~ in somebody's wheel von jemand vorteilhaft reden. — 2. v. ~ ſtatt spoken: Romans that have ~ the word Römer, die das Wort ausgeſprochen haben.

sponge (ſpönd͡G) 1. s.: F to throw up the ~ ſich für geſchlagen erklären [urſprünglich Boxer-Slang: der Sekundant des Geſchlagenen wirft zum Schluſſe den Schwamm, womit er ſeines Paukanten Geſicht bisher betupft, in die Luft und erklärt damit den Kampf für beendigt]. — 2. v.n. [wie ein Schwamm einſaugen] P ſchmarotzen: to ~ upon a person auf Koſten eines anderen trinken, leben, F naſſauern.

sponger P (ſpö'n-d͡gᵉ) Schmarotzer, ┌ Naſſauer.

sonkey ┌ (ſö'n-kᵉ) ungeſchickte(r), plumpe(r) Geſelle, Tölpatſch.

spoon (ſpūn) [Löffel] 1. s. Bürgermädel, Schätzchen; High-Life Slang: ~s pl. Verliebte: it's a case of ~s with them (Sl. Dict.) die Beiden verſtehen einander, thun ſehr zärtlich. — 2. v. Studenten-Slang: die Kur ſchneiden. — 3. a.: † ~ hand die rechte Hand.

spoon(e)y P (ſpū'-nᵉ) a. verliebt; s. verliebte, närriſche Perſon.

sport (ßpŏᵉt) *v.* [scherzen, zur Schau stellen] Modesprache: to ~ a moustache sich einen Schnurrbart wachsen lassen; Universität: to ~ one's oak die äußere Thür [der doppelt verschließbaren Studentenbude] verschließen [ähnlich bei den Londoner barristers: to ~ one's timber die äußere Thüre des Büreaus abschließen]; Sport: to ~ one's silk (in der Jockey-Jacke) auf der Rennbahn erscheinen.

s'pose (ßpōs) P statt suppose voraussetzen.

spot P (ßpŏt) *v.* [beflecken] wahrnehmen, entdecken: Boxer-Slang: there was only a grease ~ left of him er ward ganz zu Schanden, zu Brei geschlagen, es blieb fast nichts von ihm übrig.

spotted (ßpŏt-tᵉd) [gefleckt] Schüler-Slang: ~ donkey reichlich mit Korinten besetzte(r) Mehlpudding; Γ der Polizei bekannt, verdächtig.

spout (ßpaut) *s.* [Schnauze, Rinne]: P to put up the ~ im Leihhause versetzen; j. knight; *v.* P versetzen, verpfänden; scherzhaft: öffentliche Reden halten.

spouter (ßpau'-tᵉʳ) [Sprudler] P öffentliche(r) Ruderer; ↓ Walfischfänger, Walfisch.

spouting club Γ (ßpau'-tin⁹ klöb) Liebhabertheater.

sprat-weather (ßprät-wᵉ'dh-ᵉʳ) [Sprottenwetter] ↓ die dunklen Wintertage, welche für den Sprottenfang besonders günstig sind.

sprawl P (ßprăl) [sich spreizen] sich flach auf den Boden legen, platt liegen.

spread (ßprĕd) 1. *v.* [verbreiten] Γ (das Butterbrot) schmieren. — 2. *s.* Schüler-Slang: Butter; Sport: Mahlzeit.

spreadeagle (ßprĕd-i'gl) *v.* Sport (ursprünglich ✕): in ausgestreckter Stellung prügeln, aufs Haupt schlagen: he ~d his field er schlug seine sämtlichen Nebenbuhler.

spree (ßprī) 1. *s.* [lustige Zeit]: P on the ~ am Zechen, lustig schwärmend. — 2. *v.* zechen, sich einen Spaß, Jux machen, feiern.

'spress (ßprĕß) P statt express und express train.

sprigged P (ßprigd) beblümt, bunt bemalt.

spring (ßprin⁹) *v.* [springen, springen lassen] P ausgeben, vorschießen; j. leak, rattle; Sport: plötzlich die Wetten erhöhen; stark im Preise steigen.

springer-up (ßprin⁹-ᵉʳ-ö'p) Schneider-Slang: Kleiderhändler, der seine Ware zu Spottpreisen verkauft und seinen Arbeitern Hungerlöhne zahlt.

Spring-heel Jack † (ßprin⁹ᵘ-hīl DGä'⁽ᵗ) närrischer Gant, der mittels eines an den Absätzen festgemachten Apparates hohe Sprünge zu machen versteht und sich am liebsten des Abends in der Nähe von Kirchhöfen umhertreibt, um furchtsame Weiber und abergläubische Menschen zu Tode zu erschrecken. Vor etwa 10 Jahren wurden in London mehrere derartige Kobolde entlarvt und bestraft.

sprint (ßprint) 1. *s.* Sport: kurze(r) Wettlauf. — 2. *v.* eine kurze Strecke in vollem Galopp zurücklegen.

sprung ↓ (ßprön⁹) [gesprungen] angetrunken; more'n half ~ mehr als halb bezecht.

spud (ßpŏd) P rohe Kartoffel; † schlechte(s) Maß; schwierige(r) Geselle.

spuddy P (ßpŏd-dᵉ) Verkäufer von schlechten Kartoffeln (*Sl. Dict.*).

spun (ßpŏn) ✕ (im Examen) durchgefallen; j. spin.

sponge (ßpöndG), **spunging-house** † (ßpö'n-dGin⁹ hauß) Haus des Gerichtsbeamten, in welches die wegen Schulden Arretierten zuerst geführt wurden.

spunk P (ßpön⁽) [Zündschwamm] Feuer, Mut; **~-fencer** Verkäufer von Schwefelhölzchen (*Sl. Dict.*).

Spurgeonite (ßpö'ʳ-dGᵘn-aīt) Anhänger des Baptistenpredigers Spurgeon; j. Tab.

squab P (ßkwŏb) [Polster]: a) Kanapee; b) kurze, dicke Person.

squabby P (ßkwŏ'b-bᵉ) klein und dick, quabbelig.

squad (ßkwŏd) ↓ statt squadron Geschwader.

square (ßkwä'ᵉʳ) 1. *a.* [viereckig] Vorbell: ~ girls unverdorbene Mädchen; *fig.* the ~ man in the ~ hole der rechte Mann (an der rechten Stelle); Old Cant: ~ men

(*Massinger & Ford*) ehrliche Leute;
⌐ ~ moll (keusches) Bürgermädchen;
Studenten=Slang: a ~ party eine Gesell=
schaft von vier; F ~ toes *s/pl.* pedanti=
sche(r), altmodische(r) Mensch; ✳ a ~
transaction ein ehrlicher Handel; ⌐ to
turn ~ sich bessern, bekehren; *adv.* ↓ ~
rigged fein geputzt. — 2. *v.:* a) *math.*
quadrieren; b) ✳ abmachen; to ~ an
account eine Rechnung bezahlen; to ~
up abrechnen; c) Boxersprache: sich zum
Kampfe fertig machen, sich in Positur
stellen; to ~ up to zum Boxen heraus=
fordern; d) ⌐ to ~ up his nibs einen
Schutzmann oder Beamten bestechen. —
3. *s.* P I shall be on the ~ with you
ich werde dir's schon vergelten; to do
things on the ~ ehrlich handeln. [Die
Bedeutung ehrlich, richtig scheint der Freimau=
rerei entlehnt zu sein, in welcher das Quadrat
ein Sinnbild der Rechtschaffenheit und Ehren=
haftigkeit ist.]

squaresel (ßkwä'-ß'l) ↓ statt square-sail
Raasegel.

squash (ßkwösch) [quatsch]: P to go ~
aus einander platzen.

squeak (ßkwik) 1. *v.* [quieken] ⌐ beichten,
bekennen; ~ on verraten, angeben. —
2. *s.* P to have a narrow ~ mit ge=
nauer Not entkommen.

squeaker (ßkwi'-k²) [Schreihals]: a) Old
Cant: Bastard; b) ⌐ Orgelpfeife (Grose).

squeeze ⌐ (ßkwis) Seide; Hals (Grose).

squeeze-crab ⌐ (ßkwi'-kräb) mürrische(r),
verdrießliche(r) Mensch.

squeeze-wax ⌐ (ßkwi'-wäß) nachgiebi=
ge(r) Mensch [auch nose of wax].

squib (ßkwib) politische(s) Pamphlet,
Spottgedicht.

squiffy ⌐ (ßkwi'ff²) beduselt, angesäuselt.

squinny-eyed P (ßkwi'n-n²-aid) scheel.

squint ⌐ (ßkwint) [Schielen] Blick.

squint-a-pipes (ßkwi'nt-ä-paipß) scheele(r)
Mensch), schielende Person. — S. auch
squinny-eyed.

squinter (ßkwi'n-t²) [Schieler] Boxer=
Slang: Auge.

squirrel ‡ (ßkwi'n-n²l) [Eichhörnchen] Hure
(Grose).

squirt (ßkwö't) [Spritze] scherzhaft: Doktor,
Apotheker, *fig.* ⌐ Giftmischer, Pflasterkasten.

squish (ßkwish) Studenten=Slang: Mar=
melade.

sres-wort ⌐ (ßre'ß-wöt) Back-Slang statt
trousers Hosen.

stab (ßtäb) [Abkürz. von establishment]:
a) Drucker=Slang: on the ~ in gewissem
Gelde [im Französ. être en conscience];
b) Theater=Slang: ~ yourself and pass
the dagger schenk' dir ein und dann
reiche die Flasche weiter.

stab-rag ✗ (ßtä'b-näg) Regiments=schneider.

staff (ßtaf) Schulsprache: Lehrerpersonal.

staff-of-life ⌐ (ßtaf-³w-lai'f) sehr gew.: Brot.

stag (ßtäg) 1. *s.* [Edelhirsch] Börse: Aktien=
spekulant; ⌐ Schilling. — 2. *v.* Börse:
Differenzgeschäfte machen (Hoppe); ⌐
wahrnehmen, beobachten; Cirkus: an=
blicken, sehen, verstehen.

stage (ßtédG) *s.* [Bühne]: F to go on the
~ Schauspieler werden; *v.* †[Shak. &c.]:
auf der Bühne darstellen, auf die Bühne
bringen. [Diesem entspricht der moderne Aus=
druck: to put (a play) on the ~.]

stage-driver (ßté'dG-drai-w²) Postillon
einer Landkutsche (stage-coach) oder
eines Postwagens mit vier (auch zwei)
Pferden.

stager (ßté'-dG²) [Komödiant]: F an
old ~ ein alter Praktikus.

stage-whisper (ßté'dG-hwiß-p²) Ge=
flüster, das man weit hören kann.

stagger (ßtä'g-g²) 1. *v.a.* P [stutzig
machen] in Erstaunen setzen. — 2. *s.* ⌐
einer, der auf der Lauer, auf Wache
steht, ⌐ einer, der Schmiere steht.

staggering-Bob ⌐ (ßtä'g-g²-ring²-bö''b)
neugeborenes Kalb; Fleisch von krankem
Vieh, das vor dem Krepieren noch
schnell geschlachtet worden ist.

stait (ßtét) Old Cant: London.

stake ⌐ (ßték) [Einsatz]: a good deal
was at ~ es stand viel auf dem
Spiele [Sport: bei gewissen Wettrennen be=
steht der Hauptgewinn der siegreichen Renner
in den von Pferdezüchtern und Eigentümern der
Renner gezeichneten stakes; beim Derby=Rennen
von 1886 betrugen diese für den besten Renner
(Ormonde) nicht weniger als zehntausend Gui=
neen (210 000 M.)].

stale-drunk P (ßtel-dnö'u·f) [ſchal, ab=
geſtanden] kaßenjämmerlich infolge einer
Kneiperei (GROSE).

stale-mate (ßtel-me't) Schach: Patt; *v.*
Patt ſeßen (HOPPE).

stalking (ßtá'-kíu·) Jagd: Beſchleichen
des Wildes, Jagd auf (ſchottiſches)
Hochwild.

stalking horse F ↘ (ßtá'-kíu· ho'ß) [Jagd:
Verſteckpferd] Schreckfigur, Paradepferd,
fig. oft wiederholte Mahnung.

stall (ßtål) Theater: (im Wirtshauſe)
logieren; P † ſchrecken; ſ ~ your mug!
fort da! to ~ off heimlich halten; auf
die falſche Spur bringen (*Sl. Dict.*);
aus der Klemme helfen; ~ up im
Gedränge feſtzwängen und berauben.

stalling-ken (ßtá'-líu·-kẽu) Old Cant:
Haus des Hehlers.

stalliou ſ (ßtá'l-j·u) [Hengſt] junge(r)
Liebhaber einer alten Vettel.

stallite (ßtá'-laīt) Theater: Logenbeſucher.

stall-off ſ (ßtål-ö'f) *s.* Entſchuldigung,
Ausrede (GROSE).

stallsman ſ (ßtá'lj-m·n) Helfershelfer
(*Sl. Dict.*).

stamp (ßtämp) [Stampfe] Old Cant: Bein.

stamp-album (ßtämp-ä'l-b·m) Brief=
marken=Album.

stampede F (ßtäm-pí'd) (urſpr. vom Wilde
der Prärieen) plößliche(s) Auseinander=
fahren, haftige Flucht einer verſammelten
Menge.

stampers ſ (ßtä'm-p·ß) Schuhe (GROSE).

stand (ßtänd) 1. *v/n.* [ſtehen]: a) F meſſen:
he ~s six feet high er iſt ſechs Fuß
groß; b) ⚓ to ~ in shore auf die Küſte
lossteuern; c) Parlament: to ~for Oxford
ſich um die Vertretung von Oxford
bewerben; d)⚔ ~ at ease! (HOPPE) rührt
euch! ~ at attention! ſtillgeſtanden!
to ~ to the guns der Fahne getreu
bleiben; e) F ſtimmen: it ~s to reason
es iſt ganz vernunftgemäß; P it don't
~ to sense es iſt unvernünftig; f) F ſein:
I went just as I stood ich ging gerade
wie ich da war (d. h. ohne mich um=
zukleiden). — 2. *v/a.* [ſtellen]: a) F ver=
tragen: I won't ~ any nonsense ich
werde mir nichts ~ gefallen laſſen, die
Sache ernſthaft faſſen; F if this is

true of French, how ~s it with our
infinitely more variable and mutable
English? (*Daily Telegraph*) wenn
dies mit bezug auf Franzöſiſch wahr
iſt, wie ſteht es mit unſerem unvergleich=
lich mannigfaltigeren und veränder=
bareren Engliſch? b) P to ~ (sammy)
traktieren; to ~ a treat die anderen
freihalten, ponieren; c) Bettler-Cant: to
~ pad am Wege betteln; ſ. pad;
d) ⚖ to ~ out for an amount, a
price bei einer Forderung beharren;
e) ſ ~ the patter vor Gericht ſtehen.

standard F (ßtä'n-dä·d) *a.* muſterhaft;
~ works klaſſiſche Werke.

stand in (ßtä'nd ín) *v.* Sport: ſich auf
die eine oder andere Seite ſchlagen.

standing (ßtä'n-dín·) [Beſtand, Rang]:
F he has no ~ er hat keine Poſition;
a debt of old ~ eine alte Schuld;
Stand, Plaß (eines Kleinhändlers) an
der Straßenecke oder auf dem Markte.

stand right under ⚓ (ßtänd naīt ö'n=
d·ʳ) ſcherzhaft: Packt euch! Macht euch
fort!

stand up F (ßtänd ö'p) *a.*: a ~ fight
eine ernſtliche, tüchtige Schlägerei.

stangey ſ (ßtän·-·) Schneider; Mann,
der unter dem Pantoffel ſteht, F Pan=
toffelheld.

star (ßtá·) 1. *s.* [Stern] P hübſche(r),
feine(r) Burſche: Isn't he a ~? (*A little
Ragamuffin*) nicht wahr, das iſt ein
Staatskerl? — 2. *v/n.* Künftler-Slang:
glänzen, Triumphe feiern, eine Rund=
reiſe machen: he was ~ring it all over
the States er feierte ſeine Triumphe
in ganz Nordamerika; to ~ it over
in den Schatten ſtellen; — 3. *v/a.* F =
a window eine Fenſterſcheibe einſchlagen
(ſo daß ſich ſternartige Sprünge bilden);
ſ to ~ a glaze ein Fenſter zerbrechen,
ausſchneiden.

Star (ßtá·) Abkürzung für Star and
Garter, berühmtes Hotel in Richmond
an der Themſe (nach dem engliſchen Orden
ſo benannt).

Star Chamber † F (ßtá·ʳ tſche'm-b·ʳ)
Sternkammer (berüchtigter Gerichtshof der
Tudor-Periode und der Stuarts).

starchy ⚔ (ßtá'-tſche·) [ſtärke=artig] ſteif,
pedantiſch.

star-gazer ⌐ (ħtā′-gĕⁱ-jⁱ) [Sternguđer] Pferd, das den Kopf hoch trägt, den Kopf gern in die Höhe wirft, Stern-guđer.

star-lag ⌐ (ħtā′-läg) Beraubung von Ladenfenstern.

starn ↓ (ħtān) = stern.

start (ħtä′t) v/n. [aufspringen, auftauchen] 1. v.: a) F to ~ (on a journey) ab-reisen; b) ♥ to ~ (in business) ein Ge-schäft anfangen; in Gang sehen: F to ~ a man in business einem bei der Eröffnung eines Geschäftes unter die Arme greifen; c) ↓ to ~ bread &c. Brot u.f.w. auspacken und aufspeichern. — 2. s.: a) P to get the ~ of a person einen überholen, übertölpeln; b) ⌐ the ~ das große Londoner Zuchthaus von Newgate, auch London schlechtweg.

starter (ħtä′-t⁵ʳ) Sport: der, welcher das Zeichen zum Beginn des Rennens gibt und für ordnungsmäßigen Ablauf (Start) sorgt.

startler P (ħtä′t-l⁵) etwas, das in Er-staunen setzt.

starve-belly P (ħtä′-w-bĕl-lⁱ) zum Ver-hungern, armselig; ~ pay Hunger-lohn.

Starve'em ✕ und ↓ (ħtā′-w⁵m) [laß sie verhungern]: ~, Rob'em and Cheat'em Spitzname der drei Garnisonsstädte Stroud, Rochester und Chatham.

stash ⌐ (ħtäſch) einhalten, aufhören; ~ it! halt's Maul! ~ the glim mach's Licht aus; f. douse.

staver-off P (ħtē′-w⁵ʳ-ŏ″ff) das, was einen Aufschub, eine Verzögerung veranlaßt; a ~ of rheumatism ein Mittel, das den Rheumatismus abwendet.

stay (ħtē) v/n. [bleiben, weilen]: F she's ~ing with her aunt sie ist bei ihrer Tante zum Besuche; they have ~ing visitors sie haben Besuch (auf Tage oder Wochen lang); Sport: gut aus-halten; to ~ home bis ans Ziel ge-langen; ↓ ~ing power Ausdauer.

stayer (ħtē′-⁵ʳ) Sport: Rennpferd von großer Ausdauer.

staysel (ħtē′-ħl) ↓ statt stay-sail Stag-segel.

'stead (ħtĕd) P statt instead anstatt.

steadier P (ħtĕ′d-jⁱ) etwas, das einen wieder nüchtern macht.

steady (ħtĕ′d-⁵ʳ) Sport [bei der Eröffnung von Wettläufen macht der „Starter" drei Bewegungen mit dem Arme und spricht da-bei im Tempo]: ready, ~, go!

steal (ħtīl) [ſtehlen]: F to ~ a march upon zuvorkommen; biblisch: stolen waters are sweet verstohlene Wasser sind süß; verbotene Früchte schmecken am besten; ↓ to ~ ahead sachte vor-wärts gleiten; Schulpoesie:
Black is the raven, black is the rook,
Black is the boy that steals this book.
Schwarz sind die Raben, schwarz sind die Dohlen.
Schwarz ist der Bub', so dies Buch mir gestohlen.
[rook = Saatkrähe, zugleich aber auch ⌐ Gauner].

steam P (ħtīm) [Dampf]: to put the ~ on sich doppelt anstrengen; to get one's ~ up sich ins Zeug werfen.

steamer (ħtī′-m⁵ʳ) [Dampfer] Old Cant: (Tabaks-)Pfeife (Grose).

steed (ħtīd) [Stute] Sport: the steel ~, the iron ~ das Velociped.

steel (ħtīl): a) [Stahl]: F as cold as ~ so kalt wie Stahl; b) Old Cant: [aus Bastile?] das (Londoner) Zuchthaus.

steel-bar driver ⌐ (ħtī′l-bā dnaⁱ′-w⁵) Schneider.

steep (ħtīp) High-Life Slang: this sounds very ~ dies klingt ganz unglaublich.

steeple-house ⌐ (ħtī′pl-hauß) Kirche.

stems ⌐ (ħtĕmſ) Beine.

step (ħtĕp) 1. s. [Stufe]: a) the ~s die steinernen Stufen, die Steintreppe [bei am Eingange des Hauses]; a pair of ~s eine Stehleiter [turz auch the ~s]; b) ✕ to gain a ~, to get a ~ einen Grad aufrücken. — 2. v. treten: P to ~ it Reißaus nehmen; F he's ~ping up to her er macht ihr den Hof.

Stephen (ħtīwn): at St. ~ im Abgeord-netenhause [eigentl. in der St. Stephans-kapelle, worin sich früher das Haus der Gemeinen versammelte].

stepper (ħtĕ′p-p⁵) P Pferd; ⌐ Tret-mühle; Slang der Dienstmägde: (kleine) Mädchen, die für eine mäßige Ver-gütung die Steintreppe des Hauses (the steps) scheuert.

steps (ſtĕpß), ſ. step 1a.

stern ⌁ (ſtö̆ʺn) [Hinterſchiff] Hinterquartier, Rücken; I'll be under your ~ presently (*Nights at Sea*) ich will gleich hinter dir herkommen.

stern-chaser ⌁ (ſtö̆ʺn-tſche̤ʹ-ß̤ʹ) [Hinterſtück] Bein.

stew (ſtju̅, P ſtü) 1. *v.* [ſchmoren] SchülerSlang: ochſen. — 2. *s.* [Geſchmortes] P Verlegenheit: he seemed in a rare ~ er ſchien in großer Verlegenheit.

stick (ſtik) 1. *s.* [Stock] F ſteife(r) Kerl; Drucker: lakoniſche(r) Bericht (einer Rede u. ſ. w.); P ~s Hausgeräte; cut your ~! mach dich davon! ſprichwörtlich: to be beat with one's own ~ ſich ſelber eine Grube graben; ⌁ Maſt. — 2. *v/n.* [ſtecken, feſtkleben] P it ~s in my gizzard es wurmt mich; to ~ in doors zu Hauſe ſitzen bleiben; von gutem Eſſen: it ~s to one's ribs es hält gut vor; Bühne: (in der Rede) ſtecken bleiben; F (urſpr. ✗) to ~ to one's guns ſeiner Sache getreu bleiben; P to ~ to a thing etwas behalten; to ~ up for a person jemand getreu bleiben; Theater: to ~ up to jemand (etwas) zur Ehre anrechnen.— 3. *v/a.* SchlächterSlang: to ~ (pigs &c. Schweine ꝛc.) ſchlachten; F prellen; euphemiſtiſch: to ~ one's spoon in the wall (*Sl. Dict.*) ſterben, *fig.* F ins Gras beißen.

sticker P (ſti̤ʹk-ᵉ) einer der feſthält; einer, der gern zu Hauſe bleibt, Stubenhocker; an audacious young ~ to kith and kin ein keckes Bürſchchen, das an ſeinen Verwandten hängt; einer der klebt, *fig.* P Filzlaus; a ~ of bills einer, der Zettel anklebt.

stick-flam F (ſti̤ʹk-flăm) Handſchuh.

sticking-place (ſti̤ʹk-in̬-plēß), **sticking-point** (ſti̤ʹk-in̬-pȫint) F [Haltepunkt]: to bring one's courage to the ~ allen Mut zuſammenraffen.

stick-in-the-mud P (ſti̤ʹk-in-dhᵉ-mö̆ʺd) Knirps.

sticks F (ſtikß): see how he flashes his ~ (Rookwood) ſieh nur, wie er ſeine Piſtolen in der Sonne blitzen läßt.

stick-ups F (ſtik-ö̆ʹpß) *s/pl.* Art Stehkragen.

---

stievel (ſtiᵊvl) Old Cant: Vierpennyſtück.

stiff (ſtif) 1. *a.* [ſteif] Leichenbeſtatter: a ~ 'un ein Toter; P ~ and stark ſteif und ſtarr; Gaſſenhauer: the next day's sun will see you ~ Schon morgen liegſt du kalt und ſtarr [man vgl. aus dem Volkslied: Heute noch auf ſtolzen Roſſen, Morgen durch die Bruſt geſchoſſen ꝛc.]. — 2. *adv.* P to give it a person pretty ~ einem ſchwere Vorwürfe machen. — 3. *s.* F verdächtige(r) Wechſel; City-Slang: ~ or hard? Wechſel oder bares Geld? (*Sl. Dict.*).

stiffen ✹ (ſti̤fn) [ſteif werden] Börſe: (von Preiſen) ſteigen.

stiff-fencer F (ſti̤ʹf-fĕn-ß̤ʹ) Trödler, der Papier feilbietet.

stiffish P (ſti̤ʹf-fiſch) ziemlich ſteif, ſtarr; a ~ sum ein ziemlich hoher Betrag.

stiff-rumped F (ſti̤ʹf-römpt) ſteif, hochmütig.

still (ſtil) [ſtill] ſprichwörtlich: a ~ tongue makes a wise head eine verſchwiegene Zunge ſitzt in einem klugen Kopfe; Malerei: ~-life Stillleben; *s/pl.* ~s TotengräberSlang: totgeborene Kinder (*Sl. Dict.*).

stilting F (ſti̤ʹl-tin̬) Taſchendieberei, Hochſtaplerei.

Stilton (ſti̤ʹl-t̬n) [ſtatt Stilton cheese] High-Life Slang: it's not the ~ [ſtatt des gewöhnlichen it's not the cheese] es paßt ſich nicht.

sting (ſtin̬) [ſtechen] Old Cant: berauben (Grose).

stingbum (ſti̤ʹn̬-bö̆m) Old Cant: Knicker, Knauſer.

stinger P (ſti̤n̬-ᵉ) ſchmerzhafte(r) Schlag, kränkende Bemerkung; froſtiges Wetter.

stingo P † (ſti̤ʹn̬-gō) ſtarke(s) Getränk (Grose).

stink (ſtin̬k) 1. *v/a.* F the Ecclesiastical Commission stank in the nostrils of the clergy (Green's *History of England*) die ekkleſiaſtiſche Kommiſſion war der engliſchen Geiſtlichkeit ein Dorn im Auge; P to ~ out durch Geſtank forttreiben; to cry ~ing fish übles von ſeinen Verwandten reden. — 2. *s.* P unangenehme Geſchichte,

13*

Stänkerei; ⌐ there's a great ~ about it es wird großer Lärm darüber geschlagen.

Stinkomalee (ßti″n-ḟŏ-mä-li″) (von Theodore Hook herrührender) Spottname der (damals neu begründeten) Londoner Universität.

stint (ßtint) [(sich) beschränken]: W. Scott, *Marmion:*
Stint in thy prate, quoth Blount, thou'dst best
And listen to our lord's behest.
Laß nun, sagt Blount, mir dein Geplärr
Und horch', was uns gedeut der Herr.

stir (ßtö′) 1. *s.* Bettler-Cant: Gefängnis; I shall go to Oxford and get in the City ~ (*King of the Beggars*) ich werde nach Oxford gehen und mich in das Stadtgefängnis setzen lassen. — 2. *v.* ~ your stumps (*The Boy's Own Paper*) mach' dich auf die Beine!

stirabout (ßtö′-nä-baut) Gefängnis: Brei aus Mais und Hafermehl.

stirrup-cup (ßtln-n³p-ḟö′p) Reitersprache: Schluck vor dem Aufsitzen, Abschiedstrunk.

stitch (ßtitsch) [Stich, Masche] † ironisch: Schneider (Grose); ⌄ every ~ of canvass alle Segel; sprichwörtlich: a ~ in time saves nine ein kleines Mittel zur rechten Zeit spart viel Mühe.

stiver-cramped(ßtai′-wö-ḟrämpt) Old Cant: ohne einen Heller in der Tasche.

St. Lubbock * (ßᵉnt lö′b-boḟ) scherzhaft: vom Parlamente (auf Vorschlag des Abgeordneten Sir John Lubbock) eingerichteter Feiertag (Bank-holiday). — S. auch Saint Monday.

stock (ßtoḟ) 1. *s.*: a) [Stamm]: ⌐ he comes from a good ~ stammt aus guter Familie; b) [Vorrat]: ⌐ to take ~ (of) das Inventar machen, beobachten, sich merken; ⌐ und ⌐ to lose ~ and block sein ganzes Hab und Gut verlieren; ⌄ ~ and fluke die ganze Geschichte. — 2. *v.*: ⌐ to ~ cards Karten zum Zwecke des Betrugens zurechtlegen.

stock-ale (ßtö′ḟ-el) Brauersprache: alte(s), saure(s) Bier, woraus old ale gemacht wird.

stock-drawer (ßtö′ḟ-drä-ᵘr) Old Cant: Strumpf.

stockinged ⌄ (ßto′ḟ-in•t) mit Strümpfen versehen.

stock-master (ßtö′ḟ-maß-t⁵r) Coster-Slang: einer, der an die unbemittelten Kleinhändler Karren u. s. w. vermietet.

stodge ⟙ (ßtodG) *v.* sich satt essen, vollfressen (*Sl. Dict.*).

stomach (ßto′m-ᵉḟ) scherzhaft: I've got a ~ on my chest mir liegt's schwer auf dem Magen.

stomach-worm ⌐ (ßto′m-ᵉḟ-wöm): the ~ gnaws ich habe Hunger wie ein Wolf.

stom-jack (ßtöm-dGä′ḟ) Kindersprache: statt stomach Magen.

stone (ßtōn) Sport u. s. w.: 14 englische Pfund: 8 stone(ßt'n)nine = 121½ Pfund; with 8 ~ in the saddle (*Sporting Life*) mit einem 112 Pfund schweren Reiter.

stone-broke ⟙ (ßtōn-brō′ḟ) völlig zu Grunde gerichtet.

stone-jug (ßtōn-dGö′g) Bettler-Cant: Gefängnis.

stook ⌐ (ßtūḟ) Taschentuch (*Sl. Dict.*).

stook-hauler (ßtū′ḟ-hä-l⁵r) Dieb, der den Leuten die Taschentücher aus den Taschen stiehlt.

stooping-match (ßtū′-pln•-mätsch) Old Cant: Ausstellen am Pranger.

stoop-napper (ßtū′p-näp-p⁵r) Old Cant: an den Pranger Gestellte(r).

stop (ßtöp) 1. *v/n.* [stillhalten]: ⌐ to ~ at a place sich in einem Orte aufhalten. — 2. *v/a.* [hemmen]: ⌐ I ~ped him from going there ich hielt ihn davon ab, dort hinzugehen; Gaunersprache: parieren, abwehren. — 3. *s.* ⌐ Geheimpolizist.

stop-gap ⌐ (ßtö′p-gäp) letzte(s), jüngste(s) Kind, ⌐ Nesttüchlein.

stopper ⟙ (ßtö′p-p⁵r): to put a ~ on a thing eine Sache verbieten, einer Sache Einhalt gebieten.

store ⌐ (ßtō′) [Vorrat]: to set much, great ~ by ... großen Wert legen auf ...; ~s Laden für vermischte Artikel [aus Amerika eingeführt].

storm F (ħtŏ°'m) ſpriħwörtliħ: after a ~ comes a calm auf Regen folgt Sonnen-ſħein.

storm-breeder ↓ (ħtŏm-bnī'-bŏ°) Sturm-wolke.

storming-board (ħtŏ°'-min• bŏ°b) Turnen: Sturmlauf.

stot F (ħtŏt) junge(r) Stier.

stoter, stotor F (beibes: ħtŏ'-t°) wuħ-tige(r) Hieb.

stound † (ħtaūnb) v. ſtaunen; s. Verwun-derung.

stont (ħtaūt) s. ſħwarzes, ſħweres Bier.

stovepipe(ħtŏ'w-paīp)[Ofenrohr]ſħerzhaft: Cylinderhut.

stow F (ħtŏ) [ſtauen, wegräumen]: ~ your gab, your perlaver laß bein Ge-ſħwäß! to ~ away: a) aufſħmauſen, auffreſſen; b) ↓ ſiħ auf bem Sħiffe verbergen, um ohne Billet burħzu-kommen; ~ faking (*Sl. Dict.*) laß bas! ſei ruhig!

stowaway ↓ (ħtŏ'-ä-we) einer, ber ſiħ ohne Billet auf bas Sħiff geſħliħen hat.

straggling ↓ (ħtnä'g-lin•) [herumſħwei-fenb]: ~ money Matroſe, ber über bie Urlaubszeit hinaus auf bem Lanbe ge-blieben iſt.

straight (ħtnēt) 1. a. unb adv.: P I gave it him ~ iħ hab's ihm gerab heraus geſagt; F ~ in the face offen ins Geſiħt; F to get on the ~ line auf ber reħten Spur ſein. — 2. s. Sħüler-ſpraħe: gerabe(r), bireſte(r) Wurf beim Murmelſpiele.

straight-laced (ħtnē't-lēßt) pebantiſħ, engherzig.

Strand (ħtnänb): the ~ bebeutenbe Verkehrsaber besLonbonerWeſtcentrums, mit ber Themſe parallel laufenb.

strange † (ħtnänbG) [bei ben alten Dra-matifern]: a ~ woman ein Freuben-mäbħen; ſpriħwörtliħ: misery makes ~ bedfellows bie Not maħt alle gleiħ.

strangle-goose F (ħtnän-gl-gū'ß) [Gans-würger] Geflügelhänbler.

strap F (ħtnäp) 1. s. Barbier. — 2. v. Old Cant: arbeiten.

strappado † (ħtnäp-pā'-bŏ) [SHAK. &c.] bas Wippen [militäriſħe Strafe, wobei man ben Verbreħer, an ein Seil gebunben, an einem Wipp- ober Sħnellgalgen in bie Höhe zog unb ſħnell wieber nieberfallen ließ. LUCAS].

strapper P (ħtnä'p-p°) große, breitſħulte-rige Perſon (GROSE).

strapping P (ħtnä'p-pin•) groß unb ſtark, breitſħulterig.

straw (ħtnä) [Stroh, Strohhalm]: I don't care a ~ mir liegt kein Pfifferling baran [† ſħon bei CHAUCER: I sette not a ~ by thy dremynges mir iſt kein Pfifferling an beiner Träumerei gelegen]; P in the ~ im Woħenbette; F his eyes draw ~ er iſt faſt ein-geſħlafen, ſeine Augen ſinb faſt zu; ſpriħwörtliħ: from the bed on the ~ vom Pferb auf ben Eſel.

strawberry P (ħtnä'-b°n-n°) [Erbbeere] = brandy-blossom.

streak P ↖ (ħtnīk) v. [ſtreiħen] ausreißen, burħbrennen.

streaky P (ħtnī'-k°) [ſtreifig] reizbar, ver-brießliħ, jähzornig.

street (ħtnīt) [Straße] euphemiſtiſħ: she walks the ~, she's in the ~ ſie hat ſiħ ber Proſtitution ergeben, P geht auf ben Striħ.

street-boy F (ħtnī't-bŏi) Gaſſenjunge.

street-chanting(ħtnī't-tſħan-tin•)Bettler-Slang: (gewerbsmäßiges) Singen auf ben Straßen.

street-door F (ħtnīt-bŏ°') ſħerzhaft: to grin like a ~ knocker [früher waren bie Thür-hämmer mit allerlei Frahengeſtalten geſħmüht; vgl. bie „Sketches by Boz" vonDICKENS] grinſen wie ein Pavian.

street-ganger F (ħtnī't-gän-°) Bettler.

street-pitcher P (ħtnī't-pīt-jħ°) Straßen-künſtler.

street-walker P (ħtnī't-wä-f°) Straßen-birne.

stretch (ħtnätſħ) 1. v. [ſtreħen] P flunkern, winbbeuteln; to ~ a point ſiħ Gewalt anthun, ſiħ beſonbers Mühe geben; F ſ. neck. — 2. s. ↓ ein Jahr Zuħthaus Stubenten-Slang: Spaziergang.

stretcher (ꜱtrꜵ't-ſch'ᵗ) Waſſerſport: Fußblock, Fußbrett für die Ruderer; F Lüge,
Übertreibung.

stretcher-fencer P (ꜱtrꜵ"t-ſch'ᵗ-fꜵ'n-β⁵)
Verkäufer von Hoſenträgern (*Sl. Dict.*).

stretching-match F (ꜱtrꜵ't-ſchinⁿ-mꜵtſch)
Hinrichtung (*Sl. Dict.*).

strike (ꜱtraͤk) [ſtreichen, ſchlagen] Arbeiterſprache: to ~ (work) die Arbeit ein-
ſtellen; Old Cant: ſtehlen, berauben; F to
~ a jigger eine Thüre, ein Schloß
aufbrechen; P Fluch: ~ me blind, dumb,
ugly &c. if ... mag ich blind, ſtumm,
häßlich wie der Teufel u. ſ. w. werden,
wenn ...; F auffallen, vorkommen: it
~s me that es kommt mir vor, als ob;
how warm you ~ in here wie warm es
bei dir hier iſt! P to ~ in bemerken: "see
that fellow there", struck in one of
the boys „ſieh den Kerl da", bemerkte
einer der Knaben; P ~ me lucky (bei
Abſchließung eines Handels): topp, einver-
ſtanden! Kartenſpiel, Handel u. ſ. w.: ~
oil die rechte Farbe, Sache u. ſ. w.
treffen, *fig.* auf eine Goldader ſtoßen;
Sport: *fig.* ~ one's flag ſich für be-
ſiegt erklären, kapitulieren [auch: to
throw up the sponge]. — S. lower.

string (ꜱtr인ᵉ) 1. *s.* [Bindfaden, Sehne]
P Reihe: there was a whole ~ of 'em
es war ihrer eine ganze Schar; *fig.* F:
to have more than one ~ to one's
bow viele Mittel und Wege kennen. —
2. *v.* P zum beſten haben; to ~ up
aufhängen.

strip (ꜱtrip) [abſtreifen] Boxer-Slang: Rock
und Weſte abnehmen (vgl. peel); Rennen:
dem Pferde die Decken abnehmen; to
~, to be ~ped an einem Rennen teilnehmen.

stroke (ꜱtroͤk) a) Waſſerſport: im (acht-
rudrigen) Boote der Ruderer, welcher dem
Steuermann zunächſt ſitzt, Vormann,
Kapitän: the ~-oar das hinterſte Ruder,
der Vordermann. b) F not a ~ of
work keine Arbeit, nicht das geringſte
Stück Arbeit.

strommel (ꜱtrꜵ'm-m'l) Old Cant: Stroh.

strong P (ꜱtrꜵnᵉ) [ſtark]: to come it ~
es arg, ſchlimm machen, derb reden.

strook † (ꜱtrꜵk) [FULLER &c.] ſtatt struck.

struck F (ꜱtraͤk): ~ all of a heap ganz
verdutzt, verblüfft, verwirrt.

struggle P (ꜱtrꜵgl) [kämpfen]: I could
~ with a little ich ließe mir ſchon
gern ein wenig gefallen, ein bißchen
(Schnaps u. ſ. w.) könnte mir nichts
ſchaden.

strum P (ꜱtrꜵm): a) klimpern: they was
~ming all day on the piano ſie
hämmerten den ganzen Tag auf dem
Klavier herum.

> Masking and humming,
> Fifing and drumming,
> Guitarring and strumming,
> Oh, Thomas Moore!   (BYRON)
> Flüſternde Narren,
> Flöten und Schnarren,
> Geigen, Guitarren,
> O, Thomas Moore!

b) F geſchlechtlich beiwohnen.

stubble it F (ꜱtꜵ'bl it) halt's Maul!

stubbs F (ꜱtꜵbſ) nichts.

stub-faced F (ꜱtꜵ'b-fꜵᵗſt) [stub = Art
Nagel zum Beſchlagen der Pferde]
pockennarbig.

stuck P (ꜱtꜵk) ohne Geld, mittellos.

stuck-up F (ꜱtꜵk-ꜵ'p) hochmütig, aufgeblaſen.

studnsel (ꜱtꜵ'dn-β'l), **stunsail** (ꜱtꜵ'n-β'l)
↓ ſtatt studding-sail Leeſegel.

study F (ꜱtꜵ'd-ᵉ) [erforſchen]: I ~ him
in everything ich ſuche ſeine leiſeſten
Wünſche zu erraten, zu erfüllen.

stuff (ꜱtꜵf) 1. *s.* [Stoff] ↓ geiſtige Getränke; F Geld; gammy ~ ſchlechte,
gefälſchte Arznei; F it's all ~ and
nonsense das iſt reiner Blödſinn. —
2. *v.* [ſtopfen] (ſprichwörtlich): ~ a cold
and starve a fever bei einer Erkältung
ſoll man viel, bei einem Fieber wenig
eſſen und trinken; F: a) v/n. Märchen
ſpinnen; b) v/a.: to ~ a person jemand
etwas weismachen, vorflunkern; *fig.* F:
if he were ~ with gold wenn er aus
Geld gemacht wäre.

stump (ꜱtꜵmp) 1. *s.* [Stumpf] a) Bettler-
Cant: ~s Cigarrenſtummel; b) Kricket:
einer der drei Pfähle des Dreiſtabs;
c) politiſche Agitation: he's on the ~
er befindet ſich auf einer politiſchen
Rundreiſe; d) P Geld: ~ up! heraus
mit dem Gelde! e) F ~s Beine;

it's a case of ~ with us wir find verloren. — 2. *v.*: a) Kricket: to ~ out (mit dem Balle während des Laufens der Schläger) den Dreiftab berühren und dadurch das Spiel des betreffenden Schlägers beendigen; b) P ftampfen: half an acre of shoes came ~ing down the street (DICKENS) ein halber Mor= gen Schuhe kam die Straße hinab ge= laufen; ~ it! lauf fort! c) [vom Baum= ftamme herab reden] Politik: Reden halten: to ~ the country im ganzen Lande laut agitieren.

stumped P (ftömpt) verraten und ver= kauft, bankrott, hilflos; Schulfprache: durchgefallen.

stumps P (ftömpß) *s/pl.* Beine (GROSE).

stump-up F (ftömp-ö'p) bezahlen.

stumpy P (ftö'm-p=) Geld.

stun (ftön) 1. *s.* P ftatt stone = 14 engl. Pfund: seven ~ eight = 106 Pfund; f. stone. — 2. *v.* [betäuben] P er= ftaunen, verblüffen.

stunner (ftö'n-u⁵ʳ) Schülerfprache und P: heftige(r) Schlag, tüchtige(r) Kerl, wun= derbare Geschichte, derbe Lüge; P to put the ~s on one (*Sl. Dict.*) jemand verblüffen, überraschen.

stunning P (ftö'n-nin⁹) [betäubend] ge= waltig, entfetzlich: a ~ fine wench ein verteufelt schönes Weibsbild.

stunningly P (ftö'n-nin⁹-l=) ungeheuer: "'ow're ye getting on?" "Stunningly", he replied „Wie geht dir's?" „Wie im Himmel", verfetzte er.

stunsail ↓, f. studnsel.

sturabin F (ftü-n=-b=n) Gefängnis.

sturdy (ftö⁵'-r=)[kräftig] Old Cant: ~ beggar unterfte Gaunergattung.

stush (ftöjch) P f. stash.

sty F (ftai) [Schweineftall] Gerftenkorn (am Auge).

style P (ftail) [Stil]: that's the ~ fo ift's recht, fo muß man's machen.

sub (föb) 1. *s.* ✕ und ↓ Subalternoffizier, Untergebene(r). — 2. *v.* Arbeiter=Slang: fich im voraus bezahlen laffen.

subjeck (fö'b-dℊ=t) P ftatt subject.

substantial ✿ (föb-ftä'n-fch=l) folid, zahlungsfähig.

suburb-ladies† (fö"b-³ʳb-le'-d³j)[Vorftadt= dämchen] feine Grifetten (FLETCHER).

succeed F (ß=k-ßi'd) fprichw.: nothing ~s like success Variation des Heine'fchen:
 Wer viel hat, der wird auch bald
 Noch viel mehr dazu bekommen.

suck (fök) 1. *v.*: a) [faugen]: F to ~ the monkey (durch einen Strohhalm) Wein aus dem Faffe faugen; b) fchma= rotzen, ausfpionieren: to ~ up to fich einfchmeicheln bei. — 2. *s.* have a ~! faug' einmal! Schul=Slang: Schmarotzer, eklige(r) Fant.

suck-casa F (fö'k-ke⁵-ja) Schenke, Wirts= haus.

sucker P (fö'k-³) Säugling.

sucking (fö'k-in⁹) [faugend]: P ~-babby Säugling, Juriften=Slang: ~ barrister Advokat ohne Praxis; fcherzhaft: like a ~ dove wie ein unfchuldiges Täubchen.

sucky F (fö'k-=) befoffen.

suction ↓ (fö'k-fch⁵n) [Saugung] Ge= tränk, Schnaps.

sudden death F (födn de'dh) Art Hafard= fpiel mit Kupfermünzen, das fchon beim erften Wurfe entfchieden wird [im Gegenfatze zu best two out of three &c.]. — S. auch odd-man-out.

suds F (födf): in the ~ in großer Ver= legenheit.

sue P (fü) fprichwörtlich: you may sue a beggar and catch a louse wo nichts ift, da hat der Kaifer fein Recht ver= loren.

Snez canals ✿ (fü'-³j k⁵-nälf) Börfe: ftatt Suez canal shares Suezkanal=Aktien.

sufferer (fö'f-f³-u⁵ʳ) [Duldender] bei Spielen: der Verlierende; F Schneider.

sufficient F (fö'f-fi'fch-³nt) fprichwörtlich: ~ unto the day is the evil thereof (Bibel) es ift genug, daß ein jeglicher Tag feine eigene Plage habe.

sugar (fchu'g-³ʳ) [Zucker]: F to be ~ on fterblich verliebt fein in ...; F Geld.

sugar-cured ✿ (fchu'g-³ʳ-kju⁵d) (bef. von Schinken) mit Zucker behandelt.

sugar-loaf ↓ (fchu'g-³ʳ-lōf) [Zuckerhut] Bergkegel in der Nähe einer Küste (SMYTH).

suicide (ßju'-ï-ßāïd) [Selbstmord] Sport: 4 Pferde vor einander gespannt.

suit F (ßjūt) [anpassen]: he ~ed the action to the word gesagt, gethan.

sukey P (ßu'k-*) Theekessel; does ~ boil? kocht's Wasser?

sulky † (ßö'l-k*) [grollend] Art Chaise, die nur eine Person hielt.

sum (ßöm) [Summe] Schulsprache: Rechenexempel; to do ~s rechnen; he's good at ~s er kann gut rechnen.

summat (ßö'm-mät) P statt somewhat, something etwas.

summer (ßö'm-mer)[Sommer]sprichwörtlich: it takes more than one swallow to make a ~ eine Schwalbe macht noch keinen Sommer.

summerset (ßö'm-mer-ßét) P statt somersault Purzelbaum.

sun P (ßön) [Sonne] scherzhaft: to have been in the ~, to have the ~ in one's eyes beduselt sein.

Sunday-afternoon (ßö'n-dé-af-t*-nū''n) Slang der Dienstmädchen: courting dress Sonntagnachmittags-Ausgehkleid.

Sunday-man † (ßö'n-dé-män) jemand, der nur an Sonntagen ausgeht (um nicht arretiert zu werden).

sundry F (ßö'n-drè): all and ~ allesamt.

sunspottery (ßö'n-ßpot-t*-rè) Astronomen-Slang: Wissenschaft der Sonnenflecken.

sup F (ßöp) [zu Nacht essen]: fig. to ~ sorrows by the ladleful in Sorgen gebettet sein.

supe (ßjūp), **super** (ßjū'-pér): a) Theater: statt supernumerary überzählige(r), auf kürzere Zeit angeworbene(r) Schauspieler; b) F Uhr (Sl. Dict.).

supply (ßöp-plai') [Zuschuß]: ⚕ limited ~ geringe(r) Vorrat, karge Zufuhr; Parlament: Budget.

sure (schū', P schö') sicher: F to be ~ sicherlich, richtig; this is a lark to be ~ das ist wahrhaftig ein gelungener Witz; he ~ and tell me vergiß ja nicht, mir's zu sagen.

surf P (ßöf) Kriecher, Schmarotzer; Theater: Schauspieler, der der Bühne öfters ungetreu wird (Sl. Dict.).

surly-chops ⚓ (ßö'-lï-tschöpß) Griesgram.

surplice (ßö'-plïß) [Chorhemd] Kirche: ~ choir Sängerchor in weißen Talaren.

surprise-box (ßö'-praï'ß-bökß) Zuckerladen u. s. w.: Bonbonschachtel, die man ohne Prüfung des Inhalts kauft.

suspense (ßöß-pé'nß) Old Cant: one in a deadly ~ einer, der soeben gehängt werden ist [Wortspiel, eigentlich: einer in der ängstlichsten, in banger Erwartung].

sus per col (ßöß pör kö'l) juristisch statt suspensus per collem gehängt. [Im Zuchthaus-Register wird dieser Ausdruck dem Namen jedes Hingerichteten beigefügt.]

suspicion F (ßöß-pï'sch-*n) [Verdacht] sehr geringe Menge: a ~ of salt ein Stäubchen Salz; not the ~ of a smile auch nicht die Spur von einem Lächeln.

s'velp me P (ßwé'lp mï) = s'help me.

swab ⚓ (ßwöb) [Wischlappen] ironisch: Epaulette; Schüler-Slang: Kerl, Lümmel.

swabber ⚓ (ßwö'b-bér) Schiffsjunge; the master, the ~, the boatswain and I (SHAKESPEARE, Tempest) der Kapitän, der Junge, der Bootsmann und ich.

swack-up P (ßwäk-ö'p) Lüge (Sl. Dict.).

swad ⚓ (ßwöd), **swaddy** (ßwö'd-dè) Soldat.

swaddler F (ßwö'd-lér) Methodist.

swag (ßwäg) 1. v. F plündern, rauben. — 2. s. F Anteil an der Beute; Old Cant: Laden; P ~-shop Möbelgeschäft mit spottbilligen Waren, allgemeines Warenlager.

swagger ⚔ (ßwä'g-gér) kurzer Stock, den sich Soldaten der guten Haltung wegen quer durch die Arme stecken.

swaggery P (ßwä'g-gér-è) prahlerisch.

swagsman F (ßwä'gß-män) Helfershelfer, der die Beute schleppt.

swallow (ßwö'l-lō) [verschlucken] F sich (Beleidigungen) gefallen lassen, einstecken, (den Ärger) verschlucken; scherzhaft: he looks as if he had ~ed a poker er sieht aus, als hätt' er einen Ladestock verschluckt, er hält sich sehr gerade.

swan F (ḥwŏn): the ~ of Avon der
Schwan von Avon (Shakespeare).

swank P (ḥwän⸱k) [deutsch: Schwank?]
prahlen, flunkern (*Sl. Dict.*).

swankey F (ḥwä'n⸱kⁱ) schlechte(s) Bier.

swap P (ḥwŏp) v. verkaufen, losschlagen,
austauschen; s. Handel, Tausch, Schwin=
delkram.

swashing P (ḥwŏ'ſch⸱ĭnᵍ): a ~ blow ein
heftiger Schlag.

swatchel-cove P (ḥwŏ'tſchl⸱kōw) Vor=
steher eines "Punch-and-Judy"-Kastens
(*Sl. Dict.*).

swear F (ḥwä') [schwören, fluchen]: to
~ at mit Fluchworten, Verwünschungen
traktieren; to ~ like a cutter wie ein
Türke fluchen.

swear-off P (ḥwä⸱ŏ'f) abschwören, ent=
sagen, verzichten auf ...

sweat (ḥwät) 1. v/n. [schwitzen] Schul=
sprache: ochsen. — 2. v/a. [zum Schwitzen
bringen]: Cirtus u. ſ. w.: to ~ down
durch Schwitzkur zum Laufen, Rudern,
Reiten u. ſ. w. trainieren; F to ~
gold-coins Goldstücke in einer Leder=
tasche so kräftig schütteln, daß sich der
Goldstaub davon lostrennt; Arbeiter=
sprache: (die Untergebenen) schinden,
aussaugen; ⊥ to ~ the purser Lebens=
vorräte (aus den Proviantkammern)
stehlen. — 3. s. the street is all of
a ~ die Straße ist wie ein Morast.

sweater (ḥwä't⸱ʳ) Arbeiter=Slang: Leute=
schinder, Meister, der Hungerlöhne zahlt
(*Sl. Dict.*); P saure Arbeit.

sweep (ḥwīp) F statt chimney-sweeper
Schornsteinfeger; Lumpenkerl.

sweeping ✲ (ḥwī'⸱pĭnᵍ) [fortreißend]:
at a ~ reduction zu Schleuderpreisen,
zu bedeutend ermäßigten Preisen.

sweet (ḥwīt) 1. a. [süß] scherzhaft: to have
a ~ tooth ein Liebhaber, eine Freundin
von Zuckersachen sein; sehr gewöhnliche
Lobhudelei auf die englische Sprache: ~
and sounding Saxon süßtönendes
Sächsisch; ~ seventeen ein holdes,
siebzehnjähriges Mädchen; ~ and-
twenty (SHAK.) süßes Mädel von
zwanzig; F to be ~ on ... verliebt
sein in ...; ⊥ a ~ craft ein prächtiges
Fahrzeug, übertragen auch: Weib; P vom

Winde: it will blow you ~ er wird dich
kühl, frisch, gesund durchwehen; ~ and
clean fein sauber; F geschickt (im Stehlen).
— 2. adv. Kricket: to go ~ from the
bat gut von der Kelle abprallen; F
coming along rather ~ in schnellem
Trabe vorwärts eilend. — 3. s. [Süßig=
keit] F Zuckerzeug, Bonbon; ~-shop
Zuckerladen; F ~s to the sweet [oft
citierte Stelle aus „Hamlet". — Worte der
Königin, während sie Blumen auf Opheliens
Grab streut] Holdes dem Holden! (Ähnlich
im Deutschen: der Rose die Rose! u. ſ. w.)

sweeten (ḥwītn) Old Cant: Almosen
geben.

sweetener P (ḥwī'⸱t⸱nᵉʳ) bei Ver=
steigerungen zum Mitbieten Angestell=
te(r) (*Sl. Dict.*).

sweethearting F (ḥwī't⸱hä⸱tĭnᵍ) Freien,
Hofmachen, Werbung.

sweeting † (ḥwī'⸱tĭnᵍ) Art süßer Apfel
[so nennt Othello liebkosend die Deßdemona.
Vgl. pippin].

sweetner (ḥwī't⸱nᵉʳ) Old Cant: Gaukler,
Gauner.

swell (ḥwĕl) 1. v. [schwellen]: F he ~ed
their number er gesellte sich zu ihnen.
— 2. s. [Schwellen]: a) Musik: A
~, C ~ mit Anwendung des „Schwel=
lers" hervorgebrachte Note der Orgel;
b) ⊥ there was a (bit of a) ~ die Wogen
rollten hoch; c) F Stutzer, Modedämchen,
Hauptkerl: she was dressed an alarm=
ing ~ sie hatte sich gehörig aufgedon=
nert; to do the ~ den Feinen spielen;
ironisch: ~ hung in chains (*Sl. Dict.*)
fein geschniegelte(s), mit Schmucksachen
behangene(s) Herrchen. — 3. a. F fein,
elegant, stutzerhaft:

With black-eyed Sal, his blowing,
So prime, so swell, so nutty and so knowing.
(BYRON.)

Mit der schwarzäugigen Sarah, seiner Holdlieben,
So schmuck, so fein, so süß und so durchtrieben.

a ~ place eine feine Stadt; a ~ mob
eine Gaunerbande; ~ mobsman In=
dustrieritter. — 4. v. he's ~ing it er
spielt den vornehmen Herrn.

swelp (ḥwĕlp): ~ me P statt so (God)
help me (⊥ ~ my davy = so help me
(davy) so wahr mir Gott helfe! — Vgl.
auch 'davy und s' help me.

swelter P (ṣwĕʹ-t¹) heiße, mühſame Arbeit.

swig P (ṣwĭg) s. Schluck, Getränk; v/n. kneipen, zechen; v/a. ſchlucken: the rum he had swigg'd out of the bottle (*Almost lost*) der Rum, den er aus der Flaſche getrunken hatte.

swill P (ṣwĭl) [benetzen] ſaufen; ~ tub Säufer.

The wretched, bloody and usurping boar
Swills your warm blood like wash.
(SHAK., *Richard III.*)
Der böſe, blutʹge Eber
Säuft euer warmes Blut wie Spüliht.

swim (ṣwĭm) s. P Geſchäft, Angelegenheit: to be in the same ~ in demſelben Geſchäfte, mit beteiligt ſein; the ~ a fellow is in das Geſchäft, das einer betreibt; ꝼ to be in the ~ ein Mitſchuldiger, Mitwiſſender ſein; a good ~ ein guter Fang, eine gute Beute.

swimmer (ṣwĭʹm-m⁸ʳ) Old Cant: Schiff.

swine F (ṣwaīn) ſcherzhaft: to go the complete (oder the entire) ~ [Variation der gebräuchlicheren Redensart: to go the whole hog] das Ganze wagen, unternehmen, F aufs Ganze gehen.

swing (ṣwĭnᵍ) 1. v. [ſchwingen]: a) P gehängt werden: he'll ~ for it es wird ihn an den Galgen bringen; b) Parlament: a ~ing majority eine ſtarke Majorität. — 2. s.: ꝼ to have one's full ~ of zur Genüge bekommen von; I let him have his full ~ (of talk &c.) ich ließ ihn nach Herzensluft ſchwätzen u. ſ. w.

swingeing P (ṣwĭʹn-dᵍīnᵍ) [peitſchend] gewaltig: a ~ blow ein wuchtiger Schlag; a ~ concern eine großartige Affäre (*St. Dict.*).

swing-tail (ṣwĭʹn⁸-tēl) Old Cant: Schwein.

swipe (ṣwaīp) s. Kricket: ſtarke(r) Schlag, der den Ball hoch in die Luft treibt;

v. Schüler-Slang: ſchlagen, prügeln: let me have a ~ at him (*A little Ragamuffin*) laßt mich einmal auf ihn loshauen.

swiper (ṣwaīʹ-p⁸ʳ) Kricket: energiſche(r), ſtarke(r) Schläger.

swipes P (ṣwaīpß) Dünnbier.

swipey P (ṣwaīʹ-p⁸) beſoffen, P im Thran (*St. Dict.*).

swish (ṣwĭſch) Schüler-Slang: prügeln.

swished (ṣwĭſcht) Old Cant: verheiratet.

Swithin (ṣwĭʹth-ⁱn): St. ~'s der 15. Juli; dieſer Tag gibt einer Bauernregel zufolge den Ausſchlag, eb es die nächſten 40 Tage Regen oder trockenes Wetter geben ſoll [vgl. den deutſchen „Siebenſchläfer"; wenn es an dieſem Tage regnet, ſollen bekanntlich ſieben Wochen Regenwetter folgen].

swive (ṣwaīw) Old Cant: geſchlechtlich beiwohnen.

swivel-eye (ṣwĭʹwᵉl-aī) P ſcheeles Auge, Scheeläugige(r); ~d ſcheel (GROSE).

swizzle P (ṣwĭſl) Getränk.

swop ꝼ (ṣwŏp) austauſchen; we agreed to ~ togs (*King of the Beggars*) wir kamen überein, unſere Kleidungsſtücke auszutauſchen; ſ. swap.

sword (ṣōd) BYRON:
For the sword outwears its sheath,
And the soul wears out the breast.
Scharfes Schwert zerſtört die Scheide,
Und die Seele unſʹre Bruſt.
[entſprechend dem franz.: La lame use le fourreau].

swore (ṣwō) P ſtatt sworn geſchworen, gefluht.

swot ✗ (ṣwŏt) Mathematik.

'sylum (ṣaīʹ-lⁱm) ſtatt asylum Zufluchtsſtätte.

syntax (ṣĭʹn-täkß) ſcherzhaft: Schulmeiſter (GROSE).

T.

T F (ti): to a T ganz richtig, vorzüglich: to do things to a T etwas Ausgezeichnetes zu stande bringen.

Tab (täb): the ~ ſtatt the Tabernacle die Diſſenterkirche des St. Spurgeon.

tabby F (tä'b-b•) alte Jungfer.

tabby-party F (tä"b-bᵉ-pā'-t•) Geſellſchaft, an der nur Weiber teilnehmen, Kaffeegeſellſchaft, Kaffeeklatſch.

table P (tebl) *v a.* auf den Tiſch werfen.

tables (teblſ) [Tafeln] Schulſprache: Einmaleins: he does not know his ~ er weiß das Einmaleins nicht.

tabooed P und F (tä-bū'd) verboten.

tack (täk) 1. *s.* [♃ Gang beim Lavieren]: F to get on a new ~ neue Mittel, einen neuen Plan erſinnen. — 2. *v.* F to ~ about lavieren, auf neue Maßregeln ſinnen; to ~ oneself to a person ſich an jemand hängen; ✻ fremdartige(r) Geſchmack, Beigeſchmack.

tackle (täkl) 1. *v.* P anpacken, angreifen. 2. *s.* P Werkzeug; ♃ Kleider; Fußball: Angriff auf den Spieler, welcher den Ball trägt; Old Cant: Mätreſſe.

Taffy (tä'f-f•) [David] Kinderreim:

I went to Taffy's home,
Taffy wasn't at home,
Taffy came to my house
And stole the mutton-bone.

Ich ging zu Davids Haus,
David war nicht daheim,
David kam in mein Haus
Und ſtahl das Hammelbein.

ſpöttiſch: Walliſer; ſ. Sawney.

tag † (täg) (bei SHAK. &c.): the ~ der Pöbel.

tag-rag F (täg-rä"g) zerlumpt: ~ and bob-tail Lumpengeſindel.

tail (tel) [Schwanz] Old Cant: Degen; Dirne; F to get the ~ down (*Sl. Dict.*) den Mut verlieren, *fig.* die Ohren hängen laſſen; ♃ ~s of the cat (ſtatt des gewöhnlichen cat o' nine ~s) Katze,

Peitſche mit neun Knoten: he had his back scratched with the ~s o' the cat ihm ward der Rücken mit der Katze gegerbt.

tail-block ♃ (te'l-blok) Uhr.

tail-buzzer F (te'l-böſ-fᵉ) Dieb, der Rocktaſchen ausleert.

tail-off (tel-ö'f) Sport: (in der Liſte der Renner u. ſ. w.) ans Ende ſetzen, für untüchtig erklären.

tailor (te'-lᵉʳ) alter Spruch: put a ~, a weaver and a miller into a sack and shake them well, and the first that puts out his head, is certainly a thief; ähnlich im Deutſchen: Steckt man einen Schneider, einen Weber und einen Müller in einen Sack und rollt ſie den Berg hinunter, ſo iſt immer ein Dieb oben [vgl. Wanders Deutſches Sprichwörter-Lexikon, Artikel „Sack": Wenn man ſie zuſammen in einen Sack thäte und hineingriffe, ſo kriegte man immer einen Schelm beim Kopf].

tailor's goose P (te'ʳ-lᵒʳſ gū"ſ) Art Bügeleiſen.

'tain't, 'tan't (beides: tᵉnt) P ſtatt it is not, it ain't es iſt nicht.

take (tek) [nehmen] 1. *v a.* Damenbrett: ~ me ſchlag' mich! Schule u. ſ. w.: to ~ the first prize den erſten Preis davontragen, empfangen; F to ~ beef ausreißen; verächtlich: ~ a carrot du kannſt mir geſtohlen bleiben; ~ a grind ſpazieren gehen; Sport: to ~ a ditch über einen Graben ſetzen, einen Graben nehmen; F it took us by surprise es ſetzte uns in Erſtaunen; ✕ to ~ the field ins Feld rücken; F to ~ a long time lange Zeit brauchen; it ~s a good deal es gehört viel dazu; ſ. snuff, wink. — 2. *v. n.* F anziehen, bezaubern: this play won't ~ dieſes Stück wird nicht ziehen; she's very taking ſie iſt ſehr anziehend; to ~ after arten nach, ſchlachten nach: she ~s after her mother ſie gleicht ihrer Mutter; P to ~ in: a) glauben: she took it

all in fie glaubte alles aufs Haar;
b) befchwindeln: they 've taken me
in nicely fie haben mich fchön 'rein=
gelegt; F (von Zeitungen): fich abon=
nieren auf; P (von Wäfche u. f. w.) über=
nehmen: she ~s in washing and
needle-work fie wäfcht und näht zu
Haufe; [bei SHAKESPEARE fommt to ~
in im Sinne von „überwinden, fchlagen"
vor]; to ~ oneself off fich fortmachen,
F fich drücken; to ~ a person off einen
verfpotten; P to ~ on fich grämen:
don't ~ on so (*The little Ragamuffin*)
nimm's dir nicht zu fehr zu Herzen,
fei nur nicht fo betrübt; f. peg, sight,
stock; to ~ up (als Lohn) erhalten;
ausfchelten; (in der Rede) unterbrechen;
(mit dem Wagen) abholen; F to ~ it
out in fich (dagegen) ausbedingen; we
took it out in butter and eggs wir
ließen uns Butter und Eier dafür
geben; P she ~s it out in gin fie
leiftet fich gern ein Gläschen Genever;
all the pluck is taken out of me
mir ift aller Mut genommen; P ~
it out of him gib's ihm aus allen
Kräften, prügele ihn windelweich. —
3. s. P Einnahme, Fang.

take-in P (te²k-i'n) s. Schwindel, Prellerei.

take-off P (te²k-ŏ'f) s. Spottfchrift.

taker (te²-kŏ²) Sport: einer, der eine an=
gebotene Wette annimmt (HOPPE).

taker-in P ⤫ (te²-kŏ²-i'n) Betrüger.

take-up (te²k-ŏ'p) s. Drofchkenfutfcher=Slang:
Stelle, an welcher jemand einfteigt.

tale F (tel) [Gefchichte]: to tell a different
~ eine Sache ganz anders berichten,
erzählen; don't tell ~s plaudere nicht
aus der Schule! that's the end of the
~ das ift das Ende vom Liede.

talent (tä²l-ĕnt) Sport: die fchlauen Kenner;
öfters auch ironifch: Leute, die fich weife
dünken (und doch „reinfallen").

talk (tâk) [reden]: F to ~ nineteen to
the dozen, to ~ a donkey's hindleg
off fich zu Tode fchwätzen, ins Blaue
hinein reden; f. shop; Rennftamm=Slang,
von engbrüftigen Pferden: feuchen, fchnau=
ben (*Sl. Dict.*); f. roar, roarer; F to
~ down überbrüllen; to ~ into be=
fchwätzen zu; to ~ out of abbringen
von; Parlament: to ~ out a bill durch

(langfchweifige) Reden verhindern, daß
ein Gefetzesvorfchlag zur Abftimmung
kommt.

talkee-talkee (tâ-ki'-tâ-ki'') fcherzhaft: the
~ house das Parlament.

tall F (tâl) [hochgewachfen, groß]: ~ talk
hochtrabende Rede; we had a ~ time
(of it) wir hatten luftige Tage, lebten
wie Gott in Frankreich.

tally (tä²l-i•) [Kerbholz]: a) F monat=
liche u. f. w. Abrechnung; to keep
~ with in Übereinftimmung bleiben,
halten mit; b) Coster-Slang: fechzig
Bündel weiße Rüben; c) P to live ~
with in wilder Ehe leben mit; ~-wife
Konkubine (*Sl. Dict.*).

tally-ho (tä²l-i•-hŏ') Jagdruf: hallo!

tally-man (tä²l-i•-män) Kleinhändler, der
(in den ärmeren Quartieren) entweder
als Haufierer von Thüre zu Thüre
geht, oder in einem ärmlichen Laden
(tally-shop) feine Waren preisbietet,
feinen Kunden aber ftets wöchentliche
oder monatliche Abrechnung (tally)
gewährt.

tally-shop (tä²l-i•-fchŏp), f. tally-man.

tame F (tem) [zahm] ohne Geift und Witz.

tan (tän) I. v. [gerben] Schüler-Slang: prü=
geln, durchwichfen; Schulroman: during
this tanning operation während diefer
Prügelei; I'll tan your hide for you
ich fchlag' dich grün und blau, gerbe
dir dein Fell durch. — 2. *math.* ftatt
tangent Tangente.

tandem (tä²n-dĕm) Wagenfport: zwei Pferde,
eins vor das andere gefpannt: to drive
~ die Pferde vor einander fpannen;
~-horn Trompete, die bei dergleichen
Fahrten geblafen wird.

tangent F (tä²n-dGĕnt) [Tangente]: to
go off, fly off at a ~ plötzlich auf
einen andern Gegenftand kommen, plötz=
lich in Zorn geraten.

tanner P (tä²n-nŏ²) fechs Pence: a ~'s
worth was fünfzig Pfennig koftet,
wert ift.

tantivy (tä²n-ti²-vi•) [fpornftreichs] Jagdruf:
auf, davon!

tan-track (tä²n-träk) Sport: mit Lohe be=
ftreuter Pfad.

tantrem, tantrum P (tȁ'n-tn⁵m) Ärger, böse Laune: she's in one of her ~s fie ift in einer bitterbösen Stimmung.

tap (tắp) 1. *v.*: a) [leise klopfen] Polizei: to ~ one's shoulder jemand verhaften; Sport: Anfrage halten bei: he tapped him for four fifties er bot ihm vier gegen fünfzig an. b) [zapfen] Boxer-Slang: to tap one's claret einen blutig schlagen; ⚓ to tap the admiral Wein, Schnaps u. s. w. mittels eines Strohhalmes aus dem Fasse saugen [das Faß Rum, worin Nelsons Leiche nach England geschafft wurde, soll auf diese Weise leer geworden sein; *Sl. Dict.*). — 2. *s.* [Zapfen] P Getränk; a fine tap of lofty diction (*Punch*) eine feine Sorte hochtrabender Redensarten.

tape (tắp) [Zwirn] Old Cant: Branntwein; ✗ Verbot geistiger Getränke; F red ~ rote(r) Faden (zum Heften der Aktenstücke); Beamtenwirtschaft [red-tapism Büreaukratie].

taper P (tē'ı-pᵉ) 1. *v.* [spitz zulaufen] abnehmen, ausgehen; mager werden. — 2. *a.* [spitz zulaufend]: to grow ~ dünn, mager werden.

taplash F (tắ'p-lᵗsch) schlechtes, trübes Bier.

tapper F (tắ'p-pᵉ) Gerichtsdiener. — S. auch shoulder-clapper.

Tap-tub (tắ'p-töb) Spitzname des *Morning Advertiser*, weil dieses Blatt besonders von Wirten und Bierbrauern gelesen wird. — Vgl. Gamp.

tar (tā') 1. *s.* [Theer]: a) F Matrose:

Women screeching, tars blaspheming
Tell us that our time 's expired.
(BYRON.)

Weiber schrei'n, Matrosen fluchen,
Künden uns den nahen Tod.

b) ⚓ don't spoil the ship for want of tar man soll nicht am Notwendigen sparen; † don't lose a sheep for a half-penny-worth of tar [mit Theer werden Schafe gekennzeichnet, martiert] man soll in kleinen Dingen nicht knausern; he had a lick (auch a touch) of the tar-brush er hat einen Tropfen Negerblut in sich. — 2. *v. fig.* F: they are tarred with the same brush die sind über einen Kamm geschoren; ⚓ to tar out (*Sl. Dict.*) bestrafen.

taradiddle P (tā-na-dı'dᵗl) *s.* Gaunerei, Flunkerei, Schwindel.

tarnation(tā-nᵉ'-schᵉn) bef.Amerikanismus: verdammt statt damnation, damned.

tar-out P (tā-aū't) bestrafen, mit gleicher Münze bezahlen.

tarpaulin P (tā-pā'-lᵗn) [⚓ Presenning] Matrose.

tart (tā't) [Torte] scherzhaft: a jam ~ ein zuckersüßes Mädchen; my ~ mein Schätzchen; the ~s die Mädels.

Tartar (tā'ı-tᵉʳ) [Tartar]: to catch a ~: a) F an den Unrechten kommen, b) ⚓ ein feindliches Schiff angreifen, dessen Stärke man unterschätzt hat.

taste (tēßt) [Geschmack]: a) F there's no accounting for ~s über Geschmackssachen läßt sich nicht streiten, studentisch: de gustibus non est disputandibus. b) † [SHAK. &c.] *s.* Versuch; *v.* versuchen, wagen.

ta-ta (tā-tā') Kindersprache (Abschiedswort): adieu!

tat-box F (tắ't-böㄅ) Würfelbecher (*Sl. D.*).

tater P (tē'ı-tᵗ) statt potato Kartoffel: ~-skying Kartoffeln hoch in die Luft werfen und zum Ergötzen der Zuschauer mit dem Schädel auffangen und dadurch in Stücke schlagen; s'elp my ~ [auch s'elp my greens] alle Wetter.

tater-trap P (tē⁵-tᵗ-tnā'p) Maulwerk.

tatler F (tắ't-lᵗ) Uhr.

tatmonger (tắ't-mönᵗ-gᵗʳ) Old Cant: einer, der sich falscher Würfel bedient.

tats (tắtß) Bettler-Cant: alte Lumpen; Old Cant: falsche Würfel (vgl. tat-box und tatmonger.

tatter (tắ't-tᵗ) Bettler-Cant: Lumpensammler.

tatterdemalion F (tắ't-tᵗʳ-dᵗ-ntᵉ''-lįᵗn) Lumpenkerl, Schlumpe.

tatterdom (tắ't-tᵗʳ-dᵗm) Zeitungen, scherzhaft: Lumpenwelt, Bettelwesen.

Tattersall's (tắ't-tᵗʳ-ßälᵗ) [nach Lord Tattersall benannt] Etablissement für Pferdeauktionen.

tatting (tắ't-tinᵗ) Bettler-Cant: Lumpen sammeln.

tat(t)s (tắtß) *s pl.* Old Cant: falsche Würfel (vgl. tat-box und tatmonger).

taut ↯ (tāt) [ſtraff]: a) ſtramm: a ~
hand ein ſtrenger Vorgeſetzter; b) fein
geputzt: ~ and trim in vollem Staate.

tauten ↯ (tātn) [ſtraff ſpannen] fein
putzen.

taw (tā) Knabenſprache: große(r) Klicker,
Murmel (*Sl. Dict.*); P I'll be one on
your ~ ich will dir's ſchon entgelten.

tawdry-lace † (tā'-drā⁵-lēß) [SHAK. &c.]
Art Spitzenkragen für Frauen.

tax F (tāßß) [Steuer]: to be a tax on
one einem zur Laſt, beſchwerlich fallen.

T. B. (tī bī') School-Slang: ſtatt top-boy.
(der) oberſte der Klaſſe, (der) Primus.
— S. auch opt.

tea (tī) [Thee] Theater: tea-cup-and-saucer
bürgerliche(s), philiſtröſe(s) Schauſpiel
(*Daily News*, 1880); ironiſch: tea-fight
(*Sl.Dict.*) Theegeſellſchaft; Sport u. ſ. w.:
tea-spoon 5000 Pfund Sterling; ſ.
pony, monkey.

teagueland F (tī'g-länd) Irland.

team (tīm) [Geſpann] Sport: Geſamtheit
der Mitſpielenden: how such a ~ could
have beaten their country eleven is
a marvel (*Bell's Life*) wie ſolche Spieler
die elf (Cricketſpieler) ihrer Grafſchaft
ſchlagen konnten, das ſcheint ein wahres
Wunder.

That is a team which should give us some trouble,
And keep our crack cricketers all at a double.
(*Punch.*)

Das ſind Cricketſpieler vom erſten Range,
Halten leicht auch den beſten der unſern die
Stange.
(Bei Gelegenheit einer mit auſtraliſchen Spielern
verabredeten Cricketpartie.)

teakettle F (tī'-kětl): ~ groom Bedien-
te(r), der auch als Kutſcher u. ſ. w.
fungieren muß.

tear (tā⁵) 1. *v.* [zerreißen] P *v/n.*: to ~
(along voran=, away fort=, down the
street die Straße entlang u. ſ. w.)
laufen, ſtürmen; Arbeiterſprache: ~ing
work Arbeit, die einen zu grunde
richtet, die die Geſundheit ſchädigt;
Bettler-Cant: to ~ up (im Armenhauſe)
die Kleider, die man anhat, in Fetzen
reißen, damit man neu gekleidet werde.
— 2. *s.* P ſchnelle Bewegung: where
sixty machines were at full ~ wo
ſechzig Nähmaſchinen in vollem Gange
waren.

tear-up P (tā⁵-ŏ'p) ſeine(s) Geſchäft:
I'm going to do a ~ there (*King of
the Beggars*) ich will dort ein nied-
liches Geſchäftchen machen.

tea-voider (tī'-wŏi-d⁵): F Nachtgeſchirr,
P Pißpot.

teazer (tī'-ſⁱ⁵) [Necker] Boxer: tückiſche(r)
Schlag.

teck P (tĕk) Abkürzung für detective Ge-
heimpoliziſt.

teeming † (tī'-mīnⁱ) ſchwanger.

teeth P (tīth) [Zähne]: he has cut his
eye-~ er hat's fauſtdick hinter den
Ohren (*Sl. Dict.*).

teeth-drawing (tī'th-drā-īnⁱ) [das Zähne-
ausziehen] Mediziner-Slang: Abreißen von
Thürhämmern u. ſ. w.

teetotal * (tī-tō'-tⁱl): ~ drinks nicht
berauſchende, nicht ſpirituoſe Getränke;
the ~ community die Mäßigkeitsvereinler.

teetotaller (tī-tō'-tⁱl-⁵) Abſtinenzler,
Mäßigkeitsvereinler, Perſon, welche dem
Genuſſe geiſtiger Getränke entſagt hat.
— S. Blue Ribbonite und Yellow
Ribbonite.

teetotallism (tī-tō'-tⁱl-īſm) Grundſätze
der Mäßigkeitsapoſtel.

teetottler (tī-tō't-l⁵) [einer, der von Thee
bezecht wird] ironiſch: ſtatt teetotaller.

te-he † (tī-hī') [ſchon bei CHAUCER und
in BUTLER's *Hudibras*] kichern.

telegraph-learner * (tĕ⁵l-⁵-gnäf-lö⁵'-n⁵⁵):
jemand, der das Telegraphieren lernt,
ſich für das Telegraphenfach ausbildet.

tell (tĕl) ſagen; Schulſprache: to ~ of
verraten, angeben; ↯ ~ that to the
marines das kannſt du einem anderen
weismachen; ſ. marine; F wirken: it
~s the other way es hat die um-
gekehrte Wirkung; his troubles have
told on him ſeine Sorgen haben ihn
ſehr mitgenommen, ihn mürbe gemacht; P to ~ on (ſtatt to ~ of) verraten; F all told im ganzen, alles zuſammen gerechnet; ſ. marine, tale;
P (abgekürzt) ~ you what ſtatt I'll ~
you what ich ſag' dir was.

tell-a-cram P (tĕl-ă-krä'm) [lüg' mir
was vor] Wortſpiel ſtatt: telegram.

teller (tĕ'l-l⁵ᵗ) Boxer-Slang: ſchwere(r), wuchtige(r) Hieb.

temper (tĕ'm-p⁵ʳ) [Stimmung] F Gemütsruhe: to lose one's ~, to get out of ~ hitzig, heftig, zornig werden; P Heftigkeit: to be in a ~ leidenſchaftlich erregt, F aus dem Häuschen ſein; to get in a ~ zornig werden.

Temple (tĕmpl): the ~ die alte Londoner Rechtſchule in Fleet Street [zerfällt in mehrere Unterabteilungen, the Inner ~, the Middle ~, &c.].

ten (tĕn) [zehn] ſcherzhaft: ~-to-four gentlemen Regierungsbeamte [deren Büreaustunden von zehn bis vier Uhr dauern]; † [Shak. &c.] by these ten bones bei meinen zehn Fingern! my ten commandments meine zehn Fingernägel (beſonders von Frauen); ♘ Börse: ~ forties nordamerikaniſche Anleihe (1864); ſ. five forties.

Volkslied:

Ten little nigger-boys,
Going out to dine,
One choked his little self,
And then there were nine.

Nine little nigger-boys,
Mourning at his fate,
One cried himself to death,
And then there were eight.

Eight little nigger-boys,
Looking up to heaven,
One got carried up,
And then there were seven.

Seven little nigger-boys,
Chopping up some sticks,
One chopped himself in half,
And then there were six.

Six little nigger-boys,
Looking at a hive,
A bumble-bee stung one,
And then there were five.

Five little nigger-boys,
Walking on the shore,
A great whale swallowed one,
And then there were four.

Four little nigger-boys,
Climbing up a tree,
One broke his little neck,
And then there were three.

Three little nigger-boys,
Walking in the Zoo,
A great bear cuddled one,
And then there were two.

Two little nigger-boys,
Sitting in the sun,
One got frizzled up,
And then there was one.

One little nigger-boy,
Living all alone,
He got married,
And then there were none.

Zehn kleinen Negerlein
Fiel's einmal zu ſchmauſen ein,
Der eine erſtickte, o armer Wicht,
Da blieben nur noch neun.

Neun kleine Negerlein
Hab'n groß Geſchrei gemacht,
Der eine hat ſich tot geheult,
Da blieben nur noch acht.

Acht kleine Negerlein
Sah'n auf, wo er geblieben,
Der eine fuhr zum Himmel hinan,
Da blieben nur noch ſieben.

Sieben kleine Negerlein,
Hackten Holz perplex,
Der eine hackt' ſich ſelber durch,
Da blieben nur noch ſechs.

Sechs kleine Negerlein
Litten großen Schimpf,
Den einen ſtach 'ne Biene tot,
Da blieben nur noch fünf.

Fünf kleine Negerlein
Gingen im Strandrevier,
Ein Walfiſch ſchnappte einen weg,
Da blieben nur noch vier.

Vier kleine Negerlein
Übten Kletterei,
Der eine brach ſich das Genick,
Da blieben nur noch drei.

Drei kleine Negerlein
Gingen zur Menag'rei,
Ein großer Bär drückt einen tot,
Da blieben nur noch zwei.

Zwei kleine Negerlein
Saßen in Sonnenschein,
Der eine ſchrumpfte und zerfloß,
Der letzte blieb allein.

Ein kleines Negerlein
Ließ alles ſtehn und gehn,
Er nahm ſich eine Negerfrau,
Und ward nicht mehr geſehn.

(NB. Das entſprechende deutſche Lied ſtellt den Rundgeſang [d. h. die Verbindung mit dem Anfang] durch folgende Verſe her:

Die letzten ſo vereint
Noch glücklich manche Zeit;
Zehn kleine Neger hatten ſie
Gar bald zu ihrer Freud'.

Zehn kleinen Negerlein
(u. ſ. w. ad infinitum).

tenant-at-will F (tĕ″n-ᵊnt-ᵃt-wl″l) einer, der von seiner Frau gewöhnlich aus dem Wirtshause geholt werden muß.

tenant-for-life F (tĕ″n-ᵊnt-fˢ-laī″f) [lebenslängliche(r) Pächter] Ehemann.

tender F (tĕ″n-dᵇʳ) [zart, zärtlich]: (to hand over, to leave to) the ~ mercies (of) der gnädigen Bestimmung (anheimgeben, überlassen).

ten-in-the-hundred F (tĕ″n-ĭn-dhˢ-hŏ″n-dᵇᵈ): Wucherer. — S. auch sixty-percent.

tenner P (tĕ″n-ᵘ) Zehnpfundnote.

tennis * (tĕ″n-nĭß) f. lawn-tennis; ~-elbow durch lawn-tennis hervorgerufene Verrenkung des Ellbogengelenkes.

ten-to-four F (tĕn-tˢ-fᵒʳ): our ~ toffs (*Punch*) unsere Regierungsbeamten. S. ten.

term (tŏ″m): a) [Frist] Schule u. Universität: Tertial, viermonatliche Studienzeit; to keep one's ~s at ... Vorlesungen hören in ...; ~s Schulgebühren. b) P [Ausdruck] Name: there is such stuff in a true whaler as entitles him to the ~ of man (*A sailor's Yarn*) ein echter Walfischfänger ist aus solchem Zeuge gemacht, daß er wohl den Namen „Mann" verdient.

termagant (tŏ″-mᵃ-gänt) böse(s), zänkische(s) Weib; böse(r), ausgelassene(r), streitsüchtige(r) Mensch.

tester † (tĕ″ß-tᵉʳ) [altfranzösisch teste Kopf] zur Zeit der Königin Elisabeth: Sechspence.

testimonial (tĕ″ß-t-mō″-njᵃl) [Beglaubigungsschreiben, Zeugnis] F Ehrengeschenk: to present a person with a ~ jemand (zum Zeichen der Anerkennung) ein (gewöhnlich durch freiwillige Beiträge beschafftes) Geschenk überreichen.

testimonialists * (tĕ″ß-t-mō″-njᵃ-lĭßtß) s pl.: Gönner, Freunde, die Geld für ein Geschenk sammeln.

tête-à-tête (tet-a-te″t) [franz.; High-Life Slang: Stelldichein] Service mit (nur) zwei Tassen.

Teuton (tjū″-tᵊn) F häufig statt German Deutsche(r).

teviss (tĕ″w-ˢß) Bettler-Cant: Schilling: I've one ~ left in my clye ich habe nur noch eine Mark in der Tasche.

than (dhăn) [als] beliebte klassische Konstruktion mit dem Relativpronomen: a peer ~ whom no man ever will be more kindly · disposed towards the poor [= lat. quo nemo unquam magis ...] ein Lord, den an freundlicher Hinneigung für die Armen nie jemand übertreffen wird.

thank F (thănᵏ) [danken]: you may ~ him for that das verdankst du ihm, dafür hast du ihm zu danken; beim Essen: I shall ~ you for the potatoes bitte um die Kartoffeln.

thankee, thanky (beides: thă″n-ᵏ-) P statt thank ye oder thank you danke Ihnen.

thankful F (thă″n-ᵏ-fˢl) [dankbar] froh: I'm ~ he's gone Gott sei Dank, daß er fort ist.

that (dhăt) 1. P statt so: she was ~ awful pretty that I stood fixed like sie war so verzweifelt schön, daß ich wie festgebannt stand. — 2. pron. [das]: F what do you make of ~? wie erklären Sie das? ~'s the way! so ist's recht! begütigend: don't laugh, Bob, ~'s a good boy lach' nicht, Robert, und sei artig; f. there; P bei Wiederholungen: there ain't a better christian in England, ~ there ain't nach meiner Überzeugung gibt es keinen besseren Christenmenschen in ganz England; bei Antworten: "Have you got a sixpence?" "~ I haven't", said she „Haben Sie fünf Groschen?" „Nein, soviel hab' ich nicht", sagte sie; I suppose, ses the cook, you 're in a hurry, Mr. Tinker? I am ~, mum, I ses Sie haben wohl große Eile, Herr Klempner? sagte die Köchin. Ja, das hab' ich auch, sagte ich; auf den Relativsatz hinweisend: F ~'s what he told me so hat er mir's erzählt; P ~'s what it is, where it is daran liegt's ja eben, F da liegt ja der Hase im Pfeffer! — 3. conj. [daß, damit, da]: F now ~ he has told you all you may form your own opinion nachdem er dir alles gesagt hat, kannst du dir jetzt deine eigene Meinung bilden; † als Zusatz zu anderen Konjunktionen: if, while, when, because u. s. w.: when ~ our princely father York bless'd his three sons (SHAK., *Rich. III*) als

York, unſer fürſtlicher Vater, ſeine drei Söhne geſegnet; till ~ the duke give order for his burial bis daß der Herzog ſein Begräbnis anordnet; P as ~ ſtatt ~: I can't say as ~ I'm first-class (*A sailor's Yarn*) ich kann nicht behaupten, daß es mir nicht beſſer gehen könnte.

thatch (*thătſch*) [Dachſtroh] ſcherzhaft: Kopf-haar; Matroſenlied: time had unroof'd all the ~ from his pate die Zeit hatte ihn kahl geſchoren.

thatch-gallows F (*thă″tſch-gă″l-lŏſ*): *fig.* Galgenvogel.

the F (*dhĭ* und *dhⁱ*) betont: it's ~ (*dhĭ*) thing ſo paßt es ſich; he's ~ Mr. Tyndall es iſt der berühmte Herr Tyndall [vgl. denſelben Gebrauch des lat. ille].

theatre (*thĭ′-ă̆-t⁵r*) [Theater] Old Cant: Ge-richtshof.

theaytre P (*thĭ-ā′-t⁵*) Theater.

their F (*dhā̆ʳ*): on such a day they may bee seen in ~ thousands an einem ſolchen Tage kann man ſie zu Tauſenden verſammelt ſehen.

theirn (*dhā̆n*) P ſtatt theirs der, die, das ihrige.

theirselves (*dhā̆-ßĕ′lwſ*) P ſtatt them-selves: it's all very well for the rich to go frettin' ~ about fairies (SIMS) für die Reichen mag ſich's ſchon ſchicken, ſich um Feeen Kummer zu machen [man beobachte hier, wie in P hisself, den (alten) ſubſtantiviſchen Gebrauch von self].

them (*dhĕm*) 1. P ſtatt the: ~ chaps as I wos speakin' about die Burſchen, von denen ich ſprach. — 2. P ſtatt they: it was ~, not us ſie waren's, nicht wir; Lord K. liked less than them my intimacy with his sister (*Lorricker in love*) Lord K. ſah mein ver-trautes Verhältnis mit ſeiner Schweſter weniger günſtig an als ſie. — 3. ſtatt their in Partizipialſätzen: Master was goin' on about the imposition of ~ chargin' two pounds mein Herr war ganz wild darüber, daß uns die Schurken 40 Mark angerechnet hatten; P ~ as ſtatt those who: ~ as 'ave done the job, know all about it die's gethan haben, wiſſen was davon zu erzählen.

there (*dhā̆ʳ*) [da]: F ~ you are da haſt du's ja; ~'s no telling man kann's nicht vorausſagen; bittend: ~'s a good boy; ~'s a good woman thu mir den Gefallen, mein Junge; ſeien Sie ſo freundlich, liebe Frau; ſ. that; P als (enklitiſcher) Zuſatz zu that und those: that ~ preaching chap jener Prediger; those ~ newspaper-coves die Journaliſten da; them ~ wur my own father an' mother (*Nights at Sea*) das waren meine eigenen Eltern; ſ. here.

thereaway ↓ (*dhā̆ʳ-ă̆-wē′*) da drüben.

there'll be P (*dhā̆l-bī′*) tautologiſch (mit einem zweiten Infinitiv): ~ a judgment fall on you (ſtatt a judgment will fall on you oder ~ a judgment fal-ling on you) es wird dich ein Ver-hängnis treffen.

there's F und P (*dhā̆ʳſ*) ſtatt there are: ~ two or three of us [kommt auch bei SHAK. vor] es ſind unſerer zwei oder drei.

the which † (*dhⁱ hwĭ′tſch*) [SHAK. &c.] ſtatt which: for ~ Antonio shall be bound wofür Antonio ſich verbürgen ſoll.

thick (*thĭk*) a. u. adv. [dick]: a) F a ~ tea Thee mit Fleiſchſpeiſen; b) P auf ver-traulichem Fuße: you seem to be very ~ ihr ſcheint ſehr intim, P dicke Freunde zu ſein; they're a-gettin' uncommon ~ (*Our Boys*) ihre Freundſchaft ſcheint ſehr am Zunehmen zu ſein; to lay it on ~ (*Sl. Dict.*) übermäßig preiſen, ſchmeicheln; c) F he bears his blush-ing honours ~ upon him er hat ein verſoffenes Geſicht; a ~ 'un ein Pfund Sterling.

thick-and-thin F (*thĭk-ănd-thĭ′n*): the ~ Ministerialists die getreuſten An-hänger des Miniſteriums.

thicken (*thĭkn*) [dick werden] geſchichtlich: the plot was ~ing der Anſchlag war nahezu reif; Sport, von Pferden: ſtark, dick werden.

thickish weather ↓ (*thĭ′k-ĭſch wĕ′dh-⁵ʳ*): trübes, nebliges Wetter.

thick-speeched F (*thĭk-ſpī′tſcht*) mit lallender Zunge, ſchwerverſtändlich.

thieving-hooks P (*thĭ′-wĭn-hŭkß*) [Diebes-haken] Finger.

thimble F (*thĭmbl*) [Fingerhut] Uhr; ~ of ridge goldene Uhr.

thimble-rigger ✱ (*thĭ″mbl-rĭg-g︤ᵉʳ*) Börse: Aktienreiter, Spekulant.

thimble-twisters (*thĭ″mbl-twĭ′ß-t︤ᵉʳ︥ß*) Taschendiebe, die ihr Augenmerk auf Uhren richten (*Sl. Dict.*).

thing F (*thĭn*ᵃ) [Ding]: I haven't got such a ~ dergleichen Zeug besitze ich nicht; verächtlich: an old ~ like her eine alte Schartefe wie die; Geschichte: it's the old ~ over again das ist immer wieder der alte Salm; ✱ Geschäft: he made a tidy ~ of it er machte ein gutes Geschäft dabei; the ~ das was sich schickt; it's not the ~ es schickt sich nicht; you did the right ~ du hast recht gehandelt; the first ~ in the morning, the last ~ at night früh des Morgens, spät des Abends; F the first ~ I did das erste, was ich that.

thingembobs F (*thĭ′n︤ᵃ︥-ᵇm-bŏbß*) Hosen.

thingummie, thingamy P (beides: *thĭ′n︤ᵃ︥-ᵇm-mᵉʳ*) Dingskirchen: I finds myself in a four-masted thing-em-he (*Nights at Sea*) ich befand mich in einem viermastigen Dinge.

think (*thĭn*ᵏf) [denken]: F I ~ not indeed das fehlte mir noch gerade; ich werde mich wohl hüten; mit of und Partiz.: beabsichtigen: we ~ of having a few friends with us gehen wir mit dem Gedanken um, ein paar Bekannte einzuladen; elliptisch: to ~ that he must come on such a day as this ich ärgere mich, daß er gerade heute kommen mußte; P ~ ye? was glaubst du? I shall go to the pop-shop with it, ~ ye du glaubst wohl, ich werde damit ins Leihhaus laufen; ~s I mein' ich; for, ~s I to myself, that won't do denn, dachte ich so in meinem Sinn, das geht ja nicht.

thin-skinned F (*thĭn-ßkĭ′nd*) [dünnhäutig] empfindlich.

third-man-up (*thŏ̈′d-măn-ŭ′p*) Kricket: Spieler zwischen slip und cover-point, also rechts vom Schläger.

this F u. P (*dhĭß*) [dies]: ~ last half hour seit einer halben Stunde; ~ day fortnight heute über (vor) vierzehn Tage(n); he will have finished by ~ time er

wird jetzt wohl fertig geworden sein; ere ~ jetzt, um diese Zeit; ~ side o' Christmas noch vor Weihnachten; ~ side of six or seven to-night vor sechs oder sieben Uhr heute abend; I haven't seen him ~ long time ich habe ihn seit lange nicht gesehen; this ~ time: and I do know by ~ they stay for me in Pompey's porch (*J. Caesar*) ich weiß, jetzt warten sie auf mich in der Halle des Pompejus. Bekannter Kinderreim:

a) This is the House that Jack built.

b) This is the Malt,
   That lay in the House that Jack built.

c) This is the Rat,
   That ate the Malt,
   That lay in the House that Jack built.

d) This is the Cat,
   That killed the Rat,
   That ate the Malt,
   That lay in the House that Jack built.

Ähnlich wird nach jedem neuen Verse das Ganze wiederholt, bis der Schluß dann lautet:

This is the Cock that crowed in the morn,
That waked the Priest all shaven and shorn,
That married the Man all tattered and torn,
That kissed the Maiden all forlorn,
That milked the Cow with the crumpled horn.

That tossed the Dog,
That worried the Cat,
That killed the Rat,
That ate the Malt,
That lay in the House that Jack built.

thorn (*thŏ̈′n*) [Dorn] scherzhaft: a ~ between two roses ein Herr zwischen zwei Damen (auch deutsch, meist von einer Dame zwischen zwei Herren: „eine Rose zwischen Dornen" oder etwas weniger unhöflich: „ein Diamant in goldener Fassung").

thornback (*thŏ̈′n-băk*) Old Cant: alte Jungfer.

though P (*dhō̄*) [doch] am Ende des Satzes: I didn't expect such a lot ~ so viele erwartete ich nun doch nicht.

thought F (*thăt*) [Gedanke]: I didn't give it a ~ es ist mir nicht in den Sinn gekommen, ich habe nicht einmal im Traume daran gedacht.

thou'rt † (*dhaʊ̈′t*) [SHAK. &c.] statt thou wert du warst.

thrash ⚓ (*thrăßh*) [dreschen]: to ~ across the waves über die Wellen hinstürmen.

three (thnī) [drei]: a) P Uncle ~ balls Leihhausbesitzer [vor jedem Leihhause befinden sich als Geschäftsinsignien drei goldene Kugeln]; ~ penn'orth für drei Groschen; s. penn'orth. b) ⊥ ~ sheets in the wind benebelt, betrunken. c) Coster-Slang: ~-up ein Hasardspiel mit Halfpenny-Stücken [wobei die drei in die Luft geschnellten Kupfermünzen nur dann gewinnen, wenn sie auf die nämliche Seite fallen].

Am 1. April bedienen sich Gassenjungen, nachdem sie einander in den April geschickt haben, des folgenden Sprüchleins:

Three farthings make a penny,
You 're as big a fool as any.

three-legged ╭ (thnī'-lĕg-g'b): ~ mare Galgen; Sport: ~ race Wettrennen (bes. von Knaben), bei welchem je zweien der Teilnehmenden ein rechtes und ein linkes Bein mit Taschentüchern zusammengebunden werden (so daß jedes Paar Läufer nur drei Beine zu haben scheint).

three-wheeler (thnī'-hwī-l'r) Sport: Tricycle, Dreirad.

through (thnū) [durch]: a) Schulsprache: to get ~ die Prüfung bestehen (vgl. deutsch: „durchkommen"). b) Eisenbahn ⁊c.: a ~ ticket ein direktes, durchgehendes Billet. c) Sport: the best racehorse that ever looked ~ a bridle der beste Renner der je über die Bahn ging oder einen Sattel trug ⁊c.

throw (thnō) [werfen] Reiten: the horse threw me das Pferd setzte mich ab; Sport, von Pferden: to ~ back to nach einem Ahnen oder Verwandten schlachten; Sport: to ~ in for aufs Spiel setzen; Lord L. threw in for £ 3000 on Royal Lord L. wettete ganze 3000 £ auf (das Pferd) R.; F to ~ cold water on anything etwas mißbilligen, im Fortgange hemmen; F ~ into a trance mesmerieren, in (einen magnetischen) Schlaf versenken; Universität u. s. w.: to ~ open (an appointment, a fellowship &c., to competition) alle zur Prüfung oder zur Bewerbung (bei gewissen zu vergebenden Stellen) zulassen; Kricket: to ~ out den Dreistab (während des Laufens der Schläger) mit dem Balle treffen; s. bowl out, stump out; Parlament: to ~ out a bill einen Vorschlag, Antrag ablehnen; F to ~ up an appointment abdanken, eine Stelle verlassen.

throw'd (thnōd) P statt thrown geworfen.

throw-off ╭ (thnō-ŏ'f): sich seiner Gaunereien laut rühmen; indirekte Anspielungen machen.

thrum ╭ (thnöm) klimpern, (auf einem Instrumente) spielen. — S. auch strum.

thrummer (thnö'm-m'r), **thrums** (thnöms), **thrups** (thnöpß) P † drei Pence (GROSE).

thumb (thöm) [schon bei SPENSER] schlagen.

thaumikins † (thö'm-m'-kinj) Daumenschraube.

thump F (thömp) [schlagen]: to ~ away drauf loshämmern; his fingers are all ~s das ist ein ungeschickter Mensch.

thumper P (thö'm-p'r) derbe Lüge.

thumping P (thö'm-pin'): a) groß, fein (vgl. thundering). b) = strapping.

thunder P (thö'n-d'r) [Donner] a) Fluch: ~! verflucht! my ~! alle Wetter! b) Litteraten-Slang: to run away with, to steal a person's ~ jemand seine Gedanken, Erfindung, Pläne vor der Nase wegnehmen, stehlen.

Thunderer (thö'n-d'-r'r): the ~ Spitzname der *Times*. — S. auch Taptub.

thundering P (thö'n-d'-rin') a. und adv. [donnernd] fein, groß, entsetzlich: a ~ good thing eine famose Geschichte; a thunderin' great shame eine fürchterliche Schande; we'll ~ soon see what that means (*Our Boys*) wir wollen schon bald sehen, was das heißen soll.

thunderbomb ⊥ (thö'n-d'-bŏm) Name eines großen sagenhaften Schiffes. — S. auch Merry Dun of Dover unter merry.

thunderstorm (thö'n-d'r-stŏrm) [Gewitter] humoristisch: like a dying pig in a ~ [wie ein sterbendes Schwein im Gewitter] wie die Kuh vorm neuen Thor, verblüfft.

thwart (thwᵻrt) Wassersport: Ruderbank.

tib (tĭb) [† Mädchen] Old Cant: tib of the buttery Gans; P † ~'s eve (*Sl. Dict.*) Gott weiß wann; als die Frösche noch Schwänze hatten, zu Olims Zeiten. [Vergl. auch in the reign of „Queen Dick".]

Tib (tĭb): as Tib's rush for Tom's forefinger (*All's well that ends well*) wie T.'s Binsenring für T.'s Zeigefinger.

14*

tibby P (tĭ'b-b•) Kopf (*Sl. Dict.*).

Tichborne (tĭ'tſch-bo˚rn) adoptierte(r) Name einer wohlbekannten, ſ. 3. ſehr korpulenten Perſönlichkeit [daher auch: a regular ~ ein rechter Schmerbauch], welche die Güter des reichen Adelsgeſchlechtes Tichborne als legitimer Erbe beanſpruchte.

Tichbornite (tĭ'tſch-bŏ˚r-naĭt) (vor 10—12 Jahren): Anhänger des (falſchen) Tichborne.

tick P (tĭk): on ~ auf Pump; to go ~ pumpen.

ticker P (tĭ'k-ᵉ) Uhr; vgl. den deutſchen Kinder-Ausdruck Ticktack.

ticket (tĭ'k-ᵉt) [Billet]: P that's the ~ ſo iſt's recht; ſo verhält ſich's damit; Politik: Wahlprogramm; offizielle(r) Kandidat bei Gemeindewahlen; Polizei: ~-of-leave man entlaſſene(r) Sträfling unter polizeilicher Aufſicht.

ticketer (tĭ'k-ᵉt-ᵉ) Bettler-Cant: Bettler, der mit einer, vom Armenpfleger ausgeſtellten, Karte verſehen in die Herberge kommt.

tickle-braiu † (tĭ'kl-braen) [SHAK. &c.] ein ſtarkes Getränk.

tickle-pitcher ⌐ (tĭ'kl-pĭt-ſch•) [Krugkitzler] Säufer.

tickler (tĭ'k-l•) [Kitzler] P was in Verlegenheit ſetzt, ſchwierige, kitzlige Frage (*Sl. Dict.*); ✕ a regular ~ ein ſtrenger Vorgeſetzter.

tickle-tail ⌐ (tĭ'kl-taᵉl) Stock, Schulmeiſter.

tickle-text ⌐ (tĭ'kl-tĕkſt) Pfaffe.

ticks (tĭkß) *s pl.* Sport: Schulden.

tick-tack P (tĭ'k-tăk) [Ticktack]: done in a ~ im Nu geſchehen.

tiddlywinks P (tĭ'd-l•-wĭn•kß) klein und ſchmächtig; Kinderreim:

   Lord Tiddlywinks and Viscount Trumps
   And Lady Fiddle-Faddle.

tiddy bit (tĭ'd-d• bĭt) Kinderſprache: klein bißchen; vgl. tidy.

tiddyvate ⌐ (tĭ'd-d•-wet), ſ. titivate.

tide (taĭd) [Gezeiten] oft citierte Stelle aus SHAK.:

   There is a tide in the affairs of men,
   Which, taken at the flood, leads on to fortune.

Der Menſchen Schickſal wechſelt Wogen gleich,
Faßt dich die Flut, ſo führt ſie dich zum Glück.

tide over ⌐ (taĭd ō'-w•ᵣ) [mit der Flut überfahren]: to ~ a difficulty ſich über eine Schwierigkeit hinweghelfen.

tidy P (taĭ'-d•) *a.* und *adv.* [zeitig, ſchmuck]: a ~ bit ein ordentlicher Setzen; a ~ crowd ein hübſches Gedränge; the 'ouse is ~ cheap (*All the Year round*) das Haus iſt ziemlich wohlfeil.

tie (taĭ) 1. *v.* [binden]: P to tie oneself up ſich verpflichten, etwas nicht zu thun; ~d up verloren; verheiratet. — 2. *s.* Sport u. ſ. w.: unentſchiedene Partie, Wettfahrt, Wahl; Wettrennen, an dem gleich ſtarke Rivalen teilnehmen; Kartenſpiel, Vingt-et-un: ties must pay die, welche nur ſoviel Points machen, wie der Bankhaltende, müſſen bezahlen.

tiff P (tĭf) *s.* Streit, Ärger: to take tiff ſich beleidigt fühlen; *a.* ärgerlich, verdrießlich: she looks incarnate tiff (*Punch*) ſie ſetzt eine verzweifelt ärgerliche Miene auf.

tiffin (tĭfn) [anglo-indiſch] Gabelfrühſtück.

tiger (taĭ'-g•ᵣ) [Tiger] Ausläufer (beſonders der Londoner Ärzte) in Livrée.

Tiger Bay (taĭ'-g•ᵣ be) Name eines früher ſehr berüchtigten Londoner Matroſenviertels.

tight (taĭt) [dicht] P beſoffen; a ~ fit etwas, das ſehr eng ſitzt, ſchlecht paßt; ⌐ we had him in a ~ corner wir hatten ihn in die Enge getrieben; Fluch: blow me ~! alle Wetter! *fig.*: as ~ as wax ſo verſchwiegen, wie das Grab.

tightish (taĭ'-tĭſch) eng, ſchlimm.

tightner P (taĭ't-n•ᵣ) tüchtige Mahlzeit, Portion: to do a ~ (tüchtig) zu Mittag eſſen; a good ~ of gin (*King of the Beggars*) ein tüchtiger Schluck Schnaps.

tike (taĭk) = tyke.

tilbury ⌐ (tĭ'l-b•-r•) = bender.

tile (taĭl) [Dachziegel] ſcherzhaft: Cylinderhut, ⌐ Angſtröhre; he has a ~ loose ihm rappelt's, bei ihm iſt eine Schraube los, bei ihm iſt's im oberſten Stockwerke nicht ganz richtig.

till-sneak ⌐ (tĭ'l-ßnīk) Ladendieb, der das Geld aus der Ladenkaſſe ſtiehlt.

tilt (tilt) [Lanzenbrechen, Stoß] Sport: at full tilt in gestrecktem Galopp, mit voller Wucht.

tilter † (tĭl'-t⁵ʳ) Schwert.

timber (tĭ'm-b⁵ʳ) [Bauholz]: ♩ a pretty piece o' ~ ein schmuckes Fahrzeug; Sport: Barriere, Thor, Pforte, über die beim Querfeldreiten weggesetzt wird (HOPPE).

timber-merchant P (tĭ'm-b⁵-mã'-tsch⁵nt) scherzhaft: einer, der Streichhölzer feilbietet (*Sl. Dict.*).

timber-toes P (tĭ'm-b⁵-tōſ) Person mit Holzbein.

time (taĭm) [Zeit]: F what a ~ he has been gone wie lange er nur ausbleibt! at that ~ o' day zu jener Zeit; P to put a person up to the ~ o' day (gewöhnlicher: to put a person up to a dodge or two) jemand verstohlene Winke geben, jemand lehren, wie's gemacht werden muß; Droschkenkutscher: Geld [statt 9s 9d sagt der Londoner Droschkenkutscher gern a quarter to ten ein Viertel vor zehn u. s. w. Sl. D.]; in öffentlichen Versammlungen, wenn ein Redner zu lange spricht, wird gerufen: ~, ~! F to do (one's) ~ seine Zeit absitzen.

time-keeper (taĭ'm-kĭ-p⁵ʳ) bei Omnibussen und Pferdebahnwagen: Beamte(r), der die Zeit der Ankunft und der Abfahrt kontrolliert; bei Boxereien: der Unparteiische, welcher nach jeder Pause time ruft [man vgl. den studentischen Ruf des Unparteiischen: Silentium! für eine Pause dagen ꝛc. Pause].

time-pleaser † (taĭ'm-plĭ-ſ⁵ʳ) [SHAK. &c.] einer, der den Mantel nach dem Winde hängt, Mantelträger.

timer ſ (taĭ'-m⁵): first ~, second ~ &c. zum ersten, zum zweiten u. s. w. Male Bestrafte(r).

tin P (tĭn) [Zinn] Geld: a tin-pot affair eine wertlose, gebrechliche, schlecht fabrizierte Sache.

tinct † (tĭn⁵kt) [SHAK. &c.] Lebenselixir der Alchimisten.

tinge (tĭndG) = spiff.

tingle F (tĭn⁵gl) [klingen]: my ears are tingling mir saust's in den Ohren, klingen die Ohren, es spricht jemand von mir.

tinker F (tĭ'n⁵-ſ⁵ʳ) v. [flicken] pfuschen: to ~ about a thing an etwas herumpfuschen.

tinkler ſ (tĭ'n⁵-ſl⁵) Glocke, Schelle.

tinney (tĭ'n-n⁵) Old Cant: Feuersbrunst.

tinny (tĭ'n-n⁵) Old Cant: Brand, Feuer.

tin-pot P (tĭ'n-pŏt), s. tin.

tintinnabulum (tĭn-tĭn-nã'b-ĭ⁵-l⁵m) poetisch, bei POE, COWPER u. s. w.: Geklingel, Geläute.

tip (tĭp) 1. s. [Spitze]: F to have a thing at the tips of one's fingers etwas sehr genau wissen, aus dem ff kennen; P Wink: to take the ~ den Wink verstehen; Sport: Bericht über kommenden Sport; to give the straight tip genauen Bericht über die Aussichten der Hauptbewerber abstatten, heimliche Winke geben; ſ Plan: to miss one's tip mit einer Sache fehlschlagen; Cirkus u. s. w.: Kunststück, Bravourstück: to miss one's tip den Reifen u. s. w. verfehlen, daneben springen; Wirtshaus u. s. w.: Trinkgeld; what's the tip? wieviel beträgt die Rechnung? — 2. v. [geben, reichen u. s. w.]: Kegelspiel: (s. skittles) to tip all nine alle neun werfen (ein solcher Wurf heißt auch a floorer); P to tip a wink einem zublinzeln, einen Wink geben; P tip your legs a gallop lauf' was du kannst; to tip the brads bezahlen, berappen; to tip a note (sich) eins singen; if he don't tip the stivers, may I be cursed, if he don't get a taste of the aqua pompaginis (AINSWORTH) wenn er nicht mit den Groschen herausrückt, so soll mich der Teufel holen, wenn er nicht das Pumpenwasser kennen lernt; P und ♩: tip up your fist, your fin, old man reich mir die Hand, mein Leben! (nach der Oper „Don Juan") don't tip me any of your jaw bleib mir mit deinem Gequassele vom Leibe; to tip one's boom off ausreißen; to tip the double fortlaufen; P to tip (up) bezahlen, blechen; ♩ trinken, kneipen: he tipped off his grog er stürzte den Grog hinunter (vgl. tipple).

tipple F (tĭpl) v. zechen; s. Getränk.

tipsified (tĭ'p-ſ⁵-ſaĭd) scherzhaft: beduselt, angetrunken.

tipster (tĭ′p-ḡt⁸ʳ) Sport: Agent, der Aus=
kunft über ein bevorstehendes Rennen
erteilen kann.

tip-tilt P (tĭp-tĭ′lt) aufstülpen, (die Nase)
rümpfen.

tip-top (tĭp-tŏ′p) 1. *a.* High-Life Slang:
ausgezeichnet, sehr fein; if you want anything particularly ~ wenn du etwas
ganz Vorzügliches haben willst; scherz=
haft: tippest-toppest am allervorzüg=
lichsten; Roman: well, of all the ~
girls I 've seen, if she isn't the tip-
toppedest of all von allen schneidigen
Mädels, die ich noch gesehen, ist das
doch das allerschneidigste; P the air
ain't ~ die Luft ist nicht besonders
gut. — 2. *s.* [Butterhändler] Kuhfett,
Butterin, das für die Küche dient.

tip-topper P (tĭp-tŏ′p-p¹) feine(r) Herr,
Stutzer; Hauptkerl, etwas, das beson=
ders fein oder groß ist.

'tis (tĭs) F und P statt it is es ist.

Tit (tĭt), s. Tommy.

tit (tĭt) † Pferd; P Mädchen; a nice
little ~ ein hübsches, kleines Ding;
F as fine a fellow as ever crossed
tit's back der feinste Kerl, der je ge=
lebt hat; F a light ~ eine kleine Hure.

Schüler-Verschen:
Tell-tale tit; your tongue shall be slit,
And all the little boys shall have a little bit!
Zubaß, schnöder Zubaß; dir sei die Zung' zerspalten,
Davon ein jeder Bub' ein Fetzchen soll behalten!

tit-bit F (tĭ′t-bĭt) Leckerbissen [daher Tit-
bits der Name eines neuen Witzblattes].

titivate, tittivate (beides: tĭ′t-ꞓ-wāt) F
putzen; P glimpflich behandeln, sachte
thun mit …; when poor people buy
cowcumbers, they do it as a harticle
of food, not to tiddyvate their appetite (Greenwood) wenn arme Leute
Gurken kaufen, so thun sie das, um
Nahrung zu bekommen, nicht um ihren
Appetit zu schärfen.

titley P ↖ (tĭ′t-lⁱ°) (berauschendes) Ge=
tränk.

titter (tĭ′t-t⁹) Bettler-Cant: Mädchen (*Sl.
Dict.*); s. tit.

tittivate, s. titivate.

tizzy F (tĭ′ꞷ-ꞷ°) = bender.

to (tū) *adv.* u. *prp.* [zu]: F to push a
gate ~, to slam a door ~ eine Pforte

zudrücken, eine Thür zuschlagen; to put
the horses ~ die Pferde anspannen;
~ my mind meiner Ansicht nach;
Rechnen: two is to three as six is ~
nine [2 : 3 = 6 : 9] zwei (verhält sich)
zu drei wie sechs zu neun; he has a
great deal ~ say for himself er ist
zungenfertig, ist nicht auf den Mund
gefallen; elliptisch zur Vertretung des In-
finitivs: "Will you ask him?" "I
don't like ~!" „Willst du ihn fragen?"
„Ich habe keine Lust dazu!" P you
mustn't go where you have no right
~ wo du kein Recht hast hinzugehen,
mußt du wegbleiben; s. for to, outo;
F to the manner born von Hause aus
gewohnt; though I am a native here
and to the manner born (*Hamlet*)
obschon ich den Gebrauch als Einge=
borner kenne.

toad P (tōd) [Kröte]: a dirty ~ ein
schlumpiges, schmutziges Weibsbild; a
nasty ~ ein schmutziger Mensch, eine
gemeine Person; von schlechten Reitern:
he sits like a ~ upon a chopping-block
er hält sich wie ein Affe auf dem Kamel;
as full of money as a ~ is of feathers
schlecht bei Kasse, mit leerem Beutel.

toad-eater P (tō′d-ī-t⁵) Schmarotzer,
Sykophant.

toad-in-the-hole P (tō″b-ĭn-*dh*⁵-hō′l) Art
Fleischpudding; wandernde Koffer= oder
Schachtel-Annonce; s. sandwich-man.

toady (tō′d⁵) 1. *s.* Schüler-Slang: Adju-
tant, Anhänger, dienstgefällige(r) Mitschüler. — 2. *v.* schmeicheln, den Unter-
thänigen spielen.

toasting-fork (tō′ꞷ-tĭn⁹-fŏ′k), **toasting-
iron** (aꞮ′-Ɪ⁵n) [Gabel, Spieß zum Rösten]
✕ und F (schon seit Shak.) Schwert,
Degen.

tobacco ✿ (tē-bǎ′k-kē) [Tabak] Börse: italienische (durch Tabak garantierte) Anleihe.

tobacco-pipe P (tē-bǎ′k-kē-pāꞮp): ~ curls
schraubenartige Löckchen, wie sie Zigeuner und Londoner Costers tragen.

toby (tō′-b⁵) *s.* [Toby Tobias] Old Cant:
Landstraße; ~-concern, ~-lay Raub;
~-man Straßenräuber; *v.* rauben.

toco (tō′-kē) F und Schüler-Slang: Prügel;
to nap ~ for yam mehr Püffe be-
kommen als man austeilte.

toddle P (toďl) [wanfen]: to ~ home nach Hauſe gehen; we'll all ~ up to the governor wir wollen alle zum Alten.

to-do P (tŭ-dū') s. Wirtſchaft, Lärm; there was such a ~ das ſetzte einen Höllenlärm ab.

toe (tō) 1. s. [Zehe] euphemiſtiſch: to turn one's ~s up den Geiſt aufgeben; Cirtus: ~-rags Lump. — 2. v. F to ~ it tanzen; P treten; F to ~ the mark ſich ordentlich verhalten, ſich anſtändig aufführen; F I'll ~ your backside ich geb' dir gleich einen Tritt vor'n Allerwerteſten; ↓ ~ a line (SMYTH) ſtellt euch in einer Reihe auf!

toff P (tŏf) feine(r) Herr, Geck, Stutzer; a-holdin' the reins like a ~ (SIMS) die Zügel haltend wie ein vornehmer Lord.

toffer P (to'f-f²) fein gekleidete Straßendirne (*Sl. Dict.*).

tofficky (to'f-fik-·), **toffy** (to'f-f²) P eitel, geckenhaft.

toffishness P (to'f-fiſch-n²ß) Geckerei, Narretei.

toft P (tŏft) aufgeblaſene(r) Menſch, Geck (*Sl. Dict.*).

tog (tŏg) s. Old Cant: Rock; P ~s Kleider; v. putzen, ausſtaffieren; you don't ~ like that and have no coin (*King of the Beggars*) du kleideſt dich doch nicht in der Weiſe, ohne Geld zu haben; he was togg'd off like a tar (*Nights at Sea*) er war angezogen wie ein Matroſe.

together (t²-gᵉ'dh-ᵈʳ) [zuſammen] Waſſerſport: to be well ~ gut Taft halten beim Rudern.

toggery P (to'g-g²-ᵣ) Kleidungsſtücke, Putz, Staat.

togomans † (tō'-g²-mänĭ) Mantel.

toke (tōf) Workhouse-Slang: Brot.

token (tō'-fᵉn) Old Cant: Syphilis.

toko P (tō'-fō) = toco.

tol (tŏl) Old Cant: Schwert; his tol by his side das Schwert an der Seite.

told out (tōld aū't) Sport: kampfunfähig, erſchöpft, mittellos (auch pumped out).

tol-lol (tŏl-lŏ'l) mittelmäßig, P nur ſo lala (*Sl. Dict.*).

Tom P (tom) [Kater] Branntweinfaß, Gin [die Gin-Fäſſer trugen früher das Bildnis eines Katers. In den Fenſtern der Schnapshäuſer ſieht man häufig einen Katerkopf prangen].

Tom-and-Jerry ℾ (tom-²nd-dgö'r-ᵣ·): ~ shop gemeine Kneipe [Tom and Jerry ſind Charaktere in P. EGAN's *Life in London*].

tomboy F (tŏ'm-bŏi) wilde(s), ausgelaſſene(s) Mädchen, Wildfang.

tombstone ℾ (tū'm-ſtōn) [Grabſtein] Pfandzettel [weil auch dieſer „in memoriam" der Lieben, die „nimmer wiederkehren", erteilt wird].

Tom-Coney (tom-kō'-n·) Old Cant: Einfaltspinſel, Dummerian.

tom-fool F (tom-fū'l) Hans Narr; ~'s colours ſcharlach und gelb [die Farben der alten Hofnarrentracht].

Tom-fool's colours ℾ (tom-fūlſ-kŏ'l-ᵣ) ſcharlach und rot [das „motley" der alten Hofnarren].

Tommy (tŏ'm-m·) 1. s. [kleiner Thomas] P allgemeine Bezeichnung kleiner Knaben: here, ~ komm her, Bürſchchen; ein im vorigen Jahrzehnt ſehr beliebter Gaſſenhauer begann: ~, make room for your uncle; Arbeiter-Slang: Brot, Proviant, Tauſchhandel; ~ bag Brotbeutel; ℾ that's the ~ ſo iſt's recht. — 2. a. Kinderſprache: ~-toes Zehchen; P ~ rot kraſſe(r) Blödſinn. — Vgl. die folgenden Artikel.

Tommy Atkins (tŏ'm-m² ä'tkinſ) Zeitung u. ſ. w.: typiſche Geſtalt des ungebildeten engliſchen Vaterlandverteidigers. [man vgl. das deutſche „Kutſchke", 1870].

tommy-master (tŏ''m-m²-ma'ß-tᵉʳ) Arbeiter-Slang: Meiſter, der den Lohn in Naturalien auszahlt (*Sl. Dict.*).

tommy-shop (tŏ'm-m²-ſchŏp) Geſchäft des tommy-master.

Tommy Tit (to'm-m· ti''t) ein ſchmuckes Herrchen.

Tommy Tripe ℾ (tŏ'm-m² traɪ''p) Rhyming Slang: ſtatt pipe beobachten, bemerken.

tom-rot (tom-rŏ't) reine(r) Blödſinn; ſ. rot.

Tom Tiddler (tom ti'd-lᵉʳ) Kinderſpiel, wobei geſagt wird: here we are on ~'s ground, picking up gold and silver

Wir sind auf T. T.'s Land und heben
Gold und Silber auf [wozu dann die
entsprechenden Gebärden gemacht werden].

Tom Topper (tŏm tŏ′p-p⁵), **Tom Tug** (tŏm
tŏ′g) Ᵹ Flußschiffer, Fährmann [nach dem
Titel eines alten Theaterstückes].

ton P (tŏn) [Tonne]: to be down upon
a person like a ~ o′ bricks jemand
gehörig zusetzen.

toney (tŏ′-n⁴) High-Life Slang: zur feinen
Welt gehörig, dem guten Tone ent-
sprechend.

tongue (tŭn⁴) 1. *s.* [Zunge]: P to keep a
civil ~ in one's head höflich bleiben;
s. nineteen. — 2. *v.* Ᵹ reden, seinem
Herzen Luft machen, schimpfen.

...tonian (tŏ′-nj⁴n) scherzhaft als Suffix zu
Ortsnamen: Brixtonian, Camdentonian
Bewohner von Brixton, Camden (Town)
u. s. w.

Tony Lumpkin † (tŏ′-n⁴ lŏ″mp-k⁴n)
Bauer, dumme(r) Lümmel.

too Ᵹ (tū) [zu, zu sehr]: it's ~ good to
last, he 's ~ good to live das kann
nicht lange währen, der wird nicht
lange leben; ~ much of a good thing
zuviel von etwas.

took (tuk) P statt taken genommen.

tool (tūl) 1. *s.* [Werkzeug]: P a poor ~
at ungeschickt in, unbrauchbar für; Ᵹ
männliche(s) Glied, Rute. — 2. *v.* Sport:
(mit der Kutsche) fahren.

tooler Ᵹ (tū′-l⁴) Taschendieb (*Sl. Dict.*).

tooth (tūth) [Zahn]: Ᵹ to have a sweet ~
gern naschen, gern Süßigkeiten essen;
something for the ~ etwas zu essen;
ironisch, bes. von alten Jungfern: old in
the ~ über die Jugendjahre hinaus;
Ᵹ in the teeth of (their opposition)
troß (ihrer Opposition); we did it in
his teeth wir thaten's ihm ins Gesicht.
high in ~ (GREENWOOD) sehr hoch-
trabend. — S. auch colt b.

tooth-music Ᵹ (tūth-mū-sik) Kauen.

tootle up P (tūtl ŏ′p) zusammentrom-
peten, zusammenblasen.

too-too (tū-tū) High-Life Slang: superfein.

tootsies (tu′t-ş⁴s) liebkosend und High-Life
Slang: Füßchen (*Sl. Dict.*).

top (tŏp) 1. *s.* [Kreisel]: a) Ᵹ to sleep
like a ~ fest, wie ein Murmeltier
schlafen. b) [Spitze, Gipfel]: P to get
to the ~ o′ the tree, to the ~ o′
the ladder im Leben hoch steigen,
die höchsten Ehren erlangen; to shout
at the ~ of one's voice mit aller
Macht schreien; on the ~ of it außerdem, zuguterletzt. — 2. *v.* [hervor-
ragen, übertreffen]: Ᵹ this ~s everything das übertrifft alles, jetzt dem
Ganzen die Krone auf; ⚓ to ~ the
glim (SMYTH) das Licht ausblasen; to
~ the officer sich in die Brust werfen,
Ᵹ den Vorgesetzten 'rausbeißen.

topee P (tŏp-ĭ′) Cylinderhut.

toper (tŏ′-p⁴ʳ) Ᵹ Trunkenbold; Ᵹ Straße,
Gasse.

top-heavy (tŏp-hĕ′w-⁴) (schwer) betrunken.

topical (tŏ′p-ĭ-k⁴l) Theater: ~ verses
Gelegenheitsgedicht.

top-light ⚓ (tŏp-lāi′t) Auge.

topped Ᵹ (tŏpt) gehängt.

topper (tŏ′p-p⁴ʳ) Ᵹ zu viel von etwas;
he 's a ~ das ist ein Hauptkerl; P
Cylinderhut; Boxer-Slang: Schlag auf
den Kopf.

topping P (tŏ′p-pĭn⁴) fein, elegant; one
o′ the ~ fishmongers einer der ersten
Fischhändler.

topple (tŏpl) *v/a.* P herunterschmeißen;
to ~ over über den Haufen werfen.

top-rope ⚓ (tŏ′p-nŏp): to sway away
on all ~s verschwenderisch leben, ein
ausschweifendes Leben führen.

top-sawyer P (tŏp-ṣā′-j⁴) maßgebende
Person, *fig.* Ᵹ Haupthahn, vornehme(s)
Tier.

topsel (tŏ′p-s⁴l) statt topsail Topsegel.

topsman Ᵹ (tŏ′pş-m⁴n) Henker.

topsy-turvy Ᵹ (tŏ′p-ş⁴-tŏ″-w⁴) unterst zu
oberst.

top-up P (tŏp-ŏ′p): to ~ with a drop
of brandy ein Schnäpschen zum
Schlusse trinken, zu allerletzt noch einen
draufsetzen.

tore (tŏʳ) P statt torn zerrissen.

torified (tŏ′-n⁴-fāit) scherzhaft: von kon-
servativer Gesinnung, zur Tory-Partei
gehörig.

to-rights (tŭ-rāĭ'tß) *adv. u. a.* P eigent= lich; ausgezeichnet (*Sl. Dict.*).

tormentor ſ (tō-me'n-tŕ) scherzhaft: ~ of catgut Geiger; ~ of sheep-skin Trommler.

tormentors ↓ (tō-me'n-tŕj) große Fleisch= gabeln der Köche.

torpedist ↓ * (tŕr-pī'-diſßt) Torpedist.

torpids (tŏr'-pidſ) Wassersport statt torpid races kleinere Wettfahrten, die gewöhn= lich der größeren Frühlingswettfahrt vorausgehen.

torrac ſ (tŏ'n-ră̆k) Back-Slang: statt carrot gelbe Rübe.

tosher ſ (tŏ'ſch-ŕ) Dieb, der das Kupfer von den Schiffsböden in der Themse stiehlt.

toss (tŏß) 1. *s.* [Fischmarkt] Maß Sprotten (*Sl. Dict.*); Sport: das Losen beim Au= fange von Spielen. — 2. *v.* [schleudern] Wirtshaus: to ~ for a pint o' beer (mit Kupfermünzen, die man, wie bei pitch and toss, emporschleudert) um ein Glas Bier spielen; Sport bei Wettspielen: um den ersten Wurf u. ſ. w. lojen; P to ~ off rasch austrinken, hinunterstürzen.

toss-pot ſ (tŏ'ß-pŏt) Säufer.

toss-up F (tŏß-ŏ'p): a ~ eine Ungewißheit, ein Risiko; it was a regular ~ as to whether I should come or not es war sehr ungewiß, ob ich kommen konnte oder nicht.

tosticate (tŏ'ß-tĭ-kĕt) P statt intoxicate berauschen.

tot P (tŏt) kleine(s) Glas (*Sl. Dict.*).

to't P (tūt) statt to it.

tote ↓ (tōt) wachen, spähen.

t'other (tŏ'dh-ŕ) P statt the other und other: you couldn't tell ~ from which du kannst das eine vom andern nicht unterscheiden; if he don't like it, let him do the ~ thing (*A little Ragamuffin*) mag er's nicht, so kann er's bleiben lassen.

> How happy I could be with either,
> Were t'other dear charmer away!
> (*Captain Macheath.*)
> Wie schätz' ich mich glücklich mit einer,
> Wär' die and're Herzliebſte nicht da!

totting (tŏ't-tīn) Bettler-Cant: to go ~ Knochen sammeln; p'raps 'e is goin' a-tottin' (*A little Ragamuffin*) viel= leicht geht er Knochen auflesen.

totty-headed ſ (tŏ″t-tĭ-hĕ'd-ĭt) leicht= sinnig, unverständig.

tot-up (tŏt-ŏ'p) [aus total-up, verdorben tottle-up] Schul-Slang: schnell zusam= menrechnen.

touch (tŏtſch) 1. *v.* [anrühren] Fußball: am feindlichen Male (den Ball) auf der Erde niederhalten; Gemüsehändler: ~ed angefault; ſ to ~ up (a woman) ge= schlechtlich beiwohnen, P losgehen mit. — 2. *s.* Berührung; P gekaufte(r) Ar= tikel; a six-penny ~ ein fünfzig-Pfennig= Artikel; etwas, das fünfzig Pfennig gekostet hat; Fußball: in ~ über die Grenzen des Spielplatzes hinaus [Tom Brown's Schooldays: as soon as the ball is past the bounds, it is in ~]; j. place-kick; F Anfall: a ~ of the gout ein leichter Gicht=Anfall; *s.pl.* to give the finishing ~es to a thing etwas vollenden, die letzte Hand an etwas legen.

touch-and-go (tŏtſch-ănd-gō') 1. *s.* F ge= wagte Sache, riskantes Geschäft; it was ~ he wasn't drowned the other night um ein Haarbreit wäre er neu= lich abends ertrunken. — 2. *a.* P ge= wagt, unzuverlässig.

toucher P (tŏ'tſch-ŕr) das was fast ge= schehen wäre, was beinahe erreichbar ist; I as nigh as a ~ got roasted over that job (GREENWOOD) ich ward bei der Geschichte fast gebraten; it's as nigh a ~ three miles from my lodgings to Farringdon es ist fast genau drei Meilen von meinem Quar= tiere bis nach F.

touched F (tŏ'tſch-ĭt): ~ in the head überspannt, übergeschnappt.

touchy F (tŏ'tſch-ĭ) empfindlich.

tough P (tŏf) [zähe]: a ~ 'un eine derbe Lüge, ein gewaltiger Kalauer.

tour, towr (beides: tōŕ) Old Cant: ſich umschauen.

tout (tāut) 1. *v.* ſ beobachten, aus= spionieren; we twig'd him a-~ing on us wir merkten, wie er uns auflauerte; Sport: Spionierdienste verrichten, Be= richte abstatten; Ladengeschäft: Käufer anlocken. — 2. *s.* Sport: Agent; Laden= geschäft: einer, der vor der Thür u. ſ. w. Kunden herbeilockt, zutreibt; ſ Spion.

tout-ensemble (tut-an̄-ßa′n-bl̄) [franz.] High-Life Slang: Gesamtbild, Totaleindruck, alles zusammengefaßt.

touter (tau′-t²r) = tout 2.

tonzle (tān̄ßl) Coster-Slang: buschige(r) Backenbart.

tow ⌄ (tō): to take in ~ ins Schlepptau, unter Aufsicht nehmen.

towel (tau′-²l) 1. s. † oaken ~ Prügel. 2. v. F mit dem Handtuche abwischen, abreiben; P durchprügeln, abwamsen: but see the ~ling I should get (A little Ragamuffin) aber bedenken Sie, was für Hiebe es da für mich absetzen würde.

tower (tau′-²r) Old Cant: gekippte(s) Geld.

to-who (tu̇-hū′), s. tu-who.

town (taun) [Stadt] F London: they're leaving ~ sie reisen von London ab; is he going up to ~? geht er nach London? ~bred in London erzogen, ~-made in London gemacht; ~ward nach London zu; † in ~, out of ~ bemittelt, unbemittelt; Universität: ~ and gown (Schlägerei zwischen) Philister(n) und Studenten; umschreibend: it came to ~ yesterday es (das Kind) kam gestern zur Welt. — S. auch up.

town-bull ⌐ (taun-bū′l) Hurenvater. Kuppler.

tow-pow ⌐ (tau′-pau) Grenadier.

toy ⌐ (tŏi) v n. spielen.

track P (träk) [Spur]: to make ~s davonlaufen, durchbrennen; Sport: on the ~ beim Velocipedfahren, im Radfache.

trade ⚒ (trēd) 1. s. [Geschäft]: the ~ die (Gesamtheit der) Geschäftsleute; he works for the ~ er arbeitet für Geschäftshäuser; ~-prices Engrospreise; Sport: this caused a little ~ to take place es fanden infolge hiervon einige Wetten statt. — 2. v. Sport: to ~ on wetten auf; ⌐ 'e offered to ~ 'im a fawney for five bob er erbot sich, ihm für 5 M. einen Ring zu verkaufen.

tradesman ⌐ (trē′ds-m²n) [Geschäftsmann] einer, der sein Geschäft (bes. das der langfingerigen Zunft) gründlich versteht.

train P (trē²u) v. to ~ it mit dem Zuge fahren; I ~ed it back ich fuhr mit dem Zuge zurück.

tramp P (trämp) v. [auf der Wanderschaft sein]: to ~ it zu Fuß reisen.

translate (tränß-lē′t) Schuster-Slang: flicken, ausbessern; tröstlich: the Bishop was ~d from Oxford to Winchester der Bischof wurde von O. nach W. versetzt.

translator (tränß-lē′-t²r) Schuster-Slang: Schuhflicker, Verkäufer von geflickten Schuhen und Stiefeln.

transmogrify P (tränß-mŏ′g-r²-fai) umwandeln: Vy, 'ow you are transmogrified! (Ainsworth) Herrje, was bist du metamorphosiert!

transpontine (tränß-pŏ′n-tain) jenseit der Themse gelegen.

trap (träp) [Falle] Old Cant: Polizist, Häscher: "But where are the lurchers?' — "Who?" asked Wood. — "The traps", responded a bystander. — "The shoulder-clappers", added. a lady (Jack Sheppard) „Aber wo sind die Gerichtsdiener?". — „Wer?" fragte W. — „Die Spitzel", entgegnete einer der Nahestehenden. — „Die Häscher", setzte eine Dame hinzu.

trapes P (trē²pß) umherschlottern, umherwandern; she ~ed the street sie trieb sich auf der Straße herum; I've been ~ing about all day ich bin den ganzen Tag auf den Beinen gewesen.

traps P (träpß) Siebensachen, Gepäck; to pack up one's ~ einpacken.

trash † (träsch) [Shak. &c.] Taugenichts, liederliche Person.

trashy F (trä′sch-²): ~ novels (The Boy's Own Paper) elende Romane.

traveller ⌐ (trä′w-²l-²r) to tip the ~ wunderbare Reiseabenteuer erzählen, aufschneiden, flunkern.

tread (trēd) [treten] Sport: to ~ (closely) upon the heels of dicht auf dem Fuße folgen.

treat P (trīt) v. [behandeln] traktieren, bewirten; s. it was his ~ er zahlte die Zeche.

tree (trī) s. [Baum] F as lame as a ~ kreuzlahm; s. top. und up 1; v. P in die Enge treiben.

trencher-cap ⌐ (trĕ′n-tſch⸱-kăp) viereckige Studentenmütze (college-cap).

trencher-man ⌐ (trĕ′n-tſch⸱-măn) Fresser.

tres ⌐ (trĕß): ~ wins drei Groschen.

trial F (traī′-ăl) [Versuch]: a great ~ eine ernste, schwere Zeit; von Personen: he's a great ~ to us er macht uns schwere Sorgen.

triangle (traī′-än⸱gl) Gefängnis: the ~ der dreieckige Bock, auf dem die Prügelstrafe vollzogen wird.

trichogenous ✿ (traī-kŏ′DG-⸱-nŭß) [griech.: haar = erzeugend]: ~ pomatum Haarwuchspomade.

trick (trĭk) [Kunststück] Cirkus: ~ dogs, ~ horses dressierte Hunde, Pferde, die Kunststücke machen können; Handwerker-Slang: ~s Werkzeuge; ⌐ don't come your ~s here laß deine Streiche hier bleiben.

tricyclist * (traī′-ß⸱-klĭßt) einer, der auf dem Dreirade (tricycle) fährt.

trig (trĭg) Old Cant: to ~ the jigger vor die Thüre eines scheinbar unbewohnten Hauses ein Stückchen Papier legen, um sich zu überzeugen, daß niemand aus- und eingeht.

trim F (trĭm) s. [Ausrüstung, Putz]: to be in good ~ gut gerüstet, in trefflicher Gesundheit, Verfassung sein.

trimmer (trĭ′m-m⸱ʳ) Politik: Achselträger, einer, der zwischen den Parteien steht [in diesem Sinne schon zur Zeit Karls II., besonders mit Rücksicht auf Halifax und seine Partei gebräuchlich].

Trim Tram (trĭ′m-trăm) wie der Herr, so der Knecht; wie der Herr, so's Gescherr! (GROSE).

trine (traīn) Old Cant: hangen, gehängt werden.

trio ⌐ (trī′-ō) *fig.* Kleeblatt.

trip ⫝ (trĭp) *v.* [vom Grunde losmachen]: to ~ the anchor abfahren, sich auf den Weg machen.

triple-tree (trĭpl-trī′) Old Cant: Galgen.

tripos (traī′-pŏß) Cambridge: höhere Bakkalaureats-Prüfung; ⌐ Gedärme, Bauch.

Trojan P (trŏ′-DG⸱n), **Trudjon** (trŏ′DG-⸱n), **Trew John** (trū′-DG⸱n) handfeste(r) Geselle, Landstreicher; base Trojan! (SHAK., *Henry V*) elender Wicht!

troll † (trōl) *v. a.* in Gang setzen: will you ~ the catch (SHAK., *Tempest*) willst du den Gesang anstimmen? ~ us a stave (ROOKWOOD) sing' uns ein Liedchen.

Troll-Madam † (trōl-mă-dă′m), **Troll-My-Dames** † (trōl - mĭ - dĕ′mß) [franz.: trou-madame] altes Kegelspiel.

troop-farrier ✕ (trū′p-făr-n⸱-ĕʳ) Hufschmied bei der Kavallerie.

trooper (trū′-p⸱ʳ) ⌐ gemeine(r) Soldat; ✕ Kavalleriepferd.

tross (trŏß) Coster-Slang: schlecht [soll aus trosseno, Back-Slang: für ono sort, verstürzt sein, wie ja auch tross oder tros als Back-Slang für sort und dab-tros für bad sort dient].

trot (trŏt) 1. *v.* [traben, in Trab bringen]: a) F to ~ out verführen, vorreiten, in Gesellschaft führen; b) Parlament: he protested against the honourable member perpetually ~ting out this story er protestierte dagegen, daß der Herr Abgeordnete fortwährend diese Geschichte auftischte; (bei einer Versteigerung) überbieten; (die Preise) in die Höhe treiben. — 2. *s.*: a) [Trab] F Spaziergang: I had a little ~ ich lief ein wenig herum; b) ⌐ [auch bei SHAK.] an old ~ ein altes, mürbes Weib.

trot-out ⌐ (trŏt-aū′t) (die Geschicklichkeit oder die Dummheit eines andern) in ein helles Licht stellen.

trotter (trŏ′t-t⸱ʳ) Sport u. ſ. w.: Bein, Fuß; scherzhaft: ~cases Stiefel; ⌐ we 'll be upon the bandogs, before they can shake their ~s (JACK SHEPPARD) wir wollen über die Häscher herfallen, ehe sie die Beine rühren können.

trotter-cases ⌐ (trŏ″t-t⸱-kĕ′ʰ-ß⸱ß) Schuhe, Stiefel [auch crab-shells].

trot-town ⌐ (trŏt-taūn) Pflastertreter.

trouble (trŭbl) [Verdruß, Mühe]: in ~ im Gefängnisse.

trousers ⌐ (traū′-s⸱ß): to go into ~ [von heranwachsenden Knaben: statt der knickerbockers oder Kniehosen] (lange) Hosen bekommen.

trousies (traū′-ſⁱß) P statt trousers.

trow † (tr̄aū): learn more than thou ~'st (*King Lear*) höre viel und glaube wenig; sprichwörtlich: trau, schau, wem.

trowsering (trau'-j⁵-ŕlⁿ) Schneider: Hosenzeug.

truck (trŏk) [Tauschhandel]: P old ~ alte(r) Plunder; ♃ Hut; *v.* P austauschen.

trucks P (trŏkß) Beinkleider, Hose.

true ♃ (tr̄aū) [wahr, treu]: ~-blue (SMYTH) ehrliche(r) Matrose.

trull P (trŏl) = trollop.

trump F u. P (trŏmp) [Trumpf]: to turn up ~s Erfolg haben, gelingen; P you 're a ~ du bist ein braves Haus, ein famoser Kerl; to be put on one's ~s sich in Verlegenheit befinden.

trumpery P (trŏ'm-p⁵-ŕ) *a.* geringfügig, kleinlich, gemein; liebkosend: bless his ~ heart das liebe, herzige Kind; ironisch: ~ insanity [entstellt aus temporary insanity] übliche(r) Spruch der Geschworenen in Selbstmordfällen auf plötzlichen Wahnsinn hin [diesen Spruch fällen die Geschworenen fast durchgängig, um dem Verstorbenen ein christliches Begräbnis zu sichern].

trumpet F (trŏ'm-p⁵t) [Trompete]: to sound one's own ~ sich selber loben.

trumpeter (trŏ'm-p⁵t-ˢʳ) [Trompeter] liebkosend: liebe(s) Bürschchen.

trundle (trŏndl): let them ~ (CONGREVE, *The Way of the World*, 1700) sie mögen sich zum Teufel scheren, laß sie nur laufen!

trunk P † (trŏnk) [Rüssel] Nase, *fig.* F Rüssel, Gurke (GROSE); to shove a ~ sich den Leuten aufdrängen.

trunks (trŏnkß) Theater: Kniehose.

trust F (trŏßt) 1. *v.* [trauen]: I do not ~ him any further than I see him ich traue ihm nur so weit, als ich ihn sehe, nur auf drei Schritte. — 2. *s.* ♥ to give ~ for Kredit, P Pump gewähren für.

truth F (tr̄uth): ~ to tell um ehrlich zu reden, ehrlich gestanden.

try (tr̄aī) 1. *v.* [versuchen]: F to ~ it on with a person jemand zu überlisten, Trotz zu bieten versuchen; he's very ~ing es ist schwer mit ihm fertig zu werden;

under most ~ing circumstances unter sehr schwierigen Verhältnissen; ſ coves that ~ it on Gauner. — 2. *s.* Fußball: durch Niederhalten des Balles (ſ. touch down) errungene(r) Sieg; Theater: gekünstelte(s), unnatürliche(s) Spiel.

T square (tī' ßkwä⁴) Schule u. ſ. w.: Reißschiene.

tub (tŏb) 1. *s.* [Bütte] F Bad: I was having my morning ~ ich nahm gerade mein Frühbad; Sh. in ~ in der Schwitzkur; — 2. *v.* P baden: she was ~bing the kids sie wusch die Kinder.

tubers (tjū'-b⁵ʳj) [Knollen] Landwirtschaft: Kartoffeln; under ~s mit Kartoffeln bepflanzt.

tubs (tŏbß) ironisch: Butterhändler (*Sl. Dict.*).

tub-thumper ſ (tŏ'b-*thöm*-p⁵ʳ) Landpfarrer.

tub-thumping ⌐ (tŏ'b-*thöm*-pīⁿ⁴) ironisch: Predigen, öffentliche(s) Reden (*Sl. Dict.*).

tuck (tŏk) *v.* [schürzen, wickeln]: P to ~ in sich ans Essen begeben, schmausen; to ~ out sich satt essen; ſ to ~ up aufhängen, einsperren.

tuck-in (tŏk-ĭ'n), **tuck-out** (tŏk-au't) P *s.* Essen, Schmaus.

tuck-shop (tŏ'k-schŏp) Schul-Slang: Speiselokal, Zuckerbäckerei.

tuft (tŏft) [Quaste] Universität: Student von aristokratischer Herkunft.

tuft-hunter (tŏ'ft-hŏn-t⁵ʳ) einer, der die Bekanntschaft von Adligen sucht, der großen Herren den Hof macht.

tug F (tŏg) [Zerren]: the tug of war der heiß entbrannte Kampf, der gefährlichste Augenblick.

tulip P (tjū'-lĭ⁵p) [Tulpe] scherzhaft: my ~ mein Teuerster.

tumble P (tŏmbl) [stürzen]: I ~d across him ich lief ihm in den Weg; to ~ out, to ~ up aufstehen; to ~ to it verstehen, Gefallen finden an; to ~ to pieces (glücklich) niederkommen.

Quoth she: "Before you tumbled me, You promised me to wed".

(*Hamlet.*)

Sie sprach: „Eh' du gescherzt mit mir, Versprachst du, mich zu frei'n."

tumbled F (tömblb) von Tuch und vergl.: zerknittert.

tumbler F (tö'm-blr⁵) Gauner.

tund (tönd) v. Schüler-Slang: durchbleuen, abwalken.

tune (tjūn) 1. s. [Melodie]: ♩ to the ~ of zum Betrage von; he failed to the ~ of five thousand pounds das Defizit betrug fünftausend Pfund; s. cow. — 2. v. F prügeln.

tuneful F (tjū'n-fŭl): the guitar is ~ to his hand die Guitarre wird melodisch in seiner Hand [man vergl. in Schlegels „Arion": Die Zither lebt in seiner Hand].

tup (töp) Old Cant: s. Bock; v. verführen, geschlechtlich beiwohnen, P bocken [in einer bekannten Stelle des Othello sagt Jago zum Mohren: Wouldst thou behold her tupp'd?]

tuppenny (tö'p-pⁱn-nⁱ) a. P statt two-penny: a ~ ride eine Fahrt, die zwei Groschen kostet, Zweigroschentour; liebtosend: now, ~ nun, Herzenskindchen, Engelchen; ironisch: a ~-ha'-penny concern eine armselige Geschichte.

tuppence (tö'p-pⁱnß) P statt two pence zwei Groschen.

Turf (tö'rf): the ~ der Sport: the ~ metropolis die Hauptstadt des Sport (Newmarket).

turfing P (tö'r-fĭnⁱ) Nachtlager auf freiem Felde, bei Mutter Grün.

Turfite (tö'r-faīt) Zeitungen u. s. w.: Sportliebhaber.

turfman (tö'rf-mⁱn) Sport: Sportsman. — S. auch turfite.

Turk † (tö'rf) [Türke] harte(r), erbarmungslose(r) Mann (GROSE) [auch im Deutschen in diesem Sinne: Türke]; a young ~ ein kleiner Galgenstrick; † [SHAK &c.]: to turn ~ sein Betragen, seine Meinung ändern.

Turk(e)y-merchant F (tö''-fⁱ-mö'-tsch⁵nt) [Putenhändler oder Kaufherr, der mit der Türkei, mit türkischen Artikeln Geschäfte betreibt]: a) Geflügelhändler; b) einer, der mit geschmuggelter, gestohlener Seide handelt.

Turkish delight * (tö'r-fĭsch dⁱ-laī''t) feine Konfektsorte.

turn (tö'rn) 1. v. [wenden]: F to ~ oneself about sich (besonders finanziell) erholen; to ~ in zu Bette gehen; to ~ off fortschicken; F ~ed off aufgehängt; to ~ out sich bewähren (als); to ~ an honest penny sich sein ehrliches Brot verdienen; F to ~ tail Kehrt machen, Reißaus nehmen; P ~ it up laß es bleiben, hör' auf, lauf' fort; to ~ up ill krank werden; F ~ed up arretiert; freigesprochen; s. honest. — 2. s.: F it's my ~, your ~ ich bin an der Reihe, Sie sind dran; it gave me quite a ~ es hat mich fast zu Tode erschreckt; F (vom Braten): done to a ~ weder zu viel noch zu wenig gebraten.

turned P (tö'rnd) [gewandt] vom Alter einer Person: she's ~ twenty-five sie ist über die fünfundzwanzig hinaus, hat die 25 hinter sich; just ~ seventeen gerade siebzehn.

turn-in P (tö'rn-ĭ'n) Lager, Nachtruhe.

turnip (tö''-nĭp) [weiße Rübe] scherzhaft: Uhr; F ~-tops [Kraut der Rübe] Uhrkette nebst Zubehör; to cut ~-tops Uhr mit Kette und Zubehör stehlen.

turnip-pated F (tö''-nĭp-pⁱ'-tⁱd) blond, weißhaarig.

turn-out P (tö'rn-aū't) festliche Auffahrt.

turnpike F (tö''-n-paī'f) [Schlagbaum]: ~ sailor Bettler, der sich für einen schiffbrüchigen Matrosen ausgibt.

turn-up P (tö'rn-ö'p) Boxerei, Rauferei.

turps (tö'rpß) P statt turpentine - oil Terpentinöl.

turtle (tö'rtl) [Schildkröte] Sport: to turn a ~ vom Pferde stürzen, fig.: eine Lerche schießen (♩ mit dem Nachen umschlagen); Gasthof: statt turtle-soup Schildkrötensuppe.

turtle doves F (tö'rtl dö'wⁱ) Rhyming Slang: statt pair o'gloves Paar Handschuhe.

tusheroon F (tösch-⁵-Rū'n) Fünfschillingstück (Sl. Dict.).

Tussaud (tū'ß-ßō) [franz. Name] Madame Tussaud's berühmtes Wachsfigurenkabinett in Baker Street.

tussle F (tö'ßl) Kampf: it 'll be a hard ~ es wird einen schweren Kampf absetzen.

tu-who (tú-ḫū′) onomatopoetiſch:

> Then nightly sings the staring owl:
> To-who,
> To-whit, Tu-who, a merry note.
> While greasy Joan doth keel the pot.
> (*Love's labour's lost.*)
> Starrt Nachts der Kauz und ſchreit vom Turm:
> Tuḫu,
> Tuwit, Tuḫu, gar luſtig klingt,
> Und Gieſe rührt den Topf und ſingt.

twang (twäng) Old Cant: beſchlafen.

twain (twēn) † und poetiſch ſtatt two:
one of the ~ pointed in the direction
of the house (Rookwood) einer der
beiden deutete in der Richtung des
Hauſes [man vgl. das deutſche zwo].

tweague ῀ (twīg) Verdruß, Ärger.

tweak P (twīk): to ~ a person's nose
jemand an der Naſe packen.

tweedledum ῀ (twī′dl-dᵘm): ~ and
tweedledee geringfügige(r) Unterſchied,
Bagatelle; bare(r) Unſinn.

tweet (twīt) poetiſch u. ſ. w.: Gezwitſcher.

twelve ῀ (twělw): to be christened by
~ godfathers (von den zwölf Ge-
ſchworenen) ſchuldig befunden werden.

twelver ῀ (twě′l-w⁽ᵉ⁾) [Zwölfer] Schilling.

twice-laid ↓ (twais-lē′ᵈd) kalte(s) Gericht aus Fiſch und Kartoffeln, P
Kuſchelemuſch (auch fish-fosh); vgl.
bubble-and-squeak.

twiddle ῀ (twīdl): to sit and ~ one's
thumb daſitzen und nichts thun, die
Hände in den Schoß legen.

twig (twīg) 1. *s.* [Zweig]: a) Sprichwort:
as the ~ bends the tree inclines
jung gewohnt, alt gethan; b) ῀ in ~
gut gekleidet; the cove is togged in ~
(Grose) der Menſch iſt fein geputzt; I
've done the trick in prime ~ (Rookwood) ich habe den Streich brillant ausgeführt; P in prime ~ in trefflicher
Verfaſſung. — 2. *v.* P bemerken, verſtehen.

twist (twiſt) 1. *v.* [drehen, flechten] *fig.* ῀:
I can ~ him round my fingers ich
kann ihn um den Finger wickeln; ῀ aufhängen. — 2. *s.* [Drehung, Windung]
Kricket: ein Schleudern des Balles, wodurch dieſer beim Aufprallen von ſeiner
erſten Bahn im ſtumpfen Winkel ab-
ſpringt und dadurch auf den Dreiſtab
losfliegt; P Appetit, Gefräßigkeit; ↓

Schnäpschen: a limeburner's ~ eins,
das auf den Lippen brennt, P Rachen-
putzer.

twister F und P (twĭ′ß-t³ᵉ): a) Wort-
verdreher, Rechtsverdreher; b) Tänzchen;
c) erlogene Geſchichte: he can spin a ~
er kann lügen wie gedruckt; d) ſ. thim-
ble-twister.

twisting P (twĭ′ß-tĭng) Tracht Prügel,
ſchwere(r) Kummer: it gave me a ~
es ſchnitt mir ins Herz.

twitchety P (twĭ′tſch-ᵉ-t⁾ unruhig, nervös.

twitter P (twĭ′t-t³ᵉ) [Gezwitſcher, leiſe(s)
Zittern]: all in a ~ (*Sl. Dict.*) in Angſt
und Aufregung.

two F (tū) [zwei]: a day or two, a
shilling or two ein paar Tage, ein
paar Mark.

two-eyed steak P (tū′-aid ſtē‴k) zwei-
äugige(s) Beefſteak] Häring, Bücking.
— Vgl. Yarmouth.

two-foot rule ῀ (tū′-fūt rūl) Rhyming
Slang: ſtatt fool Narr.

two-handed P (tū-hä′n-d⁾ᵈ) im Fauſtkampfe
geübt, fingerfertig, geſchickt (*Sl. Dict.*).

twopenny-hops P (tŏ′p-ᵉn-ni-hŏ″rß) ge-
meine(s) Tanzlokal (*Sl. Dict.*).

twopenny-rope P (tŏ′p-ᵉn-ni-rō″p) gemeine Herberge.

two-thousand (tū-*thau*′-ſⁱnd) Sport: a ~
hero ein Renner, der den Preis von
2000 Guineen bei dem (in Newmarket
ſtattfindenden) Frühlingswettrennen gewonnen.

two-to-one † (tū-tⁱ-wŏ′n) Pfandleiher
[nach ſeinem enormen Gewinſt und vielleicht
auch nach der Stellung ſeiner drei Goldkugeln
— zwei oben, eine unten — alſo benannt].
S. three.

two-year-old (tū-jiᵉ′-ōld) Sport: ~ plate
Preis, um den ſich zweijährige Füllen
bewerben dürfen.

Tyburn blossom (tai′-bᵉn blŏ″ßm) Old
Cant: Galgenvogel.

Tyburnia (tai-bö⁽r⁾′-nja) ariſtokratiſche(s)
Viertel in der Nähe der alten, aus der
Geſchichte hinlänglich bekannten Hin-
richtungsſtätte von Tyburn. — S.
Paddington Fair, Holborn.

Tyburn tippet (taī'-bŏʳn tiᵖ'p-pᵉt) Seil zum Hängen.

tye-it-up F (taī-it-ŏ'p) sich bessern, ein neues Leben beginnen.

tyke ⟍ (taīk) Köter: base ~ (SNAKES-

PEARE, *Henry V*) gemeiner Köter; the toothless ~ (*Punch*, 1885) der zahnlose Köter.

typo (taī'-pō) scherzhaft statt typographer Buchdrucker (*Sl. Dict.*). Vgl. photo.

U.

'ud (ᵘd) P statt would würde, wollte: that 'ud put an end to me das würde mein Tod sein.

ugly F (ŏ'g-lᵉ) [häßlich]: as ~ as sin häßlich wie die Nacht; an ~ customer ein unangenehmer Patron, ein boshafter Mensch.

ullages (ŏ'l-lᵉḎG-ᵉʃ) Kellner-Slang: Wein, der bei einem Festschmause in den Gläsern übrig geblieben ist.

umberalla (ŏ'm-bᵉ-rᾱ̈'l-la) P statt umbrella Regenschirm.

umbrage F (ŏ'm-brᵉḎG) [Laubwerk, Schatten]: to give ~ Verdacht erregen, beleidigen; to take ~ at Argwohn schöpfen wegen, sich beleidigt fühlen über.

umbrella (ŏm-brᵉl'-la) [Regenschirm] scherzhaft, vom Kopfhaare: starkes Haar, F Mähne: he has a regular ~ er hat sehr dichtes und langes Haar.

'un (ᵘn) P statt one: a little 'un ein kleines Ding; the young 'uns die Kleinen.

unbeaten (ᵘn-bī'tn) Sport [von Rennpferden]: Ormonde has an ~ certificate (das Pferd) O. hat bis jetzt (auf der Rennbahn) noch keine Niederlage erlitten.

unbeknown P (ŏ'n-bᵉ-nō'n): to ~ ohne Vorwissen von.

unbend (ᵘn-bᵉ'nd) v/n. sich (gnädig) herablassen; gemütlich werden.

unbetty F (ᵘn-bᵉ't-tᵉ) aufschließen.

unborn F (ᵘn-bo'ʳn) scherzhaft: as innocent as an ~ babe so unschuldig wie ein Lamm, wie ein neugeborenes Kind.

uncle P (ŏn⸱kl) [Oheim] Leihhausbesitzer.

Uncle Sam (ŏn⸱kl ßᾱ'm) typischer Name des Nordamerikaners.

unction (ŏ'nᵏ-ʃdjᵉn) [Salbung] katholische Kirche: extreme ~ letzte Ölung; [Salbe] P blue ~ (auch blue butter) graue Quecksilbersalbe.

undecideds (ŏ'n-dᵉ-ßaī''-dᵉdʃ) s pl. Sport: unentschiedene Proberennen.

under (ŏ'n-dᵉʳ) [unter]: F ~ a cloud in Geldverlegenheit, in schwieriger Lage; to feel ~ an obligation to sich in jemandes Schuld wissen, sich jemand zu Dank verpflichtet fühlen; P to do all ~ one alles auf einmal thun, mit einem Schlage abmachen; F ~ the rose im Vertrauen [lat.: sub rosa, s. rose]; to speak, whisper ~ one's breath leise sprechen, flüstern.

underdone P (ŏ'n-dᵉʳ-dŏn und ŏn-dᵉʳ-dŏ'n) [nicht gar] von Kindern, ironisch: schwächlich, gebrechlich.

undergrad (ŏ'n-dᵉʳ-gnᾱd) Universität: statt undergraduate Student.

undersized F (ŏ'n-dᵉʳ-ßaīßd) unter der gewöhnlichen Größe.

understanden † (ŏ'n-dᵉʳ-ßtᾱ''n-dᵉn) [FULLER &c.] statt understood.

understanding F (ŏ'n-dᵉʳ-ßtᾱ''n-dinᵍ) [Verständnis]: upon the ~ unter der Voraussetzung; Bedingung.

understandings (ŏ'n-dᵉʳ-ßtᾱ''n-dinᵍʃ) s/pl. scherzhaft: Schuhe, Stiefel, Fußbekleidung.

undertaker (ŏ'n-dᵉʳ-tᵉ''-kᵉʳ) [Unternehmer] im gewöhnlichen Leben immer nur: Leichenbestatter: the register was signed by the clergyman, the clerk, the ~ and the chief mourner das Protokoll wurde von dem Geistlichen, dem Standesbeamten, dem Leichenbestatter und dem Haupt-Leidtragenden unterzeichnet.

undertaking F (ŏ'n-t̶̶ŏ̶'-tē''-t̶ĭn⁰) [Unternehmen]: to give an ~ ein feierliches Versprechen ablegen.

unfledged (ⁿn-flĕ'd̶g̶d̶) [ungefiedert] scherzhaft: unbekleidet, splitternackt.

unfortunate (ⁿn-fŏ''-tĭdₛ̶'n-ŭt) [Unglückliche] euphemistisch: Straßendirne.

unhinged F (ⁿn-hi'nd̶g̶d̶) [aus den Angeln gehoben] *fig.*: his reason is ~ sein Verstand ist zerrüttet.

unicorn (jū'-nᵉ-kŏⁿn) [Einhorn] Sport: mit drei Pferden bespannte(r) Wagen (*Sl. Dict.*).

uninterruption P (ŏ'n-ĭn-t̶ŏ''-nŏ''p-ĭch⁰n) ununterbrochene Arbeit, Sorge u. f. w.

Union P (jū'n-jⁿn) [Armenhausbezirk]: the ~ das Armenhaus.

universalization * (jū-nᵉ-wŏ''-ẓ̶ăl̶-ᵉ-ẕe''-ĭch⁰n) Verallgemeinerung (*Athenaeum*, 1883).

unlicked F (ⁿn-lĭ'ft) [unbeleckt]: an ~ cub ein ungebildeter, ungezogener Bursche.

unmentionables (ⁿn-mĕ'n-ĭch⁰n-ᵉblᶤ) *s pl.* [Unnennbare] Ladies' Slang: Hosen, F Unaussprechliche [= unutterables; vgl. *fro.* inexpressibles].

un-palled F (ⁿn-pₐ̶'l̶d̶) ohne Genossen (bef. wenn die früheren Gefährten sämtlich gehängt sind oder im Zuchthause sitzen).

unprotestantize (ⁿn-prŏ't-ᵉ̶g̶-tăⁿn-taĭg̶) theologisch: dem protestantischen Glauben entfremden, katholisch machen.

unrigged F (ⁿn-nĭ'g̶d̶) entblößt, nackt.

unspit P (ⁿn-g̶pĭ't) ausspeien.

unthimbled F (ⁿn-th̶ĭ'nᵇlᵈ) seiner Uhr beraubt.

unutterables (ⁿn-ŏ't-t̶ᵉ-n̶ᵇlᶤ) = unmentionables.

unwashed (ⁿn-wa'ĭch̶t) [ungewaschen] Zeitung: the great ~ der süße Pöbel.

unyun (ŏ'n-jⁿn) P statt onion Zwiebel.

up (ŏp) 1. *adv.* und *prp.* [auf, hinauf]: F to go ~ to London nach London reisen [einer sprachlichen Fiktion zufolge reist man von der Provinz aus stets up to town]; to go, to be up for an examination sich einer Prüfung unterwerfen; P to be had up for vor Gericht stehen wegen; his monkey's up er ist sehr böse, ge-

reizt; what's up was ist los? It's all up (the country) with him mit ihm ist's vorbei, er ist zusammengebrochen; ✻ Börse: foreign bonds were mostly up die ausländischen Papiere standen im allgemeinen hoch; statt got up, rise up: 1 up (*Pepys' Diary*) ich stand auf; † (18. Jahrhundert) blow me up [statt der modernen Redensart I'll be blowed, blow me tight; siehe blow] hol' mich der Henker! City-Slang: up the tree bankrott; it's all up the tree with me mit mir ist's vorbei; F not up to much unbrauchbar, ungeschickt; P up to a thing or two, to a trick or two Bescheid wissen, F den Rummel kennen; up to no good, up to mischief auf bösen Wegen, mit bösen Absichten umgehend; Sport: Subduer with Archer up (der Renner) S. unter A. als Jockey; F ~ to slum pfiffig, gewandt; P what's he been ~ to was hat er angestellt? f. knocker, snuff, spout. — 2. *v.* ⊥ as she ~'d and down'd da es (das Schiff) auf- und abging; so 1 ~s an' tells him a piece o' my mind (*Sailor's Yarn*) da sprang ich auf und sagte ihm gehörig die Meinung.

up-ended ⊥ (ŏp-e'n-d̶ᵉt) das unterste zu oberst gekehrt.

up-foot P (ŏp-fu't) elliptisch: and ~ and told him so da sprang ich auf und sagte es ihm.

up-hill F (ŏp-hĭ'l̶) [hügelauf]: ~ work Kampf ums Dasein, saure Arbeit.

uphills † (ŏp-hĭ'lj) falsche Würfel.

upon (ŏp-ŏ'n) 1. *prp.* [auf]: ~ the town verkommen, auf dem Pflaster liegend. 2. *adv.* P beinahe: the button's all ~ off der Knopf ist fast ganz los.

Poor Tom was once a kiddy upon town,
A thorough varmint and a real swell.

(BYRON.)

Der arme Tom war einst ein Kind der Stadt, ein Erzlunke und ein Herrchen fein.

upper (ŏ'p-p̶ᵉn) [ober]: F ~ Benjamin Überzieher; scherzhaft: the ~ crust, the ~ ten thousand die oberen Zehntausend, die hohe Aristokratie; P ~ loft, ~ storey, ~ works Hirnkasten, Verstand.

uppish P (ŏ'p-pĭch̶) hochmütig, aufgeblasen, eingebildet.

uppishness P (ŏ′p-plĭd)-n⁻ß) Hochnäfig-
feit.

upright (ŏ′p-ʀāīt) [aufrecht, ehrlich] Old
Cant: ~man Anführer einer Bettler=
bande.

upset P (ŏp-ßĕ′t) [umwerfen]: to ~ a
person's apple-cart jemand aus der
Faffung bringen, ins Unglück stürzen.

upshot F (ŏ′p-ſchŏt) [Ausgang]: the ~
of it (all) das Ende vom Liede.

up-sides P (ŏ′p-ßaĭdſ): to be ~ with
nach Gebühr behandeln; I'll be ~ with
you (*King of the Beggars*) ich will
dir das einbrocken, vergelten.

upstairs (ŏ′p-ßtä′ſ) ſcherzhaft: to kick a
person ~ jemand in eine höhere Po=
ſition mit Gewalt hineinzwängen, in
der Politik: (einen unpopulären Staats=
mann, den man unſchädlich machen
möchte,) in das Oberhaus verſetzen.

up-stick (ŏp-ßtĭ′t) v. ♃ ſich auf die
Beine machen; seeing there were three
on us he ~ again (*Nights at Sea*) da
er ſah, daß unſer drei waren, machte er
ſchleunigſt wieder kehrt.

upward ✺ (ŏ′p-w⁽ʳd] [aufwärts gerichtet]
Börſe: an ~ tendency, movement of
the market Neigung der Kurſe zum
Steigen.

urge (ŏ′dɡ) ſcherzhaft: to ~ on one's
wild career blind voranſtürmen.

urinal F (jū′-n⁻-n⁵l) ſcherzhaft: ~ of the
planets Irland [ſonſt auch wohl England's umbrella: Irland, die „Smar-
agd=Inſel", hat bekanntlich viel vom
Regen zu leiden].

us P (ŏß) häufig ſtatt we wir: shall us
go? wollen wir gehen? us didn't do

it, it ain't us that has done it wir
haben's nicht gethan [im Wintermärchen
ſagt auch Hermione: shall us attend you?]

use 1. (jūſ) v. [gebrauchen]: F ſcherzhaft:
how does the world ~ you? wie geht
dir's? P mit Hilfszeitwort do vor der
Negation: 'e did not ~ to imbibe
[ſtatt he used not to] er pflegte nicht
zu trinken, war früher kein Säufer;
a 'ansome silk dress did ~ to last
you 'arf your life (*Mrs. Brown on
the Turf*) ein ſchönes ſeidenes Kleit
reichte gewöhnlich für die halbe Lebens=
zeit aus. — 2. (jūß) s. [Nutzen] Zeitung:
it is very little ~ attempting to find
him es würde wenig helfen, wenn
man verſuchen wollte, ihn ausfindig zu
machen; P it ain't much ~ es nützt
nicht viel; it's no ~ you askin' any
more questions (GREENWOOD) es hieße
Zeit verſchwenden, wollten Sie mich noch
weiter fragen.

used up P (jūſt ŏ′p) [abgenutzt] zu
grunde gerichtet, verloren.

user ✎ (jū′-ſ⁽ʳ) einer, der (etwas) gebraucht; to all ~s of tea (Zeitungs=
inſerat) allen Theeconſumenten.

utter (ŏ′t-t⁽ʳ) 1. a. [äußer] High Life Slang:
ganz beſonders ſchön, ſchlecht u. ſ. w.:
who wouldn't think Whistler ~
(*Punch* 1881) wer möchte nicht den
(Maler) W. für einen ausgezeichneten,
hervorragenden Künſtler halten? ſcherz=
haft: utterly ~ über die Maßen ſein,
elegant; ſ. too-too. — 2. v. [äußern]
F falſches Geld in Umlauf ſetzen.

uttermost ✎ (ŏ′t-t⁽ʳ-mŏßt) till thou hast
paid the ~ farthing (Bibel) bis du
den letzten Heller bezahlt haſt.

V.

v, ſ. w.

vail † (wel) Trinkgeld

vakeel (wä-ſī′l) [anglo=indiſch] Advokat.

Valentine (wä′l-⁻n-taīn) SHAK., *Hamlet*:

To morrow is Saint Valentine's day,
All in the morning betime,
And I a maid at your window,
To be your Valentine.

Morgen iſt Sankt Valentin,
Und wann der Tag anbricht,
Ich junge Maid am Fenſterlein
Will ſteh'n, dein Valentin zu ſein.

vamoosh F (wä′m-uſch), **vamos** P (wä′-
mŏß, wäm-ū′ſ) [ſpan.: laßt uns gehen!]
ſich drücken, ſich aus dem Staube
machen, fortgehen.

vamp P (wämp) flicken, neu herrichten, zuputzen, verfälschen; ~ed papers (Fun) Zeitungen mit falschen Nachrichten.

vamper ↑ (wä′m-p²) Strumpf.

vampers † (wä′m-p³r²) s pl. Strümpfe.

vampoos P (wäm-pū′ſ) = vamosh.

vamps (wämpß) = vampers.

van-neck ↑ (wä′n-n²t) Weib mit großen Brüsten.

vardo ↑ (wä′-dō) 1. v. sehen, anblicken. — 2. s. Old Cant: Wagen.

varmint (wä′-m²nt) P statt vermin Ungeziefer; you young ~ du junger Taugenichts.

varnisher ↑ (wä′-niſch-²) einer, der falsche Münze in Umlauf setzt.

'Varsity (wä′-ß²-t²) P statt University Universität; ~ crews Vertreter (beſ. Ruderer) der beiden „alten“ Universitäten (Oxford und Cambridge) bei den nationalen Wettspielen; f. Dark Blues, Light Blues; ~ race Wettrudern der Studenten von Oxford und Cambridge.

vaseline * (wäſ-²-lī′n) mit Vaselin bestreichen.

vastly † (wa′ßt-l²) adv. sehr; ~ fat entsetzlich dick.

Vauxhall (wokß-hä′l) Londoner Stadtviertel, am Südufer der Themse in unmittelbarer Nähe von Westminster gelegen, in der ersten Hälfte unseres Jahrhunderts seines öffentlichen Gartens wegen berühmt; ~ Clark berüchtigte(r) Londoner Sportliebhaber und späterer Straßenräuber (18. Jahrhundert).

've (w): a) P statt have; I've (āiw) ich habe; b) P statt has: he 've never learned his letters (All the Year round) er hat nie das Alphabet gelernt.

vegetarian * (wé′dɡ-ʲ-te″-n²̄-²n) a. vegetarianisch; ~ principles diätetische Grundsätze der Vegetarianer; ~ restaurant Speisewirtschaft, in der weder Fleischspeisen noch geistige Getränke verabfolgt werden.

velvet (wé′l-w²t) (Samt): a) † Zunge: to tip one the ~ jemand ausschimpfen, grob anfahren; b) ↑ to be upon ~ bei einer Wette u. f. w. schlau verfahren.

veneer (w²-nī′) (furnier) Litteratensprache: äußerer Anstrich, oberflächliche Bildung; Schein, Scheinheiligkeit.

vengeance F (wé′n-dɡanß) (Rache): he succeeded with a ~ es gelang ihm über alle Erwartung; to do a thing with a ~ etwas aus Leibeskräften, mit voller Wucht thun.

vent F (wènt) (lüften): to ~ one's wrath seinem Zorne Luft machen; Otterjagd, vom Otter: Luft, Atem schöpfen.

venter (wé′n-t²) P statt venture wagen.

ventually (wé′n-tſch²l-l²) P statt eventually im Laufe der Zeit, bei günstiger Gelegenheit.

verbatim (wö²-bé′-tim) (lat. Abv.: Wort für Wort) a. Zeitung: ~ reports wortgetreue Berichte.

verdant F ↖ (wö²′-dänt) (grün, blühend) unerfahren, grün.

very (wé′n-n°) farkastisch statt very much: Lord H., looking ~ like Punch, squatted on the woolsack Lord H., der ganz aussah wie Punch, hockte auf dem Wollsacke; des Nachdrucks wegen nachgestellt: and when it is faded, it looks ugly, ~ und wenn sie (die Blume) verwelkt ist, sieht sie häßlich aus, sehr häßlich.

vesuvians (w²-ßū′-wj²nß) s pl. Art Zündhölzchen, Cigarrenzünder.

vet (w²t) (Abkürzung für veterinarian) Mediziner-Slang: Tierarzt (Sl. Dict.).

vex (wäkß) Blue-coat Slang: statt worse schlimmer.

Vic (wik) P statt Victoria: the Victoria Theatre, Victoria Station, &c.

vice (waiß) (Vice): the ~ übliche Verstümmelung von the Vice President, Vice Chancellor, Vice Master, &c.

Victoria Tower (wik-tō′-rja tāū″-²) (350 englische Fuß hohe(r) Turm des Abgeordnetenhauses) scherzhaft: the ~'s poor relation der gegenüberliegende, kleinere Turm (Clock Tower) desselben Gebäudes (die an dem letzteren angebrachte, große, häßliche Turmuhr heißt auch wohl im Volksmunde the grandmother of all kitchen-clocks. Vgl. Big Ben).

victualling office (wi″t-täl-lin² o′ſ-f²ß) (Proviantamt) Boxer-Slang: Magen.

view (wjū) [beſchauen] Bettler-Cant: to ~ the land Almoſen fordern.

viewy ✺ (vjū'-e) äußerlich anziehend, ins Auge fallend.

vile, ſ. ville.

village (wi'l-l'dg) [franz.: Dorf]: the ~ ſcherzhaft ſtatt London.

vil(l)e (wāl) [franz.: Stadt] Old Cant: the ~ die Stadt (London); **gammy** ~ Ort, in dem die Polizei das Hauſieren von Waren nicht geſtattet.

villian (wi'l-jᵊn) P ſtatt villain Böſe-wicht, Schuft, Schurke.

virgin F (wö'r-dgᵉn) a. [jungfräulich]: ~ forest Urwald; ~ soil Urboden (häufig figürlich gebraucht).

vitriol (wi't-rⁱ-ᵘl, P wi't-rⁱl): a) Eiſen-vitriol; b) Vitriolöl, Schwefelſäure; blue ~ Kupfervitriol, ſchwefelſaures Kupfer.

vivisect * (wi'w-ⁱ-ße''ft) lebend ſezieren, an lebenden Tieren Operationen aus-führen.

voil (wōil) Old Cant = ville.

voker F (wō'-fᵉ) [lat.: vocare; *Sl. Dict.*] ſprechen.

volley (wo'l-lⁱ) Lawn-Tennis: (einen Ball) vor dem Aufprallen zurückſchlagen.

volume F (wo'l-jum) [Band]: to speak ~s for ... Beweis liefern für ...: it speaks ~s for his honesty das iſt ein glän-zendes Zeugnis für ſeine Ehrlichkeit; an age that's volumes in favour of a giantess (*Tag, Rag & Co.*) ein Zeit-alter, das für Rieſinnen äußerſt gün-ſtig iſt.

vote F (wōt) [ſtimmen] halten für, er-klären: I ~ it a nuisance mir ſcheint das eine böſe Geſchichte; Sportblatt: he is ~d to be one of the finest horses on the Turf man hält es für eins der allerbeſten Rennpferde; I ~d it was time for bed (*Sporting Sketches*) ich bemerkte, es ſei Zeit zum Schlafen-gehen.

voucher (wau'-tſchᵉʳ) Sport: to force the ~ durch Vorſpiegelungen dem wett-luſtigen Publikum das Geld entlocken und dann das Weite ſuchen.

vowel P (wau'-ᵉl) v. to ~ a debt einen Schuldſchein mit den drei Vokalen I. O. U. (= I owe you ich ſchulde Ihnen) ausſtellen (GROSE).

vulpecide (wo'l-pⁱ-ßaid) [Fuchsmord] Jagd: widerrechtliche(s) Erlegen eines Fuchſes.

W.

W ſtatt V, und V ſtatt W, in der Vulgär-ſprache ſehr gewöhnlich.

wabble P (wöbl) ſchlottern, ſchwanken, wackelig gehen [ſchon bei JOHNSON als vulgär bezeichnet].

wabbler ✕ (wo'b-lᵉʳ) Infanteriſt (GROSE).

wabbly P (wo'b-lⁱ) watſchelig, ſchlotterig.

waddle (wödl) [watſcheln]: † to ~ out fortgehen, ohne zu bezahlen; ✺ Börſe: to ~ out of the alley Zahlung ein-ſtellen [ſ. lame duck].

wag (wäg) [ſchütteln, wedeln] ſcherzhaft: how ~s the world? wie geht's in der Welt? Schul-Slang: to ~ it hinter die Schule gehen, F ſchwänzen.

wagabone (wäg-ⁱ-bōn) P ſtatt vagabond; his ~ ways (SIMS) ſeine Vagabunden-art, unſtäte Weiſe.

wager (wē'-dgᵉʳ) [Wette] Sport: ~-boat Kahn zum Wettrudern; ~-course Rennbahn, abgemeſſene Diſtanz.

wagtail F (wä'g-teᵉl) geile(s) Frauen-zimmer.

wait (wēt) 1. v/n. [warten] F to ~ in for zu Hauſe warten auf; to ~ breakfast, dinner for mit dem Frühſtück, Mittag-eſſen auf jemand warten; his is a ~ing game er wartet auf eine günſtige Gelegenheit; ironiſch: he may ~ a little longer da kann er lange warten [der Refrain eines alten Gaſſenhauers heißt:

15*

There's a good time coming, boys,
Wait a little longer].

Refrain eines bekannten Volksliedes:
Wait till the clouds roll by, Jenny,
Wait till the clouds roll by;
Jenny, my own true loved one,
Wait till the clouds roll by.

2. *v a.* [aufwarten]: F to ~ table bei
Tische aufwarten, die Gäste bedienen.
— 3. *s.* Theater: Pause.

wake (wēk) 1. *v.* [wecken]: F to ~ up
fig. aufrütteln, zur That anspornen. —
2. *s.* [Kielwasser]: ⚓ in a person's ~
hinter jemand, in jemandes Kielwasser,
Fußspuren.

waked (wēkt) P statt woke wachte auf.

walk (wāk) 1. *v.* [wandeln] Kavallerie:
im Schritte reiten; ⚓ to ~ along
voranfahren, vorwärtssegeln; ~ your
chalks mach dich auf und davon [soll
in dieser Bedeutung aus alter Zeit stammen und von der Sitte herrühren, daß bei
königlichen Umzügen die für den Hof be-
stimmten Wohnungen mit Kreide bezeichnet
wurden. Die Insassen mußten selbstverständlich sofort ihr Quartier verlassen, um
für das königliche Gefolge Platz zu machen.
— Man verwendet diese Redensart übrigens
auch, wie in Deutschland, als ironische Aufforderung an Betrunkene, die einem beweisen sollen, daß sie noch „auf dem
Striche" oder in gerader Linie zu wandeln
vermögen]; Studentensprache: to ~ the
hospital (als Mediziner) den praktischen
Kursus in der Klinik durchmachen;
scherzhaft: to ~ into the affections of
anything etwas aufzehren; it ~ed
into my sovereign das hat ein Loch
in meine zwanzig Mark gemacht;
P to ~ into a person jemand derb
anpacken, schelten; we ~ed into the
affections of the mutton (vgl. die
Redensart: we made the goose, the
lamb look foolish) wir haben wenig
von dem Hammelbraten übriggelassen;
scherzhaft: the lamp has ~ed out die
Lampe ist ausgegangen; Sport: to ~
over einen Sieg ohne Mühe, mit Leichtigkeit gewinnen; Redensart (wenn es einen
plötzlich kalt überrieselt): some one is ~ing
over my grave mich überläuft's; ⚓ to
~ the plank begraben werden, sterben
[alter Piraten-Ausdruck: die Seeräuber ließen
ihre Gefangenen, um nicht des Mordes be-
schuldigt zu werden, auf einer Planke mit ver-

bundenen Augen ins Meer hinausspazieren;
oder auch nach der seemännischen Begräbnis-
weise so bezeichnet]; P to ~ round it
mit seiner Geschichte nie zu Ende
kommen; ⚓ to ~ Spanish (GROSE)
aufreißen; to ~ up to losiegeln auf.
— 2. *s.* [Gang] F Stand, Geschäft: a
higher ~ in life ein höherer Stand;
Kavallerie: at a ~ im Schritt; Sport,
Politik u. s. w.: ~-over spielend gewon-
nene(r) Sieg.

Walker (wā'-k⁸ʳ) 1. *interj.* (Hookey) ~
Unsinn! du willst mir was weis machen
[Ursprung des Namens ungewiß; *Sl. Dict.*];
~, exclaimed Ginger, putting his
finger to his nose (AINSWORTH) Blödsinn, rief G., den Finger an die Nase
haltend, du willst mir etwas aufbinden.
— 2. *s.* † Briefträger [nach dem Refrain
eines alten Liedes].

walkist (wā'-tißt) Sport: ausgezeichnete(r)
Fußgänger.

wall (wāl) [Mauer]: F to get the ~,
to go to the ~ schlecht wegkommen,
ins Elend geraten; † to walk (oder
crawl up) the ~ (im Wirtshause) ankreiden lassen.

wallah (wŏ'l-la) [anglo-indisch] Regierungs-
beamte(r).

wallflower (wā'l-flāuʳ) [Goldlack] Dame,
die auf dem Balle sitzen bleibt, F Mauer-
blümchen.

wall-flowers F (wā'l-flāu-⁸ß) Kleider, die
auf der Straße zum Verkaufe aus-
gehängt sind.

wallop P (wā'l-l⁸p) prügeln, durchgerben.

want F (wŏnt) [brauchen] euphemistisch:
he's ~ed die Polizei sucht ihn, um
ihn zu verhaften; I was not ~ed
meine Gegenwart war nicht erwünscht,
ich schien im Wege.

wap (wŏp) Old Cant: beschlafen; alter
Bettlerspruch: if she wont ~ for a winne
let her trine for a make will sie nicht
buhlen für einen ganzen Groschen, soll
sie sich hängen lassen für einen halben.

wapper P (wŏ'p-p⁸ʳ) große, starke Person;
derbe Lüge.

wapping P (wŏ'p-pīn⁸) groß und stark.

Wapping (wŏ′p-pin³) Londoner Matrosenviertel; hieß früher New Mint und war,
nach Aufhebung der „alten Münze" in
Southwark, ein Verbrecherasyl geworden.
S. AINSWORTH'S *Jack Sheppard.*

wapses (wŏ′p-ß̌³ĭ) P statt wasps Wespen.

war (wŏ͡r) P statt was war.

ware P (wä) [hütet euch vor]: ~ hawk(s)
seid auf eurer Hut; war 'awks (wŏ′n-
näß̌ĭ) to him! (*King of the Beggars*)
weh' ihm, ihm soll's schlecht bekommen!

warm (wä′m) 1. *a.* [warm] F reich, wohlhabend; P to make it ~ for a person
jemand verfolgen, zusetzen, das Leben
sauer machen; ironisch: they gave him
a ~ reception sie haben ihn nicht
schlecht empfangen. — 2. *s.* P to get a
~, to have a ~ sich wärmen. —
3. *v.* P warm prügeln, gehörig schelten;
I'll ~ your jacket for you ich werde
dir das Kamisol ausklopfen; F to ~
one's cockles etwas Warmes trinken.
— 4. *adv.* P he 'll get it ~ er wird's
tüchtig kriegen; ~ing pan P altmodische, schwere, goldene Uhr; politisch
u. s. w.: provisorische(r), zeitweilige(r)
Stellvertreter.

warn't (wŏnt) P statt was not war
nicht, und statt were not waren nicht.

war'orks (wŏ′R-R′ß̌ĭ) P statt ware
hawk(s); ~ to yer if they caught
yer at it (*A little Ragam.*) es ginge
dir schlimm, wenn sie dich dabei er-
tappten. S. ware.

war-paint (wä′-pēnt) [Kriegsschmuck der
Wilden] F scherzhaft: Putz, Staat, Ball-
kostüm; ✕ Gala-Uniform.

was (wŏß̌) P statt were waren, waret.

wash (wŏsch) *v.* [waschen, sich waschen]:
F I ~ my hands of them ich will
nichts mehr mit ihnen zu schaffen
haben; to ~ one's dirty linen in
public eine Privatangelegenheit in ge-
hässiger Weise vor die Öffentlichkeit
ziehen; P it don't ~ es taugt nicht
viel; that won't ~ das gilt nichts,
läßt sich nicht machen; F to ~ down
with hinabspülen mit, dazu trinken.

washy P (wŏ′sch-') : ~ tea dünne(r)
Thee.

wasp (wŏßp) Old Cant: venerisches Frauenzimmer.

waste F (wē′ß̌t): house of ~ Wirtshaus
(weil man dort sein Geld und auch seine
Zeit verschwendet).

waste-butt F (wē′-ß̌t-böt) Gastwirt.

waster P (wē′ß̌-t³r) [Verschwender] nutz-
lose(r), ungehobelte(r) Mensch (*Sl.
Dict.*).

watch ⚓ (wŏtsch) Wache (von je 4 Stunden);
s. bell.

watchdog (wŏ′tsch-dög) [Hofhund] ge-
flügeltes Wort (des verstorbenen Herzogs von Albany): the ~ of civilization die Zeitung(en), die Jour-
nalistik.

watchmaker F (wŏ′tsch-mē³-t³r) [Uhr-
macher] Taschendieb, der Uhren stiehlt.

water F (wä′-t³r) [Wasser]: to make a
hole in the ~ ins Wasser springen,
sich ertränken; to get into hot ~ in
Ungelegenheiten geraten; it won't hold
~ es ist nicht stichhaltig.

water-bewitched F (wä″-t³r-bĭ-wĭ′tsch-t)
scherzhaft: schwache(r) Thee (*Sl. Dict.*).

water-bobby F (wä″-t³r-bŏ′b-b³) Strom-
polizist.

water-cycle ✱ (wä′-t³r-ßäkl) Wasser-
Velociped, Wasserrad.

water-fall (wä′-t³r-fäl) Modesprache: kas-
kadenartig geordnete(s) Damenkleid.

water-gunner ✕ (wä″-t³r-gö′n-n³r) Kanonier in der Flotte (*Sl. Dict.*).

water-man P (wä′-t³r-m³n) blauseidenes
Halstuch.

water-works (wä′-t³r-wö′ß̌) scherzhaft:
Thränensäckchen; she's had the ~
going all day (*Tag, Rag & Co.*) sie
hat den ganzen Tag geheult.

watery-headed F (wä″-t³r-ß̌-hē′d-³d) zum
Weinen, Flennen aufgelegt, leicht zu
Thränen gerührt.

wattles (wŏtlß̌) Old Cant: Ohren.

wax F u. P (wäß̌) [Wachs]: a) as tight
as ~ verschwiegen wie das Grab;
b) Zorn, Ärger: he 's in a ~ er ist in
schlechter Laune; c) there 's a man of
~ das ist lieb, brav von dir, du bist
ein Goldkerl.

waxy (wä′ß̌-') 1. *a.* [wachsartig] F steif,
elegant; P zornig, übelgelaunt. —
2. *s.* P Schuster.

way (wē) [Weg]: a) ♺ u. s. w.: to get under ~ abfahren, sich aufmachen; b) F Art, Mittel, Gelegenheit: that's the ~ to do it so muß man's machen; sprichwörtlich: where there 's a will there 's a ~ was man will, das kann man auch; in more ~s than one in mehr als einer Beziehung; c) Gegend: up Highbury ~ in der Gegend von H.; d) P Geschäft: he 's in the fish ~ er treibt Fischhandel; s. line a; e) F Aufregung: she was quite in a ~ about it sie machte sich den größten Kummer darüber; f) Wille: to get, have one's own ~ thun, was man will, F seinen Kopf für sich haben; g) Sport: to take a ~ einen Anlauf (zum Aufsitzen beim Velociped u. s. w.) nehmen.

waygate ↖(wē'-gēt) [Verfügung]Litteratensprache: to have will and ~ over a thing (CARLYLE) volle Macht über etwas besitzen.

wear F (wǟ') v'n. [sich tragen, abnutzen] von Kleidern und Möbeln, auch von Personen: sich halten, sich gut tragen.

weasel-faced ↖ (wī'sl-fēßt) [mit einem Wieselgesicht] mit magerem Gesicht (GROSE). — Vgl. weazen-faced.

weasel-gutted F (wī'sl-göt-t'd) mager, rappeldürr.

weather (we'dh-') v. ♺ how do you ~ the breeze? wie geht's, wie steht's? to ~ one's difficulties sich durchschlagen.

weather-breeder ♺ (we'dh-'-bri-t') schöne(r) helle(r) Tag, der stürmischem Wetter vorausgeht.

weather-eye F (we'dh-'-ai): to have one's ~ well open, auch: to keep one's ~ open auf der Hut sein, gut aufpassen, aufmerken. S. weather.

weatherology (we'dh-'-rö"l-c-dG') scherzhaft (statt meteorology): here 1 must aver my muse a glass of ~ (BYRON) hier muß ich erklären, ein Wetterglas sei meine Muse.

weazen-faced F (wī'sn-fēßt) mit abgezehrtem, schmalbäckigem Gesichte.

W. C. (do'bl-jū-sī"): West Central, aber auch Water Closet [man nennt deshalb auch scherzhaft den A B West central.

wedge (wedG) Old Cant: Silbergerät; ~bobb silberne Tabaksdose; ~ feeder (Sl. Dict.). silberne(r) Löffel.

weed (wīd) 1. s. [Unkraut]: a) P Cigarre, Tabak: have a ~! nimm dir einen Glimmstengel! b) spöttisch (von einer Witwe): she cast her ~ [zugleich Wortspiel, weil man auch vom Meere sagt: it casts its weeds es wirft den Seetang ans Ufer] sie hat wieder geheiratet. c) F Hutband. — 2. v.: a) einen Teil der Beute entwenden; b) Circus: sprechen.

ween (wīn) poetisch: I ~ ich wähne, meine.

weeper F (wī'-p") [Klagende(r)] Trauerflor.

weeping-cross (wī'-pin-kroß) Old Cant: to come home by ~ bereuen, Buße thun.

weight F (wēt) [Gewicht] Einfluß: he carries great ~ with him er imponiert den Leuten, weiß sich Geltung zu verschaffen; Sport: ~-for-age Rennen, bei welchem das von dem Pferde zu tragende Gewicht nach dem Alter desselben bestimmt wird.

wejee F (wedG-ī') Schornstein.

welch (weltsch) Sport: betrügen, (beim Wetten) Schwindel treiben: I'll welsh the nobs (Racing Song) ich will die feinen Herren (um ihren Gewinst) betrügen.

welcher (we'l-tsch") Sport: einer, der betrügerische Wetten eingeht, der Wetten nur so lange hält, als er gewinnt.

welcome F (we'l-k'm) s. [Willkomm]: to wear out one's ~ zu lange auf Besuch bleiben, seinem Wirte lästig fallen.

welkin † (we'l-k'n): they made the ~ ring with their vociferations (ROOKWOOD) sie erfüllten die Luft mit ihrem Geschrei.

well (wel) 1. s. [Brunnen] sprichwörtliche Redensart: let ~ alone laß den Dingen ihren ruhigen Lauf (HOPPE); Litteratur, sehr häufig: the ~ of English undefiled der unverfälschte Born der englischen Sprache; F eiskalter Ort: like going into a ~ gerade, als ob man in einen Eiskeller schritte. — 2. adv. [wohl]: P to be ~ on ein kleines Räuschchen, einen Spitz haben; F he might just as ~ have told us er hätte es uns auch ebenso gut sagen können. — 3. v. to ~ it sparen, reich werden.

welsh (wělſch) = welch.

Welsh ⌐ (wělſch): ~ comb die fünf Finger; like a ~ comb mile ohne Ende, unaufhörlich.

welsher (wě'l-ſch³ʳ) = welcher.

welt (wělt) Schul-Slang u. P durchprügeln, durchgerben.

wen (wěn) oft citiert: the wen of civilisation [die Geschwulst der Civilisation] (COBBETT) London.

wenchless † (wě'ntſch-lˢ᷉ß) [SHAK. &c.] ohne Liebſte, ohne Mätreſſe; vom Vorbed: ohne Freudenmädchen [ähnlich: out of creatures; PERICLES].

were (wā) P ſtatt was war.

weren't [wănt] P ſtatt were not waren nicht.

West End (wěßt e͂'nd): the ~ der weſtliche, ariſtokratiſche Teil der Centralſtadt; a. ~ shops Läden in der Weſtſtadt; a ~ swell ein ariſtokratiſcher Stutzer.

Westminster (wě'ßt-mĭn-ßt³ʳ) weſtliche(s) Stadtviertel, in welchem ſich die alte Weſtminſterabtei, das Parlament u. ſ. w., befinden; ~ boy, scholar Zögling des alten Alumnats von Westminster.

wet (wět) 1. a. [naß]: ⌐ blanket ſteife, ungemütliche Perſon: to throw a ~ blanket over [den Spaß] verderben;

Lambro's reception at his people's banquet
Was such as fire accords to a wet blanket.
(BYRON.)
Lambro's Willkomm bei ſeines Volks Bankette, Glich dem des Feuers für ein naſſes Bette.

P berauſcht: a little ~ angeſäuſelt; ⌐ parson (auch Wet Quaker) Säufer. — 2. s. [Näſſe] ⌐ ſcherzhaft: something to keep the ~ out etwas zu trinken; P Trunk, Schnäpschen: let's have a ~ laß uns eins trinken. — 3. v. [benetzen] P trinken: ~ the other eye (Sl. Dict.) trink noch eins [vgl. deutſch: Auf einem Bein kann man nicht ſtehen]; ſ. whistle.

wet'un (wě't-'n) Metzger-Slang: Fleiſch einer kranken Kuh.

W. H. (dŏ'bl-jū e͂''tſch) Abkürzung für whore.

whack (hwăk) 1. s. [Schlag]: a) P Anteil, Portion; to go ~s teilen; b) ⚓ Sold,

Löhnung. — 2. v.: a) P ſchlagen, prügeln; to ~ it about an die große Glocke hängen; b) ⌐ teilen; ~ all you finds or gets (A little Ragamuffin) teile alles, was du finden oder kriegen kannſt.

whacker P (hwăk-³ˢ) große(s), unflätige(s) Ding; derbe Lüge.

whacking P (hwăk-in³) gewaltig groß, ſtark.

what (hwǒt) 1. [was, was für]: ⌐ ~ think you, ~ say you? was meinen Sie davon, ſagen Sie dazu? ~ the deuce does he mean? was zum Henker will er damit? ~'s up? was iſt los? P ~'s o' names? wie heißt's? wie ſchnell? Mr. Whats-yer-name! Sie, Dingskirchen da! (vgl. What's-his-name); hap ~ what (W. SCOTT) was auch geſchehen mag; P if you knew ~ a many they 're of 'em (GREENWOOD) wenn Sie wüßten, wie viele ihrer ſind; P ~ one I 'ave I'll keep das, welches ich habe, will ich behalten. — 2. P ſtatt that, which, who, whom: the money ~ people go to market with das Geld, womit man einkaufen geht; I'd a bird just like them wonnerful ones wot you 've been describing ich hatte 'nen Vogel, gerad' ſo ein Wundertier wie Sie da beſchrieben haben; 'e met a cove wot I knows (The little Ragamuffin) er traf einen Burſchen von meiner Bekanntſchaft. — 3. ſtatt at what: ~ time do you start? (ROOKWOOD) wann brechen Sie auf? — S. auch die folgenden Artikel.

what for (hwǒt fŏ'ʳ) s. P ironiſch: Lohn; I'll let him have ~ ich will ihm das ſchon vergelten; Boxer-Slang: I've given him ~ ich hab ihm eins verſetzt, das er nicht ſo bald vergeſſen wird.

What's-his-name ⌐ (hwǒ'tß-hĭſ-nĕm): Mr. ~ [ähnlich Mrs. What's-her-name] Herr [Frau] Dingskirchen.

what's what (hwǒtß hwǒ't) s. P to know ~ [auch what's o'clock] gut Beſcheid wiſſen, ſeine Sache verſtehen.

wheedle ⌐ (hwīdl) [ſchmeicheln]: fig. he could ~ the tire off a cart's wheel der könnte die Leute zu allem Möglichen bereden.

wheel F (hwil) 1. *s.* [Rad]: a ~ within a ~ ein gemeinschaftliches Handeln, ein Bündnis, ein Zusammenwirken; to keep the cart on the ~ eine Sache (mit Mühe) aufrecht, im Gange erhalten. — 2. *v.* [rollen] * auf dem Velociped fahren, radfahren.

wheeler * (hwi'-lᵉʳ) Velocipedist, Radfahrer.

wheeze (hwiſ) *s.* [Keuchen] Theater und Cirtus: Scherz, lustige Geschichte; to crack a ~ einen faulen Witz machen.

whelp (hwälp) [Junge(s) eines Raubtieres] höhnisch: junge(r) Bursche.

when (hwän): F ~ up comes a chap with a basket on his shoulder (*Daily Telegraph*) und siehe, da kommt ein Mensch mit einem Korbe auf der Schulter.

where (hwä̃ʳ): F ~'s my cheek? wo ist mein Anteil? S. cheek 1.

wheresom'ever (hwä̃ʳ-ſ'm-ʳʷ-ᵉʳ) P statt wheresoever wo auch immer [schon bei SHAK.].

wherewithal (hwä̃ʳ-wĭth-ä̃l) [womit]: *s.* F the ~ die nötigen Mittel, Gelder, der nervus rerum.

wherret † (hwä̃'ʀ-ä̃'t) reizen, ärgern, schelten.

which (hwitſch) [welch]: F I don't know, never know ~ is ~ ich kann sie nicht unterscheiden; P pleonastisch: ~ such was her own case wie dies bei ihr der Fall war; ~ it isn't so bad in summer-time was in der Sommerzeit nicht gar so schlimm ist; beliebte Satzverbindung: ~ I did was ich auch that.

whid(de) F (hwĭd) Wort; hold your ~! halt's Maul!

whiddle (hwĭdl) Old Cant: angeben, verraten (*The Thieves' Grammar*, 1719).

whiddler F (hwĭd-lᵉʳ) Angeber, Verräter.

Whig * (hwĭg): the ~ cave die von Gladstone (infolge der irischen Vorlage 1886) abgefallene Fraktion der liberalen Partei.

whiles (hwä̃ls) P statt while während.

whim-wham P (hwĭm-hwäm) Unsinn (*Sl. Dict.*).

whip (hwĭp) 1. *s.* [Peitsche] Wirtshaustafel u. s. w.: ~, ~ round gemeinschaftliche(r) Beitrag zur Weinzeche; Sammlung (nach Tisch) für eine besondere Flasche Wein; ⚓ the old ~ das alte Schiff; Parlament: the Liberal ~, the Conservative ~ liberales, konservatives Parlamentsmitglied, dem es obliegt, die Abgeordneten seiner Partei bei allen wichtigen Gelegenheiten zur Abstimmung anzutreiben; to issue a ~ eine Aufforderung an Mitglieder der Partei ergehen lassen. — 2. *v.* [peitschen] Straßenruf: ~ be(h)ind schlag mit der Peitsche, hinten sitzt einer auf! F I'll be ~ped if ... ich laß mich hängen, wenn ...; P nehmen, raffen: she ~ped it out of the saucepan sie nahm's schnell aus dem Topfe; he ~ped it up er riß es hastig weg; Handwerker-Slang: to ~ the cat blauen Montag machen.

whip-belly F (hwĭp-bäl-lᵉ): ~ vengeance [auch pinch-gut vengeance] schlechtes, saures Bier.

whip-hand F (hwĭp-händ): to get the ~ over the person jemand gefügig machen, in seine Macht bekommen.

whipjack (hwĭp-dſgä̃k) Bettler-Cant: Bettler, der sich als schiffbrüchigen Matrosen ausgibt (*Sl. Dict.*).

whipper-snapper F (hwĭp-pᵉʳ-ſnä̃p-pᵉʳ) kleine(s), unansehnliche(s) Männchen.

whipping (hwĭp-pĭn) Politik: Parteidisziplin.

whipster F (hwĭp-ſtᵉʳ) Schlaufuchs, Schlauberger.

whisper (hwĭſp-pᵉʳ) [Geflüster] 1. *s.* Sport: to give the ~ einen Wink geben (*Sl. Dict.*). — 2. *v.* F borgen, anpumpen.

whisperer ⟍ (hwĭſp-pᵉ-ʀᵉʳ) [Flüsterer] einer, der oft borgt (*Sl. Dict.*).

whistle (hwĭſl) 1. *v.* [pfeifen] F höhnisch: he may ~ for it der kann noch lange drauf warten, lange nach pfeifen; you may go and ~ for your money du kannst dir das Geld in den Schornstein schreiben; ♥ to ~ up the breeze [Variation des gew. to raise the wind] sich (durch falsche Vorspiegelungen) Geld verschaffen. — 2. *s.* [Flöte]: F as clean as a ~ ganz blank, glatt; P to wet

one's ~ *fig.* F eins auf die Lampe
gießen [CHAUCER, *Canterbury Tales*:
so was her whistal well y-wet sie hatt'
die Kehle wohl benetzt *Sl.Dict.*].

Whistling-Billy F (hwĭß-lĭnᵇ-bĭᶜl-le)
Lokomotive.

Whitby (hwĭt-be) [Stadt in Yorkshire,
Nord-England] alter Spruch:
There was an old woman at Whitby,
Who once was fearfully bit by
Some little brown things
Without any wings,
Which made her unpleasant to sit by.

white (hwait) [weiß] Old Cant: ~ boy
(*Massinger and Ford*) Schätzchen; ~
clock (auch F ~'un) silberne Uhr; ✗
~ eye (*Sl. Dict.*) starke(r) Schnaps;
F to shew the ~ feather Furcht,
Angst bekommen; ~ lie harmlose Lüge;
P ~ prop (*Sl.Dict.*) diamantene Vor-
stecknadel; F ~ rage heftige Wut;
† to be arrested by the ~ serjeant
von seiner Frau aus dem Wirtshause
geholt werden; ↓ ~ squall Regenbö;
P ~ swelling Schwangerschaft; Sprichwort: a ~ wall's a fool's paper die
Namen der Narren und Gecken, die
liest man an allen Ecken; sprichwörtlich:
Narrenhände beschmieren Tisch und
Wände; ~ wine (auch ~ taps) Genever;
↓ ~ worms Maden, die den Schiffs-
zwieback hohl fressen.

Whitechapel (hwait-tschä·pl) 1. *s.* öst-
liche(s) Stadtviertel, dessen Bewohner
sich durch Roheit und Unreinlichkeit
hervorthun; verächtlich: he comes from
~ der stammt nicht weit her, mit dem
ist nicht viel los. — 2. *a.* F ~ broug-
ham Eselskarren; ~ fortune ein reines
Hemd und ein Paar Holzschuhe.

Whitechapelite (hwait-tschä·p-el-ait)
Bewohner von Whitechapel.

White-Cross League * (hwait-kroß līg)
(von Mr. Stead und der Heilsarmee
begründeter) Bund zur Pflege der
Keuschheit und zum Schutze junger
Mädchen.

whites (hwaitß) *s/pl.* Bäcker: weiße Mehl-
sorten; Falschmünzer: Silbermünzen;
Wäsche: weiße Leinwand, weiße(s) Zeug;
Sport: weiße Flanellkleider.

whitewash ✸ (hwait-wosch) [Tünche]:
to get a ~ mit seinen Gläubigern

akkordieren; seine Zahlungsunfähigkeit
vor Gericht beweisen [in der Amtssprache:
to get one's discharge losgesprochen
werden].

Whittington (hwĭt-tĭnᵃ-t'n) Old Cant: ~'s
College [auch abgekürzt zu the Whit]
das Zuchthaus von Newgate [das der
berühmte Lordmayor dieses Namens erbaut
bzw. wiederhergestellt haben soll].

whittle (hwitl) [schnitzeln] Old Cant: den
Angeber, Verräter spielen.

whiz (hwiß) *s.* [Zischen]: P hold your
~! schweig' still!

who (hū) 1. [wer]: ✗ ~ comes there?
wer da? F ~ should-but? wer, glaubst
du wohl? I waited for more than a
fortnight when, ~ should cut round
the corner, but my little fair-haired
boy ich wartete über vierzehn Tage,
da kam — was glaubst du wohl? —
das nämliche blonde Kerlchen um die
Ecke gelaufen. — 2. F und P statt
whom: and ~ did he say that to
und zu wem hat er das gesagt? I
told him ~ it was for ich sagte ihm,
für wen es sei; ~ did you see there?
wen trafen Sie dort?

whop (hwop) Schulsprache und P: schlagen,
prügeln, besiegen; he got a fine ~
ping das Fell wurde ihm tüchtig gegerbt.

whopper P (hwo·p-pᵉ) *s.* = wapper.

whopping (hwo·p-pinᵍ) *a.* und *s.* =
wapping.

whop-straw F (hwo·p-ßtraå) Lümmel,
Bauer (*Sl. Dict.*).

whore F (hō): ~'s bird Hurenjäger;
~'s son Hurensohn.

whuff (hwöf) onomatopoetisch: Brüllen (wie
das der Rhinozerose u. s. w.)

why (hwai) [warum] F zur Begründung:
this is ~ drum, das ist der Grund
davon; verwundert: ~, he never came
was, er ist ja gar nicht gekommen;
P pleonastisch: ~, in course, he ain't
the man ja natürlich, das ist der Mann
gar nicht.

wicket (wĭk-ᵉt) [Pförtchen] Kricket: Dreistab [den der batsman, „Schläger",
verteidigt, der bowler, „Schleuderer",
angreift]; ~keeper Spieler, der un-
mittelbar hinter dem Dreistabe aufgestellt ist, „Pfahlhüter"; s. stump.

wido ⌐ (wāī'-dō) schlau.

widow ⌐ (wī'd-ō): grass ~ Frau, die ihr Mann, Mätresse, die ihr Liebhaber sitzen gelassen hat; unverehelichte Mutter.

widdle (wĭdl) Old Cant: scheinen; Oliver did not ~ es war kein Mondschein.

wide (wāīd) [weit]: P you won't be far ~ of the mark (AINSWORTH) da hast du nicht so ganz unrecht; F ~ awake: a) a. verschlagen, schlau; b) s. weiche(r), niedrige(r) Filzhut; Kricket: ~-ball Ball, der weit vom Ziele (d. h. vom Dreistabe) geworfen ist.

widow ⌐ (wī'd-ō) [Witwe]: ~ bewitched Frau, deren Mann nicht zu Hause ist.

wife ⌐ (wāīf) [Eheweib]: a) ~ in water colours Mätresse [weil sich Wasserfarben leicht auslöschen lassen]; b) Fessel an einem Beine.

wife-beater F (wāī'f-bī-t⁵ʳ) Ehemann, der seine Frau prügelt.

wiffle-woffle P (wĭ'fl-wŏfl) abgeschmackte(r), hochnasige(r) Mensch; ~s Bauchweh (Sl. Dict.).

wig (wĭg) [Perücke]: P big ~s hochgestellte Personen, Hauptkerle.

Wiganowns (wī'g-ᵃ-naūnſ), Wigsby (wī'gſ-bⁱ) † jemand, der eine Perücke trägt.

wig-block (wī'g-blŏk) Boxer-Slang: Kopf.

wigging F (wī'g-gĭnᵍ) Strafpredigt: I gave him a good ~ ich habe ihm tüchtig den Kopf gewaschen.

wiggins P (wī'g-gⁱnſ) affektierte(r), eingebildete(r) Mensch.

wiggle P (wĭgl) schwänzeln; to ~ one's way tänzelnd voranschreiten; to ~ waggle mit dem Röckchen schwänzeln.

Wigsby, f. Wiganowns.

wild (wāīld) 1. a. [wild]: F rushing along like ~ Indians voranstürmend wie eine losgelassene Meute; P jähzornig, ärgerlich: I felt ~ ich war sehr böse; [vielleicht statt vile] elend, schlecht; he talks the ~est rubbish er schwätzt den entsetzlichsten Blödsinn; F ~ oats Jugendstreiche; f. sow säen. — 2. s. Bettler-Cant: Dorf (Sl. Dict.). — E. village.

wild-cat F (wāīld-kăt): a ~ scheme ein hirnverrückter Plan.

Wild Irishman (wāīld āī'-nĭſch-mᵃn) Eisenbahn-Slang: Zug zwischen Euston Road und Holyhead [in Verbindung mit den irischen Dampfschiffen].

will (wĭl) 1. v/a. wollen; salbungsvoll: God ~ed it! also hat's Gott gewollt! ~ he nill he ob er will oder nicht; sprichwörtlich: what ~ be must be was kommen muß, muß kommen. — 2. s. [Wille]: F to have an iron ~ einen eisernen Willen haben; to do a thing with a ~ eine Sache mit voller Lust thun, ins Werk setzen; f. way.

William (wī'l-jăm) [Wilhelm]: * the people's ~ Beiname Gladstone's (1884); P schwache(r) Thee; f. husband's tea.

willow (wī'l-lō) [Weide]: a) Sport: Kricket-Ballholz; b) † to wear the ~ um einen Geliebten, eine Herzliebste trauern.

willow-wielder (wī'l-lō-wī'l-b⁵ʳ) Sport, scherzhaft: Kricketspieler.

wimmeny-pimmeny F (wī'm-mᵉ-nⁱ-pī'm-mᵉ-nⁱ) a. niedlich, klein und zierlich.

win (wĭn) s. Sport: gewonnene Partie; Eton scored three ~s against five defeats die Schüler von E. haben drei Spiele gewonnen und fünf verloren; Old Cant: Penny; deus ~s 2 Pence, tres ~s 3 Pence (English Rogue).

wind (wĭnd) [Wind]: F which way does the ~ lie? was ist los? wie steht's? Sport: Atem: his ~ is good er hat eine gute Lunge; to get one's ~ up sich ausschnaufen, nach Luft schnappen [in der Boxersprache: to get one's second ~]; f. get, quarter; ⚓ to raise the ~ Geld auftreiben; P to slip one's ~ (Sl. Dict.) sterben, seine Seele aushauchen; Jagd: Witterung, Geruch; F it got wind die Sache wurde ruchbar.

windbag (wī'nd-băg) 1. s. [Windbeutel] Parlament: lange, inhaltslose Rede. — 2. v. die Zeit mit Reden vergeuden.

winded ⚓ (wī'n-b⁵d) außer Atem.

winder (wāī'n-b⁵ʳ) Old Cant: lebenslängliche Zuchthausstrafe. S. lifer.

window (wī'n-dō) [Fenster]: F to turn the house out of ~s das Haus gründlich fegen, um und um kehren; F ~s Augen.

windsel (wĭ″nſl) ⚓ ſtatt windsail Wind=
ſegel.

wind-up F (wāīnd-o′p) *s.* [Aufwinden]
Schluß.

windward ⚓ (wĭ″nd-w³′d) [windwärts]:
to work to the ~ of (den Wind ab=
kneifen) umſtimmen, ſich einſchmeicheln
bei.

wine (wāīn) häufig von Temperänzlern citiert:
~ 's a mocker, strong drink is raging
(Bibel) der Wein macht loſe Leute, und
ſtarkes Getränk macht wild [man vgl. das
BYRON'ſche: My Helicon 's a pot
o' beer mein Helikon iſt ein Schoppen
Bier, und das populäre: whisky makes
you frisky der Schnaps macht luſtig].

winey P (wāī′-n²) beſoffen (*Sl. Dict.*).

wing (wĭn²) 1. *s.* [Flügel]: a) F on the
~ auf der Reiſe; b) Theater: Kuliſſe;
c) ⚓ ~s Arme. — 2. *v.* Jagd: lähmen,
verwunden.

wink (wĭn²k) *s.* [Blinzeln]: F I did not
sleep a ~ ich habe kein Auge zuge=
than; P to tip a ~ to verſtohlen zu=
blinzeln.

winking P (wĭ″n²-kĭn²) [Blinzeln]: like
~ im Nu; he was off like winkin
(*Sl Dict.*) er war wie der Blitz ver=
ſchwunden.

winks (wĭn²kß) *s pl.* P ſtatt periwinkles
Strandmuſchelſchnecken [beliebte Koſt des
Londoner Plebs].

winter-cricket F (wĭ″n-t³-krĭ′k-²t)
Schneider.

winter-palace F (wĭ″n-t³-pä′l-²ß) Ge=
fängnis.

wipe (wāīp) 1. *v.* [wiſchen]: P to ~ a
person down jemand ſchmeicheln, be=
ſänftigen; to ~ off a score ſeine
Schulden bezahlen; Jäger-Slang: to ~
one's eye noch eins trinken (*Sl. Dict.*);
ſ. auch wet. — 2. *s.* P Schlag: he
fetched me a ~ over the knuckles
(*Sl. Dict.*) er ſchlug mir auf die Knöchel;
F Taſchentuch; ~-drawer Taſchendieb.

wire (wāī²) 1. *s.* [Draht] * Telegramm;
to send a ~ to telegraphieren (vgl.
deutſch: auf dem „Drahtwege", „Draht=
antwort"); Politik u. ſ. w.: ~ - puller
leitende Perſönlichkeit; der, welcher eine
Bewegung ins Werk ſetzt, im Gange
erhält. — 2. *v.* * telegraphieren; P to

~-in ſich mit aller Macht ans Werk
begeben; to ~ into losgeben auf, ſich
begeben an.

wirer F (wāī′-r³) Taſchendieb.

wisdom (wĭ″ſ-d³m) ſcherzhaft: the collec-
tive ~ of the nation das Abgeord=
netenhaus.

wisdom-tooth F (wĭ″ſ-d³m-tūth) [Weis=
heitszahn]: he hasn't cut his ~ yet
er iſt keiner von den Schlaueſten.

wise F (wāīſ) [weiſe]: he 'll never be
any the ~r for it, he 'll be none
the ~r er wird nichts weiter davon
merken; ſ. none.

wish F (wĭſch) *v.* [wünſchen]: she has
everything she ~es for ſie hat alles,
was Menſchenbegehr (nach Heine); I ~
to goodness ich wünſche von Herzen.

wish-wash F (wĭ′ſch-wöſch) fade(s),
wäſſerige(s) Getränk, dünne(r) Thee.
S. washy.

wit (wĭt) [Witz]: F to live by one's
~s ſich durch Schlauheit ernähren;
you need have all your ~s about
you man muß alle fünf Sinne zu=
ſammennehmen, ſchlau achtgeben; ſprich=
wörtlich: where the liquor 's in the
~ is out (HOPPE) wo der Spiritus
einzieht, zieht der Verſtand aus.

witch (wĭtſch) [Hexe] ⚓ ſprichwörtlich: a
~ can swim in a sieve eine Hexe
kann in einem Sieb ſchwimmen.

witch-cove P (wĭ′tſch-kōw) Hexenmeiſter.

witcher (wĭt-ſch²r) Old Cant: Silber.

with (wĭdh) [mit] Boxerſprache: to be ~
one's adversary kampfbereit vor ſeinem
Gegner ſtehen; Wirtshaus, elliptiſch:
warm ~ heißer Grog mit Zucker;
Geſchäft: to be ~ Mr. Smith bei
Herrn S. angeſtellt ſein; Schule: to
place a boy ~ ... einen Knaben der
Obhut von ... anvertrauen.

without (wĭdh-āū′t) *prp.* [ohne] Wirts=
haus, elliptiſch: cold ~ kalter Schnaps
ohne Zucker; ſ. go; *conj.* P ohne daß,
außer wenn; ~ a fellow has some
brains of his own wenn einer nicht
Verſtand hat.

wittles (wĭtlſ) *s pl.* P ſtatt victuals
Proviant.

wiving (waï'- win⁹) [heiraten] sprich=
wörtlich: hanging and ~ goes by |
destiny das Hängen und das Heiraten
sind Sachen des Glücks.

wizen-faced F (wī'in-fēßt) = weazen-
faced.

wobble P (wobl) kochen (GROSE).

wobbler (wŏ'b-blᵉʳ) = wabbler.

wobbly (wŏ'b-bli) = wabbly.

woffle † (wŏfl) essen und trinken (GROSE).

wolf F (wulf) [Wolf]: to have a ~ in
one's inside großen Hunger haben;
to keep the ~ from the door sich
ehrlich durchschlagen.

wollop (wŏ'l-[l]ᵖ) *interj.* ↓ plumps, hast
nicht gesehen; Matrosenlied: and the ship
went ~ on a great big rock und das
Schiff fuhr, krach, auf einen mächtigen
Fels; s. wallop.

woman F (wu'm-ᵊn): ~ of all work
Mädchen für alles.

wonderment P (wŏ'n-dᵉʳ-mĕnt) Erstaunen.

won't (wŏnt) [aus dem Mittelenglischen wol
not] F statt will not.

woo-back (wē-bā'k und wū-bā'k) Fuhr=
mannsruf: hü, har [um das Pferd zu
lenken].

wood (wud) [Holz]: a) F to be out of
the ~ außer Gefahr, über eine Schwierigkeit hinweg sein; b) Old Cant: to look
over the ~ predigen; to look through
the ~ am Pranger stehen; c) F Geld.

woodcock (wu'd-kok) [Waldschnepfe]
Old Cant: Einfaltspinsel; † ~ surtout
(GROSE) = wooden surtout.

wooden F (wudn) [hölzern]: Theater: ~
acting hölzernes, steifes Spiel; ~ god
Damenbrettstein; Universität, Politik u.s.w.:
~ spoon Kandidat, der auf der Liste
(der Wranglers, der Minister u. s. w.) zu
unterst steht; ~ surtout Sarg, P Nasen=
quetscher; when Sir Piers had put on
his ~ surtout (ROOKWOOD) als Sir P.
zwischen den sechs Brettern lag.

wool P (wul) [Wolle] Mut.

woolbird F (wu'l-böd) Schaf (*Sl. Dict.*).

wool-gathering F (wu'l-gädh-ᵉ-nin⁹)
zerstreut.

wool-hole F (wu'l-hōl) Armenhaus.

woolly P (wu'l-li) [wollig] verdrießlich
(*Sl. Dict.*).

woolsack (wu'l-ßäk): the ~ [der Woll=
sack] Parlament, Oberhaus: Sitz des Lord=
kanzlers.

wop (wŏp) = whop.

word F (wö'd) [Wort]: he hasn't a good
~ to say for anybody er läßt an
keinem ein gutes Haar; to come to
~s in Streit geraten; I won't have
any ~s about it ich wünsche keine
Widerrede zu hören.

word-spinner F (wö'd-ßpin-nᵉʳ) Rede=
künstler.

wore (wo⁹) P statt worn getragen.

work (wö'k) *v.* [arbeiten, wirken, im
Gange halten] *v/n.* F it won't ~ es
geht nicht, gelingt nicht; *v/a.* Geschäft,
Schule u. s. w.: to ~ one's men, one's
boys (hard &c.) seine Leute, seine
Schüler (tüchtig u. s. w.) an die Arbeit halten; Handel u. s. w.: to ~ het
oracle schlau manövrieren; F to ~ a
street, a neighbourhood eine Straße,
eine Gegend durch Einbruch u. s. w.
unsicher machen; Bettler-Cant: to ~
the shore am Ufer nach Wertsachen
suchen; Spruch, in welchem die Haupt=
wünsche der Arbeiterklassen aufgeführt sind:

> Eight hours' work,
> Eight hours' play,
> Eight hours' sleep,
> Eight bob a day.

working-corner (wö'ʹʹ-kin-kö'ʹ-nᵉʳ)
Damenbrett: Ecke (von zwei Feldern), in
der man nach Belieben hin und her
rücken kann.

working-manager (wö'ʹʹ-kin-mä'n-
ᵉdʒ-ᵉʳ) Geschäft: Betriebsdirektor.

working-money (wö'ʹʹ-kin-mŏ'n-⁹) Kellner=
Slang: Geld, welches der Kellner des
Morgens bei dem Kassierer der Restau-
ration für Scheine oder Marken hinter-
legt.

world (wö'ld) [Welt] Sport, scherzhaft:
the ~ to a china orange alles gegen
nichts; F the ~ die Leute; what will
the ~ say was wird die Welt, was
werden die Leute sagen? scherzhaft: the
~ and his wife were there alles was
Beine hatte, war dort (vgl. auch das
deutsche: die Welt und angrenzende Ort=
schaften).

worldly (wö́'lt-l°) euphemiſtiſch: to close one's ~ account die Lebensrechnung abſchließen, ſeine irdiſche Laufbahn beſchließen. Vgl. auch kick the bucket.

worm (wö́'m) [Wurm], ſ. early; Γ Polizist.

wormsmeat ⊥ (wö́'mſ-mīt) Fraß für die Würmer (von denen, die auf dem Lande ſterben).

worn't (wo'nt), ſ. warn't.

worret † und P (wo'ʀ-nᵉt) = wherret.

worse F und P (wö́'ß) 1. *a.* [ſchlimmer]: to be the ~, none the ~ for drink betrunken, nicht betrunken ſein; ~ luck um ſo ſchlimmer; he once came very near to it, ~ luck unglücklicherweiſe war er einſt ganz nahe daran. — 2. *v.* to ~ oneself weniger verdienen, in eine ſchlimmere Lage geraten; ♦ Börſe: the four per-cents were ¼ ~ die vierprozentigen Papiere waren um ¼ geſunken.

worser (wö́'-ß°) P ſtatt worse.

worsest (wö́'-ßᵉßt) P ſtatt worst.

worship (wö́'-ſchip) 1. *v.* [verehren]: F to ~ the very ground a person treads on jemand über die Maßen lieben. — 2. *s.* F a place of ~ ein Gotteshaus, eine Kirche.

worshipful (wö́'-ſchip-föl) in Titeln der City-Companies u. ſ. w.: hochanſehnlich, hochverehrlich.

worth (wö́'*th*): a) ſcherzhaft: he's not ~ his weight in paving-stones er iſt keinen Schuß Pulver wert (vgl. gold); b) † werde; woe ~ the scribbler (Byron) weh dem Skribenten.

wot (wŏt) 1. P ſtatt what (ſ. what 2). — 2. † und poetiſch: weiß: the saints I ~ were soon forgot die Heiligen, weiß ich, vergaß man gar bald.

would F (wüd): turn where he ~ wohin er ſich auch wenden mochte.

wound (wǖnd) Sport: many of the horses will not be ~ up when the day comes viele der Pferde werden ſich nicht be-

währen, wenn der Tag des Rennens erſcheint.

wow-wow (wāū'-wāū) Kinderſprache: Wauwau, Baubau, Hund.

wrap-rascal (ʀǎp-na'ß-k'l) Old Cant: rote(r) Mantel.

wrecker (ʀɛ'k-°ⁱ) [Plünderer] Theater: first-night ~s Theaterbeſucher, die der erſten Aufführung beiwohnen (und dieſe nach Gebühr feiern).

Wren (ʀɛn) Vorſteher einer bekannten Londoner Militärpreſſe; o youths that are lectured by ~ (*Punch*) o Jünglinge, von Wren unterrichtet.

wriggle P (ʀɪgl) [ſich hin und her winden]: to ~ out of thing ſich von etwas losmachen, drücken.

wrinkle F (ʀɪŋk'l) [Runzel, Falte] Kniff: he can put you up to a ~ or two er kann dich ſchon etwas lehren.

wrinkler Γ (ʀɪ'ŋk-l°) Aufſchneider, Lügner.

writ (ʀɪt) P ſtatt written geſchrieben.

write-off ✱ (ʀaīt-ŏ'f) (von der Schuld) abziehen.

writing F (ʀaī'-tiŋ): the ~ on the wall das Mene Tekel an der Wand, das hereinbrechende Verderben.

written (ʀɪtn) [geſchrieben, ſchriftlich] Schule u. ſ. w.: ~ examination ſchriftliche Prüfung.

wrong F (ʀŏŋ³) [unrecht, verkehrt]: to be ~ in the upper storey verrückt, im Dachſtübchen nicht ganz richtig ſein; to catch hold of the ~ end of the stick eine Sache falſch verſtehen, verkehrte Schlüſſe ziehen; to get out of bed with the ~ leg (foremost) *fig.* mit dem linken Fuße zuerſt aufgeſtanden (ſchlechter Laune) ſein.

wur (wo') P ſtatt was, ſ. war.

wuss (wŏß) P ſtatt worse, he ain't any the ~ for having had a drop o' comfort das bißchen Schnaps hat ihm nichts geſchadet.

wusser P (wŏ'ß-ß°) = worser.

X.

X division (ĕ"kß t̂ᵉ-wі'ꞡ-ᵉn) Bettler-Cant: Gauner, Taschendiebe und alle, die kein ehrliches Geschäft betreiben.

Xm oder Xmas sehr gewöhnlich statt Christmas Weihnachten.

Y.

yac, yack ꟷ (beides: jäf) Uhr.

yaffle † (jäfl) essen (Sl. Dict.).

yah (jā) interj. P puh!

yahoo (jā-ḥū') Litteratensprache: gemeine(s), verkommene(s) Subjekt [Gulliver's Travels].

yam P (jäm) v. essen; s. eine tropische Frucht und beliebte Nahrung der westindischen Neger.

yannam (jä'n-n⁸m) [Old Cant, Th. Harman, 1566] = pannum.

yankee-pauky (jä'nᵉ-kᵉ-pä"nᵉ-kᵉ) Art Zuckergebäck.

yap P (jäp) Back-Slang statt pay bezahlen.

yappy P (jä'p-pᵉ) einfältig, thöricht (Sl. Dict.).

y'ar (jā) P statt ye are oder you are ihr seid.

yard † (jā'ᵈ): ~ of clay lange, thönerne Tabakspfeife.

yare † (jā') Shak. u. s. w.: fertig, bereit.

Yarmouth (jā'-mᵘᵗʰ) [Stadt in Norfolk an der Ostküste Englands, ihrer Häringe wegen rühmlichst bekannt] scherzhaft: ~ capon Häring, Bücking. Vgl. two-eyed steak.

yarn (jā'n) s. [Garn] P und ↓ (lange) Geschichte, Garn; v. lange Geschichten erzählen, ein Garn spinnen; ins Blaue hineinreden; s. yearn.

yarum (jᵉ'-ᴿ⁸m) Old Cant: Milch.

yas (jäß) Schülersprache: statt yes ja. S. yis.

yaw ↓ (jā) sich von einer Seite zur anderen neigen; she ~ed from side to side es (das Schiff) schwankte hinüber und herüber.

yaw-yaw (jā-jā') High-Life Slang: to ~-~ (Hoppe) in affektierter, nachlässiger Weise sprechen.

yay-nay F (jē-nē') s. einfältige(r) Mensch, der nichts zu sagen weiß als „ja" und „nein" ["yea", "nay"] (Sl. Dict.).

yelad (ᵉ-flā'ᵈ) † gekleidet; yelept (ᵉ-fle'pt) † genannt [altertümliche Formen, jedoch von Schriftstellern, welche Archaismen lieben, auch jetzt noch häufig gebraucht].

ye (jі) altertümliche Schreibweise für the [das y ist durch Mißverständnis aus der alten Rune, dem sogenannten „thorn", für th entstanden].

year (jі) P statt years; King Lear:
But mice and rats and snch small deer,
Have been Tom's food for seven long year.
Doch Ratten und Mäuse und ähnliches Wild, Haben Thomas sieben Jahre den Hunger gestillt.

yearn (jön) P statt earn verdienen.

yellow (je'l-lō) [gelb] ꟷ ~-boy Goldfuchs, Sovereign; ~ gloak eifersüchtige(r) Mann; ↓ ~ Jack gelbe(s) Fieber; he was hove down in his hammock under ~ Jack (Nights at Sea) er lag unten in seiner Hängematte und hatte das gelbe Fieber; Old Cant: ~ man gelber Foulard.

Yellows ꟷ (je'l-lōß) s/pl.: Schüler der Blue-coat School in Newgate Street [ihrer gelben Strümpfe wegen].

yennep ꟷ (jᵉ'n - nᵉp) Back - Slang: statt penny Groschen.

yer (jᵉ) P statt you und your: by yer leave mit Ihrer gütigen Erlaubnis; P 'o's one o' yer idle sort das ist euch so ein rechter Tagedieb; she's none o' yer finely got-up ladies das ift euch keine von den aufgedonnerten Mamfellchen. — Vgl. your.

yerself (jᵉ-ᵬᵉ'lf) P ſtatt yourself.

yerselves (jᵉ-ᵬᵉ'lwj) P ſtatt yourselves.

yes'm (jᵉᵬm) P ſtatt yes ma'am ja, gnädige Frau.

yessir P (jᵉ'ᵬ-ᵬᵉ') ja, Herr.

yid (jid), **yit** (jit) [jüdiſch; deutſcher Provin- zialismus: Jüd] Jude; *pl.*: yidden Juden (*Sl. Dict.*).

yis (jiᵬ) P ſtatt yes ja.

yit, ſ. yid.

yo-ho ⚓ (jᵉ-hᵒ'), **yo-hoi** (jᵉ-hᵒï') holla, hurra!

yokel Ᵽ (jᵒfl) dumme(r) Bauer.

yokuſſ Ᵽ (jᵒ'-ᵗᵉf) Kiſte, Koffer.

yond (jᵒnd) poetiſch: jener, jene, jenes; ~ tall anchoring bark jene hohe, feſt- geankerte Barke.

yore Ᵽ (jᵒ'): in days of ~ in alten, vergangenen Tagen.

Yorkshire (jᵒ'f-ſchᵉʳ) Name einer Graf- ſchaft im Norden Englands [deren Be- wohner unter den Südengländern als ſehr verſchlagen gelten]; P to come ~ over a person jemand anführen; I'm ~ too

ich verſtehe den Rummel auch; a ~ compliment (*Sl. Dict.*) ein wertloſes Geſchenk.

young Ᵽ (jᵒnᵃ) [juug]: Ᵽ ~ devils böſe Buben, Ᵽ Rangen; the ~ Eagle of the West Nordamerika; a ~ old man ein junger Menſch mit altem Geſichte; ſprichwörtlich: the ~ ones cackle, as the old cock/ crews wie die Alten jungen, ſo zwitſchern die Jungen.

yonnker ⬂ (jᵒ'nⁱ-fᵉʳ) junge(r) Burſche, Matroſe u. ſ. w.

your (jᵘ') [Jhr]: ~ water is a sore decayer of ~ whoreson dead body das Waſſer macht euch den verdammten Leib raſch faulen; Ᵽ ~ nibs Sie (ſelbſt), ſ. nibs; ſcherzhaft: ~ obedient servant (Jhr gehorſamer Diener) meine Wenig- keit. — Vgl. yer.

you're (juⁱ) Ᵽ ſtatt you are Sie ſind; ~ another du biſt auch ſo einer.

yourn (jūn) P ſtatt yours der Jhrige; ſ. ourn, theirn.

yours (jūrſ) [der Jhre] ſcherzhaft: ~ truly ich, mich.

yourself (jᵉ-ᵬᵉ'lf) P ſtatt you: 'ow's ~ wie geht dir's?

y'see (jᵬï) P ſtatt you see Sie ſehen, ſehen Sie.

Z.

'zactly (jä'ft-lᵉ) P ſtatt exactly genau.

zambo P (jä'm-bᵒ) Negerkind, Neger.

zedland (jᵉd-länd) Weſtengland [wegen der dort üblichen weichen Ausſprache des s].

ziph (jif): the language of ~ Argot der Schüler von Winchester [bei De Quincey erwähnt; *Sl. Dict.*].

zoedone * (jᵒ'-ᵉ-dᵒn) alkoholfreie(s), leicht mouſſierende(s) Getränk.

Zoo (jū): the ~ Ᵽ ſtatt the Zoological Garden(s) der zoologiſche Garten [in Regent's Park].

zounds † (ſaundſ) [aus SHAK. &c. ſehr häufig]: ~, I'd better have been in the army (Th. Hood's *Comic Poems*) zum Henker, ich wäre beſſer Soldat geworden.

Langenscheidtsche Buchdruckerei, Berlin S.W. 11, Hallesche Straße 17.